U0528077

"大学堂" 开放给所有向往知识、崇尚科学，对宇宙和人生有所追问的人。

"大学堂" 中展开一本本书，阐明各种传统和新兴的学科，导向真理和智慧。既有接引之台阶，又具深化之门径。无论何时，无论何地，请你把它翻开……

MODERN
SOCIOLOGICAL THEORY,7E

现代社会学理论

（第7版）

[美] 乔治·瑞泽尔 著　任敏 邓锁 张茂元 译

上海文化出版社

献给我的爱人杰瑞米

简 目

前 言 9

第一部分　社会学理论导论　1
第一章　社会学理论的历史概要：早期阶段　3
第二章　社会学理论的历史概要：晚近岁月　51

第二部分　现代社会学理论：主要流派　97
第三章　结构功能主义、新功能主义和冲突理论　99
第四章　西方新马克思主义理论的各大流派　139
第五章　系统理论　189
第六章　符号互动论　207
第七章　常人方法学　245
第八章　交换、网络和理性选择理论　271
第九章　当代女性主义理论　309

第三部分　社会学理论中新近的整合发展　359
第十章　微观—宏观和能动—结构整合　361

第四部分　从现代迈向后现代及之后的社会理论　407
第十一章　有关现代性的当代理论　409
第十二章　全球化理论　433
第十三章　结构主义、后结构主义和后现代社会理论　457
第十四章　当代理论的前沿发展　489

附　录　社会学的元理论化和分析社会学理论的元理论图式　509

参考书目　525
译后记　617

关于作者

乔治·瑞泽尔是马里兰大学的特聘讲座教授，被学校评为杰出学者和教师并获得优秀教学奖。2000年，他被美国社会学学会授予杰出教学贡献奖。2004年，澳大利亚墨尔本市拉筹伯大学授予他荣誉博士学位。

瑞泽尔博士曾任美国社会学学会理论社会学会主席和组织/职业社会学分会主席，曾经受聘俄罗斯科学院的联合国教科文组织社会理论教席，是加拿大约克大学富布莱特-海斯基金讲座教授，获得富布莱特-海斯奖资助前往荷兰访学，是荷兰高等研究院和瑞典社会科学高等研究院的访问学者。

瑞泽尔教授主要的理论兴趣是元理论（metatheory）和应用社会理论（applied social theory）。他对元理论研究的贡献包括《社会学：一门多元范式的科学》（Sociology：A Multiple Paradigm Science，1975，1980）、《走向一个整合的社会学范式》（Toward an Integrated Sociological Paradigm，1981），以及《社会学中的元理论化》（Metatheorizing in Sociology，1991）。瑞泽尔最知名的著作可能是《社会的麦当劳化》（The McDonaldization of Society 4e，2004，它被翻译成十几种语言），以及其他几本相关的书（也被翻译成多种语言），包括《运通美国：全球信用卡社会批判》（Expressing America：A Critique of the Global Credit Card Society，1995）、《祛魅世界的入魅：消费工具的革命》（Enchanting a Disenchanted World：Revolutionizing the Means of Consumption 2e，2005）、《虚无的全球化》（The Globalization of Nothing 2e，2007），以及与克雷格·莱尔（Craig Lair）一起合写的《外包：全球化及其超越》（Outsourcing：Globalization and Beyond，2008）。他编撰了两卷本的《社会理论百科全书》（Encyclopedia of Social Theory，2005），11卷本的《布莱克维尔社会学百科全书》（The Blackwell Encyclopedia of Sociology，2007），以及《威利-布莱克维尔全球化指南》（The Wiley Blackwell Companion to Globalization，2007）。他还是《消费文化学刊》（Journal of Consumer Culture）的创办主编。

2006年，麦克劳-希尔公司出版了瑞泽尔教授第二版的《当代社会学理论及其古典根源：概要》（Contemporary Sociological Theory and Its Classic Roots：The Basics）。2008年，麦克劳-希尔公司又出版了第七版的《社会学理论》（Sociological Theory）和第五版的《古典社会学理论》（Classical Sociological Theory）。后面两个版本连同本书都被翻译成多种文字行销世界。

目 录

前 言 9

第一部分 社会学理论导论

第一章 社会学理论的历史概要：早期阶段 3

导 言 4
社会力量与社会学理论的发展 6
政治革命 6
工业革命和资本主义的兴起 6
社会主义的兴起 7
女性主义 8
城市化 9
宗教变革 9
科学发展 9
智识力量与社会学理论的兴起 10
启蒙运动 10
保守派对于启蒙运动的回应 11
法国社会学的发展 13
亚历克西·德·托克维尔（1805—1859）13
克劳德·亨利·圣西门（1760—1825）16
奥古斯特·孔德（1798—1857）16
埃米尔·涂尔干（1858—1917）20
德国社会学的发展 24
卡尔·马克思（1818—1883）理论 24
马克斯·韦伯（1864—1920）与齐美尔（1858—1918）理论的根源和本质 31
英国社会学的起源 40
政治经济学、改良主义以及社会进化 40

赫伯特·斯宾塞（1820—1903）44
意大利社会学早期的关键人物 47
世纪之交，马克思主义在欧洲的发展 48
总 结 49

第二章 社会学理论的历史概要：晚近岁月 51

美国早期的社会学理论 51
政治 51
社会变革和学术思潮 52
芝加哥学派 58
早期社会学界的女性学者 66
杜波伊斯与种族理论 67
截至20世纪中叶的社会学理论 70
哈佛大学、常春藤联盟和结构功能主义的崛起 70
衰落中的芝加哥学派 73
马克思主义理论的发展 73
卡尔·曼海姆和知识社会学 74
20世纪中叶以来的社会学理论 75
结构功能主义：鼎盛和衰落 75
美国的激进社会学：赖特·米尔斯 76
冲突理论的发展 78
交换理论的问世 79
拟剧分析：欧文·戈夫曼的研究 80
日常生活社会学的发展 80
马克思主义社会学的变迁 82
女性主义理论的挑战 83
结构主义和后结构主义 84
社会学理论在20世纪晚期的发展 85
微观—宏观整合 85

能动—结构的整合　86
理论综合　87
现代性和后现代性理论　88
现代性的捍卫者　88
后现代性的倡导者　89
在21世纪初对社会学理论的展望　90
多元文化社会理论、酷儿理论以及种族与种族主义批判理论　90
后现代和后一后现代社会理论　92
消费理论　92
全球化理论　93
行动者—网络理论　94
实践理论　94
总　结　95

第二部分
现代社会学理论：主要流派

第三章　结构功能主义、新功能主义和冲突理论　99
结构功能主义　100
社会分层的功能理论及其批判　101
帕森斯的结构功能主义　102
罗伯特·默顿的结构功能主义　114
主要批判　120
新功能主义　122
冲突理论　127
达伦多夫的理论　127
主要批判和对它们的回应　130
一种更具整合倾向的冲突理论　132
总　结　136

第四章　西方新马克思主义理论的各大流派　139
经济决定论　139
黑格尔派马克思主义　140
卢卡奇　141
葛兰西　143

批判理论　144
针对社会生活和精神生活的主要批判　144
批判理论的主要贡献　148
对批判理论的批判　151
哈贝马斯的思想　152
当代批判理论　155
文化批判晚近的发展　157
西方新马克思主义经济社会学　158
资本和劳动力　158
福特主义和后福特主义　163
历史导向的马克思主义　165
现代世界体系　165
西方新马克思主义的空间分析　170
空间的生产　170
三元辩证法　173
希望的空间　174
后马克思主义理论　176
分析马克思主义　177
后现代马克思主义理论　182
在马克思主义之后　185
对后马克思主义的批判　187
总　结　188

第五章　系统理论　189
社会学与现代系统理论　189
系统理论的启发　189
一些基本准则　191
在社会世界中的应用　192
尼克拉斯·卢曼的一般系统理论　193
自创生系统　194
社会系统和心理系统　196
双重偶变　197
社会系统的进化　198
分化　199
卢曼的知识社会学　203
相关批判　205
总　结　206

第六章 符号互动论 207

主要历史根源 207
实用主义 207
行为主义 209
在还原主义和唯社会学论之间 210
乔治·赫伯特·米德的思想 211
社会的优先性 211
行动 213
姿态 215
表意符号 216
心灵 217
自我 218
社会 223
符号互动论的基本准则 224
思考的能力 224
思考与互动 225
学习意义和符号 226
行动与互动 227
做选择 227
欧文·戈夫曼的自我概念及其理论 228
群体与社会 237
相关批判 238
迈向更具综合性及整合性的符号互动论 239
重塑米德 240
微观—宏观整合 241
符号互动论的未来 242
总　结 243

第七章 常人方法学 245

定义常人方法学 245
常人方法学的多元化 249
对制度环境的研究 249
对话分析 250
一些早期案例 251
破坏试验 251
性别实现 253
对话分析 254
电话对话：身份确定和识别 254
发笑 256
促发掌声 256
嘘声 257
句子和故事的互动涌现 258
对话与非语言行为的整合 259
羞怯（以及自信） 260
制度研究 261
求职面试 261
经理人谈判 261
拨打急救电话 262
调解听证中争议的解决 262
对传统社会学的批判 264
脱离社会 264
混淆主题与资源 265
常人方法学中的压力与张力 266
综合与整合 267
常人方法学和微观—宏观秩序 268
总　结 269

第八章 交换、网络和理性选择理论 271

交换理论 271
行为主义 271
理性选择理论 272
乔治·霍曼斯的交换理论 275
彼得·布劳的交换理论 281
理查德·爱默森及其追随者的工作 286
网络理论 292
基本议题和原则 292
网络交换理论 296
结构权力 297
强和弱的权力结构 297
理性选择理论 299
社会理论的基础 299
相关批判 306

总　结　308

第九章　当代女性主义理论　309

女性主义的基本问题　309
对性别的理论化——从20世纪60年代至今的社会学　312
现代宏观—社会性别理论　312
现代微观—社会性别理论　315
布尔迪厄、哈贝马斯和吉登斯等人理论中的女性主义　317
当代女性主义理论之流派　320
性别差异　322
社会学理论：制度理论和互动理论　324
性别不平等　326
性别压迫　330
结构压迫　334
女性主义与后现代主义　343
女性主义社会学理论　348
女性主义知识社会学　349
宏观—社会秩序　350
微观—社会秩序　352
主体性　354
总　结　356

第三部分 社会学理论中新近的整合发展

第十章　微观—宏观和能动—结构整合　361

微观—宏观整合　361
微观—宏观极端主义　361
迈向微观—宏观整合的运动　363
微观—宏观整合的案例　364
回到未来：诺伯特·埃利亚斯的构型社会学　372
能动—结构整合　382
能动—结构整合取向的主要理论　383
能动—结构文献中的重大差异　402

能动—结构和微观—宏观的联系：根本区别　404
总　结　405

第四部分 从现代迈向后现代及之后的社会理论

第十一章　有关现代性的当代理论　409

古典主义理论家论现代性　409
现代性大碾车　411
现代性及其后果　413
现代性与认同　416
现代性和亲密关系　417
风险社会　418
制造风险　419
处理风险　419
现代性与大屠杀　420
现代性的产物　420
官僚制的作用　421
大屠杀和理性化　422
现代性的未竟事业　424
哈贝马斯与后现代主义者　428
信息主义和网络社会　429
总　结　432

第十二章　全球化理论　433

当代主要的全球化理论家　435
安东尼·吉登斯：全球化的"失控世界"　435
乌尔里希·贝克：全球化政治和世界主义　436
齐格蒙特·鲍曼：全球化给人类带来的后果　437
文化理论　438
文化差异论　438
文化趋同论　441
文化混杂论　445
经济理论　448
跨国资本主义　448

帝国 449
政治理论 452
其他理论 456
总　结 456

第十三章　结构主义、后结构主义和后现代社会理论 457

结构主义 458
语言学中的理论根源 459
人类学结构主义：克劳德·列维-斯特劳斯 459
结构马克思主义 460
后结构主义 461
米歇尔·福柯的理论 463
后现代社会理论 472
温和的后现代社会理论：弗雷德里克·詹明信 477
极端的后现代社会理论：让·鲍德里亚 481
后现代社会理论和社会学理论 484
相关批判及后—后现代社会理论 484
总　结 488

第十四章　当代理论的前沿发展 489

酷儿理论 489

"酷儿"是什么？ 490
从何而来？ 492
批评和潜在的解决之道 494
种族与种族主义批判理论 496
行动者—网络理论、后人文主义和后社会主义 499
实践理论 505
总　结 507

附　录　社会学的元理论化和分析社会学理论的元理论图式 509

社会学中的元理论化 509
布尔迪厄的反身社会学 513
托马斯·库恩的理论 515
社会学：一门多范式的科学 519
社会—事实范式 519
社会—界定范式 520
社会—行为范式 520
建立更具整合性的社会学范式 520
社会分析层次：一份概述 521

参考书目 525
译后记 617

前　言

《现代社会学理论》的这个新版本，如同之前的第六版一样，提供了关于现代社会学理论及相关理论家的全景综述。与之前的版本一样，我对社会学理论进行了深入讨论（通常附有生动的案例），同时提供了当代最负盛名的社会学理论大家的小传。本书的前两章仍然具有导言性质，介绍了社会学早期历史（第一章）及其新近发展（第二章）。这些综述性的导言有助于同学们将每位理论家的著作及思想放到其特定的历史社会和政治环境中去考察。

关于现代社会学理论及其发生的具体历史环境，同学们需要学习的内容很多，但考虑到书本的便携性，本书限于篇幅只能为同学们提供一份综述。人类的社会世界复杂、艰深而晦涩，解释这个世界的这些理论同样有这些特点。我将尽我所能使理论变得更有趣一点、更贴近生活，以及更清晰易懂。

第七版的变动

正如之前所有的修订一样，我这一次也面临艰难的抉择，要决定该增加什么，删掉什么。这个版本我们添加了一些新的内容，但是我时刻在提醒自己不要因此而将这本书变得过于臃肿。其中主要的变动有以下几点：

- 新增了两章内容：第十二章"全球化理论"，纳入了全球化研究中非常重要的经济、政治和文化理论。第十四章"当代社会学理论前沿"，介绍酷儿理论、种族和种族主义批判理论、行动者—网络理论和实践理论。
- 将之前版本中独立成章的微观—宏观整合和能动—结构整合并为一章（即第十章）。
- 增加了两个小节：在第一章加入了有关亚力克西·德·托克维尔（Alexis de Tocqueville）的讨论；在第四章"西方新马克思主义理论"中增加了最新发展的成果——文化批判论。
- 在第一章还加入了托克维尔小传。

在第七版的修订中，我在很大程度上参考了由我参与编辑的学刊——两卷本的《社会理论百科全书》（Sage，2005）以及11卷本的《布莱克维尔社会学百科全书》（Blackwell，2007）——的成果。我在第七版中对这两部百科全书的词条有诸多参考，因此读者如果想深入了解特定的主题，那么本书提供了最新的资料。

书中有许多地方做了删减，但是我并没有成块地删除任何重要的理论或理论家的小传。这样一来，新版既延续了以往的风格又有所更新。学术理论的魅力之处正在于它一直在延续但又不断推陈出新。我的目的是要向那些刚接触社会学不久的读者展示社会学理论的种种美妙之处。

感　谢

再次感谢帕特里夏·伦格曼（Patricia Lengermann）和吉莉安·尼布鲁格（Gillian Niebrugge）对第九章的共同修订，而且开创性地写作了有关当代女性主义的部分。她们的创作不仅使本书更为丰富，对独立于本书之外的理论化也产生了重要的影响。我还要感谢马蒂亚斯·荣格（Matthias Junge）写作了第五章中关于尼克拉斯·卢曼（Niklas Luhmann）的那一部分，感谢迈克·瑞恩（Mike Ryan）写作了第十四章中酷儿理论的那一部分，感谢迈克·亚科斯奇（Mike Yaksich）为本书修订的准备工作所提供的帮助。非常遗憾，我在上一版本中的合作者道格·古德曼（Doug Goodman）不能参与新版的修订工作。当然，旧版中他创作的那些部分依然保留在新版本里。

感谢本书评论组的各位成员，他们的评论和建议帮助我们更好地修订了本书，他们是：

大卫·鲍因斯（David Boyns），加州州立大学北岭分校

玛格丽特·斯蒂芬妮·克劳德斯（Margaret Stephanie Crowdes），加州州立大学圣马科斯分校

格雷戈里·胡克斯（Gregory Hooks），华盛顿州立大学

伊藤琴子（Kinko Ito），阿肯色州大学小石城分校

威廉·A. 里斯二世（William A. Reese Ⅱ），奥古斯塔州立大学

艾伦·斯卡伯勒（Allen Scarboro），奥古斯塔州立大学

苏珊·蒂亚诺（Susan Tiano），新墨西哥大学

乔治·瑞泽尔

第一部分

社会学理论导论

第一章
社会学理论的历史概要：早期阶段

本章概要

导言
社会力量与社会学理论的发展
智识力量与社会学理论的兴起
法国社会学的发展
德国社会学的发展
英国社会学的起源
意大利社会学早期的关键人物
世纪之交，马克思主义在欧洲的发展

对于一本介绍现代社会学理论的书来说，有益的开篇是用简单的几句话来概述多种理论：

- 现代世界是一个理性系统的铁笼，无处可逃。
- 资本主义倾向于播下使其毁灭的种子。
- 相比于以前的社会，现代世界缺乏道德凝聚力。
- 城市孕育了一种特定类型的人格。
- 人们在社会生活中倾向于上演形形色色的戏剧表演。
- 社会世界由交换关系中的互惠原则所界定。
- 人类创造了最终将奴役他们自身的社会世界。
- 人类总是保有改变对其构成限制的社会世界的能力。
- 社会是一个由各种社会结构及职能构成的整合系统。
- 社会是一辆总是伴随着失控风险的大碾车。
- 尽管看上去西方世界经历了一个解放的过程，但实际上它已经变得越来越具有压迫性。
- 世界进入了一个越来越为非真实、虚假以及对现实的模拟所定义的全新的后现代时代。
- 不无悖谬的是,全球化所联结的是一个"虚无"(nothing)无处不在的世界。
- 非人的物体越来越被视作社会世界中的关键行动者。

本书致力于帮助读者更好地理解上述以及更多的理论观点,以及那些衍生出这些观点的、更宏大的理论。

导　言

梳理社会学理论的历史是一项重要的工作(S. Turner,1998),但是因为我只打算用两章篇幅(第一章、第二章)来陈述这个问题,所以在此提供的只是一个高度选择性的历史框架(Giddens,1995)。我的想法是向读者提供一条脉络,便于他们将本书之后要讨论的那些理论家及其理论置于更大的背景中来理解。读者在学习下面的一些章节时将会发现,回到本书最初的两章综述,将一些理论讨论置于其所处的社会背景之中,是一种不无裨益的做法。(不时地回顾一下图1.1和图2.1特别有好处,它们以图表的形式呈现了本书所覆盖的社会学理论史。)

本书主体部分所介绍的理论可应用于**广泛的范围**,关注**十分重要的社会议题**,并且**经受住了时间的考验**。上述标准构成了我们对**社会学理论**的定义。[①]我们重点关注社会学家重要的理论著作,以及由其他领域的个别学者提出、被界定为具有重要的社会学意义的著作。为了保持简洁性,本书只选择介绍那些经受过(或承诺能够经受)时间考验的社会学中的"大思想"——即应对重要社会问题以及覆盖范围颇广的思想体系。

我们无法考察社会学理论兴起的精确时间,人类在历史上很早就开始思考并且建立有关社会生活的理论。我们不打算回溯古希腊、古罗马或中世纪时期,甚至不会回溯17世纪的历史,尽管奥尔森(Olson,1993)认为社会学传统的起源可以回溯到17世纪中叶詹姆斯·哈林顿(James Harrington)就经济与政体之关系的研究。这不是因为早期的学者没有提出具有社会学意义的思想,而是因为梳理起来极其耗时且所获不大。它可能会花费我们很多时间,而所获与现代理论相关的观点却极少。在任何场合里,这些早期的思想家从来没有认为自己是社会学家,现在也没有人这么认为。直到19世纪,我们才会

[①] 上述三个标准构成了我对社会学理论的定义。这个定义跟一般的所谓"科学"的定义(Jasso,2001)有着鲜明的对比,与本书类似的理论教科书通常采用的是所谓"科学"的定义。一个科学的理论定义将会指出理论是一组相互联系的命题,这些命题能够使有关社会生活的知识、阐释和预测获得系统化整理,并且促进新的研究假设的产生(Faia,1986)。尽管这样一个定义有着种种的好处,但它并不符合本书所讨论的大部分理论体系的情况。换句话说,若采用所谓科学的理论定义,大部分古典(及当代)理论都差一个或多个条件,但尽管如此,大多数社会学家却仍然承认它们的理论地位。

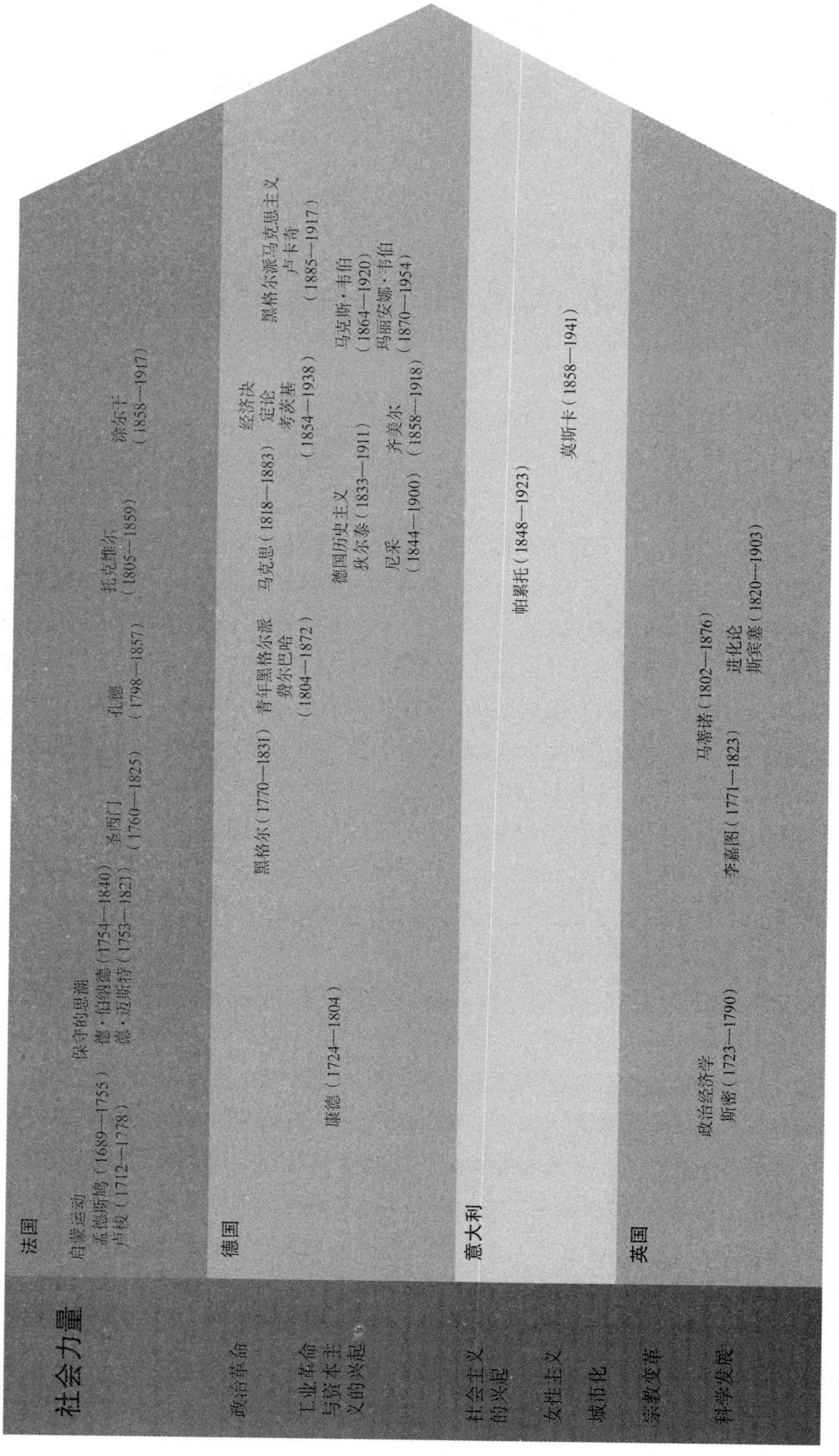

第一章 社会学理论的历史概要：早期阶段 5

法国
启蒙运动
孟德斯鸠（1689—1755）
卢梭（1712—1778）

保守的思潮
德·博纳德（1754—1840）
德·迈斯特（1753—1821）

圣西门（1760—1825）

孔德（1798—1857）

托克维尔（1805—1859）

涂尔干（1858—1917）

德国
康德（1724—1804）

黑格尔（1770—1831）

青年黑格尔派
费尔巴哈（1804—1872）

马克思（1818—1883）

德国历史主义
狄尔泰（1833—1911）

尼采（1844—1900）

经济决定论
考茨基（1854—1938）

齐美尔（1858—1918）

黑格尔派马克思主义
卢卡奇（1885—1917）

马克斯·韦伯（1864—1920）

玛丽安娜·韦伯（1870—1954）

意大利
帕累托（1848—1923）

莫斯卡（1858—1941）

英国
政治经济学
斯密（1723—1790）

李嘉图（1771—1823）

马蒂诺（1802—1876）

进化论
斯宾塞（1820—1903）

社会力量
政治革命
工业革命与资本主义的兴起
社会主义的兴起
女性主义
城市化
宗教变革
科学发展

图 1.1 社会学理论：早期阶段

辨认出可以被明确定义为社会学家的思想家。这些人就是我们所感兴趣的古典社会学家（Camic，1997；有关什么是古典理论之标准的讨论，参见 Connell，1997；R. Collins，1997），本书将从讨论形塑了这些学者的思想的主要社会及学术力量开始。

社会力量与社会学理论的发展

一切知识领域都深受社会环境的影响，社会学尤其如此。社会学不仅源于社会环境，而且把社会环境视为基本的研究对象。我们在此将简要地介绍一下自19世纪到20世纪初期一些对于社会学发展来说至关重要的社会条件。

政治革命

1789年爆发的法国大革命引发了一连串的欧洲政治革命，影响持续了整个19世纪，这成为社会学理论兴起的最直接的刺激因素。这些革命对多个社会产生了巨大的影响，引发了积极的变化。尽管如此，吸引众多早期理论家关注的却并非这些积极的后果，而是这些变化的负面影响。这些理论家为革命之后产生的社会失序和混乱（尤其是法国的状况）而深感困扰。他们均为一种重建社会秩序的强烈愿望所召唤。当时，一些比较激进的思想家甚至写道，希望回归中世纪那种和平而相对有序的日子，另一些更饱经世故的思想家则认识到社会变革已然发生，回到过去不复可能。所以，后者转而探讨另一个问题：18世纪与19世纪的革命已经颠覆了旧的社会，人们要如何为一个新的社会找到它的基础？于是，对重建社会秩序的兴趣成为古典社会学理论家（尤其是孔德和涂尔干）的重大关注之一。

工业革命和资本主义的兴起

对于社会学理论缘起的影响，工业革命至少与政治革命同等重要。在19世纪和20世纪初期，工业革命横扫西方多个国家。这场革命不是孤立的事件，而是西方世界在经历一个从以农业为主的社会向以工业为主的社会之转变过程时在这一转变巅峰出现的、相互关联的种种发展。不计其数的人离开农场和农业生产，来到如雨后春笋般迅速发展起来的工厂，从事工业生产。工厂本身也被持续的技术变革改变。工业和新兴的资本主义经济体系的需求催生了大型经济组织。资本主义经济体系的理想模式是自由市场，工业产品在其中可以自由交换。在这个体系中，一方面是大多数人长时间工作却薪资低廉，另一方面是极少数人获得巨额利润。对这一工业体系乃至对资本主义的抵制，随即引发了工人运动以及各种旨在推翻资本主义体系的激进社会运动。

工业革命、资本主义以及抵制这二者的反应导致了西方社会的大变动，这些变动对社会学家们影响至深。在社会学理论发展的早期阶段，四位社会学大师卡尔·马克思、

> **阿卜杜勒·拉赫曼·伊本-赫勒敦小传**
>
> 　　有人倾向于认为社会学只是存在于比较现代的西方社会的一门学科。但事实上，在西方社会之外，学者们很早就在发展社会学的思想和理论。伊本-赫勒敦（Abdel Rahman Iben-Khaldun）就是一个例子。
>
> 　　伊本-赫勒敦1332年出生于北非的突尼斯。作为一个在受教育程度较高的家庭成长起来的小孩，他学习了古兰经、数学和历史。他一生曾为突尼斯、摩洛哥、西班牙和阿尔及利亚等地的苏丹服务，担任如大使、国王侍从以及学术委员会成员等职务。他还因为质疑统治者的神权天授而在摩洛哥蹲过两年监狱。在经历20年的政治生涯后，伊本-赫勒敦回到北非，进行了为期5年的高强度研究和写作。在这期间完成的著作使他声名鹊起，为其赢得了开罗阿尔阿扎清真寺大学（Al-Azhar Mosque University）伊斯兰研究中心的教师职位。在广受关注的社会与社会学演说中，伊本-赫勒敦特别强调将社会学思考与历史观察相结合的重要性。
>
> 　　在1406年去世之前，伊本-赫勒敦出版了大量著作，其中收录了不少与现代社会学理论接近的观点。他投身于对人类社会的研究、经验研究以及寻求各种社会现象之根源的探索。他倾注了许多精力研究各种社会制度（如政治、经济）及其关系。伊本-赫勒敦还着迷于对原始社会和现代社会进行比较研究。总的来说，伊本-赫勒敦对古典社会学理论并没有产生戏剧性的影响，但是作为一般的学者，特别是一位伊斯兰学者，通过重新审视他的著作，我们也许会发现他承载了更大的历史意义。

马克斯·韦伯、埃米尔·涂尔干和格奥尔格·齐美尔，以及一些地位相对不那么重要的学者都沉浸于这些大变动以及它们对整个社会所造成的问题之中。这些学者穷其一生都在研究这些问题，而且在许多情况下，他们都努力建立有助于解决这些问题的计划。

社会主义的兴起

　　旨在解决工业体系和资本主义之不知节制的一系列变革都可以归入"社会主义"这一标题（Beilharz，2005g）。虽然有一些社会学家认为社会主义是解决工业社会问题的良方，但大多数社会学家却从个人以及学术的角度反对这种观点。卡尔·马克思积极地提倡推翻资本主义体系，以社会主义取而代之。他自己虽然未能建立起一种社会主义理论，却做了大量的工作来批判资本主义社会的诸方面。此外，他还投身于各式各样的政治活动，希望能够推动社会主义社会的实现。

　　不过，马克思在社会学理论发展的早期并不典型。大多数社会学发展初期的理论家，如韦伯和涂尔干,都反对社会主义,至少是反对马克思所设想的社会主义。虽然认识到资本主义社会内部的问题,但是相比于马克思进行社会革命的激进主张,后者更倾向于在资本主义内部进行社会改革。这一类学者害怕社会主义甚于害怕资本主义。对社会主义的恐惧对于社会学理论界的影响大大超过了马克思倡导用社会主义取代资本主义而产生的影响。事实上,正如我们在本书中将看到的,许多时候,社会学理论的发展可说是与马克思主义或一般社会主义理论对话的结果。

女性主义

从某种意义上说,女性主义的视角一直是存在的。在任何女性处于从属地位的地方——历史上女性在世界各地似乎一直处于从属地位——女性似乎早已认识到这种处境并且通过某种形式表示了抗议(Lerner,1993)。女性主义的先驱最早可以追溯到17世纪30年代,但此类运动及相应著作的高潮出现于现代西方史上解放运动盛行的那些时期。女性主义第一轮高潮出现在18世纪80年代到90年代之间,围绕美国及法国革命展开;第二轮高潮出现在19世纪50年代,这次争论的主题更集中,组织化程度更高,是反对奴隶制以及为中产阶级争取权利之政治动员的一部分;第三轮高潮出现在20世纪初期,尤其是美国的进步时代,是为女性争取投票权以及推动工业与城市改革立法而展开的大众动员。

上述这些运动都对社会学的发展产生了影响,尤其是对社会学内部或相关领域的大量女性学者产生了重要影响,这些女性学者包括哈丽雅特·马蒂诺(Harriet Martineau)、夏洛特·珀金斯·吉尔曼(Charlotte Perkins Gilman)、简·亚当斯(Jane Addams)、弗洛伦斯·凯利(Florence Kelley)、安娜·朱丽娅·库珀(Anna Julia Cooper)、艾达·韦尔斯-巴尼特(Ida Wells-Barnett)、玛丽安娜·韦伯(Marianne Weber)以及比阿特丽丝·波特·韦布(Beatrice Potter Webb)。值得关注的是,她们的创作随着时间推移逐渐被边缘化。由于男性将社会学这一学科组织为某种专业的权力基地,女性学者的著作在社会学的公开记录中沦为附属,不受重视乃至不被写入。女权主义者的关怀只能渗入社会学的边缘,出现在被边缘化的男性理论家或越来越被边缘化的女性理论家的著作中。居于社会学中心地位的男性学者——从斯宾塞到韦伯、涂尔干——对于发生在身边的女性主义论争基本上持保守态度,将性别问题视作他们认同并公开倡导的"社会学"中一个无关紧要的话题,寻常待之即可,不必大惊小怪。即使当女性学者在创作一个意义重大的社会学理论体系时,他们的反应依然如此。社会学专业领域中的性别政治史,作为男性回应女性主义诉求的历史的一部分,只有在当下才开始被书写(参见Deegan,1988;Fitzpatrick,1990;L. Gordon,1994;Lengermann and Niebrugge-Brantley,1998;Rosenberg,1982)。

城市化

从19世纪到20世纪，大量农民背井离乡，迁入城市，在一定程度上这是工业革命的结果。这场大规模的移民主要是因为城市地区的工业体系产生了大量的工作机会。但是，大规模移民的社会现象向不得不适应城市生活的人们提出了许多难题。进而，城市扩张制造出无穷无尽的社会问题，包括过度拥挤、污染、噪声和交通问题。城市生活的本质和城市问题吸引了许多早期社会学家的目光，其中尤以马克斯·韦伯和齐美尔为最。事实上，美国社会学界首个重要学派"芝加哥学派"被冠以该名称的主要原因就是，该学派对于芝加哥这座城市的关注，以及将芝加哥视作研究城市化及其问题之试验室的研究兴趣。

宗教变革

政治革命、工业革命以及城市化所带来的社会变迁深远地影响了人们对宗教的虔信。许多早期社会学家具有宗教背景，在宗教领域表现活跃，在某些情况下本身就是神职人员（Hinkle and Hinkle，1954）。他们将宗教生活的目标引入社会学。他们希望改善人们的生活（Vidich and Lyman，1985）。对于某些社会学家（如孔德）来说，社会学被转化为一种宗教；而另一些社会学家的社会学理论则被打上了明显的宗教印记。涂尔干写过一本有关宗教的重要论著。道德在涂尔干的社会学理论乃至塔尔科特·帕森斯（Talcott Parsons）的研究中都扮演着关键的角色。韦伯的著作有很大一部分是在探讨世界各地的宗教。马克思也对研究宗教狂热有兴趣，不过他的理论取向更趋向于批判性质。

科学发展

在社会学理论不断发展的同时，学院、大学乃至整个社会对科学越来越重视。科技产品深入到生活的方方面面，科学赢得了崇高的声誉。那些投身于成果最为显著的科学领域（如物理、生物和化学）的学者在社会上被赋予崇高的地位。社会学家（尤其是孔德、涂尔干、斯宾塞、米德和舒茨）从一开始就为科学所吸引，许多人希望可以模仿物理学和生物科学来塑造社会学。可是，一场争论很快就在两个派别之间爆发，其中一派衷心接受科学范式，而另一派（如韦伯）认为社会生活的独特特征使得在这一领域全面采取科学范式不仅困难重重，而且也不够明智（Lepenies，1988）。有关社会学与科学二者关系的争论一直延续至今，不过只要随便扫几眼社会学领域的重要刊物（至少是美国社会学界的重要刊物），我们就会发现那些偏好把社会学视为科学的人占据了上风。

智识力量与社会学理论的兴起

社会因素固然重要，但本章首要关注的是在形塑社会学理论的过程中发挥了核心作用的智识力量。当然，在现实世界，智识因素不能独立于社会力量而产生作用。例如，在下面有关启蒙运动的讨论中，我们会发现这场运动与前文讨论的各种社会变革有着紧密的关联，而且许多时候为这些社会变革提供了智识的基础。

我们将在民族国家的范围内来讨论智识力量如何形塑了社会理论的发展，这样更便于读者的理解（Levine，1995；Rudell，2001）。这里先从启蒙运动及其对法国社会学的影响说起。

启蒙运动

许多评述者认为，若从社会学日后的演化来看，启蒙运动构成了发展中的关键一步（Hawthorn，1976；Hughes, Martin, and Sharrock，1995；Nisbet，1967；Zeitlin，1996）。启蒙运动时期的哲学领域发生了重大的学术进展。[①] 许多经久不衰的思想和信念（许多都关乎社会生活）在这场运动中或被推翻或被替代。启蒙运动中最杰出的思想家是法国哲学家查尔斯·孟德斯鸠（1689—1755）和让·雅克·卢梭（1712—1778）（B. C. J. Singer，2005a，2005b）。然而，启蒙运动对社会学理论的影响与其说是直接和积极的，倒不如说是间接和消极的。正如欧文·蔡特林（Irving Zeitlin）所说："早期社会学的发展是对启蒙运动的反动（reaction）。"（1996：10）

总的来说，启蒙运动中的思想家受到两股学术潮流的影响——17世纪的哲学与科学。17世纪的哲学以笛卡尔、霍布斯和洛克等思想家的成就为代表，他们侧重于提出宏大、普遍而且极为抽象的思想体系，以弘扬理性。启蒙运动晚期的思想家并不否定思想体系应该是具有普遍性以及表现理性的，但是他们确实更加努力地从现实世界中获得其理论思想并将它们交由现实世界来检验。换句话说，他们希望将经验研究和理性结合起来（Seidman，1983：36—37）。这种类型的典范即科学，特别是牛顿物理学。在此，我们看到了将科学方法用于社会问题研究的开端。启蒙运动中的思想家不仅希望其理论思想至少要部分地来自现实世界，还希望它们对于社会世界是有益的，尤其是在针对社会世界的批判分析这一方面。

从整体上说，启蒙运动的特征就在于一种信仰的兴起，即人们能够通过理性和经验研究理解和控制世界。这一观点认为，既然物理世界是由自然规律支配的，那么社会世界很可能也是一样。哲学家的责任就在于运用理性和研究来发现这些社会规律。一旦他

---

① 这一节主要参考了蔡特林（1996）的研究。尽管由于主题的相关性，我们在此引用了蔡特林的分析，但他的分析不乏局限：（1）存在更好的、针对启蒙运动的分析；（2）社会学理论发展还涉及许多其他影响因素；（3）蔡特林在有些地方倾向于高估其示例（如有关马克思的影响）。但是，总体来说，就本章的目的来说，蔡特林为我们提供了一个有益的起点。

们理解了社会世界如何运作，启蒙运动中的思想家们就获得了一个实践性的目标——创造一个"更好"及更加理性的世界。

对理性的强调使得启蒙运动中的哲学家们倾向于不再相信传统权威。在审视传统的价值观和制度时，这些思想家经常会发现它们的非理性，也就是说，它们与人类本质相悖并且压制人类的成长和发展。以实践和变革为导向的启蒙运动哲学家的使命是清除这些非理性的思想体系。托克维尔和马克思即为受到启蒙运动最直接与最积极影响的理论家，尽管后者是在德国形成他早期理论思想的。

保守派对于启蒙运动的回应

从表面上看，我们或许会认为法国的古典社会学理论，一如马克思主义，受到了启蒙运动积极且直接的影响。法国社会学变得理性、有实证倾向和科学化，以促进变革为目标，但在此之前它也受到一系列应启蒙运动冲击而生的思潮的影响。在史蒂文·塞德曼（Steven Seidman）看来，"对抗启蒙运动的意识形态代表着对启蒙运动自由主义的彻底反转。我们能够在启蒙运动批判家身上感知到一种反现代主义的强烈情感，而非现代主义理论假设"（1983：51）。读者之后将会看到，一般意义上的社会学，尤其是法国社会学，从一开始就是启蒙运动思想和反启蒙运动思想颇为别扭的混合物。

法国天主教的反革命哲学（French Catholic counterrevolutionary philosophy）是对抗启蒙运动思想的最极端形式，以路易·德博纳尔德（Louis de Bonald，1754—1840）和约瑟夫·德迈斯特（Joseph de Maistre，1753—1821）的思想为代表（Bradley，2005a，2005b；Reedy，1994）。这些学者不仅反对启蒙运动，而且反对法国大革命，在他们看来，后者在一定程度上即为以启蒙运动为特征的某种思想之产物。例如，博纳尔德就为革命带来的变化而深感困扰，渴望回归中世纪的平静与和谐。根据这些学者的观点，上帝是社会的源头，因此，理性——对启蒙运动思想家们而言如此重要——被认为不如传统宗教信仰重要。不仅如此，他们还认为鉴于社会为上帝所创造，所以人们不应该干预和试图改变这一神圣的造物。由此引申开来，博纳尔德还反对所有可能损害父权制、一夫一妻制、君主制和天主教派等传统制度的事物。

博纳尔德可被视为这一阶段保守反应中相对极端的代表，但他的作品却是了解这一派别之一般假设的有用入门。保守主义者厌恶启蒙运动中所谓"天真的"理性主义。他们不仅接受社会生活中各个层面的非理性，并且赋予它们积极的价值。因此，他们将传统、想象力、唯情论（emotionalism）以及宗教视作社会生活中有用且必要的组成部分。他们不喜欢剧变，而且试图保留现有的秩序，因此谴责法国大革命和工业革命一类的社会发展，将其视作破坏性的力量。保守主义者倾向于强调社会秩序，它在后来成为几位社会学理论家著作的核心主题之一。

蔡特林（1996）罗列了他在保守主义回应思潮中看到的十大命题，这些命题为法国古典社会学理论的发展提供了基础。

- 启蒙运动中的思想家强调个人，而保守主义之回应则将社会学的一大兴趣和重心导向社会和其他大规模现象。社会被视为是比简单的个体加总更为丰富的事物。它被看作一种独立的存在，有自身的发展规律以及深刻的历史根源。
- 社会是最重要的分析单元，比个人更加重要。正是社会通过社会化的方式造就了个人。
- 个人甚至不被看成社会最基本的要素。社会包括角色、位置、关系、结构和制度等组成部分。个人的作用最多就是填充这些社会内部的单元。
- 社会的各组成部分是相互关联和彼此依赖的。事实上，它们的关联正是社会的重要基础。这种观点引出一种保守的政治倾向。也就是说，因为各个部分是相互关联的，所以干预其中一个部分就会导致其他部分乃至整个系统的破坏。这意味着要以极度谨慎的态度对待社会系统内部的变革。
- 变化不仅被视为对社会及其组成部分的威胁，更被视为对社会中个体的威胁。社会各个组成部分的存在是为了满足人们的需求。一旦制度遭到破坏，人们就有可能要承受痛苦，进而导致社会的失序。
- 人们一般倾向于认为社会各种大规模的构成对于社会和其中的个体都是有益的。在这种观念的引导下，人们很少愿意去发掘既有社会结构和制度的负面影响。
- 家庭、邻里以及宗教和职业群体等小单元，也被认为对于个体和社会来说是必要的。它们提供了人们在现代社会中生存下去所需要的、亲密的及面对面的环境。
- 人们倾向于认为工业化、城市化和官僚化等现代社会变革具有破坏组织结构的作用。人们怀着焦虑和恐惧的心情来看待这些变革，强调要找出应对其破坏性作用的途径。
- 尽管上述令人畏惧的变革中的大多数指向一个更加理性的社会，但保守主义的回应却指向对非理性因素（如仪式、庆典和崇拜）之重要性的强调。
- 最后一点，保守主义者支持社会内部等级体系的存在。这一体系被认为对于社会如同地位与报酬的差异化系统一样重要。

从针对启蒙运动的保守主义回应思潮中总结出的这十大命题，应被视作社会学理论在法国的发展的直接思想来源。这些命题中的许多成分被融入了早期的社会学理论，当然某些启蒙思想（如经验主义）也产生了同样的影响。[①]

---

① 尽管我们一直强调启蒙运动和反启蒙运动之间的非连续性，但塞德曼指出，二者之间也存在连续性和关联性。第一，反启蒙运动继承了在启蒙运动中发展起来的科学传统。第二，反启蒙运动继承了启蒙运动对集体主义（相对于个人）的强调，并且实现了对它的极大扩展。第三，二者都对现代世界的议题感兴趣，尤其是现代世界对个人的负面影响。

法国社会学的发展

我们现在来介绍社会学作为一门独特的学科的实际建立过程,并且将特别侧重亚历克西·德·托克维尔、克劳德·圣西门、奥古斯特·孔德和埃米尔·涂尔干这四位法国思想家的理论成就。

亚历克西·德·托克维尔(1805—1859)

我们先来介绍托克维尔,尽管他的出生晚于圣西门和孔德。这首先是因为托克维尔及其作品都是极为纯粹的启蒙运动的产物[托克维尔受到孟德斯鸠,尤其是其著作《论法的精神》(*The Spirit of the Laws*,1748)直接且强烈的影响(B. C. J. Singer,2005b)]。其次,托克维尔的作品不能被算作法国社会理论清晰的发展链条——从圣西门到孔德再到至关重要的涂尔干——中的一环。一直以来,托克维尔被视为政治学家而非社会学家,而且许多人并未意识到他的作品中有社会理论的存在(如Seidman,1983:306)。可是,他的作品中不但有社会理论的存在,而且这些社会理论值得在社会理论发展史上占据一个比目前我们所认为的重要得多的位置,无论在法国社会学史或世界社会学史上都是如此。

托克维尔最为著名也最具影响力的著作是《论美国的民主》(*Democracy in America*,1835/1840/1969),尤其是它的第一卷。他在该书中饱含热情地描绘了美国早期的民主体系,该著作被视作"政治科学"发展史上的一部早期经典。在《论美国的民主》的后几卷以及晚期的著作中,托克维尔清晰地建立了一整套意涵丰富的社会理论,为他在社会理论史上赢得了一席之地。

托克维尔理论的核心是三个相互关联的主题——自由、平等、集权化。**自由**作为启蒙运动之产物,托克维尔是它最早和最重要的支持者和倡导者。他对**平等**持相对批判的态度,认为平等的制度会导致平庸的社会,而逝去的、不平等的时代中的贵族制度却能造就精英(他自己就是个贵族)。更重要的是,平等和平庸与他最在意的命题相联系,即**集权化**(centralization)的增长(在政府内部尤其如此)以及集权化政府对自由构成的威胁。在他看来,正是由于逝去那个时代的不平等,贵族的权力才能成为对政府集权的制约。随着贵族的消亡,社会虽然变得更加平等,却再也没有什么群体能够制衡一直存在的集权化倾向。很大程度上由平等的个人所构成的大众过于"顺从",不能对抗这一趋势。托克维尔还进一步将平等与"个人主义"(他声称是由他"创造"而且应为他换来声誉的一个重要概念)相联系,随之产生的个人主义者对更高一级的"共同体"的福利漠不关心,远远不及之前的贵族。

正因如此,托克维尔对民主,尤其是对社会主义持批判态度。民主所承诺的自由,最终会被它同样承诺的平等以及它的集权政府倾向所威胁。在托克维尔看来,社会主义

亚历克西·德·托克维尔小传

托克维尔1805年7月29日出生于巴黎一个并不富裕却地位显赫的贵族家庭。一家人在法国大革命中受到冲击，他的父母遭到逮捕，好在最终免于上断头台。托克维尔受到良好的教育，做过律师和法官（尽管他在这两份职业中都不怎么成功），阅读广泛，尤其是曾深入阅读在大量古典社会理论中发挥核心作用的启蒙运动哲学（如卢梭和孟德斯鸠的著作）。

托克维尔一生的转折点始于1831年4月2日，他和朋友古斯塔夫·德博蒙（Gustave de Beaumont）以研究美国监狱系统为名到美国旅行。他将美国视作一个大实验室，可以从原初状态入手研究民主、平等、自由等在他看来极为重要的现象。他游历了美国大部分发达地区和一些尚不发达地区，还包括加拿大的一些地区，向西一直走到绿湾（位于威斯康星州）、孟菲斯（位于田纳西州）和新奥尔良（位于路易斯安那州），探访了美国东北部、大西洋中部和南部各州，以及位于美国中西部、密西西比河东岸的一些州。他跟遇到的各式各样的人交谈，追问系统化的问题，做详细的笔记，任由其研究兴趣随着沿途的发现而逐步成形。托克维尔和博蒙特于1832年2月20日回到法国，用不超过一年的时间研究美国社会当时蔚为大观的物质环境和社会面貌。

托克维尔用了不少时间为《论美国的民主》的第一卷起头，直到1833年底才郑重其事地开始这项工作，该书于1835年得以出版。这本书取得了巨大的成功，托克维尔从此闻名遐迩。讽刺的是，这样一本有关民主（尤其是美国民主）的经典之作，却是由一位法国贵族完成的。在《论美国的民主》第二卷即将完成时（该书出版于1840年），托克维尔进入了政界。《论美国的民主》第二卷相比于第一卷具有更加浓厚的社会学意味（Aron，1965），因为第一卷显然是关于政治学的，是关于美国政治体系如何运作以及它与其他政治系统（特别是法国政治体系）的比较研究。（总的来说，托克维尔极为推崇美国体系，尽管他对于更一般意义上的民主持保留态度。）第二卷没有第一卷那么受欢迎，可能正是因为这种方向的转换以及作品本身更趋抽象的性质。

托克维尔继续研究政治。尽管他是一名贵族，他的许多观点却相对自由化。对此，他曾说：

> 人们以为我要么持有贵族式的偏见，要么持有民主化的偏见。如果我生于另一个时代或另一个国家，我可能会从二者中择取其一。但是我的生平经历使得我很容易同时提防这二者。我出生在大革命的末期，这场革命摧毁了流传久

远的制度，却还什么都没有建立。在我成长的过程中，贵族已死去，民主尚未生。因此，我的直觉无法将我盲目地引向其中任何一端。

（Tocqueville，引自Nisbet，1976—1977：61）

罗伯特·奈斯比特（Robert Nisbet，1976—1977：65）认为，正是这种矛盾心态使得"任何时候都不存在或者近似地存在可以称之为托克维尔主义的东西"，这跟马克思主义理论的发展明确地源出于马克思的情况不同。

托克维尔经历了1848年革命以及国王路易-菲利普的逊位。由于反对路易·拿破仑发动的那场军事政变，他被捕并入狱了一些日子，由此见证了自己政治生涯的终结（当时他已经成为外交部部长，但拿破仑革除了他的职务）。托克维尔不肯接受拿破仑三世的独裁统治，越来越倾向于批判法国选择的政治方向。为了批判当时的法国，托克维尔决定写一本关于法国1789年革命的书（他相信这场革命在19世纪上半叶仍在持续，并且影响到他所生活的时代），即他的另一本经典著作《旧制度与大革命》(*The Old Regime and the Revolution*)，该书在1856年出版。该著作关注法国的专制制度，并且延续了《论美国的民主》中对自由、平等和民主三者关系的兴趣。与《论美国的民主》第二卷的命运不同，《旧制度与大革命》大受欢迎，使得托克维尔成为当时法国自由主义运动的"元老"。

托克维尔卒于1859年4月16日，享年53岁（Mancini，1994；Zunz and Kahan，2002）。读者可以通过阅读《托克维尔回忆录》(*The Recollections of Alexis de Tocqueville*，Tocqueville，1893/1959)一书对托克维尔及其思想进行更深入的了解，该书在他过世后出版，是一本关于1848年革命以及他在其中扮演的角色的回忆录。

显然比民主更糟，因为它给予平等以更多的承诺，也具有政府集权化的更大可能，必然构成对自由的更大威胁。

托克维尔理论的精义在于对自由、平等和集权化之间关系的论述。他有关中央政府逐渐增强之控制的"宏大叙事"，是韦伯的科层制理论以及福柯更加接近当代的"治理术"（governmentality）及其逐步扩散、渐趋精巧、具有侵入受其控制的人们"灵魂"之倾向等思想的先驱。托克维尔的著作含有十分深刻的社会理论，但是它对于本节接下来将要讨论的法国社会学家及其理论未能产生影响。托克维尔理论的影响主要限于政治学领域以及有关美国民主和法国大革命的相关研究（Tocqueville，1856/1983）。当然有一些社会学家（以及社会科学家）充分认识到托克维尔的重要性，尤其是那些对个人主义与共同体的关系感兴趣的学者（Riesman，1950；Nisbet，1953；Bellah et al.，1985；Putnam，2001）。但是，迄今为止，托克维尔的理论在整个社会学理论界乃至法国社会理论界仍然未能获得应有的地位（Gane，2003）。

克劳德·亨利·圣西门（1760—1825）

圣西门比孔德年长，事实上，孔德早年做过圣西门的秘书和门徒（参见"奥古斯特·孔德小传"）。这两位思想家的理论有很大的相似性，尽管一场激烈的争论最终导致了他们的分道扬镳（Pickering，1993；K. Thompson，1975）。

圣西门最有意思的一点，是他对保守主义（如孔德）及激进的马克思理论的发展**都**很有影响。从保守的这一面来看，圣西门希望保持社会既有的现状，但并不像迈斯特和博纳尔德那样试图重返中世纪的生活。另外，他是个**实证主义者**（Durkheim，1928/1962：142），这意味着他认为研究社会现象应该采用在自然科学领域被应用的那些科学技术。至于激进的这一面，圣西门看到了社会主义改革尤其是经济体系集中规划的需要。但是，圣西门并不尽如马克思后来那样激进。他如马克思一样预见到资本家对封建贵族的替代，但他却无法想象劳动阶级会逐渐地替代资本家。我们在孔德的著作中可以看到许多圣西门的思想，但是孔德采用了更加系统化的方式对它们加以整合（Pickering，1997）。

奥古斯特·孔德（1798—1857）

孔德是第一个使用**社会学**这一术语的人（Pickering，2000；J. H. Turner，2001a）。[①]他对之后的社会学理论家（尤其是斯宾塞和涂尔干）影响巨大。正如许多古典理论家及大多数当代社会学家一样，孔德深信社会学研究应该是科学的（Lenzer，1975）。

孔德对当时弥漫在整个法国的无序状态深感困扰，并因此抨击那些孕育启蒙运动和法国大革命的思想家。他建立了"实证主义"或"实证哲学"的科学观，用以驳斥他眼中启蒙运动那些消极和破坏性的哲学。孔德与法国反对革命的天主教徒（尤其是博纳尔德和迈斯特）站在同一阵线并深受其影响。不过，孔德的著作至少在两大层面上与博纳尔德和迈斯特的著作有所不同。第一，孔德不认为人类社会有重返中世纪的可能，科学与工业的进步取消了这种可能性。第二，相比于前人，孔德建立了一个远为复杂的理论系统，足以形塑早期社会学中相当一部分内容。

孔德建立了**社会物理学**（social physics），或说1839年他称之为**社会学**的学科

[①] B. 埃里克松（B. Eriksson，1933）意识到孔德创造了"社会学"这一标牌，但质疑将孔德视作现代科学化的社会学先驱的观点。他认为亚当·斯密及一些苏格兰道德论者（Scottish Moralists）才是现代社会学的真正源头。参见L. 希尔（L. Hill，1996）对亚当·弗格森（Adam Ferguson）之重要性的论述，以及乌尔曼-马加利特（Ullmann-Margalit，1997）对弗格森、斯密以及朗德尔（Rundell）的介绍。

奥古斯特·孔德小传

孔德1798年1月19日生于法国蒙彼利埃城（Orenstein，2007；Wernick，2005；Pickering，1993：7）。他出生于一个中产阶级家庭，父亲的最高职务是地方税务官。孔德是个聪慧的学生，但一直没有获得大学学位。他在巴黎综合工艺学院（Ecole Polytechnique）就读的那个班因为政治观念激进和反叛倾向而被解散。这对孔德的学术生涯产生了不利的影响。1817年，他成为比他年长40岁的哲学家圣西门的秘书［以及"养子"（Manuel，1962：251）］。他们有几年在一起紧密地合作，孔德曾非常感念圣西门对他的恩情，"我在知识上向圣西门学习了太多……是他将我引上了哲学之路，这正是当前我明确地为自己选择且将毫不犹豫坚持一生的路"（Durkheim，1928/1962：144）。但是，1824年，二人之间爆发了争吵，孔德认为圣西门竭力避免在其一本著作中署他的名字，抹掉他的贡献。孔德后来把自己与圣西门的关系说成是"灾难性的"（Pickering，1993：238），并且将圣西门描述为"邪恶的骗子"（Durkheim，1928/1962：144）。1852年，孔德再次提到圣西门时说："我不欠这位大人物任何东西。"（Pickering，1993：240）

在海尔布伦（Heilbron，1995）笔下，孔德身材矮小（身高大概1.58米），有轻微的斜视，在社交时非常缺乏安全感，尤其是在女人面前。总的来说，他有些隔绝于社会。这有助于我们理解孔德与卡洛琳·马桑（Caroline Massin）的婚姻（从1825年持续到1842年）。马桑是个私生女，孔德后来称她为"娼妓"，但近年来有学者质疑这个标签的真实性（Pickering，1997：37）。孔德在人际交往中的不安全感与其对自身学术能力的自信构成鲜明对比，貌似他的自尊就建立在自身出众的智力上：

> 众所周知，孔德的记忆力惊人。有如照相机一般的天赋使得他可以背诵出一本书上的任何一个段落，哪怕这本书之前他只读过一遍。他的专注力也是超人的，他不用在纸上勾勾画画，就能草拟出整部书稿。他在演讲时从来不用提示。当他坐下来开始写作，他可以全凭记忆来引用文献。
>
> （Schweber，1991：134）

1826年，孔德制定了一个公共演讲计划，打算在他的公寓举办一系列共计72场哲学演讲。这个计划吸引了很多听众，但演讲只进行了三场就因孔德精神陷于崩溃而被迫中止。此后，孔德一直饱受精神疾病的折磨。1827年，孔德曾试图跳塞纳河自杀，但未能成功。

尽管不能获得巴黎综合工艺学院的正式教席，但在1832年，孔德终于获得

> 了一个不起眼的小职位——教学助理。1837年，孔德又获得了另外一个入学考试主考官的职位，人生中第一次获得足够的薪水（直到这时孔德还时常接受家里的经济资助）。在此期间，孔德一直从事著名的六卷本《实证哲学教程》（*Cours de Philosophie Positive*）的写作，最终在1842年完成全书的出版（该书第一卷出版于1830年）。孔德在书中概述了他的观点，即社会学是终极的科学。他在书中攻击了巴黎综合工艺学院，这导致其教学助理职务合同在1844年被终止。1851年，孔德完成了四卷本的《实证政治体系》（*Systeme de Politique Positive*），该书内容更具实践指向，提供了一个面向社会重组的宏大计划。
>
> 海尔布伦指出孔德人生中的重大挫折出现在1838年，自那时起，孔德不再寄望有人会把他的作品视为科学以及严肃意义上的社会学。此外，自那时起，孔德过上了"大脑保健"的生活，也就是说，他开始回避阅读其他人的著作，在拒绝接触最新的知识发展之后变得落伍。自1838年之后，孔德提出了一些有关社会改革的奇思怪想，《实证政治体系》一书对此也有所表现。孔德开始幻想自己是一门新的人道教的最高教父，并且相信世界最终将由社会学家出任的神父来领导。（天主教的家庭背景对孔德有深刻的影响。）有意思的是，这些想法虽然十分古怪，但孔德在法国和其他国家都赢得了不少信众。
>
> 1857年9月5日，孔德卒于巴黎。

（Pickering，2000）。社会物理学这一术语清晰地表明孔德试图模仿"硬科学"以打造社会学。在他看来，这门新兴科学最终将取得**唯一**的支配性地位，而它所要研究的是社会静力学（既存的社会结构）与社会动力学（社会变化）。二者都涉及对社会生活规律的探索，而孔德认为社会动力学比社会静力学更重要。强调变化反映出孔德对社会变革的兴趣，尤其是通过变革来解决法国大革命和启蒙运动引发之社会问题的兴趣。孔德不主张推动革命性的变化，认为自然的演进方式可以使社会变得更好。改革只是在帮助、推进社会演进的意义上才有必要。

以上分析有助于我们了解孔德思想的基石——他的进化理论（evolutionary theory）或人类发展的**三阶段法则**（law of the three stages）。该理论认为世界经历了三个知识发展阶段。按照孔德的看法，不仅仅人类世界，群体、社会、科学、个体乃至心灵都曾经历同样的三阶段。第一个阶段是**神学**（theological）阶段，这是公元1300年之前的世界的特征。在这一时期，核心的思想体系强调对超自然力量和以人类为蓝本的宗教人物的信仰，信仰成为一切事物的基础。更重要的是，社会世界和物理世界都被看成是上帝创造的。第二个阶段是**形而上学**（metaphysical）阶段，大致出现在1300年到1800年。这个时代的特征是，人们信仰如"自然"一样的抽象力量而非人格化的上帝，并据此来解释一切现象。最后，在19世纪，世界进入了**实证**（positivistic）阶段，以对科学的信仰为特征。人们现在倾向于放弃寻找终极原因（上帝或自然），转而专注于观察社会和物理世界以及寻找支配这二者的规律。

显然，在孔德与人类世界有关的理论中，他集中关注智识因素。事实上，他认为正是智识的失序导致了社会失序。社会失序源于早期的思想体系（神学和形而上学）在实证（科学）时代依然存在。只有实证精神取得了绝对控制，社会革命才会停止。这是一个自然演进的过程，所以人们没有必要煽动动乱和革命。实证主义终会实现，尽管有可能不像某些人期待的那么快。如此一来，孔德的社会改良主义就与他的社会学达成了一致。社会学能够加快实证主义的实现，从而实现社会世界的有序。总之，孔德不想被人认为是支持革命的。在他看来，世界已经够乱了。在任何情况下，孔德的主张都是我们需要的只是知识上的变革，根本不需要社会革命和政治革命。

至此，我们已介绍了孔德的一些思想——以保守主义、改良主义和科学主义为基石以及他的世界进化观，它们对于古典社会学理论的构建意义重大。孔德著作中的另外一些内容也对社会学理论的发展起到了重要的作用，值得关注。例如，孔德的社会学理论不关注个人，而是把家庭等较大的实体作为基本的分析单元。孔德还引导我们要同时考察社会结构和社会变化。对之后的社会学理论，尤其是斯宾塞和帕森斯的著作而言，最有意义的是孔德对人类社会系统性的强调，即强调社会各组成部分之间的联系。孔德强调共识在社会生活中的重要性。他在主张工人阶级和资产阶级之间存在无可避免之冲突的社会思想中找不到任何可取之处。此外，孔德强调建构抽象理论和走出去做实证研究二者皆有必要。他提倡社会学家要在研究中使用观察法、实验法和历史比较研究。最后，孔德深信社会学终将成为人类社会中具支配性的科学力量，因为它具有解释社会规律及推动以修补系统内部问题为目标的社会改革的独特能力。

孔德是开辟实证主义社会学研究的先锋（Bryant，1985；Halfpenny，1982）。在乔纳森·特纳（Jonathan Turner）看来，孔德的实证主义强调"人类社会遵从抽象法则的发展，而这些法则可以通过审慎的数据收集来加以检验"，"这些抽象法则揭示了人类社会的基础属性与通用属性，并可具体说明它们的'自然关系'（natural relations）"（1985：24）。我们在后面还将看到，许多古典社会学家（尤其是斯宾塞和涂尔干）延续了孔德这种发现社会生活规律的偏好。实证主义在当代社会学中仍占据重要地位，但同时也受到诸多诟病（Morrow，1994）。

虽然不具备坚实的学术基础以建立社会学理论中的孔德学派，但孔德仍然为社会学理论一大支流的发展奠定了根基。不过，孔德的深远影响最终被吸收了孔德诸多思想的法国社会学后继者涂尔干所淡化了。（有关本章中涂尔干及一些古典理论家的封圣经历，参见D. Parker，1997；Mouzelis，1997）

埃米尔·涂尔干（1858—1917）

与孔德相比，涂尔干与启蒙运动的联系要模糊得多。涂尔干由于重视科学及社会改革而被视作启蒙运动传统的继承人。然而，涂尔干同样也被视作保守主义传统的继承人，一如孔德的著作对这一传统的承继。与孔德一直在学术界外徘徊（如托克维尔一样）不同，涂尔干随着职业生涯的推进建立了日益坚实的学术基地。涂尔干使得社会学在法国变得合法化，他的著作成为社会学，特别是社会学理论发展的主导力量（Rawls，2007；R. A. Jones，2000）。

涂尔干在政治上支持自由主义，但在学术上则采取一种较为保守的态度。如同孔德和天主教派中的反革命主义者一样，涂尔干对社会失序既恐惧又憎恨。他的著作处处都在讨论由一般社会变化所引发的失序，其中既包括我们迄今为止讨论的种种革命，也包括那个年代法国社会独有的一些因素，如工人罢工、统治阶级的分裂、政教冲突、反犹主义风潮等（Karady，1983）。事实上，涂尔干的大部分著作致力于研究社会秩序。涂尔干的观点是失序并不一定是现代社会的必然构成，社会可以通过改革来缓和失序的状态。马克思将现代社会的问题看成是内生问题，涂尔干（及大部分古典理论家）则并不这么认为。因此，马克思认为需要进行社会革命的思想与涂尔干等人的改良主义形成泾渭分明的两个阵营。在古典社会学的发展过程中，涂尔干对于秩序和改革的偏好最终占据了主导地位，而马克思的立场则被逐渐淡化了。

社会事实

涂尔干为社会学之主题建立了明确的概念，然后将它放在经验研究中去检验。在《社会学方法的规则》（*The Rules of Sociological Method*，1895/1982）一书中，涂尔干指出社会学的独特任务就在于研究所谓的**社会事实**（social facts）（Nielsen，2005a，2007a）。他认为社会事实是外在于个体的力量和结构（Takla and Pope，1985），对个体具有强制性。研究宏观结构和力量（如制度化的法律和共同的道德信仰）及其对人们的影响成为涂尔干之后许多社会学理论家（如帕森斯）的主题。在《自杀论》（*Suicide*，1897/1951）中，涂尔干认识到如果他将自杀等个体行为与社会起因（社会事实）相关联，他就能建立一个有说服力的案例以说明社会学学科的重要性。涂尔干没有研究为什么个体A或者B会自杀，而是对不同组织、宗教团体、国家甚至群体（如已婚和未婚人群）中自杀率的不同更感兴趣。他的基本观点是社会事实的性质及变化导致了群体自杀率的差异。举例来说，战争或经济萧条制造出压抑的集体情绪，进而导致自杀率上升。就这个主题当然还有很多可以谈，这里的关键点在于涂尔干建立了一种明确的社会学视角，并且试图在针对自杀的科学研究中证明它的有效性。

在《社会学方法的规则》一书中，涂尔干区分了两种社会事实——物质性的和非

埃米尔·涂尔干小传

涂尔干1858年4月15日出生于法国埃皮纳勒。他的家族中涌现出了众多拉比，涂尔干从小也立志成为一位拉比。然而，青年时期的涂尔干在很大程度上背离了家族的传统（Strenski，1997：4）。从那个时候起，他终生的信仰更倾向于学术，而非神学（Mestrovic，1988）。他不满意他所接受的宗教训练、通识教育（还包括后者对文学和美学的过分重视）。他渴望获得更多的科学方法与引导社会生活所需的伦理守则训练。他拒绝接受传统上哲学领域的学术晋身阶梯，转而寻求当时需要的、有助于提升社会之道德导向的科学训练。尽管涂尔干对科学的社会学怀有兴趣，但那个时候所谓的社会学学科尚未形成。因此，从1882年到1887年，涂尔干在巴黎大区的一些外省学校里讲授哲学课程。

一次前往德国的游历加深了涂尔干对科学的兴趣，他在那里首次接触到由威廉·冯特（Wilhelm Wundt）开创的科学心理学（Durkheim，1887/1993）。在到访德国之后的几年里，涂尔干发表了很多文章，他的作品在一定程度上是以他在德国的经历为基础的（R. A. Jones，1994）。1887年，他凭借这些作品获得了波尔多大学哲学系的一个教职（Pearce，2005）。在那里，涂尔干首次在一所法国大学里开设社会科学课程。这是一个了不起的成就：仅在十年前，在某所法国大学，仅因学生在答辩论文中提到了孔德的名字，校园里就爆发了一场喧闹。不过，涂尔干的主要职责还是为学校的老师们讲授教育学，其中最重要的一门课程是道德教育。涂尔干的目标是向教育者传递一种道德体系，再通过他们将其传递给青年，从而改变当时他身边处处可见的法国社会道德堕落的趋势。

涂尔干在接下来的日子里取得了一系列的成就。1893年，他出版了法语版的博士论文《社会分工论》（The Division of Labor in Society）以及研究孟德斯鸠的拉丁语版论文（Durkheim，1892/1997；W. Miller，1993）。1895年，集中体现其方法论主张的《社会学方法的规则》得以出版，紧接着在1897年，将这些研究方法加以实证应用的案例——《自杀论》出版。在1896年，涂尔干已升任为波尔多大学的正教授。1902年，他受邀进入著名的索邦神学院，1906年被任命为教育学教授，1913年该称谓被改为教育与社会科学教授。1912年，涂尔干另外一本经典著作《宗教生活的基本形式》面世。

今天，许多人认为涂尔干是政治上的保守主义者，他对社会学的影响当然也就是保守主义的。然而，涂尔干在他所生活的那个时代却被认为是一个自由主义者，因替犹太裔上尉阿尔弗雷德·德雷福斯（Alfred Dreyfus）辩护所发挥的积极的公共影响足以证明这一点（Farrell，1997）。

涂尔干为德雷福斯事件所表现出的反犹主义深感耻辱,但没有将其归咎于法国民众中的种族主义。以相当典型的方式,涂尔干认为这是整个法国社会所面临的道德病态的一种表现(Birnbaum and Todd,1995)。他说:

> 当社会遭遇困境,它需要找到某个人来为此承担责任,将社会所遭遇的不幸报复到这个人身上:那些受到社会舆论歧视的人自然不免承担这种命运,他们是充当赎罪牺牲品的贱民。我之所以坚信这一说法,是因为1894年德雷福斯事件的审判结果是如此大受欢迎。整条街道上弥漫着洋洋喜气,人们把一个本应集体哀悼的事件当作胜利的盛典。他们至少知道了由谁来为他们所经受的经济萧条和道德沦丧负责。问题来自犹太人。这项指控得到了官方的认可。仅仅通过这样一个"事实",情况看起来就已在好转,人们也感到了慰藉。
> (Lukes,1972:345)

可以说,涂尔干对德雷福斯事件的关注源于他终其一生都在深刻反思道德与现代社会所面临的道德危机。

涂尔干认为,结束人类社会的道德失序,就能为德雷福斯事件及同类危机找到答案。鉴于这一方法既不容易也不可能一蹴而就,涂尔干建议采取更具体的行动,比如严惩那些煽动公众仇恨的人,而政府应当努力向公众澄清事情如何被误导。他鼓励人们要"有勇气大声宣布内心所想,联合起来以取得反抗大众狂热的胜利"(Lukes,1972:347)。

涂尔干对社会主义的关注(1928/1962)也被当作证据,来驳斥那种他是一名保守主义者的说法。然而,涂尔干提倡的那种社会主义与马克思及其追随者感兴趣的社会主义全然不同。事实上,涂尔干将马克思主义标记为一系列"有争议且过时的狂想"(Lukes,1972:323)。在涂尔干看来,社会主义代表一场旨在通过科学道德观更新社会道德的运动,而且他对社会主义在短期内的政治方法或经济表现也不感兴趣。他没有将工人阶级看作社会的救赎,而且极力反对骚乱和暴力。涂尔干的社会主义与我们通常想到的社会主义大不相同。它代表这样一个系统,即通过科学社会学发现的道德法则可以在其中得到应用的系统。

读者在全书中都会看到,涂尔干对社会学的发展影响深远,而且他的影响还不仅仅局限于此(Halls,1996)。他在其他领域的影响主要是通过他于1898年创立的《社会学年鉴》(*L'année sociologique*)来传递的。围绕这本期刊,一个以涂尔干为中心的学术圈得以建立。涂尔干及其思想的影响透过这个学术圈被发散到人类学、历史学(尤其是年鉴学派,Nielsen,2005b)、语言学以及心理学领域——考虑到他

> 早年对心理学的攻击，这一点还颇具讽刺意味。
> 　　1917年11月15日，涂尔干以法国知识界泰斗的身份离开了人世。但是，涂尔干的思想对美国社会学界发生影响要等到他去世20年后帕森斯《社会行动的结构》（*The Structure of Social Action*，1937）的出版。

物质性的。他在书中对两种社会事实都进行了分析，但涂尔干的主要关注是**非物质性的社会事实**（nonmaterial social facts），如文化、社会制度，而不是**物质性的社会事实**（material social facts），如科层制、法律。他对前者的关注在其最早的一部重要著作《社会分工论》（*The Division of Labor in Society*，1893/1964）中已经表现得十分明显。该书的焦点是比较分析原始社会和现代社会的凝聚力量。涂尔干总结称，较早的人类社会主要是通过非物质性的社会事实进行联结的，明确地说，即被广泛接受的一般道德或涂尔干口中的强烈的**集体意识**（collective conscience）。然而，鉴于现代社会的复杂性，集体意识的作用有所下降。现代社会的首要纽带是复杂的劳动分工，它促成人与人之间相互依赖的关系。可是，涂尔干觉得现代劳动分工也造成了几大病态。换句话说，它仍不足以整合社会。基于保守主义社会学的立场，涂尔干不认为革命是解决这些问题的方法。他建议进行一系列改革以修补现代社会体系，维持它的运行。他认识到人类不可能回到由强大的集体意识控制社会的时代，但现代社会应强化公共道德，使人们能更好地应对他们正遭遇的社会病态。

宗教

在涂尔干的晚期作品中，非物质性的社会事实占据了更为核心的地位。事实上，涂尔干在最后一部重要著作《宗教生活的基本形式》中所关注的就是非物质性社会事实的终极形式——宗教。涂尔干研究原始社会以发现宗教的起源。他相信在相对简单的原始社会里会比在复杂的现代社会中更易发现宗教的根源。涂尔干认为他的结论是宗教的源头就在于社会本身。社会逐渐定义出什么属于宗教，什么属于世俗。专就涂尔干所研究的案例而言，氏族是**图腾制**（totemism）这一原始宗教的起源，植物和动物之类的事物在其中被人为地神化。由此，图腾制被视作非物质性社会事实的特定类型、集体意识的一种形式。最后，涂尔干指出社会和宗教（一般地说即为集体意识）是一体且相同的。宗教就是社会以非物质性社会事实表达自己的方式。涂尔干在某种意义上神圣化了社会及其主要产物。显然，在神圣化社会时，涂尔干采取了极为保守的立场，认为个体不会想要推翻神或它的社会根源。他将社会跟上帝相等同，所以不主张推行社会革命。涂尔干是一个社会改良主义者，寻求改善社会运作的种种途径，在这些方面以及另外一些地方，涂尔干显然与法国保守主义社会学站在同一阵营。竭力回避极端的做法使他成为法国社会学历史上最重要的人物。

涂尔干的著作及另外一些重要的作品为世纪之交的法国社会学学术界开辟出一片独特的领地。学者们将涂尔干尊为这一持续发展之领域的领袖人物。1898年，涂尔干为促进社会学的发展创办了《社会学年鉴》（Besnard，1983）。这份刊物成为发展与传播社会学思想的重要阵地。涂尔干有意扶持社会学的发展，于是将这份刊物打造为一个学科共同体的枢纽。这个学术团体发展涂尔干的理论，并将它传播到其他领域以及社会研究的各个方面（如法律社会学和城市社会学）。1910年，涂尔干在法国建立了一个颇具影响力的社会学研究中心，法国社会学的学术建制化由此走入正轨（Heilbron，1995）。

德国社会学的发展

法国社会学的早期发展史是一个相对清晰的过程，从启蒙运动、法国大革命发展到保守主义的回应，再到托克维尔、圣西门、孔德和涂尔干等人日益重要的社会学思想，而德国社会学从一开始就是碎片化的，在徘徊于德国社会学界边缘的马克思及其支持者与韦伯和齐美尔这两位德国早期主流社会学巨匠之间出现了分裂。[①]不过，尽管马克思理论本身被认为是不可接受的，但其中的思想仍然以或积极或消极的方式融入了德国主流社会学。

卡尔·马克思（1818—1883）理论

德国哲学家黑格尔（G. W. F. Hegel，1770—1831）在学术上对马克思产生了最重要的影响。

黑格尔

根据特伦斯·鲍尔（Terence Ball）的说法，"我们很难领会黑格尔在19世纪20年代到50年代对德国思想界的主导达到了何种程度。受过教育的德国人——包括青年马克思——在讨论历史、政治和文化时很大程度上不能超越黑格尔的哲学框架"（1991：25）。马克思在柏林大学接受的教育是由黑格尔的思想及其追随者在黑格尔去世后分裂出的分支所形塑的。"老年黑格尔派"继续认同导师的理论，而"青年黑格尔派"在继承黑格尔传统的同时，从多个层面批判了黑格尔的哲学体系。

我们可以用两个概念来表达黑格尔哲学的精华——辩证法和唯心主义（Hegel，1807/1967，1821/1967；Beamish，2007a）。**辩证法**既是一种思维方式，又是世界的影像。一方面，作为思维方式，它强调过程、关系、动力、冲突和矛盾的重要性，用一种

[①] 如欲了解与此相反的意见以及在马克思与德国主流社会学之间存在连续性的观点，参见塞德曼（Seidman，1983）。

卡尔·马克思小传

马克思 1818 年 5 月 5 日生于普鲁士特里尔城（Beilharz，2005e）。他的父亲是一名律师，为家庭提供了典型的中产阶级生活方式。马克思的父母都来自犹太家庭，但为了事业发展，他的父亲在他很小的时候改信了新教。1841 年，马克思从柏林大学获得哲学博士学位，这所大学深受黑格尔以及对他的思想采取既支持又批判的态度的青年黑格尔派的影响。马克思的博士论文是一篇枯燥无味的哲学专题论文，但已预示出其晚期的许多思想。毕业后，马克思为一份激进的自由派报纸《莱茵报》撰稿，仅用了 10 个月就晋升为该报主编。但是，由于它的政治立场，该报很快被政府查封。马克思在这一时期发表的早期作品显示出一些将引导他一生的政治立场，民主原则、人本主义和朝气蓬勃的理想主义散见于这些文字之中。马克思拒绝了黑格尔哲学的抽象特征、乌托邦共产主义者的天真幻想，也不愿意与那些推动不成熟的政治运动的积极分子为伍。在抵制这些积极分子的过程中，马克思为其一生的研究奠定了基础：

> 只要它一成为危险的东西，就会得到大炮的回答；至于掌握着我们的意识、支配着我们的信仰的那种思想（理性把我们的良心牢附在它的身上），则是一种不撕裂自己的心就不能从其中挣脱出来的枷锁；同时也是一种魔鬼，人们只有先服从它才能战胜它。
>
> （Marx，1842/1977：20）

马克思于 1843 年结婚，不久就被迫离开德国，逃亡到自由氛围更浓的巴黎。在巴黎，他继续与黑格尔及其支持者的思想缠斗，同时开始了解两个新的思想体系——法国社会主义和英国政治经济学。将黑格尔哲学、社会主义思想和政治经济学相互结合的奇特方式，奠定了马克思的学术取向。这一时期里同样重要的事件是，马克思遇到了他终生的挚友、资助者和合作者——恩格斯（Carver，1983）。恩格斯是一个纺织工厂主的儿子，却成长为一位不断批判工人阶级生活环境的社会主义者。马克思对工人阶级悲惨境遇的同情很大程度上源自恩格斯的影响。1844 年，恩格斯和马克思在巴黎一家著名的咖啡馆里进行了一次长谈，为两人终生的友谊奠定了基础。关于那次谈话，恩格斯说："我们在所有理论领域上的完全一致逐渐显现……我们的合作就从那时开始。"（McLellan，1973：131）在接下来的几年中，恩格斯出版了著名的《英国工人阶级状况》（*The Condition of the Working Class in England*）。马克思在这一时期也创作出大量晦涩的作品（其中许多作品在他生前未能发表），包括与恩格斯合写的《神圣家族》（*The Holy Family*，1845/1956）以及《德意志意识形态》(The German Ideology，1845—1846/1970)。《1844年经济学哲学手稿》(The Economic and Philosophic Manuscripts of 1844，1932/1964)是同一时期的作品，更明显地预示出马克思对于经济领域日益增长的关注。

马克思和恩格斯虽然在理论倾向上达成了一致，但两个人的性格却有很大不同。马克思更具有理论家的气质，一副不修边幅的知识分子形象，非常重视家庭；而恩格斯却是一位秉持实用主义的思想家、仪容整洁且风度翩翩的商人，而且并不信任家庭这种制度。尽管个性如此不同，但马克思和恩格斯确实建立了亲密的友谊，一起合作写书、写文章，在激进的政治组织里共同工作。恩格斯在马克思的余生中一直向他提供资助，以便他能全心投入到学术和政治工作之中。

尽管马克思和恩格斯的名字总是出现在一起，但恩格斯一直强调自己只是一个不重要的同伴：

> 马克思没有我也能很容易地做到。至于马克思所做到的，我却做不到。马克思比我们一切人都站得高些，看得远些，观察得多些和快些。马克思是天才。
>
> (Engels，引自 McLellan，1973：131—132)

事实上，许多人认为恩格斯不能理解马克思著作中的许多精妙之处 (C. Smith，1997)。马克思逝世之后，恩格斯成为马克思主义的主要代言人，虽然他一直忠于自己与马克思共同筑造的政治前景，却以种种方式简化了马克思的理论。

由于马克思的一些文章刺激到了普鲁士政府，1845年，法国政府应普鲁士政府的要求驱逐了马克思，后者只好移居布鲁塞尔。马克思变得越来越激进，成为国际革命运动的活跃分子。他与共产主义者同盟建立了联系，应邀与恩格斯共同撰写起草了一份文件，详细论述共产主义者同盟的目标和信念。这篇文章就是1848年发表的《共产党宣言》(Communist Manifesto，1848/1948)，以回响着"全世界劳动者，联合起来"等政治标语为特征。

1849年，马克思再次移居伦敦，而且鉴于1848年政治革命的失败，开始远离活跃的革命行动，转向对资本主义体系的运作展开更深入、细致的研究。1852年，他在大英博物馆展开了他最为世人所知的有关资本主义运转条件的研究。这些研究最终被写入三卷本的《资本论》(Capital)，《资本论》第一卷于1867年出版，另外两卷在马克思逝世后才得以出版。许多年来，马克思生活窘困，只能靠微薄的稿费和恩格斯的资助勉强维生。1864年，马克思加入国际工人协会，再次投身于政治运动。他很快就在这一运动中声名鹊起，并为之耗费了数年的精力。第一国际领导人以及《资本论》作者的身份使得马克思获得了极高的声誉。然而，1876年第一国际的解散、多项革命运

> 动以失败告终以及自身的病痛击垮了马克思，在目睹妻子和一个女儿先后于1881年、1882年离开人世之后，马克思于1883年3月14日逝世。

动态而非静态的方式来理解社会；另一方面，作为世界的影像，辩证法强调构成世界的是过程、关系、动力、冲突和矛盾，而不是静态的结构。辩证法通常总是与黑格尔联系在一起，但在哲学上它显然先于黑格尔出现。由于接受过黑格尔传统的训练，马克思认同辩证法的重要性。但是，他对黑格尔运用辩证法的某些方式持批判态度。例如，黑格尔倾向于只将辩证法用于思想领域，而马克思认为可以更多地将它用于物质生活的领域，如经济领域。

黑格尔的名字还令人联想到**唯心主义**哲学，这种哲学强调心灵和精神产品而非物质世界的重要性。对唯心主义而言，有意义的是物理和物质世界的社会定义，而不是这些世界本身。极端形式的唯心主义确信存在的**唯有**心灵和心理建构。一些唯心主义者认为即使物理世界和社会世界不复存在，它们的精神过程却依然故我。唯心主义者强调的不仅是精神过程，还包括由这些过程产生的思想。黑格尔密切关注这类思想的发展，尤其是他眼中的社会之"精神"的发展。

事实上，黑格尔以唯心主义的形式提出了某种世界进化理论。最初，人类只被赋予通过感官理解周围世界的能力，能够认识物理世界和社会世界的景象、气味和感觉。随后，他们发展出认识和理解自身的能力。通过自我认识和自我理解，人类开始意识到自己可以变得更好。用黑格尔的辩证法来表达就是，人类真正的自我与期许的自我之间出现了矛盾。随着他或她对自己在更广泛的社会精神中所处的位置之认识不断加深，这一矛盾方能获得解决。个体逐渐认识到他们的终极使命在于从整体上去发展和扩展社会精神。这样一来，黑格尔体系中的个体从对事物的理解进化到对自我的理解，再到对于在一个更大的世界中所处位置的理解。

于是，黑格尔提出了社会世界进化的一般理论。它是一种认为变化只产生于意识层面的主观理论。这种变化远远超出了行动者的控制。行动者被降格为被必然发生的意识进化横扫过的一些容器。

费尔巴哈

路德维希·费尔巴哈（Ludwig Feuerbach，1804—1872）是黑格尔与马克思之间的重要桥梁（Staples，2007a）。作为青年黑格尔派的成员之一，费尔巴哈除了批判黑格尔对社会意识和精神的过分强调之外，对后者还有其他一些指责。对唯物主义哲学的接受使得费尔巴哈宣称哲学需要抛开黑格尔主观的唯心主义，把注意力放在真实的人所面对的物质现实上，而不是思想上。费尔巴哈集中批判了黑格尔的宗教思想。在费尔巴哈看来，上帝不过是人类本质在非人力量层面上的一种投射。人类创造出超越自身的上帝，又将自己与上帝异化开来，将一系列美德投射在上帝身上（上帝是完美、全能和神圣的），而使自己归于不完美、无助和罪恶。费尔巴哈认为这种宗教必须被抛弃，而使人类（而非宗教）成为自身的最高目标——自身即是目的——的唯物主义哲学能够帮助我们击败这种宗教。唯物主义哲学要神圣化的是真实的人，而非宗教等抽象观念。

马克思、黑格尔和费尔巴哈

马克思同时受到黑格尔、费尔巴哈的影响，但对他们的理论又都有所批判。马克思接续着费尔巴哈的思路批判了黑格尔对唯心主义哲学的沉迷。马克思采取这种立场，不仅是因为他选择了唯物主义，还因为他对实践活动的极大兴趣。黑格尔把财富、国家等社会事实看成一些概念而非真实的、物质性的实体。即使在审视劳动这种明显的物质过程时，黑格尔也只看到了抽象的精神劳动。这与马克思对于真实且有感知力的人的劳动的兴趣有很大分歧。所以，就马克思的关注点而言，黑格尔当然是弄错了对象。此外，马克思认为黑格尔的唯心主义将导致一种极为保守的政治倾向。在黑格尔看来，进化过程超越了人类及其活动可以控制的范围。不管怎样，既然人类在竭尽所能地朝着更加深入理解世界的方向前进，那似乎就没有必要进行任何革命，发展进程已经在沿着期望的方向移动。所有现实问题只存在于意识之中，因此，改变思路就能找到问题的答案。

马克思采取了全然不同的立场，认为现代社会的种种问题可以被归溯到真实的物质根源（如资本主义结构），它们只有靠成千上万民众的集体行动推翻这些结构才能获得解决（Marx and Engels，1845/1956：254）。黑格尔因关注意识而非真实的物质世界而"把整个世界倒立起来"，而马克思却坚定地将他的辩证法嵌入到物质的基石之中。

马克思多次为费尔巴哈对黑格尔的批判拍手叫好（如费尔巴哈的唯物主义以及他对黑格尔理论之抽象性的抵制），但也绝不能说他衷心拥护费尔巴哈的立场（Thomson，1994）。首先，费尔巴哈关注宗教世界，而马克思深信整个社会世界特别是经济领域，才是研究的目标。马克思虽然接受费尔巴哈的唯物主义哲学，但又觉得费尔巴哈走得太远，只执一端，有违辩证法。费尔巴哈的失败在于他不能将黑格尔最重要的成就——辩证法吸收到他的唯物主义取向（尤其是人与物质世界的关系）之中。最后，马克思认为费尔巴哈像大多数哲学家一样忽略了**实践活动**（praxis），尤其是革命活动（Wortmann，2007）。正如马克思所说："哲学家们只是用不同的方式**解释**世界，而问题在于**改变世界**！"

马克思在上述两位思想家身上抽取了最重要的两种元素——黑格尔的辩证法和费尔巴哈的唯物主义，将它们融入自己独特的理论取向，即强调物质世界辩证关系的**辩证唯**

物主义（dialectical materialism）。①

政治经济学

马克思的唯物主义观和因此产生的、对经济领域的关注自然地引导他去阅读亚当·斯密和大卫·李嘉图等一批**政治经济学家**的著作（Howard and King，2005）。马克思深受其中一些理论的吸引。他赞扬他们提出的劳动是一切财富之源的基本假设。马克思由此建立了**劳动价值理论**（labor theory of value），指出资本主义的利润以对劳动者的剥削为基础。资本家们玩了一个简单把戏——支付给劳动者的少于他们应得的，劳动者的报酬低于他们在一定劳动时间内实际创造的价值。**剩余价值**（surplus value）被资本家截留下来用于再投资，这就是整个资本主义体系的基础。资本主义体系不断加剧对工人的剥削（获得越来越多的剩余价值），将利润再用于投资，从而完成资本主义体系的扩张。

政治经济学家对资本主义体系之冷血可怖以及用种种方式盘剥工人的描述，同样影响了马克思。不同于这些学者对资本主义恶魔的描述，马克思批判他们将这些罪恶看成资本主义不可回避的构成。马克思谴责这些学者大体上接受了资本主义，而且鼓励人们努力工作以获取体制内的经济成功。他还批评政治经济学家们不能看到资本家与劳动者之间的内在冲突，否定用激进手段推动经济秩序变革的必要性。鉴于马克思深信从资本主义跨越到社会主义需要一场激烈的变革，这样的保守经济学对他来说是完全不可接受的。

马克思和社会学

马克思不是一位社会学家，他也不认为自己是社会学家。他的著作涉及太广，不能为**社会学**一词所涵盖，但是我们仍然可以从中发现社会学理论的存在。从一开始，而且在欧洲尤其如此，不仅有一些社会学家深受马克思的影响，而且一直存在着马克思主义社会学的传承。不过，对于早期社会学家中的绝大多数人而言，马克思的著作代表一种负面力量，从反向上形塑了主流社会学思想。直到不久以前，社会学理论界，尤其是美国社会学理论界，仍然以对马克思主义的敌视或无视为特征。我们在第二章中将会看到，目前这一现象发生了戏剧性的改变，然而对马克思著作的负面回应仍然是塑造众多社会学理论的重要动力之一（Gurney，1981）。

抵制马克思的基本理由是意识形态性质的。许多早期社会学理论家继承了针对启蒙

---

① 辩证唯物主义一词由约瑟夫·狄慈根（Joseph Dietzgen）于1887年率先提出。格奥尔基·普列汉诺夫（Georgi Plekhanov）在1891年使这个术语成为哲学的一个核心概念（Beamish，2007a）。尽管马克思显然是在以辩证唯物主义的视角看问题，但他从来没有使用过这个概念。

运动与法国大革命之破坏性的保守主义抵制思潮，而马克思的激进观点以及他预言将要发生并努力带入现实社会的激烈变革令这些思想家感到害怕和愤恨。马克思被视为意识形态的异端而受到驱逐。有人说马克思算不上是严肃的社会学理论家。可是，意识形态本身不能成为抵制马克思的真正原因，因为孔德、涂尔干以及其他一些保守主义思想家的著作同样带有强烈的意识形态倾向。事实上，意识形态的性质，而不是意识形态的存在，对很多社会学理论家造成了困扰。他们随时准备且急于接受包裹着一层社会学理论外衣的保守主义意识形态，却拒绝马克思及其追随者提供的激进意识形态。

当然，很多早期社会学理论家不接受马克思还有其他原因。马克思看上去更像一位经济学家而非社会学家。早期的社会学家虽然承认经济的重要性，但他们认为经济只是社会生活的许多构成之一。

早年间学界抵制马克思的另一个原因在于后者独特的理论兴趣。早期的社会学家致力于研究由启蒙运动、法国大革命及之后的工业革命所引发的社会失序，但马克思却并不为这些失序乃至整体失序感到困扰。相反，最令马克思感兴趣和关注的是成形于工业革命时期的资本主义体系的压迫性。马克思希望提出一种理论来解释这种压迫性，并引导人们推翻资本主义。马克思的理论兴趣在于革命，与追求改良和有序变革的保守主义理论关注截然不同。

值得一提的还有，马克思主义与保守主义社会学理论有着不同的哲学根源。大部分保守主义理论家深受伊曼努尔·康德（Immanuel Kant）哲学的影响。康德哲学及其他一些因素使得这些理论家接受了线性和因果性的思考方式。换句话说，他们倾向于认为 A 项的变化（如启蒙运动中的思想变化）将导致 B 项的变化（法国大革命中的政治变革）。相形之下，正如我们知道的那样，黑格尔对马克思的影响最为深刻，他用辩证而非因果的方式进行思考。此外，辩证法使得我们关注社会力量持续的交互效应。因此，辩证论者会把刚才这一案例重构为思想与政治领域中连续且正在进行的相互作用。

马克思的理论

简而言之，马克思基于他对人类本质的认知提出了一套有关资本主义社会的理论。马克思相信人类在本质上是生产性的。换句话说，为了生存，人类必须在自然环境中以自然为对象进行工作。在这一过程中，他们制造出食物、衣服、工具、房屋以及其他生活必需品。人类的生产性是表达其内在创造冲动的最为自然的途径。不仅如此，这些创造冲动的表达还可以与其他人相呼应，也就是说，人类在本质上是社会性的。他们需要在一起工作，以生产生存之所需。

然而，这个自然过程在历史中被扭曲了，最初是由于原始社会的艰苦条件，之后又因为人类社会在历史过程中建立的各种结构配置。这些结构以多种方式干预自然的生产过程。在资本主义社会，这种破坏是最剧烈的，对自然生产过程的破坏在资本主义体制下达到顶峰。

在本质上，资本主义是一种在个人与生产过程、该过程之产品及其他人之间设立障碍的结构（更精确地说，是一系列结构）。它最终甚至分隔了他/她作为个体的自己。这就是**异化**（alienation）的基本内涵：它破坏了人与其产品之间的天然联系。异化的出现是因为资本主义已经进化为由两个对立阶级构成的系统，少数资本家在其中可以占有生产过程、产品和雇员的劳动时间。在资本主义社会，人们不再自然地为自身生存而生产，而是为了一小批资本家进行非自然的生产。从学术的角度，马克思极为关注资本主义的结构及其对行动者的压迫；而从政治的角度，他被引向一种将人类从资本主义的压迫中解放出来的理想。

实际上，马克思几乎没有花什么时间来构想社会主义国家的形制（Lovell，1992）。他更关心的是如何促进资本主义的终结。他相信资本主义内在的矛盾和冲突将会辩证地导致它最终的崩溃，但不认为这个过程是必然的。人们必须在适当的时机采取适当的行动，为社会主义的到来开辟道路。资本家们控制着大量的资源，可以阻止社会主义的到来，但是具有阶级意识的无产阶级可以在联合行动中战胜他们。无产阶级在这一进程中将会创造什么？什么才是社会主义？基本上说，它是这样一种社会，人们在其中第一次可以实现马克思理想中的生产状态。在现代技术条件下，人们可以与自然、与他人和谐互动，创造日常生活之所需。换句话说，在社会主义社会里，人们将不再承受异化之苦。

马克斯·韦伯（1864—1920）与齐美尔（1858—1918）理论的根源和本质

从19世纪晚期到20世纪初，马克思及其追随者一直被排斥于德国主流社会学之外，但在很大程度上，德国早期社会学可以被视作在抵制马克思理论的同时获得其发展。

韦伯和马克思

举例来说，阿尔伯特·萨洛蒙（Albert Salomon）认为德国早期社会学的巨匠马克斯·韦伯的很大一部分理论是在"与马克思的灵魂长期而激烈的辩论"中发展起来的（1945：596）。这种说法可能有些夸大，然而马克思主义理论确实以多种形式在韦伯的理论中扮演了对立的角色。在另一些方面，韦伯又在马克思主义的传统中工作，试图"完成"马克思的理论。此外，除了马克思主义，韦伯的理论也吸收了很多其他理论的影响（Burger，1976）。通过列出每一种有关马克思和韦伯二者关系的观点，我们可以澄清德国社会学的大多数源头（Antonio and Glassman，1985；Schroeter，1985）。我们应该牢牢记住，韦伯对马克思的著作并不十分熟悉（后者的许多作品是在韦伯逝世之后才出版的）。他对马克思主义者的著作的回应要多于对马克思著作本身的回应（Antonio，1985：29；B. S. Turner，1981：19—20）。

韦伯**的确**倾向于把马克思和同时代的马克思主义者看成经济决定论者，他们都提出了一种用单一原因解释社会生活的理论。韦伯认为马克思主义理论将一切历史发展归因于经济基础，而一切当代社会结构都建立于经济基础之上。尽管马克思本人的理论或许并不这样看，但这的确是许多后来马克思主义者的立场。

最令韦伯感到恼火的一种经济决定论认为，思想仅是物质利益（尤其是经济利益）的反映而物质利益足以决定意识形态。从这一点来看，韦伯可以说"反转了马克思"的思想（类似于马克思对黑格尔所做的）。韦伯没有关注经济要素及它们对于思想的影响，而是用大部分精力来研究思想及其对经济的影响。韦伯不认为思想是经济要素的简单投射，而是将其看作足以深刻影响经济领域的自主性力量。韦伯在思想以及宗教思想体系的研究中倾注了大量的时间，尤其关注宗教思想对经济的影响。在《新教伦理与资本主义精神》(*The Protestant Ethic and the Spirit of Capitalism*，1904—1905/1958)一书中，他探讨了新教教义作为一种思想体系怎样对另外一种思想体系（即资本主义精神）乃至资本主义经济体系的形成产生了影响。韦伯对于世界上其他宗教也有类似的理论兴趣，试图解释这些宗教的内在性质如何在相应社会中阻碍资本主义的崛起。根据他的这些研究，一些学者认为韦伯在反对马克思主义思想的过程中建立了自己的理论。

至于对韦伯和马克思二者关系的第二种看法，正如之前提到过的，有学者认为与其说韦伯是在抵制马克思，倒不如说是在努力完善马克思主义理论的视角。这种看法认为韦伯更多地是在遵照马克思的传统而工作，而不是在抵制他。这么一看，韦伯对宗教的研究只是为了努力证明不仅物质因素可以影响思想，而且思想本身也能够影响物质结构。

谈到韦伯在完善马克思主义理论，我们可以在分层理论中找到一个很好的范例。在有关社会分层的理论中，马克思强调社会**阶级**（social class），即社会分层的经济维度。韦伯承认经济因素的重要性，但强调其他的分层因素也非常重要。他指出社会分层的概念应该延伸至将基于声望/**地位**（status）和**权力**（power）的社会分层也囊括在内。纳入这些新增的维度不是在抵制马克思，而是对其思想的一种发展。

就马克思与韦伯关系的两种看法都承认马克思主义理论对于韦伯的重要性。这两种看法都有一定道理，在某些方面，韦伯是在从事抵制马克思的工作，但在另一些方面，他又在扩展马克思的思想。关于这个话题，第三种视角或许才最能说明两位理论家的关系。这种视角认为我们应该简单地将马克思看作众多对韦伯产生过影响的源头之一。

其他学者对韦伯的影响

我们还可以找出韦伯理论的另一些来源，如德国历史学家、哲学家、经济学家和政治理论家的思想。在影响过韦伯的人物之中，哲学家伊曼努尔·康德（1724—1804）

马克斯·韦伯小传

韦伯1864年4月21日生于德国埃尔福特的一个名副其实的中产阶级家庭。父母之间巨大的性格差异对于韦伯的学术倾向和心理发展产生了深刻的影响。韦伯的父亲是一位相对身居高位的官僚。他显然是政治体制的一分子,回避任何导致其个人利益受损或威胁其仕途的行为或理想主义。老韦伯还是一个享受世俗之乐的人,在很多方面与他的妻子形成了鲜明的对比。韦伯的母亲是虔诚的加尔文派教徒,竭力远离丈夫渴求的欢乐,而期待过一种禁欲生活。她更多关注来世,那些意味着她最终不能获得救赎的不完美令她十分忐忑。两人之间深刻的差异导致了婚姻关系的紧张,而这一切都对韦伯造成了巨大的影响。

既然不可能同时效仿父亲或母亲,韦伯在孩提时就面临着清晰的选择(Marianne Weber, 1975: 62)。他最初看起来是要选择跟随父亲的方向,后来却变得与母亲更加亲近。不管如何选择,只能在两个极端之间择取其一的紧张感对韦伯的心灵产生了负面影响。

在18岁那年,韦伯离开家到海德堡大学学习了一小段时间。他在智力上显示出超越年龄的早熟,在社会交往中却表现得过分害羞和幼稚。这种情况在韦伯受到父亲生活方式的吸引并加入父亲曾参加过的兄弟会之后,迅速地改变了。他变得相当活跃,至少在一定程度上,这是因为他经常与同伴一起开怀畅饮。他还按照这类兄弟会的典型做法,骄傲地向他人展示身上因决斗造成的伤疤。韦伯不仅用这些行为表现出他认同父亲的生活方式,而且至少在那段时间里选择了父亲的事业——法律。

三个学期之后,韦伯离开海德堡大学前往军中服役。1884年,他回到柏林的父母家中,开始在柏林大学上课。在此后的八年里,韦伯绝大部分时间待在柏林,从大学毕业,获得博士学位,当上了律师(关于法学思维对韦伯理论之影响的讨论,参见Turner and Factor, 1994),并且开始在柏林大学教书。在这期间,韦伯的目光逐渐转向那些他持续了一生的兴趣——经济、历史和社会学。在柏林居住的八年里,韦伯在经济上主要依靠父亲的资助,但他越来越不喜欢这种状况。与此同时,他开始接受母亲的价值观,对父亲逐渐产生反感。他过起了一种禁欲的生活,将自己完全投入到工作之中。举个例子,当韦伯还是一名学生时,他的某个学期的工作习惯可以参照如下描述:"他一直恪守严格的工作纪律,过得像时钟那样精确,把日常活动按照不同主题精确划分,为了节省时间,每晚在房间简单备餐:一磅生碎牛肉和四个煎蛋。"(Mitzman, 1969/1971: 48; Marianne Weber, 1975: 105)于是,韦伯步其母亲之后尘,变得生活俭朴且极其勤奋,成为一个一心只知工作的人(按当代人的说法,一个"工作狂")。

> 这种强制性的工作使韦伯在1896年成为海德堡大学的经济学教授。但是，就在1897年，正当韦伯的学术事业蒸蒸日上时，父亲却在一场与韦伯的激烈争执之后过世。韦伯在不久后表现出一些不适症状，并发展为神经衰弱，既不能入睡又不能工作。韦伯在接下来的六七年里濒于彻底崩溃。在停顿了一段相当长的时间后，1903年，他似乎又恢复了一些精力。然而，直到1904年，韦伯在美国举办过去六年半以来第一次讲座时，才真正开始回归活跃的学术生活。在1904年至1905年之间，韦伯出版了其最著名的作品之一——《新教伦理与资本主义精神》。在这本书中，韦伯在学术层面上宣告了其母亲的宗教的支配地位。韦伯将大量时间投入宗教研究，尽管他本人并不算是虔诚的教徒。
>
> 虽然持续受到心理问题的困扰，1904年之后，韦伯还是恢复了正常生活，并创作了他最卓越的一些作品。在十多年里，韦伯发表了他从世界史的视角对各国宗教所做的研究（如中国、印度与古犹太国的宗教）。1920年6月14日，在逝世的当天，韦伯还在进行他最重要的一本著作《经济与社会》（*Economy and Society*，1921/1968）的写作。这本书虽然得以出版，且被译成多种文字，但实际上它是一部尚未完成的著作。
>
> 在这一时期，韦伯除了创作大量文稿之外，还从事了一些其他工作。1910年，他协助组建了德国社会学学会。韦伯的家成为多个学科的知识分子聚会的中心，其中包括社会学家齐美尔、罗伯特·米歇尔斯（Robert Michels）及其兄弟阿尔弗雷德·米歇尔斯（Alfred Michels），以及哲学家与文学批判家格奥尔格·卢卡奇（Georg Lukács）（Scaff, 1989: 186—222）。此外，韦伯在政治上表现得相当积极，曾发表一些针对时事热点的文章。
>
> 韦伯的生活乃至他的著作中始终存在着一种张力，是其父亲所代表的官僚心态以及母亲所代表的宗教虔诚之间形成的张力。这种无法解除的张力渗透在韦伯的著作之中，一如它对于其生活的渗透。

显得尤其突出。不过，我们一定也不能忽略弗里德里希·尼采（1844—1900）的影响（Antonio, 2001）。尼采对于英雄的强调对韦伯著作中个体有抵制官僚机构与现代社会其他结构之需要等观点产生了极其重要的影响。

康德对韦伯及德国社会学的影响从总体上说明德国主流社会学与马克思主义源自不同的哲学根源。我们知道，黑格尔而非康德对马克思主义理论产生了重要影响，黑格尔的哲学引导马克思及马克思主义者去探索关系、冲突和矛盾，而康德的哲学至少使一些德国社会学家采取了更为静态的视角。对康德而言，世界是永远不可能直接认识的诸多事件的嘈杂混合，只有通过对这些事件进行过滤、选择和分类等一系列思维过程，世界才能够被认知。康德区分了真实世界的内容以及借以理解这些内容的形式。延袭康德传统的社会学家强调这些形式，因而他们的著作与沿袭了黑格尔传统的马克思主义者的著作相比表现出更加静态的特征。

韦伯的理论

马克思在本质上提出的是一个有关资本主义的理论，而韦伯的著作基本上是有关理性化进程的理论（Brubaker，1984；Kalberg，1980，1990，1994）。让韦伯深感有趣的是，为什么西方社会制度在发展过程中表现出了更多的理性，而世界上的其他地域在类似的发展过程中却似乎遇到了强有力的阻碍。

理性化在韦伯的作品中以多种方式出现，但我们在本书中想讨论的是卡尔伯格归纳的四种理性类型之一——**形式理性**（formal rationality）（Kalberg，1980，1990，1994；也可参见Brubaker，1984；D. Levine，1981a）。正如韦伯时常强调的那样，形式理性关涉个体对目的与工具的选择。不过，根据形式理性，所做选择要参照普遍适用的规则、规范和法律。这些参照物相应地源自多种大规模的结构，尤其是官僚组织和经济体。韦伯对西方、中国、印度以及世界其他地域进行大量的历史比较研究，以此为背景构建他的理论。他试图在这些研究中找出促进或妨碍社会向理性化发展的因素。

韦伯以科层制（以及科层化的历史过程）作为理性化的经典案例，但是今天我们或许可以用快餐店来更生动地说明理性化（Ritzer，2004a）。快餐店在形式上是一个理性系统，人们（包括员工和顾客）在这个系统中被引导着用最理性的方式达到目的。例如，免下车点餐窗口就是一种理性的方式，通过这种方式，员工分发产品、顾客获取食品都可以快速和高效地达成。速度和效率是快餐店及其一切规则与规范的指南。

韦伯将对科层化过程的讨论嵌入对一个更大的议题——政治制度的讨论中。他将权威系统划分为三种类型——传统型（traditional）、神授型（charismatic）以及法理型（rational-legal）。法理型权威系统只在现代西方社会才获得一定发展，我们也只有在法理型权威系统中，才可以见到现代官僚制度充分的发育。世界上的非西方社会仍然受到传统型和神授型权威系统的控制，这妨碍了法理型权威系统和现代官僚组织的发展。简单地说，**传统型**权威源自长期存在的一套观念。例如，某个领导人获得权力是因为他/她的家庭或氏族一直承担该群体的领导之责。**神授型**权威源自他/她所拥有的超凡能力或美好品德，或者更可能的情况是，仅仅因为跟随者相信他/她具有这些品质。尽管上述两种权威具有历史意义，但韦伯认为西方社会乃至整个世界最终都要走向**法理型**权威系统（Bunzel，2007）。在这种系统里，权威源自法律上的理性化规则。法理型的权威以及与其相伴而生的科层制的进化，仅是韦伯关于西方世界理性化之论述中的一部分。

韦伯对宗教、法律、城市乃至音乐等现象的理性化都进行了详尽且周密的分析。我们可以通过另一个案例——经济制度的理性化来说明韦伯的思维方式。对这一主题的讨论隐藏在韦伯关于宗教与资本主义关系的更宏大的分析之中。通过广泛的历史研究，韦伯试图回答为什么理性的经济系统（资本主义）在西方获得发展，而在世界上的其他社会中却没有发展起来？韦伯认为宗教是这一进程中的核心因素。在某个层面上，他与马克思主义者进行对话并试图证明，与他所处年代里的马克思主义者的认识不同的是，宗教并非仅仅是一种附带现象。相反，它在资本主义为什么在西方社会中兴起而在非西方社会中却未能出现这个问题上扮演了关键性的角色。韦伯认为一个明显带有理性特征的宗教系统（加尔文教派）对于资本主义在西方社会的兴起起到了核心作用。与之相对应地，在他所研究的世界的其他地域里，他发现了相对不理性的宗教系统（如儒教、道教、印度教），它们能够阻碍理性经济系统的发展。不过，这些宗教毕竟只能对经济系统起到暂时的阻碍作用，事实上，在这些社会中，社会结构作为整体最终将走向理性化。

理性化虽然是韦伯理论的核心，但它远远不能代表韦伯的全部理论。社会学理论发展中的一个关键议题是：为什么相比于马克思主义理论，韦伯的理论对后来的社会学理论家更有吸引力？

西方学者对韦伯理论的接受

原因之一是韦伯理论在政治上更易被接受。韦伯并不支持马克思式的激进主义。他在某些问题上偏向自由主义，而在另一些问题上则持保守主义观点（如国家的作用）。尽管他严厉地批判现代资本主义社会的诸多方面，而且像马克思一样得出了许多批判性的结论，但韦伯并不建议用激进的方式来解决问题（Heins, 1993）。

晚近出现的社会学理论家，尤其是美国理论家，认为他们所在的社会正在遭受马克思主义的攻击。这些在理论取向上偏于保守的学者，想方设法地寻找可以替代马克思主义的理论，其中一个颇具吸引力的选项就是韦伯理论（涂尔干和帕累托的理论也是选项之一）。毕竟，理性化影响的不仅是资本主义社会，还有社会主义社会。事实上，韦伯认为理性化在社会主义社会里制造了比在资本主义社会中更大的问题。

韦伯更受偏爱还与他个人表达观点的方式有关。韦伯穷其大半生进行了细致的历史研究，在得出政治结论时通常不会脱离其研究背景。因此，它们一般看上去与科学及学术规范十分吻合。至于马克思，虽然他做了大量严肃研究，但也写了不少明显会挑起论战的文章。即使在那些相对学术的作品中，马克思也加入了政治判断的犀利表达。在《资本论》（1867/1967）中，马克思将资本家描述为"吸血鬼"和"狼人"。对晚近出现的西方社会学家来说，韦伯偏学术化的风格使他的理论更易被接受。

韦伯更受欢迎的第三个原因是，他遵循的是一个有助于形塑晚近出现的社会学家著作的哲学传统。也就是说，韦伯遵循的是康德的哲学传统。这意味着他倾向于以因果模式思考问题。晚近出现的西方社会学家更容易接受他这种思维方式，而散落在马克思的著作中的那种辩证逻辑在很大程度上是他们既不熟悉也不喜欢的。

最后一点，韦伯提供的似乎是一种面向社会世界的更完整的理解。韦伯对广布社会范围内的各种现象都感兴趣。他的多样化的理论关注看起来为晚近的社会学家提供了更多可供研究的主题。

韦伯大部分的重要著作是在19世纪晚期和20世纪初期完成的。在其学术生涯的初期，韦伯只能称得上是对社会学问题感兴趣的历史学家，但是到了20世纪初期，他关注的主题越来越接近社会学。事实上，他后来成为那个时代德国最著名的社会学家。1910年，他（与另外一些学者，包括我们即将介绍的齐美尔）建立了德国社会学协会（Glatzer，1998）。韦伯在海德堡的家成为不仅面向社会学家，同时也吸引诸多领域学者的知识分子活动中心。韦伯的著作不仅在德国造成了广泛的影响，在美国产生的影响更大，尤其是在帕森斯将韦伯的思想（以及其他欧洲理论学者尤其是涂尔干的思想）引介给大批美国读者之后。

齐美尔的理论

格奥尔格·齐美尔（Georg Simmel）与韦伯生活在同一时代，也是德国社会学协会的创始人之一。在某种程度上，齐美尔是一位非典型的社会学理论家（Frisby，1981；D. Levine，Carter，and Gorman，1976a，1976b）。首先，他对美国社会学理论的发展产生了直接而深刻的影响，而马克思和韦伯在一定程度上却被忽略了一些年头。齐美尔的著作有力地推动了美国社会学界早期的中心之一——芝加哥大学及其代表性理论符号互动论的发展（Jaworski，1995；1997）。我们在后文中将会看到，芝加哥学派和符号互动论在整个20世纪20年代与30年代初期一直主导着美国社会学界（Bulmer，1984）。齐美尔的思想之所以在芝加哥产生了如此深远的影响，主要是由于芝加哥大学社会学系早年间的主导性人物——阿尔比恩·斯莫尔（Albion Small）、罗伯特·帕克（Robert Park）曾于19世纪末在柏林接触过齐美尔的理论。帕克在1899—1900年间曾参加齐美尔的讲座，而斯莫尔在19世纪90年代与齐美尔有过大量的书信来往。两人起到了桥梁的作用，不但将齐美尔的思想介绍给芝加哥大学的学生和老师，翻译了一些齐美尔的著作，还引发了大批美国受众对齐美尔思想的关注（Frisby，1984：29）。

齐美尔著作的非典型性也体现在他的分析层面，或者，至少可以说是美国人最了解的那个层面。韦伯和马克思关心社会的理性化、资本主义经济体系之类的宏观问题，而齐美尔最广为人知的著作与微观问题有关，尤其着重于对个体行为和互动的研究。齐美尔的思想以康德哲学为源头，早期以对互动**形式**（forms of interaction，如冲突）和互动者**类型**（types of interactants，如陌生人）的分析而为世人所知。基本上，齐美尔认为理解人与人之间的互动是社会学的主要任务之一。然而，缺少一定的概念工具，我们就无法研究社会生活中的大量互动。这也就是互动形式与互动者类型的由来。齐美尔认为他可以从巨量的社会情境中分离出有限的互动形式。以此为工具，他就能分析和理解这些不同的互动情境。设定数量有限的互动者类型，在解释互动情境时能起到类似的效用。他的工作对符号互动论问世的影响深远，该理论流派正如它的名称所显示的那样，以互动为研究的焦点。颇为讽刺的是，齐美尔同样关注那些困扰马克思与韦伯的宏观问题。然而，即使当代学人对齐美尔社会学理论的宏观层面越来越感兴趣，但他在这方面的工作远不如有关互动的研究那样有影响力。

美国早期社会学理论家之所以很快接受了齐美尔，在一定程度上是由于齐美尔的互动研究著作所表现出的风格。尽管像马克思和韦伯一样写过沉甸甸的大部头，但齐美尔也写了一系列看上去很平实的文章，以贫穷、妓女、守财奴与挥霍者、陌生人等趣事为题。简短的行文与生动的内容使得齐美尔的思想更易于在大众中流布。不幸的是，这些文字产生了遮蔽齐美尔较为厚重的著作的负面作用，例如那本本有可能对社会学产生重大影响的《货币哲学》(*Philosophy of Money*，译于1978年；参见Poggi, 1993)。话虽如此，从某种角度来说，正是由于这些短小慧黠的文字，齐美尔对美国早期社会学理论产生了比马克思和韦伯大得多的影响。

谈到齐美尔，就不能不谈他的《货币哲学》(1907/1978)，正是靠了这本书的英译本，齐美尔的著作才能吸引一大批对文化和社会有兴趣的理论家。宏观取向在《货币哲学》中或许更为明显，不过这种倾向在齐美尔的著作中是始终存在的。这个特点在齐美尔有关两人群体（dyad）和三人群体（triad）的著名研究中清晰可见。齐美尔认为当**两人群体**因为第三方加入而转化成**三人群体**时就会发生某些关键的社会学进展。不能存在于两人群体中的一些社会可能性出现了。例如，在三人群体中，其中一名成员可能成为另外两名成员分歧的调停者或仲裁者。更重要的是，其中两名成员可能联合起来，控制剩下的那名成员。这个案例以很小的规模再现了当大规模结构从个体中独立出来并开始统治个体时所发生的一切。

这个命题即《货币哲学》一书的基石。齐美尔主要关注的是一个逐渐与个体分离、支配性的货币经济如何出现于现代社会之中。这一命题又是齐美尔研究中一个更广阔且无处不在的命题的一部分，即文化作为一个整体对个体的统治。正如齐美尔所看到的，在现代社会中，大型文化及其各个组成部分（包括货币经济）在扩张，而且伴随着它们的扩张，个体的重要性不断被削弱。这里不妨举个例子，当与现代经济相联系的工业技术发生扩张并且变得越来越复杂时，个体工人的技术和能力就持续地变得越来越不重要。最终，这个工人将会面对一个他/她无法实施控制（如果还有意控制的话）的工业机器。一般地说，齐美尔认为在现代社会，大型文化的扩张导致了越来越深化的个体的无意义。

格奥尔格·齐美尔小传

1858年3月1日，齐美尔出生于柏林市中心地区。他在柏林大学读过多种科目。但是，当齐美尔第一次想写作博士论文时，他的想法却被否定了，齐美尔的一位教授评论说："如果我们不鼓励他往这个方向走下去，就等于是帮了他一个大忙。"(Frisby, 1984: 23) 尽管如此，齐美尔坚持了下去，并在1881年拿到哲学博士学位。他留在柏林大学任教一直到1914年，但在1885—1900年间只是一名不受重视的编外教师。作为编外讲师，齐美尔没有工资，只能靠学生的听课费作为生活来源。虽然处于边缘地位，齐美尔仍然把他的工作做得相当出色，这大部分是因为他是个优秀的演讲者，吸引了大量的（付费）学生（Frisby, 1981: 17; Salomon, 1963/1997)。他的授课风格是如此受欢迎，以至于柏林上流社会的文化名流纷纷去听他的课，这成为当时轰动一时的公共事件。

齐美尔的边缘性伴随着这样一个事实，即他其实是一个有点矛盾因而令人费解的人：

> 如果将亲戚、朋友、学生、同辈人对齐美尔的评价汇总起来，我们就会发现他身上有很多矛盾之处。他被一些人描述为高瘦体型，但又被另一些人描述为一个矮个儿，浑身散发着孤独的气息。据说他长得不好看，是一副典型的犹太人长相，但是看起来又相当聪明、高贵。作为一个讲师，他工作刻苦，语言幽默，十分善于表达。最后，我们听说他智商超群（Lukács, 1991: 145)，待人友好，与他人相处和谐——但是在内心深处他又是个非理性、难以捉摸、有些疯狂的人。
>
> (Schnabel, 转引自Poggi, 1993: 55)

齐美尔写过不计其数的文章［如《大城市和精神生活》(1903/1971)］以及著作［如《货币哲学》(1907/1978)］。他在德国学术界享有盛名，在国际上尤其是在其研究对该国社会学的诞生发挥过重要作用的美国有大批追随者。1900年，齐美尔终于获得官方认可，一直没有给他正式学术地位的柏林大学授予他一个纯粹荣誉性的头衔。齐美尔尝试过获得学界的许多职位，然而尽管拥有马克斯·韦伯等学者的支持，他却未能如愿。

齐美尔不能获得正式学术职位的一个重要原因是，他是一名犹太人，而且身处反犹主义盛行的19世纪德国（Kasler, 1985)。在一份写给教育部长的有关齐美尔的报告中，齐美尔被描述为"一个彻头彻尾的犹太人，从长相举止到思维模式都是如此"(Frisby, 1981: 25)。另一个原因是他所进行的那类研究。齐美尔的许多文章被发表在报纸和杂志上,它们是写给更广泛的社会读者看的,而不是仅仅面向专业的社会学家(Rammstedt, 1991)。此外,由于未能获得正式的学术任命,齐美尔不得不靠公开演讲来谋生。齐美尔的听众和读者主要是有知识的公众而非专业的社会学家,这个事实导致了同行对他的轻视。例如,一位当时的学者就曾批评说:"齐美尔在一般舆论中存在影响力,总的来说,就是比较高级的新闻报道"(Troeltsch, 引自 Frisby, 1981: 13)。齐美尔个人的失意也与当时德国学界对社会学的轻视有关。

1914年,齐美尔终于在不起眼的斯特拉斯堡大学里获得了一个正式的学术职位,但是他感到自己不能融入。一方面,他很遗憾自己离开了柏林知识界的受众。齐美尔的妻子在写给韦伯妻子的信中说:"格奥尔格认为他离开讲席很糟糕……(那些)学生很爱他、很支持他……这就好像是从生命的巅峰跌落下去一样。"(Frisby, 1981: 29)另一方面,齐美尔对在新大学的生活也没有什么好感。他在写给韦伯夫人的信中说:"我们这里的情况几乎没有什么可说的,我们的生活是……与人隔绝、封闭自守、无人关心,看起来就是一种孤独凄凉的生活。这里的学术活动为零,这里的人……都是陌生的,内心充满了敌意。"(Frisby, 1981: 32)

齐美尔受聘于斯特拉斯堡大学之后不久,第一次世界大战就爆发了,演讲厅变成军队医院,学生们匆忙赶赴战场。因此,齐美尔一直到1918年逝世时仍然只是德国学术界的边缘人。齐美尔从未拥有像样的学术生涯。然而,他在他的时代里吸引了大批的学术界追随者,而且他作为一名学者的声誉持续了很多年。

尽管社会学家们越来越接受齐美尔著作中那些更广阔的内涵,但他早期对社会学的影响主要源自他对互动形式、互动者类型等小规模社会现象的研究。

英国社会学的起源

我们已经回顾了法国社会学(孔德、涂尔干)以及德国社会学(马克思、韦伯和齐美尔)的发展,现在来看一看同时期英国社会学发展的情况。读者将会发现,欧洲大陆的思想对英国早期社会学产生了一定影响,不过英国本土思想的影响是更重要的。

政治经济学、改良主义以及社会进化

菲利普·阿布拉姆斯(Philip Abrams, 1968)声称英国社会学在19世纪的发展受

西格蒙德·弗洛伊德生平传略

在19世纪末20世纪初，弗洛伊德是德国社会科学界的另一位领袖。尽管弗洛伊德本身不是一位社会学家，但他却影响了许多社会学家的理论（例如帕森斯和埃利亚斯），而且我们在许多理论家的身上（Chodorow，1990；A. Elliott，1992；Kaye，1991，2003；Kurzweil，1995；Leledaki，2005；Prager，2005；Movahedi，2007）都可以看到这种影响的痕迹。

弗洛伊德1856年5月6日出生于奥匈帝国弗莱堡城。1859年，他们一家人迁往维也纳。1873年，弗洛伊德进入维也纳大学医学院学习。弗洛伊德表现得对科学比对医学更感兴趣，并且获得了生理学实验室的一个职位。他顺利地拿到了医学学位，在1882年离开实验室之后，进入一家医院工作，并随即以私人身份在神经病理方向展开了医学实践。

弗洛伊德在治疗某种被称为歇斯底里的神经症候时首次使用了催眠手法。这种手法是1885年他在巴黎跟随法国神经学家让－马丁·沙可时学会的。之后，他又采用了由一位维也纳外科医生约瑟夫·布洛伊尔率先使用的技术。接受治疗的患者一旦谈到歇斯底里首次出现时的情形时，这种症状就会消失。1895年，弗洛伊德与布洛伊尔合作出版了一部论著，提出了一系列革命性的见解。例如，歇斯底里一类神经症候的起因是心理性的，而不是人们通常认为的生理因素；相应的治疗要包含对病因的讨论。于是，心理分析的理论与实践就此诞生。由于弗洛伊德开始将性的因素，或者通常所说的力比多（libido）看成是神经症候的根源，他逐渐与布洛伊尔分道扬镳了。在接下来的几年里，弗洛伊德发展了他的诊疗技术，并写了大量论述其新理念的文章。

1902年，弗洛伊德的身边聚集起大量的追随者，他们每周在弗洛伊德的家中聚会。大概在1903年或1904年，荣格等人开始在精神治疗中应用弗洛伊德的理论。第一届心理分析会议于1908年召开，而一本以推介传播心理分析理论为主旨的期刊在次年建刊。这份期刊刚成立起来，由于弗洛伊德与荣格等人交恶，全新的心理分析阵营就出现了分裂。荣格等人纷纷离开，并提出自己的理论和组建新的团队。第一次世界大战延滞了心理分析这一学科的发展，但它在20世纪20年代得以迅速地恢复和扩展。在纳粹得势之后，心理分析领域的中心转往美国，直到今天再也没有离开那里。但是，弗洛伊德选择留在维也纳。尽管他是个犹太人，而且纳粹分子早在1933年就曾烧毁过他的著作，他还是在那里一直待到1938年纳粹军队进驻。1938年6月4日，在经过罗斯福总统调停并支付了一笔赎金之后，弗洛伊德离开了维也纳。从1923年起，弗洛伊德就已患上了口腔癌。1939年9月23日，他于伦敦辞世。

到三种相互冲突的理论来源的共同作用——政治经济学（Political Economy）、改良主义（Ameliorism）和社会进化论（Social Evolution）。①伦敦社会学学会建立于1903年，当时学者们就**社会学**的定义存在巨大分歧，但几乎无人质疑社会学将会成为一门科学。正是这种分歧赋予英国社会学以独特性，下面我们将逐一介绍这些理论源头。

政治经济学

我们已经接触过政治经济学，即关于工业和资本主义社会的理论，在一定程度上可以回溯到亚当·斯密（Adam Smith，1723—1790）那里去。②我们知道，政治经济学对卡尔·马克思产生了深刻的影响，他认真地钻研了政治经济学，并对其展开了批判。然而，英国的经济学家和社会学家不打算这样做。他们倾向于接受斯密的思想，认为有一只"看不见的手"在主导着市场中的劳动力和商品。市场是超越个体的独立存在，并且控制个体的行为。英国社会学家支持政治经济学家而非马克思的意见，把市场看作积极的力量，是社会秩序、和谐与整合之源。他们用积极的视角看待市场及更宏观层面的社会，社会学家的任务不是批判社会，而仅仅是收集与社会运作规律有关的数据。这样做是为了向政府提供事实（facts），以便使它理解社会系统的运行方式并明智地指导它的运行。

社会学研究的重点是事实，但究竟事实是什么呢？马克思、韦伯、涂尔干和孔德在社会结构中寻找他们的基本事实，英国社会学家则倾向于研究组成这些社会结构的个体。在解释大规模结构时，英国社会学家倾向于收集个人层面的数据，然后将它们拼合起来构成一幅整体的画面。在19世纪中叶，英国社会科学由统计学家主导，人们相信数据收集工作就是社会学的主要任务。社会学的目标是丢开理论化与哲学思维，积累"纯粹"的事实。这些经验主义社会学家偏离了社会理论家的理论焦点。他们的工作不是进行一般的理论化，"而是建立更精确的指标、设计更好的分类和数据收集方法、改进寿命统计表、提高离散数据群间的可比较性，等等"（Abrams，1968：18）。

即使这些以统计为取向的社会学家后来也逐渐认识到其方法的局限性。一些人开始觉得社会学需要更广阔的理论视野。在他们看来，贫困一类的问题意味着市场体制以及整个社会的失败。不过，大部分社会学家由于关注的是个体，不能对更高一级的系统提出质疑，只能转向更细致的田野研究，发展更精细、准确的统计技术。他们认为问题的根源在于不充分的研究手段，而不在于整体的系统。阿布拉姆斯评论说，"由于一直聚焦于个体各种情况的分布，统计学家很难打破约束，认识到贫困是社会结构的产物……他

---

① 有关英国社会学晚期的发展，参见阿布拉姆斯等人的相关研究（1981）。
② 斯密通常被视作苏格兰启蒙运动的领袖人物（Strydom，2005；Chitnis，1976），作为苏格兰道德论者中的一员（L. Schneider，1967:xi），为社会学奠定了基础。

们没有，也可能不能理解结构性受害的概念"（1968：27）。除了在理论与方法论上沉浸于个体研究，统计学家与政府的政策制订者走得太近，也使得他们无法得出较大的政治与经济体系即问题所在的结论。

改良主义

英国社会学的第二个典型特征——**改良主义**，既与政治经济学相关，但又独立于政治经济学，可以说是一种改造个体以解决社会问题的期望。英国学者虽然开始认识到社会中存在一些问题（如贫困），但仍然信任这样的社会，并希望能保持它。他们希望扼制暴力和革命，通过改革社会系统使它在本质上保持原来的样子。总而言之，英国学者想要阻止社会主义社会的到来。如同法国社会学和德国社会学的一些分支一样，英国社会学带有保守的倾向。

英国社会学家没有，也不愿意将贫穷等问题的根源归诸社会结构，那么，问题的根源只能出于个体自身。这其实是威廉·赖安（William Ryan，1971）在后来提出的所谓"谴责受害者"（blaming the victim）的早期形式。大量精力被用于一长串的个体问题——"愚昧、精神贫乏、淫秽、疾病、贫困、犯罪和酗酒——尤其是酗酒"（Abrams，1968：39）。显然，当时有一种倾向，希望为一切社会问题找到一个简单的原因，其中最能起到这种作用的就是酗酒。改良主义者之所以把它看作完美解释，是因为它是个体的病态，而非社会的病态。改良主义者缺乏一种有关社会结构的理论，即找出这类个体问题之社会原因的理论。

社会进化论

可是，英国社会学在表层之下潜藏着认识社会结构的强烈冲动，伴随着对社会进化论日益增长的兴趣，这种冲动在19世纪下半叶爆发出来（Maryanski，2005；Sanderson，2001）。造成这种变化的一个重要原因是孔德的著作，他的部分作品在19世纪50年代被哈丽雅特·马蒂诺译成英文（Hoecker-Drysdale，2000）。尽管孔德的著作没有立即激发出英国人的兴趣，但是在19世纪最后一个25年里，大批英国思想家为它所吸引，开始关注社会宏观结构、科学（实证）取向、比较方法以及进化论。不过，不少英国思想家修正了其对世界的认识，以反对孔德理论中的某些过激之处（如将社会学上升为宗教的倾向）。

在阿布拉姆斯看来，孔德真正的意义在于他提供了诸多基础中的一个，反对派们可以借之与"赫伯特·斯宾塞（Herbert Spencer）的压迫性天才"相抗衡（Abrams，1968：58）。不论是在积极或消极的意义上，斯宾塞都可被算作英国社会学理论界的显要人物，尤其是在进化论这一领域（J. H. Turner，2000，2007a）。

赫伯特·斯宾塞（1820—1903）

要理解斯宾塞的思想（J. H. Turner，2005；Haines，2005），有效的方式是将他的思想与孔德的理论相比较和对照。

斯宾塞和孔德

斯宾塞与孔德一样对社会学理论的发展产生了重要的影响（J. H. Turner，2001a），但是二者之间有很大的差异。比如说，我们很难将斯宾塞归类为保守主义者。事实上，斯宾塞在早年间常被看作政治上的自由主义者，而且终其一生都保留着自由主义的气质。但是，斯宾塞随着年纪增长变得越来越保守也是事实，而且斯宾塞对社会学的基本影响与孔德一样是保守性质的。

斯宾塞的自由主义思想的表现之一是他接受自由放任的学说，这一点与其保守主义思想极不协调地混杂在一起。他认为国家不应该干预个人事务，除非是为了承担保护人民这一相对消极的功能。这意味着斯宾塞与孔德不同，他对社会改革并不感兴趣，希望社会生活在没有任何外部控制的情况下自由地演进。

这个不同表明斯宾塞是一个**社会达尔文主义者**（Social Darwinist）（Weiler，2007a；G. Jones，1980）。就此而言，他的进化论观点是世界在向一个更好的方向持续演进。人类应该顺其自然，外部干预只会把事情变得更糟。斯宾塞还认为社会机构如同动植物一样，对社会环境的适应会越来越好。他接受达尔文自然选择的观点，认为在社会世界也存在"适者生存"（survival of the fittest）。也就是说，如果没有外部干预的阻挠，"适应"的人能够生存和繁衍，而"不适应"的人则将被淘汰出局。（有意思的是，正是斯宾塞在达尔文关于自然选择的著作出版的前几年创造了"适者生存"这个词。）二者之间的另一个区别是，斯宾塞强调个体，而孔德关注家庭等较大的分析单元。

孔德、斯宾塞与涂尔干以及其他一些社会学家都认为社会学可以成为一门科学（Haines，1992），这对于早期理论家而言是非常具有吸引力的前景。斯宾塞著作的另一个贡献（孔德和涂尔干也起到类似的作用），是将社会看作**有机体**（organism）的倾向。就这一点来说，斯宾塞借用了生物学的概念和视角。他关注整个社会结构、社会各个**部分**之间的关系，以及每个部分在彼此之间以及对整个社会所承担的**功能**（functions）。

最重要的是，斯宾塞与孔德一样秉持着历史发展进化论的观点（Maryanski，2005）。不过，斯宾塞在几个层面上批判了孔德的进化论。他尤其不认可孔德的三阶段法则。他指出孔德满足于解释思想领域的进化，只关注知识的发展。斯宾塞自己则试图在真实的物质世界中建立进化论。

进化论

我们可以在斯宾塞的著作中看到至少两种主要的进化视角（Haines，1988；Perrin，1976）。

第一种视角主要与社会日渐庞大的规模有关。社会通过个体的增加和群体的联合（组合）逐渐扩大其规模。社会规模的增长产生了形制更大、更具差异性的社会结构，它们履行的职能也在不断分化。除了自身规模的增长，社会还可以通过组合实现进化，也就是说，通过联合越来越多毗连的群体而进化。所以，斯宾塞认为进化运动就是从简单变得复杂，再到双倍复杂乃至多倍复杂。

此外，斯宾塞还提出了一种由**尚武**社会进化到**工业**社会的理论。早年间，尚武社会的定义是这种社会结构的设置是为了进攻或防御作战。尽管斯宾塞批判战争，但他认为在早期阶段，战争将社会凝聚在一起（例如通过军事征服），并且创造出工业社会所必需的大规模人口，这正是其职能的表现。工业社会出现之后，战争的职能不复存在，而且阻碍社会的进一步进化。工业社会的基础是友爱、利他主义、复杂分工、推崇自致成就而非强调先赋条件，以及高度自律之个体间的自愿合作。这样一个社会通过志愿性的契约关系以及更为重要的强烈的公共道德而凝聚起来。政府的作用在于也仅在于限制人们不要做不该做的事。显然，现代工业社会的各个形态与之前的尚武社会相比，不那么喜欢战争。斯宾塞虽然预见到向工业社会进化的普遍趋势，但又认为周期性倒退以及回到更尚武集权的社会的可能性也是存在的。

斯宾塞在其政治和伦理著作中提供了另外一些有关社会进化的思想。首先，他预见社会正在向一个理想、完美、高尚的主权国家进化。其次，他认为适应得最好的社会将会生存下去，而不适应的社会则应被允许消亡。这个过程的结果就是世界整体的适应力将不断升级。

综上所述，斯宾塞就社会进化提出了一系列详尽而丰富的观点。他的思想在问世时获得了极大的成功，随后又遭到多年的抵制，但近年来随着新进化论的兴起，又得到再一次的复兴（Buttel，1990）。

英国学界对斯宾塞的抵制

斯宾塞重视个体，但是其更广为人知的理论是有关社会进化的大规模理论。在这一点上，斯宾塞与之前英国社会学界的认识全然不同。不过，英国社会学界抵制斯宾塞却是由于他提出的适者生存理论对大多数英国早期社会学家偏爱的改良主义构成了威胁。斯宾塞后来抛弃了一些过分出格的想法，却坚持适者生存的哲学，并且反对政府干预和社会改革：

斯宾塞小传

斯宾塞1820年4月27日出生于英格兰的德比。他接受的教育不是艺术与人文，而是技术与实用技能。1837年，斯宾塞成为一名铁路工程师，并在这个岗位上一直工作到1846年。在这段时间里，斯宾塞坚持自学，并开始发表政治和科学领域的文章。

1848年，斯宾塞被任命为《经济学家》(*The Economist*)的编辑，学术思想开始成形。1850年，他完成了第一部重要著作《社会静力学》(*Social Statics*)。在他写作这本书期间，斯宾塞第一次出现失眠症状，精神和身体状况不断恶化。在余生中，斯宾塞还将经历多次神经衰弱。

1853年，斯宾塞获得了一笔遗产，自此可以辞去公职，在余下岁月里做一位令人尊重的学者。他从来没有获得大学学位，也不曾担任任何学术职务。斯宾塞的生活越来越与世隔绝，身体与精神上的疾病也日渐沉重，但他作为学者的创造力却在上升。最终，斯宾塞不但在英国成为家喻户晓的人物，而且在国际上也得享盛名。一如理查德·霍夫施塔特（Richard Hofstadter）所写，"在南北战争后的三十年里，不了解斯宾塞就不可能活跃于任何知识领域"（1959：33）。在支持者中，就有重要的工业家安德鲁·卡耐基（Andrew Carnegie），后者在1903年斯宾塞病重时写信给他：

> 亲爱的导师……我在心里每日与您相见，我不停地问"为什么"——为什么躺倒的是您？为什么您非要走？……世界迟缓地往前移动，对世上最伟大的思想毫无所知……但是某天它终将认识到他的教义，判定斯宾塞的地位至高至伟。
>
> （Carnegie，转引自Peel，1971：2）

不过，事实上，卡耐基的话并没有演变为斯宾塞的命运。

斯宾塞最有趣的特征之一——这个特征最终限制了他的学术成就——是不喜欢读他人的著作。就这一点而言，斯宾塞很像另一位早期社会学巨匠孔德，后者践行"大脑保健"。对于阅读他人著作的必要性，斯宾塞说："我一生都是个思想家，不是个阅读者，我能够跟霍布斯一样说，'如果我跟其他人读得一样多，那么我可能一无所知'。"（Wiltshire，1978：67）一位朋友曾向斯宾塞征询他对某本书的看法，"斯宾塞的回答是一看到那本书他就看出它的基本假定是错误的，所以不会去读它"（Wiltshire，1978：67）。一位作家谈到"斯宾塞有一种令人难以理解的、透过他的皮肤获取知识的方式……他似乎从来不读书"（Wiltshire，1978：67）。

如果从来不读其他学者的著作，那么斯宾塞的思想和洞见又是从哪里来的呢？

> 斯宾塞认为它们是自然地凭直觉在他的头脑中出现的。他说他的思想是"无意或说并没怎么费力气去想,一点点地以不引人注目的方式浮现出来的"(Wiltshire,1978:66)。斯宾塞认为直觉比认真的研究和思考有效得多,"用上述方法获得的解决方案可能比以坚定意志寻求到的知识更加有效,因为后者会造成思想的扭曲"(Wiltshire,1978:66)。
>
> 斯宾塞因为不愿意仔细阅读他人的著作而受到了惩罚。事实上,即使他读过别人的书,那也只是为了给他独立创造出的观点寻找佐证。斯宾塞无视那些与自己不一致的观点。同时代的达尔文如此评价斯宾塞:"如果他训练自己做更多的观察,即使会付出丧失一些思考力……的代价,那他会成为一个很了不起的人"(Wiltshire,1978:70)。斯宾塞对学术规则的漠视使他提出了一系列荒唐的思想以及有关世界进化的无依据的断言。基于这些原因,20世纪的社会学家开始摒弃斯宾塞的著作,代之以审慎的学术与经验研究。
>
> 斯宾塞卒于1903年12月8日。

> 用有用的资源去培育无益的东西,真是一种极度的残忍。这是故意在为后代制造苦难。给未来留下更多的懒汉、傻瓜和罪犯,这是对后代最大的诅咒……自然界的全部努力就是为了摆脱这样一些人,把他们从世界中清除出去,为更好的人腾出空间……如果他们不够适应社会以便获得生存,让他们死去将是最好的方式。
>
> (Spencer,转引自Abrams,1968:74)

这样一种观点显然与英国改革派社会学家的改良主义倾向是有分歧的。

意大利社会学早期的关键人物

在大致勾勒了早期的、主要偏于保守的欧洲社会学理论之后,在结束时我们要简单介绍一下意大利社会学家维尔弗雷多·帕累托(Vilfredo Pareto,1848—1923)。帕累托在他所处的那个时代影响很大,对于现代社会学的影响则比较小(有一种例外的情况,参见Powers,1986)。20世纪30年代,社会学界曾短暂地爆发出对帕累托著作的研究热情,当时著名的美国理论家帕森斯给予帕累托与韦伯、涂尔干同等的关注。但是,近些年来,除了一些主要的概念,帕累托理论的重要性与对现代社会学的影响都在衰减(Femia,1995)。

蔡特林指出帕累托是"在批驳马克思的过程中建立了其主要思想"(1996:171)。事实上，帕累托抵制的不仅仅只有马克思的思想，还有相当一部分的启蒙哲学。举例来说，启蒙运动中的哲学家强调理性，而帕累托强调人类直觉等非理性因素的作用（Mozetič and Weiler, 2007）。他对非理性的强调与对马克思理论的抵制也是有关联的。换句话说，鉴于非理性的直觉因素是如此重要且不易改变，希望通过一场经济革命达成巨大的社会变革就是不现实的。

帕累托提出的是一种与马克思主义理论全然不同的社会变革理论。马克思的理论强调群众的力量，而帕累托提出的是有关社会变革的精英理论，他认为社会无可避免地将由一小部分以被唤醒的自利心理为行动指导的精英所主导（Adams, 2005）。少数精英统治着被非理性力量所控制的人民大众。在帕累托的系统里，大众因为缺乏理性而不能成为革命力量。当一代精英走向衰落，来自非统治性的精英阶层或大众阶层中较高等级的新的一批精英取而代之时，社会变革就会出现。一旦新的精英掌权，这个过程就会回到起点。于是，我们看到的是社会变革的循环论，而不是马克思、孔德、斯宾塞以及其他人提出的定向论。此外，帕累托的变革理论在很大程度上无视了大众的困境。精英们来了又去，人民的境遇却始终如故。

不过，社会变革的循环论并不是帕累托最持续影响社会学的那一部分。他的持续影响在于赋予社会学和社会世界以科学概念，"我的愿望是模仿天体力学（天文学）、物理学与化学建立一种社会学体系"（转引自Hook, 1965：57）。简单地说，帕累托将社会想象为均衡系统、一个由多个相互依赖的成分所构成的整体，某一成分的变化会导致该系统内其他成分的改变。正是由于帕累托的社会系统论，帕森斯才会在1937年出版的《社会行动的结构》一书中给予帕累托的著作如此多的关注，这也正是帕累托对帕森斯思想产生的最重要影响。帕累托的理论，在与认为人类社会是一个有机体的社会学家（如孔德、涂尔干和斯宾塞）的类似观点相融合之后，在帕森斯的理论乃至结构功能主义的建构过程中起到了核心的作用。

现代社会学家中很少有人会读帕累托的著作，但是作为对启蒙运动和马克思主义的反动，帕累托提出了一种与马克思的视角全然对立的社会变革精英论。

世纪之交，马克思主义在欧洲的发展

许多19世纪的社会学家在抵制马克思的过程中建构了自己的理论，然而，不少马克思主义者也在致力于阐释和发展马克思主义理论（Beilharz, 2005f; Steinmetz, 2007）。大约从1875年到1925年，马克思主义与社会学之间毫无交集（韦伯算是个例外）。这两大思想流派以平行的方式各自发展，几乎没有任何交流。

马克思逝世后，从其理论中看到具有科学特征的经济决定论的一些人主导了马克思主义理论阵营（Bakker, 2007a）。伊曼纽尔·沃勒斯坦（Immanuel Wallerstein）将这一时期的思想称为"正统马克思主义"（1986：1301）。恩格斯作为马克思的资助者和合作者，在马克思逝世后，可以被看作第一个宣扬这种观点的人。基本上，这种观点认为马克思的科学理论揭示了主导资本主义世界的经济规律，而这些规律预示着资本主义体系的必然灭亡。早期的马克思主义思想家，如卡尔·考茨基（Karl Kautsky）等人，试图更好地理解这些规律的运行方式。正统马克思主义存在着几个问题：首先，它看起来是将马克思立场的基石——政治行为排除在外的。也就是说，社会中的个体，尤其是工人，似乎没有必要采取行动。既然资本主义体系必然走向崩溃，人们所要做的就是坐下来，静候资本主义自己走向灭亡。其次，从理论的层面来看，马克思主义决定论似乎还排除了个人与更大的社会结构之间的辩证关系。

正统马克思主义的问题在马克思主义理论家内部激起了一种反动，导致了"黑格尔派马克思主义"在20世纪初期的发展。黑格尔派马克思主义者拒绝将马克思主义简化为一种无视个体思想与行动的科学理论。这些人之所以被贴上"黑格尔派马克思主义者"的标签，是因为他们试图将黑格尔对意识的兴趣——某些学者包括本文的作者认为马克思也分享了这种兴趣——与决定论者对于社会经济结构的兴趣结合起来。黑格尔派的理论者在理论和实践两方面都发挥了重要作用。在理论上，他们复原了个体、意识以及思想与行动之间关系的重要性；在实践上，他们强调个体行动在推动社会革命上的重要性。

这种观点的主要倡导者是格奥尔格·卢卡奇（Markus，2005；Fischer，1984）。根据马丁·杰伊（Martin Jay）的说法，卢卡奇是"西方马克思主义的奠基人"，其著作《历史与阶级意识》（*History and Class Consciousness*，1922/1968）"被公认为是黑格尔派马克思主义的宪章"（1984：84）。卢卡奇自20世纪初一直致力于将马克思与社会学（尤其是韦伯和齐美尔的理论）整合起来。这一整合工作随着批判理论在20世纪二三十年代的发展而加快了进程。

总　结

本章大致描述了社会学理论发展的早期历史。第一部分介绍了社会学理论缘起所涉及的多种社会力量。许多社会力量曾对社会学理论的发展产生过影响，但是我们着重考察了政治革命、工业革命、资本主义的兴起、社会主义、女性主义、城市化、宗教变迁以及科学发展等因素的影响。在第二部分，我们审视了各国学术界在社会学理论兴起过程中发挥的影响。我们从法国以及启蒙运动扮演的角色入手，强调了保守主义和浪漫主义对法国社会学理论发展的反动。法国社会学理论正是在这些因素的相互作用中发展起来的。在此背景下，我们又介绍了法国社会学界早期的代表人物——托克维尔、圣西门、孔德和涂尔干。

随后，我们转而介绍德国社会学的发展以及马克思在其中起到的作用。我们讨论了马克思主义理论与德国社会学理论的平行发展，以及前者如何影响了后者。我们首先介绍了马克思理论的根源——黑格尔主义、唯物主义和政治经济学，对马克思主义理论本身仅有简单的触及。随后我们着手研究德国社会学的根源，检视了韦伯的著作，以便展示德国社会学多样化的理论源头。这里还提及了韦伯的理论对于晚近的社会学家要比马克思的理论更受欢迎的一些原因。这一部分的结尾是对齐美尔著作的简要讨论。

接下来，我们介绍的是英国社会学理论的兴起。英国社会学的主要理论根源是政治经济学、改良主义和社会进化论。在此基础上，我们谈到了斯宾塞的作品以及围绕它展开的一些论辩。

第五部分简要陈述了意大利社会学理论的发展，以帕累托的研究和欧洲马克思主义理论在世纪之交的发展（尤其是经济决定论和黑格尔派马克思主义）为重点。

第二章
社会学理论的历史概要：晚近岁月

本章概要

美国早期的社会学理论
早期社会学界的女性学者
杜波伊斯与种族理论
截至20世纪中叶的社会学理论
20世纪中叶以来的社会学理论
社会学理论在20世纪晚期的发展
现代性和后现代性理论
在21世纪初对社会学理论的展望

我们很难精确地界定美国社会学创建的时间。早在1858年，奥伯林（Oberlin）就开设了社会问题的课程，乔治·菲茨休（George Fitzhugh）在1854年曾使用孔德口中的所谓"**社会学**"（sociology），威廉·格雷厄姆·萨姆纳（William Graham Sumner）从1873年开始在耶鲁讲授社会科学课程。19世纪80年代，专门带有"社会学"字样的课程逐渐出现。1889年，第一个名字中带有"社会学"的系在堪萨斯大学成立。1892年，阿尔比恩·斯莫尔来到芝加哥大学，建立了一个新的社会学系。它成为当时美国社会学界首个重要的学术中心，在社会学理论史上具有非比寻常的地位（F. H. Matthews, 1977）。

美国早期的社会学理论

政治

两位史温丁格（Schwendinger and Schwendinger, 1974）指出，早期的美国社会学家大多数是政治上的自由主义者，这与大多欧洲早期社会学理论家抱持保守的政治倾向大不相同。美国早期社会学的自由主义特征主要表现在两个方面。首先，它的发展以对自由和个人幸福的信仰为基础。正是由于这种信念，斯宾塞的理论倾向对美国早期社会学的影响要远远大于孔德的更倾向于集体主义的立场。其次，许多与斯宾塞思想有关联的社会学家采信了社会进步的进化观点（W. F. Fine, 1979）。不过，他们在如何才能最好地推动这一进程的问题上却存在分歧。一些学者认为政府应该采取某些措施以推进社会改革，另一些学者则倡导自由放任原则，认为要由社会的各个组成部分自行解决自身的问题。

自由主义在极端的意义上却又与保守主义很相似。相信社会进步（无论是采取改革还是自由放任的原则），以及相信个体的重要性，这些都导致支持整体系统的立场。这一类系统论的最高信仰便是社会系统本身能够有效运转或通过改革变得有效运转。几乎无人批判这样一种整体系统论。就美国而言，这尤其意味着几乎无人对资本主义制度提出质疑。美国早期社会学家们看到的不是日益迫近的阶级斗争，而是各阶级和谐共处与相互合作的未来。这一倾向意味着美国早期社会学理论有利于剥削、国内和国际帝国主义以及社会不公等现象的合理化（Schwendinger and Schwendinger, 1974）。一言以蔽之，美国早期社会学家在政治上的自由主义含有极大的保守主义内涵。

社会变革和学术思潮

罗斯科·欣克尔（Roscoe Hinkle, 1980）和埃尔斯沃思·福尔曼（Ellsworth Fuhrman, 1980）在分析美国社会学理论的起源时，罗列了美国社会学理论得以建构体系的几大基本背景。其中最重要的是美国社会在内战后出现的变化（Bramson, 1961）。在第一章，我们讨论了影响欧洲社会学理论发展的一系列因素，其中几个因素（如城市化和工业化）与美国社会学理论的发展也有密切的关系。福尔曼认为美国早期社会学家看到了工业化带来的积极效应，但对它的危险性也有所警觉。这些社会学家虽然受到借助劳工运动和社会主义组织解决工业化危机等思想的吸引，却无意进行激进的社会修整。

阿瑟·维迪奇和斯坦福·莱曼（Arthur Vidich and Stanford Lyman, 1985）有力地说明了基督教，特别是新教，在美国社会学建立过程中造成的影响。美国社会学家延续了新教拯救世界的愿望，但用一种语言（科学）替代了另外一种语言（宗教）。"从1854年美国出版第一批社会学著作起，直到第一次世界大战爆发，社会学一直是针对美国人的生活、思想、制度及信仰等问题在道德和学术上的回应。"（Vidich and Lyman, 1985: 1）社会学家希望定义、研究和帮助解决这些社会问题。如果说牧师在宗教的领域付出努力以帮助改善这些社会问题和改变为其所苦的民众命运，那么，社会学家则是在社会的领域内做同样的事情。鉴于他们的宗教根源以及社会学与宗教相似的功能，绝大多数美国社会学家不会挑战社会的基本合法性。

欣克尔和福尔曼还讨论了美国社会学得以建立的另一个主要因素，即19世纪晚期在美国社会同时出现的学术专业化（包括在社会学领域）及现代大学制度。相比之下，在欧洲，大学体系在社会学出现**之前**就已完备。如果说社会学在欧洲的建立较为艰难，那么，在美国高校系统这一更富流动性的环境里，它的发展要顺畅得多。

美国早期社会学（以及其他社会科学学科）的一大特点是，它从历史的视角转向了实证或"科学"取向。正如多萝西·罗斯（Dorothy Ross）所说，"对于普遍的抽象理论和定量方法的渴望使得美国社会科学家远离了在历史和文化人类学中通行的阐释模式，并摒弃了马克斯·韦伯的一般解释模型"（1991：473）。社会学不再追求对长期历史变化的阐释，而转向对短期过程的科学研究。

这里还要提及的一点是，既有欧洲学说对美国早期社会学理论的影响。欧洲理论家已经在很大程度上建立起社会学理论，美国人完全可以仰仗他们的基础性工作。对美国早期社会学家影响最大的欧洲学者是斯宾塞与孔德。齐美尔在美国社会学发展初期的影响十分显著，涂尔干、韦伯和马克思则在许多年里一直未能产生重要的影响。要考察欧洲早期理论对美国社会学的影响，斯宾塞思想的传播历史无疑是一个颇为有趣且信息含量巨大的案例。

斯宾塞对美国社会学的影响

就对美国早期社会学的影响而言，斯宾塞的思想为什么会比孔德、涂尔干、马克思与韦伯等人的思想大得多？霍夫施塔特（Hofstadter, 1959）给出了几种解释。其中理由最简明的解释是，因为斯宾塞用英语写作，其他人则没有这项优势。此外，斯宾塞在写作中多采用非学术性的词语，这使得他的作品更易为大众所接受。事实上，一些人认为斯宾塞的作品之所以不够学术，是因为他本人**算不上**一位有着深厚素养的学者。但斯宾塞的广受欢迎还有其他一些更重要的原因。例如，斯宾塞的科学化的风格对于当时对科学与科学成果日益着迷的受众来说非常有吸引力。他的理论如此庞大博杂，以至于看上去足以解释全部人类历史。斯宾塞视野广阔，一生勤于创作，他的著作因此令受众产生了千人千面的印象。最后一点，或许也是最重要的一点，斯宾塞的理论对于一个正在痛苦地经历工业化过程的社会来说，具有抚慰和安定人心的效果——斯宾塞认为社会正在稳步朝着越来越大的进步迈进。

萨姆纳是斯宾塞在美国最著名的门徒，他接受并且发展了斯宾塞的社会达尔文主义思想。接受斯宾塞影响的美国早期社会学家还包括莱斯特·沃德（Lester Ward）、查尔斯·霍顿·库利（Charles Horton Cooley）、E. A. 罗斯（E. A. Ross）以及罗伯特·帕克。

不过，到了20世纪30年代，斯宾塞对整个美国知识界以及对社会学界的影响日趋衰落。在面对为数众多的社会问题、一场世界大战以及严重的经济萧条时，斯宾塞的社会达尔文主义与自由放任思想显露出了它的荒唐不经。1937年，帕森斯回应数年前美国历史学家克兰·布林顿（Crane Brinton）的质疑——"现在还有谁会读斯宾塞呢？"——

从此宣告了斯宾塞社会学思想的消亡。时至今日，斯宾塞只是一个让人感兴趣的历史话题，然而在美国早期社会学理论成形的年代里，他的思想却**曾经**产生过重要的影响。我们现在要简要地介绍两位美国早期的社会学理论家，他们至少在一定程度上受到过斯宾塞理论的影响。

萨姆纳（1840—1910） 萨姆纳是在美国开设社会学课程的第一人（Delaney，2007b）。萨姆纳强调说，"在世界上其他大学打算开设社会学课程之前许多年"（Curtis，1981：63），他就在讲授这门课程了。

萨姆纳是美国学界中拥护社会达尔文主义的代表人物，但晚年时似乎改变了看法（N. E. Smith，1979）。以下是萨姆纳与一位学生之间的对话，足以说明他的"自由主义"立场——呼吁个人自由，反对政府干预。

"教授，您不相信政府能促进工业发展吗？"
"是的！（这个世界的法则就是）要么努力求生存，要么消亡。"
"这我理解，但是即使是头猪也应该有权利生存下去吧？"
"没有什么权利，世界无须对任何一个人的生存负责。"
"那么教授，您就只相信唯一一个体系——契约—竞争体系（contract-competitive system）是吗？"
"这是唯一可靠的经济体系，所有其他的体系都有缺陷。"
"那么，假设一些政治经济学的教授来抢了您的工作，您会觉得痛苦吗？"
"我欢迎其他任何教授来抢我的饭碗。如果他抢去了，那是我的错。我的工作就是尽心尽力地教好这门课，教得足够好，让任何人都不能从我手里抢走它。"

（Phelps，引自 Hofstadter，1959：54）

萨姆纳接受在社会世界里适者生存的思想。如同斯宾塞一样，他看到人们与周边环境的斗争，而最能适应的那些人将会胜出。萨姆纳相信人类的进取心和竞争力。成功的人注定要获得成功，未能成功的人也是命该如此。萨姆纳还与斯宾塞一样反对人们救助失败者的努力，尤其反对政府干预。在他看来，这种干预违背了自然选择。根据自然选择的法则，人类本应与其他低等生物一样，适者生存而不适者被淘汰。一如萨姆纳所写，"如果我们不喜欢适者生存，那么我们只有另外一种选项，就是最不适者生存"（Curtis，1981：84）。萨姆纳的理论体系非常契合资本主义发展的需要，为财富和权力的极大分化提供了理论合法性。

今天，萨姆纳之所以被看作不那么重要的历史人物，是由于以下两个原因：首先，人们认为他的理论取向乃至社会达尔文主义只能为竞争资本主义及其社会现状提供不太精确的合理性。其次，萨姆纳未能在耶鲁大学建立足够坚实的基础，与众多的追随者共建一个社会学学派。而若干年后，芝加哥大学却以这样的方式取得了成功（Heyl and Heyl，1976）。曾经一度辉煌的萨姆纳，"已被今天的人们遗忘了"（Curtis，1981：146）。

莱斯特·F. 沃德（1841—1913） 沃德的学术生涯颇有些与众不同。他曾在联邦政府里以古生物学者的身份工作了好多年。在这期间，沃德阅读了斯宾塞和孔德的著作，对社会学产生了浓厚的兴趣。自18世纪末到19世纪初，沃德出版了大量阐述其社会学理论的著作。凭借这一工作所积累的声誉，沃德在1906年当选美国社会学学会首届主席。直到这时，他才从布朗大学获得人生中第一个学术职位，并且一直留任到逝世（M. R. Hill，2007）。

沃德与萨姆纳一样，认为人类是从低级形式进化到目前状态的。他相信早期人类社会以单纯和强调道德的清贫生活为特征，而现代社会则更复杂、更快乐，为人类提供了更多自由。社会学［所谓**纯粹社会学**（pure sociology）］的任务之一是研究有关社会变化及社会结构的基本规律。不过，沃德并不满足于只研究社会生活的社会学。他认为社会学还应有实践的一面，应该建立一门**应用社会学**（applied sociology）。应用社会学指有意识地运用科学知识来建立更好的社会。由此可见，沃德不是极端的社会达尔文主义分子，他充分相信社会改革的必要性与重要性。

萨姆纳和沃德在美国社会学发展史上一度占据着相当重要的地位，但二人对社会学理论的发展并没有产生深远的影响。现在，我们要大略地了解一下一位那个年代的理论家——索尔斯坦·凡勃伦（Thorstein Veblen），他在社会学史上的地位与影响力仍在与日俱增。接下来，我们将要介绍一批理论家，以米德以及一度主导整个美国社会学界的芝加哥学派为介绍重点。芝加哥学派在社会学史上的地位极为特殊，是史上少数几个"以某种整合的方式建立集体学术目标"的组织之一（另一个是巴黎的涂尔干学派）（Bulmer，1984：1）。芝加哥学派的学术传统对于社会学以及它的理论工作（以及经验研究）的发展产生了持续而深远的影响。

索尔斯坦·凡勃伦

凡勃伦（1857—1929）不应被看作社会学家，他的学术成就主要集中在经济学领域，而且他在经济领域也只能算是一个边缘人物。但是，凡勃伦建立的社会理论体系对多个学科（尤其是社会学）产生了持续的影响（Powers，2005b）。凡勃伦理论的核心议题是商业与工业之间的冲突。在使用**商业**（business）一词时，凡勃伦指的是工业公司的所有者、领袖以及掌舵人，这些人关心自家公司的利润，为了维持高价格和高利润，经常以种种办法来限制生产。他们的这种做法阻碍了工业系统的正常运转，对整个社会造成消极影响（失业率升高即为表现之一）。而社会要靠工业系统的无障碍运转才能获得最优服务。商业领袖是许多社会问题的根源。因此，凡勃伦认为社会应由了解工业系统及其运作，同时关心大众利益的人（如工程师）来领导。

斯宾塞　　　　　　　　　　　　　　　　　　　　　　　　列维-斯特劳斯
（1820—1903）　　　　　　　　　　　　　　　　　　　　（1908—2009）

社会达尔文主义

萨姆纳
（1840—1910）

沃德
（1841—1913）

　　　　　　　　　涂尔干　　　　　　　杜波伊斯　　　　　斯金纳
　　　　　　　　（1858—1917）　　　（1868—1963）　　（1904—1990）
　　　　　　　　　　　　　　　　　　　索罗金　　　　　　帕森斯
　　　　　　　　　　　　　　　　　　（1889—1968）　　（1902—1979）
马克思　　　　　　弗洛伊德　　　韦伯　　　曼海姆
（1818—1883）　（1858—1939）（1864—1920）（1893—1947）　**批判学派**
　　　　　　　　　　　　　　　凡勃伦　　**黑格尔派马克思主义**　霍克海默
　　　　　　　　　经济决定论（1857—1929）卢卡奇　　　　　（1895—1973）
　　　　　　　　　考茨基　　　　　　　　（1885—1971）　　　阿多诺
　　　　　　　　（1854—1938）　　　　　　　　　　　　　　（1903—1969）

　　　　　　　　　胡塞尔　　　　　　　　　　　　　　　　　舒茨
　　　　　　　　（1859—1938）　　　　　　　　　　　　　（1899—1959）
　　　　　　　　　齐美尔
　　　　　　　　（1858—1918）
　　　　　　　　　　斯莫尔
　　　　　　　　　（1854—1926）
　　　　　　　　　　帕克　　　　　　　　　　　　　　　　　萨特
　　　　　　　　　（1864—1944）　　　　　　　　　　　　（1905—1980）
　　　　　　　　　　米德
　　　　　　　　　（1863—1931）
　　　　　　　　　　库利
　　　　　　　　　（1864—1929）

　　　　　　　　　　　　　　　　　　　　　　　　　　　　符号互动论
　　　　　　　　　　　　　　　　　　　　　　　　　　　　布鲁默
　　　　　　　　　　　　　　　　　　　　　　　　　　　（1900—1987）
　　　　　　　　　　　　　　　　　　　　　　　　　　　　库恩
　　　　　　　　　　　　　　　　　　　　　　　　　　　（1922—1996）

图2.1　社会学理论发展的晚近岁月

结构主义	后结构主义 福柯 （1926—1984）		行动者—网络理论 拉图尔 （1947— ）
		网络理论	
霍曼斯 （1910—1989）	交换理论 布劳 （1918—2002） 爱默森 （1925—1982）	理性选择理论	
结构功能主义 默顿 （1910—2003）		科尔曼 （1926—1995）	后现代社会理论 鲍德里亚 （1929—2007）
激进社会学 米尔斯 （1916—1962）	新功能主义 亚历山大 （1947— ）	系统理论 卢曼 (1927—1998)	后—后现代社会理论
结构马克思主义 阿尔都塞 （1918—1990）	冲突理论 达伦多夫 (1929—)	空间马克思主义	
经济学马克思主义 斯威齐 （1910— ） 布雷弗曼 （1920—1976）		微观—宏观和能 动—结构整合理论	
		女性主义社会学	综合理论	消费理论
	哈贝马斯 （1929— ）		多元文化论
	现象学社会学 伯格 （1929— ） 卢克曼 （1927— ）		
历史马克思主义 沃勒斯坦 （1930— ）			现代性理论 吉登斯 （1938— ）
	常人方法学 加芬克尔 （1917— ）		全球化理论 罗伯逊 （1938— ）
	存在主义社会学		
戈夫曼 （1922—1982）			

凡勃伦对于当下社会的影响主要应回溯到《有闲阶级论》(*The Theory of the Leisure Class*)这本著作（1899/1994；Varul，2007）。凡勃伦在书中批判了有闲阶级（通常与商业界有千丝万缕的联系）在养成奢侈消费的风气上的作用。为了向社会其他阶层彰显其地位，有闲阶级制造出**炫耀性休闲**（conspicuous leisure）——将大量时间用于非生产性事务，以及**炫耀性消费**（conspicuous consumption）——用远超出商品自身价值的金钱进行购买。其他阶层会受到这种示范的影响，直接或间接地模仿有闲阶级，于是一个以浪费时间和金钱为时尚的社会就此形成。与当时大多数社会学著作（包括凡勃伦自己的多数著作）不同，《有闲阶级论》关注的是消费而不是生产，这一点对它的成功来说至为重要。这本著作的广受关注预示着社会理论的焦点从生产转向了消费［Slater，1997；Ritzer，2005a；Ritzer，Goodman，and Wiedenhoft，2001；一本以"消费者文化杂志"（*Journal of Consumer Culture*）为名的刊物从2001年开始刊行］。

芝加哥学派[①]

芝加哥大学社会学系于1892年由阿尔比恩·斯莫尔建立（J. Williams，2007）。斯莫尔在美国社会学制度化的过程中扮演了关键性的角色，但是他的学术研究对现代学界的影响并不显著（Faris，1970；Matthews，1977）。斯莫尔在芝加哥大学推动建立的社会学系，在之后许多年里一直是美国社会学界的中心。斯莫尔在1894年与他人合著了第一本社会学教材。1895年，他创办了《美国社会学学刊》，迄今为止这本期刊在社会学领域仍占据着主导地位。1905年，斯莫尔与他人共同创立了美国社会学会（American Sociological Society，ASS），它至今仍是最重要的美国社会学家专业协会（Rhoades，1981）。美国社会学会因首字母导致了一些尴尬，于是在1959年将名字改为美国社会学协会（American Sociological Association，ASA）。

早期的芝加哥学派社会学

早期的芝加哥学派有以下几个特点：第一，它与宗教有紧密的关联。一些成员自己就是牧师，另一些成员则是牧师的儿子。以斯莫尔为例，他认为"社会学的终极目标在本质上必定与基督教精神相符合"（Matthews，1977：95）。这种观点衍生出一种理念，即社会学应该关切社会改革，同时它又与"社会学应该是科学的"的理念结合在一起。[②]以社会改良为目标的科学社会学在生机勃勃的芝加哥得到实践，这座城市正在经历工业化与城市化积极和消极两方面的影响。

[①] 关于学派的定义以及我们为何要谈论"芝加哥学派"，参见布尔默（Bulmer，1985）。蒂利亚基安（Tiryakian，1979，1986）也讨论了所谓学派，尤其是芝加哥学派，并且强调魅力型领导人与方法论革新的作用。若要在更广阔的美国社会学理论发展史的背景下进行讨论，请参见欣克尔（Hinkle，1994）。

[②] 但是，我们将会发现，芝加哥学派的科学观念发展得过"软"，至少在后来把持了社会学界的实证主义者眼中是如此。

索尔斯坦·凡勃伦小传

凡勃伦1857年7月30日生于美国威斯康星州的乡村。他的父母是从挪威移民来的贫苦农民（Dorfman，1966）。索尔斯坦在十二个孩子中排行第六。他有幸摆脱农场工作，在17岁时到明尼苏达州北地市的卡尔顿学院学习。在学习生涯的初期，凡勃伦就已表现出他之后作品中辛辣和幽默的特征。在校期间，他遇到了未来的第一任妻子、卡尔顿学院院长的侄女（二人最终于1888年成婚）。凡勃伦于1880年毕业后，在一所学校获得教职，但该学校不久后就关闭了。于是，他前往美国东部的约翰·霍普金斯大学学习哲学。由于未能在那里获得学位，凡勃伦又转到耶鲁大学，希望为接下来的研究找到一定的经济资助。他设法做到了这一点，并于1884年拿到耶鲁大学的博士学位（美国早期社会学巨匠威廉·萨姆纳是他的老师之一）。尽管手中握有如此有力的推荐信，凡勃伦却未能获得任何一所大学的教职，这至少有一部分的原因是由于他对不可知论的坚持、（当时）仍缺乏学术声誉，以及在他人眼中不足以与大学教职之高雅相匹配的移民后代出身。在接下来的几年里，凡勃伦一直无所事事（他把这归咎于不佳的健康状况）。直到1891年，他才重新回归学术研究工作，这一次是在康奈尔大学学习社会科学。1892年，在他的经济学教授、转到芝加哥大学工作的A. 劳伦斯·劳克林（A. Laurence Laughlin）的帮助下，凡勃伦成为芝加哥大学享受研究经费的研究员。他为《政治经济学杂志》（*The Journal of Political Economy*）做了大量的编辑工作，该刊物是芝加哥大学在这一时期出版的众多学术期刊之一。凡勃伦在芝加哥大学虽然只是边缘人物，但也承担了一些教学工作，而更重要的是，有机会将《政治经济学杂志》当作发表创作的平台。他的研究成果还陆续出现在其他平台上，如当时芝加哥大学新发行的学术期刊《美国社会学学刊》（*The American Journal of Sociology*）。

1899年，凡勃伦出版了第一本，同时也是最广为人知的著作《有闲阶级论》，但这时他在芝加哥大学的职位却变得岌岌可危。当时凡勃伦惯例性地要求加薪几百美元，而校长却坦言称如果感到不满，他尽可以随时离开学校。幸亏《有闲阶级论》引起的巨大关注，凡勃伦才得以被升任为助理教授。虽然有一些学生认为凡勃伦的课富于启发性，但是大多数人觉得他的教学实在糟糕。凡勃伦在芝加哥大学的一位学生说，他是"一个极其古怪的人……经常以手托腮或采取类似的姿势，语气低沉而平和，在讲授课程时从语速到语调处处透着乏味"（Dorfman，1966：248—249）。开课时有一大群学生慕名而来，到了期末却只剩下寥寥数人，这种情况对于凡勃伦来说十分常见。

凡勃伦在芝加哥大学教书的年头屈指可数有多种原因，其中包括婚姻触礁，以及违反维多利亚时代的社会伦理与其他女人发生婚外情。1906年，凡勃伦接受了斯坦福大学提供的副教授一职。不同于在芝加哥大学，他在斯坦福大学主要给本科生上课，可是学生们因为他的不修边幅（一个学生说他像"流浪汉"）和枯燥的授课风格而纷纷对课程失去兴趣。凡勃伦的作风问题再次给他带来了麻烦，1909年他被迫以不体面的方式从斯坦福大学辞职，从此很难再获得新的学术职位。1911年，在一位正在密苏里大学经济学系担任系主任的朋友兼旧同事的帮助下，凡勃伦终于在该大学获得了一个教职。同年他与妻子离婚。1914年，凡勃伦与过去的学生、一位离异女性结了婚。

凡勃伦在密苏里大学的职位不高，只被聘为讲师，薪资也比在斯坦福大学时少。而且，他很讨厌密苏里大学所在的小镇，传言他曾说那是个"跟啄木鸟啄出来的洞一样大的小镇"，密苏里州则是一块"腐烂的树墩"（Dorfman，1966：306）。尽管如此，正是在密苏里大学执教期间，凡勃伦写出了另外一部名作《工艺本能和工业技艺的状况》（*The Instinct of Workmanship and the State of the Industrial Arts*，1914）。

凡勃伦风雨飘摇的学术生涯在1917年出现了新的转机，他受邀前往华盛顿与威尔逊总统任命的一群学者共同寻找和平解决第一次世界大战争端的对策。在为美国食品管理局短暂工作了一段时间之后，凡勃伦搬到纽约，成为《日晷》（*The Dial*）的编辑之一。由于刊物转换定位，凡勃伦丢掉了这份尚未干满一年的工作。幸好，在过渡期间，他已经开始了筹备社会研究新学院（the New School for Social Research）的工作，这一回他的薪水相对较高（很大一部分由凡勃伦之前在芝加哥大学的一名学生捐赠）。大概由于生活方式节俭，凡勃伦这位美国商界的伟大批判者做起了投资，先是把积蓄投向加州葡萄庄园，后来又进入股票市场。

凡勃伦于1926年来到加利福尼亚，一直蜗居在加州北部的一个小镇里。他的经济状况可以用灾难来形容，投向葡萄干制作的投资出现了亏损，股票则跌得一文不值。他每年还可以靠图书版税获得五六百美元，而之前在芝加哥大学的那名学生则每年寄给他五百美元生活费。

平心而论，凡勃伦确实是个古怪的人。他可以一坐几个小时，而对身边发生的对话不置一词。他的朋友和仰慕者曾经想推选凡勃伦出任美国经济学协会主席，但他拒绝了这一提议。而以下这段由某个图书销售商所写的短文，或许可以帮助我们更多地了解这个复杂的人物：

> 他非常规律地每隔六周至八周就会出现一次，是一个过着禁欲生活、十分神秘的人……带有一种高贵的气度。他将头发留得很长……我时常试着想要让他谈谈经济学……我甚至有一次跟他聊起了《有闲阶级论》这个话题。我向他解释说就理解社会意识（social consciousness）来说这本书是多么好的一本入

> 门……他聚精会神地听我说，但我的那些话就像飘进室内的雪花一样消逝了。有一天，这个人订购了一卷拉丁诗集。"我得知道您的名字，因为我们要专门为您预订，"我说，"我们这里恐怕很长一段时间里都不会有人订这类书了。""我的名字是索尔斯坦·凡勃伦。"他用细如蚊蚋的声音回答道。
>
> （引自 Tilman，1992：9—10）
>
> 凡勃伦卒于 1929 年 8 月 3 日，恰在大萧条的前夕，许多人认为这正是他曾经预言过的那场大萧条（Powers，2005b）。

W. I. 托马斯（W. I. Thomas，1863—1947） 1895 年，托马斯成为芝加哥大学社会学系的初级研究员，1896 年他在那里完成了学位论文的写作（T. McCarthy，2005）。托马斯的重要影响在于他强调应对社会学问题展开科学研究（Lodge，1986）。托马斯在许多年里一直是该立场的代表人物，不过他与弗罗莱恩·兹纳涅茨基（Florian Znaniecki）于 1918 年出版的《身处欧美的波兰农民》（*The Polish Peasant in Europe and America*，下文简称《波兰农民》）才称得上是基于这一立场的重要宣言（Stebbins，2007a，2007b；Halas，2005）。马丁·布尔默（Martin Bulmer）认为这本著作是一座里程碑，从此社会学从"抽象理论和图书馆研究转向利用理论框架研究经验世界"（1984：45）。诺伯特·威利（Norbert Wiley）认为就"界定只有社会学能够发现和探索的独特知识领域"来说，《波兰农民》一书是极为重要的（1986：20）。这部著作是两位作者在欧洲与美国长达八年的研究得出的成果，主要研究波兰移民中社会解组的现象。书中的数据并没有多少持久的价值，但它运用的方法论具有重大的意义。该著作涉猎多种数据来源，包括自传材料、付费文献、家庭通信、存档报纸、公文以及机构信函。

《波兰农民》大体上是一项有关社会制度的宏观研究，但在这之后的学术生涯中，托马斯逐渐转向了社会—心理的微观视角。托马斯最广为人知的是以下这段社会—心理论断，出现在与多萝西·托马斯合著的一本书中，"如果人们将社会情境定义为真，它们就会产生真实的结果"（Thomas and Thomas，1928：572）。它的重点在于人们的思考方式及其对行为之影响的重要性。这种社会—心理的微观视角与马克思、韦伯及涂尔干等欧洲学者持有的社会—结构或社会—文化宏观视角是相对立的。它后来成为芝加哥学派的理论成就——符号互动论的核心特征之一（Rock，1979：5）。

罗伯特·帕克（1864—1944） 罗伯特·帕克是芝加哥大学社会学系的另一位重要人物（Shils，1996）。帕克于 1914 年以兼职讲师的身份进入芝加哥大学，很快就因工作出色成为该系的核心人物。帕克对于美国社会学发展的重要性体现在以下几个方面。第一,他成为芝加哥大学社会学系的核心人物,而该系在20世纪30年代是主导美国社会学界的一股力量。第二,帕克曾经在欧洲学习,在将欧陆思想大家引介给芝加哥大学的社会学家这方面起到了至关重要的作用。帕克听过齐美尔的课,而齐美尔思想,尤其是他对行动与互动的关注,对芝加哥学派理论取向的创建有重大的影响(Rock,1979:36—48)。第三,帕克在成为社会学家之前做过记者,这一经历使他意识到城市问题的重要性,以及社会学家必须走出去,进入城市现场,通过亲身观察收集数据(Lindner,1996;Strauss,1996)。这种意识是激发芝加哥学派在城市生态领域产生真正理论兴趣的源头(Gaziano,1996;Maines,Bridger,and Ulmer,1996;Perry,Abbott,and Hutter,1997)。第四,帕克在指导研究生和设立"研究生阶段研究累积项目"上起到了关键的作用(Bulmer,1984:13)。最后一点是,1921年,帕克与欧内斯特·W. 伯吉斯(Ernest W. Burgess)共同出版了第一部真正重量级的社会学教材《社会学科学入门》(*An Introduction to the Science of Sociology*)。它的影响极其深远,尤以对科学、调查以及对一系列社会问题研究的评论而著称。

自20世纪20年代末、30年代初起,帕克待在芝加哥大学的时间越来越少。他最终选择的持续终生的学术兴趣是种族关系。帕克曾担任黑人领袖布克·T. 华盛顿(Booker T. Washington)的秘书。帕克于1934年接受了菲斯克大学(一所黑人大学)提供的教职。帕克的离开并不是芝加哥学派衰落的唯一原因,甚至算不上是主要原因,不过该学派的声望在30年代确实有所下跌。在讨论芝加哥社会学派的衰落以及其他社会学系与理论的兴起之前,我们需要回到芝加哥学派成立初期,了解对于它的理论建设有过深远影响的两个人物,即查尔斯·霍顿·库利和乔治·赫伯特·米德(George Herbert Mead)。[①]

查尔斯·霍顿·库利(1864—1929) 库利与芝加哥学派的关系较为微妙,因为他本人一直在密歇根大学授课,但他的理论观点却与后来成为芝加哥学派最重要的理论成就的符号互动论如出一辙(Sandstrom and Kleinman,2005;Schubert,2007)。

库利于1894年在密歇根大学获得博士学位。他逐渐对社会学产生了浓厚的兴趣,然而密歇根大学在当时却根本没有什么社会学系。因此,他的博士论文答辩是在哥伦比亚大学的教授们的指导下完成的,哥伦比亚大学自1889年起就在吉丁斯(Franklin Giddings)的领导下开设了社会学课程。库利在1892年即完成博士论文之前就开始了在密歇根大学的任教生涯。

库利就社会阶级、结构和制度等大规模社会现象提出了一些理论,但至今仍为人们牢记的却是他对于社会生活的社会—心理层面给出的洞见(Schubert,2005,2007)。库利在该领域走的路线与米德相同,不过他对社会学的影响不及米德那样深刻、持久。库

---

① 与芝加哥学派有关系的还有其他一些重要人物,如埃弗里特·休斯(Everett Hughes)(Chapoulie,1996;Strauss,1996)。

罗伯特·帕克小传

罗伯特·帕克走的不是学术圈里的社会学家的典型道路——从大学到研究生院，再到任职教授。恰恰相反，帕克在步入中年并成为社会学家之前有过丰富的就职履历。他起步虽晚，却对整个社会学学科产生了深刻的影响，对理论建设的贡献尤其卓著。帕克丰富的阅历使他对社会生活产生了不同寻常的看法，而这种理念有助于塑造芝加哥学派、符号互动论乃至社会学中相当一部分内容。

1864年2月14日，帕克生于宾夕法尼亚州哈维维尔（Matthews，1977）。在密歇根大学读书时，帕克接触到很多伟大的思想家，如约翰·杜威等。在深受这些思想触动的同时，帕克强烈地感到自己要走入现实世界去工作，一如他自己的描述，"我下定决心要为了体验而体验……'将世界上所有的欢乐与悲伤'汇入我的灵魂"（1927/1973：253）。毕业之后，帕克很快成为一名记者，这一职业赋予他了解真实世界的机会。帕克喜欢探索世界，"深入那些赌场和毒窟"（Park，1927/1973：254）。他细致生动地记录城市生活，进入实地，观察、分析，然后再写下他的论断。事实上，帕克已经在做后来成为芝加哥学派标志的那一类研究（即科学报道），也即运用参与式观察这一技术的城市人类学（Lindner，1996）。

准确地描述社会生活一直是帕克的一大爱好，但是他越来越不满足于报社的工作，因为它妨碍他达成对家庭的责任，更重要的是，不能满足帕克对知识的渴求。再者，这份工作对于改良社会并无帮助，而帕克却对社会变革抱有浓厚兴趣。1898年，帕克在34岁时离开报社，进入哈佛大学哲学系。他在那里待了一年，随即决定前往当时世界学术的中心——德国。在柏林，帕克遇到了齐美尔。齐美尔的著作对帕克的社会学思想产生了深刻的影响。事实上，齐美尔的讲座是帕克唯一接受过的正规的社会学训练，正如帕克所说，"我的绝大多数关于社会和人性的知识都来自我自己的观察"（1927/1973：257）。1904年，帕克在海德堡大学写完了博士论文。有意思的是，他并不满意自己的论文："我所能展示的一切就是那本小小的书，我为此感到羞愧。"（Matthews，1977：57）他拒绝了芝加哥大学暑期讲师的工作，像当初离开新闻界那样，离开了学术界。

帕克推动社会改良的心愿，驱使着他出任了刚果改革协会的秘书长和首席公共事务官，这个协会的建立是为了改善比利时占刚果的暴政和严酷的剥削。在此期间，帕克与布克·华盛顿结识，并在其影响下开始参与致力于改善美国黑人处境的活动。帕克出任了华盛顿的秘书，在塔斯基吉研究院的一系列活动中起到重要作用。1912年，他与到塔斯基吉研究院发表演讲的芝加哥大学社会学家托马斯相识。托马斯邀请帕克到芝加哥大学去给一个人数不多的研究生群体开设"美国黑人"这门课。

> 帕克于1914年欣然赴邀。这门课程大获成功，帕克第二年再次开课时，听课人数增长为去年的两倍。帕克在同年加入了美国社会学会，而且仅用了十年便坐上主席的位置。帕克在芝加哥大学的兼职工作一步步地转化为正式工作，不过直到1923年，59岁的帕克才终于被评为正教授。帕克在芝加哥大学服务了近20年，对该校社会学系学术方向的形成起到了关键的作用。
>
> 在20世纪30年代初从芝加哥大学退休后，帕克依然保持着活跃的状态。他在近80岁高龄时仍在费斯克大学授课和指导研究，并且到世界各地旅行。帕克卒于1944年2月7日，距他80岁的生日仅有一周。

利对意识很感兴趣，但是（与米德一样）反对将意识与社会背景相分离。一个被延用至今的概念——**镜中自我**（looking-glass self）最足以说明这一点。根据这一概念，库利的看法是人类拥有意识，而且它是在持续的社会互动中形成的。

体现库利的社会—心理旨趣，而且持续受到关注和发挥影响的第二个基本概念是**初级群体**（primary groups）。初级群体是指关系亲密、面对面互动的群体，在个体与更高一级的外部社会建立联系时能够发挥重要的作用。年轻人的初级群体——主要是家庭和同龄人——尤其关键。个体将在群体之中成长为社会化的人。"镜中自我"基本上是在初级群体内部形成的，自我中心的儿童赖此学习为他人考虑，从而成长为对社会有益的成员。

库利（Winterer，1994）和米德都反对用**行为主义**（behavioristic）的观点来解读人类，根据行为主义的观点，人类只能盲目和无意识地对外部刺激做出反应。这两位学者相信人类拥有意识和自我，而社会学家的责任正在于研究社会现实的这一层面。库利促请社会学家们尽量将自己置于个体研究对象的立场，运用**同情内省法**（sympathetic introspection）去分析意识。通过分析研究对象作为个体在不同情境下的行动选择，社会学家就能理解社会行为背后的意义和动机。同情内省法在许多人看来是不够科学的。在这一领域，米德以及其他一些学者的研究是在库利基础之上的进一步发展。这两位学者有着许多共同的研究兴趣，在认为社会学应该关注意识、行动和互动等社会—心理现象的看法上更是不谋而合。

乔治·赫伯特·米德（1863—1931） 与芝加哥学派和符号互动论最有关系的米德[①]并不是社会学家，而是一位哲学家。米德自1894年起在芝加哥大学讲授哲学课，在

---

① 有关的反对意见，参见 J. D. 刘易斯和史密斯（J. D. Lewis and Smith，1980）。

该职位上一直干到1931年逝世（Chriss，2005b；G. Cook，1993）。考虑到他在社会学理论史上的重要地位，我们在米德身上看到几个难以解释的特征。首先，他讲授的是哲学而非社会学；其次，他在生前几乎不曾有重要的作品发表。他的这些矛盾的特征一定程度上可以通过以下的事实来解释。第一，米德在芝加哥大学哲学系开设了社会心理学课程，许多社会学研究生选修了这门课。米德的思想影响了其中不少学生。这些学生把米德的思想与他们从帕克、托马斯等社会学系教授那里学到的知识结合了起来。尽管当时还没有一种以符号互动论命名的理论，但实际上它已由这些学生根据上述知识来源创造了出来。米德就是通过这样一种方式，对之后发展符号互动论的那一批学者产生了深刻且个人化的影响。第二，这些学生整理了在米德课上记录的笔记，在米德逝世后以他的名义出版《心灵、自我与社会》（*Mind, Self and Society*，Mead，1934/1962），从而将米德的思想从口述传统转化到书面传统领域。这本著作构成符号互动论的理论基石，直至今日仍在被广泛阅读。

我们将在第六章介绍米德的理论，但在这里有必要通过概述其中的理论要点以确立米德的历史地位。我们以行为主义心理学为背景来审视米德的理论，因为米德本人深受这种思想倾向的影响，并接受了其中许多原则。他认同它对个体及其行为的关注，认为行为主义者留意与个体行为有关的回报和成本是有道理的。米德的不满在于行为主义似乎走得还不够远。它将意识排除在严肃思考之外，强调意识不能为科学研究所检验。米德强烈地反对这种看法，并试图将行为主义的原则扩展到精神分析领域。通过这种做法，米德表明了自己与库利相似的理论关注。只不过库利的立场貌似不够科学，而米德通过扩展心理学行为主义高度科学化的原则与方法，得以建立更科学化的意识概念。

米德为美国社会学界提供了一种社会—心理理论，它与大多数欧洲理论大家所提出的社会理论有着显著的不同（Shalin，2000）。不过，齐美尔是一个明显的例外。符号互动论的建立主要应归因于齐美尔对行动和互动的关注以及米德对意识的强调。但是，这种理论关注导致米德的著作以及符号互动论在整体社会和文化层面的一些缺陷。

芝加哥社会学的衰落 芝加哥大学社会学系在20世纪20年代走向巅峰，但到了30年代，在米德逝世和帕克离开之后，它逐渐丧失了在美国社会学界的核心地位（Cortese，1995）。费雷德·马修斯（Fred Matthews，1977；也请参见Bulmer，1984）一针见血地指出了芝加哥学派走向衰落的几大原因，其中有两条看上去至关重要。

首先，芝加哥学派越来越被科学化占据了全部精力——要求运用复杂的方法和统计分析。然而，这个学派一向被看作是强调描述性的民族志研究的（Prus，1996），聚焦于研究对象的个人取向（按托马斯的术语，即这些对象的"情境定义"）。帕克逐渐变得对统计学有些轻视（将其称为"要把戏"），因为它似乎杜绝了主观性、异质性和独特性的分析。芝加哥学派为定量方法做出重要贡献的这一事实（Blumer，1984：151—189），因它自身与定性方法千丝万缕的联系而被人们所忽视。

其次，越来越多芝加哥大学之外的学者对这一学派对美国社会学会和《美国社会学学刊》的双重把持感到强烈不满。美国东部社会学协会（Eastern Sociological Society）成立于1930年，其中的社会学家直言不讳地批评整个中西部（尤其是芝加哥学派）对社会学界的主导（Wiley，1979：63）。到了1935年，由于感受到对芝加哥学派的抵制，美国社会学会不得不选择一位非芝加哥背景的学者担任秘书长，并且创立了一份全新的官方刊物《美国社会学评论》（American Sociological Review）（Lengermann，1979）。按照威利的说法，"芝加哥学派就像一棵巨大的橡树那般倒下了"（Wiley，1979：63）。这个信号标志着另一些权力中心的崛起，其中最著名的是哈佛大学以及常春藤联盟。符号互动论在很大程度上是一种不确定的口头传统，因此最后输给了更明确和成文化的理论体系，如与常春藤盟校有关联的结构功能主义（Rock，1979：12）。

早期社会学界的女性学者

在社会学在芝加哥大学蓬勃发展的同时，甚至可以说在涂尔干、韦伯和齐美尔创建欧洲大陆社会学的同时，一群女性学者不但建立了十分广泛且有着高度联结的社会改革者的网络体系，还建立了一些具有先锋意识的社会学理论，并不时地与芝加哥学派的研究遥相呼应。这些女性学者包括简·亚当斯（1860—1935）、夏洛特·珀金斯·吉尔曼（1860—1935）、安娜·朱丽娅·库珀（1858—1964）、艾达·韦尔斯·巴尼特（1862—1931）、玛丽安娜·韦伯（1870—1954）和比阿特丽丝·波特·韦布（1858—1943）。上述许多女性学者都可以通过与简·亚当斯的关系而被联系起来，只有库珀是个例外。时至今日，这些女性学者在常规的社会学史里仍然不被看作社会学家或社会学理论家，就社会学界内部的男权化以及该学科在本质上缺少与自身实践有关的反思和批判来说，这不啻是一份令人心寒的证据。如果说每位女性学者提出的社会学理论只是个人理论探索的成果，那么，当把它们放在一处时，它们就可被看作早期女性主义社会学理论的一份前后连贯且互相补充的宣言。

女性主义理论的主要特征或许在一定程度上可以解释为什么它们会被排斥在常规的社会学发展之外，这些特征是（1）强调女性体验、女性的生活及工作就重要性而言并不亚于男性；（2）意识到她们是从一种情境化、具体化的立场来发声，因而在很大程度上避免了男性学者在社会学理论与权威理论之间画等号的那种带有傲慢腔调的客观性（Lemert，2000）；（3）倡导社会学和社会学理论以社会改革为目的，即通过知识改善人们的生活；以及（4）宣称当下社会最需要改进的问题是不平等。最能将上述女性学者彼此区别开来的是，其理论关注的性别、种族、阶级或多因素交叉的社会不平等的性质与补救方法。每一位早期的女性学者都将其理念转化成在社会上与政治上有助于形塑和改变她们各自在其中生活的北大西洋沿岸社会的行动主义，这种行动主义与建立理论一样，是女性主义实践社会学的一部分。这些女性学者坚信社会科学研究是她们将社会学在理论上进行设定和以激进主义方式加以实施的一部分，她们是具有高度创造力的社会科学方法的创新者。

社会学这一发展的学科将这些女性学者边缘化，不承认其作为社会学家和社会学理论家的地位，但是经常将她们的研究方法并入自身的实践，并以女性学者的激进主义为借口污蔑她们"不算是社会学家"。因此，一般来说，人们把上述女性学者看成社会活动家和社会工作者，而非社会学家。然而，她们的历史遗产是对行动和思想皆有号召力的社会学理论。

杜波伊斯与种族理论[①]

W. E. B. 杜波伊斯（W. E. B. Du Bois, 1868—1963）在亚特兰大大学社会学系教授过很长一段时间的课，但人们常常不认为他是一位社会学家，更不用说是位理论家了。杜波伊斯通常被大众视为公共知识分子，是美国有色人种协进会（NAACP）等人权组织的奠基者和领袖。尽管杜波伊斯（像马克思一样）不太情愿把理论和实践截然分开，但是他的许多文章不仅包含社会学思想的强烈表达，而且提出了大量可被视为理论的抽象理念。换句话说，杜波伊斯对理论本身虽不感兴趣，但是为了推动人权事业（主要为非裔美国人），还是发展出抽象的观念。

在社会学界，杜波伊斯的声誉很大程度上源自他的经验研究专著《费城黑人》（The Philadelphia Negro, 1899/1996）。这项针对费城第七区的研究由杜波伊斯独自操刀，采用了多种研究方法，但更多被看成一部具先锋性的民族志专著。杜波伊斯在漫长的一生中所出版的专著、文章和社论多得不可思议，但几乎没有什么可以被立即当作"理论"来看待的。然而，他的作品中的确有理论存在，尤其是在他那几本相当独特的自传中[最著名的是《黑人的灵魂》（The Souls of Black Folk, Du Bois, 1903/1996）]，杜波伊斯根据对自己一生的反思建立了有趣的理论思想。其中最首要的就是杜波伊斯对"种族观念"（race idea）与"种族界线"（color line）的关注，他将前者视为"一切历史的中心思想"（Du Bois, 1897/1995: 21），至于后者，杜波伊斯认为它不仅割裂了美国，还影响了大半个世界。杜波伊斯最著名的理论思想之一是**面纱**（veil），它在非裔美国人和白人之间设立了一条清晰的界线，或者说阻隔。所谓面纱**不是**一堵"墙"，而是一种轻薄的多孔材料，透过它，不同种族的人们虽能看得见彼此，却终究被隔离开来。杜波伊斯另一个关键的理论思想是"**双重意识**"（double-consciousness），一种对"二重性"（two-ness）的认识，即非裔美国人透过别人的眼光来看待和衡量自己的感受。杜波伊斯的著作未能

[①] 我们将在本章的结尾和第十四章讨论种族理论更详细和更现代的版本——种族和种族主义批判理论。

杜波伊斯小传

杜波伊斯1868年2月23日出生在马萨诸塞州的大巴林顿镇（D. L. Lewis，1993）。与那个年代的绝大多数黑人相比，他接受了较好的教育，并得以进入菲斯克大学学习。他后来在哈佛大学取得了博士学位，期间曾到柏林大学学习。在哈佛大学和德国求学期间，杜波伊斯开始接触到那个时代最伟大的思想家们，其中包括哲学家威廉·詹姆斯（William James）、乔西亚·罗伊斯（Josiah Royce）以及伟大的社会学理论家马克斯·韦伯。

杜波伊斯的第一份工作是在威尔伯福斯大学（黑人大学）教希腊语和拉丁语。他写道："这个学院不教授社会学，即使我请求用我私人的时间来开课。"（Du Bois，1968：189）杜波伊斯于1896年秋天离开那里，当时宾夕法尼亚大学为他提供了一个助教的职位，任务是研究费城的黑人。这项研究直接促成了早期社会学经典《费城黑人》（1899/1996）的出版。该研究项目结束后，杜波伊斯就转往亚特兰大大学。杜波伊斯从未在宾夕法尼亚大学获得过正式的教职，这件事，像生命中的许多其他事情一样，令他怨恨不已。从1897年到1910年，杜波伊斯一直在亚特兰大大学教授社会学，还负责撰写大量揭示美国黑人生活各方面的调研报告。正是在这段时期，杜波伊斯写完了他的第一本，也是最重要的一本自传《黑人的灵魂》（1903/1996）。这是一本文笔优美、带有深刻个人印记的著作。它表达了一系列通识性的理论观点，能够大大帮助读者理解美国黑人和种族关系。杜波伊斯在一生中出版了大量这一类的自传，如《黑水：来自面纱内部的声音》（*Darkwater, Voices from within the Veil*，1920/1999）、《黎明前的黄昏：为种族观念自传而作的随笔》（*Dusk of Dawn: An Essay toward an Autobiography of a Race Concept*，1940/1968）、《杜波伊斯自传：一位九旬老人回首往事的自述》（*The Autobiography of W. E. B. Du Bois: A Soliloquy on Viewing My Life from the Last Decade of Its First Century*，1968）。在《黎明前的黄昏》中，杜波伊斯（1968：2）说："那时候我写的东西与其说是我的自传，不如说是种族观念的自传，它在我的思想和经历中被阐明、放大，无疑也被扭曲了。"（杜波伊斯一向不乏自尊心，而且经常因过分自大而受到批评。）

在亚特兰大大学教书期间，杜波伊斯开始参与越来越多的公共事务和政治活动。1905年，他在纽约布法罗发起并亲自参与了一场会议，促成了跨种族人权组织——尼亚加拉运动的形成，该组织致力于"废除一切基于种族和肤色差异的等级差异"等事务（Du Bois，1968：249）。这一运动构成了美国有色人种协进会的基础，该协会最终于1910年成立，杜波伊斯出任其出版和研究事务的主任。杜波伊斯创办了NAACP的专刊《危机》（*The Crisis*），在该刊物上发表了很多文章，讨论大量与美国黑人现状有关的议题。杜波伊斯接受这个新职位是因为它给他提供了一个可以广泛传播自己理念的平台（他个人为《危机》的编辑立场负责）。此外，杜波伊斯在亚特兰大大学的职务因他与当时非常热门而有权力的布克·华盛顿之间的冲突而变得朝不保夕，华盛顿当时被大多数白人领袖和政治家视为美国黑人的代言人。但杜波伊斯愈来愈认为华盛顿过分保守，甘于从整体上让黑人处于从属于白人的地位，在白人主导的经济领域更是如此，黑人只能接受和满足于体力工作。

在接下来的半个世纪，杜波伊斯一直是一位孜孜不倦的作家和活动家，为黑人以及其他种族的人权事业奔走呼号（D. L. Lewis，2000）。他参与并出席美国乃至世界上大多数国家有关"有色"人种的会议，尤其是有关黑人的会议。杜波伊斯对那个时代紧迫的议题发表了意见，而且几乎总是从有利于黑人或其他少数种族的立场出发。例如，他会指出黑人应该支持哪位总统候选人，评论美国是否该参加第一次及第二次世界大战，而黑人们是否该支持这些战争、加入军队，等等。

20世纪30年代早期，大萧条严重破坏了《危机》的运营，杜波伊斯在NAACP内部失去了对青年异见者的掌控。他重返亚特兰大大学从事研究工作，创作了《美国黑人的重建，1860—1880》（*Black Reconstruction in America 1860-1880*，1935/1998）及其他一些作品。杜波伊斯的任期持续了十多年，1944年在76岁时才被学校强制退休。NAACP迫于压力邀请杜波伊斯回去装点门面，但他拒绝扮演这种角色，不愿倚老卖老，于是在1948年再度被辞退。在随后的二十年里，杜波伊斯的理论和著作变得越来越激进。他加入了多个和平组织。1951年，一个大陪审团决定因杜波伊斯未能成功注册就担任了和平运动中某种外国势力的代理人而起诉他。

杜波伊斯早年间对美国怀有期望，相信它能够在资本主义社会的框架下和平地解决国内的种族问题。但许多年之后，杜波伊斯不再信任资本主义和资本家，变得越来越支持社会主义。他的观点日益激进并倾向于共产主义。杜波伊斯对共产主义为苏联和中国带来的进步印象深刻，最后甚至加入了共产党。在生命的尾声，杜波伊斯似乎放弃了对美国的希望，决定移居非洲国家加纳。杜波伊斯加入加纳国籍，1963年8月27日在那个国家过世，这一天恰好是马丁·路德·金在华盛顿特区广场发表"我有一个梦想"的著名演讲的前一天。杜波伊斯享年85岁。

虽然社会学界直到近些年来才普遍接受杜波伊斯作为重要理论家的地位，但他在黑人社群的影响力却是历久不衰。朱利安·邦德（Julian Bond）在当选NAACP主席时说："我认为对于与我同龄和同时代的人们来说，这（指挂在邦德家里的一张照片，照片里幼年邦德正拉着杜波伊斯的手）是一种常见的经历——不必把杜波伊斯请到你的家里，但是要让他的名字在你的家里响起，要在你的家里了解和认识他……这就是当年我们餐桌对话的主题。"（引自 Lemert，2000：346）

提供羽翼丰满的社会理论，但提供了一系列有关美国乃至世界之种族与种族关系的理论思想。随着多元文化理论（及女性主义）在近年来的兴起，杜波伊斯对于种族问题的关注以及基于非裔美国人视角形成的世界观吸引了一大批新一代的追随者，更重要的是，这其中还包括一些将其先锋性的思想、视野和承诺看成理论建设基础的思想家。

截至20世纪中叶的社会学理论

哈佛大学、常春藤联盟和结构功能主义的崛起

我们可以将社会学在哈佛大学的兴起一直追溯到20世纪30年代皮季里姆·索罗金（Pitirim Sorokin）的到来（Jeffries，2005；Johnston，1995）。索罗金进入哈佛大学时，哈佛还没有社会学系，但是在他抵达那里的第一年年末，社会学系就被建立起来，索罗金被任命为系主任。索罗金虽然是一位社会学理论家，而且在20世纪60年代之前一直在持续地发表作品，但令人吃惊的是这些作品在今天很少被人引用。主流观点认为这是由于他的理论化工作未能经受时间的考验，当然有些学者并不同意这种说法（如Tiryakian，2007b）。索罗金在社会学史上的重大影响在于创建了哈佛大学社会学系，以及将帕森斯聘任为社会学系讲师（帕森斯过去在经济学系担任讲师）。帕森斯之所以成为美国社会学史上具有支配性地位的人物，其一是因为他将欧洲理论大家介绍给美国读者，其二是他本人提出了一种极具影响力的社会学理论，其三是因为他培养了许多学生，而这些学生后来大多成长为重要的社会学理论家。

帕森斯（1902—1979）

帕森斯早年间发表过一些论文，但他在事业初期的主要贡献是他个人对研究生们的影响，他的许多学生后来成长为著名的社会学理论家。罗伯特·默顿是其中最有名气的一位，在1936年获得博士学位后，很快成长为有影响力的社会学理论家和哥伦比亚大学帕森斯学派的中坚人物。金斯利·戴维斯（Kingsley Davis）在同一年获得博士学位，与1940年在哈佛拿到学位的威尔伯特·莫尔（Wilbert Moore）一起写下了结构—功能主义重要论著中的一部。结构功能主义是帕森斯及其追随者最重大的学术成果。值得一提的是，帕森斯的影响并不限于20世纪30年代，直到60年代，他仍培养出许多后来在学界产生重大影响的研究生。

1937年对帕森斯个人与美国社会学理论界来说都是意义非凡的一年，帕森斯在这一年出版了《社会行动的结构》。这部著作之所以对美国社会学理论影响深远，是出于以下四个原因。首先，它向广大的美国读者推介了主要的欧洲社会学理论。该书的主体部分着力介绍涂尔干、韦伯和帕累托三人。帕森斯在理论解读中为这几位理论家塑造的形象，

在美国社会学界延续了好多年。

第二，帕森斯几乎没有提及马克思或齐美尔（D. Levine，1991a），但非常强调涂尔干、韦伯甚至帕累托的作品。由此，马克思主义理论在很大程度上继续被排斥在正统的社会学之外。

第三，《社会行动的结构》将社会学的理论阐释看成一项合理且有意义的社会学活动。自此之后，美国社会学的理论化都受益于帕森斯的工作（Lidz，2000）。

最后，帕森斯力主提出能够对社会学产生深远影响的具体的社会学理论。起初，人们认为帕森斯是一位行动理论家，他对自己也是这样定位的（Joas，1996）。帕森斯看起来非常注重行动者以及他们的思维和行动。但是，在1937年出版的《社会行动的结构》以及他的晚期作品中，帕森斯越来越表现出对大规模社会与文化系统的结构—功能主义式的关注。帕森斯认为这些理论之间并不存在矛盾，但他却日益被视为一位结构功能主义者，一位大力鼓吹这一即将在社会学界取得至高地位且将这种状况保持到20世纪60年代的理论的倡导者。帕森斯理论以及结构功能主义的生命力在于描述了大规模社会结构及制度之间的关系（参见第三章）。

帕森斯对于结构功能主义的重要论述出现在20世纪50年代初出版的几部著作里，其中最著名的是《社会系统》（*The Social System*，1951）（Barber，1994）。在这些著作中，帕森斯试图集中论述社会结构以及各个部分之间的关系。这些结构被看作是相互支持的，始终趋向一种动态的平衡。论述的重点在于如何在社会的多种要素之间维持秩序（Wrong，1994）。变化被视作一个有序的过程，帕森斯（1966，1971）最终接受了社会变化的新进化论。他不仅关注社会系统本身，还关注它与其他行动系统（action systems）的关系，尤其是与文化系统及人格系统的关系。但是帕森斯对跨系统关系的基本看法在本质上与他对系统内部关系的看法是一样的：它们受到凝聚力、共识和秩序的限定。换句话说，**各种社会结构**（social structures）彼此履行一系列积极的功能。

这些观点已足以说明为什么帕森斯会被主要看作**结构功能论者**（structural functionalist）。随着帕森斯个人声誉的增长，结构功能主义在美国学界的影响力越来越大。帕森斯的著作率先为结构功能主义奠定了核心，他的学生和门徒则致力于拓展这一理论以及它在美国学界的统治地位。

帕森斯在美国社会学理论史上扮演了极为重要和积极的角色，不过他的著作也产生了一些负面的后果（Holton，2001）。首先，帕森斯对欧陆那些思想大师的解读看来只是在反映帕森斯本人的理论倾向，而并非这些思想大师自身的倾向。许多美国社会学家从一开始面对的就是对欧陆思想大师的错误解读。其次，正如已经指出的那样，帕森斯在其事业初期很大程度上忽略了马克思，导致马克思主义理论在很多年里一直处于社会学界的边缘。再次，帕森斯的理论尽管经历了多年的发展，仍然存在非常严重的缺陷，只是由于帕森斯在美国社会学界卓越的地位才一直压制住批判的声音。直到多年以后，帕森斯的理论以及结构功能主义的缺陷才开始全面曝光。

我们不妨再回到20世纪30年代初期看一下哈佛大学发生的其他理论进展，通过对那里另一位重要人物乔治·霍曼斯（George Homans）的介绍，我们可以更加深入地了解哈佛大学社会学系的往事。

乔治·霍曼斯（1910—1989）

霍曼斯是一个富有的波士顿人，1932年在哈佛大学获得学士学位（Homans，1962，1984；也可参见Bell，1992）。霍曼斯在大萧条中一度失业，但显然还不至于一文不名。1932年秋天，生理学家L. J. 亨德森（L. J. Henderson）开设了一门介绍帕累托理论的课程，邀请霍曼斯加入其中。霍曼斯接受了他的邀请（帕森斯同样参加了这个帕累托高级研究班）。霍曼斯在解释他为什么被帕累托吸引并接受了他的理论时，充分说明了美国社会学理论为何会如此地保守和抵制马克思：

> 我接受帕累托是因为他向我解释清楚了我已经准备相信的……有人说现代社会学的大部分工作就是试图回答革命者的争论。作为一个从未抵制自己比较富有的家庭的波士顿共和党人，我觉得在1930年代里常常受到人身攻击，它们主要源自马克思主义者。我已经准备好要相信帕累托，因为他为我提供了用来辩护的理论。
>
> （Homans，1962：4）

霍曼斯在接触了帕累托的思想之后，与查尔斯·柯蒂斯（Charles Curtis）合著了一本《帕累托导论》（*An Introduction to Pareto*），该书于1934年出版。这本书的出版使霍曼斯成为一位社会学家，尽管在当时帕累托的作品是霍曼斯唯一真正读过的社会学著作。

1934年，霍曼斯被任命为哈佛大学的初级研究员，启动这项课程计划是为了避免博士培养中的一些弊端。事实上，霍曼斯从未获得博士学位，即使他已经成为那个时代有影响力的社会学家之一。霍曼斯在初级研究员的位置上一直待到1939年，在此期间吸收了越来越多的社会学知识。1939年，霍曼斯留校任教，但他与哈佛大学社会学系的联系很快因世界大战的爆发而中断了。

当霍曼斯从战场归来时，帕森斯已在哈佛大学建立起社会关系学系，霍曼斯加入了这个系。尽管对帕森斯著作中的某些内容非常重视，但霍曼斯对帕森斯建立理论的方式却持有批判的态度。两位学者展开了一场持久的交锋，这在随后的许多著作和刊物中都有公开的记录。从本质上说，霍曼斯认为帕森斯的理论根本就不是理论，而只是一个社会世界中的多数现象都可以在其中对号入座的庞大的知识分类体系。而且，霍曼斯相信理论的提出应该建立在细致观察社会世界的基础上，而不是先从通用的理论层面出发，再向下传导到经验层面。

霍曼斯在自己的研究中积累了大量的跨度长达数年的实证观察数据，但是直到20世纪50年代，才偶然找到一种令人满意的分析这些数据的理论取向。这个理论取向就是心理行为主义。霍曼斯的哈佛同事、心理学家斯金纳为这一理论取向做出了最好的阐释。以这一视角为基础，霍曼斯建立了他的交换理论。有关交换理论的发展，我们在本章之后的部分还会谈到。此处最重要的一点是，哈佛大学以及它的理论成就——结构功能主义，从20世纪30年代晚期开始取代芝加哥学派和符号互动论，在社会学界占据主导地位。

衰落中的芝加哥学派

之前我们谈到芝加哥社会学系在20世纪30年代中期走上了衰落之路，原因包括米德逝世、帕克的离开、美国东部社会学家的对抗，以及《美国社会学评论》的建刊。但是，芝加哥学派并没有就此消失，直至50年代初期，它一直是美国社会学界一支重要的力量。

在这一时期，芝加哥大学社会学系的核心人物是赫伯特·布鲁默（1900—1987）（Maines，2005；Blumer，1969a）。布鲁默沿袭了芝加哥学派从米德、库利、斯莫尔、帕克、托马斯等人工作中发展出的理论倾向，大力予以倡导。事实上，正是布鲁默在1937年首次提出了**符号互动论**这一术语。通过在芝加哥大学的教学活动，布鲁默为保持芝加哥学派传统的生机做出了至为重要的贡献。他创作了大量学术随笔，在这些文章的支持下，符号互动论的生命力一直持续到50年代。然而，即使有布鲁默的这些活动，芝加哥学派仍然在走下坡路，1952年布鲁默离开芝加哥大学前往加利福尼亚大学伯克利分校任教之后，情况更加恶化。可是，无论芝加哥学派的现状如何，通过分散在美国各地和世界上其他地方的一些中坚分子，芝加哥学派的传统依然被鲜活地保存到了今天（Sandstrom，Martin，and Fine，2001）。

马克思主义理论的发展

从20世纪初到30年代，马克思主义理论的发展在很大程度上独立于主流社会学理论。但由于脱胎于更早一些的黑格尔派马克思主义，批判学派（或法兰克福学派）在一定程度上可算是一个例外。

为发展马克思主义理论而形成一个流派的想法是由菲利克斯·J. 威尔（Felix J. Weil）提出的。法兰克福大学社会研究所于1923年2月3日在德国法兰克福正式宣布成立（Jay，1973；Wiggershaus，1994）。在相当长的一段日子里，许多服膺于马克思主义理论的最著名的思想家都与批判学派有一定联系，如马克斯·霍克海默（Max Horkheimer）（Schulz，2007a）、西奥多·阿多诺（Theodor Adorno）（Schulz，2007b）、埃里希·弗洛姆（Erich Fromm）（N. McLaughlin，2007）、赫伯特·马尔库塞（Herbert Marcuse）（Dandaneau，2007a），以及更近期的尤尔根·哈贝马斯（Jurgen Habermas）。

社会研究所在德国一直维持到1934年，自那之后，在纳粹的统治下，局势变得越来越令人难以忍受。纳粹党人不喜欢主导社会研究所的马克思主义理论,而且由于社会研究所与许多犹太学者有关,纳粹对研究所的敌意更是逐渐升级。1934年,时任社会研究所主任的霍克海默到纽约与哥伦比亚大学校长商谈研究所的处境。令霍克海默喜出望外的是,这位校长旋即邀请他们将研究所搬到哥伦比亚大学去,甚至为研究所提供了一栋办公楼。就这样,马克思主义理论的研究中心迁入了资本主义世界的大本营。截至世界大战结束之前,社会研究所一直驻留美国,但是战争甫一结束,它就受到越来越多要求它迁回德国的压力。1949年,霍克海默终于率领社会研究所返回德国。可是,社会研究所虽然回到了德国,许多与它有关联的大人物却纷纷选择了独立的事业方向。

在此,有必要强调一下批判理论发展中最具意义的一些事件(Calhoun and Karaganis, 2001)。首先,在成立初期,与社会研究所有关联的学者大多是相当传统的马克思主义者,把大量精力倾注在经济领域。但到了20世纪30年代前后,社会研究所的理论倾向发生了重大的转变,这些学者从此将注意力从经济领域转向文化系统,后者也愈来愈被视作现代资本主义社会的重要力量。新的取向与更早的黑格尔派马克思主义学者(如格奥尔格·卢卡奇)所采取的立场是一致的,同时也是对它的拓展。为了更好地理解文化领域,这些批判理论家受到了马克斯·韦伯著作的吸引。将马克思和韦伯结合在一起的努力,以及因此被创造出来的"韦伯式马克思主义"(Weberian Marxism)[①](Dahms, 1997; Lowy, 1996),构成了批判学派独特的学术倾向,使得它在之后的岁月里,在逐渐开始对马克思主义理论产生兴趣的社会学家眼中,享有一定的正统地位。

由批判学派的某些成员采取的第二个重大举措是,运用由美国社会学家发展的、严密的社会—科学技术工具来研究马克思主义者所感兴趣的议题。这一做法,正如采纳韦伯理论一样,使得批判学派更易为主流社会学家所接受。

第三,这些批判理论家尝试将个体指向的弗洛伊德理论与马克思、韦伯在社会和文化层面的洞见结合起来。在许多社会学家看来,这种理论比马克思或韦伯各自提供的理论更具有包容性。即使没有其他理由,将这些各不相干的理论拼合起来的努力,对于社会学家们和其他知识分子来说也是足够的刺激了。

自20世纪20年代以来,批判学派做了大量有意义的工作,其中相当大的比例都与这些社会学家有关。不过,批判学派必须等到1960年代末才会被大多数的美国理论家所"发现"。

卡尔·曼海姆和知识社会学

现在,我们必须简要地提一下卡尔·曼海姆(Karl Mannheim, 1893—1947)的著作

---

① 这个说法既适用于一部分批判理论家,也适用于更广范围内的思想家(Agger, 1998)。

了（Ruef，2007；Kettler and Meja，1995）。曼海姆出生在匈牙利，但被迫先后迁居德国和英国。曼海姆受到马克思、韦伯、齐美尔和西方新马克思主义[①]代表人物格奥尔格·卢卡奇的影响，最广为人知的成就是有关知识体系（如保守主义）的研究。事实上，他几乎单枪匹马地创建了被称为"知识社会学"的现代研究领域。曼海姆关于理性的思考也具有相当大的影响力，他从韦伯有关理性的著作中撷取了一些主题，用更加简洁与清晰的方式对它们加以阐述（Ritzer，1998）。

自20世纪30年代在英国立足之后，曼海姆一直忙于创造一整套理论思想，以便为知识社会学奠定基石，这个领域直到今天依然非常重要（E. D. McCarthy，2007，1996；Stehr，2001）。显然，曼海姆的成就是由于他站在了许多前辈肩上，其中最重要的一位就是卡尔·马克思。可是，曼海姆却根本算不上一位马克思主义者。从本质上说，知识社会学是对知识、观点或说一般意义上的知识现象的系统研究。对曼海姆来说，知识由社会存在决定。举例来说，他试图寻找某个群体的思想与其在社会所处位置之间的关系。马克思的做法是将思想与社会阶级相关联，而曼海姆拓展了这一思路，将思想与社会内部一系列的位置相关联（如代际差异）。

除了在创建知识社会学的过程中发挥了重大作用，曼海姆最著名的贡献或许是他对两种思想体系——**意识形态**（ideology）与**乌托邦**（utopia）的区分（B. S. Turner，1995）。意识形态是用过去的视角来解释现在，从而试图隐藏和保全现状的思想体系。相比之下，乌托邦是通过关注未来而试图超越现状的思想体系。意识形态与乌托邦的冲突是社会中持续存在的现实（Mannheim，1931/1936）。

20世纪中叶以来的社会学理论

结构功能主义：鼎盛和衰落

不可思议的是，20世纪40年代到50年代对于结构功能主义来说，既是它的巅峰时刻，也是它的衰落之源。在此期间，帕森斯发表的重要论述清晰地表明他由行动理论向结构功能主义的转变。帕森斯的学生辐射到全美各地，在许多排名靠前的社会学系（如哥伦比亚大学和康奈尔大学的社会学系）占据了主导地位。这些后起之秀不断推出自己的著作，它们被广泛认为是对结构功能主义的进一步发展。

[①] 西方的新马克思主义理论（Neo-Marxian theories）即国内语境中的"西方马克思主义"，是指20世纪初以来，试图重新检讨或反思马克思古典理念的思潮，使马克思主义并不只限于无产阶级的革命意识形态，而是成为全体进步人类实现社会正义化、合理化和自由化的指导理论。需要指出的是，西方新马克思主义思潮中的许多主张缺乏合理性和现实的可操作性，往往流于表面形式，有些甚至马上被随后的历史进程证伪，从而使许多批判和设想变成相对软弱和苍白的理念，但它的出现从一个方面证明了马克思学说强大的生命力。最后，本译著综合西方学术讨论的惯例和国内学界用法，以"西方新马克思主义"来指称这一马克思主义理论演变发展的成果。——编者注

就在结构功能主义获取社会学理论界的霸权时，它同时遭遇了越来越多的攻击，这些攻击在六七十年代达到高潮：米尔斯在1959年曾对帕森斯发起批判，大卫·洛克伍德（David Lockwood，1956）、阿尔文·古尔德纳（Alvin Gouldner，1959/1967，1970；Chriss，2005a）以及欧文·霍罗威茨（Irving Horowitz，1962/1967）的意见则起到推波助澜的作用。在20世纪50年代，类似的攻击还只是时隐时现的游击战，但进入60年代之后，结构功能主义在社会学界的主导地位已变得岌岌可危。

乔治·霍阿克（George Huaco，1986）认为结构功能主义的兴衰与美国在世界秩序中的地位是有关联的。美国在1945年掌握了世界的主导权之后，结构功能主义随即在社会学内部取得霸权。结构功能主义以两种方式为美国在世界上的霸权地位提供了支持。首先，"每种模式都有助于保存和维系更高一级的系统"，这种结构—功能主义的观点无疑是在为"美国及其世界霸权而欢呼"（Huaco，1986：52）。其次，强调均衡（最好的社会变革就是没有变革）的结构—功能主义，恰好符合美国这个当时"世界上最富有和最强大的帝国"的利益。美国的霸权在20世纪70年代走向衰落，而结构功能主义在社会学界失去主导地位也恰好在这一时间点。

美国的激进社会学：赖特·米尔斯

我们已经知道，马克思的理论在很大程度上受到了美国主流社会学家的无视和贬斥，但凡事总有例外，最著名的案例就是赖特·米尔斯（1916—1962）。米尔斯几乎仅凭一己之力在社会学理论界延续了马克思主义的传统。现代马克思主义社会学家在理论的精巧度上大大超越了米尔斯，但米尔斯的个人与学术活动却为他们的工作搭建了平台，他在这个意义上，他们都得感谢米尔斯（Alt，1985—1986）。米尔斯不是一名马克思主义者，在20世纪50年代中期之前甚至没有读过马克思的著作。由于不会德语，他后来也只能选择有限的几本英译本来了解马克思。鉴于那时米尔斯大部分的重要著作已经出版，博大精妙的马克思主义理论在他的作品里基本上未能得到体现。

米尔斯的两部重磅之作一方面反映出他激进的政治倾向，另一方面则表露出他对马克思主义理论所知不多。《白领》（White Collar，1951）辛辣地批判了白领工人这个不断扩张的职业类别所处的地位，而《权力精英》（The Power Elite，1956）则试图揭露美国如何为由一小撮商人、政客和军事领袖构成的群体所主导。《性格与社会结构》（Character and Social Structure，Gerth and Mills，1953）的出版恰在上述两部著作之间，由米尔斯与汉斯·格斯（Hans Gerth）（N. Gerth，1993）共同著写，是米尔斯在理论上最复杂的一部著作。

米尔斯的激进主义倾向使得他一直身处美国社会学界的边缘。他是大多数批判评论的目标，而作为回应，米尔斯也成为社会学理论的严厉的批判者。这种批判态度在《社会学的想象力》（The Sociological Imagination，1959）一书中达到了巅峰。特别值得一提的是，米尔斯曾严厉地批判过帕森斯及其有关宏大理论的实践。

赖特·米尔斯小传

米尔斯于1916年8月28日在得克萨斯州瓦克市出生（Dandaneau，2007b；Domhoff，2005）。他来自一个传统的中产阶级家庭，父亲是一名保险经纪人，母亲则是家庭主妇。米尔斯进入得克萨斯大学就读，截至1939年，他已从那里获得了学士和硕士的学位。米尔斯是一名表现相当突出的学生，在离开得克萨斯大学时，已经在两本有影响力的社会学期刊上发表过多篇文章。米尔斯在威斯康星大学完成了博士论文并取得博士学位（Scimecca，1977）。他的第一份工作是在马里兰大学获得的，然而他学术生涯的绝大部分，从1945年直到逝世，却是在哥伦比亚大学度过的。

米尔斯是个急性子（Horowitz，1983）。在45岁死于第四次心脏病发作时，他已经为社会学的发展做出了大量贡献。

米尔斯让人印象深刻的特征是好斗，他看起来一直在不停地战斗。他的私人生活是混乱的，米尔斯有许多情人，经历过三段婚姻，每段婚姻都留下了一个孩子。他的学术生涯同样是混乱的。他好像在跟每个人、每件事在斗争。作为威斯康星大学的研究生，米尔斯挑战过系里的很多教授。随后，在早年发表的一篇文章里，米尔斯对威斯康星大学社会学系前系主任进行了几乎不加掩饰的批评。米尔斯把威斯康星大学的资深理论家霍华德·贝克（Howard Beck）称为"真正的傻瓜"（Horowitz，1983）。最后，他与合作者汉斯·格斯也闹翻了，格斯说米尔斯是"出色的好事者、傲慢家伙、急功近利的年轻人与横冲直撞的得克萨斯牛仔"（Horowitz，1983：72）。作为哥伦比亚大学的一名教授，米尔斯显得格格不入，被同事们所疏远。一位哥伦比亚大学的同事说：

> 我跟米尔斯并没有彼此疏远，我们从一开始就是疏远的。事实上，在哥伦比亚大学组织的米尔斯追悼会上，我似乎是唯一一个不必说出下面这句话的人，"我过去是他的朋友，但是我们变得有些疏远了"。我们的情况恰恰相反。
> （引自Horowitz，1983：83）

米尔斯始终是一个局外人，他自己也知道这一点："我是一个外乡人，不仅不符合地域性的习惯，而且我本性就是如此，还将永远如此。"（Horowitz，1983：84）在《社会学的想象力》一书中，米尔斯挑战的不仅有那个时代的理论当权者帕森斯，还有在方法学领域具有至高地位的保罗·拉扎斯菲尔德（Paul Lazarsfeld），拉氏甚至还是米尔斯在哥伦比亚大学的同事。

米尔斯不仅与身边的人发生争执，他对美国社会也看不顺眼，在各个阵线上向

> 它发起挑战。但是，或许最具有说服力的是以下的事实：米尔斯在访问苏联时被冠以美国社会之重要批判者的美誉，但他却抓住机会攻击苏联的新闻审查制度。在向一位受到斯大林主义者清洗的早期苏联领导人致敬时，米尔斯说："为托洛茨基的著作全集在苏联出版的那一天而干杯！"（Tilman，1984：8）
>
> 米尔斯1962年3月20日卒于纽约奈阿克。

作为美国社会学界的一名弃儿，米尔斯于1962年去世。不过，在1960年代尚未走入尾声之前，激进社会学与马克思的理论已显著地侵入了社会学这门学科。

冲突理论的发展

使马克思主义与社会学理论走向真正联合的另一大先驱力量是结构功能主义的替代选项——冲突理论。如前所述，结构功能主义在取得美国社会学理论界领袖地位之后，招致了越来越多的攻击。这些攻击是多个层面的，结构功能主义被指责有如下的缺陷，如在政治上倾向保守主义、因强调静态结构而不能解释社会变革，以及没有能力充分地分析社会冲突。

这些批判的后果之一是，不少学者尝试把对结构的关注与对冲突的兴趣整合到一起，以解决结构功能主义的问题。他们的工作推动了作为结构功能主义的替代选项的**冲突理论**（conflict theory）的发展。不幸的是，冲突理论一般来说只是结构功能主义的镜像，缺乏自身的完整性。

值得提及的第一项努力是刘易斯·科塞（Lewis Coser，1956）有关社会冲突功能的著作（Delaney，2005a；Jaworski，1991）。这本书显然试图在结构功能主义的世界观框架下处理社会冲突。它对于审视冲突的社会功能是很有帮助的，但冲突问题还有待深入研究，而不仅仅是分析它的积极功能。

冲突理论最大的问题在于始终没有找到它迫切需要的东西——马克思理论中的坚实基础。毕竟，马克思理论在社会学之外获得了很好的发展，冲突理论足以以之为基础，发展一种精巧复杂的社会冲突理论。就这一点而言，拉尔夫·达伦多夫（Ralf Dahrendorf，生于1929年）的著作算是一个例外。

达伦多夫是一位精通马克思理论的欧洲学者。他努力地想将他的冲突理论嵌入马克思理论传统之中。然而，他的冲突理论最终看起来更像是结构功能主义的镜像，而不是以冲突为主题的马克思主义理论。达伦多夫的重要作品——《工业社会中的阶级与阶级冲突》（Class and Class Conflict in Industrial Society，1959）是冲突理论阵营中最有影响力的一部著作，但这在很大程度上是因为它听上去与符合主流社会学家们口味的结构功能主义非常接近。达伦多夫与结构功能主义者一样，看到的是同样的问题，在同一个分析层面上进行理论建构。换句话说，结构功能主义和冲突理论是同一范式的不同组成部分（参见本书附录）。达伦多夫认识到，尽管社会系统的各个层面之间可以流畅地彼此配合，但是在它们之间也有可能存在相当的冲突和张力。

应该说，冲突理论最多只能被视为社会学理论史上的过渡性发展。由于在马克思理论的方向上走得不够远，它失败了。在20世纪五六十年代，让美国社会学界接受一种羽翼丰满的马克思理论倾向，仍为时过早。不过，冲突理论为美国在1960年代末期开始接受马克思理论奠定了基础。

交换理论的问世

20世纪50年代另一个重要的理论进展是交换理论的出现（Molm，2001）。乔治·霍曼斯是这一方向的代表人物，我们之前曾经提到过他，当时谈到他为斯金纳的心理行为主义所吸引。斯金纳的行为主义是霍曼斯与社会学领域之内的交换理论的重要理论根源之一。

最初，霍曼斯并不认为斯金纳用来解释鸽子行为的种种假设会对理解人类的社会行为有用处。但是，当霍曼斯进一步审查来自针对小群体的社会学研究与针对原始社会的人类学研究资料之后，他开始认识到斯金纳的行为主义的适用性，以及成为取代帕森斯派之结构功能主义的理论选项的潜力。这一发现导致他在1961年出版了《社会行为的基本形式》（*Social Behavior：Its Elementary Forms*）。这本著作标志着社会学另一种重要视角——交换理论的诞生。

霍曼斯的基本观点是，社会学的核心在于研究个体行为和互动。他对当时大多数社会学家关注的意识以及多种多样的宏观结构与制度完全不感兴趣。相比之下，霍曼斯主要的兴趣在于研究强化模式，即经历过的报酬和惩罚如何养成个体的行为方式。从本质上说，霍曼斯认为，人们会不断地做那些他们曾经获得报酬的行为，而停止经验证明要受到惩罚的行为。要理解行为，我们就需要理解个体过去得到报酬和惩罚的经历。所以说，社会学的焦点不是意识或社会结构与制度，而是强化模式。

由它的名称可知，交换理论关注的不仅是个体行为，还有涉及报酬与惩罚之交换的人与人之间的互动。该理论假定，如果交换中有报酬的存在，那么互动很可能持续下去。相反，如果互动对其中一方或双方来说要付出代价，那么它就不太可能持续下去。

彼得·布劳（Peter Blau）的《社会生活中的交换与权力》（*Exchange and Power in Social Life*）于1964年出版，是论述交换理论的一本重要著作。布劳基本上接受了霍曼斯的观点，但二者的理论仍有显著的差别。霍曼斯大体上满足于解释社会行为的基本形式，而布劳则希望把这一理论与结构和文化层面的交换整合起来。他先从行动者之间的交换起步，但很快转向在这些交换中产生的更大的结构。最后，他对大规模结构之间的交换进行了阐释。

虽然被霍曼斯和布劳的光芒遮蔽了许多年，但理查德·爱默森（Richard Emerson, 1981）最终成长为交换理论的核心人物（Cook and Whitmeyer, 2000）。他最广为人知的成就是尝试为交换理论发展出一个更具整合性、兼顾宏观及微观视角的理论方向。目前，交换理论已经成为社会学理论中一个重要的分支，而且仍在吸引新的追随者，探索新的发展方向（Cook, O'Brien, and Kollock, 1990; Szmatka and Mazur, 1996）。

拟剧分析：欧文·戈夫曼的研究

欧文·戈夫曼（Erving Goffman, 1922—1982）通常被视为最后一位与原初的芝加哥学派有关联的重要思想家（Travers, 1992; Tseelon, 1992）；法恩和曼宁（Fine and Manning, 2000）认为在一定程度上可以将他看成20世纪美国最有影响力的社会学家。在20世纪50年代到70年代之间，戈夫曼出版了一系列著作和论文，建立了符号互动论的变体——拟剧论（dramaturgical theory）。戈夫曼在晚年转移了注意力，但他最让人津津乐道的成就仍是拟剧论（P. Manning, 2005a, 2007）。

就拟剧论而言，戈夫曼最广为人知的著作是1959年出版的《日常生活中的自我呈现》（*Presentation of Self in Everyday Life*）。简单地说，戈夫曼认为戏剧表演与我们在日常行动和互动中上演的种种"动作"（acts）有很多共通之处。互动被认为是非常脆弱的，要靠社会表演（social performance）来维系。正如在戏剧表演中一样，拙劣的表现与干扰是社会互动的最大威胁。

戈夫曼在将社会互动比拟为舞台表演这条路上走得很远。在一切社会互动中都存在**前台**（front region），如同在戏剧表演舞台上一样。舞台上的演员和社会生活中的行动者同样穿着戏服，使用道具，对表演十分投入。此外，二者都有所谓的**后台**（back region），行动者可以退至后台，为接下来的表演做好准备。按照戏剧术语的定义，在后台或者在台下，行动者可以卸下角色，做回自己。

拟剧论分析显然与其符号互动论的理论根源是一致的，强调行动者、行动以及互动。在传统的符号互动论的同一竞技台上，戈夫曼用戏剧构筑出绝妙的譬喻，从而为小规模的社会过程提供了一种全新的阐释（P. Manning, 1991, 1992）。

日常生活社会学的发展

20世纪六七十年代见证了社会学理论视角的繁荣，而许多视角都可以被归入与日常生活相关的社会学（Schutte, 2007; Fontana, 2005; J. Douglas, 1980; Weigert, 1981）。

现象学社会学和舒茨的研究

以人类意识为焦点的现象学哲学（Srubar，2005）已有相当长的一段历史，不过建立现象学之社会学变体的努力应以阿尔弗雷德·舒茨（Alfred Schutz，1899—1959）1932年在德国出版《社会世界的现象学》（*The Phenomenology of the Social World*）（Hall，2007；Prendergast，2005a；Rogers，2000）一书为起始。舒茨重点关注的是，当人们沉浸在自己的意识流里时以何种方式捕捉他人的意识。此外，舒茨采用更具普遍性的主体间性（intersubjectivity）来表达对社会世界的关切，特别是对知识之社会性质的关切。

舒茨大多数的研究关注社会世界中所谓的**生活世界**（life-world）或日常生活世界。这是一个主体间性的世界，人们在其中既创造社会现实，又受到由前人创造的、既存的社会和文化结构的限制。大多数的生活世界是共享的，但它也有私人（借由生平经历体观）的一面。在生活世界里，舒茨区分了亲密的面对面关系，即我群关系（we-relations），以及疏远的、非个人化的关系，即他群关系（they-relations）。面对面关系在生活世界中意义重大，但社会学家以科学方法研究非个人化关系相对更为容易。舒茨虽然把注意力由意识转向了主体间性的生活世界，但就意识而言，他仍提供了一些真知灼见，其中对于意义和动机的思考尤其值得重视。

总之，舒茨关注的是以下二者之间的辩证关系，即人们建构社会现实的方式以及他们在社会世界中从前人那里继承的、顽固的社会与文化现实。

常人方法学

常人方法学（Ethnomethodology）与现象学有着显著的不同，但人们通常把二者视为关系密切的相关理论（Langsdorf，1995）。一个重要原因是，常人方法学的创立者哈罗德·加芬克尔（Harold Garfinkel）是舒茨在纽约新社会研究学院的学生。有意思的是，加芬克尔之前也曾经在帕森斯的指导下做过研究，常人方法学正是依靠对帕森斯与舒茨两人思想的融合才形成了自身独特的理论取向。

在本质上，**常人方法学**研究的是，"普通社会成员在其中发现自己的环境中借以建立理解、寻找出路以及采取行动的常识性知识、步骤与考量（即方法）的范围"（Heritage，1984：4）。隶属这一传统的学者明显地倾向于对日常生活的研究（Sharrock，2001）。如果说现象学社会学家倾向于研究人们的思想，常人方法学社会学家则更关注他们的实际行动。后者把大量的精力投注在对谈话的细致研究上。如此世俗化的理论关注，与主流社会学家着重于科层制、资本主义、劳动分工、社会系统等抽象对象的研究兴趣形成了极其鲜明的对照。常人方法学学者更感兴趣的是人们在日常生活中如何"创造"对这些结构的理解，而不是这些作为社会现象的结构本身。

至此，我们已经讨论了三种微观理论——交换理论、现象学社会学和常人方法学。

后两种理论都基于有思考力和创造力的行动者，交换理论则持有不同的观点。不过，这三种理论在本质上都是由微观视角出发，审视行动者及其行动和行为方式。在20世纪70年代，这些微观理论在社会学界的影响力不断增长，对宏观取向的理论（如结构功能主义、冲突理论及西方新马克思主义理论）在社会学界的统治地位构成了威胁（Knorr-Cetina，1981；Ritzer，1985）。

马克思主义社会学的变迁

20世纪60年代末，马克思主义理论终于开始抢占美国社会学理论界的地盘（Cerullo，1994）。越来越多的社会学家转而关注起马克思乃至某些马克思主义者的专著，试图从中寻找有助于建立马克思主义社会学的洞见。这种现象在最初只说明美国社会学理论家终于开始了对于马克思著作的严肃阅读，但不久之后，美国社会学家纷纷提出了有重要意义的马克思主义学术思想。

由于批判学派对马克思及韦伯理论的融合，美国社会学理论家对于该学派的理论尤其感兴趣（Calhoun and Karaganis，2001）。批判学派的许多著作被译成英文，还有不少学者出版了有关批判学派的著作（如 Jay，1973；Kellner，1993）。

由于美国社会学界关注度的不断增长，针对这一潮流的制度性支持随之出现。《理论与社会》（*Theory and Society*）、《目的》（*Telos*）和《马克思主义研究》（*Marxist Studies*）等数种刊物开始重点关注马克思主义社会学理论。1977年，美国社会学学会设立了马克思主义社会学分会。此时，不仅第一代批判理论学者在美国名声大噪，以哈贝马斯为首的第二代思想家也受到舆论的广泛关注。

更重要的是，美国社会学界从马克思主义理论视角发展出一些有重要影响的流派。其中一个非常重要的分支，以从马克思主义视角实践历史社会学的一群社会学家为代表（如 Skocpol，1979；Wallerstein，1974，1980，1989）。另一个分支的社会学家以用社会学视角分析经济问题为特征（如 Baran and Sweezy，1966；Braverman，1974；Burawoy，1979）。此外，有一些学者虽然仍在从事传统的实证研究，但是其研究处处流露出马克思主义理论的强烈影响（如 Kohn，1976）。一个相对近期出现而且看上去颇具前景的分支是空间马克思主义。许多声名卓著的社会思想家（如 D. Harvey，2000；Lefebvre，1974/1991；Soja，1989）都曾利用马克思主义视角来开展社会地理学研究。

然而，随着苏联解体，马克思主义理论在20世纪90年代陷入困境。一些学者坚持做不接受改造的马克思主义者；另一些学者则被迫提出马克思主义的修正版本［参见后文对后马克思主义的讨论；出现了一份名为《马克思主义再思考》（*Rethinking Marxism*）的刊物］；还有一些学者逐渐得出结论，认为马克思主义理论必须被丢弃，最后这种立场以罗纳德·阿隆森（Ronald Aronson）《马克思主义之后》（*After Marxism*，1995）为代表。阿隆森可是一位自称为马克思主义者的学者！他坦承有一部分学者仍将继续钻研马克思主义理论，但是他警告说这些学者必须认识到这种研究不再是那个更大的、致力于社会变革的马克思主义事业的一部分，而只是一种不具实践性的理论。这些马克思主义者必须自力更生，不再能指望马克思主义事业，而只能靠"自己的力量与精力"去与现代社会抗争（Aronson，1995：4）。

在马克思主义阵营中，阿隆森属于对马克思主义采取相对偏激的批评态度的那一批人。另外一些学者虽然意识到困难的存在，却尝试用各种方法使马克思主义理论的变体适应当代的社会现实（Brugger，1995；Kellner，1995）。社会大变革向马克思主义理论家提出了严肃的挑战，使他们不得不在绝望中寻找足以适应这种变革的出路。

西方新马克思主义理论正在经历一场小小的复兴（如Hardt and Negri，2000）。这是由于在全球化的背景下，人们逐渐认识到富国愈富而穷国愈穷（Stiglitz，2002），而世界范围内针对这些不平等状况以及其他弊端的抗议此起彼伏。许多学者认为全球化打通了整个世界，因而或许有史以来第一次，让整个世界面对肆无忌惮的资本主义，以及马克思主义者认为不可避免地随之而来的过剩（Ritzer，2004b）。如果这一情况属实，而且过剩得以持续甚至加速，我们就将看到人们对马克思理论的热情的复燃，而这一次它面对的将是真正意义上的全球资本主义经济。

女性主义理论的挑战

自20世纪70年代晚期起，也就是马克思主义社会学逐渐获得美国社会学界的认可之时，新的一批站在理论界之外的挑战者质疑既有的社会学理论乃至马克思主义理论本身。激进社会思想阵营中这一最新出现的分支即为当代女性主义理论（Rogers，2001）。

在西方社会，具有批判性质的女性主义论著大概可以追溯到500年前，而由女性发起、呼吁妇女权利的有组织的政治运动则已有150多年的历史。在20世纪20年代的美国，女性主义运动在宪法规定所有男性都享有选举权的55年之后，终于为女性争取到投票的权利。在殚精竭虑以及多少因胜利而志得意满之后，美国女性主义运动于接下来的30年里从规模上到热度上都有所削弱，直到60年代其活力才被重新唤醒。有以下三种因素在推动新一轮女性主义运动：(1) 那个时期以批判思考为特征的大气候；(2) 大批参与反战、民权及学生运动的女性运动家因遭遇持有自由主义与激进主义观念的男性的性别歧视而被激发出的怒火（Densimore，1973；Evans，1980；Morgan，1970；Shreve，1989）；以及 (3) 在女性以前所未有的规模涌入职场和高等教育领域时，她们所感受到的偏见与歧视（Bookman and Morgen，1988；Garland，1988）。由于这些因素，而且尤以最后一种因素为主，在20世纪60年代的许多激进运动都已烟消云散的情况下，女性主义运动却一直持续到21世纪。不仅如此，这些年来，由女性参与并维护其权利的各种运动已发展为国际化的现象，受到世界各地女性的关注。目前，由于一些大部分成年时光在21世纪里度过的女性所著写的专著的推动，女性主义创作迈入了它的"第三波浪潮"

（C. Bailey, 1997; Orr, 1997）。近年来，女性运动中最重要的一种现象是在女性主义活动家之中女性主义运动与反女性主义运动的同时出现（Fraser, 1989）。

世界女性运动的重要特征之一是有关女性的新著作出现爆炸性的增长，从而使过去一些不被纳入考虑的女性生活与经验变得引人注目起来。这些通常被称为**女性研究**（women's studies）的著述，是一个国际化、跨学科的著作者共同体的成果，这些著作者遍布于高校内外，同时以普通大众和专业化的学术界为目标读者。女性主义学者发动了一场具探索性且多面向的批判，从而充分揭示出压制女性的社会系统的复杂性。

女性主义理论是贯穿这类著作的理论线索：它有时隐藏在以工作、强奸或流行文化等为实质议题的作品中；有时则集中而明确地呈现在诸如关于为母之道的分析中；同时越来越成为一本著述中唯一且系统的目标。在最近大量涌现的纯理论著述里，某些言论就社会学的意义而言特别突出，因为它们正是一些精通社会学理论的著作者写给社会学家看的。《女性主义研究》（*Feminist Studies*）《征兆》（*Signs*）《社会学调查》（*Sociological Inquiry*）以及《性别与社会》（*Gender & Society*）等刊物将女性主义理论引入社会学家的视野；不过，几乎任何一本社会学刊物都可以说是支持女性主义的。

女性主义理论站在女性的特殊立场来审视世界，着力于发现女性活动如何以重要却不受认可的方式参与创造世界。女性在社会中不但遭到性别歧视，阶级、种族、年龄、强制的异性恋、地理社会的不平等等其他分层现实也对她们产生了种种影响。这一观点极大地再造了人们对于社会生活的理解。以此为基础，女性主义理论家着手挑战社会学理论，尤其是它的经典论述及早期研究。

女性主义著述在社会学领域已经蔚为壮观。它们为研究社会生活提供了一种令人兴奋的范式。因个人经验和认知而特别能接受该理论的人群——女性群体，再加上特别受到女性主义理论影响的男性和女性，现在或许已经成为社会学界内部数量可观的大多数。鉴于上述原因，女性主义理论已越来越跻身于社会学这一学科的主流，开枝散叶，影响了从宏观到微观的一系列既有理论，而且与我们在下文中将要谈到的后结构主义和后现代主义进行了互动。

结构主义和后结构主义

迄今为止，我们对于**结构主义**（Lemert, 1990）的发展所谈不多。通过列举支持结构主义的学者的基本差异，读者或许可以对结构主义有一个初步的了解。一些结构主义者关注所谓"意识的深层结构"，认为无意识的结构引导着人类的思考和行为。精神分析学家弗洛伊德即这一派别的代表。另一些结构主义者着重研究社会中无形的较大的结构，并且把它们看作人类与社会整体之行动的决定因素。马克思往往会被视为践行了这一流派思想的结构主义者，因为他的理论焦点是资本主义社会里不可见的经济结构。此外，还有一批结构主义者将结构看作建构社会世界的模型。最后，许多结构主义者特别关注个体和社会结构之间的辩证关系。他们认为在思维结构和社会结构之间存在某种联系。人类学家克劳德·列维-斯特劳斯（Claude Lévi-Strauss）是持有上述观点的代表性人物。

结构主义在社会学学界内部稳步发展的同时，在社会学学界外部，一场被称为**后结构主义**（poststructuralism）的运动突破了结构主义的早期设定（McCormick，2007；Lemert，1990）。米歇尔·福柯（Michel Foucault）是后结构主义者的重要代表（Dean，2001；J. Miller，1993）。福柯在早期作品中将结构视为理论焦点，但后来超越结构，转而将注意力放在权力以及知识与权力的关系上。更一般地说，后结构主义者认同结构的重要性，但会超越这一点，把更大范围内的其他议题容纳进来。

后结构主义的重要性不仅在于其理论本身，还在于它经常被视作后现代社会理论（将在本章后文中讨论）的先导。事实上，即使不是不可能，我们也很难在后结构主义和后现代社会理论之间划出清晰的分界。福柯虽然是一位后结构主义者，但也经常被视为后现代主义者；让·鲍德里亚（Jean Baudrillard，1972/1981）一般被贴上后现代主义者的标签，却写了不少以后结构主义为特征的作品。

社会学理论在20世纪晚期的发展

迄今为止，我们在前文中讨论过的各种社会学理论在20世纪晚期仍然保持着重要的地位，而在这一节我们要讨论在这一时期乃至今天仍至关重要的三场大的理论运动——微观—宏观整合、能动—结构整合以及理论综合。

微观—宏观整合

美国社会学理论界近期有相当一部分著作着重关注微观层面的理论分析和宏观层面的理论分析之间的关联（Berk，2006；J. M. Ryan，2005a；Barnes，2001）。事实上，瑞泽尔（Ritzer，1990a）指出微观—宏观联系在20世纪80年代就已成为美国社会学理论界的核心议题，在90年代仍是受关注的焦点。欧洲社会学家埃利亚斯（Norbert Elias，1939/1994）的理论贡献就微观—宏观的联系来说可谓美国当代社会学理论研究的重要先导，有助于我们理解微观层面之举止与宏观层面之国家这二者间的关系（Kilminster and Mennell，2000；Van Krieken，2001）。

我们有大量试图将微观—宏观层面的分析和（或）理论相联系的案例。我本人就曾尝试建立一个能够整合微观与宏观层面的社会学范式，并兼顾它们的客观与主观形式（Ritzer，1979，1981a）。因此，根据这一理论整合的思路，社会分析必须处理四个重要的层面：宏观主观性（macro subjectivity）、宏观客观性（macro objectivity）、微观主观性（micro subjectivity）和微观客观性（micro objectivity）。杰弗里·亚历山大（Jeffrey Alexander，1982—1983）提出的"多维社会学"（multidimensional sociology）至少在一定程度上建立了与我的模型相类似的、处理多个分析层面的模型。科尔曼（James Coleman, 1986）集中研究了从微观过渡到宏观的问题，艾伦·里斯卡（Allen Liska, 1990）则拓展了科尔曼的思路，处理从宏观到微观问题的理论取向。科尔曼（Coleman, 1990）完善了他的微观—宏观模型，而且利用经济学中的理性选择取向（见接下来的"能动—结构整合"）发展出一种更为精密的微观—宏观关系理论。

能动—结构的整合

就在美国社会学界对微观—宏观整合的兴趣日渐增长的同时，欧洲社会学界产生了对能动—结构（agency-structure）整合的关注（J. M. Ryan, 2005b; Sztompka, 1994）。正如我把微观—宏观问题看成美国社会学界的核心议题，玛格丽特·阿切尔（Margaret Archer, 1988）认为能动—结构问题是欧洲社会理论的基本焦点。微观—宏观与能动—结构文献存在许多相似之处（Ritzer and Gindoff, 1992, 1994），可是二者也有本质上的不同。例如，能动者通常来说是指微观层面的行动者，但是工会等集体也可以成为能动者。再有，结构一般来说是指宏观现象，但我们在微观层面上也可以看到结构的存在。因此，我们在把这两种体系的著作画等号或者使二者相关联时，必须特别谨慎。

当代欧洲社会理论界有几种重要的理论尝试应该被纳入能动—结构整合的框架。首先要提到的是吉登斯（Anthony Giddens, 1984）的结构化理论（structuration theory）。吉登斯的理论取向认为能动和结构具有"二重性"（duality）。也就是说，它们彼此不能分离：能动蕴含在结构之中，结构也不能脱离能动。吉登斯拒绝简单地将结构视为限制（如涂尔干的做法），而是认为结构既是限制**又是**能使。阿切尔（1982）不认同能动和结构具有"二重性"的看法，而宁愿认为它们是"二元对立"（dualism）的，也就是说，能动和结构可以而且应该被区分开来。在对二者进行区分的同时，我们可以更好地分析它们相互之间的关系。阿切尔（1988）的理论贡献还在于将能动—结构著作的视野扩展至对文化与能动之关系的关注，以及建立了一种更一般化的能动—结构理论（Archer, 1995）。

吉登斯和阿切尔都是英国学者，而介入能动—结构文献的还另有一位大人物，即法国学者皮埃尔·布尔迪厄（Pierre Bourdieu）（Bourdieu, 1977; Bourdieu and Wacquant, 1992; Swartz, 1997）。在布尔迪厄的著作中，能动—结构问题被转译成惯习和场域的关系（Eisenberg, 2007）。**惯习**（habitus）是内化的思维或认知结构，人们通过它来应对社会世界。惯习既创造社会，同时又为社会所形塑。**场域**（field）是各种客体位置间的关系网络。场域的结构对能动者构成限制，无论后者是个体还是集体。总而言之，布尔迪厄所关心的是惯习与场域的关系。场域调节着惯习，而惯习构成了场域。二者具有的是辩证的关系。

最后，我们再介绍一位着重研究能动—结构关系的大理论家，即德国社会思想家哈贝马斯。我曾提到哈贝马斯对当代批判理论做出过重要贡献。哈贝马斯（1987a）以"生活世界的殖民化"（the colonization of the life-world）为题对能动—结构的议题进行了研究。所谓生活世界，是指人们进行互动与交流的微观世界。社会系统源于生活世界，但它最终逐渐发展出自己的结构特征。一旦这些结构变得越来越独立并且掌握了更多权力，它们就会对生活世界实施越来越强的控制。在现代社会，系统已经"殖民"了生活世界——换句话说，对它实施了控制。

本节所讨论的这些理论家不仅是能动—结构议题方面的带头人，在一定程度上他们（尤其是布尔迪厄、吉登斯和哈贝马斯）更可说是当今世界里最杰出的理论大师。在美国理论大师（米德、帕森斯、默顿、霍曼斯等）一段漫长的主导之后，社会理论阵营的中心似乎又回到了它最初的诞生地——欧洲。除此之外，尼德尔曼和斯托姆卡（Nedelman and Sztompka）指出，随着冷战的结束，我们即将"见证欧洲社会学的另一个黄金时代"（1993：1）。今天，凭借重要著作引发世界关注的一大批社会学理论家是欧洲人的这一事实似乎为他们的预言做了很好的注脚。

理论综合

迈向微观—宏观和能动—结构整合的理论运动始于20世纪80年代，直至90年代仍方兴未艾。它们为发端于90年代、以理论综合为目标的一场更宏大的运动奠定了基础。瑞巴·刘易斯（Reba Lewis，1991）建议称，社会学的问题（如果假定它确实存在问题）可能就在于内部的过度分裂，而一场"综合"运动或许可以提升该学科的地位。他所指的是综合两种或更多理论（如结构功能主义和符号互动论）的大范围努力。社会学理论史上曾经多次出现此类尝试（Holmwood and Stewart，1994）。但是，近年来对社会学理论进行综合的尝试表现出两种颇为独特的特征：第一，它的覆盖面相当广泛，而且不限于孤立的综合工作；第二，它的目标一般来说是相对狭义的、针对理论观点的综合，而不是建立将一切社会学理论包含在内的宏大的综合性理论。本章讨论的各种理论在一定程度上都涉及了此类理论综合。

再有，有一些学者尝试将社会学外部的理论视角引入社会学理论，也有一些著作显示出要将生物学思想引入社会学、创立社会生物学的倾向（Crippen，1994；Maryanski and Turner，1992）。理性选择理论源于经济学，但它正在包括社会学在内的许多学科领域大展身手（Heckathorn，2005；Coleman，1990）。系统理论原本属于硬科学的范畴，但是在20世纪末，尼克拉斯·卢曼（1984/1995）为建立一种可以应用于社会世界的系统理论做出了有益的探索。

现代性和后现代性理论

在过去几十年里，社会理论家[1]越来越忙于回答这样一个问题，即社会（以及有关社会的理论）是否经历了巨大的转型。一方面，有一批理论家（如哈贝马斯和吉登斯）认为我们仍然生活在一个可以用"现代"来准确描述的社会里，我们可以用社会思想家们长期以来认识社会的同一种方式来对其进行理论化。另一方面，让·鲍德里亚、让-弗朗索瓦·利奥塔（Jean-François Lyotard）和弗雷德里克·詹明信（Fredric Jameson）等思想家主张社会发生了剧烈的变迁，我们现在身处的社会——后现代社会——已有质的不同，进而强调新的社会需要用新的思维来认识。

现代性的捍卫者

每一位伟大的古典社会学理论家（如马克思、韦伯、涂尔干和齐美尔）都以这样或那样的方式分析了现代世界以及它的优缺点（Sica，2005）。当然，他们中的最后一位（韦伯）于1920年逝世，而世界自那时起已发生了巨大的变化。尽管所有的当代理论家都认识到了这种巨变，但其中有一些人仍相信在今日世界与19世纪末的世界之间连续性多过于断裂性。

梅斯特罗维奇（Mestrovic，1998：2）将安东尼·吉登斯称为"现代性的大祭司"。吉登斯（1990，1991，1992）用"激进现代性""高级现代性""晚期现代性"等术语来描述今天的社会，指出尽管今天之社会不再是古典社会学家所描述的那个社会，但它却依然是那个社会的延续。吉登斯将当下的现代性比喻为在一定程度上已经失控的"巨型碾车"（juggernaut）。乌尔里希·贝克（Ulrich Beck，2005a，1992）认为，鉴于现代性之古典阶段是与工业社会相联系的，正在出现的新的现代性最好被表述为"风险社会"（risk society）。古典现代性社会理论的核心问题是财富及其分配方式，而新现代性社会理论的焦点在于风险防范、风险最小化和风险管理，例如对核事故风险进行管理。哈贝马斯（1981，1987b）将现代性视为"未竟的事业"。也就是说，现代性的核心问题一如韦伯所处的时代，仍然是理性化。所谓乌托邦式的目标仍然是"系统"与"生活世界"的理性最大化。我也认为理性化是当下世界的关键进程（Ritzer，2004a）。不过，我最重视的是韦伯对形式理性增长及理性"铁笼"之危险性的强调。韦伯以科层制为研究重点，我则用快餐店来比喻这一进程的范式，用社会麦当劳化（McDonaldization of society）来指代形式理性的增长。

---

[1] 我们在这里使用社会（social）理论家而非社会学（sociological）理论家，是想表明一个事实，那就是尽管许多近期文献旨在对社会世界进行理论化描述，但它们并非社会学家（sociologists）的研究成果。

后现代性的倡导者

后现代主义一度炙手可热（Crook，2001；Kellner，1989a；Ritzer，1997；Ritzer and Goodman，2001）。事实上，它的热度如此之高，在20世纪末包括社会学在内的诸多领域没完没了地对它进行讨论，以至于快要耗尽了这个话题（Lemert，1994）。在这里，我们有必要对后现代性与后现代社会理论做初步的区分（Best and Kellner，1991）。**后现代性**（postmodernity）是人们认为将要接替现代社会或现代性的历史新纪元的代表。**后现代社会理论**（postmodern social theory）则是关乎后现代性的一种思考方式，世界已变得如此不同，以至于我们需要一种全新的思考方式。后现代主义者倾向于否定之前章节所介绍的那些理论视角，以及那些思想家用以创造理论的种种方法。

有多少位后现代的社会理论家，或许就有多少种关于后现代性的解读。为了简化问题，我要从当代最杰出的后现代主义者之一詹明信（1984，1991）的论证中总结出一些核心要素。首先，后现代性是一个无深度、肤浅的世界，一个模仿的世界（比如迪士尼乐园里的丛林漂流不是现实中的漂流）。第二，它是一个缺少情感与情绪的世界。第三，个体失去了在历史中的存在感，无法区分过去、现在和未来。第四，不同于现代性的爆发性且扩张的生产性技术（如汽车流水线），后现代社会由内爆性且扁平的再生产技术（如电视）所主导。从各个层面来看，后现代社会与现代社会有很大的差别。

一个如此不同的世界自然需要一种不同的思考方式。罗西瑙（Rosenau，1992；Ritzer，1997）借助后现代的对立物，即大体属于现代思考方式的主要特征，定义了后现代的思维方式。首先，后现代主义者抵制绝大多数古典社会学理论的典型特征——宏大叙事。后现代主义者偏好有限的阐释，甚至不阐释。第二，它有拒绝在各学科之间划定分界的倾向，不认为所谓的社会学（或社会）理论有别于哲学思考或小说叙事。第三，与其说是从事谨慎及理性的学术讨论，不如说后现代主义者对于让读者感到震惊或诧异更感兴趣。最后，后现代主义者不再寻找社会的核心（如理性化或资本主义剥削），而更倾向于关注社会的边缘地带。

尽管后现代理论看起来已经越过了它的巅峰，正在向下跌落，但它依然对理论界施加着重要的影响。一方面，针对后现代理论的新的著作持续面世（Jason Powell and Tim Owen，即将出版）；另一方面，如果不考虑后现代理论，尤其是它对于现代社会理论化的批判以及对当代世界的分析，我们就很难对当下的世界进行理论化。举例来说，齐格蒙特·鲍曼（Zygmunt Bauman，2007，2006，2005，2003，2000）针对他所谓的"流动"世界创建了一系列本质上属于现代性范畴的分析，但这种理论视角受到后现代社会理论（甚至包括他自己对这类理论所做的贡献）的强烈影响。

在21世纪初对社会学理论的展望

多元文化社会理论、酷儿理论以及种族与种族主义批判理论

在社会学理论界，近期一种与后现代主义——尤其是与它对边缘地带的强调以及学术扁平化的倾向——密切相关的发展是多元文化社会理论的兴起（Lemert，2001；Rogers，1996）。20世纪70年代女性主义社会理论的出现预示了多元文化理论的兴起。女性主义者抱怨说社会学理论界从根本上拒绝倾听女性的声音，而在接下来的岁月里，许多少数群体回应了女性主义者的抱怨。事实上，少数群体中的女性（如美国的非裔和拉丁裔女性）开始抱怨女性主义理论受限于中产阶级白人女性，它必须接纳更多的声音。时至今日，女性主义理论已经发展得更为多元，社会学理论亦是如此。

多元文化理论采取了极其多样的形式，如非洲中心理论（Afrocentric theory）（Asante，1996）、阿巴拉契亚研究（Appalachian studies）（Banks, Billings, and Tice，1996）、美国土著理论（Native American theory）（Buffalohead，1996），以及男性气概理论（theories of masculinity）（Connell，1996；Kimmel，1996）。多元文化理论的典型特征可以归纳如下：

- 多元文化理论抵制有支持当权者倾向的普世理论，要求向缺乏影响力的那些人赋权。
- 多元文化理论追求包容，服务于许多受剥夺的群体并为它们代言。
- 多元文化理论家不接受价值中立，基于无权者的立场而构建理论，参与社会实践，期望借此改变社会结构、文化和个人前景。
- 多元文化理论家不但想要搅动社会世界，还要搅动知识界，希望它们更加开放和多元。
- 在理论与其他类型的叙事之间不做明确的区分。
- 多元文化理论通常存在批判的一面，其中既包括对自我的批判，也包括对其他理论、最重要的是对社会世界的批判。
- 多元文化理论家认识到他们的工作受到所处时代的特定历史、社会和文化背景的限制（Rogers，1996：11—16）。

当代最重要的两种多元文化理论分别是**酷儿理论**（queer theory）和**种族与种族主义批判理论**（critical theories of race and racism，简称CTRR）。

酷儿理论脱胎于20世纪90年代初一系列重要著作、学术会议、政治组织以及出版物。它的理论根源包括女性主义研究、文学批判以及声名显赫的社会建构主义和后结构主义，等等。酷儿理论也有其政治上的根源，如"艾滋病解放力量联盟"（ACT UP）、"酷儿国"（Queer Nation）等酷儿政治与酷儿组织的大型项目。就学术缘起而言，酷儿理论可以溯源到米歇尔·福柯、朱迪斯·巴特勒（Judith Butler）、伊芙·科索夫斯基·赛奇

威克（Eve Kosofsky Sedgwick）与特雷莎·德劳拉提斯（Teresa de Lauretis）。

酷儿理论包含广泛的学术思想，试图辩明个人身份认同不仅并非固定不变，而且不足以决定我们是谁。恰恰相反，身份认同只是流动和受到质疑的历史及社会建构过程。这里的身份认同不特指男同性恋或女同性恋。实际上，酷儿理论并不想解释同性恋或异性恋身份，而是要把同性恋/异性恋的划分视作调节欲望、行为、社会制度与社会关系等的知识与权力的一种象征。可见，尽管酷儿理论确实把性态（sexuality）看作它的核心议题之一，但它却是远比男同性恋者、女同性恋者乃至性态诸研究更为广泛的知识工程。所以说，酷儿理论在意义上绝不能与"酷儿"的理论相等同。

至少自20世纪初杜波伊斯出版相关著作以来，社会学家以及社会科学家在种族主义理论领域已经做出了非常有意义的贡献。近年来主要出现于法律界的"批判种族理论"为种族主义理论化过程提供了相当大的推动力（Delgado and Stefancic, 2001）。批判种族理论的发展基于这样一种越来越强烈的认识，即20世纪60年代民权运动的动力已然消失，我们不仅需要社会行动主义的复兴，而且需要种族理论研究的新方法。批判种族理论的主要思想包括以下几点：

- 种族歧视在美国社会生活中极为常见，因此很难治愈。
- 白人缺少应对种族主义的动机。
- 种族是一种社会建构，因此容易受到操控，而这种认识又导致了对同样易受操控的法律的不信任。
- 不同的少数族群是在不同的时期被种族化的。
- 种族身份认同既不是一维的，也不是固定的。
- 少数族群早年间的经历和社群有着极其重要的意义，为他们提供了独特的专门知识。
- 批判种族理论旨在消除种族压迫。

种族与种族主义批判理论（CTRR）不仅仅以批判种族理论为根源，更广泛地扎根于包括社会学在内的社会科学领域。CTRR研究种族和种族主义与能动—结构、政治经济学及全球化的关系等前沿问题，例如，种族和种族主义与民族国家、民族主义、殖民主义、新殖民主义、去殖民化、帝国主义和帝国等有何关联。相比于批判种族理论，CTRR关注的议题更为广阔，它们甚至可说是全球性的。CTRR对于相当广泛的古典与当代理论在种族领域的研究持有开放的态度，而且采纳了更为开阔的宏观结构与宏观文化方法，尤其是关注权力的宏观方法。CTRR得出的一般结论是"种族不但具有影响"，而且将影响法律系统乃至整个社会的结构与制度（West, 1994）。博尼拉–希尔瓦（Bonilla-Silva, 2003）批判了种族主义在今天已成为历史的观点。相反，他把色盲（color blindness）看成烟幕弹，美国白人因此受到纵容并继续推动种族歧视。希尔瓦提议应该采取各种实际措施以应对种族主义的新形式，这种看法是符合CTRR精神的。CTRR另一个显著的特征是它试图表明种族问题可以在全球范围内产生影响（Winant，2001）。

综上所述，迄今为止，我们尚未建立任何有关种族及种族主义的批判（或其他类型）"理论"。不过，摆在我们面前的不但有可供吸收的历史上的理论体系，还有大量有效且高度相关的理论思想和理论视角，以及CTRR内部已经发展起来的多种思想（如交叉性理论）。这笔遗产以及正在进行的工作为CTRR的持续发展奠定了良好的基础。

后现代和后—后现代社会理论

尽管后现代社会理论不再像以前那样炙手可热，但我们认为它们仍将对社会学及许多其他领域产生影响。与此同时，一个可称之为后—后现代主义（post-postmodernism）思潮的研究体系以法国为基地获得了充分的发展。法国以往一直是后现代主义理论等理论运动的中心。举例来说，后现代社会理论批判自由主义与人文主义的视角以及从人类主题偏移开来。相比之下，后—后现代主义阵营的费瑞和雷诺（Ferry and Renaut，1985/1990）试图拯救人文主义和主体性，里拉（Lilla，1994：20）提出要捍卫人权，马南（Manent，1994/1998）自觉地分析了现代性和人类主体。利波维茨基（Lipovetsky，1987/1994）则以对时尚的重要性进行辩护的方式，攻击后现代社会理论家对当代世界吹毛求疵的倾向，他认为时尚使个性得到强化而非削弱就是明证之一。

消费理论

社会学理论成熟于工业革命时期，受到其问题与前景的激励，在相当长的一段时间里无法摆脱"唯生产论的偏向"。也就是说，社会学理论倾向于以工业、工业组织、工作和工人为焦点。这一偏好在马克思主义与西方新马克思主义理论中表现得最为明显，在其他社会学理论中也并非罕见，例如涂尔干对劳动分工的思考，韦伯对资本主义在西方兴起而在其他地域未能获得发展的研究，齐美尔对人造商品扩散所造成的文化悲剧的分析，芝加哥学派对工作的兴趣以及冲突理论对雇主—雇员及领导者—下属关系一类议题的关注，等等。相比之下，我们几乎找不到太多以消费和消费者为主题的著作。凡勃伦（1899/1994）有关"炫耀性消费"的著名研究，以及齐美尔关于货币与时尚的思考，当然是例外。在多数情况下，相对于生产，社会理论家对于消费并没有发表过什么值得重视的见解。

后现代社会理论倾向于将后现代社会定义为消费社会，因此消费当然成为这种理论的核心（Venkatesh，2007）。让·鲍德里亚（1970/1998）所著的《消费社会》（*The Consumer Society*）在这一方面的主张可谓人人皆知。利波维茨基以时尚为主题的后—后现代著作反映了后现代社会理论界内外对消费日益增长的研究兴趣。鉴于消费的重要性很有可能还会继续增长，西方社会尤其如此，而与此同时，生产的重要性却在不断衰减，我们有理由认为我们将会见证一大批与消费有关的理论著作的出现（Ritzer，Goodman， and Wiedenhoft, 2001; 要了解对现有的消费理论的综述, 参见 Slater, 1997, 2005)。举个例子, 我们已经亲眼见证了一系列有关消费环境的理论研究的持续出现, 如《消费场所》(Consuming Places, Urry, 1995)、《祛魅世界的入魅: 消费工具的革命》(Ritzer, 2005a) 以及《货架生活: 超市和消费文化变迁》(Shelf Life: Supermarkets and the Changing Cultures of Consumption, Humphery, 1998)。我们很可能还会看到更多有关消费环境以及消费者、消费商品、消费过程的研究。

全球化理论

社会学理论在21世纪初期有许多重要的进展（参见下文），但其中最重要的显然是全球化理论的发展（W. Robinson, 2007）。对全球化现象进行理论化不算是什么新鲜事物。我们甚至可以说, 马克思、韦伯等经典理论家虽然不曾提出这一术语, 却已为全球化的理论工作倾注了不少精力。此外, 现代化理论、依附理论与世界体系论等理论, 以及亚历克斯·英克尔斯（Alex Inkeles）、安德烈·冈德·弗兰克（André Gunder Frank）、沃勒斯坦等理论家均以不同形式和在不同的题目下进行过全球化的理论构筑。全球化理论发源于20世纪80年代（甚至可能更早; 参见 Moore, 1966; Nettl and Robertson, 1968）, 到90年代开始形成一股势头（Albrow and King, 1990; Albrow, 1996; Appadurai, 1996; Bauman, 1998; Garcia Canclini, 1995; Meyer, Boli, and Ramirez, 1997; Robertson, 1992）, 直到21世纪初才开始腾飞（Beck, 2000, 2005b; Giddens, 2000; Hardt and Negri, 2000, 2004; Ritzer, 2004b, 2007c; Rosenau, 2003）。对全球化的理论化是如此重要, 以至于我们在本书新版中用了第十二章整整一章的篇幅来介绍它。

全球化理论可以被归入以下三个类别——经济理论、政治理论和文化理论。其中最著名的无疑是经济理论, 它可以大致划分为两个范畴: 一是颂扬新自由主义全球经济市场的理论（如 T. Friedman, 2000, 2005; 对弗里德曼拥抱新自由市场的态度之批判, 参见 Antonio, 2007a）; 二是批判前一类理论的、遵循马克思主义视角的理论（Hardt and Negri, 2000, 2004; W. Robinson, 2004; Sklair, 1992）。

在全球化政治理论中, 有一种采取了发源于洛克、斯密等人古典著作（MacPherson, 1962）的自由主义立场, 尤其表现为新自由主义思想的形式（J. Campbell and Pederson, 2001）, 即所谓"华盛顿共识"（Williamson, 1990, 1997）, 该共识倡导政治体制要为自由市场保驾护航。另一方面, 一些思想家对这种倾向持批判态度, 观点更偏向左翼（如 Hardt and Negri, 2000, 2004; D. Harvey, 2005）。

全球化政治理论的核心议题是国际关系的可持续性。一方面, 有些学者认为, 鉴于民族国家在全球化时代业已消亡或正在消亡, 国际关系乃至以民族国家关系为主题的全球化研究自然也将随之消亡。另一方面, 有些学者辩称民族国家仍然保有重要的地位。其中有一位学者（J. Rosenberg, 2005）甚至认为全球化理论的来了又去正是民族国家始终存在的结果或说再次确认（如2005年法国和荷兰举行全民公投并否决了欧盟宪法）。也就是说，国际关系领域是否仍如以前那样处于全球化研究的核心，引起了诸多的争议。

经济与政治议题固然十分重要，但社会学最为关注的却是全球化领域中有关文化的议题与理论。我们可以将全球化的文化理论划分为以下三种取向（Pieterse，2004）。一是**文化差异论**（cultural differentialism），其观点是不同文化之间存在着深刻的、很大程度上不易受影响的差异，全球化对它们不能产生影响或只产生肤浅的影响（Huntington，1996）。二是**文化趋同论**（cultural convergence），该理论认为尽管不同文化之间存在重大差异，但也存在着趋同性，即越来越多的同质性（Boli and Lechner，2005；Meyer et al.，1997；DiMaggio and Powell，1983；Ritzer，2004a，2004b，2007）。三是**文化混杂论**（cultural hybridization），它认为全球化与地方间的相互渗透创造了"全球在地化"（glocalization）（Robertson，1992，2001）、"混杂化"（hybridization）（Canclini，1995）和"克里奥化"（creolization）（Hannerz，1987）等独特的地方现实。大多数有关全球化的社会学思考都涉及这样一个问题，即全球化在何种程度上导致了同质化或异质化。

显而易见，在接下来的几年中，全球化理论及其变体仍将会不断涌现，主导社会学理论界新的发展。但是，我们仍需关注其他的理论取向。

行动者—网络理论

行动者—网络理论在这次的最新版中受到更多的重视，这是因为它的地位正在不断提升，而且其影响向社会学一系列特定领域延伸开来（如与消费有关的研究；参见Warde，2005）。一方面，学者们越来越多地对于各种类型的网络产生了兴趣，而行动者—网络理论正体现了这种变化（如Castells，1996；Mizruchi，2005）。另一方面，行动者—网络理论本身有多个独特的方向，其中最值得一提的是"行动元"（actant）的概念，它不仅是指人类行动者等一些明显的概念内涵，还包括互联网、ATM机和电话答录机等非人类行动者。这与社会世界越来越转向**后人类**（posthuman）（Franklin，2007）与**后社会**（postsocial）（Knorr Cetina，2001，2005，2007）以及二者引发的不断增长的学术兴趣是相一致的。也就是说，我们越来越多地被卷入到一个同时包含人类与非人类构成元素的网络之中，而就与后者的关系而言，人类显然进入了后人类与后社会的世界。

实践理论

我们接下来介绍一个正冉冉上升、新鲜得本书旧版尚来不及讨论的理论，即实践理论（practice theory）。我们之前已经介绍过该理论某些重要的贡献者（如加芬克尔、布尔迪厄、吉登斯和福柯），但是实践理论显示出要将上述学者的思想及其他理论源头凝聚为一种独特理论的迹象。实践理论的研究焦点是实践或人类行为，尤其针对那些与实践有关、理所当然的假设对实践的影响。这些假设是"前理论的"（pre-theoretical），换句话说，行动者并不完全理解这些假设的性质，以及它们在何种程度上影响到他们的实践（Biernacki，2007）。实践是常规化的行动方式，而理所当然的假设影响我们如何行动，特别是如何管理自己的身体、处理事物、讨论议题、描述事物及理解世界。

以人的身体为例。大多数理论认为身体接受理性选择、较大的结构或规范系统的控制。但在实践理论看来，至少在一定程度上，实践是被常规化的身体操演。实践的发生是以既定方式训练身体的结果。举例来说，上网球课使身体获得反手回击或高球扣杀的能力。人们训练身体进行听、说、读、写的过程也是一样的。

至此，我们对现代社会学理论发展的回顾已经步入尾声。显然，我们无法预言这一理论学科发展的终点。本章述及的某些理论（如CTRR）将会日益彰显出它的重要性，而另一些理论（如新功能主义）则将显露出衰落的势头。可以确定的只有一件事——社会学理论的园地将由更多类型的理论所装点，任何一种理论都不可能在这里一统天下。后现代主义者批判"总体化"（totalizations）的观念或支配一切的理论框架。看起来，社会学理论界不太可能会听任某种单一的总体理论成为主导力量。相反，我们很可能会看到社会学领域里出现越来越多有一定支持者、仅能帮助我们理解社会世界之一部分的理论视角。社会学理论不是一个理解和应用的简单世界，而是一个充塞着令人激动的新旧观点的世界。

总　结

本章承接第一章的讨论，探讨自20世纪初以来的社会学理论史。我们从早期美国社会学理论的发展史入手，当时美国社会学理论的特征是自由主义以及受斯宾塞的影响而对社会达尔文主义产生的浓厚兴趣。以此为背景，我们讨论了两位美国早期社会学家萨姆纳和沃德的研究。但是，这二位学者未能在美国社会学理论史上烙下自己的痕迹。相形之下，芝加哥学派的理论思想，以斯莫尔、帕克、托马斯、库利尤其是米德等人的著作为具体表现，对美国社会学理论（尤其是符号互动论）的发展产生了重要的影响。

就在芝加哥学派的地位如日中天之时，一种全新的社会学理论在哈佛大学获得了不断的发展。索罗金是哈佛大学社会学系的主要发起人之一，然而，取代芝加哥学派符号互动论的地位、将哈佛大学推上美国社会学理论界巅峰的却应该说是帕森斯。帕森斯在学界无与伦比的地位不仅是由于他推动"宏大理论"在美国学界获得合法性，向美国受众介绍欧洲社会学理论家的思想，还由于他对于行动理论，特别是结构功能主义的发展起到了至关重要的作用。芝加哥学派于20世纪30年代创立，大体于50年代末宣告终结，它的瓦解在四五十年代进一步推升了结构功能主义的地位。

马克思主义理论在20世纪初期的重大进展表现为批判学派（法兰克福学派）的建立。马克思主义的这一黑格尔派分支受到了韦伯等社会学家以及精神分析学家弗洛伊德的影响。马克思主义在这一时期还没有在社会学界获得广泛传播。

20世纪中叶，结构功能主义在美国社会学理论界的统治可谓相当短暂。我们可以将现象学社会学的理论根源追溯到更早的年代，但它（尤其是舒茨的著作）从20世纪60年代起才开始受到学界的重视。马克思主义理论在很大程度上仍然为美国社会学理论界所抵制，但米尔斯的论著有助于激进主义传统在四五十年代的美国保持活力。米尔斯是批判结构功能主义的领军人物之一，此类攻击在五六十年代变得越来越激烈。基于其中某些批判的冲突理论在这一时期发展为结构功能主义的替代选项。冲突理论受到了马克思主义理论的影响，但其地位却因对马克思主义理论的整合不良而受到影响。于20世纪50年代问世的、结构功能主义的另一种替代理论是交换理论，它的拥护者不多却相当稳定。在符号互动论丧失了主流地位之后，戈夫曼以拟剧分析为主题的著作吸引了一些追随者。

在六七十年代，日常生活社会学（符号互动论实际上可被归入这一类别）的重大突破包括对现象学社会学日渐浓厚的兴趣以及常人方法学更加醒目的快速崛起。在此期间，多种形态的马克思主义理论在社会学学界逐渐盛行，不过20世纪80年代末、90年代初苏联与其他东欧政权的相继崩溃使它们大受挫折。值得一提的还有，结构主义以及后结构主义在这一时期日益彰显的重要地位，其中福柯的著作表现最为抢眼。女性主义理论研究兴趣的极度高涨具有极其重大的意义。女性主义著作大量涌现，而且在进入21世纪之际仍保持着既有的出版速度。

除了上述这些理论，社会学理论界在20世纪80年代还出现了以下三种明显的理论倾向，它们一直到90年代仍方兴未艾。一是美国学界建立微观—宏观联系的倾向；二是欧洲学界在同一时期对能动—结构之关系越来越多的关注；三是，理论综合的尝试大范围地兴起，并于20世纪90年代达到高峰。就20世纪下半叶及21世纪初来说，社会学理论界对于一系列现代性及后现代性理论给予了一定的关注。

在本章结尾，我们讨论了在走入21世纪第一个十年时应该特别关注的一些理论。多元文化理论，尤其是其中与种族理论（CTRR）和酷儿理论有关的一些理论，有可能会不断走向兴盛。后现代理论不可能走向消亡，但是运用后现代思想却又超越了它们的后—后现代理论将会赢得更多关注。我们可以预见将有更多的学者致力于消费及其理论化的研究。这种变化与后现代理论是有关联的（消费社会与后现代社会密切相关），反映了从强调生产转向强调消费的社会变迁，同时也是对自问世以来长期支配社会学理论界的唯生产论偏好的一种反动。理论兴趣最可观的增长发生（并且仍将发生）在全球化理论领域。此外，我们还考察了行动者—网络理论和实践理论。

第二部分

现代社会学理论：主要流派

第三章
结构功能主义、新功能主义和冲突理论

本章概要

结构功能主义

新功能主义

冲突理论

主要体现在帕森斯、默顿及其学生与追随者著作之中的结构功能主义，在很长一段时期内是社会学理论界的主流。不过，在过去30年里，它的地位急剧下降（Chriss，1995），至少从某种意义上说，这种理论已经隐入了社会学理论的近期历史之中。柯罗米（Colomy，1990a）将其称为一种理论"传统"的做法足以说明它的衰落。目前，结构功能主义的价值主要体现为它的历史地位，而它对于新功能主义在20世纪80年代的出现也起到过相当大的作用（Nielsen，2007b）。继对结构功能主义有大致的了解之后，我们将介绍它的后继者——新功能主义，并且把后者当作近年来理论综合运动的一个案例（Abrahamson，2001）。然而，鉴于新功能主义的创始人杰弗里·亚历山大（在一次私人沟通中，October 17, 1994）对新功能主义所下的结论是"不再能让我感到满足"，人们不免要对新功能主义的未来产生怀疑。亚历山大说道："我正在抛弃由我发起的这场运动。"

许多年来，冲突理论一直是结构功能主义主要的替代选项。我们将在本章介绍达伦多夫冲突理论的传统版本以及兰德尔·柯林斯（Randall Collins）更为晚近的综合尝试。

在开始介绍结构功能主义和冲突理论的细节之前，我们有必要沿着托马斯·伯纳德（Thomas Bernard，1983）的思路，把它们放在**共识理论**（consensus theories，结构功能主义即为其中的一种）与**冲突理论**（conflict theories，本章即将谈论的社会学意义上的冲突论中的一种）的论战这一更广阔的背景之下。共识理论将共享规范和价值视为社会的基石，聚焦于建立在默契基础之上的社会秩序，并认为社会变革是有序且渐进发生的。

与此相反，冲突理论强调某些社会群体对其他社会群体的统治，认为社会秩序是统治群体操纵和控制的结果，而社会变革是被统治群体借以推翻统治群体的无序且急速的过程。

刚刚提到的这些标准概括性地界定了社会学理论中结构功能主义和冲突理论之间的本质区别，但伯纳德则认为它们之间的分歧远不止这些，可以说一直是"西方思想史上以多种形式反复出现的一种思想交锋"（1983：6）。伯纳德认为，二者的分歧可回溯至古希腊时期柏拉图（共识）与亚里士多德（冲突）的不同，贯穿整个哲学史。之后，在社会学领域，马克思与孔德、齐美尔与涂尔干、达伦多夫与帕森斯（代表冲突的理论家列在前面）相继加入了论战。我们已经简要概述了头两组社会学家的思想（尽管他们的理论远非"冲突""共识"这两个标签所能概括。）我们将在这一章中介绍达伦多夫的冲突理论、帕森斯的共识理论（又称均衡理论）以及其他一些理论。

我们虽然着意强调结构功能主义与冲突论的差异，但也不应忽视二者之间的重要共性。伯纳德指出"二者一致的地方远比不一致的地方要多"（1983：214）。例如，二者都是以大规模社会结构与社会制度为焦点的宏观理论。因此，在我看来，这两种理论流派共存于同一种社会学范式（即"社会—事实"）中（详见附录）（Ritzer，1980）。

结构功能主义

罗伯特·奈斯比特认为结构功能主义"毫无疑问，是这个世纪（指20世纪）社会科学理论中最为重要的一种"（引自Turner and Maryanski，1979：Ⅺ）。金斯利·戴维斯（Kingsley Davis，1959）的看法是就一切动机与目的来说，结构功能主义可以等同于社会学。通过把批判分析帕森斯的结构功能主义理论作为攻击西方社会学的手段，阿尔文·古尔德纳（1970）也在无意识间持有相似的立场。

结构功能主义在"二战"之后的二十年里享有无可争议的霸权，但它的重要地位已经消逝了。与结构功能主义关系密切的威尔伯特·莫尔认为，结构功能主义"在当代理论社会学中已显尴尬"（1978：321）。有两位评论人甚至指出："我们认为，作为一个阐释性理论，结构功能主义已经'死'去；而且，为了更具前途的理论视角的诞生，那些试图继续使用功能主义的努力也应该被抛弃。"（Turner and Maryanski，1979：141）[①]尼古拉斯·德梅拉思（Nicholas Demerath）和理查德·彼得森（Richard Peterson）（1967）的观点相对积极，他们认为结构功能主义不是过时的风尚，只不过是已进化为另外一种社会学理论，正如它之前脱胎于更早的有机体论一样。新功能主义（参见下文）的兴起似乎也支持了德梅拉思和彼得森的观点，而非特纳和玛丽昂斯基的观点。

在结构功能主义理论内部，**结构**和**功能**不一定要绑定使用，尽管它们通常被绑

---

① 尽管如此，特纳和玛丽昂斯基（Turner and Maryanski，1979）愿意指出假如作为一种方法，功能主义还是有帮助的。

定在一起。我们可以在不考虑某些社会结构对其他结构的功能（或后果）的情况下来研究社会结构。同理，我们也可以考察那些不以结构形式出现的社会过程的功能。当然，同时关注结构和功能仍然是结构功能主义的特征。尽管结构功能主义具有不同形式（Abrahamson，1978），**社会功能论**在社会学结构功能主义者之中仍然是主流理论方向（Sztompka，1974），同时也是本章的重点。社会功能论的理论焦点在于大规模社会结构与社会制度、二者之间的关系，以及它们对行动者的限制。

社会分层的功能理论及其批判

戴维斯和莫尔（Davis and Moore，1945）所阐述的分层功能论或许是结构功能主义理论中最广为人知的了。戴维斯和莫尔明确指出社会分层既是普遍的，又是必需的。他们认为从来没有哪个社会是没有分层或没有等级的。在他们看来，分层**在功能上**是必需的。所有社会都需要这样一种系统，而这一需求最终导致了分层体系的存在。[①] 这两位理论家还把分层体系看成一个结构，所谓分层指的不是该分层体系中的个体，而是这个由"**位置**"（position）构筑的系统。他们所关注的是某些位置如何逐渐与不同程度的声誉结合，而不是个体要如何占据那些位置。

在这个基础上，功能论的主要议题就是社会如何培养个体并使之处于分层体系的"恰当"位置。这又可被简化为两个问题。一是社会如何向"恰当"的个体灌输获取某个位置的渴望？二是一旦人们处于恰当的位置后，社会又如何激励他们履行那些位置的职责？

社会中的人和位置需要合理匹配，基于三个基本理由：第一，占据某些位置比占据其他位置更使人愉悦；第二，就在社会中生存而言，有些位置要比另外一些更加重要；第三，不同的社会位置需要不同的能力和天赋。

尽管上述议题适用于所有的社会位置，不过戴维斯和莫尔主要关注的是功能上更加重要的位置。在一个分层体系中，排序较高的位置被假定为对于社会生存**更加重要**并且需要最大能力和天赋，同时也是相对**不那么令人愉悦**的位置。社会必须给予这些位置充分的回报，以吸引足够的人来竞争这些位置并激励那些身在其位的人勤勉工作。戴维斯和莫尔提到了相反的情况，但并未就此展开讨论。也就是说，分层体系中低级别的职位是**更令人愉悦**的，但也是**不那么重要**的，对能力和天赋的要求不太高。同时，社会并不急切地需要个体去占有这些位置或激励他们认真履行职责。

戴维斯和莫尔并不认为社会为了确保高层位置被充分填塞，有意识地发展出一套分

[①] 这是目的论论证的一例。我们在本章接下来的部分还有机会再讨论这一问题，但此时我们可以对目的论论证作一界定：即将社会世界看作有动机或有目标的，并由此推动必要的结构或事件得以形成。就本例来说，社会"需要"分层，这一需要使得分层体系成为现实。

层体系。他们明确指出分层是"无意识进化的机制"。但是,这种机制是任何一个想要生存的社会所**必须**发展出来的机制。

在戴维斯和莫尔看来,为了确保人们愿意去争取高层位置,一个社会必须给这些人提供各种报酬,包括巨大的声望、高收入和充足的闲暇。例如,为了保证医生的数量,我们需要向医生提供种种报酬。戴维斯和莫尔暗示,如果我们不能提供这些报酬,就不会有人愿意去接受烦累且昂贵的医学教育。这无疑是在强调那些居于上层的人必须获得他们当前的回报。否则,这些位置就会空缺没人干,社会也会由此崩溃。

有关社会分层的结构功能论自1945年面世以来,招致了很多批评(最早出现的重要批判,参见Tumin,1953;针对历史上重要批判的完整总结,参见Huaco,1966;哲学视角的回顾,参见McLaughlin,2001)。

其中一种基本的批判是:分层的功能论使已经拥有权力、声望和金钱的那些人的特权位置永久化。分层的功能论的逻辑是这些人理应获取他们的回报,而且,为了社会的利益,他们必须获得这些回报。

功能论招致批评的原因还包括它简单地假定社会分层一旦存在,就将一直存在下去。但未来社会有可能以其他没有分层的方式加以组织。

此外,功能论所假定的不同位置对于社会的重要性的差异也很难得到支持。环卫工人对于社会存续的重要性真的比广告经理更小?除了工资与声望较低以外,环卫工人的重要性实际上要**更大**。我们可以确定某种位置为社会履行了更加重要的职能,但它却未必能获得更多的回报。护士对于社会的重要性无疑要高于电影明星,但护士所得到的权力、声望和收入远低于电影明星所得。

真的只有少数人才能够胜任那些高层位置吗?事实上,很多人尽管有能力却没有机会接受相应的培训,以致他们根本不可能获得那些有声望的位置。例如,医生这个行业就一直在限制实习医生的数量。总而言之,许多有能力的人从没机会展示他们符合高层位置要求的那些能力,尽管社会中的确存在对这些人及其贡献的需求。身居高位者通过保持群体的小规模、大权力和高收入得以维持自身的既得利益。

最后,我们或许可以这样说,提供权力、声望和收入以鼓励人们占据高层位置不是不可避免的选项,工作中的满足感或为他人服务的机会同样可以驱使人们获取位置。

帕森斯的结构功能主义

帕森斯在一生中做了大量的理论性工作(Münch,2005;Holmwood,1996;Lidz,2000)。他的早期著作与晚期著作存在重大差异。在这一节,我们主要讨论其晚期的理论,即结构功能主义。我们先讨论结构功能主义中一切"行动"系统所包含的四个功能要求,即著名的AGIL模式。接下来,我们还将分析帕森斯关于结构和系统的思想。

AGIL

功能，是指"为了满足系统一种或多种需求的复杂行为"（Stryker，2007；Rocher，1975：40）。根据这一定义，帕森斯相信所有系统都必须包含四个必需功能（或以之为特征）：适应（A）、目标达成（G）、整合（I）和潜在模式维持（L）。它们就是众所周知的AGIL模式。为了生存，一个系统必须满足以下四个功能：

- **适应**：一个系统必须能够应对外部环境紧急情况。它必须适应外部环境，并利用环境满足自身所需。
- **目标达成**：一个系统必须定义并实现首要的目标。
- **整合**：一个系统必须调节各组成部分之间的关系。它还必须管理好其他三个功能要求（A、G、L）的关系。
- **潜在模式维持**：一个系统必须提供、维持和更新对个体的激励以及创造和维持这种激励的文化模式。

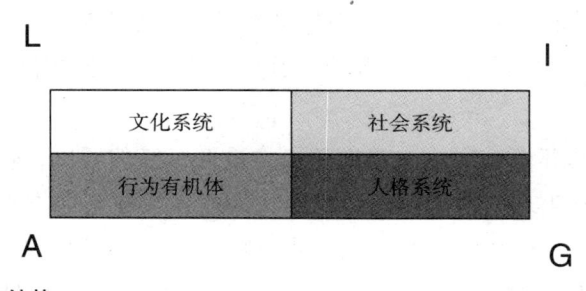

	L		I
	文化系统	社会系统	
	行为有机体	人格系统	
	A		G

图3.1　一般行动系统结构

帕森斯设计了AGIL模式，期望将它用于他的理论体系的**一切**层面（具体事例参见Paulsen and Feldman，1995）。在下面针对四个行动系统的讨论中，我们将展示帕森斯是如何应用AGIL模式的。

行为有机体（behavioral organism）是通过调整自己和改变外部世界来满足适应功能的行动系统。**人格系统**通过界定系统目标和调动资源去达成目标来履行目标达成功能。**社会系统**通过管理各组成部分以解决整合功能。最后，**文化系统**通过向行动者提供激励其采取行动的规范和价值观来实现潜在模式维持的功能。图3.1是依照AGIL模式所呈现的行动系统结构。

行动系统

现在，我们开始讨论帕森斯的行动系统。图3.2是帕森斯分析范式的概要。

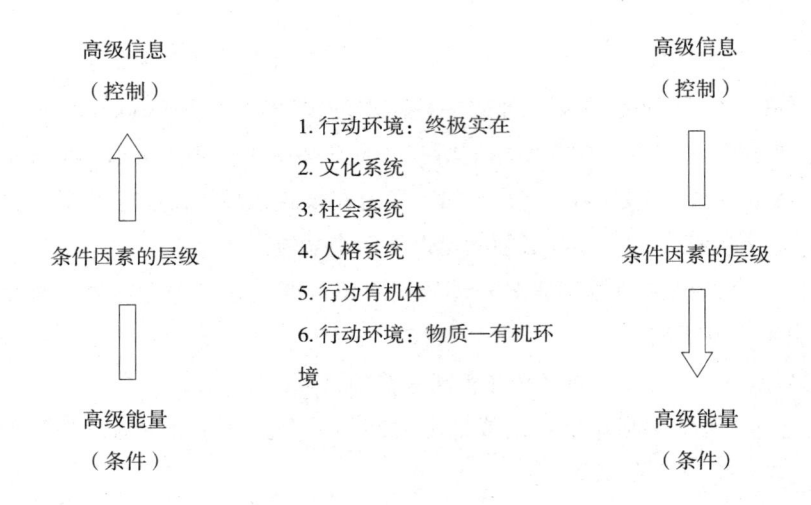

```
高级信息                          高级信息
（控制）                          （控制）
  ↑          1. 行动环境：终极实在        ⇓
             2. 文化系统
             3. 社会系统
条件因素的层级   4. 人格系统        条件因素的层级
             5. 行为有机体
             6. 行动环境：物质—有机环
                境
  ↑                                ⇓
高级能量                          高级能量
（条件）                          （条件）
```

图 3.2　帕森斯的行动图式

显然，帕森斯就社会分析的各个层次及其相互关系有着清晰的区分。图 3.2 中所体现的层级结构非常清晰，这些层次以两种方式被整合进帕森斯的理论体系。首先，较低的层次为较高层次提供所需的条件、能量；其次，较高的层次控制在层级结构中比它低的层次。

作为行动系统的环境，物质—有机环境是最低一级的层次，包括人体的非符号特征层面，即解剖学和生理学的层次。最高层次的终极实在正如杰克逊·托比（Jackson Toby）所说是"形而上学的"，但托比同时认为帕森斯"与其说指涉超自然，不如说指涉普遍的社会趋势，以象征性地说明挑战社会组织意义的人类不确定性、利害关系与悲剧"（1977：3）。

帕森斯理论的核心在于四个行动系统。在帕森斯为行动系统制订的假设中，我们看到了他对于秩序问题的压倒性的关怀，而这恰恰也是招致批评的一大源头（Schwanenberg，1971）。就霍布斯的秩序问题——如何避免一切人反对一切人的社会战争——而言，帕森斯之前的哲学家并未给出让帕森斯（1937）感到满意的答案。帕森斯在结构功能主义中找到了他自己对于秩序问题的解答，在他看来这一解答基于如下的假定：

- 系统具有有序的特征，而且其各个组成部分是相互依赖的；
- 系统倾向于接近自我维持的有序或均衡[①]；
- 系统有可能是静态的或被卷入有序的变化过程；
- 系统某一部分的性质会对其他部分的形式产生影响；

---

① 对于帕森斯来说，更多时候，秩序问题与如下问题相关，即行动为什么是非随机或模式化的。他更多地把均衡命题看成经验问题。不过，帕森斯自己常常把秩序和均衡混为一谈。

- 系统要维持自身与环境之间的边界；
- 就系统既有的均衡状态而言，分配和整合是两个必要的基本过程；
- 系统在涉及边界、部分与整体之关系的维持以及对环境变化和系统内部自身的变革倾向进行控制时，倾向于自我维持。

这些假定意味着帕森斯将优先分析那些**有序的**社会结构。在这样做的同时，他基本上忽略了社会变革的议题，至少在其学术生涯晚期之前是如此：

> 我们感到在系统中的变量本身没被隔离和描述之前，就来分析变量系统中的变化是不经济的；因此，我们选择先从变量和特定组合开始研究，并且只在设置好相应的牢固基础之后才着手描述这些组合如何发生变化。

（Parsons and Shils，1951：6）

帕森斯的静态视角招致了非常猛烈的批评，以至于他后来在变革的命题上倾注了越来越多的精力。事实上，正如我们将看到的，帕森斯最终将聚焦于社会的进化。不过，在绝大多数观察家眼里，帕森斯有关社会变革的研究仍然是高度静态和结构化的。

在了解四个行动系统时，读者应该牢记：它们并不存在于真实世界之中，而是用来分析真实世界的分析工具。

社会系统 帕森斯关于社会系统的构想始于自我（ego）与他我（alter ego）在微观层次的互动，这种互动被定义为社会系统最基本的形式。帕森斯强调过这个互动系统的特征会在社会系统里以更为复杂的形式呈现，但几乎没花多少精力在这个层面上进行分析。帕森斯是这样界定**社会系统**的：

> 社会系统存在于一情境中许多个行动者的彼此间互动中。这一情境至少具有物质的或是环境的层面，行动者追求"满足的最大化"，他们与情境间的关系是根据从文化上构筑的和共享的符号系统来界定、协调的。

（Parsons，1951：5—6）

这个界定试图根据帕森斯理论中的诸多关键概念，如行动者、互动、环境、满足的优化和文化等，来定义一个社会系统。

尽管帕森斯试图将社会系统看作互动的系统，但在他对社会系统的研究中，互动并不是他的基本单元；"地位—角色"才是他眼中的基本单元。地位—角色，既非行动者也非互动本身，而是社会系统的**结构性**成分。**地位**是指社会系统中的结构性位置，**角色**则是行动者在其位置上的所作所为，以它对更高一级系统的功能性意义为背景。于是，看待行动者的视角不在于他们的思想和行动，而在于地位和角色的集合（至少就在社会系

塔尔科特·帕森斯小传

生平概略

塔尔科特·帕森斯，1902年生于科罗拉多州的科罗拉多-斯普林斯。他出身于一个宗教气氛浓郁的知识分子家庭。父亲是公理教会的牧师，也是一位教授，后来在一个规模不太大的学院被升为院长。帕森斯于1924年获得艾姆赫斯特学院的学士学位，随后进入伦敦政治经济学院攻读硕士学位。第二年，他去了德国的海德堡大学。马克斯·韦伯在海德堡大学度过了其学术生涯的一大部分。尽管在帕森斯抵达该地的5年前，韦伯就已逝世，但他的影响仍在，其遗孀仍然在家举办沙龙，而帕森斯经常参加这些沙龙。帕森斯受到韦伯思想的深刻影响，最终在海德堡大学完成了他的博士论文——其中就包含与韦伯思想的对话（Lidz，2007）。

1927年，帕森斯在哈佛大学获得教席。尽管曾多次更换院系，但截至1979年逝世，帕森斯一生从未脱离哈佛大学。帕森斯在学术上的晋升之路不算迅速，1939年才获得终身教席。他于1937年出版了《社会行动的结构》。这部著作不但将韦伯等社会学大理论家推介给广大的社会学学人，同时也为帕森斯正在构筑的理论奠定了基础。

《社会行动的结构》出版之后，帕森斯的学术地位迅速攀升。1944年，他被选为哈佛大学社会学系的主任。他在两年后创立并主持了走在时代前端的社会关系学系，教职人员中不仅有社会学家，还包括各个领域的社会科学家。1949年，帕森斯当选"美国社会学会"主席。在20世纪五六十年代，随着《社会系统》（*The Social System*，1951）等著作的出版，帕森斯成为美国社会学学界的领军人物。

自20世纪60年代末期起，帕森斯开始受到美国社会学界激进势力的攻击。他被看成政治保守派，其理论高度保守，充其量就是一个精妙复杂的分类框架。然而，在20世纪80年代，美国乃至全世界再度掀起一股研究帕森斯理论的热潮（Alexander，1982—1983；Buxton，1985；Camic，1990；Holton and Turner，1986；Sciulli and Gerstein，1985）。霍尔顿与特纳或许是其中走得最远的学者，认为"帕森斯的研究对社会学理论的贡献要大大超出马克思、韦伯、涂尔干以及那个时代的任何一位社会学家"（1986：13）。帕森斯的思想不仅影响了保守派思想家，也影响到西方新马克思主义理论家（尤其是哈贝马斯）。

在帕森斯去世后，他生前的许多学生（他们本身都已是著名的社会学家），对帕森斯的理论及理论背后的这位学术人进行了反思（一份近期且高度个人化的回忆，参见 Fox，1997）。在此过程中，这些社会学家为了解帕森斯及其理论提供了一些有趣的见解。这里复制的几个片断可能无法构成一幅完整的画面，但有助于我们更深入地了解帕森斯及其理论。

> 罗伯特·默顿是帕森斯在哈佛大学刚开始教学时的学生，后来凭着自己的努力成为著名社会学家。默顿曾明确指出在那时候，到哈佛念书的研究生与其说是想跟帕森斯学习，倒不如说是奔着索罗金去的。索罗金是当时哈佛大学社会学系的资深教授，而且将在接下来的日子里一直是帕森斯的头号竞争对手（Zafirovski，2001）。
>
> > 在最早的一代研究生中，……准确地说没有一个是因为想跟塔尔科特（即帕森斯）学习而来哈佛的。原因也很简单：在1931年，他作为社会学家还没有任何公共身份。
> >
> > 尽管研究生们都是奔着享有盛誉的索罗金来的，不过我们一小撮还是坚持跟着当时还不出名的帕森斯。
> >
> > （Merton，1980：69）
>
> 默顿关于帕森斯的第一堂理论课的回忆也很有意思，尤其是因为这份回忆提到了社会学历史中最具影响力的一部著作：
>
> > 在帕森斯成为社会学世界的元老之前，他对于我们早期极少数的几个人来说已展现出了无尽的前景。这种感觉来自于他的第一堂理论课……它展示了帕森斯的巨著《社会行动的结构》的核心思想……而那本书是在我听他授课后的第五年才最终刊印的。
> >
> > （Merton，1980：69—70）
>
> 并非所有人都会认同默顿对帕森斯的正面评价，但大家肯定都会认可以下这段话：
>
> > 帕森斯的逝世标志着一个社会学时代的结束。在（一个新时代）开始的时候……它无疑会因帕森斯留给我们的伟大社会学思想传统而得到提升。
> >
> > （Merton，1980：69—70）

统中的位置来说）。

在对社会系统的分析中，帕森斯主要的兴趣是其结构性要素。除了关注地位—角色外，帕森斯（1966：11）还关注社会系统中的大规模构成，如集体、规范和价值观等。不过，在对社会系统进行分析时，帕森斯不仅是结构主义者，还是功能主义者。他进而给出了社会系统一系列功能性的先决条件。首先，社会系统必须是结构化的，这样它们就可以与其他系统完好兼容；第二，为了生存，社会系统必须从其他系统处获得必需的支持；第三，系统必须满足其行动者相当比例的需求；第四，系统必须获得其成员的充分参与；第五，系统必须对潜在的破坏性行为进行最基本的控制；第六，如果冲突的破坏性足够大，那么它就必须得到控制；第七，社会系统的存续需要一套语言体系。

显然，帕森斯在讨论社会系统功能性的先决条件时，焦点是大规模系统及其彼此间的关联（社会功能论）。即使谈到行动者，他也是从系统的角度展开的。这表明帕森斯所关心的是社会系统内部秩序的维持。

行动者和社会系统 不过，帕森斯在论述社会系统的时候，并没有完全忽略行动者与社会结构间的关系。事实上，他将价值模式（value pattern）与需求—倾向（need-disposition）的整合称为"社会学的基本动力定理"（Parsons，1951：42）。鉴于帕森斯最为关注的就是社会系统，这一整合的关键在于内化和社会化过程。也就是说，帕森斯感兴趣的是一个系统的规范和价值观是如何为系统内的行动者所接受的。一个成功的社会化过程会使这些规范和价值观最终被内化，变成行动者的"道德意识"的一部分。于是，行动者在追逐自身利益时，也是在为整个系统的利益服务。正如帕森斯所说："（社会化过程中的行动者）所获得的价值—取向模式的组合，**在很大程度上，必然是社会系统中的基本角色结构和主流价值观的一个功能**。"（1951：227）

总体而言，帕森斯假定行动者在社会化过程中通常是被动的接受者。[①]儿童不仅学习如何行动，还习得社会的规范、价值和道德。社会化被概念化为一个保守的过程。在这一过程中，需求—倾向（基本上是由社会所形塑的）将儿童束缚到社会系统里；而社会系统又为需求—倾向的满足提供渠道和方式。因此，这里几乎没有，甚至完全不给创造性留有余地。获得满足的需要自始至终将儿童束缚在社会系统中。帕森斯认为社会化是人类终其一生的经历。童年时代灌输的规范和价值是非常一般化的，孩子们无法据此应对成年后所面对的各种具体情境。通过一系列更为具体的社会化经验，社会化在人的一生之中会不断地被加强。尽管如此，童年时期所习得的规范和价值相当稳固，只要后期稍微强化，就能在人的一生中发生效力。

不过，尽管终身的社会化会带来一致性，但系统中个体仍然具有很大的差异性。现在的问题是：既然社会系统需要秩序，那么为什么这种差异性对于社会系统来说，通常又不算是什么大问题？首先，大量社会控制机制可以被用来产生一致性。不过，帕森斯认为，严格来说，社会控制只是第二道防线。系统在社会控制权被少量使用时运行得最好。其次，系统必须能够容忍一些差异和越轨。一个有弹性的社会系统要比一个不能容忍越轨的刚性系统更强大。最后，社会系统要提供大量的角色机会，从而使不同人格在

[①] 这里对帕森斯理论的阐释是有很大争议的，很多人可能并不认同。如弗朗索瓦·布里科（François Bourricaud）就曾提到帕森斯理论体系中的"社会化的辩证法"（1981：108），而不是什么社会化过程的被动接受者。

充分表达的同时不危及系统的完整性。

社会化和社会控制是维持社会系统均衡的主要机制。适度的个性和越轨都是可以被接受的,但那些更极端的形式需要被再均衡机制所改造。这样一来,社会秩序就被纳入了帕森斯的社会系统结构:

> 虽然没有针对任何个体部分的周详规划,但我们这一类型的社会系统(当然在其他类型的社会系统中也是如此)已经建立起一些机制,它们在一定限制内有能力预测和逆转深藏的越轨倾向,这种倾向想要脱离赞同—反对、奖励—惩罚的常规约束,进入一个有害的阶段。

(Parsons,1951:319)

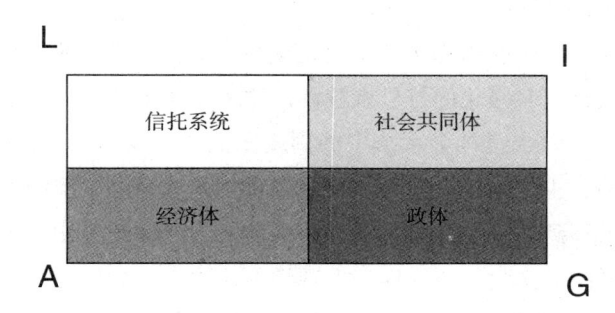

L	I
信托系统	社会共同体
经济体	政体
A	G

图 3.3 社会、子系统与功能性先决条件

再次强调,帕森斯的主要理论兴趣还是作为整体的系统,而非系统中的行动者。他更关注系统如何控制行动者,而非行动者如何创造和维持系统。这也反映了帕森斯在这方面的结构—功能主义的倾向。

社会 社会系统的概念包含所有类型的集体,但其中极为特殊也相当重要的一种类型就是**社会**。"它是一个相对自足的集体,其成员有能力满足自身及集体的需求,并且完全能够在这一框架中存活。"(Rocher,1975:60)[①] 作为结构功能主义者,帕森斯根据其各自履行的功能(AGIL)从社会中区分出四种结构或者说子系统(见图3.3)。**经济体**通过劳动、生产和分配履行使社会适应环境的功能。通过这些手段,它使环境适应社会的需求,同时也帮助社会适应其外部现实。**政体**(或政治系统)通过动员行动者及资源以追求社会目标,从而履行目标达成的功能。**信托系统**(如学校、家庭)通过灌输文化

---

① 伯纳德·巴伯(Bernard Barber, 1993, 1994)认为,由于帕森斯的著作中有大量含混不清的概念,社会系统应被严格地限定为将一切包括在内的整体系统,例如社会。

（规范和价值）给行动者并使之内在化来实现潜在模式维持功能。最后，**社会共同体**（如法律）履行整合功能，协调社会的各个构成部分（Parsons and Platt，1973）。

在帕森斯看来，社会系统的结构无疑是相当重要的，不过文化系统却更加重要。事实上，正如我们之前所了解的，文化系统在帕森斯的行动系统中位居最顶端。帕森斯（1966）给自己贴的标签就是"文化决定论者"。①

文化系统　帕森斯设想文化是黏合社会世界（按他自己的话来说即行动系统）不同要素的重要力量。文化协调行动者之间的互动，整合行动者的人格与社会系统。至少在一定程度上，文化具有成为其他系统一部分的独特能力。于是，文化在社会系统中表现为规范和价值，而在人格系统中则为行动者所内化。但文化系统又不仅仅是其他系统的一个构成，它同时也以知识、符号和观念之社会储备的形式独立存在。文化系统所具有的这些层面同样适用于社会和人格系统，但它们不会成为后两种系统的一部分（Morse，1961：105；Parsons and Shils，1951：6）。

与定义其他系统一样，帕森斯按照文化系统与其他行动系统的关系来定义它。**文化被视为社会系统中模式化、有序化的符号系统**，而这一系统中的符号是指向行动者的，是人格系统内化的层面，同时也是社会系统中的制度化模式（Parsons，1990）。由于文化在很大程度上是象征性的、主观的，它极易从一个系统传递到另一个系统。通过扩散，文化能够从一个社会系统转移到另一个社会系统，而借助于学习和社会化，可以从一个人格系统贯穿到另一个人格系统。文化的象征性（主观性）还决定了它的另一个特性，即控制帕森斯理论中其他行动系统的能力。这也是帕森斯将自己看成文化决定论者的原因之一。

不过，如果文化系统在帕森斯理论中的地位如此显要，我们就不得不质疑帕森斯是否真的提出了一种整合理论？正如本书附录所指出的，名副其实的整合理论给予每个重要的分析层面以大致对等的关注。从整合性质的社会学立场来看，文化决定论乃至所有的决定论是高度可疑的（有关帕森斯理论的更全面介绍，参见Camic，1990）。当我们审视人格系统并看到它在帕森斯的理论体系中不成熟的发展时，这一质疑更加萦绕难去。

人格系统　人格系统不仅受到文化系统控制，也受到社会系统控制。当然，这并不等于帕森斯认为人格系统完全没有独立性：

> 我的观点是，尽管人格结构的主要内涵都源于社会系统和经由社会化所习得的文化，人格仍然借助其与生物体自身的联系以及自身生命历程的独特性而成为一个独立的系统。它不仅仅是一种附带现象。
>
> （Parsons，1970：82）

---

① 有意思的是，亚历山大和史密斯（Alexander and Smith，2001：139）觉得帕森斯"在文化上有所不足"，缺乏对文化的深度描述。

在此，我们可以感受到帕森斯的过度抵制。在他的理论体系中，人格系统即使不是附带现象，显然也被归于次生和依赖性的地位。

人格被定义为涵盖个体行动者之行动倾向和动机的组织化系统。人格的基本构成就是"需求—倾向"。帕森斯和希尔斯认为，**需求—倾向**是"行为动机最重要的单位"（1951：113）。他们对需求—倾向和驱动力进行了区分，后者是天生的倾向——"使行动成为可能的生理能量"（Parsons and Shils，1951：111）。也就是说，驱动力更多地是一种生物机制，需求—倾向则是"那些虽非天生但通过行动过程本身获得的同样的倾向"（Parsons and Shils，1951：113）。或者可以这样说，需求—倾向是社会环境所塑造的驱动力。

需求—倾向驱使着行动者接受或拒绝环境所提出的目标。如果个体的需求—倾向并没有得到完全满足，行动者会寻找新的可行目标。帕森斯区分了三类基本需求。第一类需求驱使行动者从社会关系中寻求爱、称赞等。第二类包括指引行动者遵循各种文化标准的内化价值。第三类是角色期待，它指引行动者在行动中给出及获得适当的反应。

以上所呈现的是一个相当被动的行动者形象。行动者看上去受到驱动力的驱使，被文化主宰，而更常见的是，接受驱动力和文化（也就是需求—倾向）的共同塑造。被动的人格系统显然是整合理论的弱项，帕森斯看来也意识到了这一点。帕森斯多次试图赋予人格系统一定的创造性。例如，他曾说过："我们并不是要……暗示个体的价值观是完全'内化的文化'或者完全依附于规则和法律。个体在内化文化时会做出创造性的修改，不过那些新成分并非文化的构成"（Parsons and Shils，1951：72）。尽管有诸如此类的声明，我们仍然可以认为帕森斯的理论所描述的基本上是一个被动的人格系统。

帕森斯对需求—倾向的强调引发了其他问题。由于遗漏了人格系统如此众多的重要层面，他的系统显得相当缺少创造性。心理学家阿尔弗雷德·鲍德温（Alfred Baldwin）明确指出：

> 我们可以很公平地说，帕森斯在其理论中除需求—倾向之外，并没能够赋予人格系统一套合理的特性或机制。由于未能赋予人格足够的特征以及使之有能力运转的、足够多的机制，他使自己陷入了麻烦。
>
> （Baldwin，1961：186）

针对帕森斯的人格系统，鲍德温还有一个相当有益的说法，那就是，即使在分析人格系统时，帕森斯真正感兴趣的也并非人格系统，"就连在著写有关人格结构的章节时，帕森斯仍然用了更多的篇幅来讨论社会系统而不是人格"（1961：180）。帕森斯用来将人格系统与社会系统相连接的多种方式可以证实鲍德温的观点。首先，行动者必须学会用一种适合其社会地位的方式来认识自己（Parsons and Shils, 1951: 147）。其次，角色期待附着于个体行动者所履行的每个角色之中。此外，还有学习自律、内化价值取向、认同等。所有这些因素都指向帕森斯所强调的人格系统与社会系统的整合。不过，帕森斯也指出存在不良整合的可能性，这种可能性是系统需要克服的问题。

帕森斯理论的另一层面——强调人格系统在社会化过程中的内化——反映出人格系统的被动性。帕森斯（1970: 2）的这一倾向来自涂尔干有关内化的著作以及弗洛伊德的超我概念。在强调内化和超我的时候，帕森斯再次显示出其所谓的人格系统是被动且受到外部控制的。

帕森斯在早期著作中一度有意探讨人格的主观性，随后便逐步放弃了这种观点。这种做法限制了他对人格系统进行进一步的探查。帕森斯一度明确承认他正在将注意力从人们行动可能具有的内在意义上移开，"在经修正的行为主义环境中，行动理论观测数据的组织是有极大可能性且富有成果的，而且这一构想避免了内省和移情带来的诸多难题"（Parsons and Shils, 1951: 64）。

行为有机体　帕森斯认为行为有机体是四种行动系统之一，但几乎很少会提到它。它之所以被纳入理论，是因为它被视作其他系统的能量之源。行为有机体基于基因组成，但其组织受到发生在个体生活中的调节和学习过程的影响。[①]在帕森斯的著作中，行为有机体显然是一个残差系统（residual system），但至少将行为有机体纳入其社会学理论的做法值得赞扬，他似乎预见到一些社会学家将对生物社会学与身体社会学产生兴趣（B. S. Turner, 1985）。

帕森斯理论中的变革和动力学

在帕森斯的理论中，四种行动系统以及功能性先决条件等概念工具，招致了如下指责，即帕森斯所提出的结构理论不能够解释社会变革。帕森斯长期以来对这一指责相当敏感，辩解说变革研究虽然是必需的，但结构研究必须要放在它之前。到了20世纪60年代，帕森斯不再能承受这些攻击，做出了重大调整，开始着手对社会变革的研究[②]，尤其是关于社会进化的研究（Parsons, 1977: 50）。

进化理论　帕森斯（1966）社会变革研究的总体取向为生物学所形塑。在讨论社会变革时，帕森斯提出了他所谓的"进化变迁范式"。

这一范式中的第一个概念是**分化**过程。帕森斯假定任何社会都由一系列的子系统构成，它们的**结构**以及对更高一级社会的**功能**意义各不相同。当社会进化时，新的子系统

[①] 基于这一社会要素，帕森斯在晚期著作中弃用"有机体"一词，改用"行为系统"来指称（1975: 104）。
[②] 公平起见，我们必须要指出，帕森斯在早期也做过一些社会变革研究（参见 Parsons, 1942, 1947; Alexander, 1981; Baum and Lechner, 1981）。

就被分化出来。然而，这样还不够，它们还必须比之前的子系统有更强的适应性。所以说，帕森斯的进化范式的关键是**适应性升级**。帕森斯如此描述这一过程：

> 如果分化是要产生一个均衡、更加先进的系统，那么每个分化后的子结构……与之前更为分散的结构相比，在履行其**主要**功能时的适应性都必须有所提高。……我们可以称这个过程为进化变迁周期的**适应性升级**。
>
> （Parsons，1966：22）

这是一个相当积极的社会变迁模型（当然帕森斯一定也意识到了它的消极面）。这一模型假定当社会进化时，它从总体上越来越有能力应对自身的问题。马克思主义理论恰恰相反，认为社会变化将导致资本主义社会的毁灭。正是由于这个原因，帕森斯通常被视为一位非常保守的社会学理论家。此外，帕森斯虽然的确在关注变化，但他更倾向于关注现代世界中社会变革的积极面而非它的消极面。

随后，帕森斯强调分化过程会导致社会中一系列新的**整合**问题。随着子系统的发育、繁殖，社会在协调这些单元运作时还会面临新的问题。

正在进化的社会必须从先赋系统转化为成就系统。它需要更多的技巧和能力来掌控更加分散的子系统。人们广义上的能力必须从其先赋的纽带中解放出来，如此才能为社会所利用。总的来说，这意味着那些之前被排除在外而未能对系统做出贡献的群体，应该被解放出来，成为社会的正式成员。

最后，由于社会结构和功能越来越趋向分化，整个社会的**价值**系统也必然发生变革。然而，鉴于新的系统更加多元化，它更不容易被价值系统所容纳。因此，一个更加分化的社会需要"一个在更高级的一般性水平上被表达的价值系统，从而使其子单元更为多样化的目标和功能获得合理性"（Parsons，1966：23）。不过，价值普遍化的过程通常不大可能顺利进行，往往会遭到一些信奉其狭隘价值系统的群体的抵制。

社会进化要经历循环，而不是一个向一切社会施加同等影响的一般过程。某些社会可以培育进化，而另一些社会则可能"不堪内部冲突或其他障碍带来的困扰"而出手阻碍进化，甚至走向退化（Parsons，1966：23）。帕森斯最感兴趣的是那些出现了"突破性"发展的社会，这是因为他相信一旦"突破"发生，进化过程就会遵循其理论中的一般进化模式。

帕森斯设想进化是分阶段进行的，但小心地避免建立直线发展的进化论，"我们并不认为社会进化要么是连续的，要么是简单的线性过程，不过我们可以区分进化的多种层面，而不忽视其中存在的较大变异性"（1966：26）。在说明他采用了简化的方法之后，帕森斯将进化划分为三个阶段：原始阶段、中间阶段和现代阶段。帕森斯主要基于文化维度来区分这三个阶段。在从原始社会向中间社会的转变中,关键的是语言,尤其是书写语言的发展。从中间社会向现代社会转变的关键发展则是"规范秩序的制度化模式"或法律(Parsons,1966:26)。

接下来,帕森斯以原始社会向现代社会转型为背景,具体分析了一系列的社会。这里特别需要强调的一点是:帕森斯之所以转向进化理论,至少在一定程度上是因为他受到了不能解释社会变化的指责。不过,帕森斯的进化论**并没有**从过程着手,相反,它是对"结构类型进行整理并将它们依次排序"的一次尝试(Parsons,1966:111)。他的进化论是一种比较性的**结构**分析,而不是对社会变化过程的真正研究。可见,即使在被假定为关注变化的阶段,帕森斯所热衷的仍然是结构与功能研究。

交换的一般媒介 帕森斯将某些动态、流动性引入其理论体系的途径之一(Alexander,1983:115),借助了我们在前文提到过的、在四种行动系统内部和彼此之间(尤其是社会系统内部)进行互换的一般媒介这一思想(Treviño,2005)。作为在经济体中运作的媒介,货币是交换的一般媒介的典型。不过,帕森斯所关注的不是货币等物质现象,而是针对符号性的交换媒介的研究。即使是从社会系统内部的交换媒介入手讨论货币,帕森斯主要关注的仍然是货币的符号特性而非物质特性。除了货币之外,政治权力、影响力和价值承诺等一般的交换媒介显然更加具有符号特性。帕森斯清楚地交代了自己为何更加关注符号性交换媒介,"将媒介理论引入我脑海中的结构分析,在我看来前景十分远大,足以抵制有关这一类结构分析天生具有静态倾向缺陷,无法恰当地处理动态问题的那些论断"(1975:98—99)。

如同货币一样,符号性交换媒介可以被创造并在大型社会里流通。因此,在社会系统内部,政治系统的符号性交换媒介能够创造政治权力。更为重要的是,它们能够支出这种权力,使它自由流通,对社会系统施加影响。可以想象,通过这种权力支出,领导者强化了政治系统和整个社会。一般而言,交换的一般媒介可以在四大行动系统之间以及每个系统结构内部流通。正是它的存在和运动使得帕森斯的结构分析主体产生了活力。

正如亚历山大(1983:115)所指出的,交换的一般媒介还从另外一个角度向帕森斯的理论注入了活力。它们给那些从不简单接受当前交换系统的"媒介承包人"(如政治家)的存在留下了空间。也就是说,这些人具有创造性且手握资源,不但能够改变一般媒介的数量,还能改变它们流动的方式和方向。

罗伯特·默顿的结构功能主义

帕森斯当然是最重要的一位结构—功能主义理论家,但他的学生罗伯特·默顿也提出了一些有关结构功能主义的最重要的论述(Sztompka,2000;Tiryakian,1991)。默顿批判了结构主义中过于极端、站不住脚的观点,同样重要的是,他的新洞见为结构功能主义注入了新的生命力(Jasso,2000)。

帕森斯和默顿都被归为结构功能主义一派，但二人之间仍存在着显著的差异。首先，帕森斯倡导建立宏大的、支配一切的理论，而默顿则更偏好相对有限的中层理论。其次，默顿比帕森斯更认同马克思主义理论。事实上，我们可以认为默顿及他的一些学生（尤其是阿尔文·古尔德纳）推动了结构功能主义向政治左翼靠拢。

结构—功能模型

默顿批判了在他看来由马林诺夫斯基（Malinowski）、拉德克利夫-布朗（Radcliffe-Brown）等人类学家建立的功能分析三大基本假定。第一假定是功能一体性假定。该假定认为一切标准化的社会、文化信仰及实践对于社会整体和其中的个体而言，都具有一定的功能。这种观点意味着社会系统的各个部分必须表现出高度的整合。不过，在默顿看来，这个一般化的结论虽然对小规模的原始社会可能是适用的，却很难被扩展到规模更大、更复杂的社会。

第二假定是泛功能假定。该假定指出**一切**标准化的社会、文化形式及结构的功能都是积极的。默顿强调这种看法与现实世界相互矛盾。显然，不是每一种结构、惯例、思想和信仰等在功能上都是积极的。例如，在一个核武器不断扩散的世界，狂热的民族主义相当危险。

第三假定是不可或缺性假定。该假定认为社会所有的标准化层面不但具有积极的功能，而且对于社会整体的存续而言是不可或缺的。这一假定导致了这样一种思想，即所有的结构和功能都为社会所必需，不会有比当下社会中现有的更好的结构和功能。继帕森斯之后，默顿的批判说明我们至少应乐于承认在社会内部可以发现多种结构上的和功能上的替代物。

在默顿看来，上述功能假定的基础是基于抽象理论体系的非经验论断。社会学家最低限度要负起对每一条假定进行经验验证的责任。默顿坚信经验检验而非理论推论对于功能分析才是至关重要的，这促使他发展了自己的功能分析"范式"，作为理论整合和研究整合的引导。

默顿从一开始就明确指出，结构—功能分析以群体、组织、社会和文化为研究焦点。他指出能够进行结构—功能分析的对象必须是"标准化的（即模式化的、反复出现的）"（Merton，1949/1968：104）。在默顿的头脑里，它们是"社会角色、制度模式、社会进程、文化模式、文化视角下被模式化的情感、社会规范、群体组织、社会结构、社会控制工具，等等"（Merton，1949/1968：104）。

早期的结构功能主义者倾向于聚焦某种社会结构（制度）相对于另一种社会结构（制度）的**功能**。在默顿看来，这些早期的分析学者混淆了个体的主观动机与结构（制度）功能。结构功能主义者的焦点应该是社会功能而非个体动机。默顿将**功能**定义为"用来使一个既定系统能够适应和调节的、可被观察到的结果"（Merton，1949/1968：

105）。显然，如果我们关注的只是适应和调适，这里就存在着明显的意识形态偏向，因为它们总是带来积极的后果。需要强调的是，一个社会事实有可能产生针对另一个社会事实的消极后果。为了矫正早期结构功能论的不足，默顿提出**功能紊乱**的概念。结构（制度）不但能帮助维系社会系统的其他构成，也有可能产生针对它们的消极结果。例如，美国南方的奴隶制对于南方白人来说显然具有积极作用，供应廉价劳动力并支撑了棉花经济和白人的社会地位。然而，它也有功能失调的一面，使南方过度依赖农业经济，对工业化的到来缺乏准备。美国北方和南方之间持续存在的工业化程度不均衡，起码在一定程度上可归咎于南方奴隶制的功能紊乱。

默顿还提出了**无功能**（nonfunctions）的概念，用来指代那些与当下正在考量的系统基本无关的结果。历史遗留下来的社会形式大概就属于这一类。它们曾经具有或积极或消极的功能，但对当前的社会不会产生重大影响。"基督徒妇女禁酒运动"就是一例，尽管有些人可能不同意这种说法。

为了回答积极功能与消极功能哪个更大的问题，默顿建立了**净差额**（net balance）的概念。当然，我们不能简单地把积极功能和消极功能进行加总，客观评定孰大孰小。这个问题过于复杂，且要基于大量不能被简单计算和衡量的主观判断。净差额这一概念的作用在于引导社会学家考察二者的相对重要性。再以奴隶制为例，我们的问题就变成：对于美国南方而言，奴隶制在总体上究竟是产生了积极作用，还是消极作用？即使如此，这一问题仍嫌过于宽泛，模糊了一些议题（如奴隶制对于白人奴隶主等群体是有积极功能的）。

为了处理这一类的问题，默顿又提出了**功能分析**必须要**分成不同层次**的看法。功能主义者通常将自己限定于对社会整体进行分析，而默顿则明确指出分析可以在组织、制度或群体的层面上进行。这里再以南方奴隶制的功能为例。要分析这个问题，社会学家必须分出几个层次，进而探讨奴隶制对于黑人家庭、白人家庭、黑人政治组织、白人政治组织等的积极功能和消极功能。根据净差额分析，奴隶制对某些社会单元有积极的功能，而对另外一些社会单元则是功能失序的。在这些更具体的层次上处理奴隶制的问题，对于分析奴隶制对整个南方产生的作用是有帮助的。

此外，默顿还引入**显性**功能（manifest function）与**隐性**功能（latent function）的概念。它们为功能分析提供了重要的补充。[①] 简单地说，**显性功能**是有意为之的，**隐性功能**则是意料之外的。例如，奴隶制的显性功能是提高南方的经济生产能力，它的隐性功

[①] 科林·坎贝尔（Colin Campbell, 1982）批评了默顿关于显性功能和隐性功能的区分。除了其他方面，他认为默顿对这两个概念的界定含糊不清，并在不同情况下加以混用（如，有目的的结果对应实际后果，表面意义对应深层现实）。更为重要的是，他觉得默顿（与帕森斯一样）一直未能充分整合行动理论和结构功能主义。于是，我们得到的只是行动理论的"动机"（显性的）与结构功能主义的"结构性结果"（功能）的奇怪混合。正是由于诸如此类混乱的存在，坎贝尔相信默顿关于显性功能和隐性功能的区分在当代社会学中几乎是没用的。

罗伯特·默顿小传

教我最多的那些老师，不管关系亲密还是有一定的距离，都很容易辨认出来。在我读研究生期间，索罗金引导我更加广泛地阅读欧洲的社会思想，而且，和他在一起的时候，虽然我不能跟随他从20世纪30年代末期开始探索的调查方向，但也从未像当时其他一些学生那样打破它。那时还非常年轻的帕森斯，正忙于彻底思考在其权威著作《社会行动的结构》中达到顶峰的那些思想。至于L. J. 亨德森，作为生物化学家且时不时充任一下的社会学家，他让我领略到了训练有素的调查方法，并从此对它产生兴趣。经济历史学家E. F. 盖伊（E. F. Gay），教会我如何通过档案资料来重现经济发展历程。特别重要的是，科学史系主任乔治·萨顿（George Sarton）让我在他的指导下在著名的（甚至可说是神圣的）哈佛怀德纳图书馆研讨班待了几年。除了这些直接教过我的老师，我从两位社会学家身上获益最多，涂尔干是给予我最多影响的一位，其次还有齐美尔。当然，他们只能通过身后留下来的巨著来教导我。在这两位之外，还有一位亲近社会学的人文主义者吉尔伯特·默雷（Gilbert Murray）。在我生命的后半程，我从我的同事、保罗·拉扎斯菲尔德身上获得了最多教益，然而他可能并未意识到在我们无数次的交谈和超过三分之一世纪的合作中曾经教会了我多少东西。

回顾多年来的工作，我从中发现不止一个模式，可要比我起初想象的多。几乎从读完研究生、独立开始工作起，我就决定要围绕自己的兴趣来开展研究，而非追随一个预设的终身规划。我选择采取"远程"导师涂尔干的做法，而非"亲密"导师萨顿的指引。涂尔干一而再再而三地更换研究的主题。他最初从劳动的社会分工入手，继而审视社会学的调查方法，然后又成功地转向自杀、宗教、道德教育和社会主义等看似不相关的主题。涂尔干一直牢记理论取向只有在照顾到社会生活的方方面面时才算获得了有效的发展。萨顿走的是另外一条道路：在其学术生涯的最初几年，他就已建立了科学史的研究范式，其成就以里程碑式的五卷本《科学史导论》（*Introduction to the History of Science*）为集中代表，该书记载了有史以来至14世纪末的科学史。

上述的第一种模式看起来是比较适合我的。我希望（并且仍然希望）建立有关社会结构和文化变革的社会学理论，以便帮助我们理解社会制度和社会生活的特征如何形成。对社会学理论的关注，使我没有囿于当前社会学有关研究的主题专门化的趋势。为了达成我的目标，我有必要对各类社会学主题进行研究。

在那么多的主题中，只有一个领域——科学社会学——让我一直感兴趣。20世纪30年代，我几乎把自己完全投入到科学与技术的社会背景，尤其是对17世纪的

> 英格兰的研究当中，聚焦于有意识的社会行动所产生的意外结果。随着理论兴趣的进一步扩展，自20世纪40年代起，我的兴趣转向探讨异常行为和越轨行为、科层制运作、大众影响力、现代复杂社会中的沟通等现象的社会根源，以及知识分子在官僚制内外所起的作用。20世纪50年代，我集中精力建构关于社会结构基本单元的社会学理论：角色丛、地位丛以及人们选择用于仿效和作为自我评估之价值源头的角色模式（后来发展为"参照群体理论"）。我还与乔治·里德（George Reader）和帕特里夏·坎德尔（Patricia Kendall）一起承担了首个大规模医学教育的社会学研究，试图在正式计划之外发现不同类型的医生是如何在相同的医学院里完成社会化的——这与职业活动的显要特征是有关联的。在20世纪六七十年代，我再次投入到对科学的社会结构及其与认知结构的互动方面的研究中，科学社会学在这二十年里走向成熟，而之前的发展只能算是一段序曲。在上述这些研究中，我的主要倾向是整合社会学理论、调查方法和实质性的经验研究之间的联系。
>
> 按年代顺序来组织这些研究旨趣，只是由于这样做便于叙述。它们当然不会完全如上所述那般按部就班地交替。在一个阶段的密集研究之后，很多主题并不会被丢弃。我现在正在写一本关于有意识的社会行动之非预期结果的著作，它跟踪了一篇差不多在半个世纪之前首次发表的论文以及随后的间歇进展。我手头的另一本书，标题为《自我实现预言》（*The Self-Fulfilling Prophecy*），借鉴了我在近三分之一世纪前以同一标题所写的论文，是根据自我实现的模式在六种社会生活领域里的运作而撰写的。如果时间、精力和能力允许的话，就针对社会结构的分析而言，我还有一些总结性的工作要做，涉及到结构端的地位丛、角色丛和结构背景，以及功能端的显性职能与隐性职能、功能紊乱、功能替代和社会机制。
>
> 人无永恒是自然法则，迟缓而费力地创作则是我的真实生活。如果放眼高远，我的这些作品实在是不值一提。
>
> （更多关于默顿的介绍，见 Johnston，2007；Sztompka，2005；Schultz，1995。默顿于2003年2月23日逝世。）
>
> *版权©罗伯特·默顿，1981年

能则是创造了一个庞大的底层社会，从而抬升了南方白人（无论贫富）的社会地位。这一思想与默顿的另一个概念——**非预期结果**（unanticipated consequences）是相关的。行动产生有目的的结果与无目的的结果。人们可以感知有目的的结果，而社会学家所要做的却是揭示无目的的结果。事实上，在某些人看来，这正是社会学的本质。彼得·伯格（Peter Berger，1963）称之为"揭穿真相"或透过阐明的目的发现真实效果。

默顿明确指出非预期结果与隐性功能是不同的。隐性功能属于非预期结果的一种，对于指定系统具有功能性。非预期结果还有另外两个类型，"那些使指定系统功能紊乱的非预期结果，它们构成了隐性的功能紊乱"，以及"那些与系统无关、既不产生功能性影响也不会造成功能紊乱的……无功能结果"（Merton，1949/1968：105）。

随着对功能理论的进一步澄清，默顿指出结构可以造成整体系统的功能紊乱而不影响自身的存在。不妨举例，歧视黑人、女性和其他少数族群造成了美国社会的功能紊乱；但歧视一直存在，因为它对社会系统的某一部分具有功能性。一般来说，歧视女性的做法对于男性就具有功能性。不过，上述歧视的表现形式即使对于它们所服务的对象而言，也有可能造成功能上的紊乱。男性确实因对女性的歧视而受苦；同理，白人歧视黑人的行为也会使他们自身受损。我们可以认为，由于歧视使大量人群生产不足并且提高了社会冲突的可能性，因此，歧视反过来会影响到那些歧视他人的人。

默顿声称并非所有结构对社会系统的运作而言都是不可或缺的。社会系统的某些部分是**可以**被祛除的。这种看法使得功能理论克服了它的另一保守主义偏见。一旦承认某些结构是可抛弃的，功能主义就为有意义的社会变革打开了大门。举例来说，通过消除对各类少数族群的歧视，我们的社会仍得以继续存在（甚至获得提升）。

对于希望采用结构—功能分析方法的社会学家（如Gans，1972，1994）来说，默顿的这些阐释是相当有益的。

社会结构和失范

在结束这一小节之前，我们必须关注一下默顿对结构功能主义（实际上是对整个社会学理论）的一大贡献（Adler and Laufer，1995；Merton，1995；Menard，1995），即默顿（1968）对文化、结构和失范之间关系的分析。默顿将**文化**定义为"经组织化的**规范价值**，它控制着为指定社会或群体的成员所接受的行为"；**社会结构**则是"使社会或群体成员全方位牵涉其中的、组织化的**社会关系**"（1968：216，黑体为本书所加）。"当文化准则和目标与群体成员根据二者而采取行动的社会结构化的能力严重脱节时"，**失范**就会出现（Merton，1968：216）。也就是说，有些人由于受在社会结构中的位置所限，不能够依照规范价值来行动。文化要求某些类型的行为，但社会结构阻碍着它们的发生。

例如，美国社会的文化强调物质上的成功，然而，很多人受困于在社会结构中的地位，不可能获得这种成功。如果一个人出身于较低的社会经济阶层，最多只能接受高中程度的教育，那么他通过社会普遍接受的途径（如在常规的工作世界中获得成功）获取经济成功的机会是极小的，甚至根本不存在。这种情况在当代美国社会极其普遍，因此我们可以说失范是存在的，而且存在发生异常行为的倾向。在这种背景之下，异常行为通常会采用替代性的、不可接受的，有时甚至是非法的手段来获取经济成功。为了获取经济上的成功而贩卖毒品或者卖淫，便是文化价值和实现这些价值的社会结构所允许的手段相脱节的一个案例。上述分析是结构功能主义者用来解释犯罪和异常行为的一种方式。

在这个案例分析中，默顿审视了社会（与文化）结构，但他的焦点并不是这些结构的功能。相反，正如默顿在功能范式中主要关注的是功能紊乱，在这里他关注的是失范。说得更明确一些，正如我们之前所看到的，默顿将失范与异常行为相联系，进而指出文化与结构之间的脱节产生了负面后果，导致了社会中的异常行为。

值得强调的是，默顿有关失范的研究中含有针对社会分层的批判（如社会分层阻塞了某些人达成为社会所渴求的那些目标的路径）。所以说，在戴维斯和莫尔撰文支持阶层化的社会时，默顿的作品却表明结构功能主义者对于社会分层是持批判态度的。

主要批判

在社会学的学科历史里，没有一种社会学理论能像结构功能主义那样成为众人热切关注的焦点。截至20世纪60年代，对该理论的批判突然暴增，以至于最后对它的批评要远远超过赞美。马克·亚伯拉罕森（Mark Abrahamson）将这种状况生动地描述为，"无视飞虫的蜇咬，而且即使大群的攻击者确实使它付出了代价，功能主义仍像一头巨象那般在缓缓踱步"（1978：37）。

针对理论本质的批判

有一种重要的批判认为，结构功能主义不能合理地解释历史问题——它在本质上就是非历史的。事实上，结构功能主义的建立在一定程度上是为了回应一些人类学家的历史进化取向。结构功能主义一度采取过度激进的批判进化论的路线，只关注当代社会或抽象社会。无论如何，结构功能主义并不必然是非历史的（J. H. Turner and Maryanski，1979）。事实上，正如我们所看到的，帕森斯（1966，1971）关于社会变革的研究充分说明结构功能主义者只要有意愿就有足够的能力处理变革。

对结构功能主义者的攻击还包括不能有效解释社会变革**过程**（Abrahamson，1978；P. Cohen，1968；Mills，1959；J. H. Turner and Maryanski，1979）[①]。之前的批评强调结构功能主义不能解释历史，而这里的批评则指出结构功能主义在解释当前社会的变革过程时显得同样无能。珀西·科恩（Percy Cohen，1968）认为这个弊端的根源在于结构功能理论本身：它认为社会的所有要素可以彼此强化，而系统是一个整体，因而无从看出这些要素也可以推动变革。相比于科恩认为问题出在理论本身，特纳和玛丽昂斯基觉得问题出在实践者身上，而不在于理论本身。

---

① 可是，结构功能主义者写出了一些有关社会变革的重要著作（C. Johnson，1966；Smelser，1959，1962）。

结构功能主义最常遭遇的批评或许是，它不能有效地解释冲突（Abrahamson，1978；P. Cohen，1968；Gouldner，1970；Horowitz，1962/1967；Mills，1959；J. H. Turner and Maryanski，1979）。[①]这类批评表现为很多种形式。古尔德纳认为，帕森斯作为结构功能主义的重要代表人物，过于强调和谐关系。欧文·霍罗威茨称结构功能主义者认为冲突必然是破坏性的，而且总是发生在社会框架之外。这里再一次出现了同样的争论，即问题究竟在于理论本身，还是实践者阐释及使用理论的方式（Cohen，1968；J. H. Turner and Maryanski，1979）。

有关结构功能主义不能处理历史、变革和冲突的所有这些批判，令很多人（如P. Cohen，1968；Gouldner，1970）认为结构功能主义在倾向上是保守的。说得或许不错，结构功能主义所忽略的变革、历史、冲突问题以及它选择的理论焦点都足以说明它的保守倾向。首先，结构功能主义者大多关注文化、规范和价值（Cohen，1968；Mills，1959；Lockwood，1956），认为人们受到文化与社会力量的约束。古尔德纳为了强调自己对结构功能主义的批判，说："人类参与社会系统的程度与他们被社会系统利用的程度几乎是同等的。"（1970：220）

由于把文化作为理论焦点，结构功能主义者还存在将社会精英所推动的合法化错误地理解为社会现实的倾向（Gouldner，1970；Harré，2002；Horowitz，1962/1967；Mills，1959）。规范系统被阐释为社会整体的反映，而实际上，它似乎更应被看成由于社会精英的蓄意传播而存在的意识形态体系。

针对理论本质的批判可分为两个基本方向。第一，结构功能主义的理论焦点显然有些狭隘，以至于它无法处理社会世界一系列的重要议题和不同层面；第二，它选择的理论焦点为这个理论染上了浓重的保守主义色彩。这个理论的流行有助于统治精英维持现状（Huaco，1986）。

针对方法论和逻辑的批判

在这一方面，人们经常提到的一种批判是，结构功能主义在本质上是含糊、不清楚和模棱两可的（如Abrahamson，1978；Mills，1959）。这种不明确性在一定程度上是因为结构功能主义者选择解释抽象的社会系统，而非现实社会。

一种相关的批判意见认为，尽管不存在一种能够应用于分析人类历史上一切社会的、单一的宏大图式（Mills，1959），结构功能主义者却倾向于认为有某种理论，至少是一套概念范畴，能够做到这一点。评论家大多认为这种大理论只是一种幻想，我们可以期望的、最好的社会理论最多只能是带有较多时代气息的中层理论（Merton，1968）。

---

① 这里再次出现了例外的情况，见科塞（1956，1967）、古德（Goode，1960）和默顿（1975）。

在有关方法论的批判意见中,我们需要留意的是,结构功能主义者是否有充足的方法来研究他们所关注的问题。例如,科恩(1968)就曾质疑我们究竟可以用什么工具来研究系统的某个部分对于系统整体的贡献。另有一种批判意见认为,结构功能主义把比较分析变得相当困难。如果假定系统的某个部分只在其社会系统中才有意义,那么我们要如何把它与另一个系统中的类似构成相比较?科恩问道:"如果英国人的家庭只在英国社会的背景下才有意义,那么我们怎么才能将它与法国人的家庭进行比较呢?"

目的论和同义反复 科恩(1968)、特纳和玛丽昂斯基(1979)认为目的论和同义反复是结构功能主义最为严重的两个逻辑问题。一些人倾向于把目的论看作该理论自身的问题(Abrahamson,1978;P. Cohen,1968),但我更认同特纳和玛丽昂斯基(1979)的看法,他们强调说结构功能主义的问题不在于目的论本身,而在于使用了**不合理的**目的论。**目的论**认为社会(或其他社会结构)有自身的目的或目标。为了实现其目标,社会创造或间接创造出特定的社会结构和社会制度。特纳和玛丽昂斯基并不认为这种观点一定是偏颇的。事实上,他们强调社会理论**理应**从目的论意义上考虑社会及其构成之间的关系。

在特纳和玛丽昂斯基看来,问题在于目的论被放大到了不可接受的地步。当"现实并非如此"时,目的论却认为"意志或终极目标指导人类事务",那么它就是不合理的(J. H. Turner and Maryanski,1979:118)。例如,假设社会为了满足生育和社会化的需要而创造家庭制度,这就有问题了。许多替代性的结构都可以满足上述需要,社会不是"非要"创造家庭。结构功能主义者必须定义、详细记录社会目标确实导向特定子结构被创造出来的各种途径。如果他们能够展示出其他的子结构为什么不能满足同一需求,那也是有益的。合理的目的论应该从**经验上**及**理论上**定义和证明社会目标与社会的多项子结构的联系,而不合理的目的论仅仅满足于一个盲目的判断,认为在社会目标与特定的子结构之间必然存在关联。

针对结构功能主义逻辑的另一种批判是认为它存在同义反复。**同义反复**是指结论只展示了原本隐含在假设之中的内容或者对假设的简单重复。在结构功能主义理论中,这一类的循环论证通常采取如下方式:先用局部定义整体,随后又根据整体定义局部。这又转换成社会系统由它的各个构成之间的关系决定,而系统的各个构成则根据它们在更大的社会系统中的位置来定义。用其中一方来定义另一方,实际上,不管是社会系统还是其构成都没有得到严格限定。我们对于系统及其构成一无所知。

新功能主义

由于受到猛烈的炮轰,结构功能主义的地位自20世纪60年代中期起直到今天不断下跌。不过,在80年代中期,"新功能主义"的兴起似乎要推动该理论的复兴。**新功能主**

义这个名词一方面揭示了它对结构功能主义的延续,另一方面又表明它竭力扩充结构功能主义,试图克服它的诸多问题。杰弗里·亚历山大和保罗·柯罗米将**新功能主义**定义为"功能理论中具有自我批判特征的分支,试图在保留理论核心的同时扩宽功能主义的疆域"(1985:11)。亚历山大和柯罗米显然认为结构功能主义过于狭隘,希望建立一种更具综合性的理论,并选择为它贴上"新功能主义"[①]的标签。

需要强调的是,结构功能主义从整体上确实走得过于极端(帕森斯的理论更是如此),不过它自发展初期一直保持着强有力的综合化的内核。一方面,帕森斯在整个学术生涯中一直试图整合数量可观的理论源头;另一方面,他又为社会世界各个领域(其中最著名的是文化系统、社会系统与人格系统)之间的关系所深深吸引。不过,帕森斯最后选择了相对狭隘的结构功能主义理论,认为文化系统可以决定其他系统。可以说,帕森斯放弃了他的综合化方向,而新功能主义则被视为重拾这一方向的一次尝试。

亚历山大(1985a:10)列举了存在于结构功能主义之中而新功能主义必须克服的一些问题,包括反个人主义、抵制变革、保守主义、唯心主义和反实证主义倾向。新功能主义做了大量努力以便逐步克服上述问题(Alexander,1985b),其中不乏在更为具体的理论层次上的努力,如柯罗米(1986;Alexander and Colomy,1990b;Colomy and Rhoades,1994)改善分化理论的努力。亚历山大一度对新功能主义抱有极大热情,但在20世纪80年代中期,他不得不承认"新功能主义只是一股潮流,而不是成熟的理论"(1985b:16)。

新功能主义虽然不是一个成熟的理论,但亚历山大(1985a;还可参见Colomy,1990b)仍然为它简单勾勒了一些基本方向。其一,新功能主义使用的是描述性的社会模型,认为社会由一些彼此互动又共同建立一种模式的要素构成。这个模式使得系统从其环境中分化出来。系统的各个部分是"相互联结的共生体",而且它们的互动不由某种终极力量控制。新功能主义拒绝任何形式的单一因果决定论,它是开放且多元的。

其二,亚历山大强调新功能主义在行动与秩序上投注了大致同等的注意力。这就避免了结构功能主义几乎只关注社会结构与文化秩序的宏观根源,而完全忽视微观层面的行为模式的问题(Schwinn,1998)。新功能主义还声称对行动有更宽泛的定义,将理性行动乃至表达性行动都归入其中。

其三,新功能主义保留了结构功能主义在整合方面的理论兴趣,但不是作为已达成的现实,而是将其解释为一种社会**可能性**!新功能主义认识到异常行为与社会控制是社会系统内部的现实。新功能主义关注均衡,然而它会更进一步关注结构功能主义不重视的动态均衡和局部均衡。新功能主义无意把静态均衡看成社会系统的典型特

---

① 特纳和玛丽昂斯基(1988)曾质疑新功能主义,认为鉴于它放弃了结构功能主义的许多基本原则,因而它已经不是真正的功能主义了。

征。**均衡**，就广义而言，只是功能分析的参照点，而不是对现实社会系统中个体生活的描述。

其四，新功能主义继承了帕森斯学派传统上对人格、文化和社会等系统的重视。这些系统的相互渗透，除了作为社会结构的活力，还为变革和控制制造了永不停歇的源头——张力。

其五，新功能主义致力于研究社会系统、文化系统和人格系统在分化过程产生的社会变革。于是，变革的产物不再代表一致性与和谐，而是"个性化与制度张力"（Alexander，1985b：10）。

最后，亚历山大认为新功能主义"意味着接受从社会学分析的其他层面进行概念化和理论化的独立意义"（1985b：10）。

亚历山大和柯罗米（1990a）为新功能主义发出了雄心勃勃的宣言。用他们的话来说，他们并不认为新功能主义只是对结构功能主义的"细致说明"或"修订"，而是对它的大幅重建，新功能主义不但坦承自己与创始人（帕森斯）之间的分歧，更明确地向其他理论家和社会学理论打开了大门。[①] 马克思的物质结构与涂尔干的象征主义，都被尝试性地糅合到新功能主义之中。在试图克服帕森斯式结构功能主义的唯心倾向的一次尝试中，为了破除对文化等宏观—主观现象的强调，较为偏向唯物主义的理论取向受到了鼓励。结构—功能理论中重视秩序的倾向为重新启用社会变革理论的呼吁所抵制。更为重要的是，新功能主义通过吸收交换理论、符号互动论、实用主义、现象学等思想，弥补了传统结构功能主义偏重宏观分析的缺陷。换句话说，亚历山大和柯罗米尽心竭力地通过引入其他理论传统来整合结构功能主义。这种重构工作被认为不但复兴了结构功能主义，还为新的理论传统的发展奠定了基础。

亚历山大和柯罗米指出了新功能主义和结构功能主义之间的重要差异：

> 早期功能主义研究的指导思想是……存在唯一的、包罗一切的概念图式，能够将多个关联领域的专业研究整合成一种理论。而新功能主义者的实证研究则与此相反，它是一个松散而有组织的外囊，通过一种通用逻辑进行组织，其中包含大量发生在不同层面和不同经验领域的相对自主的"增生"与"变形"。
>
> （Alexander and Colomy，1990a：52）

亚历山大与柯罗米的思路看上去是要摆脱帕森斯的倾向，即把结构功能主义当作一种主导一切的大理论。相反，他们给出的是一种更加有限和具整合性，但同时仍保持着

[①] 这个观点在一定程度上与特纳和玛丽昂斯基（1988）的看法是一致的，二人认为新功能主义和结构功能主义几乎没有任何共同之处。

杰弗里·C. 亚历山大小传

在学术生涯之初，我一直被社会行动与社会秩序的问题以及发展一种能够避免过度激进的单向思维而解决上述问题的理论可能性所缠绕。我一直坚信紧张的二元对立——在民主社会里表现为如此活跃的意识形态潮流，最终能在理论王国中被克服。

我的理论关注最早在20世纪60年代末、70年代初得以成形。在哈佛大学读本科以及在加利福尼亚大学伯克利分校读研究生时，我曾经参与学生抗议运动。新左派马克思主义是试图把行动者重新引入历史的一次深思熟虑的尝试，足以对抗庸俗马克思主义的经济决定论。新左派马克思主义——无论是好是坏，很大程度上是我们自己教给自己的——为后来成为我学术生涯之标志特征的理论整合之路提供了相当重要的第一课。

自20世纪70年代初期起，我开始对新左派感到不满，这部分是出于政治和经验上的原因。新左派开始转向宗派主义，其间的暴力让我感到惊恐和沮丧，水门事件则展示出美国自我批判的潜力。我认为资本主义民主社会为包容、多元化，甚至新左派无法构想的改革，提供了机会。

但是，我之所以抛弃马克思主义而选择了理论整合，还有更加抽象的理论上的原因。在对古典马克思主义及当代马克思主义认识不断加深的过程中，我发现所谓的整合多是以简单混合——即连接符的方式达成的，如精神分析—马克思主义、文化学—马克思主义、现象学—马克思主义，而并没有打开行动与秩序这两个核心范畴。实际上，西方新马克思主义的意识、行动、社群和文化等范畴仍是有待解释的黑箱子。这个认识将我引向了新左派马克思主义从中吸取理论养分的那些思想传统。幸运的是，我在攻读研究生时所做的这一努力得到了罗伯特·贝拉赫（Robert Bellah）和尼尔·斯梅尔赛（Neil Smelser）的指导，他们在文化、社会结构和社会学理论方面的观点永远铭刻在了我的脑海里，至今仍为我提供灵感的火花。

《社会学的理论逻辑》（*Theoretical Logic in Sociology*，1982—1983）一书呈现了这次尝试的成果。写作这一多卷本的想法萌芽于1972年，恰在我拜读帕森斯的杰作《社会行动的结构》之后，它使我用一种新的方式来审视我在马克思主义当中遇到的问题。随后，在贝拉赫、斯梅尔赛和莱奥·洛温塔尔（Leo Lowenthal）的督导下，我带着对这一新框架的认识，开始钻研古典与当代社会学理论。

我在《社会学的理论逻辑》中的雄心是要表明涂尔干和韦伯提供了大量被马克思所忽视的文化理论，而韦伯实际上建立了第一次真正的社会学理论整合。我得出的结论是，不幸的是，涂尔干走上唯心主义之路，韦伯则发展出现代社会的机械论。我建议把帕森斯的工作看成理论整合层面上大手笔的现代尝试，而不仅仅是功能主义模式下的理论体系。不过，由于过度追求形式化和规范化，帕森斯最终未能实现整合的目标。

在过去的十年里，我试图完成我在前期工作中未能达成的目标——重建整合框架。在《社会学二十讲：二战以来的理论发展》（*Twenty Lectures: Sociological Theory since World War Ⅱ*，1987b）中，我强调后帕森斯时代对社会学理论的划分——冲突理论与秩序理论、宏观方法与微观方法以及结构视角与文化视角——并未产生丰沛的成果。这些分类遮蔽了基本的社会进程通常总是纠缠在一起的，正如社会的二元划分——秩序和冲突以及它们之间的持续斗争一样。

鉴于这种做法毫无出路，我提倡回归帕森斯最初的关注（Alexander，1985b；Alexander and Colomy，1990a）以及早期的古典社会学理论。

除了试图将社会学理论推进到一个"后帕森斯"的新阶段，我还试图超越古典主义理论和现代理论。在加州大学洛杉矶分校社会学系与一些资深现象学家的交往，尤其是与加芬克尔的交往，对我而言，是一种重要的启发。在我一直最为重视的理论性著作《行动及其环境》（*Action and Its Environments*，1978a）中，我展示了为宏观—微观连接建立新节点的框架。

我还投注了相当一部分精力以建立新的文化理论。早年间阅读克利福德·格尔茨（Clifford Geertz）的经历使我相信传统上社会科学的文化研究太过局限。自那以后，符号学、阐释学和后结构主义极大地影响了我的理论取向。通过吸收社会学以外的理论，在我所要构建的理论里，社会结构是充满符号和意义的。

我相信世界范围内的大事件在推动社会学领域的理论整合运动。在当今世界里，为了帮助人们理解如此复杂且包罗万象而又异常脆弱的民主政治，我们需要创建一些理论模型。我现在正致力于建构一种民主理论，以强调我所谓"公民社会"的公共维度。我还有一本论文集正准备出版，它批判了人类研究中日益滋长的相对主义。尽管存在大量的负面证据，我依然愿意相信社会与社会学都将不断地进步。而只有采取一种多元化和综合的视角来看待社会，这一进步才有可能达成。

（有关亚历山大的更多介绍，见Colomy，2005。）

有机整体形态的理论。

不过，正如本章开篇所指出的，由于创始人及倡导者亚历山大明确指出他对新功能主义产生了不适感，这一理论取向的未来被投下了怀疑的种子。亚历山大的思想转变在《新功能主义及其后》（*Neofunctionalism and After*，1998）一书中体现得甚为明显。亚历山大在书中强调他的主要目标之一是建立（重建）帕森斯理论的合法性和重要地位。鉴于新功能主义在一定程度上已经实现了这一目标，亚历山大认为新功能主义运动宣告了它的结束。亚历山大承认他未来的理论取向会从中获益良多，不过他已经准备好要超越帕森斯和新功能主义。新功能主义对亚历山大来说变得越来越具有限制性，他现在把新功能主义和自己的研究看成他所谓的"新理论运动"的一部分（参见Seidman and Alexander，2001）。正如他自己说的，"我正在指向的是将要超越新功能主义重要成就之理论创造的新一波浪潮"（Alexander，1998：228）。这种理论视角将会比新功能主义更加趋向整合，由于融入大量的理论源头而更加不拘一格，而且会以更加灵活的方式使用这些整合化且带有折中风格的资源。具体来说，亚历山大试图为微观社会学与文化理论的建设做更多的事情。

冲突理论

冲突理论至少在一定程度上可以被看作对结构功能主义的一种回应以及之前诸多批判带来的结果。需要注意的是，冲突理论有另外的多种思想源头，如马克思、韦伯及齐美尔等人有关社会冲突的思想（Sanderson，2007；J. H. Turner，2005）。在20世纪五六十年代，冲突理论一度成为结构功能主义的替代选项，但后来为各种各样的西方新马克思主义所取代（见第四章）。事实上，冲突理论的一大贡献是它为更忠实于马克思主义理论、逐渐在社会学界赢得广泛支持的一些理论奠定了基础。冲突理论的基本问题在于它从未能充分地剥离自身结构功能主义的理论根源。它更像是改头换面的结构功能主义，而非真正的社会批判理论。

达伦多夫的理论

与功能主义者一样，冲突论者的研究方向指向社会结构和制度。总体而言，冲突论的主张基本上是功能主义观点的对立面。达伦多夫（1958，1959；也见Strasser and Nollman，2005）的著作尤其能够代表这种对立，它们将冲突论与功能理论的原则一一并列对比。在功能主义者眼中，社会是静止的，至少应该处于动态均衡之中；而在达伦多夫和冲突论者看来，任何社会在任一时点上都处于变动当中。功能主义者强调社会的井然有序，冲突论者看到的却是社会系统中到处都有纠纷与冲突。功能主义者（至少早期的功能主义者）认为社会中任何一个元素都为社会的稳定做出贡献，而冲突论者则认为很多社会元素都会引致系统的崩溃与变革。

功能主义者倾向于认为社会是靠规范、价值和公共道德以一种非正规的方式凝聚起来的。冲突论者则认为社会秩序是由上层社会群体强制实施的。功能主义者聚焦于共享社会价值创造的社会团结，冲突论者则强调权力在维持社会秩序时发挥的作用。

冲突论者认为社会具有两个面向（冲突与共识），因而社会学理论也应该分成两派，即冲突论与共识论。达伦多夫（1959，1968）是该观点的主要倡导者之一。共识论者探查社会中的价值整合，冲突者分析利益冲突以及当面临此类压力时凝聚社会的强制力量。达伦多夫认为社会如果缺少了互为先决条件的冲突与共识，就无法存在。如果之前不存在某种共识，冲突就无从谈起。法国家庭主妇几乎不可能与智利的国际象棋棋手发生冲突，因为二者之间没有任何交集。没有之前的融合，何来后来的冲突？反向来看，冲突也可能导向共识与整合。美国与日本在"二战"后的联盟就是一例。

除了指出共识与冲突的相互关系，达伦多夫对于建立一种能够同时囊括两个过程的社会学理论并不感到乐观，"理论统一不易实行似乎是不难想象的，自西方哲学萌芽之日起，这个工作就一直令思想家们深感困惑"（1959：164）。因此，达伦多夫放弃追求单一理论，着手建构社会冲突理论。[①]

达伦多夫自结构功能主义理论入手，而且深受其影响。他指出对于功能主义者来说，社会系统的凝聚通过自愿合作和普遍共识二者之一或二者共同的作用而达成。但在冲突论者眼中，强制性的约束才是社会得以凝聚的根源。因此，社会中的某些位置代表着凌驾于他人之上的权力和权威。社会生活的这一现实将达伦多夫引向其核心命题，即权威的差异化分配"自始至终都是系统性社会冲突的决定因素"（1959：165）。

权威

达伦多夫的理论聚焦于较大的社会结构。[②] 他的核心命题是不同的社会位置掌握不同级别的权威。权威附着于位置之上，而不是个体之上。达伦多夫不仅对由位置构成的结构感兴趣，还热衷于探讨它们之间的冲突。"这类冲突的**结构性**根源必须要从那些被赋予了支配或服从之期待的社会角色配置中去寻找。"（1959：165；黑体为本书所加）在达伦多夫看来，冲突分析的第一任务就是识别社会中各种承担权威的角色。除了倡导研究大规模结构（如权威角色），达伦多夫还反对那些聚焦于个体层面的理论学者。他对研究权威者个人心理或行为特征的理论学者持批判态度，甚至激进地表示采取这种取向的人不算是社会学家。

在达伦多夫的分析里，附着在位置上的权威是个关键要素。权威通常意味着上位和附属关系。占据权威位置的人需要支配下属；也就是说，上位者控制他人是由于周围人的期待，而不是其自身的心理特征。与权威一样，社会期待也附着在位置而不是个体之上。权威不是一种抽象的社会现象。受支配的对象以及可允许的支配范围，在社会中是有明确的规定的。最后，既然权威是合法的，处罚便可以被运用在不服从的

[①] 达伦多夫称冲突和强制为"社会的丑恶面"（1959：164）。我们不妨衡量一下，如果一个人认为冲突和强制是"丑恶的"，那么他是否能发展出一种关乎这二者的适当的理论。
[②] 在另一些著作之中，达伦多夫（1968）继续关注着社会事实（如位置和角色），但他对在这种方法中具体化可能导致的危险也表示了关注。

群众身上。

就达伦多夫所讲的权威而言，由于它附着于位置而非个体之上，因此它并不是恒定的。也就是说，某种环境里的上位者在另外一种环境里并不必然拥有权威。同理，在某个群体中居于附属地位的个体却可能是另一个群体中的上位者。上述判断来自于达伦多夫如下的观点，即社会由大量被达伦多夫称为**强制性协作的团体**（imperatively coordinated association）的单元所组成。我们可以把这些单元看成由权威位置所组成的阶层所支配的人类团体。鉴于社会包含很多这样的团体，个体有可能在某个团体中占据权威位置，而在另一个团体中占据附属位置。

每个团体内部的权威具有二分性；团体内部会形成且只能形成两个冲突群体。上位者与附属者的利益在实质上及趋向上相互对立。这里，我们遇到了达伦多夫理论中的另一个关键词——**利益**。上层群体和底层群体通过共同利益来定义。达伦多夫始终坚信，尽管这些利益听起来像是心理学的范畴，在本质上却属于大规模现象：

> 就冲突群体和群体冲突的社会学分析之目的而言，我们有必要假定确定位置的占据者在其行动中因结构性而产生的倾向。类似于行动的自觉（主观）取向，把它们描述为利益似乎不无道理……这种与社会位置相联系的"客观"利益假定并无心理学的意涵或后果，它属于严格意义上的社会学分析。
>
> （Dahrendorf，1959：175）

在每个团体中，上位者总是试图维持现状，而附属者则倾向于寻求改变。至少可以说，任何团体内部在任一时刻都存在潜伏的利益冲突，这意味着权威的合法性**始终**是不稳定的。要推动上位者或附属者采取行动，利益冲突不一定是自觉的。如果上位者与附属者的利益被反映在附着于位置的期待（角色）上，那么利益就是客观的。个体不一定要内化这些期待，甚至不一定觉察到它们，就能以符合它们的方式进行行动。一旦人们处在指定的位置上，他们就会按照被期待的方式来行动。个体在参与上位者与附属者之间的冲突时，会"校正"和"适应"他们的角色。达伦多夫称这种无意识的角色期待为**隐性利益**（latent interests），而**显性利益**（manifest interests）则是被人们知觉到的隐性利益。达伦多夫认为，探讨显性利益和隐性利益之间的联系，是冲突理论的一个主要任务。不过，行动者无须清醒地意识到这些利益就可以争取它们。

群体、冲突和变化

接下来，达伦多夫区分了三类群体。第一类是**准群体**（quasi group），即"具有相同角色利益的在位者的集合"（Dahrendorf，1959：180）。第二类团体是**利益群体**（interest group），第一类群体为第二类群体提供了从中招募成员的基础。达伦多夫是这样描述上述两个团体的：

> 共同行为模式是从准群体中招募成员的利益群体的典型特征。利益群体是严格的社会学意义上的团体，是群体冲突的实际代理人。它们有其结构、组织形式、计划（目标）和人员组织。
>
> （Dahrendorf，1959：180）

在第二类的利益群体中又涌现出来第三类群体，即**冲突群体**（conflict group），或说实际参与群体冲突的那些人。

达伦多夫认为隐性利益和显性利益、准群体、利益群体和冲突群体等概念，是解释社会冲突的基础。在理想条件下，他甚至不需要其他变量。不过，鉴于环境永远不可能是理想化的，这个过程会受到诸多因素的干扰。达伦多夫还谈论了充分的人事组织等技术条件、整体政治氛围等政治条件以及通讯联系的存在等社会条件。达伦多夫认为人们被招募进准群体的方式是另一个相当重要的社会条件。他指出，如果准群体对人们的招募是完全随机或由偶然因素决定的，那么利益群体乃至最终从中产生的冲突群体就不太可能形成。与马克思不同，达伦多夫并不认为**流氓无产阶级**[①]（lumpenproletariat）最终能够形成一个冲突群体，因为它的成员是被随机招募的。不过，一旦准群体的招募方式被结构性地确定下来，那么这些群体就会为利益群体（在某些情况下是冲突群体）提供肥沃的土壤。

达伦多夫冲突论的最后一个层面，以冲突与变革的关系为核心。达伦多夫肯定了刘易斯·科塞理论的重要性（参见下节）。科塞理论的焦点在于冲突对于维持现状的作用。相对地，达伦多夫认为冲突的保守功能只是社会现实的一个侧面，冲突同样可能导致变革和发展。

简而言之，达伦多夫强调称冲突群体一旦出现，它们就会投入变革社会结构的行动。如果这个过程是经由暴力实现的，那么结构变革将会突然发生。不管冲突的实质是什么，社会学家都必须关注冲突与变革之间的关系，正如关注冲突和维持现状间的关系一样。

主要批判和对它们的回应

冲突理论在多个层面上均受到了批判。例如，相对于结构功能主义因忽视冲突和变革而受到批判，冲突理论被认为忽略了秩序和稳定性。结构功能主义被批评过于保守，而冲突理论则因意识形态上过于激进而受到批判。与结构功能主义相比，冲突理论相对

---

① 马克思用这一术语来特指处于经济系统底层的人民大众，即比无产阶级生活更悲惨的人群。

不够成熟。它之所以不像功能主义那么错综复杂，很可能是因为它本就更像是一种衍生理论。

达伦多夫的冲突理论招致了大量批评（如Hazelrigg，1972；Turner，1973；Weingart，1969），包括达伦多夫（1968）自己也进行了一些批判性的反思。其一，达伦多夫的理论模型并非如他自己主张的那样是马克思思想的清晰体现。其二，正如前面已经提到的，冲突理论与结构功能主义的相同点甚至多过它与马克思主义的相同点。达伦多夫对系统（强制性协作团体）、位置和角色等的强调，将该理论与结构功能主义直接关联起来。结果就是，冲突理论饱受结构功能主义的缺陷之害。例如，冲突似乎是从合法系统中神秘冒出来的（就如它在结构功能主义中一样）。其三，冲突理论似乎与结构功能主义一样存在概念和逻辑上的问题（如，含糊的概念、同义反复）（Turner，1975，1982）。其四，与结构功能主义一样，冲突论从整体上是宏观的，因而几乎没有为理解个体的思想和行为提供任何帮助。

功能主义和达伦多夫的冲突理论的不足体现在，它们都只解释了社会生活的**某一部分**。社会学必须能够全面解释秩序和冲突、结构和变化。这些理论缺陷激发了调和冲突理论和功能主义的数次尝试，虽然结果不能令人们满意，但这些尝试起码表明了社会学家达成的某种一致，即社会学理论需要能够**同时**解释共识与分歧。当然，并非所有的理论学家都有意调和这两种相互冲突的视角。例如，达伦多夫认为它们可以被视为替代选项，视不同的情况分别使用。对于达伦多夫来说，如果我们对冲突感兴趣，那么我们就应该采用冲突理论；如果我们希望审视秩序，那么就换用功能主义视角。然而，他的立场很难使人满意，因为人们强烈希望有一种理论视角能够**同时**解释冲突和秩序。

由于针对冲突理论和结构功能主义的批判，以及两个理论各自固有的局限，很多学者试图通过调和或整合这两个理论来解决问题（Bailey，1997；Chapin，1994；van den Berghe，1963；Himes，1966）。他们认为这两个理论的某种组合将会比任何一个单一的理论更有解释力。这其中最为大家所熟悉的理论成果就是科塞的《社会冲突的功能》(*The Functions of Social Conflict*，1956）。

齐美尔最早播下研究社会冲突功能的种子，这一倾向后来由科塞加以扩展（Delaney，2005a；Jaworski，1991）。科塞认为冲突有助于强化结构松散的团体。一个濒临解体的社会可以在与另外一个社会的冲突中重新建立整合的核心。以色列犹太人的凝聚力至少在一定程度上可归功于这个国家与中东地区阿拉伯各民族之间长期的冲突。该冲突也有可能加剧以色列社会内部的基本张力。宣传专家很早就意识到冲突是稳定社会的良方，因此他们可能建构出一个根本不存在的敌人，或是煽动对某个本身并不活跃的对手的强烈敌意。

通过与其他团体建立一系列的联盟，与某个团体的冲突可能是有助于制造团结的。例如，以色列与阿拉伯世界的冲突最终导致了它与美国的结盟。以色列与阿拉伯之间冲突的弱化则可能削弱以色列与美国之间的联结。

在一个社会内部,冲突能够使某些平时被孤立的个体变得活跃。反越战运动使许多美国的年轻人首次体验到活跃的政治生活。而冲突结束后,对政治漠不关心的倾向在美国年轻人中重新抬头。

沟通,也是冲突的功能之一。冲突尚未发生时,各个群体很可能不能确定对手的立场,而在冲突发生后,这些群体的立场和彼此之间的界线通常会变得清晰起来。这样一来,个体就能合理地确定与其对手有关的行动进程。冲突能够使双方对自身的相对优势有更清醒的认识,大大增加彼此修好或和平协商的可能性。

从理论的视角来看,通过对社会冲突功能的审视,的确有可能在功能主义和冲突理论之间建立某种结合。不过,我们必须认识到,冲突也可以表现为功能紊乱。

在许多理论家试图整合冲突理论和结构功能主义的同时,有一些学者却主张全面抵制冲突理论(或结构功能主义)。例如,马克思主义者弗兰克(1966/1974)抵制冲突理论的理由是它是一种不合格的马克思主义理论。冲突理论纳入了马克思主义的许多元素,却并非这一理论的真正传人。在下一章,我们将会谈到一系列更具合法性的马克思主义后续理论。不过,在此之前,我们还必须先介绍一种更具整合倾向的冲突理论。

一种更具整合倾向的冲突理论

兰德尔·柯林斯的《冲突社会学》(*Conflict Sociology*,1975;Rossel and Collins,2001),比起达伦多夫和其他一些学者的宏观冲突理论来,更倾向于微观层面。柯林斯如此总结自己早期的研究:"我对冲突理论的主要贡献是……为这些宏观层面的理论加入了微观层面的分析。我尤其想要揭示的是,分层和组织是如何以日常生活中的互动为基础而进行建构的。"(1990:72)[①]

柯林斯明确表示他并不是从意识形态的角度去分析冲突。也就是说,他不会从政治的角度来决定冲突是好是坏。恰恰相反,他宣称他之所以基于现实主义的理由选择冲突作为理论焦点,是因为冲突可能是社会生活唯一的核心过程。

不同于许多自社会层面开始并一直停留在这一层面的学者,由于柯林斯以现象学和常人方法学为其理论根源,所以他对冲突的分析是自个体的视角切入的。尽管柯林斯更偏好个体层面以及小规模理论,但他同样清醒地认识到"仅仅停留于微观层面,社会学是不可能获得成功的"(1975:11),冲突理论不能完全放弃社会层面的分析。不过,如果说大部分冲突论者坚信社会结构外在于个体并对个体施加强制力,那么柯林斯却认为社会结构不能脱离行动者而独立存在,因为行动者建构了结构,而且行动者的互动模式

[①] 柯林斯还强调,相较于其他社会学理论,冲突理论更为开放,可以整合经验研究的发现。

即为结构的本质。柯林斯倾向于将社会结构看成互动模式,而非外在的、强制性的独立实体。此外,大部分冲突论者认为行动者受到外在力量的约束,而柯林斯认为行动者在持续地创造和再创造社会组织。

柯林斯将马克思的理论看作冲突理论的"起点",不过在他看来,马克思的理论仍然有许多问题。一方面,柯林斯认为马克思的理论过于意识形态化,这是柯林斯试图避免的一种理论特征;另一方面,他倾向于认为马克思的理论取向仅是针对经济领域的分析——当然,这是对马克思无根据的批判。事实上,柯林斯虽然时常提及马克思,但他的冲突理论几乎没有受到马克思的影响,而更多地受到韦伯、涂尔干、现象学乃至常人方法学的影响。

社会分层

柯林斯之所以选择关注社会分层,是因为这一制度涉及社会生活的诸多特征,如"财富、政治、职业、家庭、俱乐部、社群和生活方式"(1975:49)。在柯林斯看来,以往那些伟大的分层理论是"失败的"。他批评马克思的理论是"对多因素世界(multicausal world)的单一因素解释"(Collins,1975:49),而韦伯理论最多只是用来审视马克思理论中诸多主题的"反体系"(antisystem)。韦伯的理论对柯林斯来说有一些用处,不过"以日常生活中可观察到的事物为所有概念的基础的现象社会学"(Collins,1975:53)对柯林斯产生了最为重要的影响,因为柯林斯在社会分层研究中的主要理论关注基于小规模,而非大规模。柯林斯认为社会分层如其他社会结构一样,可以被还原至根据模式化方式互相接触的日常生活中的人们。

但是,在最终接受分层理论的微观社会学之前,柯林斯首先是从马克思和韦伯的宏大理论着手并以之为理论基础的(尽管他对它们有一定程度的保留)。他从马克思主义原理出发,认为这些原理"稍经修改,就能为社会分层冲突理论提供基础"(Collins,1975:58)。

首先,柯林斯主张马克思认为现代社会中关乎个体谋生的物质条件是决定一个人生活方式的重要因素。在马克思看来,私有财产是个人谋生的基础。拥有或控制一定财产的人,相比于那些没有财产和不得不靠出卖劳动时间来获得生产资料的人来说,可以按照比较舒服的方式谋生。

其次,马克思主义认为,物质条件不但可以影响个体以何种手段谋生,还会影响不同社会阶层中各个社会团体的本质。居于统治地位的社会阶级,相比于居于附属地位的社会阶级来说,更有能力发展出由更为复杂精妙的通讯网络所联系的、更为一致的社会团体。

最后,柯林斯强调说马克思还指出了不同社会阶级进入和控制文化系统的方式的巨大差异。上层社会阶级有能力创造高度发达的符号系统和意识形态系统,并强加给下层社会阶级。下层社会阶级的符号系统相对欠发达，其中很多甚至可能是当权者强加给他们的。

柯林斯认为韦伯并没有跳出马克思的社会分层理论，只是对它做了进一步的发展。首先，他认为韦伯意识到各种形式的冲突的存在导致了一个多面向的分层系统（如阶级、地位和权力）。其次，韦伯将组织理论提升到一个新的高度，柯林斯认为它是利益冲突的另一个舞台。令柯林斯受益匪浅的还有，韦伯对于掌握了暴力手段的国家的强调将人们的注意力从经济冲突（生产资料）转向政治冲突。最后，韦伯因其对情感产品（尤其是宗教）的社会竞技场的深刻认识而获得柯林斯的认同。显然，冲突有可能发生在情感领域，而情感产品正如其他产品一样，可被当作社会冲突中的武器。

一种有关分层的冲突理论　在这一背景下，柯林斯着手建立自己的社会分层冲突理论。相比于马克思主义和韦伯理论，它与现象学和常人方法学有更多的相通之处。柯林斯首先提出了几种假设，例如人类在社会关系中除了表现出天生的社会性，也特别容易展现冲突的倾向。冲突之所以可能在社会关系中发生，是因为某个人或许多人总是可能在互动环境中使用"暴力的强制"。柯林斯相信人们都试图最大化他们的"主体地位"（subjective status），而他们实现这一目标的能力取决于自身的资源以及他们与之交往的对象的资源。柯林斯认为人是自利的，而不同的利益组合内在可能的对立，导致冲突很有可能发生。

柯林斯的社会分层冲突理论可以被简化为三个基本原则。第一，柯林斯相信人们生活在自我建构的主观世界里。第二，另一些人可能具有影响乃至控制他人主观体验的能力。第三，这些人经常试图控制那些反对他们的个体，这很可能引发人际间的冲突。

基于这一理论取向，柯林斯发展出冲突分析的五项原则，并将之应用于社会分层。实际上，他认为这些原则可以应用于社会生活的任何领域。第一，柯林斯认为冲突理论必须关注现实生活而非抽象的形式。这个观点似乎反映了柯林斯更偏爱马克思主义的材料分析而非结构功能主义的抽象分析。柯林斯力劝我们把人看成一种自利的动物，而人们由自利驱动的行动应被视为获得各种优势的策略，人们借此获得满足，避免失望。不过，与交换论者和理性选择论者不同，柯林斯并不认为人是一种完全理性的动物。他承认人在追求满足的过程中容易受到情感诉求的影响。

第二，柯林斯认为社会分层冲突理论必须探讨影响互动的物质配置。尽管行动者有可能受到"物理位置，沟通方式，武器供应，提升公众形象的设备、工具和商品"（Collins，1975：60）等物质因素的影响，但每个行动者受影响的方式却是不一样的。行动者拥有的资源是一个重要的变量。拥有可观的物质资源的行动者能够抵制甚至修改他们所面临的物理限制，而只拥有较少资源的行动者的思想和行动则更可能被物质环境所决定。

第三，柯林斯认为在一个不平等的情境里，能够控制资源的群体很有可能试图剥削缺乏资源的群体。他小心翼翼地指出，这种剥削并不一定意味着获利者经过有意识的算计；毋宁说，剥削者可能只是在追求自身所感知到的最大利益。在此过程中，他们有可能利用那些资源匮乏的人。

第四，柯林斯希望冲突论者从利益、资源和权力的角度来审视信念、理想等文化现象。拥有资源并进而掌握权力的群体，很可能将他们自己的思想体系强加于整个社会；而资源匮乏者的思想体系是被强加在他们身上的。

最后，柯林斯强调要坚持对社会分层以及社会世界其他所有层面的科学研究。为此，他做出了几项规定：社会学家不能仅仅从事社会分层的理论化，还应该对它进行实证研究，有可能的话最好是进行比较意义上的研究；通过比较研究，理论假设应该得到具体阐述以及接受经验检验。此外，社会学家应该追寻社会现象的根源，尤其是不同社会行为的多重根源。

对于科学精神的认同促使柯林斯就冲突与社会生活各个具体层面之间的关系提出了一系列的命题。在此，我们只能列出其中的一小部分，但它们已足以帮助读者对柯林斯的冲突理论稍有了解。

1.0 发出和接受命令的体验是决定个体心态和行为的主要因素。

1.1 个体发出命令的经验越多，他就会愈加自豪、自信、一本正经并认同于组织理想，而他正是以组织的名义将自己的命令正当化。

1.2 一个人接收命令的经验越多，他就会愈加恭顺、认命、疏离于组织理想、外表顺从、不信任他人、关注外部报酬以及丧失道德感。

（Collins，1975：73—74）

上述命题反映出柯林斯对社会冲突中的小规模社会表现进行**科学研究**的努力。

应用于其他社会领域的冲突理论

柯林斯并不满足于仅仅探讨社会分层系统中的冲突，而是试图将该理论扩展至其他的社会领域，如不同性别以及不同年龄组之间的关系。他认为家庭是性别冲突的场所，男性是其中的获胜者，女性受到男性的统治，并接受诸多不平等的对待。同理，他认为不同年龄组之间的关系，尤其是年轻人和老年人之间的关系，也是一种冲突关系。他的看法与结构功能主义恰恰相反，后者在这一关系中看到的是和谐的社会化和内化。柯林斯考察了不同年龄组占有的资源。成年人拥有各式各样的资源，包括经验、体型、力量和满足年轻人物质需求的能力。相比之下，未成年人拥有的少数资源之一是身体的吸引力。这意味着未成年人很有可能受到成年人的支配。然而，随着未成年人逐渐走向成熟，他们会获得更多的资源，因而也更有能力发起抵御，结果就是代际间社会冲突的不断增加。

柯林斯还利用冲突的视角来考察正规组织。他把这些组织看成发挥人际间影响的网络以及相互冲突的利益得以上演的舞台。简而言之，"组织就是角斗场"（Collins，1975：295）。柯林斯再一次用命题的形式来陈述这一论断。譬如，他主张说，"强迫会导致努力避免被强迫"（Collins，1975：298）。相比之下，他认为提供报酬是更可取的策略："通过物质回报进行控制可以导致服从，服从的程度取决于回报与期待中的行为有多大程度的关联。"（Collins，1975：299）所有这些命题都反映出柯林斯追求的是一种科学化的，而且在很大程度上以微观为导向的冲突研究。

总之，与达伦多夫一样，柯林斯并不是真正意义上的马克思冲突理论的倡导者——尽管两者各有各的原因。柯林斯的研究虽然以马克思为起点，却更多地受到韦伯、涂尔干的引导，而常人方法学对他的理论产生了更为重要的影响。柯林斯的小规模的理论取向有助于使他建立一种更具整合性的冲突理论。但是，尽管柯林斯宣称要整合小规模和大规模的理论，但他实际上并没有彻底地完成这一任务。

总　结

结构功能主义作为社会学界唯一的主流理论的时代，离我们并不是很远。冲突理论是它的主要挑战者，而且看似有取代其位置的可能。可是，这种状况在近年来却发生了戏剧性的变化。这两个理论都遭到了猛烈的批评，一系列的替代性理论相继出现（本书将在余下的各章中逐一讨论），吸引了更多的关注和追随者。

结构功能主义存在若干变体，本章主要关注的是社会功能主义（societal functionalism）及其大规模的理论关注，即各种社会结构和制度在社会层面的相互关系以及它们对行动者的约束效果。结构功能主义者就社会系统、子系统、子系统与系统之间的关系、均衡和有序变革等主题建立了一系列大规模的理论关注。

我们考察了结构功能主义者提出的三种理论体系。戴维斯和莫尔在一篇社会学史上最广为人知，同时也受到最多批评的论文中，讨论了作为社会系统的社会分层以及它所履行的各种积极功能。我们还详细地讨论了帕森斯的结构—功能理论以及他关于行动系统都具有四个功能性的先决条件（适应、目标达成、整合、潜在模式维持——AGIL）的思想。我们进一步分析了帕森斯有关四种行动系统——社会系统、文化系统、人格系统和行为有机体——的结构—功能的理论取向。最后，我们介绍了帕森斯结构—功能取向对动力学和社会变革的研究，即他的进化论及一般交换媒介的思想。

默顿建立一种功能分析"范式"的尝试，是现代结构功能主义史上最为重要的贡献之一。默顿首先批评了结构功能主义中某些较为幼稚的立场，继而试图建立一种更合理的结构—功能分析范式。就需要聚焦于大规模社会现象这一点来说，默顿是同意其先辈们的做法的。但是，他强调称，在关注正功能之外，结构功能主义者还要关心反功能乃至无功能。基于这些补充，默顿呼吁分析者尤其要关注功能与反功能的净差额。进而，他提出在进行结构—功能分析时，学者们必须从全面分析转向人们正在研究的各个**层面**的分析。默顿补充说，结构功能主义者不仅要关注显性功能（有意的），还要留意隐性功能（无意的）。最后，我们以默顿将其功能范式应用于社会结构和文化与失范和越轨行为的关系的案例结束了本节的讨论。

接下来，我们探讨了几种针对结构功能主义的批判。它们成功地摧毁了结构功能主义的可靠性和受欢迎度。我们逐一讨论了认为结构功能主义是非历史性的、不能解释冲突与变革、过分保守、片面强调社会结构对行动者的限制、接受精英的合法化、目的论和同义反复的等批判意见。

针对结构功能主义的批判激起了理论上的回应，新功能主义随之出现。新功能主义试图通过整合一系列取向广泛的理论视角来拱卫结构功能主义。在20世纪80年代末期和90年代初期，以新功能主义为旗帜，大量的理论成果涌现出来，并且吸引了大量的关注。不过，新功能主义的未来却是让人怀疑的，尤其是在其创始人亚历山大抛弃它之后。

本章的最后一部分介绍了结构功能主义在20世纪五六十年代主要的竞争对手——冲突理论。该理论传统中最为知名的著作由达伦多夫创作。达伦多夫自己虽然有意识地试图跟随马克思主义的理论传统，但我们更应该把他的理论看作对结构功能主义的反转。达伦多夫所考察的是变化而非均衡，关注冲突而非秩序，研究社会的构成部分如何导致变革而非社会的稳定性，如何引发冲突和强制而非规范的约束。达伦多夫提出的是一种大规模的冲突理论，与结构功能主义者的大规模秩序理论恰为对照。达伦多夫对于权威、社会位置、强制性协作团体、利益、准群体、利益群体和冲突群体的强调，体现着他的理论取向。由于同样强调宏观层次，达伦多夫的理论具有与结构功能主义相似的一些问题。此外，他对马克思理论的整合也显得有些蹩脚。达伦多夫似乎满足于秩序理论和冲突理论的交互替代，而并不想从理论上对二者进行整合。

本章在末尾处介绍的是柯林斯建立一种更具整合倾向的冲突理论的尝试，这种理论特别强调整合微观及宏观理论关注。

第四章
西方新马克思主义理论的各大流派

本章概要

　　经济决定论
　　黑格尔派的马克思主义
　　批判理论
　　西方新马克思主义经济社会学
　　历史导向的马克思主义
　　西方新马克思主义的空间分析
　　后马克思主义理论

在这一章，我们将论述各种新马克思主义理论，相比在第三章讨论的冲突理论而言，它们能更好地体现马克思的思想。本章讨论的每一种理论都以马克思主义为本源，但是它们彼此之间存在许多重要的差异。

经济决定论

马克思通常听起来颇像一位经济决定论者，认为经济系统享有至高的地位，强调它决定着其他的社会领域，如政治、宗教、思想体系等。而实际上，马克思的确极为重视经济部门，至少是资本主义社会中的经济部门，但作为辩证论者，他不可能接受决定论的立场，因为辩证法正是以提出在社会部门之间存在持续的反馈与互动的理念为特征。政治、宗教等不能被当作由经济决定的附属品，它们就像受到经济影响那样也反过来影响经济。尽管其思想本身是辩证的，但马克思仍然容易被解读为经济决定论者。他的理论的某些方面固然容易导向上述结论，然而接受这一判断意味着忽视了该理论整体上的辩证精神。

阿格尔（Agger，1978）指出在第二共产国际从1889年至1914年的领导下，经济决定论是最受欢迎的马克思主义理论解读。这段历史时期通常也被看作早期市场化资本主义的巅峰。资本主义的繁荣与萧条触发了这一制度行将消亡的预言。经济决定论的信仰者相信资本主义的灭亡不可避免。在他们看来，马克思主义有能力建立一个有关这次崩溃（包括资本主义社会的其他方面）的科学理论，而且理论的可信度可以与物理学等自然科学相比拟。分析学者所要做的就是研究资本主义社会的结构，尤其是其经济结构。被嵌入这些结构中的一系列进程必将摧毁资本主义。经济决定论者的任务就是去发现这些进程将如何发生作用。

马克思的合作者和捐助人恩格斯是以上述路线解读马克思主义理论的领导人。卡尔·考茨基和爱德华·伯恩斯坦（Eduard Bernstein）也起到了类似的作用。考茨基如此描述资本主义不可避免的衰落：

> ……是不可避免的，鉴于发明家改进技术而渴求利润的资本家变革整个经济生活；而工人要求缩短劳动时间和更高工资，也是不可避免的，所以他们会组织起来与资产阶级及其政权做斗争；工人把摆脱政治权力压迫和推翻资本主义统治当作目标，这同样是不可避免的。既然阶级斗争和无产阶级的胜利是必然的，那么社会主义也终将到来。
>
> （Kautsky，引自Agger，1978：94）

这幅画面展示了行动者如何被资本主义的结构推动而采取了一系列行动。

这一画面引发了人们对科学导向的经济决定论的尖锐批评，指责它不符合马克思主义理论的辩证思想。具体地说，经济决定论使个体的思想与行动变得无意义，从而绕开了辩证法。资本主义的经济结构决定个体的思想与行动，这是该理论的核心要素。这种解读还导致政治上的寂静主义，因此与马克思的想法不相一致（Guilhot，2002）。如果资本主义体系自身的结构矛盾将使它走向崩溃，个体为什么还要采取行动呢？显然，鉴于马克思一直致力于理论与实践的结合，一个回避行动甚至将其贬抑到无意义的理论视角，是不可能符合其思想的。

黑格尔派马克思主义

经过上述批判，经济决定论逐渐失去了它的地位，一些理论家建立了其他类型的马克思主义理论。有一批马克思主义者回过头去在马克思理论的黑格尔传统中寻找主观思想倾向，以中和早期马克思主义对客观与物质的过度强调。早期的黑格尔派马克思主义者试图重建社会生活主观层面与客观层面的辩证关系。他们对主观因素的兴趣为之后出现的批判理论奠定了基础，后者在自身发展中变得几乎只专注于主观因素。许多思想家［如卡尔·科尔施（Karl Korsch）］都可以出任黑格尔派马克思主义的代表，不过我们还是来关注其中最为突出的卢卡奇的作品（Aronowitz，2001；Markus，2005），尤其是《历史与阶级意识》(History and Class Consciousness，1922/1968)。我们还将简要介绍安东尼奥·葛兰西（Antonio Gramsci）的思想。

卢卡奇

20世纪初那一批马克思主义者的注意力大多集中于马克思晚期创作的、涉及大量经济分析的著作，如《资本论》(1867/1967)。马克思早期的作品，尤其是带有更多黑格尔主观主义色彩的《1844年经济学哲学手稿》(1932/1964，以下简称《手稿》)，却基本上不为马克思阵营的思想家所知。《手稿》的重新发现及1932年的出版，可以被视作一个重要的转折点。然而，卢卡奇其实早在20世纪20年代就完成了他的那部重要著作，并在书中强调了马克思主义的主观层面。正如马丁·杰伊所言，"提前十年出版的《历史与阶级意识》，在几个基本方向上预见到了马克思《手稿》中的哲学思想"（1984：102）。卢卡奇的著作为马克思主义理论贡献了如下两个重要概念——物化（Dahms，1998）和阶级意识。

物化

卢卡奇从一开始就明确指出，他并不打算全面否定走经济路线的马克思主义者对物化的研究，只是想扩宽、延伸他们的思想。卢卡奇从商品这一概念入手，将其描述为"资本主义社会核心的结构性问题"（1922/1968：83）。**商品**（commodity）在本质上是人与人之间的关系，但人们逐渐相信它具有物的特征，是一种客观存在。在资本主义社会，人们在与自然的互动中制造了各式各样的产品或商品（如面包、汽车、电影）。人们渐渐已看不到这样一个事实，即他们自身制造了这些商品并赋予其价值。价值，更多地被认为是由与行动者无关的市场创造的。**商品拜物教**（fetishism of commodities）指的就是资本主义社会的行动者将独立的客观存在赋予商品以及商品市场的过程。马克思理论中的商品拜物教是卢卡奇的物化概念的基础。

商品拜物教和物化的关键区别在于它们应用的范围不同。前者仅限于经济制度，而卢卡奇把后者应用于全社会——国家、法律**以及**经济部门。同样的动力机制可应用于资本主义社会的一切领域：人们逐渐相信社会结构有自己的生命，因而这些结构也就产生了客观性。卢卡奇如此描述这个过程：

> 在资本主义社会里，人类面对着一个由他自己（作为一个阶级）"创造"的现实，它看上去似乎是与人类全不相容的自然现象；人类完全要受它的法则控制；人类活

动被满足自我（自利心的）利益的某种个体法则所绑架。人类即使正在"行动"，但就本质而言，他却是活动的对象而非主体。

（Lukács，1922/1968：135）

在发展有关物化的思想时，卢卡奇吸收了韦伯和齐美尔的观点。不过，由于物化被涵盖在马克思主义理论之中，它被看成资本主义所特有的问题，而不是像在韦伯与齐美尔的理论中那样，预示着人类无法逃避的命运。

阶级意识和虚假意识

阶级意识是指那些在社会中处于相同阶级地位的人所共享的理念体系。卢卡奇明确指出，阶级意识不是个体意识的总和或均值，而是在生产体系中处于相同地位的一群人的属性。他的观点使人们开始对资产阶级尤其是无产阶级的阶级意识产生兴趣。在卢卡奇的研究里，客观经济地位、阶级意识与"人对其生活的真实的、精神上的思考"之间有着明确的关联（Lukács，1922/1968：51）。

至少在资本主义社会里，阶级意识的概念必然意味着先验的**虚假意识**（false consciousness）。也就是说，资本主义各阶级对于其真正的阶级利益一般缺乏清晰的认识。举例来说，无产阶级成员直到革命阶段才能充分认识资本主义剥削的本质与严重程度。不真实的阶级意识源于阶级在社会经济结构内部所处的位置："阶级意识意味着人们对自己所处的社会历史状况与经济状况存在为阶级所限定的**无意识**（unconsciousness）……这种虚假或暗含在环境里的错觉，绝不是随机的。"（Lukács，1922/1968：52；Starks and Junisbai，2007）历史上绝大多数的社会阶级不能克服虚假意识并建立阶级意识。不过，无产阶级在资本主义社会中的结构性地位赋予它建立阶级意识的独特能力。

建立阶级意识的能力是资本主义社会独有的。在前资本主义社会，有多种因素抑制阶级意识的发展。首先，独立于经济的政权影响社会分层；其次，地位（威望）意识掩盖了阶级（经济）意识。卢卡奇因此总结说："在这样一个社会里，所有社会关系的经济基础都进入了意识，再也不会有某种地位可以掩盖它了。"（1922/1968：57）相比之下，资本主义的经济基础更加清晰和简明。人们或许意识不到它的影响，但至少不会对它们全无意识。结果就是，"阶级意识走到了这样一点，从此它就**变为自觉的意识**"（Lukács，1922/1968：59）。在这个阶段，社会变成意识形态的战场，试图掩盖阶级特性的人与试图揭露它的人形成了对抗。

卢卡奇比较了资本主义社会各阶级的阶级意识。他强调小资产阶级和农民之所以不能建立阶级意识，是由于他们在资本主义结构中所处地位的模糊性。这两个阶级代表封建社会的残余，没有能力发展出对资本主义本质的清醒认知。资产阶级虽然可以建立阶级意识，但至多将资本主义的发展理解为某种外在的、被动服从于客观规律的事物。

无产阶级有能力建立真正的阶级意识。一旦它做到了这一点，资产阶级就将陷入守势。卢卡奇不承认无产阶级只简单地受到外力驱动，而认为它是自身命运的积极创造者。在资产阶级和无产阶级的较量中，前者拥有智识和组织武器，而后者的优势，至少在最初的阶段，只是看透社会本质的能力。随着斗争的演进，无产阶级从一个"自发阶级"（即由结构创造的实体）成长为"自为阶级"（一个意识到自身地位及使命的阶级）（Bottero，2007）。换句话说，"阶级斗争必须从经济必然性的层面升华到自觉目标和有效阶级意识的层面"（Lukács，1922/1968：76）。一旦斗争走入这个阶段，无产阶级就可以采取推翻资本主义体系的行动了。

卢卡奇建立了一个内涵丰富的社会学理论，它被嵌含在马克思主义的框架之下。卢卡奇尤其关注资本主义的不同结构（主要是经济结构）、思想体系（尤其是阶级意识）、个体思想与个体行动之间的辩证关系。他的理论视角在经济决定论者与更加现代的马克思主义者之间搭建了一座非常有意义的桥梁。

葛兰西

意大利裔马克思主义者葛兰西在经济决定论向现代马克思主义转变的过程中曾发挥重要的作用（Davidson，2007；Beilharz，2005b；Salamini，1981）。葛兰西（1971：336）对持"决定论、宿命论和机械论"的马克思主义者采取批判态度。事实上，他写过一篇文章，标题就是《反〈资本论〉的革命》(*The Revolution against "Capital"*)（Gramsci，1917/1977）。在这篇文章里，他称颂了"政治意志的复活，而它将抵制那些将马克思主义简化为《资本论》所述之历史规律的经济决定论者"（Jay，1984：155）。葛兰西承认存在历史规律，然而他认为不存在自动的或不可避免的历史发展。群众必须行动起来推动社会变革。谈到行动，群众又必须首先认清自身的处境以及他们所生活的世界之本质。所以说，葛兰西虽然承认结构因素的重要性，尤其是经济因素的重要性，但他不相信它们足以导致群众的起义。群众需要建立革命的意识形态，但他们仅靠自身不能完成这一任务。葛兰西接受了一种相当精英化的观念，即知识分子制造思想，然后把它们交由群众去实践。群众自身不能产生这种思想，只能在它出现之后凭借忠诚来感受它。群众无法靠自身成为自觉者，需要社会精英的帮助。不过，一旦群众受到这些思想的影响，他们就会发起导致社会变革的行动。葛兰西与卢卡奇一样，更多关注集体思想，而不是如经济体一类的社会结构。二人的理论都并未脱离马克思主义理论传统的框架。

葛兰西理论的核心概念——霸权，反映了他的黑格尔主义倾向（当代学者对于这一概念的运用，参见本章后半部分对拉克劳和墨菲的讨论；Abrahamsen，1997）。在葛兰西看来，"最现代的实践哲学（将思想与行动相联系）的必要成分就是'霸权'这一历史哲学概念"（1932/1975：235）。**霸权**（hegemony）被葛兰西定义为统治阶级实施的文化领导权。他将霸权与"由司法及行政机关实施或通过警察干预而得以表达"的强制权力进行了对比（1932/1975：235）。在分析资本主义时，葛兰西试图探讨某些为资本家服务的知识分子是如何取得文化领导权并获得群众认同的。

霸权的概念不仅有助于我们理解资本主义的统治，还将葛兰西导向与革命相关的思想。也就是说，仅仅通过革命取得经济和国家机器的控制权是不够的，无产阶级还必须赢得对社会其他成员的文化领导权。葛兰西由此看到了共产主义知识分子与政党的关键作用。

我们接下来要研究自卢卡奇、葛兰西等黑格尔派马克思主义者的著作中脱颖而出的批判理论，它是对传统的马克思主义根源——经济决定论更进一步的发展。

批判理论

批判理论是由一群对马克思理论，尤其是其中的经济决定论倾向感到不满的德国新马克思主义者建立的（J. M. Bernstein, 1995；Kellner, 2005a, 1993；如欲更多地了解批判理论，参见 Agger, 1998）。与批判理论有关的学术组织——社会研究所，1923年2月23日于德国法兰克福正式成立（Wiggershaus, 1994）。批判理论的影响力超越了法兰克福学派（Langman, 2007；Kellner, 2005c；Calhoun and Karaganis, 2001；Telos, 1989—1990）。批判理论对美国社会学界的影响不断增长，但无论在过去或现在，它很大程度上仍带有强烈的欧陆气息（Marcus, 1999；van den Berg, 1980）。

针对社会生活和精神生活的主要批判

批判理论中有很大一部分内容是针对社会生活与精神生活各方面的批判，不过它的终极目标是更准确地解释社会之本质（Bleich, 1977）。

对马克思主义理论的批判

批判理论以对马克思主义理论的批判为出发点。最令批判学派理论家感到恼火的就是经济决定论者——持机械论或机械的马克思主义者（Antonio, 1981；Schroyer, 1973；Sewart, 1978）。有一些学者（如哈贝马斯）批评马克思原著的某些部分暗含决定论的倾向，不过绝大多数学者选择将批判的焦点放在西方新马克思主义者上，主要是因为他们过分机械地阐释马克思的思想。批判学派理论家并不想指责经济决定者错误地关注了经济领域，而是认为他们应该对社会生活的其他方面给予同等的关注。我们接下来会看到，批判学派试图通过它对文化领域的关注来纠正这一不平衡的状态（Fuery, 2000；Schroyer, 1973：33）。

对实证主义的批判

批判学派理论家对科学调查（尤其是实证主义）的哲学基础进行了研究（Fuller，2007a；Bottomore，1984；Halfpenny，2005，2001；Morrow，1994）。他们对实证主义的批判，至少在一定程度上与对经济决定论的批判有关系，因为决定论者中有一些学者接受了部分或全部的实证主义思想。通常认为，实证主义接受科学方法适用于所有研究领域的观点。一切学科都应以自然科学为标准追求确定性和精确性。实证主义者认为知识是天然中立的，研究工作与人的价值观可以截然分开。根据这一信念，科学必然不会采取提倡任何具体社会行动的立场（更多有关实证主义的讨论，请见第一章）。

批判学派从多个层面对实证主义发起批判（Sewart，1978）。首先，实证主义倾向于物化社会世界，将其看作一种自然过程，而批判学派理论家更愿意研究人类活动以及这些活动影响较大的社会结构的方式。简而言之，实证主义抛弃了行动者的视角（Habermas，1971），将行动者贬斥为由"自然力量"决定的被动实体。批判学派理论家坚持行动者的特殊性，不接受一般科学规律可以无异议地应用于人类活动的看法。批判学派攻击实证主义满足于判断达成既定目标的手段是否充分，而对于目标本身却不做类似的判断。这种攻击又引出实证主义在本质上是保守的、无力挑战现存体系的看法。马丁·杰伊对实证主义的评价是，"（它的）结果就是'事实'的绝对化以及现有秩序的物化"（1973：62）。实证主义将行动者和社会科学家推向不作为。任何派别的马克思主义者几乎都不大会接受一种不将理论与实践相联系的视角。但是，尽管存在这些对实证主义的批判，一些马克思主义者（如某些结构主义者、分析的马克思主义者）还是接受了实证主义（Habermas，1971）。

对社会学的批判

社会学由于它的"科学主义"，即把制订科学方法当作自身目标而受到批判。除此之外，社会学还由于它对现状的接受而遭致诘难。批判学派坚称社会学并没有严肃地批判社会或尝试超越当代社会结构，进而指责社会学已经放弃了帮助那些受到当代社会压迫的人群的责任。

批判学派的成员批评社会学家只关注社会整体，而不关心社会中的个人，还批评他们忽视了个体与社会的互动。尽管大部分社会学视角并未忽视这种互动，但这种观点却成为批判学派攻击社会学家的理论基石。由于对个体的忽视，社会学家就无法对指向"公平和人性化之社会"的政治变革提出任何有意义的建议（法兰克福社会研究所，1973：46）。正如佐尔坦·塔（Zoltan Tar）所说，社会学已经成为"当下社会的一部分，而不再是批判手段和再生酵素"（1977：X）。

对现代社会的批判

批判学派的大部分著作是以批判现代社会及其构成为目的的。大多数早期的马克思主义理论特别关注经济领域，而批判学派根据它所认识的现代资本主义社会的本质，将理论焦点转向文化领域。也就是说，现代社会实施统治的场所已从经济转向文化领域。批判学派延续着它对统治的研究兴趣[①]，即使现代社会更可能被文化因素而非经济因素所支配。批判理论试图聚焦于现代社会中个体所面临的文化压迫。

批判学派理论家不仅受到马克思主义理论的影响，也受到韦伯思想的熏染，后者的影响体现在批判学派将理性化视为现代世界发展的主流。实际上，批判学派的支持者通常被贴上"韦伯式马克思主义者"的标签（Dahms，1997；Lowy，1996）。正如特伦特·施洛尔（Trent Schroyer，1970）所表明的那样，批判学派认为在现代社会，理性化导致的压迫取代经济剥削成为主流的社会问题。批判学派显然接受韦伯对**形式理性**（formal rationality）和**实质理性**（substantive rationality）的区分，后者是批判学派理论家眼中的**理性**（reason）。批判学派理论家认为，形式理性不加批判地思考达成任一既定目标的最有效手段（Tar，1977）。它又被称为"技术决定性式思考"，思考的目标在于为统治力量服务，而不是将人们从统治中解放出来。它只是要找出达成当权者所认定之重要目的的最有效手段。在批判学派理论家看来，与技术决定性式思考相比，理性才是社会的希望所在。理性意味着根据公平、和平与幸福等人类终极价值来对手段进行评估。批判学派理论家将一般意义上的纳粹主义以及纳粹集中营看作与理性相斗争的形式理性的典范。因此，乔治·弗里德曼（George Friedman）认为，"奥斯维辛是个理性（rational）的地方，却不是一个合理的（reasonable）的场所"（1981：15；也可参见本书第十一章以及鲍曼的讨论，1989）。

现代生活看似理性，但批判学派却在现代世界中处处看到非理性（Crook，1995）。这一现象可称之为"理性中的非理性"，更具体地说，即形式理性的非理性。马尔库塞认为现代社会看上去是理性的体现，但"总体而言它却是非理性的"（1964：Ⅸ；也可参见Farganis，1975）。如果理性世界对于个人及其需求、能力具有破坏性，如果和平要靠持续的战争威胁来维持，如果人们即使拥有充裕的解决手段，却依然贫穷，受到压迫和剥削，无法实现自身价值，这样的世界就是非理性的。

批判学派特别关注形式理性的表现形式之一——现代技术（Feenberg，1996）。马尔库塞（1964）对现代技术发起了猛烈的批判，尤其是当它为资本主义所利用时。他认为现代资本主义社会中的技术终将导致极权主义。事实上，他认为技术将导致一种全新的、更有效甚至更"让人愉悦"的、对个体实施外部控制的手段。电视对大众所起的社会化

[①] 特伦特·施洛尔（1973）对此表述得格外充分，将其有关批判学派的著作命名为《对统治的批判》（The Critique of Domination）。

和抚慰作用是一个重要的范例（其他范例还有大众体育和无处不在的性剥削）。马尔库塞否认现代社会的技术是中性的，认为它正是控制人民的工具。这种手段非常有效，因为技术在奴役大众时，看上去仍然像是中立的。技术的作用是压制个性。行动者内心的自由被现代技术"侵入并削弱"。它最终会造成马尔库塞所说的"单向度社会"，个体丧失了批判和否定社会的能力。被马尔库塞视为敌人的不是技术本身，而是现代资本主义社会所采用的技术，"无论多么'纯净'的技术，它都维持统治的连续体并使之流水线化。这种致命的联系只有通过一场使技术和技艺服务于自由人类之需要和目标的革命才能切断"（1969：56）。马尔库塞同意马克思最初的想法，即技术本质上不存在什么问题，它有助于建立一个"更好"的社会。

对文化的批判

批判学派理论家将其火力瞄准他们眼中的"文化工业"（Kellner and Lewis，2007），即控制现代文化的理性化的科层制结构，如电视网络。批判学派对文化工业的理论兴趣反映出他们更关注马克思所谓的"上层建筑"而非经济基础（Beamish，2007e）。创造通常所说的"大众文化"的**文化工业**，被定义为"受监管的……非自发性的、物化且虚假的文化，并非真实的文化"（Jay，1973：216）。[①] 文化工业最困扰批判学派理论家的是以下两个问题：首先，批判学派关注文化工业的虚假性，认为它是媒体量化生产并传播给大众的一套经过包装的观念；其次，文化工业让批判学派理论家感到焦虑的是它抚慰、抑制和愚化民众的能力（D. Cook，1996；G. Friedman，1981；Tar，1977：83；Zipes，1994）。

道格拉斯·凯尔纳（Douglas Kellner，1990）自觉地提出针对电视的批判理论。在将其研究基于法兰克福学派文化视角的同时，凯尔纳吸收了另外一些马克思主义思想传统，从而得出了对电视工业更加全面的解读。凯尔纳对批判学派提出批判，因为它"没有对媒体进行细致的政治经济学分析，将大众文化简化为资本主义意识形态工具"（Kellner，1990：14）。凯尔纳除了把电视工业当成文化工业的一部分，还将它与公司资本主义和政治体系相联系。进而，他认为电视工业不是单一性质的，也没有受到有凝聚力的企业力量的控制，而是"由相互竞争的经济力量、政治力量、社会力量和文化力量交织而成的、高度冲突的大众传媒"（Kellner，1990：14）。可见，凯尔纳尽管没有脱离批判理论的传统，但却不认为资本主义是一个百分之百的受监管的世界。凯尔纳把电视工业看成对民主、个性与自由的威胁，并为此提供了一些建议（如，更强调民主责任制、引入更多公民参与、电视节目的多元化等）。凯尔纳超越了单纯的批判，为应对电视工业

[①] 在最近的研究（Granham，2007）中，这一概念被扩展为"文化大工业"的概念，其中包括多种"工业"（如娱乐业、知识行业等），同时不同文化工业存在差别的这一事实也被指出。

所造成的危机提供了相关建议。

批判学派对所谓的"知识工业"（knowledge industry）也有兴趣，并对它进行了批判。知识工业是指在我们的社会中已演化为自主结构的、与知识生产相关的实体（如大学和研究机构）。它们具有的自主性允许它们突破其初始的权限而进行扩张（Schroyer，1970）。上述机构已经成为有意将其影响力扩张至全社会的、具有压迫性的结构。

马克思对资本主义的批判分析使得他对未来充满希望，而许多批判学派理论家却倾向于持有无望和绝望的立场。后者认为现代世界的问题并非资本主义所独有，而是理性化世界的特征。批判学派理论家认为未来正如韦伯所说，将日益成为理性结构的"铁笼"，人类逃离它的希望无时无刻不在衰减。

大多数批判理论（一如马克思最初构想的理论主体）采取了批判分析的形式。批判学派理论家虽然有不少积极的研究兴趣，但学界对批判理论学派主要的批评之一就是它提出了太多批判而缺少积极的贡献。没完没了的否定令许多学者深感沮丧，由于这一原因，他们认为批判理论对社会学理论并没有什么实际贡献。

批判理论的主要贡献

主体性

批判学派的主要贡献在于它试图以主观的视角重新定位马克思主义。这当然意味着对马克思的唯物主义及过度强调经济结构的倾向进行批判，但同时它也有力地推动了我们在个人与文化层面上对社会生活里的主观因素形成更丰富的理解。

马克思主义理论中黑格尔思想的根源是批判学派对主体性的兴趣的主要来源。很多批判学派理论家认为自己不过是在向马克思早期著作所体现的理论根源回归。这样一来，他们就承继了20世纪初卢卡奇等马克思主义修正者的工作。卢卡奇并不试图聚焦于主体性，只是简单地将对主体性的关注与传统马克思主义对客观结构的兴趣整合在一起（Agger，1978）。卢卡奇无意对马克思主义理论进行根本性的再造，而更晚近的批判学派理论家却提出了这样一个更宏大、更具雄心的目标。

我们先从批判学派对文化的研究兴趣入手。前文已经指出，批判学派把研究焦点从经济"基础"转向文化的"上层建筑"。促成这种转向的因素之一是批判学派认为马克思主义者过度强调经济结构，而这种强调压制了对社会现实其他方面尤其是文化的关注。此外，外部社会的一系列变化也提出了理论转向的要求（Agger，1978）。美国社会在"二战"之后的繁荣*似乎*导致了整体内部经济矛盾以及阶级冲突的消失。虚假意识*似乎*变得极为普遍：所有的社会阶级，包括工人阶级在内，都成为资本主义体系的受益者和热烈的拥护者。此外，苏联尽管实行了社会主义经济，却表现出与资本主义社会同等的压迫性。鉴于这两个社会是全然不同的两种经济体，批判学派的思想家不得不到别处去寻找压迫的源头。他们最先探寻的就是文化领域。

法兰克福学派的理论关注，除了前文提到的理性、文化工业和知识工业之外，还包括另外一套概念，其中最重要的是意识形态。所谓**意识形态**（ideology），批判学派理论家认为是由社会精英生产的、虚假和混淆视听的思想体系。上层建筑的这些具体层面以及批判学派对它们的关注可以归为"对统治的批判"（Agger，1978；Schroyer，1973）。对统治的理论关注最早是在20世纪三四十年代兴起的法西斯主义刺激之下出现的，随后转向资本主义社会的内部统治。现代社会对个体的控制达到了无以复加的程度。事实上，这种控制是如此全面，以至于领导人无须再为此进行任何蓄意的活动。这种控制侵入了文化世界各个层面，更重要的是，它已为行动者所内化。行动者正在以较大的社会结构之名统治自己。统治进入了终极阶段，以至于看上去已毫无统治的痕迹。统治不再被视作对个体的破坏和异化，世界仿佛正在按它理应成为的样子运转。行动者们不再知道世界**本应**是何种模样。批判学派思想家的悲观立场得以巩固，因为他们看不出理性分析对于改变这种现实能有任何帮助。

批判学派在文化层面上的理论关注之一还包括哈贝马斯（1975）口中的**合法化**（legitimations）。合法化可以被定义为由政治系统以及理论上的其他任何系统所生产的思想体系，其作用是支持政治系统的存在。它们被设计出来以完成对政治系统的"神秘化"（mystify），使人们弄不清楚现实世界正在发生什么。

除了文化层面上的理论关注，批判学派也关注行动者及其意识和现代社会对它们的影响。大众意识逐渐受到外部因素（如文化工业）的控制，群众无法建立革命的意识。不幸的是，批判学派理论家，一如绝大多数马克思主义者和社会学家，往往不能清晰区分个体意识与文化，也不能详细说明二者之间的诸多关联。在大多数著作中，他们随意地在个人意识和文化之间来回转换，而完全没有意识到他们正在进行切换。

将弗洛伊德在意识（和无意识）层面的发现整合到批判学派理论家对文化的阐释之中，是批判学派所做的十分重要的尝试，马尔库塞（1969）在这方面的贡献尤为卓著。批判学派理论家从弗洛伊德的著作中汲取了三种思路：（1）将心理结构融入他们的理论建设；（2）从精神病理学的视角来理解现代社会的负面效应以及为何无法建立革命意识；（3）关注精神自由的可能性（G. Friedman，1981）。批判学派关注个人意识的一大好处在于它有效地矫正了该学派的悲观立场以及局限于文化领域的理论焦点。人类即使受到了控制，为虚假需求所笼罩、所麻痹，然而，用弗洛伊德的话来说，人类生来就携带有力比多（通常被理解为性欲），这种物质是他们推翻各种形式之统治的创造性行动的基本能量源。

辩证法

批判理论中第二大积极的理论关注在于对辩证法的重视（本章稍后介绍的分析马克思主义对辩证法持批判的态度）。从最广义的层面说，辩证的理论取向即强调社会的**总体**

性（totality）①。"社会生活的任何一个切面或某种孤立现象，若不能与整个历史、与被视为全局实体的社会结构相联系，就不能够为人们所理解。"（Connerton，1976：12）这种理论方法不赞同脱离外在大环境而去关注社会生活的**特定**层面，尤其是经济系统。它还要求关注社会现实各个层面的相互关系，其中最重要的是个体意识、文化上层建筑与经济结构的关系。与辩证法相联系的方法论规范要求，社会生活的单个构成不能脱离其他构成来单独研究。

辩证法既有历时性的一面，也有共时性的一面。**共时性**（synchronic）的一面引导我们在当代社会总体背景下关注社会各个构成的相互关系。**历时性**（diachronic）的一面则要求关注当下社会的历史根源以及它未来的走向（Bauman，1976）。社会结构和文化结构对人们的统治，或按马尔库塞的话说，"单向度"的社会，是特定历史发展的结果，而不是人类发展的普遍特征。这种历史视角与资本主义的常识认知是互相抵触的——后者认为社会系统是自然且不可避免的现象。批判学派理论家（以及其他马克思主义者）认为人们逐渐把社会看作"第二自然"（second nature）。它被"常识认知（common-sensical wisdom）视为一种异化的、不妥协的、有要求的和专横的权力，一如非人的自然。为了遵从理性原则，以合理的方式行动并获得成功和自由，人类现在不得不使自己适应'第二自然'"（Bauman，1976：6）。

批判学派理论家侧重对未来的思考，但是与马克思一样，他们拒绝乌托邦，而选择聚焦于批判和改变当代社会（Alway，1995）。与马克思把注意力投向社会经济结构不同的是，批判学派理论家更关注上层建筑。辩证法的方法使得该学派着力于研究现实世界，不满足于在科学实验室里找寻真相。其理论思想的最终验证取决于它在实践中在多大程度上获得接受与运用。批判学派理论家将这个过程称为**证实**（authentication）。作为扭曲沟通的受害者，人们可以拿起批判理论这一武器，将自己从系统中解放出来，这个过程就是证实（Bauman，1976：104）。如此一来，我们就谈到了批判学派思想家关注的另外一个层面——人类的**解放**（Marcuse，1964：222）。

用较为抽象的术语来说，批判学派思想家始终关注理论和实践之间的关系与相互作用。法兰克福学派认为二者在资本主义社会中是被割裂的（Schroyer，1973：28）。也就是说，理论化是由某个代表性群体或获取了权力的群体来完成的，而实践则被交给另一个失去权力的群体。在多数情况下，理论家的工作不能接受现实世界的检验，因此许多马克思主义和社会学理论是空洞且不切实际的。最关键的是要将理论和实践整合起来，以重建二者的关系。理论与实践相结合，而实践接受理论的改造。在这个过程中，理论和实践都可得到丰富。

---

① 杰伊（Jay，1984）认为"总体性"不仅仅是批判理论的核心，更是马克思主义理论的核心。然而，后现代马克思主义者们并不认可这种观点（参见本章稍后的讨论）。

批判学派理论家们发誓要以整合理论和实践为目标，但实际上大多数人最后都一败涂地。事实上，针对批判理论的一种最常见的批评就是它通常以大众完全不能接受的方式来写作。不仅如此，在对文化和上层建筑的研究中，批判理论往往着力于一些晦涩难懂的主题，而对大多数人日常关心的实用议题言之甚少。

知识与人类的旨趣　　批判学派中最著名的辩证命题之一是哈贝马斯（1970，1971）对知识与人类旨趣之关系的研究——这是对主观与客观因素二者关系进行更广义的辩证研究的一个案例。哈贝马斯很小心地指出，主观因素与客观因素一定不能割裂开来单独考虑。对他来说，知识系统存在于客观层面，而人类的旨趣则是相对主观的现象。

哈贝马斯区分了三种知识系统及其对应的人类旨趣。隐藏在每个知识系统背后且对它构成指引的旨趣，一般很少为局外人所知，将它们揭示出来正是批判学派理论家的任务。第一种知识系统是**分析科学**（analytic science）或**古典实证科学体系**（classical positivistic scientific systems）。在哈贝马斯看来，这一知识系统对应的人类旨趣是可应用于外部环境、其他社会以及社会内部之群众的技术预测与控制。哈贝马斯认为，分析科学很容易被用来强化压迫性质的控制。第二种知识系统是**人文知识**（humanistic knowledge），它对应的旨趣是**理解**世界。它的运转基于这样一种看法，即理解过去一般来说有益于我们理解今天发生的事件。它是一种相互理解与自我理解的实践旨趣，既不是压迫性的，也不是解放性的。第三种知识系统是哈贝马斯与法兰克福学派所推崇的**批判知识**（critical knowledge）。它对应的旨趣是**人类解放**（human emancipation）。人们希望哈贝马斯与其他学者提出的批判知识能够唤起大众的自我意识（通过弗洛伊德学派所剖析的那些机制），并引发最终将带来人类期望之解放的社会运动。

对批判理论的批判

有大量批评将矛头对准了批判理论（Bottomore，1984）。首先，批判理论因在很多时候表现出非历史性而受到批评，它在审视不同事件时对其历史背景和比较情境不太在意（如它对20世纪30年代纳粹主义、40年代反犹主义、60年代学生运动的研究）。这对任何一种马克思主义理论来说都是致命的批评，因为马克思主义理论本就具有历史性和比较的本质。其次，如同我们看到的那样，批判学派通常会忽略经济基础。最后一点，正是由于对经济的无视，批判学派理论家倾向于强调作为革命力量的工人阶级已经消失，这与传统的马克思主义分析是相对立的。

上述批评使得巴特摩尔这种传统的马克思主义者得出结论："法兰克福学派，就它原初的定位以及就马克思主义学派或社会学来说，已经死亡。"（Bottomore，1984：76）格雷斯曼也表达了类似的观点，给批判理论贴上了"失败的范式"的标签（Greisman，1986：273）。但是，如果说批判学派作为一个显要的学派已经死亡，那只是因为它的许多基本思想已被马克思主义、西方新马克思主义社会学甚至主流社会学所吸收。正如巴特摩尔对哈贝马斯所下的总结，批判学派经历了与马克思主义和社会学的和解，"与此同时，法兰克福学派某些独特的思想得以保留和继续发展"（1984：76）。

哈贝马斯的思想

批判理论或许在走下坡路，但哈贝马斯[①]及其理论却依然表现得十分活跃（J. M. Bernstein, 1995; R. H. Brown and Goodman, 2001; Outhwaite, 1994）。我们在本章前面的部分曾简单提及他的一些思想，而在结束批判理论这一节时，我们要对他的理论做进一步详细的介绍（至于哈贝马斯思想的另外一些层面，我们留待第十章和十一章再做介绍）。

与马克思的不同

哈贝马斯宣称自己的目标就是"建立一个我理解为再造历史唯物主义的理论项目"（1979：95）。哈贝马斯以马克思的起点［即人类潜能（human potential）、类存在物（species-being）、感性活动（sensuous human activity）］作为自己理论的起点。但是，哈贝马斯（1971）强调马克思没有对类存在物在分析上的两个独特构成——工作（或劳动、目的—理性行为）和社会（或符号）互动（或沟通行为）进行区分。在哈贝马斯看来，马克思倾向于忽略后者，并将其归入工作。哈贝马斯评论说，马克思主义的问题就在于**"将人类自发的行为简化为劳动"**（1971：42）。在此基础上，他指出，"我将**工作**（work）和**互动**（interaction）之间的根本区别作为我的理论起点"（1970：91）。哈贝马斯的著作处处都在强调这一区别，不过他更经常使用的术语是**目的—理性行为**（purposive-rational action，即工作）和**沟通行为**（communicative action，即互动）。

在"目的—理性行为"的标题下，哈贝马斯进一步区分了工具性行为和策略性行为，二者都包含经过计算的、对自我利益的追求。**工具性行为**（instrumental action）是在单一行动者理性地计算达到既定目标的最佳方式时发生的。**策略性行为**（strategic action）则是指两个以上的个体在追逐目标时对目的—理性行为进行的协调。工具性行为和策略性行为的目的都是工具性的掌控。

哈贝马斯最感兴趣的是**沟通行为**：

要将所涉及的行动者的行为协调起来，不能通过以自我为中心的、对成功的计算，而只能通过**达致理解**（reaching understanding）的行动。在沟通行为中，参与者们首先不是以自己的成功为取向。他们对个人目标的追求要以如下的条件为前提，即根据一

[①] 哈贝马斯从1955年开始做法兰克福学派第一代的代表人物西奥多·阿多诺的研究助理（Wiggershaus, 1994：537）。

般**情境定义**（common situation definitions）使他们的行动计划达成**一致**（harmonize）。

（Habermas，1984：286；黑体为本书所加）

目的—理性行为的终点是达成目标，而沟通行为的目标是达致沟通上的理解（Sean Stryker，1998）。

显然，对话是沟通行为的重要组成之一。不过，沟通行为不仅仅是"谈话行为或具有同等作用的非语言表达"（Habermas，1984：278）。

哈贝马斯与马克思相区别的关键一点在于，哈贝马斯认为沟通行为，**而不是**目的—理性行为（工作），才是最独特、最普遍的人类现象。沟通行为（而非工作）是一切社会文化生活以及人文科学的基础。如果说马克思的注意力被引向工作，哈贝马斯则转过身去关注起了沟通。

马克思不仅把注意力放在对工作的研究上，还把自由且富于创造性的工作（类存在物）作为批判分析各历史时期（尤其是资本主义）工作的基准线。哈贝马斯同样设定了一条基准线，但将它设置在了沟通领域而不是目的—理性行为之中。哈贝马斯选择的基准线是未经扭曲和不带强制性质的沟通。基于这样一条基准线，哈贝马斯就可以批判地分析失真的沟通。哈贝马斯着重研究造成沟通失真的社会结构，正如马克思审查那些导致工作扭曲的结构性根源一样。哈贝马斯和马克思的基准线虽然是不同的，但是二人都有这样一条基准线，这使他们避开了相对主义和对各种历史现象做出裁断。哈贝马斯对以韦伯和较早的批判学派理论家为首的一批人提出批判，认为缺少这样一条基准线使得他们落入了相对主义的陷阱。

除了都设定有理论的基准线之外，马克思和哈贝马斯理论上的相似之处还在于，基准线不仅是他们的分析起点，而且也代表着他们的政治目标。换句话说，马克思的政治目标是有史以来首次出现未被扭曲的工作（类存在物）的共产主义社会，而哈贝马斯的政治目标是实现一个没有扭曲沟通（沟通行为）的社会。至于近期目标，马克思试图消灭（资本主义）障碍以实现不被扭曲的工作，而哈贝马斯则希望消除阻碍自由沟通的障碍。

在这一点上，哈贝马斯（1973；也请参见Habermas，1994：101）与其他批判学派理论家一样，汲取了弗洛伊德的思想。哈贝马斯从心理分析师基于个体层面的工作与他自身认为要在社会层面所做的工作之间看到了许多互通之处。哈贝马斯认为心理分析是有关失真沟通的理论，目的在于使个体实现不失真的沟通。心理分析师试图找出个体沟通的扭曲之源，即被压迫的沟通障碍。通过反思，心理分析师可以帮助个体克服这一类障碍。同理，通过**诊疗式批判**（therapeutic critique），"用一种有益于厘清系统性自我欺骗的论证形式"（Habermas，1984：21），批判学派理论家可以帮助人们克服导致失真沟通的社会性障碍。可以说，心理分析与批判理论极为相似（但许多批判学者并不这样认为）。心理分析师帮助患者的方式，在很大程度上与社会批判学者帮助那些无力进行充分沟通的人"恢复"能力是一样的（Habermas，1994：112）。

与马克思一样，哈贝马斯理想的未来社会之基础存在于当代世界。也就是说，马克思所谓类存在物的要素内嵌在资本主义社会的劳动之中，而哈贝马斯所谓未被扭曲的沟通之要素则在于当代社会每一次的沟通行为。

理性化

接下来，我们要了解哈贝马斯思想中理性化（rationalization）这一核心议题。在这一点上，哈贝马斯不仅受到马克思的影响，也受到韦伯的影响。哈贝马斯认为之前大多数研究工作聚焦于目的—理性行动的理性化，这种理性化形式使生产力得以增长并强化了科技对生活的控制（Habermas，1970）。正如马克思和韦伯所看到的那样，它是现代社会的一个重大问题，或许说是**唯一**重要的问题。不过，问题在于目的—理性行为的理性化，而**不是**一般意义上的理性化。事实上，在哈贝马斯看来，矫正目的—理性行为理性化问题的方法正在于沟通行为的理性化。沟通行为的理性化会带来不受控制以及自由和开放的沟通。此处的理性化指的就是解放，"**移除对沟通的限制**（removing restrictions on communication）"（Habermas，1970：118；也请参见Habermas，1979）。这就与之前提到的哈贝马斯有关**合法化**（legitimations）或更广义的**意识形态**（ideology）的理论配合起来。也就是说，合法化与意识形态是导致沟通失真的两个主要原因，如果要达成自由和开放的沟通，我们就必须消除它们。

在社会规范的层面上，理性化是指降低规范的压迫性和刚性，从而提高个体的灵活性和反身性。哈贝马斯社会进化理论的核心正是建立这种限制较少或无限制的新型规范系统。理性化将哈贝马斯（1979）导向一个扭曲较少的新型规范系统，而不是一个新型生产体系。许多人指责哈贝马斯在从物质层面转向规范层面时斩断了他的马克思主义理论根源，但哈贝马斯辩称这是对他的立场的误解。

哈贝马斯认为进化的终点应该是一个理性的社会（Delanty，1997）。此处的理性意味着消除扭曲沟通的障碍，而从更广泛的意义上说，则意味着以下这样一种沟通系统，即思想得以公开地表达，不受批评的干扰，不受限制的共识可以通过论证过程得以建立。为了更好地理解这一点，我们需要对哈贝马斯的沟通理论有更多的了解。

沟通

哈贝马斯将沟通行为与话语进行了区分。沟通行为出现在日常生活中，而**话语**（discourse）则是

> 脱离经验和行为背景的一种沟通形式，它的结构可以确保——声明、建议和警

告中被捆绑的有效性主张（validity claims）成为讨论的唯一目标；除非是与验证各项问题中的有效性主张这一目标相关，参与者、主题和所做贡献都应不受限制；除了更好的论证，这里不会存在其他的力量；除了合作以寻求真理，所有的动机都应被排除在外。

（Habermas，1975：107—108）

存在于话语的理论世界中的"理想的演说情境"，在沟通行为的世界里是隐藏的和基础性的。在这里，力量或权力不能决定哪种观点可以胜出，只有更好的论证才具有决定性的作用。证据与论证的含金量决定着什么是有效和真实的。经过这一对话过程且参与者一致同意的论证是真实的（Hesse，1995）。所以，哈贝马斯采信的是真理共识论［而非真理复制论或说"事实"论（Outhwaite，1994：41）］。这里的真理是一切沟通中的构成，它的完整表达是哈贝马斯进化理论的目标。正如托马斯·麦卡锡（Thomas McCarthy）所说，"所谓真理，最终指向一种摆脱一切扭曲之影响的互动形式。批判理论的目标，即'好并且真实的生活'，本就存在于真理这一概念之中；在每一次的演说行为中都可以看到它的身影"（1982：308）。

当互动者提出并意识到四种类型的有效性要求时，从理论化的角度来说，共识就会在话语中现身（在沟通行为中则是前理论性的）。第一项要求是，发言者的表达应是可理解、可领会的。第二项要求是，发言者提出的命题是真实的，也就是说，发言者提供了可信的知识。第三项要求是，发言者提出的命题是反映现实的（准确的）和真诚的，即发言者是可信赖的。第四项要求是，发言者以正确且恰当的方式提出命题。他或她具有如此做的规范基础。当上述有效性要求提出并被接受时，共识就会出现，而一旦有一个或多个有效性要求受到质疑，共识就将被破坏。现代世界存在许多种扭曲这个过程的力量，阻碍着共识的达成。我们如果希望实现哈贝马斯的理想社会，就必须克服这些障碍（Morris，2001）。

当代批判理论

哈贝马斯是当代社会知名度最高的社会思想大师之一，但在建立一种能更好地适应当代社会现实之批判理论的漫漫长途中，他并不缺少同行者（参见Wexler的多篇论文，1991；Antonio and Kellner，1994）。卡斯特尔（1996）曾解释过要为新的"信息社会"建立一种批判理论的必要性。为了阐明这些后续的努力，我们在这里简单介绍一下凯尔纳（Kellner，1989c）建立并命名的"技术资本主义"（techno-capitalism）理论。

技术资本主义

凯尔纳的理论基于以下的假设，即我们并未进入后现代或后工业时代，资本主义依旧如批判理论如日中天之时一样占据着无可匹敌的地位。因此，他认为为分析资本主义而建立的基本概念（如物化、异化）在解剖技术资本主义（techno-capitalism）时依然是有效的。凯尔纳把技术资本主义定义为

> 资本主义社会的一种新的配置，其中科技知识、自动化、计算机和先进的技术在生产过程中发挥重要的作用，一如人力、机械化和机器在早期资本主义中的作用，它们同时创造出新的社会组织方式、文化形式和生活方式。
>
> （Kellner，1989c：178）

按照技术马克思主义者的说法，在技术资本主义时代，"技术与劳动力之比的上升降低了人力的投入，不变资本逐步显著地替代了可变资本"（Kellner，1989c：179）。但是，我们不应忘记，技术资本主义仍然是资本主义的一种形式，尽管此时技术的重要性相比以往有了很大的提升。

凯尔纳汲取了一些马克思主义者的教训。举例来说，他否定技术决定社会"上层建筑"的观点，认为在技术资本主义阶段，政体与文化至少保有一部分的自主性。凯尔纳还拒绝将技术资本主义看成一个新的历史阶段，认为它只是资本主义内部演变出的一种新形态或新的聚合。凯尔纳所关注的不仅仅是技术资本主义导致的问题，他还从中看到了社会进步与解放的潜在可能。事实上，在凯尔纳看来，批判理论的关键作用不仅仅是对技术资本主义进行批判，更要"尝试分析它所释放出的解放的可能性"（1989c：215）。凯尔纳不愿重提以往那些陈旧的阶级政治学，而是从过去数十年兴起的各种社会运动（如女权运动、环境保护运动）中看到了巨大的希望。

凯尔纳无意建立一种有关技术资本主义的全面理论。他的主要观点是，资本主义虽然发生了巨变，但在当代世界仍然具有极大的影响力。因此，批判学派以及更广义上的马克思主义理论所提供的理论工具仍然与今天的世界密切相关。鉴于针对文化的理论关注对于全盛时期的批判理论是如此重要，我们用凯尔纳对"技术—文化"（techno-culture）的描述来结束本节：

> 技术—文化是大众文化和消费社会结构的表达，意味着生活消费品、电影、电视、大众形象和电算化信息成为发达世界随处可见的主流文化形式，而且它们对发展中国家的渗透日益加强。在这样一种技术—文化之中，影像、景象、审美化的商品（或"商品美学"）逐渐形成了殖民人们日常生活的新的文化形式，转化着政治关系、经济关系以及社会关系。在所有这些领域，技术（technology）发挥着越来越根本性的作用。
>
> （Kellner，1989c：181）

在这一领域，有很多有待未来的批判学派理论家探索的事物，如技术—文化的本质、技术—文化的商品化、它对生活世界的殖民以及对经济及其他社会领域的辩证作用。这里不但有许多全新的事物，也不乏符合批判理论基本思想的现象。

文化批判晚近的发展

凯尔纳和刘易斯（Kellner and Lewis，2007）将法兰克福学派视作"文化批判"传统的一部分，因此也可算作"文化转向"和文化研究的一部分（McGuigan，2005；Storey，2007）。法兰克福学派居于该传统的核心，在它之前有康德、尼采、马克思和弗洛伊德（以及其他学者）的理论，之后则有以"伯明翰学派"（Birmingham school）相关著作为首的一批论著。

显然，伯明翰学派或当代文化研究中心（Centre for Contemporary Cultural Studies），与英国伯明翰大学有密切的关联（Barker，2007）。该中心于1964年成立，至1988年关闭。它由理查德·霍加特（Richard Hoggart）创建，在斯图亚特·霍尔（Stuart Hall）的领导下获得了极高的声誉和巨大的凝聚力（Rojek，2003，2005）。相比于重视高雅艺术和精英阶层的英国学术传统，伯明翰学派更重视和关注流行文化、它的产品以及与其有关联的底层群众。流行文化被它视为竞技场，担当社会控制机制的霸权思想在其中获得底层群众的赞同，而最重要的是，从马克思主义的视角来看，霸权思想在其中也受到底层群众的抵制。尽管结构主义和符号学至少对某些伯明翰学派的论著造成了影响，霸权思想、赞同和抵制等概念明确地建立了伯明翰学派与马克思主义，尤其是葛兰西的理论的关系。意识形态的斗争依然存在，因此作为"有组织观念的知识分子"，即至少在理论上属于工人阶级阵营的思想家，伯明翰学派学者的责任（即使不能时时刻刻履行）就是成为流行文化的一部分，帮助那些与之有关的群众发动一场抵制当权者、反霸权的意识形态战争。他们还把揭露、除魅负载大量意识形态与神话、为精英群体服务的主流文本当作自身的责任。伯明翰学派的学者们不是冷漠的社会科学家，而是与"人民"站在一起反抗权力精英的"民粹主义者"（McGuigan，2002，2005）。因此，与批判理论一样，受伯明翰学派影响的社会学理论抛弃了经济决定论与经济基础—上层建筑的视角，转而强调相对于经济基础具有一定自主性的上层建筑，尤其是文化［以及民族—国家（nation-state）］。

在文化层面，伯明翰学派的研究重点是意识形态和霸权，以及权力和控制表现自身及受到抵制的方式。这意味着，伯明翰学派一方面关注媒体如何表达统治群体的意识形态，以及工人阶级年轻一代如何复制其从属地位，另一方面又关注工人阶级年轻一代如何通过着装和风格（如"光头党"）抵制自身的从属地位以及统治群体的意识形态。相应地，伯明翰学派喜欢分析电影、广告、肥皂剧、新闻广播等各类文本（反映出结构主义和符号学对它的影响；参见本书第十三章），以揭示它们以怎样的方式成为霸权产品。他们还说明了文本的意义为何不是一成不变的，而是受众用各种不同的方式，有时甚至是以对立或对抗的方式塑造出来的。伯明翰学派对霸权和抵制的双重关注在这里再次得到了体现。

底层阶级以对立或对抗的方式重新定义文化的权力，揭示了伯明翰学派与法兰克福学派的重要差异。后者认为文化产业降低了文化的地位，前者则把文化视为精英视角的产物。伯明翰学派对于文化的观点相对积极，这主要是因为底层民众参与了文化的阐释和生产。

西方新马克思主义经济社会学

西方新马克思主义者（如批判学派理论家）很少对经济制度做出评论，在一定程度上这是对过度的经济决定论的抵制。可是，他们的这种反应调动起一系列的逆反应。在本节中，我们要介绍一些由重新回归经济领域的马克思主义者建立的理论。他们的论著体现了使马克思主义理论适应现代资本主义社会现实的尝试（Lash and Urry，1987；Mészáros，1995）。

我们将本节分为两个部分，第一部分聚焦于资本与劳动；第二部分介绍主题相对狭窄且更接近当代的、有关福特主义向后福特主义转化的理论。

资本和劳动力

马克思将自己有关经济结构与经济过程的理论建立在对其所处的资本主义时期——我们可以称之为竞争资本主义——的分析之上。当时，资本主义工业规模不大，因此，没有哪一个或哪几个工业有能力全面和不遇抵抗地控制市场。马克思主义经济理论的大部分内容基于这一前提，在资本主义仍是一种竞争体系的时代里是准确的。马克思预见到了未来的垄断，但对此仅做了简单的评述。然而，许多较晚出现的马克思主义理论家在运用这一理论时，却好像资本主义仍停留在马克思的时代一样。

垄断资本

我们要在上述的语境中审视巴兰和斯威齐的研究工作（Paul Baran and Paul Sweezy，1966；Toscano，2007b）。他们首先批判了马克思主义社会科学一直在重复相似的构想，不能解释资本主义社会新近出现的重要发展。两位学者指责马克思主义停滞不前，仍停留于竞争经济的假定。他们认为现代的马克思主义理论必须承认竞争性资本主义基本上已被垄断资本主义所取代。

在**垄断资本主义**（monopoly capitalism）中，某个或少数资本家控制着一个既定的经济部门。显然，垄断资本主义中的竞争比竞争性资本主义中要少得多。在竞争性资本主义中，商业组织就商品价格展开竞争。也就是说，资本家通过制订更低的价格以销售更多的商品。而在垄断资本主义中，由于一个或少数公司控制了市场，公司不再通过这种方式进行竞争。竞争转换到销售领域，广告、包装及其他吸引潜在消费者的方法成为竞争的主战场。

从价格竞争转向销售竞争是垄断资本主义另一个典型进程的一部分——**渐进的理性化**（progressive rationalization）。人们逐渐认为价格竞争是非常不合理的。也就是说，从垄断资本主义的角度来看，提供越来越低的价格只能导致市场秩序的混乱，更不用说随之而来的低利润和破产。相比之下，销售竞争没有那么残酷。事实上，它还创造了广告行业的就业。况且，在简单叠加销售和促销成本之后，商品可以保持高定价。所以说，销售竞争的风险比价格竞争小得多。

垄断资本主义的第三个关键特征是巨型企业的崛起以及少数大型公司控制了绝大多数经济部门。在竞争性资本主义时期，商业组织几乎由企业家一手掌控，而现代公司的所有者是数量庞大的股票持有者，其中少数大股东占有大多数股票。股票持有人"拥有"公司，但现实中的日常控制却是由经理人实施的。经理人在垄断资本主义中的地位很关键，而竞争性资本主义的核心则是企业家。经理人试图维持其掌握的权力。他们尽可能地从内部筹集所需资金，而不再依赖于外部资金，以便保持财务独立。

巴兰和斯威齐广泛地评论了企业经理人在现代资本主义社会的核心地位。经理人被视作一个具有高度理性的群体，致力于实现组织的利润最大化。他们不像早期企业家那样喜欢冒险。但是，他们的眼光比早期企业家更长远。早期资本家喜欢将短期利润最大化，现代管理者则意识到这种做法有可能导致混乱的价格竞争，从而对公司的长期盈利造成负面影响。因此，经理人会放弃**一些**短期利润以实现长期盈利的最大化。

巴兰和斯威齐的理论因各种原因受到批判，例如过度强调经理人的理性。西蒙（Herbert Simon，1957）强调管理者更喜欢发现（而且也只能发现）满意度最低的方案，而不是最合理、收益最高的方案。另一种批判的重点在于，管理者是否真的是现代资本主义的关键人物。许多学者认为真正控制资本主义体系的其实是大股东。

劳动力和垄断资本

哈里·布雷弗曼（Harry Braverman，1974）认为劳动过程和对工人的剥削是马克思主义理论的核心。他不仅有意更新马克思对体力工人的理论关注，还想审视在白领工人和服务业人员身上发生的一切。

布雷弗曼为了进一步拓展马克思主义的分析，强调"工人阶级"这一概念所指的不是特定的人群或职业，而是买卖劳动力的过程。现代资本主义意味着本质上绝大多数人不再拥有生产资料。因此，大多数人（包括大部分白领工人和服务业人员）被迫向极少数生产资料拥有者出售劳动力。在他看来，资本家的控制与剥削以及机械化和理性化的衍生过程正在向白领和服务性行业发展。

管理控制 布雷弗曼认识到了马克思的理论焦点是经济剥削，而他自己把精力投注在**控制**（control）上。他提出了这样一个问题：资本家如何控制他们雇用的劳动力？一种答案认为，资本家通过经理人来实现控制。布雷弗曼将**管理**（management）定义为**"以实现公司内部控制为目标的劳动过程"**（1974：267）。

布雷弗曼特别关注经理人在控制工人时所采用的非人格化手段。他的核心兴趣之一是如何利用专业化来控制工人。他仔细地区分了整个社会的劳动分工与组织内部工作的专业化。一切已知的人类社会都存在劳动分工，如在男人和女人、农民与工匠之间的分工，而组织内部工作的专业化则是资本主义特有的发明。布雷弗曼认为在社会层面的劳动分工可以使个人获得提升，而工作场所内部的专业化则造成了切割人类能力的灾难性影响，"在无视人类能力与需求的情况下，对个体的分割是对人及人性的一种犯罪"（1974：73）。

工作场所的专业化是指对任务或操作过程进行连续的细分、再细分，直到将其分成极度细微和高度专业化的行动，再将每种行动分派给**不同**的工人。这个过程产生了布雷弗曼所谓的"零件工人"（detail workers）。资本家在个体拥有的能力区间中挑出很少的一部分，要求工人应用在工作中。正如布雷弗曼所说，资本家先瓦解了工作过程，随后通过要求工人在工作中只使用自身技能和能力中很小的一部分"肢解了工人"（1974：78）。按照布雷弗曼的表述，工人"从来不会自愿地将自己转化为持续一生的零件工人。这是资本家做出的贡献"（1974：78）。

资本家为什么要这么做？首先，专业化有助于加强管理部门的控制。控制从事专业化工作的工人比控制应用大量技能的工人更容易。其次，专业化有助于提升生产力。也就是说，相比于每名工匠都掌握所有相关技能和参与任一环节的生产，同样数量的从事高度专业化工作的一群工人能够生产得更多。例如，相比于每个人各自单独制造一辆汽车的熟练工匠，同等数量的、在汽车流水线上工作的一批工人可以生产出更多的汽车。第三，专业化允许资本家为所需的劳动力支付最低报酬。资本家不再雇用高工资的熟练工匠，而是花低价雇佣没有技术的劳工。按照资本主义的逻辑，雇主希望不断降低工人的工资。这种做法催生了布雷弗曼所谓的"简单劳动力"，即在本质上毫无差异的大众。

专业化所实现的控制，对资本家及其雇佣的经理人而言，仍然是不充分的。他们的另一种重要的控制手段是科学技术。探索科学管理的用意亦是如此，试图将科学技术应用到对劳动力的控制之中，从而服务于管理层的利益。布雷弗曼认为科学的管理是一门"如何实现对异化之劳动力的最佳控制"的科学（1974：90）。科学管理可被划分为以劳动力控制为目标的多个阶段——把大量工人集中在一个车间，规定每天的工作时间，直接监督工人以确保他们勤奋地工作，制订规则强制排除各种干扰（例如工作期间不准讲话），制订可接受的最低工作量。科学管理试图通过"**精确规定工人在每一步工作中的明**

确方式"来实现控制（Braverman，1974：90）。例如，布雷弗曼讨论过科学管理之父泰勒（Kanigel，1997）早年间对铲煤的研究以及由此得出的各项规定，例如要采用哪一类型的铲子和哪种站姿、铲子应该以多少度角插入煤堆，以及每次挥铲要铲起多少煤。换句话说，泰勒建立了一套确保对劳动过程实施全面控制的方案。工人几乎不能做出任何独立的决定。这样一来，科学管理就实现了脑力和体力劳动的分离。管理层通过垄断与工作有关的知识，控制了劳动过程的每个步骤。最后，工作本身失去了任何有意义的技巧、内容和知识。工匠精神被彻底摧毁。

布雷弗曼还把机器看成控制工人的一种手段。"当机器自身的结构赋予工具或工作以固定的运动路径时"，现代机械就出现了（Braverman，1974：188）。技术被内置到机器当中，而不再留待工人靠努力获得。工人们不再控制工作过程，而是逐渐为机器所控制。除此之外，管理层控制机器也要比控制工人简单得多。

布雷弗曼强调通过专业化、科学管理和机器等方法，管理部门有能力扩展其施加于体力工人的控制。布雷弗曼的见解，尤其是对控制的强调，是非常有用的。他的独特贡献在于努力把这种分析扩展至马克思分析劳动过程时未涉及的劳动部门。布雷弗曼强调白领和服务业人员现在正承受着19世纪加诸于体力工人的同一类控制过程（Schmutz，1996）。

布雷弗曼以白领职员为例来解释他的理论。白领职员由于不同的着装、技能、培训和职业前景，一度被认为是有别于体力工人的一个群体（Lockwood，1956）。然而，这两个群体目前要接受同种形式的控制。工厂与类工厂的现代办公室已经越来越难以区分，在办公室里工作的人群越来越表现出无产阶级化的倾向。首先，白领职员的工作越来越趋向于专业化。这至少意味着办公室工作出现了精神和体力层面的分化。办公室经理、工程师和技师从事脑力劳动，而"流水线"上的职员只能做敲击键盘一类的体力工作。白领职员这一岗位所必需的技能水平有所下降，职员们只需要很少甚至不需要特别的培训。

一些学者认为科学管理正在入侵办公室。有人对职员的工作进行了科学研究并将研究结果加以简化、常规化、标准化。最终，借助计算机及其相关设备，机械化显著地入侵到办公室之中。

将这些机制应用于职员工作之后，管理者发现控制职员变得越来越容易。这一类控制机制在办公室里虽然不可能像在车间里那样强大和有效，但向白领"工厂"发展的趋势方兴未艾。[①]

针对布雷弗曼的理论批判主要包括以下几种：首先，布雷弗曼可能高估了职员工作

[①] 值得指出的是，布雷弗曼的著作是在计算机技术全面入侵办公室（特别是文字处理器被广泛使用）之前完成的。由于计算机技术比传统的办公室技术要求更高的技能和接受更多的培训，它或许可以增加工人的自主性（Zuboff，1988）。

与体力劳动的相似性。其次，布雷弗曼专注于研究控制，这使得他几乎忽略了资本主义经济剥削的动力。无论如何，他的理论进一步丰富了我们对现代资本主义社会劳动过程的理解（Foster，1994；Meiksins，1994）。

针对劳动和资本的其他理论

控制，对于理查德·爱德华兹来说是更为重要的理论核心（Richard Edwards，1979）。爱德华兹认为控制是20世纪工作场所转型的核心问题。遵照马克思的方式，爱德华兹将过去及现在的工作场所看成阶级冲突的舞台，用他自己的话来说即"对抗的战场"。在这个战场上，上层阶级控制底层民众的手段出现了戏剧性的转变。在19世纪竞争性资本主义时期，"简单"控制当道，"老板们以个人的方式发号施令，干预劳动过程，手段包括劝告、威胁和恐吓工人，奖励表现突出者，当场决定雇用或解雇，向忠实的工人施惠等。他们通常以亲切或其他风格的独裁者形象出现"（Edwards，1979：19）。许多小公司仍在延用这种控制系统，但它对于现代大型组织来说显然过于粗糙。在后一类组织中，简单控制正在被非人格化的、更复杂的技术控制和行政控制所替代。现代工人被与工作有关联的技术所控制。汽车生产流水线是典型的案例，工人的动作由流水线不停歇的需求来决定。现代计算机是另一个典型案例，它能详细追踪雇员完成了多少工作以及犯了哪些错误。现代工人受到行政机构非人格化规则的控制，而不再受监管者个人的控制。资本主义在不断地发生变化，控制工人的方式也随之变化。

值得一提的还有麦克·布洛维（Michael Burawoy，1979）的理论。布洛维研究资本主义系统内的工人为什么乐于辛勤地工作。布洛维不接受马克思的解释，即工人们努力工作是资本家强迫的结果。他认为工会制度的出现以及其他社会变化在很大程度上解除了管理层面向工人的专制权力。"一旦工人们在工作场所就位，强迫就无法独立解释他们的所作所为。"（Burawoy，1979：xii）在布洛维看来，工人们对于自己要努力工作多少有一定的认同，而这种认同至少在一定程度上是在工作场所里被制造出来的。

我们通过布洛维研究的一个侧面来阐明他的思路，即工人们玩的有关工作的游戏，或者从更一般意义上说，工人们建立的非正式实践。大多数分析者认为它们是工人们抵制异化和发泄对工作之不满的举动。此外，它们还被视为工人们赖以抵制管理层的社会机制。布洛维得出了相反的结论，认为这些游戏"一般来说既不能摆脱管理层，也不是对管理层的抵制"（1979：80）。事实上，"管理人员，至少是较低层级的管理人员，不但参与了这些游戏的组织，还负责着游戏规则的执行"（1979：80）。这些游戏不但不是在挑战管理层、组织，乃至资本主义体系，反而是对它们的支持。首先，玩游戏在工人中促成了对游戏基本规则的认同，以及对定义游戏规则的社会关系体系（老板—管理者—工人）的认同。其次，由于管理者和工人都参与了游戏，这使得游戏原本要回应的相互对立的社会关系体系被隐藏起来。

布洛维认为这种手段就诱使工人合作以提高利润的目的而言，创造了更多的积极态度与认同，比强迫（如解雇不合作者）有效得多。最后，布洛维认为游戏以及其他非正式实践都是诱使工人接受资本主义系统、激发其创造更多利润的手段。

福特主义和后福特主义

以经济为取向的马克思主义者最新的理论关注是，我们是否已经见证或正在见证社会从"福特主义"（Fordism）向"后福特主义"（post-Fordism）的转变（Wiedenhoft，2005；A. Amin，1994；Kiely，1998）。这一理论焦点与一个更大的议题相关联，即我们是否正在经历从现代社会向后现代社会的转型（Gartman，1998）。本书将会讨论这场更大的转型（在第十三章），以及当代马克思主义理论家处理这一问题的方式（在本章后半部分）。从总体上说，福特主义是与现代社会相联系的，而后福特主义则与我们更接近的后现代时期相对应。[马克思主义理论对福特主义的兴趣并不是最近才出现的，葛兰西（Gramsci，1971）早在1931年就曾发表过相关的论文。]

福特主义是指由美国汽车大王亨利·福特（Henry Ford）创造的一系列思想、原则和系统。一般认为，福特通过创建汽车流水线，大力推动了大批量生产的现代体系的发展。福特主义的特征归纳如下：

- 同质产品的大批量生产。
- 流水线等刚性技术的运用。
- 采用标准工作流程（泰勒主义）。
- "规模经济以及劳动力的去技能化、集约化和同质化"带来的生产力提升（Clarke，1990：73）。
- 随之产生的大众工人以及官僚化的工会。
- 由工会进行的、伴随利润与生产率提高的统一工资谈判。
- 有能力容纳大批量生产工业之同质产品的市场的增长以及由此带来的消费模式同质化。
- 联合工会促成的工资增长，为不断增长的大批量生产商品供应提供了不断上升的需求。
- 凯恩斯宏观经济政策主导的商品市场，以及由受政府监管的集体交易来协调的劳动力市场。
- 为提供工业所需的大众工人而建立的大众教育机构（Clarke，1990：73）。

福特主义的影响可谓跨越了整个20世纪，它在美国的影响尤为显著。福特主义在20世纪70年代达到了巅峰并转而走向衰落，在经历了1973年石油危机、美国汽车产业的衰落以及日本在该领域的崛起之后，情况更是如此。因此，有些学者认为我们正在见证福特主义的衰落和后福特主义的兴起。后福特主义的特征如下所示：

- 在对大众产品失去兴趣的同时，对较为独特的产品（尤其是高质量和有格调的产品）更有兴趣。
- 鉴于较为独特的产品要求更短的生产周期，规模较小和更加高效的系统随之出现。
- 新技术的出现使得更具弹性的生产能够产生利润。
- 新技术反过来要求工人具备更多样化的技能、接受更好的训练、更加负责任以及具有更多的自主性。
- 生产必须用更具弹性的系统加以控制。
- 僵化的大型官僚机构需要进行大幅调整以变得更加灵活。
- 官僚化的工会（及政党）不再能充分代表高度分化的新兴劳动力。
- 去中心化的集体协商制度取代了工会的集中谈判。
- 工人群体变得更具差异性，需要更多样的商品、生活方式和文化产品。
- 中心化的福利国家不再能满足多样化人口的需求（如健康、福利和教育），人们需要更具差异性、更灵活的制度（Clarke，1990：73—74）。

如果我们总结一下从福特主义向后福特主义的转变，它可以被描述为从同质性向异质性的转变。这里涉及两个一般性的议题。第一，从福特主义向后福特主义的转型已经发生了吗（Pelaez and Holloway，1990）？第二，后福特主义是否能够带来解决福特主义时期问题的希望？

首先，福特主义和后福特主义之间**不存在清晰的历史间隙**（S. Hall，1988）。即使我们愿意承认现代世界已出现了后福特主义的元素，但同样明显的是，福特主义的元素仍然存在并且没有消失的迹象。例如，与福特主义有着许多共同之处、被我们称为"麦当劳化"的现象，在现代社会正以惊人的速度扩散。基于这种快餐经营模式，越来越多的社会部门开始采用麦当劳化的原则（Ritzer，2004a）。麦当劳化与福特主义有共同的特征，如同质产品、刚性技术、标准工作流程、劳动力（及消费者）的去技能化与同质化、大众工人、消费的同质化、等等。所以说，福特主义在现代世界仍然十分普遍，只是已被改换为麦当劳化。而且，以流水线为代表的古典福特主义在美国经济中仍然占有相当大的比重。

其次，即使我们接受后福特主义已经出现在我们身边的观念，它是否就能带来现代资本主义社会疑难杂症的解决方案呢？一些西方新马克思主义者［及许多资本主义的支持者（Womack，Jones，and Roos，1990）］对此抱有极大的期望："后福特主义主要表达了资本主义的未来发展将拯救社会民主主义的希望。"（Clarke，1990：75）然而，它仍只是一种希望而已。有证据表明后福特主义可能并非某些观察者所热望的天堂。

日本模式一度被广泛认为是后福特主义的基础（其光环因日本工业在20世纪90年代的急剧滑坡而略显黯淡）。有关日本工业（Satoshi，1982）以及利用日本管理技术的美国企业的研究（Parker and Slaughter，1990）表明，日本管理体系不仅存在极大的问题，其至可能**强化**对工人的剥削。帕克和斯劳特为美国采用的日本管理体系（在日本可能更严格）贴上"压力管理"标签："目标是把系统伸展成一条马上就要断裂的橡皮筋"（1990：33）。它的工作节奏比传统上的美国式流水线更快，工人要背负巨大的压力，不得不像超人那样工作才能跟得上节奏。一般地说，利维多（Levidow）认为后福特主义时代的新型工人"被无情地压榨以提高其生产率，回报却往往是更低的实际工资。——这些工人是指工厂工人、服装业的外包人员、私营部门员工，甚至包括技术院校的讲师"（1990：59）。所以，后福特主义很可能不是资本主义社会问题的解决方案，而或许仅仅是资本家强化剥削的、一个全新和更加隐蔽的资本主义阶段。

历史导向的马克思主义

以历史研究为导向的马克思主义者强调自己忠于马克思对史实性的关注。马克思最著名的历史研究是对前资本主义经济形态的研究（1857—1858/1964）。有一大批基于马克思主义视角的历史研究已接连涌现出来（如 S. Amin，1977；Dobb，1964；Hobsbawm，1965）。在这一节，我们要介绍一套以历史为导向的系列论著（Immanuel Wallerstein，1974，1980，1989，1992，1995；Chase-Dunn，2001，2005a），即沃勒斯坦对现代世界体系的研究（Chase-Dunn，2005b）。

现代世界体系

沃勒斯坦的分析单元不同于大多数马克思主义思想家的选择。沃勒斯坦关注的不是工人、阶级乃至国家，他认为它们就自己的目的来说太过狭窄。沃勒斯坦选择的是广大的经济实体，劳动分工在其中不为政治或文化边界所限制。沃勒斯坦在他的"世界体系"（world-system）概念中找到了这个分析单元。世界体系是具有一系列边界和有限生命周期、在较大程度上自给自足的社会体系。世界体系不能一直存续下去。它的内部包括多种社会结构与成员群体。沃勒斯坦不打算将该系统定义为以共识凝聚的系统。相反，他认为它是由各种各样的、具有内在张力的力量所维系的，这些力量总是有撕裂该系统的潜力。

沃勒斯坦强调迄今为止只出现过两种世界体系。一是以古罗马为代表的世界帝国（world empire）。其二是现代资本主义世界经济（world-economy）。世界帝国以政治（和军事）统治为基础，而资本主义世界经济仰仗的则是经济统治。资本主义世界经济比世界帝国更加稳定的观点基于以下的理由：首先，世界经济包括许多个国家，因而具有更广阔的基础。其次，世界经济具有一个使经济趋向稳定的内嵌过程。世界经济中的独立的政治实体吸收任何可能出现的损失，而经济收益被分配到私人手中。沃勒斯坦预见了出现第三种世界体系的**可能性**，即一个**社会主义世界政府**（socialist world government）。

资本主义世界经济将政治领域与经济领域割裂开来，而社会主义世界经济则将对它们进行重新整合。

核心地区主导着资本主义世界经济，剥削该系统中的其余地区。**边缘**地区是指那些向核心地区提供原材料并受它残酷剥削的地域。**半边缘**地区是一个剩余范畴，指介于剥削与被剥削之间的一系列地域。对沃勒斯坦而言最关键的一点是，剥削的国际分工不是由国家边境而是由世界范围的经济分工所决定的。

在世界体系著作的第一卷里，沃勒斯坦（1974）介绍了1450—1640年期间世界体系的起源。它的发展意味着世界从政治控制（也就意味着军事控制）向经济控制的转变。沃勒斯坦认为，与政治相比，经济是一种更加有效、现代的统治方式。政治结构十分笨重，而经济剥削"使加快盈余从较低阶层向较高阶层、从边缘向中心、从多数人向少数人的流动成为可能"（Wallerstein，1974：15）。在现代社会，资本主义为世界经济的增长与发展提供了基础，不用借助统一的政治结构就可以达成目标。资本主义可以被视为政治统治的经济替代品。资本主义比政治剥削采用的那些较原始的手段，更有能力创造出经济盈余。

沃勒斯坦强调资本主义在封建主义"废墟"上兴起基于三个前提：通过探险、殖民实现地理扩张；建立适用于世界经济系统各地区（如核心和边缘）劳动力控制的多种方法；在逐渐成形的资本主义世界中出现足以成为经济核心国家的强国。下面我们依次对它们进行讨论。

地理扩张

沃勒斯坦认为，西欧各国的地理扩张是另外两个阶段的先决条件。葡萄牙率先开始海外探险，其他欧洲国家紧随其后。沃勒斯坦在谈论具体国家或欧洲整体时表现得十分谨慎。他宁愿认为海外扩张是由一群为了切身利益的人促成的。以贵族为首的精英群体有许多理由进行海外扩张。首先，他们正面临一场因摇摇欲坠的封建经济而催生的、酝酿之中的阶级战争。其次，奴隶贸易为他们提供了资本主义经济赖以建立同时又易受控制的劳动力。此外，海外扩张还为他们提供了发展资本主义所需要的多种商品——金条、食物和不同类型的原材料。

世界范围的劳动分工

一旦完成地理扩张，世界就将进入下一个阶段，即建立世界范围的劳动分工。16世纪，资本主义取代中央集权成为统治世界的主要模式，但资本主义在世界各地的发展并不均衡。事实上，沃勒斯坦强调资本主义体系最终的巩固恰恰建立在它的不平等发展之上。鉴于沃勒斯坦的马克思主义倾向，他当然不认为这个体系可以自发达成均衡，而是从一开始就充满了冲突。资本主义世界体系的各个地区逐渐根据培养劳动力、种植食物、

> ### 伊曼纽尔·沃勒斯坦小传
>
> 伊曼纽尔·沃勒斯坦在20世纪60年代就作为一名非洲问题专家而为人们所认识,但他对社会学最重要的贡献却是《现代世界体系》(*The Modern World-System*,1974)一书的出版。这一论著的问世立即引起了巨大的轰动,成为一本享誉世界的名著,被翻译成十种文字和盲文。
>
> 沃勒斯坦出生于1930年9月28日,在哥伦比亚大学拿到一生中所有的学位,包括1959年的博士学位。他担任过哥伦比亚大学的讲师,在哥伦比亚大学工作多年,之后又在蒙特利尔麦吉尔大学任职五年。沃勒斯坦于1976年成为纽约州立大学宾汉姆顿分校特聘的社会学教授。1975年,沃勒斯坦因《现代世界体系》第一卷的发表而被授予索罗金奖。自那时起,他持续地研究这一主题,写作了大量的论文以及《现代世界体系》的另外两卷,将针对世界体系的分析推进至19世纪40年代。我们期待沃勒斯坦在未来推出更多的新作。他正在酝酿的一系列研究在接下来的日子里将会一直吸引学界的视线。
>
> 事实上,从许多角度来看,沃勒斯坦的《现代世界体系》所吸引的,以及未来仍会吸引的那些关注比论著本身更加重要。世界体系的概念已成为社会学理论界和研究所关注的议题,这是极少数学者才能达致的成就。正在研究及建立世界体系理论的许多社会学家对沃勒斯坦发起了这样或那样的批判,但所有人都清楚地意识到沃勒斯坦在激发新思想时所起到的重要作用(Chase-Dunn,2005a)。
>
> 提出世界体系的概念当然是一个重大贡献,但沃勒斯坦在再度激发对资料翔实的历史研究进行理论化这一方面则堪称厥功至伟。早年间由马克思、韦伯和涂尔干等人创作的社会学经典著作,在很大程度上都是属于这种类型。然而,近些年来,大多数社会学家放弃了这一类的研究,转而采用问卷调查和访谈法等非历史性的方法。相比于运用历史方法,这些方法不仅更快、更容易,收集到的数据也更便于用电脑进行分析。掌握这一类方法只需要具有相对有限的技术知识,而不必掌握广泛的以历史为导向的知识。不仅如此,理论本身在采用问卷调查和访谈的研究中只能扮演相对次要的角色。在有意复兴历史研究且具有深厚理论基础的学者之中,沃勒斯坦无疑一直站在最前列。

提供原材料、组织生产等具体功能建立了专业化。不仅如此,各个地区在培养不同类型的工人方面也走向了专业化。举例来说,非洲负责输出奴隶,西欧和南欧有很多佃农,西欧也是薪资工人、统治阶级以及技术和管理人员的中心。

一般来说，国际劳动分工的三大分区各有各的劳动控制模式。核心地区拥有自由劳动力，边缘地区以强制劳动为特征，而半边缘地区的核心是分成租佃制。沃勒斯坦强调说资本主义的关键要素是一个由面向熟练技工的自由劳动力市场所主导的核心，以及边陲地区面向非技术工人的强制性劳动市场。二者的结合即为资本主义的本质。如果自由的劳动市场在世界各地发展起来，我们就将步入社会主义社会。

某些地区最初只具有微弱的优势，但随即以此为基础发展出更大的优势。例如，16世纪的西欧作为核心地区快速地扩展了它的优势：城镇走向繁荣，工业得以建立，商人的地位得到提升。它发展出更加丰富多样的活动，以便继续扩张领地。同时，为了获得更高的生产效率，上述活动中的每一项都在走向专业化。相比之下，边缘地区发展停滞，越来越成为沃勒斯坦所谓的"单一文化"或无差异性的单向社会。

核心国家的发展

世界体系第三阶段的发展包括政治部门以及不同经济群体如何利用政权结构来保护以及扩大其利益。绝对君主制在西欧的出现大致与资本主义的发展处于同一时期。从16世纪到18世纪，各国政府是欧洲最重要的经济行动者，这一中心地位后来被让渡给经济企业。核心地区的强国在资本主义发展过程中扮演着关键的角色，并且最终为其自身的灭亡提供了经济基础。西欧各国政府在16世纪日益变得强大，建立和扩张官僚机构，并且达成了对社会力量的垄断。它们以建立军队和军事活动的合法化为主要手段，确保了国家内部的稳定。在核心地区的国家建立强大的政治体系之时，边缘地区相应地只能建立一些孱弱的政权。

之后的发展

在《现代世界体系》的第二卷（1980）中，沃勒斯坦接着讲述世界经济体系在1600年至1750年之间如何得以巩固。欧洲的世界经济在这一时期没有进行大举扩张，而是在体系内部发起了许多意义重大的变革。例如，沃勒斯坦讨论了荷兰作为核心地区的兴起及之后的衰落。他还分析了英国和法国这两个核心国家之间的冲突以及英国的最终胜利。至于边缘地区，沃勒斯坦十分详尽地描述了西班牙属美洲周而复始的命运。在半边缘地区，我们见证到西班牙的衰落及瑞典的兴起等变化。沃勒斯坦一直以马克思主义的视角进行历史分析，探讨各个社会在世界经济劳动分工中扮演的不同角色。沃勒斯坦对政治因素和社会因素保持着密切关注，但是他的主要焦点仍然是经济因素在世界历史进程中发挥的作用。

沃勒斯坦在《现代世界体系》第三卷（1989）中把他的历史分析上推至1840年。他研究了1730年到1840年间的三大发展——工业革命（主要发生在英国）、法国大革命和欧洲各国美洲殖民地的独立革命。在他看来，这一切不但不构成对世界资本主义制度的根本挑战，反而代表着它的"进一步巩固和深化"（Wallerstein，1989：256）。

沃勒斯坦接着讲述英国和法国争夺核心地区主导权的战争。世界经济体系在上一个阶段陷入了停滞，此时却逐步走向扩张，大英帝国较快地实现了工业化并开始主导规模工业。尽管在18世纪法国才是工业领域的主导，但主导权向英国的转移真真切切地发生了。法国大革命在世界资本主义体制的发展过程中起到了重要的作用，尤其有助于终结那些徘徊不去的封建主义文化残余，文化—意识形态体系与经济及政治现实由此实现了契合。不过，如同接踵而至的拿破仑政权和战争一样，这场革命抑制了法国工业的发展。在这一时期的尾声，"英国最终成为世界体系中的霸主"（Wallerstein，1989：122）。

1750年至1850年这一时期以大片新兴地区（如印度次大陆、奥斯曼帝国、俄罗斯帝国以及西非）被并入世界经济边缘地区为特征。它们成为沃勒斯坦世界体系"外部区域"的一部分，虽然与世界体系建立了联系，却并未进入这个体系。**外部区域**（external zones）是指那些资本主义世界经济需要其产品，同时具有抵制反向的核心国家工业制成品输入的能力的国家。它们被并入外部区域的后果是，一些与这些外部国家毗邻的国家也被拉入了世界体系。例如，印度的被并入将中国变成了边缘地区的一部分。在19世纪末及20世纪初，合并的步伐加快了，"整个世界，就连那些从来不曾成为资本主义世界经济外部区域的地区都被吸收了进来"（Wallerstein，1989：129）。

并入世界经济的压力不仅来自正处于合并过程中的国家，更多地是来自"世界经济扩张其边界的需要，这种需要是世界经济内在张力的结果"（Wallerstein，1989：129）。此外，合并的过程是渐进的而非急剧发生的。

沃勒斯坦（1989：170）强调被并入世界经济"必然"意味着有关国家的政治结构必须成为国家间体系的一部分，这反映了其理论对于经济的关注是马克思式的。也就是说，处于合并区域的各国必须使自己转化成国家间政治体系的一部分，或者更换乐于接受这一角色的新的政治模式，或者被已经进入该政治体系的国家所接管。出现在这一合并过程尾声的国家不仅必须成为国家间体系的一部分，还必须有足够的实力保护本国经济免受外部干扰。可是，它们一定不会变得十分强大，也就是说，一定不能强大到有能力不按资本主义世界经济的指令行事。

最后，沃勒斯坦审视了从1750年至1850年美洲的去殖民化。他详细地记述了美洲人在英国、法国、西班牙和葡萄牙的统治下获得解放的过程。美洲的去殖民化，尤其是美国的去殖民化，显然对世界资本主义体系的下一步发展产生了重大影响。

当下的世界体系理论

马克思主义者批判世界体系理论没有充分强调社会阶级关系（Bergeson，1984）。根据他们的观点，沃勒斯坦把注意力放在错误的焦点上。马克思主义者认为关键点不在于核心—边缘这种国际劳动分工，而在于既定社会**内部**的阶级关系。通过强调双方各有优势和弱点，伯格森试图调和这两种立场。伯格森的所谓的中间立场是指核心—边缘关系不仅是一种不公平的交易关系，还是全球化条件下的**阶级**关系。他的核心观点是核心—边缘关系不仅在理解沃勒斯坦所强调的交换关系时十分重要，在认识权力—依附关系（也即阶级关系）的问题上则显得更为重要。近年来，世界体系理论家正试图将该理论应用于解读今日以及未来的世界（Chase-Dunn，2001；Wallerstein，1992，1999），以及进入现代社会之前的那些岁月（Chase-Dunn and Hall，1994）。

西方新马克思主义的空间分析

西方新马克思主义理论的分类在某种程度上毕竟是主观的，事实上所有理论的分类都是如此。比如，我们在前一节以"历史导向的马克思主义"为标题而讨论的世界体系理论，同样可以拿到本节来介绍。世界体系的思想在本质上具有空间内涵，关注世界经济的全球分化。西方新马克思主义理论家为帮助人们理解空间及其在社会世界中的作用做出了大量卓著的贡献，有关世界体系的研究只是这一更广泛的研究体系的一部分。这种趋势也只是社会学与社会理论中针对空间的学术兴趣广泛复兴的大潮中的一股支流（Gieryn，2000）。在本节中，我们将展示这一领域最重要的几项研究成果，其中西方新马克思主义学者们所做的贡献最为突出。①

在西方新马克思主义理论（及其他理论）中兴起以空间为研究兴趣的起点是福柯的研究（参见第十三章）。福柯指出大多数理论，特别是马克思主义理论，对时间的关注远远超过了空间："对空间的低估已经延续了数代人的时间……空间被视为是死寂的、固着的、非辩证的、不易变更的。相反，时间则是丰富的、多产的、有生命力的、辩证的"。（Foucault，1980b：70）福柯的言下之义是空间与时间都应被赋予其应有的价值，被当作内涵丰富的、多产的、活生生的和辩证的。由于学者们过去一直把焦点放在时间（和历史）上，福柯（1986：22）主张，"当下这个时代，或许尤其应该成为一个空间时代"。事实上，正如我们将在第十三章所学习到的，福柯在讨论卡塞罗群岛（carceral archipelago）及圆形监狱（Panopticon）等主题时提出了大量有关空间的理论洞见。

空间的生产

亨利·列斐伏尔（Henri Lefebvre）的《空间的生产》（*The Production of Space*）可谓西方新马克思主义空间理论的开山之作（也请参见Faist，2005；Kurasawa，2005）。

---

① 能够反映分类问题的一个事实是，至少有一种空间理论上的重大贡献可以被视为西方新马克思主义，即本书中将在第十三章"后现代社会理论"标题下讨论的詹明信（1984，1991）有关"超空间"的研究。此外，其他空间理论的重要成果也可能来自另外一些理论根源，本书将在不同的部分对它们进行讨论。例如，我们将在第十一章讨论吉登斯有关空间（和时间）、时空延展等的重要思想。

列斐伏尔强调马克思主义理论的理论焦点需要从生产方式转向空间的生产。换句话说，他希望看见理论焦点从空间中的事物（如工厂等生产方式）转向空间自身的实际生产。马克思主义理论把它的理论视野从（工业）生产拓宽至空间的生产，这反映出理论焦点需要从生产转向再生产。空间以多种方式实现了资本主义体系、它的内部阶级结构及其他对象的再生产。因此，任何革命行动都必须根据空间的重构对自身进行考量。

在列斐伏尔繁复的论证中，如下所述的三种空间区分是其中极为重要的一个层面。他先从**空间的实践**（spatial practice）入手，在他看来它包括了空间的生产与再生产。列斐伏尔认为在空间的实践之上并最终控制它的是**空间的再现**（representations of space）。它是由城市规划师、建筑师等社会精英构想出的空间。他们把它看成"真实的空间"（true space），用它来达成并维持统治权。城市规划师和建筑师曾经构想出一个广为流行的"城市更新"计划，从理论上说即拆掉穷人住的破房子，代之以条件好得多的、更现代化的住宅。然而，城市更新后来演变成所谓的"城市搬迁"。城市规划部门先迁走穷人以便为新居建设腾出空间，但新屋在建成之后，往往成为有意改善城市空间的中产或更高阶层的购买目标。于是，穷人被迫搬往新的居住区，而且发现新的居住条件比照搬迁前几乎没有任何改善。他们还不得不去适应新的地域、社区和邻居。可以说，支持、创建和实施城市更新计划的那些人利用"空间的再现"激进地改变了穷人的"空间实践"。

空间的再现不仅对空间实践，还对**再现性空间**（representational space）进行控制。如果说空间的再现是统治群体的造物，那么再现性空间则来自人民日常生活的经验，尤其来自那些底层或难见天日的人群的经验。与此同时，由于空间的再现被当权者看作"真实的空间"，再现性空间可以生产"空间的真理"。换句话说，它们反映的是真实的生活经验，而不是城市规划者这一类人为了获取统治权而制造的抽象真理。不过，在现代世界，再现性空间亦如空间实践一样，因空间再现的霸权而受害。事实上，列斐伏尔（1974/1991：398）甚至很极端地说："再现性空间消融在空间的再现之中。"对列斐伏尔来说，关键在于精英的空间再现持续地凌驾于空间实践和再现性空间之上。进一步地说，如果从再现性空间涌现出的那些新的、具有潜在革命因子的观念正在消失，城市规划师等精英群体的霸权怎么会受到挑战，更遑论威胁呢？

如果说传统的空间分析采用了一种非常抽象的分析方式，列斐伏尔在提出第二种三重区分时则采用了相对具体及积极的方式来考察空间。类似于马克思提出的类存在物，列斐伏尔是从所谓的**绝对空间**（absolute spaces）或未被经济和政治力量殖民、扭曲和挤压的自然空间［如"绿色"地域（"green"areas）］开始的。

正如马克思几乎没有对类存在物（和共产主义）做太多分析，列斐伏尔同样没有在绝对空间上花费太多时间。马克思将其主要的炮火引向对资本主义的批判，而列斐伏尔则偏好对所谓的**抽象空间**（abstract space）进行批判分析。与空间的再现一样，抽象空间是城市规划者或建筑师等抽象主体建构的空间。①但是，抽象空间不仅仅是概念上的，而是实际取代了建立在绝对空间基础上的历史性空间。抽象空间的特征是其中不存在与绝对空间有关联的事物（如树木、洁净的空气，等等）。它是一种支配的、占用的、控制的、独裁主义（甚至涉及暴行、暴力）的和压迫性的空间。列斐伏尔强调国家在向抽象空间行使权力时，尽管权力的实施是隐蔽的，但它的作用强过经济力量。进而，"抽象空间是一种权力工具"（Lefebvre，1974/1991：391）。也就是说，在抽象空间内部实施的权力，连同抽象空间本身，都是权力的某种形式。当权者总是试图控制空间，而列斐伏尔的不同在于"权力渴求对空间的绝对控制"（Lefebvre，1974/1991：388）。统治阶级把抽象空间当作一种权力工具，以获取对越来越大的空间的控制。列斐伏尔虽然淡化了经济因素和经济力量，但他的确意识到抽象空间自身具有的以及向它施予的力量可以产生利润。也就是说，除了工厂可以产生利润，铁路和高速公路由于可以帮助向工厂输入原材料和向外输出制成品，同样可以产生利润。

  作为一位杰出的马克思主义理论家，列斐伏尔强调矛盾的重要性。抽象空间有助于抑制矛盾，但同时也生成矛盾，甚至会生成有将抽象空间撕裂开来之潜能的矛盾。列斐伏尔好奇人们为什么会接受抽象空间加诸于他们的控制并对此保持沉默，但他似乎又认为人们最终会在上述矛盾的鞭策下采取行动。事实上，正如马克思对资本主义内部矛盾的分析，列斐伏尔强调在抽象空间的矛盾中可以发现新型空间的种子。

  这种新型空间，即我们将要讨论的第三类空间——**差异空间**（differential space）。抽象空间试图控制和同质化每个人、每件事物，差异空间则重视差异和脱离控制的自由。如果说抽象空间打破了社会中存在的自然统一，那么差异空间则试图重建这种统一。相对于冀望中的差异空间，列斐伏尔这里再次给予受其批判的抽象空间更多的论述。

  列斐伏尔认为空间可以在社会经济生活中扮演多种角色。首先，它是众多生产力中的一种（生产力还包括工厂、工具和机器等传统生产力）。其次，空间本身既可以成为一个被消费的巨型商品（如被参观迪士尼乐园的游客所消费），又可以在生产过程中被消费（如用来建造工厂的土地）。第三，它是一种促进系统控制的政治工具（如修建公路有助于调动镇压叛乱的军队）。第四，空间支撑着生产关系和所有权关系的再生产（如面向资本家的高档封闭社区和面向穷人的贫民窟）。第五，空间可以以某种看似中立的上层建筑形式呈现，同时掩盖它赖以建立、远非中立的经济基础。高速公路系统看似是中立的，但它对资本主义企业的好处更大，使得企业可以方便、廉价地运输原材料。最后，空间总是蕴含着积极的潜能，例如空间内部的人性化与创造性的工作，以及根据受控制、剥削的群体的利益进行调整的可能性。

---

① 不过抽象主体也可能是如汽车司机之类的较世俗化的人。

空间的生产在列斐伏尔理论中体现为两种立场。首先，正如我们前面所讨论的，它构成了分析与批判的新焦点。也就是说，学界的注意力要从生产资料转向空间的生产。第二，列斐伏尔根据冀望中的社会变革路线来推进他的分析与批判。也即，我们生活在一个以**空间中的生产模式**（mode of production in space）为特征的世界。这是一个由政权、资本家和资产阶级实施控制的支配性的世界，也是一个封闭、贫瘠、正在被掏空内涵的世界（例如，高速公路正在取代、破坏地方社区）。人们所需要的是一个以**空间的生产**（production of space）为特征的世界。相对于支配，我们想要拥有一个以取用为主流的世界。人们相互合作，在空间内部或借助空间生产其日常所需和希望繁衍、传播的事物。也就是说，人们修正自然空间以适应他们的集体需求。列斐伏尔（1974/1991：422）的目标是"生产出人类的空间……一个全球空间，以之作为日常生活转型后的社会基础"。毋庸赘言，列斐伏尔相信控制生产方式的政权及生产资料私有制终将消亡。空间的生产不但是列斐伏尔理论的分析核心，还是他的政治目标，正如共产主义之于马克思一样。

三元辩证法

爱德华·索雅（Edward Soja，1989）受到福柯和列斐伏尔的重要影响。他与福柯一样批判造成"监狱式历史主义"（carceral historicism）与"临时监狱"（temporal prisonhouse）的、对时间（和历史）的理论关注（Soja，1989：1）。索雅试图把对空间和地理的研究与对时间的研究结合起来。列斐伏尔对索雅的思想有深远的影响，不过索雅对其理论的某些方面有所批判，并且试图以多种方式超越他的理论。

就理解空间而言，索雅（1996，2000）在理论上最核心的贡献或许要说是**三元辩证法**（trialectics）的概念。索雅显然是以马克思（及黑格尔）的辩证思想为基础，并对它们进行了扩展。但是，三元辩证法更直接的理论源头是列斐伏尔的研究，尤其是我们之前讨论的对于空间的实践、空间的再现与再现性空间的区分。大体而言，列斐伏尔区分了物理实践和两种类型的空间思想。索雅接受这种基本区分，以便理论化他所谓的**城市空间**（cityspace），即"被视为历史—社会—空间的现象，但在用于解释和阐释目的时**突出了其内在空间性的城市**"（Soja，2000：8）。该定义强调了索雅的一个基本假定，那就是：在优先关注空间的同时，索雅坚持将历史（或更广义上的时间）和社会关系纳入他的分析。把空间纳入社会分析的举动应当受到鼓励，但它不应以损害对历史和时间的分析为代价。进一步说，将社会关系纳入理论分析，使得索雅的理论视角顺利地契合了本书从头到尾都在讨论的社会学与社会理论的传统。

第一空间视角基本上是唯物主义取向的，与进行城市研究（以及列斐伏尔所谓空间实践）的地理学家最经常采用的视角是一致的。索雅（2000：10）如此描述第一空间的理论取向："城市空间可以被当作一系列具体化的'社会实践'来研究，这些社会实践共同发挥作用,生产和再生产城市主义这种生活方式的具体形式和特定模型。在这里,一如那些可被测绘的城市生活配置与实践一样,城市空间在物理上和经验上都可以被看成形式与过程。"第一空间的理论方法以客观现象为理论焦点,强调"空间中的事物"。

相比之下,第二空间理论取向由于包含列斐伏尔的空间的再现和再现性空间而更具主观性,以"有关空间的思想"为理论焦点。从第二空间视角来看,"城市空间更多地是精神或观念的领域,在意象、反身思考和符号表达中被概念化,是这一想象……或城市想象的**构想**(conceived)空间"(Soja,2000:11)。第二空间视角可具体表现为每个个体的精神地图(mental maps)、关于城市乌托邦的想象,以及在获取和传送城市地理信息时采用的较正规的方法。

索雅试图将第一及第二空间融为第三空间,该空间应该是

> 合并了第一空间与第二空间视角的,关于人类空间之社会生产的另一种思考方式,它同时展示了地理学与空间想象力的视野和复杂性。用这种替代性的或"第三"视角来看,城市主义的空间特性被当作一个完全的**生活(出来的)空间**(lived space)而被研究,这个空间是一个同时具备真实和想象、现实和虚幻的场所,以及将个体与集体的经验和能动性结构化的场所。
>
> (Soja,2000:11)

索雅的城市空间理论是极为复杂的。鉴于城市空间的高度复杂,而且其中大部分内容又是隐秘且不可知的,我们最好的选择就是"通过它固有的空间、社会和历史维度,通过相互交织的空间性、社会性和历史性"来探索城市空间(Soja,2000:12)。索雅最喜欢的城市空间是洛杉矶。他一次又一次地前往洛杉矶,用各种不同的角度去分析它,其中当然包括他的第三空间的整合视角。

希望的空间

我们在本节一开始时就说过,理论分类在某种程度上是主观的。事实上,索雅的理论既可以被归入我们接下来要讨论的后现代马克思主义理论,也可以被归入西方新马克思主义的空间分析理论。接下来我们要介绍的大卫·哈维(David Harvey)的理论也是如此。我们除了在本节讨论他的研究之外,还将在后现代马克思主义理论一节继续对他的讨论。

哈维的理论研究多年来经历了若干次的转换和转折,因此他的空间分析有着丰富的表现形式。哈维在回顾自己的早期研究时,认为它们不够严谨和科学。在20世纪60年代末,哈维经历了理论方向的第一次转变,以一位遵循科学方法的实证主义者自称。他的研究从此转向量化、理论建立、规律发现等(Harvey,1969)。然而,几年之后,哈维

（1973）再次转换了理论的范式，否定了之前推崇的实证主义。这一次，他选择投入深受马克思主义影响的唯物主义理论的怀抱。

哈维被后现代理论吸引并且受到它的诸多影响，但他始终保持着对马克思主义理论的重视。他的近作《希望的空间》(Spaces of Hope, 2000)清楚地表现出这一倾向。哈维的理论与西方新马克思主义理论特别契合的一个侧面是，对于《共产党宣言》（以下简称《宣言》）中地理学相关论证的分析与批判。哈维认为"空间修复"是《宣言》的核心。也就是说，为了创造更高的利润，资本主义企业必须持续开发新的、可实行剥削的地域（和市场），并寻找更彻底的方式剥削它们已经控制的地域。这种地理学视角的论证在《宣言》中占据了相当比重，不过它典型地"服从于一种时间和历史比空间和地理更受强调的修辞模式"（Harvey，2000：24）。

哈维（2000：31）首先确认了《宣言》所蕴含的力量，以及它提出的"不管是在历史上还是在今天，地理学意义上的重组和重构、空间战略和地理政治学因素、不平等的地域发展等，始终是资本积累和阶级斗争动力的重要内核"的判断。然而，《宣言》中有关空间（及其他要素）的论述过于局限，因此哈维试图修补它，以便适应新的现实。

举例来说，哈维认为马克思和恩格斯对于这个世界所做的文明—野蛮以及更广义上的核心—边缘的区分过于简单化。《宣言》接受传播论者（diffusionist）的模式，认为资本主义是从文明地区向野蛮地区、从核心地域向边缘地区扩散的。哈维同意有很多类似的传播案例，但无论在历史上还是在当代，我们都可以看到边缘国家内部的发展将其劳动力和商品推进全球市场。

更重要的是，哈维（2000：34）强调，"《宣言》最大的不足之一是它忽略了世界的区域组织，具体地说，即资本主义的区域组织"。国家是资产阶级执行机构的认知，要以"国家必须基于领土而被定义、组织和管理"的认识为基础（Harvey，2000：34）。举例来说，松散联结的各省必须要凝聚在一起才能形成国家。然而，一旦它们转化为国家，版图却不会保持一成不变。交通革命、通信革命、"阶级斗争不平衡的动力"，以及"不均衡的自然资源"等因素都会改变区域配置。而且，"商品、资本、劳动力和信息的流动总会使边界变得易于渗透"（Harvey，2000：35）。版图一直处于重新定义和重组的状态，任何基于领土来构想国家终极形态的理论模型都是过分简化的。这意味着我们需要不断调和、适应这个由资本主义主导的世界中的版图变化。

《宣言》中另一处与空间有关的论证提出，资本主义的集中（如城市里的工厂）将会导致原先散布在农村的无产阶级向城市集中。过去发生在个别的工人与资本家之间的冲突，现在可能转变为由一个工人集体对抗资本家，后者现在也更倾向于组成一个集体。因此，用哈维（2000：36）的话说，"在阶级斗争的背景下，空间生产的斗争不是中立的"。空间和阶级斗争之间的关系还远不止这么简单，资本主义近期的历史可以充分地证明这一点。例如，在19世纪末，资本家将工厂从城市中心搬迁至郊区，从而控制工人及其力量的集中。到20世纪末，我们又见证到工厂向世界偏远地区的扩散，这是进一步削弱无产阶级、稳固资产阶级的尝试。

哈维进一步指出《宣言》过于重视**城市**无产阶级，而在很大程度上忽略了农村地区以及农业工人和农民。许多年来，后一个群体已被证实是革命运动中非常活跃的力量。不仅如此，马克思和恩格斯还倾向于将全世界工人阶级同质化，认为工人阶级没有祖国，民族差异将会在一个同质的无产阶级的发展过程中消亡。哈维则强调说民族差异不但会一直存在，而且资本主义还会在工人之中制造民族（及其他类型）差异，（它们）"间或在古老的文化差异、两性关系、文化传统偏好和宗教信仰中汲取营养"（Harvey，2000：40）。此外，劳动者还发挥着维持空间区隔的作用，如通过"以地区的组织形式来动员，在这个过程中建立基于地点的忠诚（place-bound loyalties）"（Harvey，2000：40）。最后，哈维特别强调了《宣言》发出的"全世界劳动者，联合起来"的号召，指出在资本主义日益呈现出全球化特征的当下，这一训诫变得比以往更加有用和重要。

限于空间，本书只能大致介绍高度多元化的哈维理论的一小部分。那么，他所谓的"希望的空间"是指什么呢？首先，哈维希望回击当下在学者中弥漫的悲观主义。其次，他需要确认当下社会中存在"政治斗争的空间"以及由此带来的社会中的希望。最后，他描述了一个乌托邦式的未来空间，为关注当代社会空间压迫性的人们提供了希望。

通过多种方式，哈维基于马克思（就这一主题而言，还包括恩格斯）对于空间与资本主义关系的不完善的理论，以二者的关系为主题，建立了一个更为丰富与更具现代视野的理论。从这个意义上说，哈维提出的理论基本上可被归入西方新马克思主义的理论范式。

后马克思主义理论

西方新马克思主义在近年来出现了巨大的变化（Aronson，1995；Grossberg and Nelson，1988；Jay，1988）。西方新马克思主义理论的最新支流否定了马克思本人以及本章之前讨论的西方新马克思主义理论的许多基本假定。因此，这些新的理论取向被看成后马克思主义理论（Dandaneau，1992；Wright，1987）。它们虽然否定马克思主义理论的基本要素，但仍与马克思主义理论有千丝万缕的联系，被看作西方新马克思主义理论的一部分。我们之所以选择在本章末尾介绍后马克思主义理论，是因为它们通常会涉及马克思主义与其他理论、思想、方法等的综合。那么，我们该如何解读西方新马克思主义理论的这些巨大变化？它牵涉到两个系列的因素，其一外在于这一理论且与社会世界的变化有关，其二则应归于理论内部的变化（P. Anderson，1984；Ritzer，1991a）。

首先要谈到的外在于马克思主义理论的因素是，冷战结束（Halliday，1990）以及苏联集团的崩溃。在苏联解体后，俄罗斯转向一种至少在一定程度上与资本主义经济相类似的市场经济（Piccone，1990；Zaslavsky，1988）。在资本主义经济转向的过程中，东欧的步子迈得甚至比俄罗斯更快（Kaldor，1990）。古巴则受到孤立。这种形势使得马克思主义者不得不开始考虑理论的重建（Burawoy，1990；Aronson，1995）。

世界局势的改变与理论内部另一系列的变化不无关联，而这一系列学术层面的变化最终影响到西方新马克思主义理论（P. Anderson，1990a，1990b）。后结构主义和后现代主义（参见第十三章）等新思潮对西方新马克思主义理论产生了深刻的影响。除此之外，一场被称为**分析马克思主义**（analytical Marxism）的运动也取得了长足的进展。它的基本假设是马克思主义理论必须采用其他科学事业采用的那些科学方法。这种理论取向以更符合学术惯例的术语对马克思的思想进行重新阐释，将理性选择理论应用于马克思主义的问题，以及用实证科学的方法和技巧来研究马克思主义命题。迈耶将这一番变化具体地形容为，"在传统科学规范面前表现出越来越多的谦卑，这与马克思主义理论本身神话色彩的消逝刚好不谋而合"（Mayer，1994：296）。

社会变化与理论变化极大地改变了西方新马克思主义理论在20世纪90年代的理论布局。本章之前谈论过的那些理论仍然重要，不过，在进入21世纪之际，新马克思主义的绝大多数能量将集中在本节要讨论的这些理论之中。

分析马克思主义

分析马克思主义的领军人物之一约翰·罗默（John Roemer）将这一术语定义如下：

> 在过去十年里，社会理论的一个新物种正在形成：在分析方面极为精密的马克思主义（analytically sophisticated Marxism）。它的实践者主要受到马克思式问题的刺激，并试图用逻辑、数学和模型建构等现代工具去解决它们。他们的方法论倾向是符合惯例的。这些学者是马克思主义与新马克思主义传统共同影响下的自觉产物。
>
> （Roemer，1986a：1）

分析马克思主义者采用分析哲学与社会科学中主流的、最先进的方法来回答马克思主义的根本问题（Mayer，1994：22）。本书之所以要在这一章讨论分析马克思主义，是因为它"明确提出要整合非马克思主义的方法与马克思主义理论"（Weldes，1989：371）。

分析马克思主义没有坚持教条的马克思主义理论取向。它既没有盲目和不假思索地肯定马克思主义，也不曾为了证实马克思主义而否定历史事实，更不打算全盘推翻马克思主义。相反，它认为马克思主义理论是19世纪社会科学领域具有巨大能量的一个分支，兼具有效的核心以及本质上的弱点。马克思主义理论值得被吸收和借鉴，然而这一目标要靠运用适用于21世纪的方法和技术才能达成。分析马克思主义者否认存在一种独特的马克思主义方法论，并且批判那些认为存在此种有效方法论的学者：

> 我并不认为存在一种特定形式的马克思主义逻辑或阐释模式。蒙昧主义经常躲在特定术语和被赋予特权的逻辑后面大打太极以保护自己。马克思主义的惑人之处在于"辩证法"。辩证逻辑基于一些具有归纳特征的假设，但是远远不能成为推论的准则：事物从一个侧面向其对立面演变，从量变变成质变。在马克思主义这一社会科学理论中，辩证法经常被用于使某种懒惰的目的论推理合法化。进步的出现只是因为它们必须（出现），以便使历史按照预期的那样发展。
>
> （Roemer，1986b：191）

埃尔斯特表达了类似的看法，"不存在特定马克思主义分析形式……除了那些好的社会科学中的典型分析方法，并没有什么其他特殊的分析方法"（1986：220）。按照同一种思路，分析马克思主义者否定了事实与价值不能分割、二者辩证相关的观点。他们遵从主流哲学和社会科学的思考方式，试图分离事实与价值，并通过理论、概念和实证分析等方法冷静地处理事实。

有人可能会问为什么要将分析马克思主义归类为马克思主义。罗默在回答这一问题时说："我不确定它应该（被归为马克思主义）。"（1986a：2）不过，他给出了几个把它归为（新）马克思主义理论的理由。第一，它致力于回答剥削和阶级等传统意义上的马克思主义的问题。第二，它坚持认为社会主义优于资本主义。第三，它试图理解和阐释与资本主义有关的问题。然而，它在上述方面虽然是马克思主义的，但它"乐于且灵活地借鉴其他的理论视角"（Roemer，1986a：7）。我想再次说明，分析马克思主义非常符合一直贯穿本书的理论综合倾向。

在这一部分，我们将简略介绍三种分析马克思主义。首先介绍运用主流的学术工具再分析马克思思想的尝试。其次，我们转向理性选择和博弈论化的马克思主义。最后，我们要简略介绍从马克思主义视角出发、运用当下最先进的方法论工具来进行的实证研究。

对马克思的再分析

上文已经指出，分析马克思主义者拒绝采用辩证法这一类个人色彩过强的概念，试图用一般学术传统中的概念来分析马克思以及社会世界。G. A. 科恩（G. A. Cohen）的《卡尔·马克思的历史理论：一种辩护》（*Karl Marx's Theory of History: A Defence*，1978）是该理论倾向的一大范例，也是分析马克思主义的关键文献之一。科恩并未把马克思解读为特立独行的辩证学家，而是试图说明马克思在其著作中使用的只是不太能令人兴奋的功能解释。他列举了以下这些马克思著作中的功能解释：

- 生产关系**对应**生产力。
- 法律和政治等上层建筑**建立**在现实基础上。
- 社会、政治和精神过程**根据**物质生活的生产模式来**决定**。
- 意识由社会存在决定。

（Cohen，1978/1986：221）

在每一句陈述中，后一个术语都对前一个术语作出了**解释**。科恩认为解释的本质是功能性的，因为"被解释的术语的特征由它对解释它的术语的影响来决定"（1978/1986：221）。也就是说，在最后一句陈述中，意识的特征由它对于社会存在的影响或更具体的维持社会存在的倾向所解释。一般来说，社会现象由它们给另外一些社会现象造成的后果而获得解释。科恩认为马克思试图以功能思考来阐释社会和经济现象，因此他将其应用在上述陈述乃至整个理论中。所以说，马克思不是一个辩证学家，而是一个功能论思想家。通过这样一种视角，科恩运用主流的哲学思想重新阐释了马克思，**并**将他的理论视为主流社会学的构成之一。

科恩煞费苦心地区分了功能性思考与本书第三章介绍的社会学领域的（结构）功能主义流派。科恩认为（结构）功能主义由以下三个命题构成。首先，社会世界的所有元素都是相互关联的。其次，社会的各个组成部分彼此强化，从而使社会整体也得到强化。第三，社会各个层面的现状是由于它对更高一级的社会的贡献所致。马克思主义者有很多个理由不接受这些命题，尤其排斥其中的保守主义倾向。马克思主义者在应用前述的功能解释时不必接受任何功能主义的信条。所以说，功能解释不必然是保守的；事实上，它具有强烈的革命倾向。

理性选择的马克思主义

许多分析马克思主义者借鉴了新古典经济学的思想，尤其是其中的理性选择和博弈论（参见第八章中主流社会学理论对理性选择理论的运用）。罗默强调，"马克思主义的理论分析需要微观基础"，尤其是理性选择、博弈论以及"新古典经济学所发展的强大的建模技术"（1986b：192）。在吸收这些方法的同时，西方新马克思主义理论放弃了它自命不凡的特立独行，尝试运用被社会科学界广泛采用的那些方法。尽管西方新马克思主义理论可以而且理应从新古典经济学中得到借鉴，但它仍然与后者有显著的不同。例如，它对改变社会的集体行动抱有很大兴趣，而且认为资本主义是一种不公正的体制。

乔恩·埃尔斯特（Jon Elster，1982，1986）与罗默一样是分析马克思主义的主要倡导者。埃尔斯特认为，西方新马克思主义理论在接受了科恩倡导的从功能角度出发的理论化之后，其发展受到了抑制。在他看来，马克思主义理论应更深入地运用理性选择理论的分支之一——博弈论。博弈论与其他类型的理性选择理论一样，假定行动者是理性的，而且始终追求利益最大化（Macy and Van de Rijt, 2007）。博弈论承认结构限制，但不认为这些限制足以决定行动者的选择。作为一种理性选择理论，博弈论的独特之处在于分析者可以超越单个行动者的理性选择，处理多个行动者的决策及其行动的相互关联。埃尔斯特（1982）定义了博弈游戏参与者的三种关联：首先，每个行动者的回报取决于所有行动者做出的选择。其次，每个行动者的回报取决于给予所有参与者的回报。最后，每个行动者做出的选择取决于所有行动者的选择。对"游戏中博弈"的分析有助于解释多个行为者的策略及社会阶级等集体的形成（如在著名的"囚徒困境"中，行动者如果不肯牺牲一定自我利益、只考虑自己的话，就将面对相对糟糕的处境）。可以说，理性选择的马克思主义试图为马克思主义理论寻找微观基础，但这里的理性行动者显然不同于本章前半部分介绍的批判理论假定的行动者，后者很大程度上是根据弗洛伊德的理论来塑造的。

埃尔斯特的理性选择倾向还表现在《理解马克思》（*Making Sense of Marx*，1985）一书中。埃尔斯特认为马克思解释社会现象的基本方法是关注人类行为的非意图性结果（unintended consequences）。大多数马克思主义者认为马克思是关注宏观结构的"整体方法论者"，但埃尔斯特却认为马克思实践的是"个人主义方法论"，即"一切社会现象——它们的结构及其变化——原则上都可以用仅涉及个人的方式（如性格、目标、信仰和行动）来解释"（1985：5）。在埃尔斯特看来，马克思确实关注的是行动者及其目标、意图和理性选择。埃尔斯特用这种理性选择的视角批判了结构主义马克思主义者的理论取向："资本主义企业家是真正的积极意义上的**行动者**（agents）。他们不能被简化为资本主义生产体系中的身居高位者。"（1985：13）理性选择的马克思主义关注的正是这些理性的能动者（资本家和无产阶级）及其相互关系。

就分析马克思主义对剥削的研究而言，罗默（1982）是一位先锋人物（相关的批判意见，参见J. Schwartz, 1995）。罗默摒弃了剥削发生在生产过程之中的观点（从而也就摒弃了争议很大的劳动价值论），认为剥削的发生离不开在财产占有之不平等中体现出的强制性。一如迈耶所说，"剥削源自对生产资料的不平等占有，而不一定要经历强制性的生产过程"（Mayer, 1994：62）。这种认识剥削的观点在一定意义上也可以与理性选择理论相联系，例如，因所有权的不平等分配而受到剥削的人可以参与致力于促进所有权平等分配的社会运动。它的这种倾向还使得分析马克思主义在参与理性选择理论等主流取向的同时，得以保留其伦理目标及政治目标。

以实证为导向的马克思主义

赖特（Erik Olin Wright）率先将严密的科学方法引进和运用于针对马克思主义观点的实证研究（Wright, 1985; Burawoy and Wright, 2001）。赖特公开表示他受到了分析马克思主义理论，尤其是约翰·罗默的影响。赖特的研究包括以下三个基本领域：首先，澄清阶级等最基础的马克思主义概念；其次，对这些概念进行实证研究；第三，基于这些概念（尤其是阶级）建立一个更加完整连贯的理论。

赖特在《阶级》（*Classes*，1985）一书中试图回答一个由马克思亲自提出却从未给出答案的问题："阶级由什么构成"。赖特证实他的答案可以符合马克思最初的理论框架。不过，它肯定不会与马克思本应给出的答案相一致，毕竟在马克思的时代之后我们又经历了一百多年的历史和理论工作的发展。马克思主义理论更趋复杂，而时代也已改变。因此，正如其他分析马克思主义者一样，赖特虽然以马克思为起点，但并未僵化地接受他的立场或徒劳地猜想他会给**阶级**下一个怎样的定义。正是由于马克思及自他那个时代以来所进行的理论工作，当代马克思主义者才有能力提出更完善的定义。毕竟，我们与马克思生活在不同的时代，即使我们能够猜想出马克思想要给的定义，它也一定无法适应现代社会。

鉴于本书是一本介绍社会学理论的著作，我不打算在此详细地讨论赖特或其他实证取向的马克思主义者的研究。但是，我们要介绍一下赖特提出的最知名的概念——"阶级关系内部的矛盾定位"（contradictory locations within class relations）（Wright，1985：43）。赖特的基本假设是，一种既定立场不一定像人们通常所认为的那样隶属于某个特定阶级，它可能同时在一个以上的阶级里出现。因此，一个定位可能既是无产阶级性质的，又是资产阶级性质的。例如，经理在监督下级时属于资产阶级，而在接受他人监督时又变成无产阶级。矛盾的阶级定位这一概念源自细致的概念分析及实证研究（有关对赖特的社会阶级研究方法的批判，参见 Gubbay，1997）。

分析马克思主义在今天

我们知道，尽管分析马克思主义者自认为是马克思主义者，但有些学者（例如，Callinicos，1989）却质疑他们对主流概念和方法的偏好是否已使这一关联失去了意义，甚至颠覆了马克思主义的理论方向（Kirkpatrick，1994）。埃尔斯特对此回应道："大部分我坚定认为是真实且重要的观点，我都可以回溯到马克思那里。"（1985：531）

迈耶（1994）为分析马克思主义做了一个综述，反击了针对这一理论方向的六大批判。不过，迈耶在讨论这些批判之前，首先在自己的著作中提出了一条批评意见："分析马克思主义的思想体系不能说是统一的，它甚至无法保持内部的一致。"（1994：300）在本书介绍的科恩、罗默和赖特这三位主要实践者之间，理论差异是如此巨大，更不要说分析马克思主义阵营中的其他学者［尤其是亚当·普热沃尔斯基（Adam Przeworski，1985）及其关于国家的理论］间的差异，以至于我们很难在同一语境下对这些学者逐一进行讨论。在分析马克思主义有机会发展成连贯一致的理论视角之前，这些差异很可能率先引发该阵营的分裂。

迈耶梳理出的第一项批判认为分析马克思主义是原子化的，以理性行动者为焦点。

迈耶对此回应说，分析马克思主义者不仅不认为社会是由孤立个体构成的，而且认为人们并不总是遵循理性而行动。其次，分析马克思主义者被指责犯了经济决定论的错误，而迈耶回应称该理论方向的主要立场是经济因素（对社会）所发挥的是主要作用，而非决定作用。第三项批判认为分析马克思主义者是非历史主义的，迈耶指出这绝非分析马克思主义的内在特征。事实上，由于分析马克思主义是新生的一种理论方向，它还没有足够的时间研究历史问题。第四项批判与上一项批判有关，认为分析马克思主义只是一种静态方法，不能解释社会变革。迈耶承认这一点，但他同时认为本质上所有社会科学家都面临这种困境。第五项批判指责该理论取向中的同义反复——"假定了需要证明的（原理）"（Mayer，1994：305）。迈耶认为这是一切演绎方法固有的问题。最后一项批判指责分析马克思主义对道德缺乏兴趣，而迈耶反驳说："分析马克思主义者有相当高尚的道德追求，他们或许在批判资本主义时欠缺了一些激情，但这远远不及从理论的精确度和深入度中获得的收益重要。"（1994：315）

迈耶最后总结了分析马克思主义面临的六大挑战。分析马克思主义如果想要成为社会科学领域一支重要的力量，就必须回应这些挑战。首先，分析马克思主义必须建立一种更具动态性的取向。正如迈耶所说，"任何不能解释社会动力学的马克思主义都不可能有兴盛的未来"（1994：317）。其次，分析马克思主义者的理论必须要与具体的事件和环境建立更恰当的关联。第三，该方法的实践者必须纠正当前理论方向上的不平衡，多做实证研究。第四，分析马克思主义者必须将其理论基础从经济因素拓展开来，致力于更广泛的社会因素的研究。第五，他们必须将视线从发达资本主义国家转移到欠发达国家。最后，分析马克思主义者必须证明存在某种资本主义的替代制度。

后现代马克思主义理论

马克思理论受到结构主义、后结构主义等理论发展的深刻影响（P. Anderson，1984：33），在这一部分，我们着重介绍后现代主义对它的影响（Landry，2000；E. M. Wood and Foster，1997；参见第十三章）。

霸权和激进民主

后现代马克思主义的主要代表作品之一是埃内斯托·拉克劳（Ernesto Laclau）和尚塔尔·墨菲（Chantal Mouffe）合著的《领导权与社会主义的策略》（*Hegemony and Socialist Strategy*，1985）。埃伦·伍德（Ellen Wood）认为这部著作借鉴了后现代主义重视语言学、文本和话语的做法，将意识形态与其物质基础分离开来，并最终"将整个社会消解在意识形态或'话语'"之中（1986：47）。拉克劳和墨菲作为理论核心的霸权概念最初是由葛兰西提出的，它研究的是文化领导权，而不是政权统治的强制影响。理论焦点的转变显然会引导我们丢开马克思主义在传统上对物质世界的强调，转向意识形态和话语。伍德对此总结说,"总之,拉克劳和墨菲的观点是,没有什么所谓的物质利益,有的只是被漫无条理地建构出来的有关物质利益的**思想**"(1986:61)。

除了用思想取代物质利益,拉克劳和墨菲还解除了无产阶级在马克思理论中的核心地位。伍德论证称,拉克劳和墨菲是"社会主义事业中去阶级化"运动的参与者(1986:4)。拉克劳和墨菲以主观和漫不经心的形式提出阶级这一议题。社会世界以丰富多样的位置及对抗为特征,因此,它不可能配合马克思设想中的以无产阶级为中心的"统一话语"。无产阶级的通用话语"已被多样的声音所替代,而且每种声音都建构了不可化约的无层次的身份(discursive identity)"(Laclau and Mouffe,1985:191)。马克思主义理论家不能仅仅关注无产阶级的单一话语,而是被敦促着去聆听妇女、黑人、生态学家、移民、消费者等被剥夺者发出的多样化的话语。马克思主义理论经历了**去中心化**(decentered)、**去整体化**(detotalized)的过程,不再仅仅关注无产阶级,更不再仅仅将无产阶级的问题看成全社会**唯一的**问题。

除了拒绝以物质因素为研究重点和不再聚焦于无产阶级,拉克劳和墨菲进一步否定了马克思主义理论的目标——建立解放无产阶级的共产主义。这两位学者提出"激进民主"作为替代选项。与强调个人民主权利的政治右翼不同,他们提议"要建立一种新的霸权,它是将最大数量的民主斗争进行连接(articulation)的结果"(Mouffe,1988:41)。新的霸权所需要的是一种"关乎民主价值的霸权,它需要民主实践的急剧扩增,在制度化的过程中使这些实践融入更为丰富的社会关系之中"(Mouffe,1988:41)。激进民主理论力求把各种各样的民主斗争,如反种族主义、反性别歧视、反剥削、反资本主义等,汇集到一面大旗之下(Eder,1990),因此,它是一种"激进和多元的民主"(Laclau,1990:27)。某个群体的抗争不能以牺牲他人为代价,所有民主斗争都应被视为同等的斗争。人们有必要修正群体身份以便将这些斗争汇合起来,每个群体都应将自身看作这场为争取激进民主而进行的更广泛的斗争的一分子。正如拉克劳和墨菲所强调的:

> 左翼的另一个选择是坚持将自己完全定位于民主革命的范畴,在各种反压迫的斗争中扩展平等的链条。因此,左翼的任务一定不是放弃自由—民主的意识形态,恰恰相反,它应该继续深化、扩展一种激进且多元的民主……它不是要放弃民主的舞台,恰恰相反,要将民主斗争的舞台扩展到整个公民社会和国家,从而为左翼的霸权战略创造可能性。
>
> (Laclau and Mouffe,1985:176)

激进民主虽然保留了消灭资本主义的目标,但它也认识到消灭资本主义不等于消灭社会内部的其他不平等。要解决社会中一切不平等的现象,人们需要一场比传统马克思主义者所预想的广泛得多的运动。

连续性与时空压缩

大卫·哈维的《后现代性的条件》(*The Condition of Postmodernity*, 1989) 是马克思主义渗入后现代主义理论（参见第十三章中对詹明信的讨论）的另一明证。哈维在后现代思维中看到了很多优点，但也从马克思主义的视角揭示出它的重大缺陷。后现代主义理论一向被指责为因过度强调现代社会的问题而忽略了它的物质成就。最重要的是，它似乎选择接纳后现代性以及与之相关的问题，而不是要为克服这些困难提出可行建议："后现代主义的修辞方法是危险的，因为它回避直面政治经济的现实以及全球权力现状。"（Harvey, 1989: 117）后现代理论必须面对其思想根源——资本主义在21世纪初的政治经济转型。

政治经济体系的核心是控制市场和劳动过程 [这两个领域都涉及资本主义**积累**（accumulation）]。从1945年至1973年的战后时期是资本主义接受管制的积累过程，但我们在1973年之后进入了一个更弹性化的阶段。哈维将前一个阶段与福特主义（以及凯恩斯主义经济学）相联系，而将后一阶段与后福特主义相关联（对此的批判，参见 Gartman, 1998）。鉴于本章已经谈过这两种主义，此处就不再赘述。如果说福特主义是欠缺弹性的，哈维认为后福特主义可以说是一种灵活的积累方式，基于"劳动过程、劳动力市场、产品以及消费模式中的弹性。后福特主义以全新的生产部门、金融服务的新渠道、新市场，以及至关重要的商业、技术和组织等创新的密集出现为特征"（1989: 147）。

哈维看到了我们社会中的惊人变化，强调它们正是后现代主义思考的基础所在，而且深信在福特主义时期与后福特主义时期之间存在很多**连续性**（continuities）。哈维得出的重要结论是，尽管"自1973年以来，资本主义社会无疑发生了翻天覆地的变化……但是资本主义积累的潜在逻辑及其发生危机的趋势并没有改变"（Harvey, 1989: 189）。

哈维这一理论取向的核心是时空压缩观。他认为现代主义压缩了时间和空间，而这个过程在后现代时代进一步加速，形成"一个时空压缩的强化期，这给政治经济实践、阶级权力的平衡以及文化与社会生活带来了迷失和分裂"（Harvey, 1989: 284）。时空压缩与资本主义早期阶段的现象并**没有**本质区别，"简言之，我们目睹了另一轮激烈的以时间消灭空间的过程，这个过程正是资本主义动力学的核心所在"（Harvey, 1989: 293）。若要举例说明时间如何消灭空间，只需想一想由于快速低廉的交通设施，曾经只有法国才有的奶酪，现在可以在美国任何地方买到。此外，当伊拉克战争1991年爆发时，我们通过电视就可以在同一时间看到空袭巴格达、"飞毛腿"导弹对重镇特拉维夫的攻击以及沙特首都利雅得的军用简报。

因此，在哈维看来，后现代主义与现代主义之间**不**是截然断裂的，二者反映着资本主义动力学的同一基础。[①]当今的世界同时存在现代主义和后现代主义以及福特主义和后福特主义。侧重于福特主义还是后福特主义，将"随时间与地点的改变而不断改变，取决于哪一种配方更加有效"（Harvey，1989：344）。这样一种视角有助于将后现代性的问题纳入西方新马克思主义理论的框架，当然，后者在后现代主义思考的发展中仍会有所修正。

哈维充分认识了后现代性中的变化和断裂，指出我们或许已经进入一个新的时代，此时的西方新马克思主义理论必须通过整合其他思想体系来实现自身的理论化。

在马克思主义之后

可以纳入本节讨论的后马克思主义理论派别极其繁多，但我们选择其中一个相对极端的学派来结束本节。

阿隆森的《马克思主义之后》（1995）是该学派的典型代表。阿隆森自称为马克思主义者，却明确表示马克思主义已经走向终结，马克思主义理论家现在只能靠自己来应对社会世界及其中的问题。他的这一立场源于"马克思主义事业"是理论与实践的结合的观念。尽管有一些马克思主义者还在或多或少地借鉴马克思主义思想，但是将资本主义转化为社会主义的马克思主义事业"似乎已经变得黯淡了"。分歧是灾难性的，因为赋予马克思主义驱动力的正是它代表着"一项将理论与实践结合在一起的事业"这一事实（Aronson，1995：52）。

但是，马克思主义事业怎么可以终结呢？如果说资本主义仍将存在，而且变得比以往更加强大的话。阿隆森坦承有大量理论论证试图说明马克思主义仍然有效。他认为世界上的大多数人今天的生活相比于资本主义萌芽时期更趋恶化，而且尽管资本主义出现了很多变化，但它的剥削的基本结构并没有改变。但即使如此，阿隆森论证称以下的一系列转变必然会促使我们得出马克思主义理论核心应被淘汰的结论：

- 工人阶级**并没有**变得越来越贫困。
- 阶级结构**并没有**简化为两极模式（资产阶级和无产阶级）。
- 由于制造业的转型，产业工人的人数有所下降。工人阶级越来越分散，他们关于自身状况的意识也受到侵蚀。
- 工人阶级在整体上的萎缩导致自身实力、阶级意识以及发动阶级斗争的能力的下降。
- 工人们现在越来越不把自己看成工人。他们拥有多个相互冲突的身份，工人只是其中的一种。

[①] 鲍曼（Bauman，1990）主张资本主义和社会主义都只是现代性的短暂镜像。

不过，阿隆森认为我们不应为马克思主义感到遗憾。因为马克思主义

> 带来了希望，为这个世界赋予了意义，它为无数生命指明了方向和生活的意义。作为20世纪最伟大的武装起来的号召，它激励数百万人站了起来，投身于奋斗和抗争，并且相信人类终将有一天可以按照他们自己的需要去塑造生活和世界。
>
> （Aronson，1995：85）

除了谈及马克思主义在现实中失败的可能性，阿隆森还探讨了促使该理论走向衰亡的理论自身的问题。阿隆森将理论自身的问题归诸于这样一个事实，即马克思主义理论创建时正值现代社会的初期阶段，它因此成为现代思想与前现代思想的并不和谐的混合体。这个内生问题在马克思主义整个生命周期里对它造成持续的困扰。比如，前现代的预言式的人类解放信念与面向科学与事实的现代信仰同时共存。"在科学的虚饰之下，教规式的预言体现了这一理论深层次的、与前现代宗教式之期待的血脉联系，那个前现代的世界深信存在一种不以人类意志为转移的神圣力量。"（Aronson，1995：97）再比如，马克思主义倾向于强调客观过程而忽视主观过程。

阿隆森在论著的一个章节中以如下的激进言论开篇，"女性主义摧毁了马克思主义"（1995：124）。他很快地解释说，女性主义并不是仅凭自己就能完成这致命一击的。可是，女权主义呼吁建立一种关注"**因女性身份**而压迫女性"（Aronson，1995：126）的理论，这种做法确实造成了马克思主义理论基础的瓦解，因为马克思主义理论打算提供一个适用于所有人的理论。女性主义者还搭建了一个令其他群体也活跃起来的平台，它们纷纷要求建立只关注其特定困境而不是关注全人类问题的理论。

阿隆森把分析马克思主义等后马克思主义理论称为"没有马克思主义的马克思主义理论"。也就是说，它们只是纯理论，而没有实践，因此，阿隆森认为它们算不上马克思主义：

> 正如分析马克思主义那样，它们可能只是空有其名，与众多所谓的马克思主义一样缺少马克思主义的实质。它们的转变如此之大，如此有局限性，理论的覆盖面如此狭窄，以至于即使这些话语和承诺听上去都是真的，它们也只不过是借助了马克思主义的光环而已。这些思想不管多么激动人心，但终究无法遮蔽衰落的现实。
>
> （Aronson，1995：149）

这一类的马克思主义理论可以生存下去，但在理论世界中只能获得卑微的地位，不过是茫茫大海中不起眼的一颗水珠。

综上所述，阿隆森得出结论，现代世界的批判分析学者不再能依靠马克思主义事业，而只能靠他们自己。不过，这是一种好坏参半的状况。马克思主义事业固然展示出无与

伦比的力量，但也曾经是批判分析学者的羁绊。这些曾经的马克思主义者是否应该寻找另外一位"马克思"，抑或一项全新的马克思主义事业呢？根据社会和社会理论的发展，阿隆森认为答案是否定的，因为我们已经超越了"马克思主义所体现的那种整体论、整合性、一致性和理论信心的可能性"（1995：168）。我们今天要推动的不再是单一性质的激进运动，而是多个群体与多种思想的激进联盟。这一联盟的目标就是将现代性从其内在的张力及其各种形式的压迫中解放出来。

新的激进运动所面临的一个问题是，它不再能期望由某种令人激动的未来乌托邦给予它动力。但是，它仍必须提供某种情感上的黏合剂，才能发挥凝聚和推动的作用。它必须建立一种道德基础、一种明辨对错的价值观。它还必须带给人们希望，尽管这种希望有可能远远不及马克思主义事业所许诺的那样宏伟壮大。

对后马克思主义的批判

许多马克思主义理论家对后马克思主义理论的发展感到不满（如，Burawoy，1990；E. M. Wood，1986；E. M. Wood and Foster，1997）。例如，布洛维攻击分析马克思主义者放弃了历史问题，而过度沉迷于清晰和严谨。韦尔德斯（Weldes）批评分析马克思者放任自己为主流经济学所殖民，运用纯"技术性的、问题导向的方法"，因而变得越来越学术化和缺少政治色彩，一步步地走向了保守主义（1989：354）。伍德关注政治议题，批评分析马克思主义（和后现代马克思主义）导向政治寂静主义和"愤世嫉俗的失败主义，后者认为任何激进改革注定以失败告终"（1989：88）。一些支持对马克思理论进行严格实证研究的学者，作为分析马克思主义的分支之一，仍然对将理性选择理论引入分析马克思主义的学者采取批评的态度，认为他们在方法论上错误地采纳了个人主义的立场（A. Levine，Sober，and Wright，1987）。

拉克劳和墨菲的研究遭到尤其严厉的抨击。例如，艾伦·亨特（Allen Hunter）批评他们彻底倒向了唯心主义，具体地说，就是将"他们自己定位于极度的话语分析一端，把一切事物都看成话语"（1988：892）。杰拉斯（Geras，1987）则指责拉克劳和墨菲犯了唯心主义的错误，认为他们是任性、放荡、不合逻辑的蒙昧主义者。拉克劳和墨菲回击杰拉斯的要旨体现在其论文的标题"后马克思主义不道歉"（*Post-Marxism without Apologies*，1987）上。布洛维则认为拉克劳和墨菲越来越"迷失在每个事物都重要的历史网络里，阐释由此变得不可能"（1990：792）。

布洛维也不同意阿隆森的观点，认为马克思主义仍然有助于理解当下资本主义的动力学和矛盾（参见E. M. Wood，1995）。"马克思主义会……再一次受到尊敬。"（Burawoy，1990：792）最近，根据20世纪90年代的最新发展，伍德和福斯特（Wood and Foster，1997：67）强调马克思主义变得比以往更加重要，因为"全球范围内的剥削和压迫正在把全人类紧密地联结起来"。

总　结

我们在这一章广泛地介绍了可被归为西方新马克思主义社会学理论的各个流派。它们都以马克思的著作为起点，但采取了大不相同的理论取向。这些多元化的发展给西方新马克思主义理论带来极大的活力，同时也在一定程度上制造了不必要且容易导致功能紊乱的分化和争论。因此，现代马克思主义理论家的任务之一就是，在认识到每一具体理论的价值的同时，将覆盖面如此广泛的理论加以整合。

最早出现，但对于研究社会学理论的思想家而言也最不重要的西方新马克思主义理论，是经济决定论。不过，许多西方新马克思主义理论的分支正是在这个局限性明显的马克思主义理论分支的基础上发展起来的。黑格尔派马克思主义，尤其是格奥尔格·卢卡奇的著作，就是对它的一种回应。为了克服经济决定论的局限性，后者试图重新寻找马克思主义理论中的主观性及黑格尔的理论源头。黑格尔派马克思主义在当代社会失去了它的现实意义，其地位基本上由它对晚近西方新马克思主义理论的影响来决定。

批判学派是黑格尔派马克思主义传统的继承人，是当代社会学理论中非常重要的一支力量。马尔库塞、哈贝马斯等批判学派理论家针对文化、意识及其相互之间的关系提出了许多深刻的洞见。他们丰富了我们对于工具理性、"知识产业"、"文化产业"、沟通行为、统治和合法化等文化现象的理解。这些理论家把对意识的理论关注——主要体现为弗洛伊德理论——整合在研究之中。不过，批判学派在弥补经济决定论的缺陷这条路上走得太远。它需要再一次将经济因素乃至一般意义上的大规模社会力量整合进来。

我们还顺便谈及了伯明翰学派。该学派对文化，尤其是来自于社会底层的文化，采取了相对肯定的态度。

接下来，我们讨论了西方新马克思主义经济社会学的两个方向。其一是巴兰和斯威齐以及布雷弗曼所研究的资本与劳动力的关系。其二关注了从福特主义向后福特主义的转型。这些理论研究代表着向马克思主义社会学传统的经济核心回归的努力。它们试图通过思考当代资本主义新近出现的社会现实，更新马克思主义的以经济为焦点的社会学。

本章的另一大重点是历史取向的马克思主义，具体地说，即沃勒斯坦及其支持者有关现代世界系统的研究。接着，我们介绍了侧重空间问题的西方新马克思主义者。最后，我们把一些由于苏联阵营的消亡而被称为后马克思主义的理论放在本章的结尾。后马克思主义包括分析马克思主义及后现代马克思主义理论的一些分支。在最后这一部分，我们还谈到了鉴于世界形势的发展现实而放弃马克思主义事业的一些学者的理论立场。

第五章
系统理论

本章概要

社会学与现代系统理论

尼克拉斯·卢曼的一般系统理论

系统理论可应用于多种领域，而它在社会学领域的发展遇到了许多波折（Baecker，2001）。我们可以说，如果没有德国社会思想家尼克拉斯·卢曼的研究工作，系统理论这一章或许就将成为空白。卢曼于1998年逝世，在这之前的20多年里一直致力于（多）系统理论（systems theory）的建立。相较而言，他自己更为偏爱系统理论（system theory）的说法。肯尼思·贝利（Kenneth Bailey，1990，1994，1997）的研究不如卢曼那样知名和有影响力，但也做出了一定的贡献。卢曼的理论研究在许多年里一直默默无闻，直至近年才开始享誉世界。因此，我们在这一章将用大量的篇幅来介绍他的理论。不过，在这之前，我们会先讨论一些系统理论的早期思想和概念性的想法，它们主要源自沃尔特·巴克利（Walter Buckley，1967）的理论，并尤其体现在他的著作《社会学与现代系统理论》（*Sociology and Modern Systems Theory*）中。

社会学与现代系统理论

系统理论的启发

巴克利讨论的一个核心问题是：社会学可以从系统理论中获得哪些启发？第一，系统理论源自自然科学，而且至少在支持者眼中，它可被应用于**所有**行为研究与社会科学，因此，它使人们期待建立一套上述学科通用的术语库。第二，系统理论是多层次的，可被应用于从最大规模到最小规模、从最客观到最主观的社会世界各个层面。第三，系统理论着重研究社会世界诸多层面的种种关系，反对对社会世界进行片面分析。系统理论的观点是各个部分之间的复杂关系不能脱离整体的脉络。系统理论家反对将社会或社会的大规模构成看作统一的社会事实,而倾向于关注社会系统内部多个层面所呈现的关系或过程。巴克利对这一理论关注进行了如下阐述:

> 我们所感兴趣的这种系统通常可以被描述成由许多个在因果网络里有着或直接或间接关联的要素(组成部分)构成的综合体,因此在任何一段特定的时间里,每个要素都至少会以某种程度的稳定方式与其他一些要素相关联。
>
> (Buckley, 1967: 41)

理查德·A. 鲍尔(Richard A. Ball,也可参见 Bailey, 2005)提供了一个明确体现系统理论关系取向的概念,即所谓的一般系统理论(General Systems Theory,即 GST):

> GST首先认为现实是一种过程概念,在根本意义上是由关系之中的关系构成的,一如现代物理学中的"万有引力"概念。万有引力一词没有描述任何实体。世界上并不存在万有引力这种东西。它指的是**一组关系**(a set of relationships)。将这些关系想象成为实体是一种物化的方式。……GST理论取向要求社会学家建立各种关系的逻辑,并从关系的角度来概念化社会现实。
>
> (Ball, 1978: 66)

第四,这一取向倾向于从过程的角度来看待社会文化系统的一切层面,甚至将其看成多个信息与沟通的网络。第五,或许是最重要的启发,系统理论在本质上是整合的。在定义这一理论取向时,巴克利认为它是大规模客观结构、符号系统、行动与互动以及"意识与自我意识"的整合。鲍尔也接受这种在多个层面上整合的思想,"个体与社会被平等对待,它们不是彼此分离的实体,而是相互构成的场域,通过各种'反馈'过程相互关联"(1978: 68)。实际上,系统理论与整合是如此的相互适应,以至于巴克利借此批评其他社会学家偏好在分析上对各个层面进行区分:

> 我们注意到社会学中大多数理论总是坚持在"人格"(被假定存在于大脑内部)、符号系统(文化)以及社会关系矩阵(社会系统)之间制造"分析上的区分",尽管他们的研究工作已经表明这在实践中是具有误导性且常常站不住脚的。
>
> (Buckley, 1967: 101)

(巴克利的批评在某种程度上并不公正,因为他在自己的研究中也做过许多类似的事情。对于系统理论家来说,只要建立分析上之区分的目的是为了更好地阐述社会生活各个层面的相互关系，那么这显然也是可以被接受的。）最后一点，系统理论倾向于从动态意义上来看待社会世界，首要关注"一般意义上的社会文化的涌现及其动力"（Buckley，1967：39）。

一些基本准则

巴克利讨论了社会文化系统、机械系统以及有机系统之间的关系。巴克利着重于阐述这些系统之间的基本差异。在一系列的维度上——从最简单到最复杂的构成、从最稳定的到最不稳定的成分以及从局部对于系统整体之影响的最低程度到最高程度，在机械系统到有机系统再到社会文化系统之间存在一个连续统。而在另外一些维度上，系统呈现出质的变化，而不仅仅是量的变化。机械系统各部分之间的相互关系以能量转换为基础；有机系统各部分之间的相互关系更多地基于信息交换，而非能量交换；而在社会文化系统里，这种相互关系在更大程度上依赖于信息交换。

这三种系统的开放（封闭）程度存在差异——即它们与更大环境在各层面上的交换存在差异。较开放的系统更有能力有选择性地回应环境中无穷的变化及其细微要求。在这一意义上，机械系统基本上是封闭的，有机系统比较开放，社会文化系统则是三者中最为开放的（不过我们将会讨论到卢曼并不同意最后一点）。在系统理论中，系统的开放程度与两个重要的概念相联系：**熵**（entropy）或者说系统损耗的趋势，以及**负熵**（negentropy）或者说系统结构增生的趋势（Bailey，1990）。封闭系统以熵为倾向，而开放系统则以负熵为倾向。社会文化系统比其他两类系统具有更高的内部张力。最后要说明的是，由于社会文化系统能够从允许其向自身目标发展的环境中接收反馈，因此它们是有目的且追逐目标的。

系统理论家在社会系统研究中引入控制论的理论取向，反馈是其基本特征之一。这一点与均衡论恰好相反，许多据称采取了系统取向的社会学家（如帕森斯）的理论其实表现出均衡论的特征。对反馈的运用使得控制系统论者能够处理冲突、增长、进化及突变。社会系统向环境的开放以及环境因素对系统的影响是系统理论家的重要关注（Bailey，2001）。

各种内部过程也会影响社会系统。这里出现了另外两个重要概念：**系统维持**（morphostasis）是指有助于系统维持自身的过程，而**形态衍生**（morphogenesis）是指有助于系统进行变革和增生的过程。社会系统发展出越来越复杂的"调节系统"，以便在外部力量和系统行动之间进行干预。一些调节系统有助于系统维持自身，而另一些则有助于其发生改变。这些调节系统使系统行动变得越来越独立、自主以及具有决定性意义。换句话说，它们使得社会系统日益减少对于环境的依赖。

这些复杂的调节系统在社会系统中发挥着多种多样的功能。例如，它们引导系统远离恶劣的环境、接近更适宜的环境，甚至允许系统为了更有效地应对环境而对自身各个部分进行重组。

在社会世界中的应用

接着，巴克利（1967）从对一般准则的讨论转向了对社会世界具体情况的论述，以便展示系统理论的适用性。巴克利首先从个体层面的讨论开始，这里他受到米德理论的影响，后者强调意识和行动的相互关联。事实上，巴克利以系统理论的方式改造了米德的问题。行动始于环境中被传递给行动者的**信号**（signal）。这种传递因环境中的**噪声**（noise）而变得比较复杂。当传递可以进行的时候，信号向行动者提供**信息**（information）。基于这一信息，行动者可以**选择**（select）某种回应。理论的关键在于行动者拥有一种调节机制——自我意识。巴克利根据系统理论的术语对自我意识进行了如下讨论：

> 在控制论的语言中，自我意识乃是系统自身状态的内部反馈机制，它可以映射或对比来自情境和记忆中的信息，允许以一种暗自将个体的自我及行为考虑在内的、目标导向的方式从行动备案中做出选择。
>
> （Buckley, 1967: 100）

米德、符号互动论者以及系统理论者都认为意识不能脱离行动和互动，而应该说是它们的组成部分。

巴克利认为意识与互动相互关联而各个层面不应被分离开来，但他的理论确实从意识领域进入了互动领域。互动模式——也即模仿与回应——显然适合系统理论对于世界的认识。更重要的是，巴克利将人际关系领域与人格系统直接相联系。事实上，他认为两者可以相互决定。最后，巴克利研究了大规模的社会组织（尤其是社会角色和制度）。他从系统的视角审视它们，认为即使不能说它们与社会现实的其他层面融为一体，也至少是彼此关联的。

巴克利总结了将系统理论应用于社会文化领域的一般原则。首先，系统理论家接受以下的观点，即张力是社会系统中正常的、一直存在的以及必要的现实。第二，关注社会系统中多样性的本质及其根源。对张力和变化的强调带给系统理论一种动态的视角。第三，系统理论关注个体和人际层面的选择过程，面向系统开放的多种方案在这些过程中被分类和筛选。这导向更多的动态。第四，人际层面被认为是较大的结构发展的基础。交换、协商以及讨价还价的交易是相对稳定的社会和文化结构得以产生的过程。最后一点，尽管系统理论在本质上是动态的，但它也承认传承和传递的过程。正如巴克利所述，"持续的交易产生了一些相对稳定的适应和调整"（1967: 160）。

颇有意思的是，尽管系统理论与辩证论取向的起源相当不同（一个是科学的，而另一个是哲学的），词汇库也有很大差异，但是在两者之间却存在着惊人的相似性（Ball，1978）。二者的相似点包括对关系、过程、创造性以及张力的关注。

尼克拉斯·卢曼的一般系统理论[①]

卢曼（1927—1998）是社会学领域最杰出的系统理论家（Nollman，2005a；Rogowski，2007）。卢曼所发展的社会学取向融合了帕森斯的结构功能主义（参见第三章）与一般系统理论，还引入了来自认知生物学、控制论及现象学等领域的概念（Paul，2001）。卢曼认为帕森斯晚期的思想是唯一一种丰富程度足以成为新的社会学取向之基础的理论，它反映了生物学和控制论的最新发现。不过，他也注意到帕森斯理论取向中的两个问题。第一，帕森斯的理论没有给**自我指涉**（self-reference）预留空间，而卢曼认为，社会指涉自身的能力是我们理解社会这一系统的核心。第二，帕森斯不承认**偶变**（contingency）。他看不到现代社会的其他可能性，因此也就无法对现代社会的现状进行充分分析。我们以帕森斯的AGIL图式为例（参见图3.1）。这一图式不应当被视为事实，而只是一种可能性。例如，AGIL框架展示了适应和目标达成这两个子系统可以通过多种方式相互关联，因此，理论分析的目标应当是理解系统为什么会在既定时间里在两个子系统之间形成了特定的关系。为了解决帕森斯理论的这两个问题，卢曼建立了一个将自我指涉作为系统核心并且强调偶变（即事物总是存在其他可能）的理论。

理解卢曼所谓系统的关键在于系统与环境的区分。两者的区别从根本上说在于**复杂性**（complexity）。系统与环境相比，总是具有较少的复杂性。例如，汽车制造商一类的企业可以被看成一个处理高度复杂环境的系统，这里的环境包括各种各样的人、持续变化的物理环境以及许多其他类型的系统。[②]然而，在系统内部，复杂性被大大地简化了。汽车制造商在需要原材料（如钢材、橡胶等）时，并不在意它们从何而来、如何制造乃至供货商的性质。所有这些复杂性会被简化为与原材料的价格和质量相关的信息。同理，所有关乎消费者的复杂实践也被简化为是否能直接影响消费者购买汽车的信息。

对复杂性的简化意味着被迫选择（制造商关心原材料如何被生产，但或许不会注意到原料生产国的政治环境）。被迫选择意味着偶变，因为一个人总是可以有不同的选择（制造商**可以**选择监测原料生产国的政治环境）。而偶变意味着**风险**（risk）。就是说，如果制造商选择不对原料生产国的政治环境进行监测，生产过程就可能被导致原材料供应中断的政治动乱所干扰。

[①] 这一节为我与道格·古德曼及马蒂亚斯·荣格合著。
[②] 严格来说，因为汽车工业不生产其自身的基本要素，所以它并不是卢曼所谈论的自创生系统。不过，我们要用这个例子来解释系统理论的一般观点，因为它比抽象的经济系统或法律系统更具体。在后文，我们在界定自创生系统时将会用到更抽象的案例。

系统一定不能像环境一样复杂。试图变得复杂的系统可能会让我们联想到阿根廷作家博尔赫斯（Borges，1964）讲述的一个故事。国王下令一位制图家制作一份与其国土完全精确对应的地图。假设制图家可以完成这一地图，它将会与整个国土面积一样大，因此全然无用。地图亦如系统一样，必须降低复杂性。制图者必须选择哪些特征是重要的。由于选择意味着偶变，同一地区可以制作出不同地图。选择常常是必要的，但它也是有风险的，地图制作者永远不能确定被他们排除在外的信息对使用者来说是不重要的。

虽然系统永远不会像环境一样复杂，但为了有效地应对环境，它会发展出新的子系统，并在子系统之间建立起多种关系。如果不能这样做，系统就将被环境的复杂性所淹没。例如，汽车制造商决定成立一个负责监测供货商所在国政治状况的国际事务部。这个新部门负责告知可能发生的原材料供货中断，以及在供货中断时寻找替代来源。这里的悖论在于，"只有复杂性可以降低复杂性"（Luhmann，1995：26）。

自创生系统

卢曼最广为人知的理论是其有关自创生（autopoiesis）的思考。[①]"自创生"这一概念适用于下至生物细胞上至世界社会的多样系统。卢曼用它来指代经济系统、政治系统、法律系统、科学系统以及科层制，等等。我们试图在以下的介绍中提供多个案例以说明这一概念的内涵。自创生系统具有以下四个特征：

- 自创生系统可以生产构成该系统的基本要素。这看上去是自相矛盾的。一个系统如何生产构成自身的要素呢？我们可以看一看现代经济系统及其基本要素——货币。之所以说货币是它的基本要素，是因为经济系统中任何事物的价值都是由货币确定的，不过我们很难说货币本身具有价值。货币的意义、它衡量的价值以及用途都由经济系统自身决定。根据我们今天对货币的理解，它的出现并不早于经济系统。货币的现代形式与经济系统同时出现，而且相互依赖。我们无法想象没有货币的现代经济系统，没有经济系统的货币不过是一张纸或一块金属。

- 自创生系统以两种方式进行自我组织——组织自身的边界以及内部结构。这些系统通过区分系统内部的构成以及环境内部的构成来组织自身边界。例如，经济系统将一切稀缺的、可以定价的事物当成它的构成部分。空气无处不在，供应充足，因为不能定价而不被纳入经济系统。但空气却是经济系统之外的环境的必要构成。自创生系统内外的构成由系统的自我组织决定，而不是如结构功能主义者试图让我们相信的那样，由系统的功能必要性决定。

  另外一些力量也会试图限制自创生系统的范围。比如，资本主义经济系统经

[①] 关于这一概念的重要性讨论，参见津恩（Zinn，2007b）以及 K. D. 贝利（K. D. Bailey，1998）。

常扩展边界，以便将性用品和非法药物包括在内，尽管政治系统试图通过法律将性用品和非法药物排除在经济商品之外，但此类情况仍会发生。相关法律不但不能将它们排除在经济体系之外，还会影响它们在经济系统**内部**的价格。非法性抬高了二者的价格，从而阻碍了购买。然而，在经济系统内部，高价格在阻碍购买的同时却鼓励了销售。如果出卖性用品和非法药物能够获得高额的回报，它们就将一直留在经济系统之中。因此，试图将某种商品挤出经济系统的法律只能影响商品在经济系统内部的定价方式。

自创生系统可以在边界之内生产自身结构。例如，借助货币，市场以非人格的方式被结构化，人们建立银行以储存和借贷货币，利息的概念获得发展，等等。假如没有这种抽象、方便的实体作为基本要素，经济系统的内部结构就会完全不同。假如经济体交换的基础是以物易物而非货币，银行及利息等概念就不会出现，买卖商品的市场也将会以一种大为迥异的方式被结构化。

- 自创生系统是自我指涉的（Esposito, 1996）。经济系统用价格作为指涉其自身的一种方式。股票市场赋予公司股份以波动的货币价值，从而验证了经济系统内部的这种自我指涉。股票市场上的价格不由任何个体决定，而是由经济体本身来决定。同理，法律系统也拥有指涉其自身的法律，即有关法律应如何被完善、应用和解释的一些法律规定。
- 自创生系统是封闭的系统。这意味着系统和环境之间缺少直接的连接。相反，系统处理的是它对环境的表达。例如，经济系统被假定为要回应人们的物质需求和愿望。但是，这些需求和愿望仅能靠它们通过货币得以表达的程度来影响经济系统。因此，经济系统可以较好地回应富人，却不太能照顾到穷人的需求和愿望。

我们再以国税署（IRS）这一官僚机构为例。国税署从来不与其服务对象打交道，而仅仅与其服务对象的表达打交道。纳税人被表达为由他们自己编辑或与之有关的多份表格。现实中的纳税人对这一官僚机构的影响只有在它的表达受到干扰时才会出现。造成干扰（归错档案或自相矛盾、有错误的表格）的个体往往由于对系统产生了威胁，而遭到粗暴的对待。

尽管自创生系统与环境几乎没有直接连接，但环境必须保留干扰系统内部表达的能力。缺少了这种干扰，系统就会被环境中压倒性的力量所破坏。例如，市场中的股票价格每天都会出现波动。某个公司前后两天股票价格的差异与该公司的实际价值（即资产和收益）没有太大关系，但与股票市场的现状密切相关。也就是说，如果市场正处于繁荣期（牛市），此时股票价格远高于根据公司实际运作状况而建立的价值。但是，长远来说，股票的价格有必要反映公司的实际运营，否则系统就将崩溃。这也就是1929年美国股票市场崩盘的原因所在。当时的股票价格与真实价值毫无关系，于是系统进入了危机状态。为了正常的运转，至少时不时地，作为系统的股票市场必须被作为其所在环境一部分的公司实际状况所干扰。

封闭的社会系统区别于看起来是其一部分的那些个体。根据卢曼的观点,在这样的系统里,个体是环境的一部分。再以某个官僚机构为例。卢曼认为不但服务对象,连该机构的工作人员都是环境的一部分。从该机构的角度来看,工作人员是复杂性和不可测性的外部来源。为了成为封闭系统,该机构必须找到一种以简化方式表达其内部工作人员的方法。因此,雇员不再被看作纯粹的人,而被视为"管理者"或"会计",等等。雇员作为真实、完整的个人只能成为该机构表达的干扰。

社会系统和心理系统

卢曼认为社会是一个自创生系统,满足上文所述的四个特征——生产其自身的基本要素、确立自身的边界和结构,以及具有自我指涉和封闭的性质。

社会的基本要素是沟通,沟通由社会所生产。社会中的参与者通过沟通来指涉社会。这正是本书在做的事!个体只有在他或她参与沟通或被解释为参与沟通的意义上才与社会产生关联。我们心中那些不与他人分享的秘密或无法被他人理解为沟通的部分,都不构成社会的一部分。相反,它们可能是干扰社会的环境的一部分。根据卢曼的观点,沟通以外的一切便是社会之环境的构成,其中包括人的生理系统以及心理系统。作为生物有机体或意识载体的个体都不是社会的构成,而且外在于社会。这导致了一种奇怪的结论,即个体**并非**社会的一部分。

卢曼用心理系统来指代个体意识。心理系统与社会——一切沟通的系统——具有共同的属性。二者都取决于**意义**(meaning)。意义与系统所做的选择密切相关。特定行动(或目标)的意义在于它与其他可能行动(或目标)的差异。意义只能在偶变的前提下出现,如果不存在差异的可能性,就没有所谓的意义。只有当可以在一系列可能的行动中做出选择时,行动才是有意义的。例如,我们的着装之所以有某种意义,只是因为我们本可以选择穿其他衣服。

心理系统和社会系统等依赖意义的系统之所以是封闭的,乃是因为:(1)意义总是指向另一种意义;(2)只有意义可以改变意义;(3)意义通常会产生更多的意义。意义构成了以上两种系统的边界。例如,在心理系统中,无意义的事物被视为处于系统之外,如我们行动的"原因",而有意义的事物则处于系统之内,如我们行动的"动机"。事件只有作为意义时才进入我们的心理系统。对于这一意义系统而言,就连我们的身体都是环境,它对于我们的心理系统来说只是干扰。身体只有在变得有意义时才能进入我们的意识,例如,身体的应激反应可以作为一种情绪进入意识。同理,在社会系统中,意义即是系统内部沟通与系统外部噪声之间的差异。

心理系统和社会系统同步发展,互为对方不可或缺的环境。心理范畴的意义系统的要素是概念表达;社会范畴的意义系统的要素则是沟通。我们不应认为心理系统的意义优先于社会系统的意义，因为二者都是自创生系统，都从其自身的过程中生产自身的意义。在心理系统中，意义离不开意识，而在社会系统中，它与沟通相关联。社会系统中的意义不能被归结为个体的动机，更不是社会系统特定要素的某种属性；相反，它是指在各个要素之间的选择。沟通内容的意义来自它与备选的沟通内容之间的差异。例如，"你好""怎么样""你好吗""今儿可好"以及"嘿"或许都出自同一种动机——跟别人打招呼——但是如果一个朋友经常说"嘿"但现在却说"今儿可好"，那么沟通的意义就凸显出来了。意义并不一定是有意建立的，也不必然与特定的语词相关联。相对于可能被选择的语词，意义就在于选择了**这些特定的语词**。意义来自被选择之语词的偶变。

双重偶变

以沟通为基础的社会系统建立社会结构是为了解决卢曼的所谓双重偶变问题。[①] 双重偶变与每一次沟通都必须将它被接收的方式考虑在内有关。我们还知道，它被接收的方式取决于接收者对发起者的预估。于是，这变成了一个不可能性的循环：接收者依赖于发起者，而发起者又依赖于接收者。例如，一名教授在选择如何向学生打招呼时，可能为了表达善意而用非正式的"嘿"（发起者考虑到了接收者）。但如果这个学生认为老师不太看得起他，他就不会认为这是一种友好的姿态（接收者也考虑了发起者）。我们对于彼此的预期所知越少，双重偶变的问题就越大。

幸运的是，通过社会结构，我们几乎总是很了解他人的预期。在上面的案例中，我们知道参与的双方分别是教授和学生。只基于这一点，我们就可以预期他们将建立一种符合制度规则和传统的关系。在了解二人的性别、种族、年龄、穿着打扮等之后，我们还会形成更多的预期。通过这些预期，我们就可以建立阐释人们之间沟通的规范和角色预期。人们可以符合规范和角色预期，也可以不符合。一旦我们发现有许多实例不符合我们的预期，我们的预期就有可能发生变化，不过由于双重偶变的存在，社会的运行永远不可以缺少这些预期。

由于我们每个人都持有一套不同的规范，沟通就变得非常必要，而我们之所以要建立各种规范，是因为沟通中存在双重偶变的问题。这体现出社会是如何以自创生系统的方式运转的：社会结构（角色、制度和传统规范）创造出社会要素（沟通），而这些要素又创造出社会结构。因此，一如所有的自创生系统，系统制定了它自身的要素。

由于存在双重偶变，任何既定的沟通都是不确定的。首先，我们不能确定我们是不是有某些只想与某个特定的人进行沟通的信息。其次，由于信息可以以多种方式进行沟通，我们不能确定将会选择哪一种特定的沟通方式。第三，我们与之沟通的对象不一定

[①] 帕森斯（1951）也曾讨论过双重偶变，但是将该问题的解决方案限定在先在的价值共识上。卢曼承认一种新的价值共识可以被立即创造出来的可能性（Vanderstraeten，2002）。

能够正确地理解我们。社会结构的建立是为了让不确定的沟通变得较为确定。例如，我们不确定在某个特定时间对某个特定的人说"天气不错"是否合适，但社会结构制定了在特定场合中打招呼的规范。这些规范向我们提供有限的几种易被接受的问候方式，以确保被问候者可用大致相似的方式来理解问候人的意图。

我们目前讨论的不确定性仅仅涉及互动，而社会的复杂性远远超出由独立互动构成的集合。互动只有在参与沟通的人在场时才能持续，而从社会的视角来看，互动仅是正在进行的社会过程中的插曲。每个社会系统都面临着以下的问题：如果不能确保进一步的沟通，也即，如果过去的沟通与未来的沟通不能相互连接的话，社会系统将不复存在。为了避免沟通的中断，社会系统必须建立在过去的沟通和今后的沟通之间建立连接的那些结构。在沟通中做出的选择不仅受到之前沟通中选择的制约，而且当下的沟通也制约着今后的沟通。这是社会系统克服沟通过程的不确定性并将其转化为确定性的另一种方式。克服双重偶变以及使不确定的沟通变得确定的这些需要，调控着社会系统的进化。

社会系统的进化

我们大致可以认为，进化就是试错的过程。进化不能用目的论来解释，它的结果也不由某个预定目标所主导。需要说明的是，卢曼的理论认为进步的思想是胡说八道，有别于帕森斯现代社会中进化必由之路（evolutionary universals）的思想（参见第112—114页）。为社会的发展假定一条必经之路，这就掉入了目的论的陷阱，而且忽略了在处理某一既定问题时存在多种途径的事实。

一般来说，进化使不确定性变得较为确定。例如，一组随机的生物突变不确定是否会创造出人类这种生物。但自然选择以及稳定特征的遗传使得类人猿有更大可能进化成某种原始人类，而非乌贼一类的生物。

严格来讲，进化不是一个过程，而是能够行使以下三种功能的一组过程，即变异、选择和可再生特征的稳定化。这些功能勾勒出实现进化的具体机制。**变异**（variation）是一个试错的过程。当系统面临某个独特的问题时，多种解决方案会被发展出来，以应对环境的干扰。这些解决方案中有些可能有效，有些则没有。对某一特定解决方案的**选择**（selection）并不意味着选定了"最佳"的方案，可能只是因为此种方案最容易被稳定化，换句话说，最容易被当作一种稳定和持久的结构加以再生产。在社会系统中，**稳定化**（stabilization）是指新型的分化，需要系统的全部构成针对新的解决方案进行调整。只有在稳定化阶段完成之后，进化过程才会进入暂时的终点。

我们在这里以经济体为例。经济系统面临的问题之一是，如何以公平的方式与其他经济系统交换商品。例如，一个使用美元的经济体如何与一个使用日元的经济体交换商品？人们已经建立了许多不同的解决方案（进化中的变异）。有一些早期的经济系统提倡"礼物"的交换，从而解除了对交易物品完全对等的考量。另外一些经济系统用黄金等稳定的商品来调节交换。这两种解决方案都已被证明难以在全球范围内复制。就第一种方案来说，能被当作礼物交换的商品是有限的；而第二种方案中的黄金等等价物在任何一个既定时期的供应时多时少，因而价值不能够保持稳定。相应地，一种更易于被复制的手段是建立一种新的结构——外汇交换市场，它可以在全球范围内进行运作并允许汇率浮动（进化中的选择）。这种设计或许并非最佳的解决方案，因为容易出现投机者引致的剧烈波动，我们可以从1998年亚洲金融危机中看到这种影响。然而，它毕竟是看上去唯一一种可在全球层面进行复制的解决方案（进化中的稳定化）。当然，这一解决方案的可复制性并不意味着其他方案的消亡。各个国家仍会彼此交换礼物，国家元首经常通过外交人员这样做，而且许多国家试图将本币与黄金或美元等挂钩，以固定本币的汇率。

分化

根据卢曼的系统理论，现代社会的首要特征是为了应对环境复杂性而出现了日益增长的系统分化（Rasch，2000）。分化是"存在于系统与其环境之间变异系统内的再生"（Luhmann，1982：230）[1]。这意味着分化系统内部有两类环境：一种是对于所有子系统都相同的环境，另一种是对于每一个子系统而言的不同的**内部环境**（internal environment）。例如，福特公司认为通用公司或克莱斯勒公司等制造商是外在于它的环境的一部分。福特公司的国际关系部（一个子系统）也认为通用公司与克莱斯勒公司是外在环境的一部分。它还会把福特公司内部其他的子系统（如公共关系部）视为环境的一部分。福特公司公共关系部一类的子系统内在于整个组织系统，却是国际关系部这一子系统的环境，也即内部环境。同理，公共关系部这一子系统将其他制造商看成环境的一部分，同时也将其他子系统（包括国际关系部）当作环境的一部分。因此，系统的内部环境在每个子系统的视野中是不同的。于是，这就形成了一个高度复杂和动态化的内部环境。

系统内部的分化是应对环境变化的一种方式。正如我们所看到的，每个系统必须维持它相对于环境的边界，否则就会被环境的复杂性所淹没，进而解体或死亡。为了生存，系统必须有能力应对环境的变化。众所周知，任何大规模的组织作为一个系统在应对环境变化（如公众的具体要求、政治变革乃至个人电脑普及一类的技术变革）时都表现得很迟缓。不过，这些组织确实在发展，通过在系统内制造分化而实现进化。换句话说，环境中的变化被"转化"到组织结构当中。例如，汽车制造商可能创立一个新部门以应对个人电脑在职场的普及。它的应对方法还包括招收新员工，通过培训使他们掌握新技术，挑选新的管理者，等等。

每个子系统都可与其他子系统建立不同的连接，因此分化过程会增加系统的复杂性。

---

[1] 有关分化以及此概念的局限性的一般讨论，可参看G. 瓦格纳（G. Wagner, 1998）。

这个过程通过让系统内部产生更多变化来回应环境的变化。在上一案例里，新的部门如同科层制系统中的任何一个部门一样，是其他部门的环境，但新部门的成立使得各部门的关系有了新的、附加的可能性，因此提升了组织的复杂性。为了给雇员电脑提供服务而成立的新部门，将能够更好地应对电脑科技的变化，并帮助整个组织整合这些新技术。此外，新的部门还会在现有部门之间提供新的连接，如使财务集中或帮助销售人员直接获取存货清单。

因分化而产生的变化不但使系统可以更好地回应环境，还推动了系统更迅速地进化。需要指出的是，进化乃是在变异中进行选择的过程。有效的变异越多，最后的选择就会越好。不过，卢曼认为内部分化只发展出了以下几种形式，即区隔分化、阶层分化、中心—边缘分化以及功能分化。这些分化类型通过复制系统与系统内部环境之间的变异而增加了系统的复杂性。就进化的潜力而言，这些分化类型具有不同的、制造可变性的能力，因此为进化过程提供了更多选择。所以说，较复杂的分化形式有加速系统进化的潜力。

区隔分化

区隔分化（segmentary differentiation）是指基于反复行使同一种功能的需要而区分系统的各个部分。例如，汽车制造商为了生产汽车而在不同的地点开设功能相似的工厂。每个工厂以相同的方式进行组织。它们具有相同的结构，并且履行相同的功能——生产汽车。

阶层分化

阶层分化（stratificatory differentiation）是指在一个被设想为层级结构的系统中根据等级或地位进行垂直区分。每个等级行使系统内部一种特定的功能。在汽车制造商的案例中，我们可以看到不同的等级。例如，新成立的国际关系部的经理在该部门的层级结构中处于最高等级。经理运用权力来引导部门的运行。部门内部大量较低等级的工作人员承担各种具体职能（如文字处理）。此外，国际关系部经理在整个公司的阶层系统中也有其地位。公司总裁的等级高于国际关系部经理，前者可以向后者发出命令。

在区隔分化中，不平等来自环境中的非经常性变化（如汽车销量在某个地区比另一个地区更高），但它不执行系统的功能。而在阶层分化中，不平等就是系统的本质。更准确地说，我们看到了平等和不平等的交互作用。同一等级的所有成员（如所有文字处理员）大体上是平等的，而不同等级则表现出地位的不平等。较高等级（如部门经理）可以获得更多的资源，也更有可能成为有影响的沟通的主体。其结果是，分层系统更多地关注高等级成员的福祉，而低等级成员只有在对高等级成员构成威胁时，他们的福祉才会受到关注。但是，两个等级是相互依赖的，只有当所有等级（包括最低等级在内）都能成功地履行其功能时，社会系统才得以存在。

较低等级成员的地位及他们很难成为有影响力的沟通主体的这一事实，导致系统复杂性受限的结构性问题。当系统指挥者距离最低等级成员过远时，由于最低等级成员在系统中的重要功能未能得到适当履行，系统有可能崩溃。为了向系统施加影响，较低等级成员必须诉诸于斗争。

中心—边缘分化

第三种类型的分化，即**中心**（center）和**边缘**（periphery）分化，是区隔分化与阶层分化之间的一种连接（Luhmann，1997：663—678）。举例来说，一些汽车制造商在国外设立了工厂，而公司总部仍留在国内（中心），对处于边缘的工厂进行管理及某种程度上的控制。[1]

功能系统的分化

功能分化（functional differentiation）是最复杂的一种分化形式，这种分化主导着现代社会。系统内部的每一种功能都被归入特定的单元。例如，汽车制造商要在功能上划分出生产、行政、财务、规划以及人力资源部等部门。

功能分化比阶层分化更具弹性，可是一个系统如果不能履行它的任务，整个系统就将面临生存危机。[2] 然而，只要每个系统单元履行了它的功能，这些不同的单元就能获得高度的独立。事实上，功能分化系统是相互依赖与相互独立的复杂混合体。举例来说，规划部门虽然依赖财务部门提供的经济数据，但只要这些数据是准确的，它可以不理会财务部门是如何得出这些数据的。

这指示出不同分化形式之间的进一步分化。就区隔分化来说，如果某个部分不能行使它的功能（如某个汽车制造厂因工人罢工而无法生产），它的问题并不会威胁到整个系统。然而，就功能分化这种更复杂的分化形式来说，失灵将会引发社会系统问题，并有可能导致系统崩溃。所以说，复杂性的增加一方面提升了系统应对环境的能力，但另一方面，在不能恰当履行某一功能时，也会增加系统崩溃的风险。

在大多数情况下，脆弱性的增加是各个子系统之间可能性关系（possible relations）增加的必要代价。在子系统之间存在更多类型的可能性关系，意味着在回应环境的变化时有更多的变异可供选择，进而做出结构性的回应。在区隔系统中，不同子系统的关系

---

[1] 有研究者质疑这一点（Schimank，1996），认为这一区分不符合卢曼的总体论述。中心和边缘之间的分化所指向的并不是整体社会系统。相反，在上面的例子里，它指的是工业系统内部的功能分化。它指向的是社会系统中的某一特定系统而非整个社会系统。
[2] 此处讨论的大多数系统也可以被称为世界社会系统的子系统。但除非有必要对子系统和包括该子系统的大系统（overarching system）进行区分，我们仍然使用**系统**而非**子系统**这一术语。

没有结构性的差别。例如，在上一案例中，任何两家工厂的关系基本上是相同的。但是，在分层系统里，等级**之间**的关系一般来说不同于等级**内部**的关系。某一工厂与总部的关系显然不同于它与另一家工厂的关系。至于功能分化的系统，各种分化的关系在这里成倍地剧增。财务部门和生产部门的关系不同于财务部门和研究部门的关系，反过来，后者又与生产部门和研究部门二者的关系有所不同。功能分化赋予汽车制造商更大的灵活性。举例来说，在技术进步可以带来经济优势的环境中，该公司可以由研究部门引领；而在一个经济竞争力只在于使同一种产品更加廉价的环境里，财务部门则可能成为该公司的引领者。

我们要指出的是，更为复杂的分化形式并不排斥较不复杂的形式，而且事实上，前者可能需要后者的存在。例如，某家汽车制造商实现了组织的阶层化，而它仍然设立了采取区隔形式的工厂。这一点十分重要，我们在描述现代社会的主流分化形式时通常会提到功能分化系统，不过，现代社会里还存在其他的分化形式。

符码

符码（code）被用来区别系统要素与系统外部要素。它是功能系统基本的"语言"。打个比方，科学系统的符码是真理（相对于非真理），经济系统的符码是支付手段（相对于非支付手段），而在法律系统中，符码即是合法性（相对于非法性）。运用特定符码的每一次沟通都是采用该符码索引（code reference）的系统的一部分。

符码被用来限制获准的沟通的类型。不采用特定符码的沟通不用多加思考就一定不是属于该系统的沟通。所以说，在科学系统里，我们经常只会发现涉及真理符码的沟通。例如，如果美国宇航局（NASA）主席和美国卫生部部长一起讨论传奇宇航员约翰·格伦1998年太空旅行时发现的有关衰老的科学事实，他们的对话就是采用真理或非真理二元符码的科学系统的一部分。如果二人讨论的是由谁来负责这次航天研究的一部分经费，这番对话就属于采用支付手段或非支付手段二元符码的经济系统。

根据卢曼的系统理论，一个系统不能采用或理解其他系统的符码。一个系统的符码也不可能被转换成其他系统的符码。由于系统是封闭的，它们只能回应发生在其环境中的事件（假如这些事件产生了足够多的"噪音"并引起系统的注意的话）。但是，系统必须根据自身的符码描述环境中的噪音。这是理解正在发生的一切并赋予其意义的唯一方式。例如，经济系统在"观察"科学系统时，只能看到什么可以盈利（使未来的支付成为可能），或者哪些地方需要投资（要求在获得回报之前的初始投资）。

功能分化的问题

功能分化导致了现代社会的一个核心问题，即社会整体所必需的事物可能得不到任何一个功能系统的回应。没有哪个功能系统具有能充分反映该问题的符码。例如，由于严重污染从经济上说符合理性，经济系统不能充分地反映生态问题。法律系统虽然建立了旨在限制空气污染的法规，但这些法规常常只在污染促成者的经济系统里被阐释。这里举一个前捷克斯洛伐克的真实案例。该国法律就空气污染曾有明确的规定，但工厂经营者为了应付这些法律将烟囱建得更高，从而导致了污染物更加广泛的扩散，只有工厂附近监测点的空气污染指标是下降的。工厂的应对方法与法律的初衷背道而驰，但这却是一种符合经济系统符码的反应，是使成本最小化的行为方式。防范空气污染的更好的办法需要支付更高的成本，相较而言，建造高烟囱显然划算得多。

这一类问题从总体上说是由功能分化引起的。功能分化要求将社会层面的问题置换到子系统的层面。每一个子系统在使用自身符码做决策时具有一定的独立性和灵活性。然而，每个子系统必须依赖其他的子系统才能改变整个社会系统。简而言之，功能系统更大的独立性的后果是，作为整体的社会系统变得更加脆弱。

卢曼考察了现代社会中功能分化与其解决生态问题的种种努力之间的不良关系（1986/1989）。现代社会没有处理生态问题的特定分化系统。环境（注意环境一词的双重含义，即系统环境与自然环境）中发生的一切必须借助既有的功能系统及其符码来获得处理。这意味着每个环境问题只有在可以被系统符码所表达之后，才成为该系统的问题。举例来说，只有在环境污染者的行为被表达为非法行为的情况下，法律才可以介入进行监管。生态问题因此经常无法获得充分重视。我们由此可以得出一个更为重要的结论，即功能分化可以被设想为生态危机的诱因（Luhmann，1986/1989：42）。

功能系统在应对环境问题时产生的**共振**（resonance）不是太弱，就是太强。共振太弱是指系统不能很好地回应不被系统符码表达的问题。例如，环保组织可能与汽车工厂发生冲突，要求生产排污更少的汽车。然而，除非它们的抗议影响到汽车工业的利益，否则后者不太可能回应这些诉求。共振太强则是指由于各个系统之间的相互依赖，某个功能系统对生态问题的处理可能会在其他功能系统中引起反应。例如，汽车工厂为了降低排污量而生产更小、更轻便、更廉价的汽车产品。现在每个人都买得起汽车，这将导致公共交通体系来不及形成配套。除此之外，它还可能使交通事故上升，从而增加医疗系统的花费。也就是说，汽车工业在回应环保组织的诉求时在复杂且相互依赖的功能系统中引发了不可预计的后果。

卢曼的知识社会学

对于卢曼而言，社会学最重要的问题是：社会是什么？这也正是卢曼试图建立系统理论的出发点（1987）。只有在对社会这一概念进行清晰界定之后，社会学才有可能成为一门有关社会的科学。卢曼的系统理论将**社会**定义为"包括所有其他社会性质的系统（societal system）在内的无所不包的社会系统（all encompassing social system）"（1997：78；由本章作者之一译成英文）。这意味着**社会**的概念与**世界社会**的概念是等同的，即只能有唯一一个社会。**社会系统**（social system）是指每一个把生产沟通作为复制自身基本要素的系统，而**社会性质的系统**（societal system）则是指经济系统、科学系统以及法律系统等存在于无所不包之社会系统中的功能系统。①

一个无所不包的世界社会没有时间和空间的边界。在某种意义上，世界社会既没有"地址"，也没有环境中的其他社会。那么，我们要如何观察这样一个社会呢？答案只有一个：社会只能从它的内部去观察，即通过社会的功能系统去观察。然而，就观察社会而言，任何一个功能系统都不具备"正确"的视角。每一种视角都是被合法化的视角。那么，我们如何用某种单一的方法获取社会世界的信息呢？事实上，我们没有办法建立这样一种简单的视角。没有哪个视角比其他视角更优越。既然不存在评估这些备选视角的可能性，我们当然无法获得共有的视角。举例来说，社会学家如果想了解社会，更习惯于从社会学有关知识中寻求答案。然而，根据卢曼的观点，读报、读书、看电视或与朋友聊天也是可选择的方法。在获取社会信息时，上述方法中的任何一种都只是被合法化的方式。任何一种系统（包括科学在内）都不具有特别的优势。如果说任何一种功能系统在观察乃至描述作为系统的社会时都不具有更多优势的话，我们就不得不面对存在无限多种且同等有效的社会观察这一问题。

卢曼（2002）试图找到一种我们最终可以接近社会知识的方式。举例来说，社会在古代借助神话和传说，在现代则通过科学知识来描述它自己。社会学家能够对这些观察进行观察。社会学家以二级观察者的身份观察社会的一级观察，从而对社会及其语义学（即社会的自我描述）的关系得出结论。获取社会知识的核心就在于观察社会语义学，即构成社会系统之"关于沟通的沟通"。

卢曼试图证明，由于"存在完整表达的结构性条件以及语义学进化过程中有力限制变异范围的历史趋势"，社会的观察不是主观和武断的。"社会学理论能够识别社会结构和语义学二者之间关联类型中的种种连接"（1997：89；由本章作者之一译成英文）。卢曼的研究重新建构了与变化的社会结构有关的社会学术语的历史用法及意义，将语义学视为一种阐释社会结构的表达。由此，社会学意义上的社会观察的合理方式，就是对与社会结构变迁相关的语义学变迁进行考察。②卢曼进行了大量研究以概述道德、个性、法律、知识（1980/1981/1989/1995）、诗歌（2001），以及爱（1982/1986）等领域的语义学发展。他的方法是知识社会学的一部分，可以被应用于建立社会理论。

---

① 在《社会系统》（*Social Systems*, 1984/1995）首版之后，卢曼深化了其理论取向并将它应用于解释社会系统中的各功能系统，如经济系统（Luhmann, 1988）、科学系统（Luhmann, 1990）、法律系统（Luhmann, 1993），以及艺术系统（Luhmann, 1995）。他力图展示其一般理论有助于分析任何一种功能分化系统。他还讨论了突破功能系统边界的一些问题，特别是对于生态风险的沟通（Luhmann, 1986/1989）以及对风险之一般概念的使用（Luhmann, 1991）。
② 这一论证显示了卢曼思想中的矛盾，我在"总结"部分还会讨论到。

相关批判

总而言之，卢曼的现代社会理论及其社会概念是高度成熟的分析工具，令社会学在审视当代社会（以及社会学）的种种问题时找到一种新鲜的视角。进化与分化的一般理论以及卢曼对科学、经济等具体系统的思考为社会学理论的建设与研究开启了新的方向。系统与环境的基本区分，在复杂性是连接彼此独立的自然科学与人文科学领域的支配性问题的前提下，则使得一种全新类型的跨学科研究成为可能（Luhmann，1985）。

但是，学界对卢曼的系统理论也提出了许多批判（Blühdorn，2000）。我们在此只简要地提及其中主要的四种：

首先，包括哈贝马斯在内的许多理论家指出，卢曼眼中系统的必要进化实际上是累退性（regressive）和不必要的。社会或许正在演化成一个不能以整体名义采取行动、由多个功能分化领域构成的封闭系统，而这是一种要加以抵制的现象。我们应该建立有助于对抗这种趋势的理论，而不是像卢曼那样认为它不可避免。

其次，在卢曼的理论中，分化是描述社会发展以及社会系统为应对环境而日益增长的复杂性的核心概念（Rasch，2000）。可是，我们在当代社会也可以看到两种反向的进程。一是去分化（differentiation），即各个社会系统之间边界消融的过程，如高雅文化与大众文化之间分野的消失（Lash，1988）。二是相互渗透（interpenetration），即在社会系统之间建立调节制度的过程（R. Münch，1987）。卢曼的系统理论将进化定义为不断增加的分化，因而倾向于将上述过程视为反进化性质。卢曼的理论虽然有可能将去分化和相互渗透看成进化中变异性的有效来源，但是这样的倾向意味着放弃了在理论上非常独特的、着力于分化的单一关注。

第三，卢曼的理论在描述系统之间的关系时似乎能力有限。并不是所有系统都如卢曼所假设的那样是封闭和自治的。有些系统不仅可以互相转译符码，甚至还会将其他系统吸纳为自身的要素。社会系统对心理系统的吸纳是最明显的案例。社会系统内部沟通的意义并不完全由社会系统自身决定。心理系统（个体）可以抵制以及限制那些附着在某个特定沟通上的意义。卢曼正确地指出沟通的意义不仅仅在于个体的动机，还在于该动机对于社会意义有某种我们可以称之为复杂的影响。社会系统并不简单地对心理系统保持封闭。同理，政治系统等明显享有自治的系统有可能被还原为经济系统等系统的子系统。在这种情况下，政治系统的符码或许只是经济系统符码的变异。

最后，卢曼的系统理论假定存在许多同样有效的看待社会的视角，其中任何一种都不比其他视角更优越［这与一些后现代主义社会理论家如利奥塔（Lyotard，1984）的立场相似］。然而，另一方面，卢曼又主张通过观察作为社会自我描述的语义学，我们有能力建立可靠的社会知识。上述两种立场不可能同时并存，因此卢曼的观点是不相一致的。

在人类迈入21世纪之际，卢曼的系统理论尽管有这样或那样的局限，却仍是最具有先锋意识的社会理论之一。它激发了人们对系统理论新一轮的研究兴趣。

总　结

本章从巴克利对系统理论本质的早期思考开始。社会学意义上的系统理论具有许多优点，如横跨自然科学及多种人文科学的公共术语库、全面适应微观及宏观层面的应用性、对社会世界整体的分析、以过程为理论关注、整合性视角以及动态的理论取向。我们讨论了系统理论的一些原则，其中包括系统的开放或封闭程度、系统损耗的趋势（熵）、结构复杂化的倾向（负熵）。它们都以反馈为特征，并且强调有助于系统自维持（系统维持）和增长（形态衍生）的过程。巴克利将系统理论应用于意识、互动及社会文化领域。

当代最重要的系统理论家当然是尼克拉斯·卢曼。卢曼认为系统是自我指涉的、偶变性的，总是比环境具有**更少**的复杂性。系统必须降低复杂性，它们不能像环境一样复杂，否则就会被压垮而无法行使其功能。卢曼最重要的理论贡献是他对系统自创生性的认识。所谓自创生性是指系统生产自身的基本要素并组织其边界以及内部结构之间的关系。此外，系统还是自我指涉和封闭的。正是系统的自创生性以及它相对于环境的封闭，将卢曼的理论取向与早期系统理论家的思想区分开来。卢曼对社会系统和心理系统进行了重点分析。社会系统受到双重偶变的困扰——每一次沟通都必须考量它被接受的方式，而它被接受的方式取决于接收者对发起者的预期。因此，沟通是不确定的，而社会结构的建立是为了使沟通变得较为确定。

卢曼关注以下三种进化机制，即变异、选择和稳定化。现代社会通过分化过程来应对环境中日益增加的复杂性。分化使得系统的复杂性不断增加，使得系统更有能力应对环境并更加快速地进化。卢曼还区分了四种分化形式——区隔分化、阶层分化、中心—边缘分化和功能分化。功能分化既是主导现代社会功能系统的分化，同时也是最复杂的分化。它使系统获得更高的弹性，不过，当一个功能分化的系统无法履行其功能时，这个系统就将整体失灵。不仅如此，我们的社会有可能因为缺少某种功能分化的子系统而无法处理重大的问题。

卢曼将社会设想为一个无所不包的系统，一个世界系统，因此这个社会只能从其系统内部进行观察。任何一个功能系统都不是正确的观察视角，每一个视角都是被合法化的视角。然而，卢曼试图通过论证社会学知识的任务在于对社会一级观察（神话、传说，等等）进行研究，赋予社会学以首要的地位。

即使受到许多批判，卢曼的系统理论仍然是21世纪初期最具影响力的理论方向之一。

第六章
符号互动论

本章概要

主要历史根源

米德的思想

符号互动论的基本准则

相关批判

迈向更具综合性及整合性的符号互动论

符号互动论的未来

符号互动论（Sandstrom and Kleinman，2005）提供了一系列涉及广泛的、既有趣又十分重要的观点。许多卓越的社会学思想家都与这一理论取向有所关联，其中包括米德、库利、托马斯、布鲁默以及戈夫曼。

主要历史根源

我们对符号互动论的讨论从米德开始（Shalin，2000）。在符号互动论以及米德思想的相关研究中，两个最重要的思想源头是实用主义哲学（D. L. Elliot，2007）和心理学领域的行为主义（Joas，1985；Rock，1979）。

实用主义

实用主义（pragmatism）是一种适用性广泛的哲学立场[①]，我们可以从中看到影响米德的社会学理论取向的几个侧面（Charon，2000；Joas，1993）。首先，对于实用主义者

---

① 基于或者部分基于实用主义而建立一个创造性行动理论的尝试，可参考乔阿斯（Joas，1996）。

而言，真正的现实并非存在于现实世界的"某个地方"；它是"当我们行动于其中或将其作为行动对象时所创造出来的"（Hewitt，1984：8；还可参见Shalin，1986）。其次，人类倾向于记住对他们来说有用的知识。他们很可能着手改变不再"有效"的知识。第三，人们对社会的或物理的"客体"的界定基于这些事物的功用。最后，如果我们试图理解行动者，就必须去理解这些行动者在世界中的实际行动。符号互动论有三个关键点：（1）强调行动者与世界的互动；（2）认为行动者和世界都是动态过程，而非静止结构；（3）行动者阐释社会世界的能力具有极其重要的意义。

最后一点在实用主义哲学家约翰·杜威的著作中体现得尤为明显（Jacobs，2007b；Sjoberg et al.，1997）。杜威认为人类的意识不是一个事物或结构，而是经历多个阶段的思维过程。意识过程中的各阶段包括定义社会世界中的客体、列出可能的行动模式、想象其他备选行动的后果、消除不可能性，以及最终选择最优的行动模式（Sheldon Stryker，1980）。强调思维过程的理论关注对符号互动论的发展影响深远。

事实上，大卫·刘易斯（David Lewis）和理查德·史密斯（Richard Smith）认为杜威（以及威廉·詹姆斯；参见Musolf，1994）对符号互动论之发展的影响更甚于米德。他们甚至宣称"米德的著作在早期芝加哥社会学主流中只能屈居边缘"（Lewis and Smith，1980：xix）。这一判断基于他们对以下两种实用主义的区分，即与米德相关联的哲学上的实在论（philosophical realism）以及与杜威和詹姆斯相关联的唯名论实用主义（nominalist pragmatism）。他们认为，符号互动论更多地受到唯名论取向的影响，与哲学上的实在论甚至是相矛盾的。唯名论的立场是宏观现象尽管存在，但它们"对个体的意识和行为不具有独立且决定性的影响"（Lewis and Smith，1980：24）。更确切地说，唯名论立场把个体本身视为存在主义意义上的自由能动者（existentially free agents），根据自身当下的兴趣和计划来接受、拒绝、修正或重新"界定"共同体的规范、角色、信仰，等等（Lewis and Smith，1980：24）。与此相对，社会学中的实在论者的关注点在于社会及其约束和控制个体心智的过程。行动者不是自由的能动者，认知和行为受到较大的共同体控制。①

米德的思想更趋近于实在论阵营，而不符合符号互动论的唯名论取向。至于符号互动论后续发展中的灵魂人物布鲁默，他尽管主张采用米德的取向，却更应被视为一个唯名论者。刘易斯和史密斯指出了其中本质上的不同：

> 布鲁默……完全转向了心理的互动论……与米德的社会的行为主义不同，心理的互动论认为符号的意义并非普适和客观的；相反，意义由于被附着在符号之上，

---

① 有关上述区分的批判，可参考D.米勒（D. Miller，1982b，1985）。

由接受者选择的阐释这些符号的方式来决定，因此意义是个别和主观的。

（Lewis and Simith，1980：172）

行为主义

刘易斯和史密斯对米德的这种诠释可以被另一个事实佐证，即后者较多受到心理学行为主义的影响（Mandes，2007；J. C. Baldwin，1986，1988a，1988b），而行为主义的影响将米德导向实在论和经验主义的方向。事实上，米德本人将他的基本关注称为**社会行为主义**（social behaviorism），从而与其学生华生（John B. Watson）的**激进行为主义**（radical behaviorism）相区分。

华生一派的激进行为主义者（K. W. Buckley，1989）关注的是个体**可观察**的行为。他们强调引发反应和行为的刺激物。这些学者或者否定或者有意识地削弱从实施刺激到产生反应这段时间内的隐密的心理过程。米德承认可观察行为的重要性，但他也认为激进行为主义论者忽视了人类行为中**隐密**的层面。由于将经验主义接受为行为主义的基础，米德想要做的并不是简单地将这些隐密的心理现象哲学化。他试图发展针对它们的行为主义经验科学——在刺激和反应之间究竟发生了什么。伯纳德·梅尔策（Bernard Meltzer）如此总结米德的立场：

> 对于米德来说，研究单元是所谓"行动"（the act），它同时包含人类行动中明显及隐密的层面。在这个所谓的行动中，传统或正统的心理学中的一切独立分类都找到了自身的位置。注意力、感知、想象、推理、情感，等等，皆被视为行动的组成部分……于是这个所谓的行动，囊括了人类活动所涉及的全部过程。
>
> （Meltzer，1964/1978：23）

米德和激进行为主义者对于人类行为与动物行为之关系的看法也不尽相同。对激进行为主义论者来说，二者并无差别，而米德则论证称二者存在着本质的不同。二者差异的本质在于人类拥有心智能力，可以在刺激和反应之间运用语言，从而决定如何做出反应。

米德从华生的行为主义那里获得启发，同时又与之保持了距离。一方面，米德指出"我们应当从行为主义的视角来探索社会心理学的领域"；另一方面，他又对华生的立场进行了批判，"我们将要利用的行为主义要比华生所利用的**更加充分**"。（1934/1962：2；黑体为本书所加）。

查尔斯·莫里斯（Charles Morris）在《心灵、自我与社会》一书的导言中阐述了米德与华生的三个基本差异。首先，米德认为华生只关注行为的理论过于简单化，而且批评华生将行为与其更广阔的社会情境相分离。米德希望将行为看成广阔的社会世界的一小部分。

其次，米德批评华生不愿意将行为主义扩展到精神过程。华生对行动者的意识和精神过程并不感兴趣。米德将其生动地表达为"华生的态度类似于《爱丽丝漫游仙境》中的皇后，'一切置之脑后'，这样的事物根本就不存在。这里不存在所谓的……意识"（1934/1962：2—3）。米德比较了自己与华生的视角并表示，"它是行为主义的，但并非华生式的行为主义。它认识到了并不为外部观察所认识的行动的各个部分"（1934/1962：8）。更具体地说，米德认为自己的任务就是扩展华生式行为主义的原则，以便将精神过程纳入其中。

最后，由于华生否定人类的意识，米德认为他把行动者看作被动的木偶。米德更加认同较具动态及创造性的行动者形象。正是这一点使得他的理论后来受到符号互动论者的青睐。

实用主义与行为主义，尤其是二者在杜威和米德理论中的阐述，在20世纪20年代被传授给大量的芝加哥大学研究生。这些学生（包括布鲁默）创立了符号互动论。当然，另外一些地位卓著的理论家也影响了这些学生，如齐美尔（参见第一章）。齐美尔对行动及互动形式的关注既是米德理论的补充，又是它的延伸。

在还原主义和唯社会学论之间

布鲁默1937年创造了**符号互动论**这一概念，并且撰写了几篇在该理论发展过程中具有指导意义的论文（Morrione，2007）。不同于米德试图区分处于萌芽状态的符号互动论与行为主义，布鲁默认为符号互动论可能受到以下两类理论的威胁：一是令米德不无担心的还原论行为主义；二是更为宏观取向的社会学理论，特别是结构功能主义。布鲁默指出，行为主义和结构功能主义皆试图关注影响人类行为的因素（如外部刺激和规范）。而正如布鲁默所关注的那样，两种理论都忽略了行动者对施加于自身的外部力量及自身行为赋予意义的关键过程（Morrione，1988）。

布鲁默认为行为主义对影响个体行为之外部刺激的强调，显然属于心理学还原主义（reductionism）。除此之外，另外几种类型的心理学还原主义同样令他感到困扰。例如，他批评那些依赖于用常用概念"态度"（attitude）来解释人类行动的研究者（Blumer，1955/1969：94）。他指出绝大多数使用这一概念的学者视态度为一种行动者"已然组织化的倾向"，而且认为行动受到了态度的驱使。在布鲁默看来，这是一种机械论的思维方式，而更重要的是，态度不是一种内化的倾向，而是"行动者塑造其行动的定义过程"（Blumer，1955/1969：97）。布鲁默还批评了那些强调有意识或无意识动机的学者。他尤其反感那些认为行动者受到某种自我无法控制的、独立的、精神性的动机所驱使的理论。强调"力比多"等因素作用的弗洛伊德理论便为其中之一。简而言之，布鲁默反对任何一种忽略行动者建构意义——获得自我及与其相关意义——过程的心理学理论。布鲁默对既有理论的批判与米德相类似，但他将批判对象进一步扩展到行为主义以外的其他形式的心理学还原主义。

布鲁默也反对认为个体行为由大规模外部力量决定的唯社会学理论（sociologistic theories），特别是结构功能主义。布鲁默将强调"'社会系统''社会结构''文化''地位''社会角色''习俗''制度''集体表达''社会环境''社会规范'以及'价值'"等社会—结构及社会—文化因素的诸多理论都归入这一类别（Blumer，1962/1969：83）。唯社会学理论和心理学理论都低估了意义以及现实之社会建构的重要作用：

> 在心理学和社会学的典型解释中，事物对于处于行动中的人类的意义要么被忽视，要么隐含在那些影响人类行为的因素之中。如果一个人宣称某种类型的行为是制造这些行为的特定因素的结果，那么我们便不需要关注人类行动对象的意义。
>
> （Blumer，1969b：3）

乔治·赫伯特·米德的思想

米德是符号互动论发展史上最重要的思想家（Chriss，2005b；Joas，2001），而他的代表作《心灵、自我与社会》是该流派最重要的一本专著。

社会的优先性

埃尔斯沃斯·法里斯（Ellsworth Faris）在评论《心灵、自我与社会》一书时，指出"心灵不能在社会之前产生；社会形成之后，心灵才在社会的内部出现……这大概就是（米德的）倾向"（引自 D. Miller，1982a：2）。法里斯对该书主题的阐释反映了一个既为米德自己承认同时亦广为人知的事实，即社会（或具有社会性的一切事物）在米德的分析中被赋予了优先性。

米德认为，传统的社会心理学最初表现为试图解释社会经验的个体心理学，而米德在理解社会经验时常常将社会世界置于优先地位。米德是这样解释的：

> 在社会心理学领域，我们对社会群体行为的理解并不基于构成群体的独立个体的行为；相反，我们以对复杂群体行为**这一既定的社会整体之理解作为开端**，在其中分析作为群体之构成的每个独立个体的行为（将其当作分析要素）……也即，我们试图解释社会群体的行为，而不打算根据隶属于该群体的独立个体的行为，来说明社会群体的组织化行为。对于社会心理学而言，**整体（社会）优先于局部（个体）**，而非相反；同时，它根据整体来解释局部，而不是依据局部来解释整体。
>
> （Mead，1934/1962：7；黑体为本书所加）

乔治·赫尔伯特·米德小传

本书所提及的大部分卓越的理论家在一生中都因其出版著作而获得最高荣誉。然而，米德的教学工作在其一生当中，与其专著相比，至少丝毫不显逊色。他的言传身教对许多将要成为20世纪极为重要的社会学家的年轻人产生了深刻的影响。他的一个学生这样说，"谈话是他最好的沟通媒介；写作则屈居其次"（T. V. Smith，1931：369）。我们不妨让他的另一位学生、一位享有盛名的社会学家——伦纳德·科特雷尔（Leonard Cottrell）——来描述米德是一位怎样的师长：

> 对我来说，上米德教授的课是一种独特而难忘的经历……米德教授是一位魁梧而和蔼可亲的人，蓄着漂亮而浓密的胡须。他的脸上总是挂着含蓄而略显羞涩的微笑，眼睛炯炯有神，闪烁着智慧与狡黠的光芒。
>
> 米德教授在授课时常常是脱稿的，手里把玩着一截粉笔，目不转睛地看着它……每当讲到某个特别晦涩的知识点时，他才会抬头望向我们身后的某个地方，露出羞涩而几乎是略带歉意的笑容——从来不直接凝视某个人。他的宣讲十分流畅，而大家也很快意识到课堂上的提问或评论并不那么受欢迎。实际上，每当有人冒失地提问，学生座席中就会传来低声的抱怨，大家都不希望打断这么精彩的宣讲……
>
> 他对学生的期望并不过分。他从来不进行测验。我们每个学生的主要任务就是尽其所能完成一篇论文。米德教授会非常认真地评阅这些论文，根据他对论文的看法给出分数。人们也许以为学生们或许宁愿花时间阅读文献而非上课以便完成论文，但在米德教授的课上不是这样。学生们迫不及待去听米德教授的课，总是担心错过了什么。

（Cottrell，1980：49—50）

米德在写作上遇到很大的困难，令他苦恼不已，"我常常因为不能写出我想表达的东西而感到沮丧"（引自 G. Cook，1993：xiii）。不过，多年以来，米德的思想逐渐得以出版面世，《心灵、自我与社会》一书（根据学生们在课堂上的笔记整理而成）更引起了巨大的反响。此书及米德其他的著作对当代社会学以及符号互动论的发展产生了深远的影响。

米德于1863年2月27日出生于马萨诸塞州的南哈得里，所接受的教育以哲学及其在社会心理学方面的应用为主。米德1883年从奥柏林学院获得学士学位（他的父亲在其中执教），接着又先后从事中学教师、铁路公司调查员、私人教师等工作。

1887年，米德进入哈佛大学读研究生。在哈佛以及德国莱比锡大学、柏林大学学习之后，米德获得了密歇根大学的教职。不过，有意思的一点是，米德**从来没有**获得过研究生阶段的学位。1894年，在杜威的邀请下，他转到芝加哥大学，余生一直在那里工作。

通过以下这段摘自一封信件的引文，米德清楚地表明他受杜威的影响至深："杜威先生不仅是一位具有原创力及深邃思想的人，也是我所接触到的最有鉴赏力的思想家。我从他身上获得的启发超过其他任何人。"（引自G. Cook，1993：32）杜威的影响特别体现在米德在芝加哥大学的早期岁月中，他甚至一度追随杜威研究教育学理论（杜威于1904年从芝加哥大学离开）。不过，米德的思考迅速地与杜威相分离，进入他享有盛名的有关心灵、自我与社会的社会心理学领域。他从1900年起开设了一门社会心理学入门课程，1916年至1917年间又将其转为高级课程（《心灵、自我与社会》一书根据1928年听课速记整理而成），其对应的社会心理学初级课程是社会学系的埃尔斯沃斯·法里斯于1919年开设的。正是通过这一课程，米德才对社会学系的学生们（以及心理学系和教育系的学生）产生了深刻的影响。

在学术追求之外，米德还亲身参与社会改革。他相信社会学可以解决社会问题。比如，他作为资金筹募人和政策决定者，积极参与受简·亚当斯的霍尔馆激励而建立的芝加哥大学社会服务所。在社会服务所推动的社会研究中，米德扮演了关键（或许是最重要的）角色。

米德本该在1928年正式退休，却由于学校的热情相邀而继续执教，并于1930年夏季出任哲学系主任。不幸的是，米德被卷入到哲学系与校长之间的激烈冲突之中。1931年初，米德在病床上写下了辞职信。他于当年的4月末离开医院，出院的第二天就逝于心力衰竭。杜威对他的评价是，"上一代美国人在哲学领域最具原创思想的心灵"（G. Cook，1993：194）。

对米德而言，社会整体相对于个体的优先既有逻辑性也有时序性。在米德的理论中，如果没有一个先在的社会群体，具有思考能力和自我意识的个体在逻辑上是不可想象的。社会群体率先形成，而它带来自觉的精神状态的发展。

行动

米德认为行动是其理论中最重要的"初始单元"（1982：27）。米德对行动的分析十分类似于行为主义的理论取向，强调刺激和反应。但此处的刺激并不会激起人类行动者自动且不经思考的反应。米德指出，"我们把刺激看作行动的起因或机会，而非约束或强迫"（1982：28）。

米德（1938/1972）定义了行动中四个基本且相互关联的阶段（Schmitt and Schmitt, 1996）。这四个阶段构成一个有机整体（换句话说，它们以辩证的方式互为关联）。低等动物和人类都可以采取行动，而米德不仅关注其中的相似性，还关注两者的差异性。

冲动

第一个阶段是**冲动**（impulse），包括"即时的感官刺激"以及行动者对这种刺激的反应和为之做点什么的需要。饥饿能很好地解释冲动。行动者（无论动物或人类）有可能不加思考地立即对冲动做出反应，但人类行动者则更可能考虑如何做出适当的反应（例如立即进食或稍后进食）。在思考如何作出反应时，人类不仅会考虑当下的情形，亦会参照过去的经验并且预期行动的后果。

饥饿感可能来自行动者的自身状态或因在外部环境中出现的食物而被激发。更常见的是，二者共同引起饥饿感。在食物不能立即获得或者并不充足的环境中，饥饿的人要设法满足这种冲动。这一冲动，与其他类型的冲动相似，是与环境中的问题相关联的（在上例中指缺少可立即获取的食物），而这个问题只能由行动者来解决。事实上，尽管饥饿等冲动在很大程度上来自个体（但饥饿也可以由外部刺激激发。此外，有关感到饥饿的适当时间也有社会性质的定义），但它经常与环境中出现的问题有关（例如缺少食物）。归根结底，冲动，恰如米德理论中的其他要素一样，同时涉及行动者和环境。

知觉

第二个阶段是**知觉**（perception），行动者在这期间搜寻并对与冲动相关的刺激做出反应，在上例中即为饥饿以及满足饥饿的各种手段。人类有通过听、嗅、尝等感知刺激的能力。知觉包括即将出现的刺激以及它们所创造的心理意象。人类不会简单地对外部刺激即时做出反应，而是通过心理意象对刺激进行思考和评估。人类也不会单纯地屈从于外部刺激，而是主动选择某种刺激和刺激组合中的典型特征。也就是说，一种刺激可能有多个维度，而行动者有能力择其所需。不仅如此，人们常常面对许多不同种类的刺激，而他们具有选择接受刺激或忽略刺激的能力。米德拒绝将人与其知觉的对象相分离。正是知觉物体的行动使得它成为个体眼中的客体。知觉与物体具有辩证的关系，不能彼此分离。

操作

第三个阶段是**操作**（manipulation）。一旦冲动显现出来而客体被人类所感知，下一步就是操控它，或说采取有关的行动。相对于低等动物来说，人类在智力优势之外还具有另一种优势。人类的双手（以对生拇指为特征）可以比低等动物更灵活地操控物体。对于米德而言，操作阶段被看成行动过程中一个重要的停顿，使得反应不会立即浮现。

当一个饥饿的人看到一簇蘑菇时，在食用之前，他/她或许会把它先摘下来，仔细检查，甚至在参考书中查找这一类别的蘑菇是否可以食用。相较而言，低等动物很可能会不经处理和检查（更不用说查询资料了），就直接把它吃掉。由处理事物导致的停顿使人类可以思考多种不同的反应。人类在思考是否吃掉这些蘑菇时，会同时想到历史和未来。他们可能联想到过去食用某种蘑菇而致病的经历，从而考虑可能因食用有毒蘑菇导致的病痛乃至死亡。对蘑菇的操作是一种试验方法，行动者在心理层面试验了有关吃掉蘑菇的后果的多种假设。

完成

基于这些考虑，行动者会决定是否吃掉蘑菇，而这被视为行动的最后一个阶段——**完成**（consummation），或者一般所说，采取能够满足初始冲动的行动。人类和低等动物都可能吃掉蘑菇，可是人类不太可能吃到有毒的蘑菇，这是因为他/她具有对蘑菇进行操作以及思考潜在后果的能力。低等动物只能依赖试错的方法，相对于人类反复考虑其行动的能力，这种方式无疑比较低效。[①] 在这个案例里，试错十分危险，结果是，低等动物比人类更有可能因为食用有毒蘑菇而死去。

为了讨论的方便，行动的四个阶段在这里以相互独立且彼此接续的方式呈现。米德认为它们之间存在辩证的关系。鲍德温（John C. Baldwin）如此叙述米德的这一思想，"行动的四个部分有时**看起来**具有线性的次序，但它们实际上相互渗透而构成一个有机过程：每一部分的各个面向从行动的开始直到结束始终存在，以至于每个部分都会对其他部分造成影响"（1986：55—56）。因此，行动的后一阶段可能导致前一阶段的出现。比如，对食物的操作可能会引致个体产生饥饿的冲动，以及对个体处于饥饿当中、需要通过食物来满足需求的知觉。

姿态

行动所涉及的是个体，而**社会行动**则涉及两个及以上的个体。在米德看来，**姿态**（gestures）是社会行动（或更广泛意义上的社会过程）的基本机制。他对姿态的定义是，"姿态是第一有机体的运动，它作为特定的刺激引发第二有机体的（社会性）适当反应"（Mead，934/1962：14；也可参见 Mead，1959：187）。一个个体的行动总是会无意识且自动地引发另一个体的反应，从这个意义上讲，低等动物和人类都具有姿态的能力。以下是米德著名的用斗狗来解释姿态的论述：

---

① 有关米德就人类和低等动物区别之思考的批判，可参见阿尔吉与阿尔吉（Alger and Alger，1997）。

> 每一只狗的行动可被看作引起其他的狗做出相应反应的刺激……一只狗预备攻击另一只狗的这一事实，成为后者改变其立场及态度的一种刺激。而几乎与此同时，第二只狗之态度改变又反过来引起第一只狗的态度变化。
>
> （Mead，1934/1962：42—43）

米德将这种情形称为"姿态的对话"，一只狗的姿态自动引发第二只狗的姿态。当然，就这些狗而言，思考过程从未闪现。

人类有时也会无意识地进入姿态对话。米德以拳击和剑术比赛中的行动和反应为例，其中一位选手"本能"地对另一个选手的行动做出回应。米德将这种无意识行动称为非表意姿态；人类的独特之处在于其应用表意姿态（significant gestures）的能力，即需要行动者在反应之前进行思考的姿态。

有声姿态对于表意姿态的发展至关重要。并非所有的有声姿态都是有意义的。一只狗对另一只狗的吠声就不是表意的，人类的某些有声姿态（如无意识的呻吟）甚至也无法被归类为表意的。然而，有声姿态的发展，尤其是通过语言形式所表现出来的发展，是构成人类独特生活的重要因素，"人类在姿态发展上的专门化最终导致了当代人类社会以及知识（包括科学带来的对于自然乃至人类环境的控制）的起源及增长"（Mead，1934/1962：14）。

上述发展与有声姿态的独特特征不无关联。当我们摆出一副姿态，例如做了个鬼脸，我们并不能看到自己的表情（除非恰好在看镜子）。但是，如果我们发出有声姿态，我们和其他人一样可以听到它。后果之一是，有声姿态会对发声者和倾听者产生相似的影响。再者，我们可以轻易地中止有声姿态，而中止身体姿态则比较难。换句话说，相对于身体姿态，我们能够更好地控制有声姿态。这种控制自我以及个人反应的能力，相对于人类其他特有的能力而言，是至关重要的。一般来说，"在人类社会里，有声姿态是社会组织的卓越媒介"（Mead，1959：188）。

表意符号

表意符号是姿态的一种，只有人类能够制造。当发出姿态的个体被唤起了与这些姿态原本想要从其所指向的个体身上激发的反应属于同一种类型（二者不必完全一致）时，这些姿态便成为**表意符号**（significant symbols）。人类只有在获得表意符号之后，才可以实现真正的沟通，蚁群、蜂群中并不具有完全意义上的沟通。身体姿态可以成为表意符号，但正如前文所述，鉴于人们较难看到或"听到"自己的身体姿态，它常常不是理想的表意符号。因此，只有传递的声音最有可能成为表意符号，尽管不是所有的发声都可归为表意符号。最适合成为表意符号的有声姿态组合是**语言**，"是一方基于自己的经验对某种意义进行回应的符号，同时也激起另一方基于自身经验的意义传递。一旦姿态做到了这一点,它就成了我们所谓的'语言'。它成为表意符号,代表某种特定的意义"(Mead,1934/1962:46)。在姿态的对话中,只有姿态本身在进行交流。而通过语言,姿态及其意义都可进入交流过程。

语言或广义上的表意符号的一项任务是唤起说话一方与另一方相似的反应。**狗**或**猫**这些词语可以激起说话者与参与对话的另一方相似的思维想象。语言的另一个效应是对说话者与他人具有相同的刺激。在拥挤的剧院里,大喊"着火了"的人与剧院中的其他人一样,试图赶快离开剧院。因此,表意符号可以使人们成为自身行动的刺激物。

透过实用主义的取向,米德还分析了一般意义上的姿态的功能以及表意符号的功能。姿态的功能是"使调整在被卷入某种特定的社会行动的个体成为可能,这些个体与该行动所影响的事物是有关联的"(Mead,1934/1962:46)。因而,本能驱使下对孩子做出鬼脸或许是为了阻止其过于靠近悬崖,从而将孩子排除在有潜在危险的环境之外。无意义的姿态是有效果的,但"表意符号比起前者而言具有更好的促进行为调整或再调整的作用,这归因于表意符号可以唤起行动对象同样的态度,使得行动对象随之调整其后续行为"(Mead,1934/1962:46)。从实用主义的观点来看,在社会世界里,表意符号比无意义姿态更有用。比如,当我们试图对他人表达不满情绪时,愤怒的口头指责要比扭头等身体语言更有用。表达不满的人常常不会意识到自己的身体语言,因此不太可能有意识地根据另一方对自己身体语言的反应来调整之后的行动。与此相反,倾述者能够意识到自己的愤怒表达,并常常以相似的方式(及差不多同时)对另一方的反应做出回应。所以说,倾述者能够思考他人可能做出的反应,并为此准备自己的下一步行动。

米德理论中尤为重要的一个部分是表意符号的另一功能,即表意符号使人类的心智、精神过程等得以成为可能。唯有通过表意符号,特别是语言,人类才可以进行**思考**(米德认为,低等动物不能够思考)。米德将**思考**定义为"个体通过姿态等方式与自身进行的内在化或隐性的对话"(1934/1962:47)。米德更进一步指出,"思考和与他人对话并无差别"(1982:155)。换句话说,思考即与自己的对话。由此可以看出,米德如何用行为主义的术语来定义思考。对话包括行为(谈话),而这类行为也发生于个体的内在;当它出现时,思考就随之产生。这一界定不是从精神过程出发,而完全发自行为学的角度。

表意符号也使得**符号互动**成为可能。也即,人们不仅仅通过姿态,还通过表意符号进行互动。这种能力当然会制造出一个差别的世界,与仅使用姿态相比,它为人类带来更为复杂的互动模式及社会组织形式。

显然,表意符号在米德的理论思考中具有核心地位。事实上,大卫·米勒(David Miller,1982a:10—11)认为表意符号是米德理论中唯一的核心。

心灵

米德将心灵定义为一个过程,而不是一种事物,是个体与自我的内在对话。心灵不存在于个体体内,也不存在于人脑之内,而是一种社会现象(Franks,2007)。心灵源自并在社会过程中获得发展,成为这一过程的有机组成部分。社会过程优先于心灵,而并非如许多人所认为的那样,前者是心灵的产物。所以说,对心灵的界定是功能性的,而非实质性的。如果说心灵与意识等观念颇为相似,那么心灵的特殊性表现在什么地方呢?我们知道人类具有一种独特的能力,即从自身唤起那些他们试图从其他人那里引起的反应。心灵的突出特征之一是个体不但能响应他人的个别反应,甚至能响应整个共同体的反应。这就是个体的心灵的含义。个体的行动意味着某种特定的组织化反应,如果一个人具有这种反应,他(她)便拥有了这里所定义的心灵(Mead,1934/1962:267)。因此,心灵之所以与米德研究中其他类似的概念相区别,就在于它回应整个共同体以及发出具有组织化特征之反应的能力。

米德还利用另一种实用主义视角来审视心灵。也即,心灵包含指向解决问题的思考过程。现实世界存在很多问题,心灵的功能便在于试图解决这些问题,允许人们采取更加有效的应对方式。

自我

米德的许多思考,特别是关于心灵的思考,指向一个至关重要的概念:**自我**(self)(Schwalbe,2005),即把自身当作客体的能力。自我即同时成为主体和客体的独特能力。与米德理论中所有的重要概念一样,自我以一个社会过程——人与人之间的沟通——为前提。低等动物及婴儿没有自我。自我通过社会行动和社会关系在成长中出现。对于米德而言,没有社会经验就不可能想象自我的出现。然而,自我一旦获得发展,就可以在没有社会接触的情况下继续存在。鲁滨逊·克鲁索已在文明社会中发展出自我,因此当他孤身生活在荒岛上时,他依然保有自我。换句话说,他仍有将自身视为客体的能力。自我一旦获得发展,人们便常常而并非始终展现它。例如,自我在习惯性的行动或快乐、痛苦等即时的生理学体验中并不存在。

自我与心灵之间存在辩证的关联。米德认为,一方面,人的肉体不是自我,只有当心灵得到发展时,它才可以成为自我;另一方面,具有反思性特征的自我对于心灵的发展必不可少。当然,由于自我乃是一个精神过程,心灵与自我不可能分离。不过,即使我们把自我看作精神过程,它还是一个社会过程。在对自我的讨论中,米德拒绝将其看作是意识的,认为它要被嵌入社会经验和过程之中。由此出发,米德试图赋予自我以行为主义的特征,"通过自我,一个人可以响应那些引起他人反应的刺激,这种响应成为他自身行动的一部分。通过自我,他不仅聆听自己的声音,还对自身做出回应,像其他人回应自己那样与自己对话。个体在自我的**行为**中将自身视为行动对象"(1934/1962:139;黑体为本书所加)。因此,自我只是个体身处其中的整个社会过程的一个层面。

建立自我的一般机制是反身性,即无意识地将自己放置于他人立场并按照他人的方式采取行动的能力。由此，人们可以像他人审视自己一样审视自身。米德指出：

> 正是通过反身性这一方式——将个体的经验反推于己——整个社会过程被带入身处其中的众多个体之经验中；通过这种方式，个体可以采取他人的态度来看待自己，个体能够有意识地调整自己以适应社会过程，并据此在特定的社会行动中修正这一过程。
>
> （Mead，1934/1962：134）

自我还允许人们参与他们与他人的对话。也即，人们会留意到自己说了什么，并因而有能力监控说出的内容以及决定接下来要说些什么。

为了获得自我，个体必须能够从"自己身上抽离开来"，如此才能评价自己以及成为自己的客体。要做到这一点，人们只需将自己放在与他们审视他人的相同的试验场中。每一个人都是这一试验情境的重要部分，为了能在特定情境中理性地行动，人们必须将自己计入考量。这之后，他们才试图客观地、不带个人偏见和情绪地审视自己。

人们并不能直接地感受到自己。要做到这一点，他们只能间接地将自身置于他人的立场之上，从这一角度来审视自己。审视自身的角度既可以来自于特定的个体，也可以来自于整个社会群体。正如米德所说，在一般意义上，"只有透过他人的视角，我们才能够回归自身"（1959：184—185）。

儿童发展

米德对自我的起源十分感兴趣。他把姿态对话视为自我的背景，不过姿态对话并不包含自我，因为人们在姿态对话中并不把自身当作客体。米德通过儿童成长过程的两个阶段[①]来追溯自我的起源。

扮演阶段 第一个阶段是**扮演阶段**（play stage），正是在这一阶段，儿童学会接受特定他者面对他们的态度（Vail，2007b）。低等动物也会扮演，但只有人类能够"扮演他人"（Aboulafia，1986：9）。米德以一个孩子扮演（美国）"印第安人"为例："这意味着孩子获得了某些特定的刺激，它们在孩子身上引起它们在他人身上激发的响应，并且是针对印第安人角色的响应。"（Mead，1934/1962：150）这种扮演的结果是，孩子学会了同时成为主体和客体，并且逐渐有能力建立自我。然而，这是一种有限的自我，因为孩子只能扮演特别的角色并区分他人。儿童可能会扮演"妈妈"或"爸爸"，并在此过程中发展出以其父母或其他特定个体那样的方式评估自身的能力。然而，他们缺乏对于自我

---

① 在米德理论中隐含着一个初始的、预备的模仿阶段（Vail，2007a）。

的、更为综合和组织化的认识。

游戏阶段 第二个阶段是**游戏阶段**（game stage），它是完全意义上的自我得以发展的必要阶段（Vail，2007c）。在扮演阶段，儿童扮演独立的他者的角色，而在游戏阶段，他们必须扮演参与该游戏的所有人的角色。进而，这些不同的角色必须在彼此之间建立明确的关系。在阐述游戏阶段时，米德以棒球比赛（他又称其为九球游戏）为例：

> 然而在许多个体参加的一场比赛中，扮演某一角色的孩子必须也要准备着扮演其他人的角色。当九球游戏开始时，他必须要知道与其自身位置有关的每个位置的队员的反应。在比赛时，为了实现他自身的参与，这个孩子必须了解其他人下一步的动作。他不得不扮演所有的角色。它们不必同时进入意识中，但是在某些时刻，这个孩子必须考虑到其他三个或四个队员的反应，比如扔球者、接球者，等等。这些反应在一定程度上当然只是他的臆测。比赛中因而存在一系列的所谓他者的反应，它们被充分地加以组织化，以至于一个人的态度可以引发另一个人的适当的态度。
>
> （Mead，1934/1962：151）

在扮演阶段，由于儿童扮演的是各种独立的角色，他们并不具有组织化的整体认知。因此，在米德看来，他们不具备明确的人格。不过，在游戏阶段[①]，这种组织化以及清晰的人格特征出现并逐渐形成。儿童逐渐能够在组织化的群体内发挥作用，更重要的是，明确在一个特定群体中自己将要做些什么。

概括化他人

概括化他人（generalized other）是米德从游戏阶段延展出的重要概念之一（Vail，2007a）。概括化他人是指整个共同体的态度倾向，例如棒球比赛中整个团队的态度倾向。概括化他人的角色扮演能力对自我的发展十分关键："一个人只有在学习了其身处其中的组织化社会群体的态度倾向之后，才能建立完整的自我，这种组织化的态度倾向指向该组织所进行的某种或一系列组织化的、合作性的社会活动。"（Mead，1934/1962：155）此外，对自我发展极为关键的是，人们要学会从概括化他人而非独立的他人角度来评价自己。这种概括化他人的角色扮演能力使发展抽象思维及客观性成为可能（Mead，1959：190）。关于自我的充分发展，米德是这样论述的：

> 自我的充分发展是通过这样的方式得以实现的：将这些他人的个体态度转化为

[①] 米德虽然使用了游戏这个术语，但很显然，正如阿布拉菲亚（Aboulafia，1986：198）所指出的，他所指的是任何组织化的反应系统（如家庭）。

组织化的社会或群体态度，与此同时，个人能够对自己也参与其中的社会或群体行为之系统模式进行反思。社会或群体行为的系统模式作为一个整体进入到个人的经验中，在这一过程里，个体通过思维系统纳入这种组织化群体的态度，一如他对他人的个体态度的接纳。

（Mead，1934/1962：158）

换句话说，自我产生的条件是个人必须成为共同体的一员，且受到共同体共享之态度倾向的引导。如果说扮演阶段只需要片面的自我，游戏阶段需要的则是连贯完整的自我。

概括化他人的角色扮演不仅是自我发展的基础，对于组织化群体行为的发展也至关重要。群体的形成需要个体因应概括化他人的态度倾向而行动。概括化他人也反映出米德以社会为优先的倾向，因为群体正是通过概括化他人来影响个体行为的。

米德又从实用主义的视角来审视自我。从个体层面而言，自我令个体成为较大的社会中有能力的成员。由于自我的发展，人们在特定情境下更有可能依据他人的期待而行动。鉴于人们经常试图顺应群体的期望，他们更有可能避开因为无法满足群体要求而出现的低效问题。进一步说，自我给整体社会带去更大的协调一致。由于个体能够因应群体之期待，群体得以更为高效地运转。

以上对自我的讨论不免令人们觉得米德理论中的行动者只是服从者，缺乏个性，因为每个人都忙于遵从概括化他人的期待。然而，米德清楚地知道每一个自我都不同于其他自我。自我拥有相似的结构，但每一个自我又都具有其独特的生平表述（biographical articulation）。此外，社会中存在的显然不是一个单一且宏大的概括化他人，而是许多种概括化他人，这是因为社会中有许多的组织。人们因此有多样的概括化他人，并由此产生了多样的自我。每个人的独特自我使他/她区分于其他人。不仅如此，人们也无须安于共同体的现状，他们可以进行改革，使现状变得更好。人类的思考能力使得我们有能力改变共同体。不过，米德不得不将个体创造性的这一问题置于常见的行为主义的范畴："个体对抗整个共同体的唯一途径是建立一个在某种程度上可以击退前者的、更高类别的共同体……他或许要亲自站出来反对它。要做到这一点，他必须理解过去及未来的各种意见。这是自我的声音超越社群舆论的唯一方式"（1934/1962：167—168）。换句话说，为了抵制概括化他人，个体必须建构并响应一个更大的概括化他人，其内涵不仅来自于现在，更包括过去和未来。

米德区分了自我的两个层面（或阶段），称其为"主我"（I）和"客我"（me）（对这一区分的批评，参见Athens，1995）。米德指出，"自我从根本上说是伴随上述两个阶段的社会过程"（1934/1962：178）。我们需要牢记，"主我"和"客我"乃是更大的自我过程之一部分。它们是过程，而非"存在物"。

"主我"与"客我"

"主我"是个体对他人的当下反应。它是自我中不可计量、不可预测和具创造性的那些方面。人们并不能预知"主我"的行动,"反应是什么,他本人不清楚,别人也不知道。他既可能表现出色,也可能犯错,对某种情境的当下反应是不确定的"(Mead, 1934/1962: 175)。我们对"主我"从不具有完全的意识,而"主我"经常令我们讶异于自己的行为。只是当行动出现后,我们才意识到"主我"的存在。因而,我们只在记忆中认识"主我"。米德基于以下四种原因而特别强调"主我":首先,"主我"是社会过程中创新的关键。其次,米德认为人最重要的价值观存在于"主我"之中。第三,"主我"包括了我们都试图寻求的——自我实现。正是"主我"使得我们发展出"鲜明的人格"。最后,米德看到了历史的进化过程,即原始人更多地受到"客我"主导,而现代社会中里,"主我"占据了更大的份额。

"主我"赋予米德的理论体系某种亟需的动力和创造性。如果没有"主我",米德的行动者将完全由外部控制和内部控制所主导。"主我"的纳入使得米德可以解释那些由历史中的大人物(如爱因斯坦)以及日常生活中的个体所推动的变化。正是"主我"使得变化成为可能。既然每个人格都是"主我"与"客我"的混合物,那么伟大历史人物往往被认为具有更多的"主我"。不过,在日常生活的情境中,任何人的"主我"都可以确认自身,并引致社会情境的变化。每一个个体的"主我"与"客我"的经历结合,为米德的理论体系注入了独特性。换句话说,个人生活中特殊的迫切事态赋予他/她"主我"与"客我"的独特混合物。

与"主我"相对的是"客我",它是"个体关于他人组织化的态度的假定"(Mead, 1934/1962: 175)。换句话说,"客我"是对概括化他人的接纳。与"主我"不同的是,人们能够感知到"客我",它包括有意识到责任。米德指出,"'客我'是保守的和习惯性的个体"(1934/1962: 197)。每个人——无论他/她的遵从程度是怎样的——都具有且必须具有"客我",墨守成规的人则主要受到"客我"的主导。社会通过"客我"得以主导个人。事实上,米德将**社会控制**界定为由"客我"的表达主导"主我"的表达。在《心灵、自我与社会》一书中,米德详细地阐述了有关社会控制的观点:

> 社会控制以一种自我批判的形式紧密而广泛地对个体的行为或举止施加影响,有助于参照个体身处其中的、有关经验与行为的组织化社会过程而整合个体及其行动……社会控制对个体行为或举止的主导依靠的是(自我)批判的社会起源和基础。也即,自我批判从根本上说乃是社会批判,人们的行为受到社会性的控制。社会控制尽管倾向于压制个人或具有自我意识之个性,但实际上正是由这种不可分割的个性所构成的。
>
> (Mead, 1934/1962: 255)

米德再次从实用主义的角度分析"主我"与"客我"。"客我"令个体在社会世界里得以适意生存，而"主我"则使社会变化成为可能。社会需要足够的服从以确保运行，同时也需要不断注入新的动力以避免停滞。"主我"与"客我"是整个社会过程的一部分，推动个体与社会二者更为有效地运行。

社会

在最广义的层面，米德用**社会**一词指先于心灵与自我产生的、正在持续的社会过程。社会因其形塑心灵与自我的重要性而居于米德理论的核心。在另一个层面，社会对于米德而言代表着个体以"客我"形式所承袭的、经组织化的那些反应组合。在这个意义上，个体承载着其周边的社会，社会通过自我批评给予个体掌控自身的能力。社会虽然在米德理论体系中占据核心地位，但相对来说，米德对它着墨甚少。米德最重要的理论贡献在于对心灵和自我的思考。即使特别强调米德理论取向中社会（或宏观）成分的鲍德温也不得不承认，"米德理论体系中的宏观成分远不如微观成分发展得充分"（1986：123）。

在较具体的社会层面，米德的确多次谈到社会**制度**。米德将**制度**宽泛地界定为"共同体的普遍反应"或"生活习惯"（1934/1962：261，264；同时参见 Mead，1936：376）。具体来说，米德认为"整个共同体以一致的方式对待处于特定情境中的个体……在此种条件下，整个共同体表现出一致的反应，我们称之为制度的形成"（Mead，1934/1962：167）。人们承载着身边这种组织化的态度组合。在很大程度上，它们通过"客我"可以帮助控制我们的行动。

教育便是共同体的共同习惯（制度）内化于行动者的过程。它是一个必要过程，因为在米德看来，人们只有按照更大的共同体的方式来对自身进行回应，才能拥有自我并真正成为共同体的成员。要做到这一点，人们必须内化共同体的共同态度。

不过，米德还是谨慎地指出，制度并不一定会破坏个性及创造力。米德承认某些"压迫、呆板且极为保守的社会制度会或多或少地以其僵化和缺乏弹性的非进步性阻碍和压制个性"（1934/1962：262）。然而，他很快又补充说，"没有必然或不可回避的理由认为社会制度应当是压迫或僵化保守的，制度完全可以是灵活且具有进步性的，能够开发人类的个性而非抑制它"（Mead，1934/1962：262）。对米德而言，制度只需在宽泛及普遍的意义上规定人们应该做些什么，要为个性和创造力预留充分的空间。米德在此提供了具有现代意义的社会制度概念，它在约束个体的**同时**也确保他们成为有创造力的个体（参见 Giddens，1984）。米德与其他古典主义理论家的区别在于他有争议地抛开社会约束力，而强调社会之使能性（enabling）的特点（Athens，2002）。

米德在对社会乃至具体的制度[①]进行分析时所缺少的是，在马克思、韦伯及涂尔干

[①] 米德至少在两个地方对宏观意义上的社会进行过论述。一处是他将社会制度界定为"群体或社会行动的组织化形式"（Mead，1934/1962：261）。另一处更早一点，在对孔德理论的回顾中，他提出家庭可作为社会中的基本单元以及族群和国家等更大单元的构成基础。

等理论大师的分析中经常可见的、真正意义上的宏观论述,尽管米德确实提出了**涌现**(emergence)这一概念并认为整体超越了各个部分的加总(Sawyer,2007,2005)。具体地说,他指出:"涌现所指的是一种重组,但重组将会带来之前并不存在的东西。比如,氢和氧相遇变成水。这里出现的水乃是氢和氧的混合物,但它在氢、氧相遇之前并非一种独立存在的物质。"(Mead,1934/1962:198)不过,米德更倾向于用涌现的概念解释意识而非较大的社会。换句话说,心灵和自我被看作社会过程中的涌现。此外,米德倾向于用**涌现**一词单纯指代某种新鲜事物的形成(D. Miller,1973:41)。

符号互动论的基本准则

这一章节的核心在于讨论符号互动论的基本准则。我试图以一般通用的术语来介绍这一理论流派,但这显然并非易事,恰如保罗·罗克(Paul Rock)所说,这一理论具有某种"有意而为之的模糊性"以及"对系统性的抵制"(1979:18—19)。同时,符号互动论内部存在着重大差异,其中一些我们在前文中已经讨论过。

一些符号互动论者(Blumer,1969a;Manis and Meltzer,1978;A. Rose,1962;Snow,2001)曾尝试列举这一理论的一些基本准则,如下所示:

- 与低等动物不同,人类拥有思考的能力。
- 思考的能力受到社会互动的形塑。
- 在社会互动中,人们习得使他们可以演习人类独有之思考能力的意义与符号。
- 意义与符号让人们发展出独特的人类行动及互动。
- 人们能够基于对情境的解释而修正或改变他们在行动和互动中使用的意义与符号。
- 人类之所以可以进行修正或改变,在一定程度上是因为他们具有与自我互动的能力,这一能力令他们得以考察行动的可能过程,评估相对的优势和劣势,进而从中做出选择。
- 行动与互动相互交织的模式构成了群体以及社会。

思考的能力

人类拥有思考能力的这一关键假设使符号互动论区别于它的行为主义根源。它进而为符号互动论的整个理论取向提供了基础。伯纳德·梅尔策、詹姆斯·彼得拉斯(James Petras)和拉里·雷诺兹(Larry Reynolds)指出,假定人类具有思考能力是詹姆斯、杜威、托马斯、库利以及米德等早期符号互动论者的主要贡献之一,"在人类社会中,个体并不只是受到无法控制的外部或内部力量驱使,抑或受限于不同程度的稳固结构。相反,他们被视为具有反思性和彼此互动且共同构成社会实体的社会单元"(1975:42)。思考的能力使得人们可以反思行动,而不是无思考地立即行动。人们必须经常建构及引导他们的行为，而不是说做就做。

思考的能力内嵌在心灵之中，而符号互动论者基于心灵起源于意识的社会化过程的认识，多少是有些不同寻常的。他们将心灵与生理学中的大脑相区分。人们必须以大脑为基础发展心灵，但大脑并不必然导向心灵的产生，譬如低等动物（Troyer，1946）。同时，符号互动论者则认为心灵不是物体或物质结构，而是一个持续的过程，以及更大的刺激和反应之过程的一部分。心灵几乎与符号互动论的每个层面相互关联，包括社会化、意义、符号、自我、互动乃至社会，等等。

思考与互动

人们所拥有的仅为一般意义上的思考能力。它必须在社会互动过程中受到形塑及历练。这一观点使符号互动论者将视线转向社会互动的特定形式——**社会化**。人类的思考能力很早就在儿童的社会化过程中获得发展，又在成人的社会化过程中得到改善。符号互动论者对于社会化过程的观点与其他大多数社会学家相异。对于符号互动论者而言，传统的社会学家仅仅将社会化视为一个人们为了在社会中生存而学习某些事项（如文化、角色期待）的过程。符号互动论者则认为社会化是一个更加动态的过程，它使得人们发展出思考的能力以及人类独特的行为方式。进一步说，社会化不仅仅是行动者获取信息的单向过程，更是行动者根据自身需求形塑和适应信息的动态过程（Manis and Meltzer，1978：6）。

当然，符号互动论者的兴趣不仅限于社会化，还在于一般意义上的"重要性不言而喻"的互动（Blumer，1969b：8）。**互动**是思考能力得以发展及表达的过程。所有类型的互动，而不仅仅是社会化过程中的互动，都可以提升人类的思考能力。不仅如此，思考还可以形塑互动过程。在大多数的互动中，行动者必须要顾及他人并决定是否以及如何使自身的行动与他人相适应。不过，并非所有的互动都需要思考的介入。布鲁默（在米德之后）对两种社会互动基本形式所做的区分足以反映这一点。非符号性的互动（也即米德的所谓姿态对话）中没有思考的介入，而符号性互动则确实经历了精神过程。

符号互动论者对思考的重视还体现在他们对**客体**的认识中。布鲁默区分了三种客体：**物理客体**（physical objects），如一把椅子或一棵树；**社会客体**（social objects），如一位学生或母亲；以及**抽象客体**（abstract objects），如一种观点或道德准则。客体是真实世界中"存在"的物体，而更重要的是行动者界定它的方式。后一种观点将引向一种相对主义，即认为不同的客体对于不同个体而言具有不同的意义，"一棵树在植物学家、伐木者、诗人或园林师眼中是不同的客体"（Blumer，1969b：11）。

个体在社会化过程中习得客体的意义。大多数人将会习得一套通用的意义，但在很多情况下，正如上文中的那棵树，人们对于同一客体会有不同的定义。尽管这种定义的视角容易导致极端，符号互动论者并未否认客体在现实世界的存在。他们需要做的只是指出客体定义中的核心本质以及行动者对于同一客体可能有不同定义的可能性。正如布鲁默所说,"客体的性质……由它对于某个将其视为客体的人的意义构成"(1969b:11)。

学习意义和符号

沿着米德的足迹,符号互动论者将因果解释诉诸于社会互动。也即,意义不是源于孤立的精神过程,而是源于社会互动。这样一种理论关注源于米德的实用主义观念:米德强调的是人类的行动和互动,而不是孤立的精神过程。符号互动论者总体上延续了这一思路。他们的核心关注是人们如何在一般的互动及特定的社会化过程中学习意义与符号,而不是人们如何从精神上将它们创造出来。

人们在社会互动中学习符号和意义。人们虽然会不加思考地回应某些迹象(sign),但在响应符号(symbol)时却会采取深思熟虑的方式。迹象具有某种自证性(如狂怒中的狗的体态或者一个即将渴死的人面前的水)。"**符号是用于表达(代表或取代)的社会客体,所表达的是人们认为其应当表达的意义。**"(Charon,1998:47)并非所有社会客体都能代表其他事物,能够符合这一标准的才能成为符号。字词、手工艺品及物理运动(如"船"这个字、十字架、攥紧的拳头)都可以作为符号。人们经常用符号来传达与自身有关的某些信息,如开劳斯莱斯就传达着某种生活方式。

符号互动论者将语言看成一个宏大的符号体系。字词被用来指代事物,因此是一种符号。字词使得一切其他符号成为可能。行动、客体或者其他字词只有在已经被字词所描述,且只有在具备可被描述的可能时,才是存在并具有意义的。

符号的重要性表现在可以使我们以人类特有的方式采取行动。由于符号的存在,人类"不再被动地回应强加给他们的外部现实,而是主动地创造及再创造一个参与其中的世界"(Charon,1998:69)。除此之外,符号乃至更为特殊的语言对行动者来说具有许多特定的功能。

第一,人们可以以符号对事物进行命名、分类和记忆,从而更好地应对物理世界与社会世界。以这种方式,人们所面对的世界便是有序而非杂乱无章的。与图像等其他类型的符号相比,语言让人们更便利地去命名、归类和记忆。

第二,符号提高人们感知环境的能力。行动者得以从有如一团乱麻的、不可辨识的刺激中脱身,从而更为敏锐地感知环境中的某些部分。

第三,符号提升了人们的思考能力。如果说一组象形符号能够激发有限的思考,那么语言则显著地扩展了这种能力。在此意义上,思考可被看作与自我进行符号互动。

第四,符号极大地增进了人们解决问题的能力。低等动物只能试错,而人类却能在最终选择之前以符号化的方式通盘考量多个替代性的行动方案。这种能力降低了接受惨痛教训的概率。

第五,对符号的运用允许行动者超越时间、空间乃至他们自身。通过使用符号,行动者可以想象过去乃至未来的生活。此外，行动者还可以以符号化的方式超越自身限制，想象另一个人眼中的世界。这就是符号互动论中著名的**他人立场**（taking the role of the other）（D. Miller，1981）。

第六，符号使得我们可以想象天堂、地狱等超自然的现实。

第七，一般地说，符号使人们免受外部环境奴役。我们成为主动而非被动的人，具有了自我引导行动的能力。

行动与互动

符号互动论者首要关注的是意义、符号对人类行动及互动的影响。在此有必要指出米德对隐性行为和显性行为的区分。**隐性行为**（covert behavior）是指涉及符号和意义的思考过程；**显性行为**（overt behavior）则是行动者实施的实际行动。某些显性行为（如惯习行为或对外部刺激的无意识反应）不一定包含隐性行为，但大多数的人类行动同时容纳了二者。符号互动论者对隐性行为具有浓厚的兴趣，而交换论者或传统的行为主义者一般来说更关注显性行为。

意义和符号使人类的社会行动（涉及单个行动者）和社会互动（涉及在相互之间进行社会行动的两个或以上的行动者）具有独特的特征。个体在社会行动中运用内心演绎来进行与他人相关的行动。换句话说，在采取行动时，人们同时权衡判断它可能会带给其他行动者的影响。人们经常进行无意识的惯习行为，但他们也具有从事社会行动的能力。

在社会互动的过程中，人们以符号的方式与他人进行意义的交流。他人也对符号进行阐释，并以其阐释为基础做出行动上的响应。换句话说，在社会互动中，行动者处于一种相互影响的过程。克里斯托弗（Christopher，2001）将这种动态的社会互动称为参与者的"舞蹈"。

做选择

在某种程度上，这种掌握意义和符号的能力使得人类可以在行动中做出选择，从而与低等动物相区别。人们不必接受外部强加给他们的意义和符号。基于自身对情境的解释，"人类能够形成新的意义和新的意义体系"（Manis and Meltzer，1978：7）。因此，对于符号互动论者而言，行动者具有一定的自主性。他们不是单纯地被限制或决定的，而是有能力做出独特、自主的选择。进而言之，他们有能力发展一种有着独特风格的生活（Perinbanayagam，1985：53）。

W. I. 托马斯和多萝西·托马斯在其**情境定义**（definition of the situation）的概念中对这种创造力的着重强调具有指示性的意义，"如果人们将情境定义为真实的，那么就它们的行动后果来说，这些情境就是真实的"（Thomas and Thomas，1928：572）。两位研究者意识到我们对情境的大多数定义乃是由社会所提供的。实际上，他们强调了这种看法，认为家庭与社群是人们社会定义的源头。然而，两位托马斯之理论的独特性在于强调存在"自发性"个体情境定义的可能性，这种可能性允许人们对意义和符号做出更改及修正。

加里·法恩与谢里·克莱门（Gary Fine and Sherryl Kleinman，1983）在一篇有关社会网络现象的论文里讨论了行动者制造差异的能力。法恩与克莱门认为社会网络不是一种无意识或约束性又或二者兼而有之的社会结构，而是人们赋予其意义并为了个人及团体目的而加以运用的一组社会关系。

欧文·戈夫曼的自我概念及其理论

自我对符号互动论者而言是一个至关重要的概念（Bruder，1998）。事实上，罗克认为自我"构成互动论者思想体系的核心"。一切其他社会学意义上的过程和事件围绕着这一核心发展出其分析的意义和组织（1979：102）。为了试着超越米德最初的概念意涵来理解这一概念，我们必须首先理解库利提出的**镜中之我**（the looking-glass self）（Franks and Gecas，1992）。库利将这一概念定义为：

> 对于自我有了某种明确的想象——也即，他挪用的任何思想——涌现在自己心中。一个人所具有的这种自我感觉是别人思想的、别人对于自己的态度所决定的……因此，在想象中，我们感知到别人对我们的外表、仪态、目的、功绩、性格、朋友等的看法，而且以不同方式受到它的影响。
>
> （Cooley，1902/1964：169）

镜中之我的概念可以被分解为三个要件。首先，我们想象自己在他人面前的表现。其次，我们想象他人对我们的表现做出的评价。第三，我们根据对他人判断的想象结果发展出某种自我感觉，如自豪、羞愧等。

库利的"镜中之我"与米德的"自我"对于符号互动论中自我定义的发展十分重要。布鲁默曾对**自我**进行简要界定："这一概念表述（自我）没什么神秘之处，无非是指一个人可以成为自身行动的客体……在成为自己的客体的基础上，个体根据指向他人的行动来对待和引导自身。"（1969b：12）自我是过程，而非事物（Perinbanayagam，1985）。正如布鲁默所阐释的，自我推动人类行动，而不是简单地回应外部刺激：

> 这一（解释）过程包含两个独特的步骤。首先，行动者向自己指示他的行动对象；他必须指出那些对自己具有意义的事物……与自我的互动又不同于心理要素的相互作用；它是指个人介入与自我的沟通过程……其次，利用这种与自我的沟通过

欧文·戈夫曼小传

1982年，戈夫曼在声誉正隆时溘然长逝。他长期以来被认为是社会学理论界的一位"异教徒"。尽管他曾在加州大学伯克利分校享有盛名的社会学系当过教授，不久后又在常春藤联盟的宾州大学担任系主任一职，但这并不影响这个"异教徒"的称号（G. W. H. Smith, 2007; P. Manning, 2005b）。

截至20世纪80年代，戈夫曼已经是一位占据核心地位的杰出理论家。事实上，在他逝世的那一年，戈夫曼已被选为美国社会学协会主席，但由于病入膏肓而无法进行主席就职演说。鉴于戈夫曼的特立独行，柯林斯（Collins）这样谈起这次致辞，"每个人都好奇他将会给出怎样的就职演说：作为一个打破旧习的人，坦诚而中规中矩的就职演说对于戈夫曼来说似乎不可想象……我们最后收到一个更加令人震惊的消息：主席就职演说被取消了，戈夫曼逝世了！这真是一种独具戈夫曼特色的道别方式"（1986b: 112）。

戈夫曼1922年6月11日出生于加拿大阿尔波特（S. Williams, 1986）。他在芝加哥大学获得博士学位，通常被认为是芝加哥学派的成员之一以及一位符号互动论者。然而，就在戈夫曼逝世之前不久，他被问到自己是否应被算作符号互动论者，戈夫曼回答说这一标签实在太模糊，以致令他无法将自己归入这一分类（Manning, 1992）。事实上，人们很难将戈夫曼的理论归入任何单一的类别。戈夫曼在设立其理论方向时汲取了多种来源，最终发展出独具一格的理论路线。

柯林斯将戈夫曼更多地与社会人类学而非符号互动论相联系（1986b; Williams, 1986）。早在多伦多大学攻读学士学位时，戈夫曼就曾与一位人类学家共同进行研究，而他在芝加哥的"交往对象不是符号互动论者，而是人类学家W. 劳埃德·沃纳（W. Lloyd Warner）"（Collins, 1986b: 109）。在柯林斯看来，戈夫曼早期著作中的参考文献表明他受到了社会人类学家的影响，而且戈夫曼很少引用符号互动论者的著作，有时即便加以引用，也是采取批判的态度。不过，戈夫曼受到了芝加哥学派描述研究（descriptive studies）的影响，并将描述研究与社会人类学的理论视野相融合，发展出自己独特的理论取向。符号互动论者要研究的是人们如何建立自我认识及与其进行交涉，而戈夫曼则更关注"社会怎样……迫使人们展示他们自身的特定形象……因为它迫使我们在许多复杂的角色里来回转换，令我们在某种程度上总是不真诚、不一致以及名声不佳的"（Collins, 1986a: 107）。

尽管戈夫曼展现出独特的视角，但他对符号互动论的发展具有深远的影响。我们甚至可以说，戈夫曼推动并影响了另一种日常生活社会学——常人方法学。事实上，柯林斯将戈夫曼视为推动常人方法学与话语分析成形的关键人物，"正是戈夫曼

> 率先对日常生活进行了近距离的实证研究,在录音机及录像机尚未出现的时代,他仅凭双眼就做到了这一点"(1986b:111)。(参见第七章对常人方法学与话语分析之间关系的讨论。)事实上,许多重要的常人方法学研究者,如萨克斯(Sacks)、谢格罗夫(Schegloff),在加州大学伯克利分校与戈夫曼共同研究,而不是选择与常人方法学的创立者哈罗德·加芬克尔一起。
>
> 鉴于对符号互动论、结构主义以及常人方法学的重大影响,戈夫曼的理论还将在很长一段时间内保持它的影响力。

程,阐释成为一项处理意义的事务。行动者根据所处的情境以及行动方向,对意义进行选择、检查、中止、重组以及转换。

(Blumer, 1969b:5)

这里所说的解释强调的是自我在选择如何行动的过程中所起到的作用,但布鲁默并没有远离库利和米德的早期构想。另一些当代思想家与研究者对自我的概念进行了进一步的改进。

戈夫曼的理论思想

戈夫曼的《日常生活中的自我呈现》(*Presentation of Self in Everyday Life*,1959)是符号互动论领域有关自我的最重要的一本专著(Dowd,1996;Schwalbe,1993;Travers,1992;Tseelon,1992)。戈夫曼对自我的认识深受米德思想的影响,特别是后者对于"主我"(原发性的自我)和"客我"(自我中的社会控制)之张力的讨论的影响。这种张力在戈夫曼的理论中也有所体现,表现在他提出的"在我们人类的自我与社会化的自我之间的重要区分"(1959:56)。他人对我们行动的期待以及我们自发性的行动之间的差异导致了这一张力。我们面临着达成外界对我们自身期待的压力。不仅如此,我们还被预设为不可动摇的。正如戈夫曼所言,"我们一定不能够随心所欲"(1959:56)。为了维持一种稳定的自我形象,人们要为他们的社会观众进行表演。戈夫曼对这种表演十分感兴趣,并因此强调研究**拟剧论**(dramaturgy),即将社会生活当作一系列近似于戏剧表演的那种引人注目之表演。

拟剧论 戈夫曼对"自我"的认识受到其拟剧论取向的影响。对于戈夫曼(以及米德和大多数符号互动论者)而言,自我

> 并非具有特定位置的有机事物……于是在分析自我时,我们就从它的所有者,从

因之最大程度获益或受损的个人那里进行提取，这是因为个体及其身体只是提供了供某种合作性产品停留的挂桩（peg）……而这挂桩中并不存在产生或维持自我的手段。

（Goffman，1959：252—253）

戈夫曼没有将自我看作行动者的拥有物，它更多地是行动者与其观众之间戏剧性互动的结果。自我"源于当下呈现之场景的戏剧效果"（Goffman，1959：253）。鉴于自我乃是戏剧互动的产物，在表演过程中，它很容易受到干扰和破坏（Misztal，2001）。戈夫曼的拟剧论关注的是如何防止或解决这种干扰。尽管他的许多讨论侧重于这些与拟剧论有关的偶变，不过戈夫曼指出，大部分的表演还是成功的。表演者最终得以在日常表演中发展出一个稳定的自我，并且它"看起来"仿佛来自表演者本身。

戈夫曼假定，当个体处于互动中时，他们试图展示一个别人可以接受的确定的自我。然而，即使在努力展示这种自我，行动者仍然意识到观众中的成员会干扰他们的表演。正因如此，行动者要满足控制观众的需要，特别是满足控制那些可能具有干扰性的成分的需要。行动者希望他们呈现给观众的自我能够足够强烈，以便让观众如行动者所期望的那样来界定行动者。行动者还希望这种印象可以促使观众主动采取行动者想要他们采取的行动。戈夫曼将这一过程称为"印象管理"（impression management）。它是指行动者在遇到问题时用来维护特定形象的技巧以及处理这些问题的方法。

以戏剧表演作为类比，戈夫曼讨论了前台的概念。**前台**（front）是指以一种相对固定和一般化的方式所进行的表演，为表演观看者定义所处的情境。围绕着这一概念，戈夫曼进一步区分了场景与个人前台。**场景**（setting）是指物理意义上的现场，一般来说，它必须存在以实现行动者的表演。没有场景，行动者就无法进行表演。例如，外科医生需要手术室，出租车司机需要一辆出租车，滑冰者需要冰面。而**个人前台**（personal front）包含了所有表达的装备，使得观众可以识别表演者并期待表演者可以将这些装备携带到表演场景中。例如，人们期待外科医生穿着白大褂，拿着某种听诊工具，等等。

戈夫曼进一步将个人前台分为外表（appearance）和举止（manner）。**外表**包含所有表明表演者社会地位的道具（如外科医生的白大褂）。**举止**则向观众传达表演者在情境中扮演的角色类型（例如，典型风格的运用、言谈举止）。鲁莽与谦和两种举止呈现出十分不同的表演。但是，总的来说，我们期待外表和举止表现一致。

戈夫曼以符号互动论学者的视角着手研究前台及其理论体系的其他方面，并且讨论了它们的结构性特征。例如，他认为前台倾向于逐渐制度化，因而"集体表现"来自某个特定前台中发生的一切。行动者在扮演既定角色时常常发现，适应这种表演的前台早已存在。戈夫曼认为，这就使得前台倾向于被选择而非被创造。这种思想传达出我们从大多数符号互动论者那里看不到的、更为结构化的画面。

尽管戈夫曼秉持一种更为结构化的视角，但他最有趣的发现仍是对互动的研究。他指出，由于人们在前台表演时常常①试图展示自身的理想化形象，他们不可避免地会意识到必须在表演中隐藏某些东西。首先，行动者可能希望避免表演之前或过去生活中某种隐秘的享受（前者如喝酒，后者如吸毒），它们与他的表演不可相容。第二，行动者或许试图隐藏在准备表演时所犯的错误，包括为了纠正这些错误的努力。比如说，一名出租车司机可能力图隐藏他从一开始就开错了方向。第三，行动者或许想只展现最终的成就，而隐藏为达到这一成就所经历的过程。比如，教授们可能花数小时来准备一场讲座，但却希望表现得对讲座的内容早已了然于胸。第四，行动者或许觉得有必要对观众隐藏那些结果背后的"不为人知之事"。这些不为人知的事情可能包括了"肮脏的、不合法的、残忍的或各种纡尊降贵的工作"（Goffman, 1959: 44）。第五，在呈现某种表演时，行动者或许不得不将其他衡量标准暂时搁置。最后，行动者可能觉得有必要隐藏那些羞辱性的、丢脸的或者低三下四的事情，以便让表演得以继续。总而言之，行动者有既定的利益要向观众隐藏这些事情。

前台拟剧论的另一层内容是行动者常常试图传达一种印象，即他们与观众的关系要比真实的状况更为亲近。行动者会试图表现他们此刻正进行的表演是他们唯一的表演，或至少是最重要的表演。为了做到这一点，行动者必须确保他们的观众互不通气，如此表演的虚伪性才不致被发现。戈夫曼认为，即使这种虚伪性被发现，观众也试图调整自己，以免打破行动者在其心目中的理想形象。这揭示了表演的互动特征。一次成功的表演有赖于相关各方的介入。印象管理的另一案例是行动者试图传达出一种观点，即此次表演以及他与观众之间的关系另有独特之处。观众同样希望感觉到自己正在观看一场独特的表演。

行动者力图确保表演的各个部分都衔接得当。一点点的不协调在某些情况下可能会弄砸整个表演。不过，不同的表演对协调性的要求也有所差异。在某个神圣的场合里，牧师的任何一个小失误可能会是灾难性的，而出租车司机如果走错了路线，就不太可能影响整个表演。

表演者运用的另一种技巧是**神秘化**（mystification）。行动者经常试图通过限制自身与观众的接触来神秘化其表演。通过制造与观众的"社会距离"，行动者力图在观众中发展出敬畏的情感。它反过来又规避了观众对表演发出质疑。戈夫曼还指出，观众同样参与了这一过程，试图通过与表演者保持一定距离以维持表演的可信度。

戈夫曼进一步对团队产生兴趣。他认为符号互动论者对个体行动者的强调模糊了有关互动的重要事实。因此，戈夫曼的基本分析单位不是个体而是团队。**团队**（team）乃是协作上演某种日常工作的任意个体组合。前文对表演者与观众之间关系的讨论实际上

---

① 但并非总是这样——可以参考安加尔（Ungar, 1984）所说的用自嘲的方式来展现自我。

都与团队相关。① 每个团体成员都依赖于他人，因为每个人都有能力干扰表演而且也意识到他们正在上演一幕戏剧。戈夫曼的结论是，团队即某种"秘密社团"。

戈夫曼还讨论到**后台**（back stage）的概念，在这里某些前台所隐藏的或不同类型的非正式行动可能会浮现出来。后台通常与前台相毗连，然而被与前台分离开来。表演者当然不希望前台观众出现在后台。他们会运用各种印象管理来确保这种情况不会发生。当行动者无法避免观众进入后台时，表演可能变得困难。此外，戈夫曼认为还存在第三种区域，即**外部**（outside），它既不在前台也不在后台。

一个领域**并不总是**这三种区域之一。同理，某一既定领域在不同的时点可能变成上述任何一种区域。教授的办公室在学生来访时是前台；当学生离开后，它又变成后台；而当教授去参加学校棒球比赛时，办公室则变成了外部。

印象管理　总体上说，**印象管理**（P. Manning，2005c）的目标是防备一系列的意外行动，如无意识的姿态、不合时宜的打扰、有失检点之举，或者当众吵闹等蓄意为之的行动。戈夫曼对处理这些问题的种种方法十分感兴趣。首先，行动等方法是为了产生具有拟剧特征的忠诚，例如通过促进群体内部的高度忠诚、防止团队成员对观众的认同、定期更换观众以免他们对表演者了解太多，等等。第二，戈夫曼展示了拟剧论原则的多种形式，比如保持警醒并避免不慎、自我控制、管理表演时的面部表情和声调等。第三，他区分了不同类型的拟剧论式的审慎（circumspection），比如预先决定表演进程、应对紧急情况、选择忠诚度高的团队成员、选择好的观众、加入异议分子较少的小团队、减少出场频率、防止观众获得私人信息，以及准备周全的行动方案以防备意外情况出现等。

在行动者或行动者团队成功的印象管理中，观众的作用相当重要。观众的行动能够挽救演出，比如表现出浓厚的兴趣与关注、避免情绪爆发、忽略不慎的失误以及对新晋表演者给予特别关注等。

曼宁不但指出戈夫曼《日常生活中的自我呈现》一书中自我的核心地位，也指出他在该书中有关人的**愤世嫉俗**的观点：

> 该书展现了这样一个世界：作为个体或团体的人类仅仅关注自身目标，冷血地不顾他人……他认为，人们在一系列的表演面具下隐藏着自私而具操控性的自我。
>
> （P. Manning，1992：44）

曼宁提出"两个自我的论题"以表述戈夫曼思想中的这一层面，即人类同时具有表演性

---

① 表演者与其观众构成某种团队，不过戈夫曼也谈到过作为表演者的团队和作为观众的团队。有趣的是，戈夫曼认为单独的个体也可以成为团队。按照传统的符号互动论思想，他的逻辑是个体可以成为他/她自己的观众——从而**想象**（imagine）有一个观众在场。

的自我以及隐秘而自私的自我。

角色距离 戈夫曼（1961）对个体投入某一既定角色的程度很感兴趣。他认为，由于存在着许许多多的角色，人们很少完全投入到特定角色里。**角色距离**（role distance）指个体将他们从所在角色中抽离出来的程度。例如，年纪稍大的孩子在骑旋转木马时，会感觉到自己玩这个游戏不大合适。他们应对这种感觉的方法之一是用一种不经意、随随便便的方式来玩，如在木马上展示一些高难度的危险动作，从而让自己与角色保持距离。通过这种行动，年长的孩子试图向观众解释他们并未沉浸于这些小朋友的行为，而是在做一些特别的事情。

戈夫曼的核心发现之一是角色距离是个体之社会地位的一项功能。相对于社会地位较低的人，社会地位较高的人会出于各种理由而展示角色距离。比如，社会地位较高的外科医生会在手术室里展示角色距离，以缓解团队的紧张。社会地位较低的人在呈现角色距离时常常表现出更多的防卫性。例如，洗手间清扫员在工作中表现出漫不经心或兴致索然的态度。他们试图借此来告诉观众他们可以轻松胜任这份工作。

污名 戈夫曼（1963）还对个体应当怎样（**虚拟社会认同**）和实际怎样（**现实社会认同**）之间的差距抱有兴趣。两种认同存在差距的个体会被污名化。**污名**（stigma）关注被贴上耻辱印记的个体和正常个体之间的拟剧论互动。互动的性质取决于个体被污名化的类型。对于**声誉受损**（discredited）的污名化来说，行动者假定观众已知晓此种差距或差距显而易见（如下身麻痹者或截肢者）。而对**声誉可损**（discreditable）的污名化而言，这其间的差距并不被观众所知晓或感知（如患有结肠病的病人或表现为异性恋的同性恋者）。声誉受损的个体所面对的基本拟剧论问题乃是如何应对因人们知晓其状况这一事实而带来的压力，而声誉可损的个体所面临的拟剧论问题是如何管理信息，从而不让观众发现他们的问题（关于流浪者如何应对污名化的讨论，可见 Anderson, Snow, and Cress, 1994）。

戈夫曼《污名》（*Stigma*）一书的大部分内容集中于那些个体带有显而易见，甚至有些荒诞的污名化的情况（如被割掉鼻子）。然而，随着讨论的展开，读者将会意识到戈夫曼实际上是在表达我们所有人都会在某个时刻或某种场合下被污名化。书中的案例包括犹太人从以基督徒为主的社区中"经过"、正常体重人群中的胖子，以及隐瞒过去历史且必须不断确保观众不会发现这一欺骗的个体，等等。

框架分析 在《框架分析》（*Frame Analysis*，1974）一书中，戈夫曼从其代表性的符号互动论思想转向对社会生活中小规模结构的分析（有关应用框架思想的研究，可参考 McLean, 1998）。戈夫曼发现人们常常以托马斯的方式来定义情境，但他指出这种定义情境的行为其实不那么重要："通过对情境的定义来获得某种真实性当然有其效果，但这种效果对于发展中的事件意义其实非常有限"（Goffman, 1974：1）。不仅如此，即使人们在定义情境时，他们通常也创造不出这些定义。行动得以定义更多的是靠对规则的机械遵从，而不会经历主动的、具有创造性及双方协商的过程。戈夫曼阐明了他的目标，"试图分离出社会中用于解释事件的某些基本理解框架，同时分析这些参照框架存在的不足之处"（1974：10）。

戈夫曼寻求日常情境背后无形的主导性结构，它们作为"一种'解释图式'使个体可以'定位、感知、发现以及命名'发生于其日常生活空间以及一般世界中的事件（Chambliss，2005）。通过赋予事件以意义，框架将个体或集体的经验组织化，从而指引行动"（Snow，1986：464）。框架是定义人类经验的组织原则，是对我们在社会世界中所认识之事物的假设。如果没有框架的存在，我们的世界就只是许多混乱的个体以及毫无关联的事件和事实。戈诺斯（Gonos）提供了另外一些框架的结构性特征：

> 从戈夫曼对特定框架行为的分析可以看出，我们可以获得某些关于框架的原则性特征。框架并非是一种松散的、短时间内出现的偶发性要素组合。相反，它具有一系列基本的构成，彼此之间有既定的排列及稳定的关系。这些构成不像情境构成那样随意聚合，而常常表现为一个系统，其基本成分具有连贯性和完整性……而其他相对非必需的成分则具有经验性的一面，并且在总体中表现了自身的某些特征……总的来说，框架在概念上与"结构"十分接近。
>
> （Gonos，1977：860）

对于戈诺斯而言，框架在很大程度上是约束互动的规则或法则。规则通常来说是无意识的，且不可协商。戈诺斯所认定的规则包括"符号如何被'解释'、外部指示如何与'自我'相关联，以及行动将会产生何种'经验'"（1980：160）。戈诺斯得出结论，"戈夫曼的问题因而促进的不是对'日常生活'可观察到的互动的研究，而是对它的外部结构与意识形态的研究；促进的是对情境框架而非情境本身的研究"（1980：160）。

人们可以把框架看成既存的结构，在较大型的文化中尤其可以如此；用来解释行动者与框架之关系的阐释性建构主义者的研究就是这样做的（P. Berger and Luckmann，1967；Swatos，2007）。行动者必须决定在某一情境中选择怎样的阐释框架。随着行动者需求的变化，他们也会转换选择的框架。这些框架会随时间发生改变，绝非静止不变。这种情形尤其反映在某些成功的社会运动上，它们对既有的阐释框架构成挑战，又或者成功地用新的框架替代旧的框架。

斯诺（Snow，2007）指出，框架在阐释性理论中发挥三种功能。首先，它们通过强调相关与非相关的因素，并对框架"内""外"进行区分，**集中关注**（focus attention）周边环境。其次，它们作为一种**啮合机制**（articulation mechanisms）连接各种要素，由此形成某个"故事"或某种意义体系的特定表达。第三，它们通过重构某些事物相对于其他事物或行动者的呈现方式，来行使**转换功能**（transformative function）。斯诺（2007）

总结指出："可以说，框架是阐释的基础，以至于任何表达方式在脱离了其所处框架的情形下，其表达的意义亦难以理解。"

菲利普·曼宁（1992：119）给出以下案例，借以说明不同框架在应用于同类事件时如何产生极为不同的意义。我们该如何看待一位女性将两块手表放入自己的口袋而没有付钱便离开商店呢？透过商店侦察的框架，这看上去是一起明显的入店盗窃。然而，法律框架将令她的律师认为，这只是一位妇女在给女儿买礼物时的心神恍惚。再如，医学框架会引导一位女性从某种视角看待她自己身为妇科医生的行为，但如果这位女性采用性别以及性骚扰的框架，她就会以一种迥然有别的方式看待同样的行为。

曼宁指出，在《框架分析》一书中体现得十分明显且在戈夫曼其他著作中显示出预兆的一种变化是，戈夫曼远离了《日常生活的自我呈现》一书中居于核心地位的愤世嫉俗的观念。实际上，在《框架分析》的第一页，戈夫曼已表明，"整个世界不是一个舞台——戏剧显然更不足以代表舞台"（1974：1）。戈夫曼渐渐认识到戏剧作为日常生活之隐喻的局限性。尽管这一隐喻在某些情形下仍然有用，但它在阐释生活中某些层面的同时也遮蔽了其他层面，例如仪式（rituals）在日常生活中的重要性。曼宁如此描述仪式在日常生活中所发挥的某种作用：

> 对于戈夫曼而言，仪式让我们在基本的社会关系中保持自信，因而是基础性的。仪式向其他人提供机会，以便确认我们在社会结构中所处地位的合法性，同时也迫使我们做同样的事。仪式是一个定位机制，通过这一机制，低社会等级的人可以最大限度地确认更高等级者的地位。社会中仪式的使用程度是对其社会结构合法性的反映，因为向个体表达的、仪式性的尊敬即尊敬其所占据之地位的象征。
>
> （P. Manning，1992：133）

一般而言，我们可以说仪式是核心机制之一，日常生活乃至社会世界可以通过它获得秩序和团结。

戈夫曼对于仪式的研究兴趣，使得他接近了涂尔干晚期的思想，尤其是《宗教生活的基本形式》（*The Elementary Forms of Religious Life*，1912/1915）一书的思想。总的来说，正如涂尔干对社会事实的认识一样，戈夫曼逐渐聚焦于规则，并将规则视为社会行为的外部约束。然而，规则一般而言仅仅是针对行为的、片面且不具有决定性的引导。当人们受到约束时，这种约束并不完全排除个体变化的可能性，个体可以创造性地运用这些规则。如曼宁所述，"多数情况下，戈夫曼假定规则首先是一种约束……但是，在某些时候，他也指出了涂尔干将规则视为行为约束的局限性，并且认为行动者常常会忽略或摒弃那些限制我们行动的规则"（1992：158）。事实上，戈夫曼的看法与当代学者的思考相一致，他认为规则既是约束，也是人们在社会互动中可以利用的资源。

群体与社会

总的来说，符号互动论者对另一些社会学者强调宏观结构的理论取向采取了激烈的批判态度。正如洛克所言，"互动论摒弃了大多数不确定的、过于抽象及形而上学的宏观社会学思想……（它们）无法通过智识上的检验"（1979：238）。沙林（Dmitri Shalin）指出"符号互动论的批判以传统的社会秩序观念为目标，后者认为社会秩序在任意时点都是外在的、无时间限制的、决定性并且抵制变迁的"（1986：14）。洛克还指出，"尽管它（符号互动论）不可能完全回避社会结构的思想，但它更加强调的是行动和过程，这使得结构性的隐喻被推向最不重要的边缘"（1979：50）。

布鲁默尤其批判这种"社会学的决定论，人们的社会行动（在其中）被视为一种附于其身的外力的作用及表现，而非人们通过对特定情境的阐释而强化的行为"（1962/1969：84）。对大规模社会结构之约束效应的理论关注使传统社会学家发展出一系列有关行动者和行动的假定，而这些假定与符号互动论是明显不同的。传统社会学家不认为行动者可以主动地定义他们所处的情境，倾向于将行动者降格为"社会或总体层面上无思考能力的机器人"（Manis and Meltzer，1978：7）。符号互动论者则试图摆脱决定论以及对行动者的机械性思考，采取一种完全不同的视角来看待大规模社会结构。布鲁默对这一视角做了较好的诠释。[①]

对于布鲁默而言，社会并非由宏观结构构成。社会的本质需要从行动者和行动中去发现，"人类社会可被看成是由行动中的人组成的，社会生活即由他们的行动所构成"（Blumer，1962/1969：85）。人类社会是行动，群体生活则是"进行中的活动的综合体"。然而，社会并非是由一系列孤立的行动构成的，这里的行动也包括集体行动，其中"个体相互调适彼此行动……参与者相互给出指示，而不是每一条指示都指向自身"（Blumer，1969b：16）。从这里也发展出米德所谓的**社会行动**（social act）或者布鲁默的**联合行动**（joint action）。

布鲁默接受"涌现"这一概念，也即大规模社会结构从微观过程中涌现出来（Morrione，1988）。根据梅因斯（Maines）的论述，"理解布鲁默对大规模组织的处理的关键，在于联合行动这一概念"（1988：46）。联合行动不仅仅是个体行动的总和，相反，它逐渐形成了自身的特征。联合行动既非外在于行动者及其行动，对二者也并不具有强制力。它是由行动者及其行动所创造的。在布鲁默看来，联合行动研究属于社会学家的工作领域。

从这一讨论中，我们可以看出联合行动的概念具有极大的弹性，也即，社会几乎可

[①] 伍德和沃德尔（Wood and Wardell，1983）意识到布鲁默采纳了此种视角，但强调说米德不具有"非结构偏向"（astructural bias）。亦可参考Joas（1981）。

以被看作行动者所希望成为的任何事物。然而，布鲁默并不想走得那么远。虽然他认为联合行动的每一种形态一定是新生成的，但他也意识到联合行动可能具有某种"相对完善且重复性的形态"（Blumer，1969b：17）。布鲁默不但认为绝大部分的联合行动以固定模式反复出现，还乐于承认联合行动受到文化或社会秩序等既有意义体系的指引。

布鲁默似乎也接受大规模结构的存在，并且认为它们十分重要。在此，布鲁默追随了米德的思想（1934/1962），后者承认此类结构的重要性。不过，大规模结构在符号互动论中很少受到重视[①]。首先，布鲁默常常论证称大规模结构大致类似于令行动以及互动等社会生活中极为重要的层面发生其中的"框架"（1962/1969：87）。大规模结构的确为人类行动设置了条件以及限制，但它们并不具有决定性。在布鲁默看来，人们并不在社会等结构的背景下采取行动，而是在各种情境中采取行动。大规模结构的重要性在于它们塑造了个体行动的情境，并为行动者提供行动所需的、固有的符号组合。

即使在讨论这一类既定模式时，布鲁默还是会急于指出"不具有规定性的行为区域与由既定的、严格遵循惯例的联合行动覆盖的那些区域一样，都是自然的、自发的以及在人类群体生活中反复出现的"（1969b：18）。而无论在规定性的还是不具规定性的区域，联合行动都必须被持续性地创造和再创造。行动者受到在这一过程中被普遍接受的意义的指引，但并不由后者决定。行动者既可以认可意义的现状，也可以对外部意义进行小的甚至较重大的改变。恰如布鲁默所说，"群体生活的社会过程创造和维持着这些规则，而非由这些规则创造和维持群体生活"（1969b：19）。

显然，在布鲁默的理论体系里，文化不具有独立和强制性的地位。布鲁默也不认为群体生活的扩展联系或劳动分工等所谓的"社会结构"应该具有该地位。"网络或者制度不会由于一些内部动力或系统需求而自行运作。它们的运行只是由于人们在不同时点采取的行动，而人们的行为取决于他们如何定义促使其行动的情境。"（Blumer，1969b：19）

相关批判

在分析符号互动论的思想，特别是以米德、布鲁默和戈夫曼为代表的芝加哥学派之后，我们来看一下针对这一理论取向的主要批判。

第一种批判认为符号互动论的主体思想太过轻率地远离了传统的科学技术。尤金·温斯坦（Eugene Weinstein）和朱迪思·塔努尔（Judith Tanur）明确地指出，"意识的内涵虽然只能定性，但这并不意味着其外在表现不能够被编码、分类乃至计算"（1976：

[①] 我们在后文中会讨论到符号互动论的最新发展，大规模结构在其中被赋予了更多的重要性，而具体地说，布鲁默也被认为采取了这种立场（Blumer, 1990; Maines, 1989a, 1989b; Maines and Morrione, 1990）。

105）。科学和主观主义**并不相互排斥**。

其次，曼福德·库恩（Manford Kuhn，1964）、威廉·科尔布（William Kolb，1944），还有伯纳德·梅尔策、詹姆斯·彼得拉斯和拉里·雷诺兹（1975）以及其他学者对心灵、自我、主我、客我等米德理论中的基本概念的模糊性提出了批判。库恩（1964）谈论过米德理论中的模糊性和矛盾性。除了米德的理论，这些学者还对大量符号互动论的基本概念提出了批判，指责这些概念让人混淆、不够准确，因而不能为理论和研究提供坚实基础。由于概念不够准确，学者们在使用它们时便会遇到许多困难，因而无法形成经得起考验的假定（Sheldon Stryker，1980）。

针对符号互动论的第三种重要批判，指向其对大规模社会结构的低估和轻视。这种批判有许多种表现。比如，温斯坦和科尔布认为，符号互动论忽视了后果之间的连通性：**"在互动插曲之间形成连接的聚合结果才是社会学作为一门专业所关注的对象……而社会结构的概念对于解释互动插曲之间关联的极为丰富的密度和复杂性来说是十分必要的。"**（1976：106）谢尔登·斯特赖克（Sheldon Stryker）指出，符号互动论的微观视角"轻视乃至否定了社会结构的事实以及社会宏观组织特征对于行为的影响"（1980：146）。

第四种批判认为符号互动论仍不够微观，忽视了无意识及情绪等因素的重要性（Meltzer，Petras，and Reynolds，1975；Sheldon Stryker，1980），这多少有些出乎人们的意料。相应地，符号互动论还被指责忽略了需求、动机、意向和期望等心理学要素。由于符号互动论者试图否认存在驱动行动者的恒力，他们将注意力放在意义、符号、行动以及互动上。符号互动论者有意忽略有可能影响行动者的心理学要素的选择，正如他们忽略施加于行动者的较大的社会约束一样。在这两种情况下，符号互动论者都被指责为过于盲目地强调日常生活（Meltzer，Petras，and Reynolds，1975：85）。而它对日常生活的关注反过来又导致该理论标志性的对即时情境的过度重视，以及"对暂态、插曲和转瞬即逝的过度沉迷"（Meltzer，Petras，and Reynolds，1975：85）。

迈向更具综合性及整合性的符号互动论

似乎是出于一种自我防卫机制，符号互动论一如它在布鲁默这位总管的监护下的发展，义无反顾地迈向了微观取向。不过，这种微观取向却与米德《心灵、自我与社会》一书偏整合性的书名所流露出的暗示相矛盾。符号互动论目前进入了一个全新的"后布鲁默"时代（G. A. Fine，1990，1992）。一方面，该领域的学者力图重构布鲁默的理论，指出符号互动论实际上一直在关注宏观层面的现象（本章稍后将要讨论）[①]。更为重要的是，学者们不断试图将符号互动论与其他许多理论思想相融合。用法恩的

---

① 对符号互动论者整合宏观层面现象的批判，参见 J. H. Turner，1995。

话来说，"新的"符号互动论"用其他理论取向的碎片拼凑出一种新的理论"（1990：136—137，1992）。目前，符号互动论将自身创见与交换理论、常人方法学、话语分析及现象学等微观理论的精华组合在一起。更令人惊讶的是，它也融合了一些宏观理论（如结构功能主义）与帕森斯、涂尔干、齐美尔、韦伯和马克思等宏观取向理论家的思想。符号互动论者还在致力于整合后结构主义、后现代主义以及激进女性主义等思想。与布鲁默所代表的全盛期相比，后布鲁默时代的符号互动论正走向一种更偏向整合性的理论取向。

重塑米德

除了持续的整合工作，符号互动论学派还试图重新定义这一流派的主要代表人物（尤其是米德），强调他们比人们通常认为的更具有整合的思想倾向。

正如前文所指出的，虽然米德对于宏观现象缺乏兴趣，但其关于心灵、自我与社会的思想预示着某种具有整合性的社会学理论。以此为背景，约翰·鲍德温（John Baldwin, 1986）对米德的分析值得我们参考。鲍德温指出了社会科学乃至社会学理论中的分裂。他认为这种分裂阻碍了更为"一体性"的社会学理论的发展，或者说一种有关社会世界的科学的产生。他认为我们迫切需要此种理论，而米德的理论恰可作为一个样板（Baldwin, 1986：156）。鲍德温所倡导的宏大理论整合在后现代的时代可能有点不合时宜，但我们仍然认可他对米德理论的整合性取向的分析努力。

鲍德温对米德的分析基于以下几个层面。首先，他指出米德的理论体系覆盖了社会现象中从微观到宏观的所有层面——"心理学、社会心理学、语言、认知、行为、社会、社会变迁和生态学"（Baldwin, 1986：156）。基于这一判断，鲍德温发展出分析米德理论取向的一个模型，如图6.1所示。

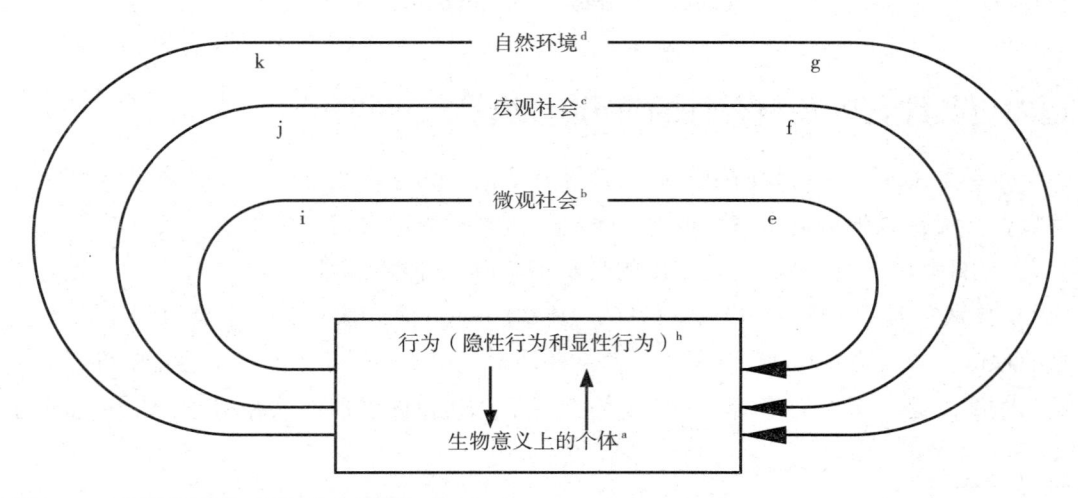

图6.1 米德理论体系构成之概观

其次，鲍德温认为米德对社会世界不仅有整合性的、从微观至宏观的认识，还提出了"一个可以连接当代社会科学诸多流派的灵活的理论体系"（1985：156）。因此，米德的理论不仅可以作为微观—宏观整合的基础，对于理论综合的工作也极为有利。最后，鲍德温提出米德"对科学方法的认同，有助于将与社会体系各构成相关的数据和理论以一种均衡的方式相互整合，并且保持它们在一种偏重经验的防卫方式中建立的相对重要的地位"（1986：156）。

微观—宏观整合

斯特赖克阐释了符号互动论的整合目标："令人满意的理论框架必须可以连接社会结构与个人，必须要从个人的层面进入大规模的社会结构，再反向转回来……它必须建立一个有利于在组织及个人层面来回转换的概念框架。"（1980：53）[佩林巴那雅格姆（Perinbanayagam）所阐述的符号互动论的目标与此相类似："结构和意义、自我与他人的存在，以及存在（being）和涌现的辩证关系皆导向一种辩证的互动论"（1985：xv）。]斯特赖克将他的取向植入米德的符号互动论，试图通过对角色理论的运用将符号互动论扩展至社会层面：

> 这个版本从米德开始，但超越了米德并引入角色理论的概念及原则，以便更好地处理社会个体与社会结构之间的相互关系。这一相互影响的联结便是互动。正是在社会过程的背景下（即有个体行动者参与之互动的进行中模式），社会结构实现了对自我概念、情境定义以及能够对发生的互动产生束缚和引导作用的行为契机和全部技能的约束。
>
> （Sheldon Stryker，1980：52）

斯特赖克根据八项一般原则来发展他的理论取向。

- 人类行动依赖于一个被命名和分类的世界，这些名字和类别对行动者充满意义。通过与其他人的互动，人们学习如何对这一世界进行分类以及如何应其要求而采取行动。
- 在人们所习得的事物中，最重要的就是用以标定社会**地位**（social position）的符号。值得注意的是，斯特赖克在这里以结构性的术语来设想地位这一概念："它是社会结构中相对稳定、具有形态学特征的构成部分。"（Stryker，1980：54）斯特赖克还赋予了**角色**以首要地位，认为它们附着于社会地位之上且是人们所共有的行为期待。
- 斯特赖克认可较大的社会结构的重要性，不过与其他符号互动论者一样，他倾向于从行为的组织模式这一角度来理解社会结构。此外，他的理论探讨将社会结构简单地视为人们行动于其中的"框架"。在这些社会结构里，人们互相命名，也即将彼此看成社会地位的占据者。由此，人们获得每个人应当如何行动的相互期待。

- 不仅如此，人们在以此为背景而行动时，不仅为彼此命名，也为其自身命名。也即，人们将地位的指示应用于自身。这些自我指示会演化成自我的一部分，并内化到人们对自身的行为期待中。
- 在与他人互动时，人们通过对情境本身命名、对其他参与者命名、对自身乃至情境的某种特征命名来定义该情境。随后，行动者将运用这些定义来组织其行为。
- 尽管社会行为受到社会意义的约束，但它并不由后者决定。斯特赖克十分推崇**角色创造**（role making）这一观念。人们不仅仅是在扮演角色，在角色扮演中也采取了积极、有创造性的倾向。
- 社会结构能够限制角色被"创造"而非单纯被"扮演"的程度（D. D. Martin and Wilson, 2005）。一些结构要比另外一些允许更多的创造性。
- 角色创造的存在使得各种社会变化成为可能。变化既可以发生在命名、符号和分类等社会定义之中，也可以发生在互动的可能性之中。变化的累积效果有可能会发展成较大的社会结构的替代选项。

斯特赖克为一个更丰富的符号互动论开启了有益的探索，但他的理论仍存在许多局限。最为突出的一点是，他对大规模社会结构本身着墨甚少。斯特赖克意识到了将针对大规模社会结构的分析融合到其理论中的必要性，但表示说这种"理论融合的充分发展可能超出了目前理论工作的范围"（1980：69）。他认为大规模结构变量对于符号互动论的未来重要性有限。从根本上说，斯特赖克希望可以将约束互动的阶级、地位和权力等结构性因素融入符号互动论，但他并不愿意看到由符号互动论来着力处理这些结构变量之间的关系。或许，这类问题应该留给其他更侧重于大规模社会现象的理论来处理。

符号互动论的未来

法恩（1993）在20世纪90年代为符号互动论描绘了一幅有趣的速写。他的基本点在于指出符号互动论在近年来已发生了巨大的改变。首先，符号互动论在20世纪二三十年代芝加哥大学的全盛时期之后经历了相当程度的**分裂**。目前，在符号互动论的旗帜下，极为丰富的理论已被融入进来。其次，符号互动论日益**扩张**，远远突破了传统上着力于微观关系的理论关注（S. Harris, 2001）。第三，符号互动论**吸收**了许多其他理论流派的观点（Feather, 2000）。最后，符号互动论者的思想反过来也被一些致力于发展其他理论取向的社会学家所采纳。不仅如此，符号互动论者还深刻地参与了20世纪90年代社会学理论所面临的一些重大主题，如微观—宏观整合、能动—结构整合等。

这样一来，符号互动论与其他社会学理论之间的分界变得日益模糊（Maines,

2001）。符号互动论依然具有生命力，但它对于符号互动论者（以及任何其他类型社会学理论家）意味着什么却越来越不清楚。法恩这样描述道：

> 预测未来是有风险的，但显然，符号互动的标签将仍然有效——不过，我们会发现更多的理论之间的融合、交换以及互动。符号互动仍然可以作为一个便于称呼的标签，但它还是不是一个表达某种理论内涵的标签呢？
>
> （G. A. Fine，1993：81-82）

我们在这本书中要见证多种社会学理论之间持续的融合。这些理论融合引发了另外一个更为普遍的问题，即**任何一种**我们习以为常的理论标签是否足以在未来描述特定的理论模式？

总　结

本章在开篇处简要地讨论了符号互动论的哲学上的实用主义（即杜威的理论）以及心理学行为主义（即华生的理论）根源。在实用主义、行为主义及其他理论（如齐美尔的社会学理论）的共同影响下，符号互动论于20世纪20年代在芝加哥大学获得了长足的发展。

符号互动论与心理学行为主义的还原论以及结构功能主义等宏观取向社会学的决定论相比，有较大的区别。这一独特的理论取向侧重于关注行动者的心智能力及其与行动、互动的关系。这些概念都被视为过程。符号互动论中不存在认为行动者受到内部心理状态或大规模结构力量之驱动的倾向。

符号互动论中最重要的理论要点是由米德提出的。实质上，米德的理论将社会世界看作先在的与优先的。也即，意识、心智、自我等都源自社会世界。米德的社会理论中最基本的单位是行动。行动包含四个具有辩证联系的阶段：冲动、知觉、操作及完成。每个**社会**行动涉及两个或更多的人，它的基本机制是姿态。低等动物和人类都有能力进行姿态对话，但只有人类可以有意识地进行姿态的意义沟通。只有人类可以创造有声姿态，人类因此具备了发展和运用表意符号的特殊能力。表意符号推动了语言的发展以及人类在彼此之间进行充分沟通的独特能力。表意符号还使得思考及符号互动成为可能。

米德将一系列精神过程，如反思的智力、意识、精神影像、意义以及更为一般化的心灵，看作更大的社会过程的一部分。人类具有与自身进行内心对话的独特能力。在米德看来，一切精神过程并非栖息于人脑之内，而是存在于社会过程之中。

自我乃是将自身视为客体的能力。自我同样产生于社会过程。自我的一般机制是人类进行换位思考，从而能够像其他人那样采取行动并且用他人看待自己的眼光来看待自身的能力。米德将自我的产生追溯到儿童时期的扮演和游戏阶段。在游戏阶段，最为重要的是概括化他人的出现。这种用共同体的视角来看待自身的能力，是自我及组织化群体活动产生的必备条件。自我包含两个部分——"主我"是自我之中不可预测及具有创造性的层面；"客我"则是由行动者假定的他人的组织化态度。社会控制通过"客我"来达成，而"主我"乃是社会革新的来源。

米德在著作中对社会着墨甚少，在他看来，社会一般来说是先于心灵及自我存在的持续进行的社会过程。通常来说，米德缺少对社会的宏观认知。制度则大致被他界定为等同于集体惯习。

符号互动论可被归纳为下述基本原则：
- 人类与低等动物的不同之处，在于他被赋予了思考的能力。
- 思考的能力为社会互动所形塑。
- 在社会互动中，人类习得使他们可以运用其独特之思考天赋的意义和符号。
- 意义和符号使人类可以进行其特有的人类行动和互动。
- 根据对情境的解释，人们可以修正或改变他们在行动和互动中使用的意义和符号。
- 人类之所以能够进行这种修正及改变，在一定程度上是因为人类与自身进行互动的能力。这种能力使人类可以探究行动的潜在进程，评估优劣，并从中做出选择。
- 行动与互动相互交织的模式构成了群体和社会。

以上述准则为背景，笔者试图厘清符号互动论学派中库利、布鲁默乃至更为重要的戈夫曼等思想大师的理论本质。笔者在本章详细地介绍了戈夫曼关于自我的拟剧论分析以及他在角色距离、污名化和框架分析等领域的著作。不过，笔者还强调称，戈夫曼关于框架的理论观点放大了其早期著作中的某种倾向，将他更远地推向结构主义理论分析的领域。

本书还回顾了几种重要的理论批判，它们除了对符号互动论本身提出批判，还指向了学界试图将该理论推向更具整合性与综合性的方向的两种尝试——即以更偏重整合的方式重新界定米德的理论取向，以及斯特赖克所建立的、可以更恰当地处理宏观社会现象的一种理论取向。本章在结尾处对符号互动论的前景略作讨论。

第七章
常人方法学

本章概要

定义常人方法学

常人方法学的多元化

一些早期案例

对话分析

制度研究

对传统社会学的批判

常人方法学中的压力与张力

综合与整合

常人方法学一词源自古希腊语，是指人们平时用于履行日常生活的种种"方法"。对这一含义稍加转换，我们就可以将世界理解成持续不断的实践成就。人们看上去虽然是理性的，但他们在日常生活中经常运用的是"实践推理"而非形式逻辑。

定义常人方法学

我们先来介绍本书第二章中给出的**常人方法学**定义，即它研究的是"社会普通成员用以理解、探究及应对他们所置身其中的环境的常识知识体系和程式斟酌范围"（Heritage, 1984：4）。

我们可以通过考察常人方法学的奠基人——加芬克尔——的论述（1988, 1991）来更深入地理解其定义。尽管加芬克尔与涂尔干一样认为"社会事实"是最基本的社会学现象（Hilbert, 2005），但他的社会事实却与涂尔干的社会事实有很大不同。对于涂尔干而言，社会事实是外在于或强加于个体的。采纳这一观念的理论学者倾向于认为行动者为社会结构及制度所制约和决定，几乎不能进行独立的判断。按照常人方法学学者的尖刻说法，上述社会学家将行动者视为"判断傀儡"。

与其相对，常人方法学将社会事实的客观性看作社会成员的成就（下文将对"成员"做出界定），也即社会成员根据方法论进行活动而造成的产品。加芬克尔以其独特而费解的语言风格将常人方法学的理论关注描述如下：

> 对于常人方法学而言，社会事实的客观现实**之所以**是社会学的基本现象乃是基于和源于这样的情形，即这一客观性是每个社会的局部的、内在生成的、自然而然加以组织的、可反身说明的及持续的实践成就，在任何时点都是且在完整意义上只能是社会成员的作品。它没有时间延迟，没有逃避、隐藏、忽略、推托抑或买断之可能。
>
> （Garfinkel，1991：11）

换一个角度来说，常人方法学关注的是日常生活是如何被组织的，或者如加芬克尔（1988：104）的论述，它关注的是"永恒且平凡的社会"。在波尔纳（Pollner）看来，它就是"对平常人与平常事的非凡组织"（1987：xvii）。

从涂尔干的社会事实概念出发，常人方法学当然不是宏观社会学，但是常人方法学的追随者也并不想把它看作微观社会学。常人方法学者虽然拒绝将行动者看成判断的傀儡，却并不相信人们"几乎总是反身性的、自觉的且善于计算的"（Heritage，1984：118）。相反，依据阿尔弗雷德·舒茨（Alfred Schutz）的观点，常人方法学者认为行动往往是遵照惯例且很少经过思考的。希尔伯特（Hilbert，1992）认为，与其说常人方法学者所关注的是行动者或个体，不如说是"社会成员"。在这里，成员不被看作个体，而被"严格和绝对地"被（看作）与成员资格相应的活动——即从中制造出**适用于成员的**大规模组织结构及小规模互动（个人）结构的巧妙实践"（Hilbert，1992：193）。总的来说，常人方法学者对微观及宏观结构都没有兴趣，他们关注的是制造出这**两种类型**结构的巧妙实践。可以说，加芬克尔和常人方法学者实际上是在寻求一种新的方法，即通过客观结构（微观以及宏观结构）来理解社会学一贯的关注（Maynard and Clayman，1991）。

加芬克尔关于常人方法的一个核心观点是它们皆是"可反身说明的"（reflexively accountable）。**说明**（accounts）是行动者用来解释（如描述、批评及美化）特定情境的方式（Bittner，1973；Orbuch，1997）。**说明过程**（accounting）是人们为了使世界有意义而进行表述的过程。常人方法学者致力于分析人们的说明，以及这些说明被其他人接受（或拒绝）的方式。这也是常人方法学者专注于对话分析的原因之一。例如，当一名学生向她的教授解释为什么未能通过考试时，她是在提供一个说明。这名学生试图向她

哈罗德·加芬克尔小传

如同许多在大萧条及稍后的"二战"期间成年的人一样，加芬克尔进入社会学领域并非一帆风顺。加芬克尔于1917年10月29日出生于美国新泽西州的纽瓦克。他的父亲是一名小商人，向移民家庭售卖可分期付款的家居用品。父亲希望加芬克尔练习从商，但加芬克尔却一心想上大学。他的确开始涉猎父亲的生意，但同时也开始在当时还没有获得认证的纽瓦克大学学习商科。这些课程通常由哥伦比亚大学的研究生来教授，水平很高，但也因为授课的研究生缺乏实践经验而具有高度的理论性。加芬克尔之后的理论取向以及对于"说明"的特定兴趣，至少在一定程度上可以追溯到这些课程，尤其是其中一门有关"报表理论"（theory of accounts）的会计课程。"'要如何才能使管理者看懂报表和数字'对于加芬克尔而言是一个很大的问题"（Rawls，2000）。同样重要的是，加芬克尔在纽瓦克大学认识了一些修读社会学且后来成为社会学家的犹太学生。

1939年毕业以后，加芬克尔在纽瓦克大学于佐治亚州乡村举办的劳动夏令营度过了一整个夏天。在那里，他获知北卡罗来纳大学正推出一个旨在扶助公共劳动工程的社会学项目，与他当时参与的这个夏令营颇为相似。在获准参与该项目并取得其中的研究员职位后，加芬克尔选择盖伊·约翰逊（Guy Johnson）作为其论文导师。约翰逊的研究兴趣在于种族关系，这促使加芬克尔在做硕士论文时选择了种族杀戮作为研究主题。他广泛地涉猎了各种社会学理论，尤其是现象学的相关著作以及帕森斯新近出版的《社会行动的结构》（1937）一书。当时北卡罗来纳大学的绝大多数研究生都为统计学以及"科学社会学"所吸引，但加芬克尔却醉心于理论，尤其是兹纳涅茨基如今几乎被淡忘的、有关社会行动以及行动者视角之重要性的理论。

加芬克尔于1942年应召入伍，到空军服役。他最终被派往迈阿密海滩的某个高尔夫球场训练将要参加坦克战的部队，而事实上那里连一辆坦克都没有。加芬克尔仅有几张《生活》杂志上的坦克照片。真正的坦克都在战场上。加芬克尔这个坚持必须用具体经验细节替代理论说明的人，要指导一支即将进入血火战场的军队如何在各种情形下与想象中的坦克对决。两种情况下的差距对于士兵的生死至关重要。我们只能试着想象这一段经历对加芬克尔思想的影响。他被迫训练士兵将炸弹扔到想象中的坦克轨迹上，以及为了避免被想象中的坦克发现而向想象中的坦克堡垒开火。这一任务用一种全新的、非常真实的方式提出了加芬克尔在北卡罗来纳大学研究的理论问题，即如何对行动和可说明性

> 进行充分的描述。
>
> （Rawls，2000）
>
> 二战结束后，加芬克尔来到哈佛大学跟随帕森斯学习。帕森斯总是强调抽象概念及一般化的重要性，但加芬克尔却对充满细节的描述更感兴趣。随着加芬克尔在社会学学界赢得更多声誉，这其间的差异就成为社会学领域的核心争论。不过，加芬克尔很快将注意力投向用经验数据证实其理论取向的重要性，而不再驻足于抽象的讨论。在身份仍是哈佛在籍学生时，加芬克尔已在普林斯顿执教了两年。他在获得博士学位后搬到俄亥俄州，在一个"软钱"（soft money）项目中任职两年，研究飞机及潜艇上的领导术。该研究由于资金减少而被中断，他随后加入到堪萨斯州卫奇塔的一个以陪审团为研究对象的项目中。1954年，在准备与此项目相关的美国社会学会会议发言里，加芬克尔提出了常人方法学的概念，借以描述令他着迷的陪审团审议以及更为普遍的社会生活。
>
> 1954年秋季，加芬克尔接受了加州大学洛杉矶分校（UCLA）的聘请，在那里一直待到1987年才退休。他从一开始便在其研究课程里使用了常人方法学这一术语。大量优秀的学生为加芬克尔的理论取向所吸引，并将它传播至整个美国乃至全世界。其中最著名的是一群社会学家，尤其以哈维·萨克斯（Harvey Sacks）、伊曼纽尔·谢格罗夫（Emmanuel Schegloff）以及盖尔·杰弗逊（Gail Jefferson）为代表。他们受到加芬克尔理论的启发，发展出常人方法学到目前为止最重要的一个分支——对话分析。
>
> *这篇小传引自安妮·罗尔斯（Anne Rawls），"哈罗德·加芬克尔"，摘自George Ritzer所编 The Blackwell Companion to Major Social Theorists（Malden, Mass., and Oxford, Eng.: Blackwell, 2000）。也可参考Maynard and Kardash（2007）and Rawls（2005b）.

的老师提供事件的合理性。常人方法学所感兴趣的是说明的性质，以及学生提供说明而教授选择接受或拒绝的更普遍的**说明实践**（accounting practice）（Sharrock and Anderson, 1986）。在分析说明时，常人方法学者采取了"常人方法学的无差异"立场。也即，他们并不对说明的性质进行价值判断，而是根据它们如何被运用在实践行动中来对其进行分析。他们关注的是说明本身以及发言者和倾听者为了提出、理解、接受或拒绝该说明所需的方法（如欲了解更多相关内容，请参见Young, 1997）。

在扩展"说明"这一思想时，常人方法学者极为痛苦地指出社会学家实际上也和其他人一样在提供"说明"。社会学研究报告也是一种说明，可以用研究其他说明一样的方式来加以分析。这种审视社会学的视角使得社会学家乃至事实上一切科学家的理论都得以"祛魅"。大部分社会学（事实上包括一切科学）都包含对常识的阐释。常人方法学者可以像分析外行人的说明那样研究社会学家的说明，这就是说，社会学家及一切科学家的日常实践都处于常人方法学者的审查之中。

说明在使事务可观察且对它们进行处理时，可以进入事务状态的构造，因此我们可以说说明是具有反身性的。在试图描述人们的行为时，我们改变了其行为的性质。这对于社会学家和一般人而言都是如此。社会学家在对社会生活进行研究和报告时，在这一过程中已改变了他们的研究对象。换句话说，主体由于成为审查的目标或为了回应对行为的描述而改变了自身的行为（如欲了解类似的思想，参见第十章对吉登斯"双重解释"的讨论）。

常人方法学的多元化

常人方法学由加芬克尔于20世纪40年代末"创立"，但直至1967年《常人方法学研究》（*Studies in Ethnomethodology*）一书的出版才首次形成体系。随着时间的流逝，常人方法学获得了巨大的发展，衍生出许多不同的理论方向。在《常人方法学研究》出版后的第十年，唐齐默尔曼（Don Zimmerman）得出结论，认为常人方法学已发展出数个变种。如同齐默尔曼所认为的，常人方法学包含了"一系列多少具有某种风格且相互之间不通约的调查方法"（1978：6）。十年之后，保罗·阿特金森（Paul Atkinson，1988）强调说常人方法学缺乏内部一致性，并进一步指出至少有一些常人方法学者已大大偏离了该理论取向的基本假设。作为一个充满生气的社会学理论流派，常人方法学在近年来经历了一些日益严重的"发展阵痛"。我们有理由认为常人方法学、它的多元面向及种种问题在未来还将继续复杂化。毕竟，常人方法学的研究主旨是日常生活中无限的变化。所以说，我们在未来还会看到更加多样的理论研究、越来越丰富的多元面向以及更剧烈的"发展阵痛"。

对制度环境的研究

梅纳德和克莱曼（Maynard and Clayman，1991）介绍了常人方法学领域内的许多理论流派，其中两种更与我的立场有所冲突[①]。第一种类型是常人方法学的**制度环境研究**。初期，加芬克尔及其助手的常人方法学研究（后文将会讨论到）是在家庭等随意的、非

[①] 常人方法学研究的另一重要分支以**科学研究**为对象，尤其是在数学、天文、生物和光学等领域（参见 Lynch，1985，1993）。这一领域的研究和其他常人方法学的共通之处在于都强调常识过程（common-sense procedures），即数学史和科学史上科学家在发掘某些最伟大发现时应用的实践推理。焦点在于科学家的工作以及他们所进行的对话。常人方法学者所关注的是科学家在日常基础上应用的"工作台实践"（workbench practices）。

制度化的环境中进行的。之后，这项研究转向在更为多样的制度环境下对日常实践进行研究，如法庭、医院（Ten Have，1995）和警察部门等。自20世纪90年代初期起，这类研究日益增多（Perakyla，2007）。它们的目标是试图理解人们执行公务的方式以及如何在此过程中建立这些公务运行其中的制度。

传统社会学对制度环境的研究侧重于探讨其结构、规则以及说明人们在其内部如何行事的官方流程。但对于常人方法学者而言，这些外部约束不足以解释这种制度环境下真实发生的一切。人们不会由这些外部力量决定；相反，他们利用它们来达成自己的任务并建立生活于其中的制度。人们应用它们的实践过程不仅仅是为了度日，更是为了制造制度产品。例如，警察局统计的犯罪率并非仅仅是官员们在其生产中遵循明确界定的规则的结果。相反，这些官员运用一系列常识过程来做出判断，如受害者是否应被归类为凶杀对象等。可以说，这一类数字以专家的阐释为基础，而这类记录的留存本身就是值得研究的实践活动。

对话分析

第二种是**对话分析**（Rawls，2005a；Schegloff，2001）[①]。对话分析的目标是"详尽理解对话互动的基本结构"（Zimmerman，1988：429）。**对话**的定义符合常人方法学取向的基本要素，"对话是展示**稳定**及**有序**之特征的**互动活动**，而这些特征是对话者的可分析的**成就**"（Zimmerman，1988：406；黑体为本书所加）。对话有一定的规则和程序，但二者不但不能决定谈话内容，反而要被用来"达成"对话。对话分析的核心是对对话内部信息的限制，而非那些约束对话的外部力量。对话被认为具有内在的、循序渐进的秩序。

齐默尔曼具体论述了对话分析的五项基本准则。第一，对话分析需要收集、分析与对话相关的、高度详尽的资料。所谓资料不仅包括文字，还包括"犹豫、中断、再度开始、沉默、呼吸声、清嗓子、打喷嚏、笑声、音韵等，当然还有适用于影像记录的'非语言行为'。这些行为通常是与录音带中捕捉到的行为动态紧密地结合在一起的"（Zimmerman，1988：413）。上述这一切构成了绝大多数对话的一部分，它们被视为构成由行动者所参与的对话的有序工具（Lynch，1999）。

第二，即使是对话中最微小的细节，也必须被假定为一次有序的"成就"。不仅仅只有常人方法学者才会整理对话中如此细微的层面，它们早已在"社会行动者自身的条理性活动中被整理过了"（Zimmerman，1988：415）。

第三，一般意义上的互动乃至具体的对话都有稳定和有序的特征，这种特征是由参与其中的行动者所达成的。在审视对话时，常人方法学者认为它们是自主的，且可以与

[①] 虽然我将对话分析视为常人方法学的一个分支，但我仍要强调指出对话分析的独特根源取自哈维·萨克斯的理论（他是戈夫曼而不是加芬克尔的学生；参见 Jacobsen，2007），而且它经过多年发展建立了一种相当独特的理论兴趣集合。

行动者的认知过程以及产生这些对话的更高一级的社会情境相分离。

第四,"对话的基本框架是有序的组织"(Zimmerman,1988:422)。

最后以及与之相关的是,"对话互动的进程基于轮流交替或局部的基础来进行管理"(Zimmerman,1988:423)。在此,齐默尔曼援引了赫里蒂奇(Heritage,1984)对"情境—形塑"对话和"情境—更新"对话的区分。情境—形塑对话指任何给定时刻的对话内容会受到之前序列性的对话情境所形塑。情境—更新对话则是指此轮对话内容会成为未来几轮对话之情境的一部分。

在方法学意义上,对话分析学者倾向于研究自然情境下发生的对话,并且常常借助录音或录像。该方法确保信息源于日常世界而不为研究者所干预。研究者可以反复研究现实对话的微小细节,不必借助他/她的笔记。这种技术还使研究者能够对对话进行高度详尽的分析。

对话分析所基于的假设是,对话是其他形式人际关系的基石(David Gibson,2000)。它是最普遍的互动形式,而且一次对话"包含社会性的组织化沟通之实践与流程的最完整模型"(Heritage and Atkinson,1984:13)。

我力图介绍常人方法学的基本意涵,然而,常人方法学的核心不在于理论陈述,而在于经验研究。我们所了解的理论知识即来自于这些研究。因此,我接下来将要介绍这些经验研究,以便帮助读者对常人方法学产生更加清晰的认知。

一些早期案例

我们可以从早期使常人方法学受到关注的一些研究入手。这些早期的研究方法已经不太适用于今日,但它们可以帮助我们更多地了解常人方法学。

破坏试验

在破坏试验(breaching experiments)中,社会现实被扰乱,以便凸显人们建构社会现实的方法。该研究背后的假设不仅指出在方法论意义上社会现实的建构无时无刻不在进行,同时也强调参与者在从事这类行动时往往是无意识的。破坏试验的目的是干扰正常秩序,从而实现对建构及再建构日常世界之过程的观察和研究。加芬克尔(1967)在著作中提供了大量破坏试验,大部分试验都由其学生用来在非正式情境中阐释常人方法学的基本准则。

林奇(Lynch,1991:15)根据加芬克尔(1963)的早期著作,介绍了如下一种破坏试验(参见图7.1):一种井字棋。众人皆知,游戏参与者要把记号画在每个格子**里面**,但是在实验中它的规则被破坏了,记号被放在两个格子**之间**。如果在真正的井字棋游戏中进行这样的规则破坏,另一名玩家(玩家2)可能会坚持要把记号放在正确位置上。当记号没有能放在正确位置时,玩家2就想要解释为什么玩家1会采取这种异乎寻常的行动。常人方法学者将研究玩家2的行动,以观察有关井字棋的日常世界如何被重构。

在另一个案例中,加芬克尔要求学生在家中花15分钟至1个小时,把自己想象成寄宿生,然后按照这样的假想来行动。"他们被指示以一种慎重及有礼貌的态度行事,避免太个人化,采用正式的称呼,只在被要求时才会做出回应。"(Garfinkel,1967:47)在大部分情况下,学生的家庭成员会惊愕于这种行为,"报告里充满了对惊讶、困惑、震惊、焦虑、窘迫和愤怒的说明,还提到有家庭成员指责学生心胸狭窄、粗鲁、自私、令人厌恶以及无礼"(Garfinkel,1967:47)。这些反应说明人们按照常识假设所要求的方式而行动是多么地重要。

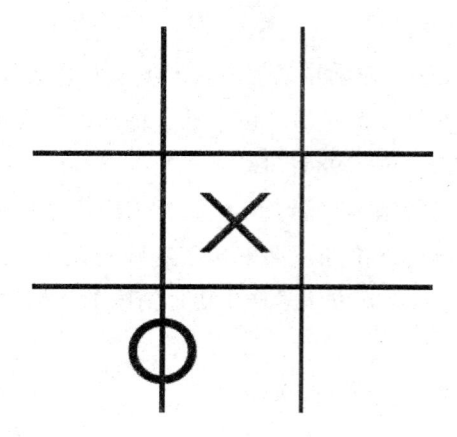

图7.1 井字棋中的破坏实验
来源:Michael Lynch,1991."图片无意义?社会理论中的视觉建构",《社会学理论》(Sociological Theory 9:15)。

最令加芬克尔感兴趣的是,家庭成员如何利用常识来应对破坏。他们要求学生解释其行为。家庭成员在他们的提问中经常会暗示某种针对扰乱行为的解释。

> 你被解雇了吗?
> 你生病了吗?
> 你疯了吗,还是你故意在干蠢事?
>
> (Garfinkel,1967:47)

家庭成员还试图根据过去理解的动机来帮助自己解释这些扰乱行为。例如,一个学生被认为是由于工作太过辛苦或与未婚夫吵架才行为古怪。这些解释对于试验的参与者(即其他家庭成员)来说是非常重要的,因为它们可以使家庭成员认为一旦情境恢复正常,互动就会如以往那样正常进行。

如果试验中的学生否定这种解释的有效性，家庭成员有可能会撤回解释，并试图孤立、斥责或攻击叛逆者。一旦试图恢复秩序的解释被学生拒绝，家庭成员会被唤起强烈的情绪反应。他们认为需要用更激烈的言论或行为来恢复平衡状态：

> 别理他，他不过又在闹情绪罢了。
> 你为什么总是非要破坏家庭的和睦呢？
> 我真不想再看见你这样做，如果你再这样对待你妈妈的话，你最好给我搬出去！
>
> （Garfinkel，1967：48）

学生最终向家庭成员解释了实验的目的。在大多数的情况下，家庭的和谐得以重建。不过，在某些案例中，痛苦的情感仍徘徊不去。

破坏试验可以阐明人们如何组织日常生活。实验对象（受害者）迅速采取行动以便将破坏正常化，换句话说，试图用熟习的方式将情境渲染得可被说明，所以说，破坏试验显示了社会现实的恢复力。根据假定，人们处理这些破坏的方式往往足以说明他们如何应对其日常生活（Handel，1982）。破坏试验虽然看似中立，但它们常常引致强烈的情绪反应。这些极端反应反映出人们按照惯例及常识行事有多么重要。对破坏的反应有时过于强烈，以至于休·米恩（Hugh Mehan）和休斯顿·伍德（Houston Wood）认为应当谨慎地进行这种试验："我们强烈地建议利益相关方不要进行任何新的破坏试验研究。"（1975：113）

性别实现

个体的性别（男或女）基于生理状况，这一点似乎没有什么争议。过去，我们单纯地认为人们自然而然地根据其生理构成来展示行为，通常不会去想他们在**实现**（accomplishing）其性别。然而，性感显然属于一种实现，为了在他人眼中被视为性感，人们不得不以某种特定的方式说话和行动。与之相对应的，一般来说，人们通常不必要说些或做些**什么**以证明自己是男性或女性。常人方法学研究了性别问题，并获得了一些不同寻常的结论。

常人方法学的理论视角可以追溯到加芬克尔（1967）一个现在已被奉为经典的应用该取向的案例。20世纪50年代，加芬克尔认识了一个名叫阿格尼丝（Agnes）的人，后者看上去显然是位女性。[1]"她"不仅拥有女性的体态，而且拥有符合理想标准的"完美"

---

[1] 有关加芬克尔阐释阿格尼丝事例的一场有趣的辩论，参见邓津（Denzin，1990a，1991）、希尔伯特（Hilbert，1991）、林奇和伯根（Lynch and Bogen，1991）以及梅纳德（Maynard，1991）。

体态。"她"的脸蛋漂亮且肤色红润，没有胡须，眉毛粗细得宜——同时，还涂了口红。"她"显然是一名女性，不是吗？然而，加芬克尔发现阿格尼丝并不总是表现得像一位女性。事实上，就在加芬克尔认识阿格尼丝时，后者正试图而且最终成功地说服外科医生，称"她"需要一场外科手术以摘除男性器官并再造女性的生殖器。

阿格尼丝在出生时被宣布是一个男婴。事实上，"她"在16岁之前在各个方面都像个男孩。从16岁起，由于感觉有些事情不对头，阿格尼丝离家出走，开始以女性的方式着装。"她"很快发现仅仅打扮得像个女性是不够的，要想被别人当作女性来接受，"她"必须**学习**如何像其他女性那样**行动**。"她"真的学习了女性的行为规范，从而最终被他人定义、同时也自我定义为一名女性。令加芬克尔感兴趣的是使阿格尼丝在社会中像女性那样行事的短暂性行为。这个案例中更具普遍意义的观点在于，我们并不是一出生便成为男性或女性。所有人都要学习并在日常中运用那些使个体被接受为男性或女性的常规实践。只有在习得这些实践之后，我们才成为社会学意义上的男性或女性。所以说，即使如性别这类通常被视为先赋的社会身份，也可被看作一系列情境实践的实现。

对话分析

我们现在来看常人方法学中重要的一类研究——对话分析。对话分析的目标是研究组织对话的惯常方式。对话分析学者关注的是对话中各种表达的关系，而不是发言者和倾听者的关系（Sharrock and Anderson，1986：68）。

电话对话：身份确定和识别

谢格罗夫（1979）认为他对通电话如何开场的研究可以被理解为社会互动有序特征的一部分：

> 我和我同事所进行的研究一直致力于……**探寻**和**描述**对话与互动中所包含的**有序**现象，同时我们也对描述这些现象在发生时所参照的**系统化组织**感兴趣。
>
> （Schegloff，1979：24，黑体为本书所加）

这种兴趣又扩展到互动中的各种有序现象，如对话轮次的组织，以及人们在正式对话流程中尝试修正破坏的方法。除此之外，常人方法学者还对对话的整体结构感兴趣，即对话的开头、结尾和有规律再现的内部序列。

以此为背景，谢格罗夫着手研究电话对话的开场，并将其定义为"即将展开的对话类型被发起、展现、接受、拒绝和修正的地点——简单地说，即被参与的双方早期建构的地点"（1979：25）。我们从电话中听到的内容与面对面的对话或许并无差异，但电话对话的参与者是缺少视觉接触的。谢格罗夫强调电话对话中有一个要素是在面对面对话中找不到的，即对话双方因缺少视觉接触而互相确定和识别的序列。

谢格罗夫发现电话对话的开场常常相当直接及标准化：

> A：你好？
> B：夏恩吗？
> A：嘿，你好！

（Schegloff，1979：52）

但是，某些开场"看上去及听起来很特别——如同艺术鉴赏"（Schegloff，1979：68）：

> A：你好。
> B：你好，玛吉？
> A：我是。
> B：哦，我们在做粉刷和装饰。
> A：是吗？
> B：嗯，呃——呃。
> A：呃，呃，呃。
> B：呃，呃，呃！嗯。
> A：哦！
> B：把那些工具准备好啊！
> A：哦（呃），呃……
> B：很抱歉——这个——我可没看见。

（节选自Schegloff，1979：68）

这样的开场虽然与一般情况不同，但绝非杂乱无章。它们"产生于交谈双方为某些特定情景而安排的系统化序列组织"（Schegloff，1979：68）。例如，以上的对话几乎无法理解，除非我们知道原来B打电话是为自己借了很长时间对方的电动工具而道歉。B开玩笑地把道歉和其他事情（粉刷、装饰）混在一块，直至最后双方都笑了起来时，道歉才真正出现。

谢格罗夫的结论是极其特别的案例也是可以加以研究的，"从其当下的特定性提取引致这种特定性的正式安排"（Schegloff，1979：71）。

发笑

杰弗逊（Gail Jefferson，1979；也可参见 Jefferson，1984）探究个体如何得知在对话过程中何时可以发笑。通常的观念认为笑在对话或互动过程中是完全自主的事件。可是，杰弗逊发现一段表达中有几个基本的结构特征是专门用来引导对话对象发笑的。其中，第一个结构特征出现在发言者发言结束时发出笑声的时点：

丹：我觉得隐藏得真够深的。你听到没，我说你是一个瘾君子……哈哈。
多利：哈哈，哈哈。

（节选自 Jefferson，1979：80）

杰弗逊指出第二个结构特征是文本内部的笑声——例如，句子中间的笑声：

A：你知道我没有……你知道的。
B：该死，只有**你**知道我说漏嘴了（哈哈）。
A：哦，耶，哈哈。

（节选自 Jefferson，1979：83）

杰弗逊（1979：83）从上述案例中得出结论，笑的产生其实比我们意识到的更有组织性。

杰弗逊不仅仅感兴趣于笑如何决定，也感兴趣于回绝发笑的邀约。她发现针对引起发笑的邀约，沉默是不足够的，还需要一个明确的信号以显示对这一企图的回绝。比如，如果一个人拒绝发笑，他/她会运用一种策略，在发言者笑过之后，严肃地继续谈话话题。

菲利普·格伦（Philip Glenn，1989）对多方对话中出现共同大笑的现象进行了研究。他认为在双方互动中发言者一般会先笑，而在多方互动中先发出笑声的往往是其他人而不是发言者。在双方互动中，由于只有另外一个人可以承担笑的功能，发言者事实上是被迫为其谈话内容而发笑的。但在多方参与的互动中，由于有许多人可以首先发出笑声，发言者不当领头羊，也不会冒太大风险。

促发掌声

约翰·赫里蒂奇和大卫·格雷特巴奇（John Heritage and David Greatbatch，1986）曾对英国政治演讲的文句［源于 J. Maxwell Atkinson（1984a，1984b）］进行研究，从中发现了发言者激发听众掌声的一些基本技巧。他们认为掌声的产生是通过"口头建构的表达（a）在演讲材料的相关背景中**强调**并突出某些内容，以及（b）为有问题的信息**传达出一个清晰的结束点**"（Heritage and Greatbatch，1986：116）。"重点"是让观众知道何时鼓掌才是合适的。一个清晰的结束点的预先通知多多少少可以令听众一起鼓掌。赫里蒂奇和格雷特巴奇在对英国政治演讲的分析中，发现了七种基本的修辞工具：

- **对比**：例如，政治家可能会说："我们投入太多在战争上，而为了和平付出的努力则太少。"这番表述能够引起掌声，是因为他先用否定的方式，然后再用肯定的方式表达同一种观点。通过将已经讲完的前半句与正在展开的后半句相联系，听众也能预期何时应该鼓掌。
- **罗列**：罗列政治问题的列表，特别是经常被采用的三段式排比的列表，从而提供听众能够预期到的重点和结束点。
- **解惑**：政治家先向听众提出一个问题，然后再给出解决方案。问题的双重呈现可以提供重点，听众由此可以预期位于解决方案之后的表述的结束。
- **头条—妙句**：政治家先提议要发表一番言论，随后就加以实施。
- **结合**：这是指对上述两种或以上的方法的运用。
- **摆明立场**：这里是指发言者要对人们认为他对之有强烈感受的事物状态进行初步的描述。这番陈述最初并不具有评价性，直到最后，发言者才表露他/她的个人立场。
- **追寻**：这种方法只有在听众对特定信息没有回应时才被采用。发言者可能会通过重复其核心论点来主动寻求掌声。

在赫里蒂奇和格雷特巴奇对政党会议的研究中，略多于三分之二的掌声是由于运用了上述七种工具中。而在这些工具中，**对比**基本上是最常引起掌声的形式（引起了约四分之一的掌声）。发言者传递信息的态度（语调、时机和姿势）也非常重要（Heritage and Greatbatch，1986：143）。最后，两位学者强调称上述七种工具不限于政治演讲，也可应用于广告标语、新闻评论、科学文本等。实际上，他们认为这些工具都有自己的根源，可以从日常生活中自然的对话互动中找到。这意味着我们大家日常都会运用上述工具，借以从互动对象身上获取积极的反应。

嘘声

史蒂文·克莱曼（Steven Clayman，1993）在一项稍晚且相类似的研究中，讨论了在公开演讲场合里如何表达不赞同的嘘声。如果说掌声令听众与发言者产生联系，那么嘘声则是解除联系的行动。

鼓掌和发出嘘声这一类回应的展开有两种基本路径，它们既可以是独立个体决策的结果，又可以是听众中各个成员对行为相互监督的产物。以往的研究显示掌声在刚出现时主要是由个体决策主导的。由于决策很大程度上是独立做出的，在一段受欢迎的发言之后掌声几乎立即就会出现。同样符合独立决策这一事实的是，一阵掌声在最初的一两秒钟达到高潮。正如前一节所示，发言人运用一套为人们所熟知的工具来引导听众做出鼓掌的决策，掌声随即出现。

然而，发出嘘声则更多地是相互监督而非个体决策的结果。在易引起反对的言论和发出嘘声之间往往有一个明显的迟滞。如果嘘声是由一些独立决策的个体引发的，它就会像掌声一样快速地出现。时间迟滞似乎是在说明听众在决定发出嘘声是否恰当之前，对其他人的行为进行了监测。此外，在嘘声出现之前，听众往往已有一些表现迹象。

例如，听众与发言人解除联系①的早期迹象可能是"各种各样的声音——嘀嘀咕咕、交头接耳、互相交谈、大声喊叫或者嘲弄演讲者……这样的声音可以描述为嘟嘟囔囔、嗡嗡声、喧闹声等"（Clayman，1993：117）。听众中的成员监测着这些声音，它们告诉这些成员这个听众群体倾向于否定正在进行的发言。当有理由相信自己并非单枪匹马，不会因此受到其他听众的指责时，某个成员将会认为自己可以更不受约束地发出嘘声。

当然，我们不免要追问这些初期迹象如果不取决于个体决策，又是从哪里来的呢？克莱曼认为这里确实有某种程度上的个体决策。个体决策出现在初期迹象中，是因为与发出嘘声相比，这些行为［如交头接耳、自言自语（比如"哎呀"）］相对私密，不太可能遭到其他听众的指责。因此，在这一阶段，个体几乎不需要靠监测整个群体来决定这些行为是否恰当。

克莱曼的结论是集体发出的掌声和嘘声基本上类似于日常生活中由个体决定的同意或不同意。"同意似乎是立即做出的，以一种不受限制的方式，而且也不必有任何具体的解释或说明。相反，不同意往往是迟缓的、要经授权以及要进行说明的。"（Clayman，1993：125）这种相似性可以导出如下的结论，即我们或许应当采用适用于一切生活领域的、互动的一般准则，而不是仅仅由公共演讲领域所涉及的组织性及制度性的结构与规范来解释掌声和嘘声。这些"人类行为一般准则"是互动秩序的一部分，互动秩序"就其本身来说是社会制度的类别之一，先于绝大多数其他社会制度且是它们的构成，具有固有的组织特性和惯常行为"（Clayman，1993：127）。换句话说，对话分析学者揭示的基本准则使得我们可以对公共演讲中积极和消极的反应（鼓掌和嘘声）有更好的理解。

句子和故事的互动涌现

查尔斯·古德温（Charles Goodwin，1979）向传统的语言学假设提出了挑战，这种假设认为句子可以脱离其所在的互动过程来进行研究。古德温的观点是"句子是从对话中涌现出来的"（Goodwin，1979：97）。事实上，"发言者**在创造句子的时候**可以重构其意义，以保证它对于时下受众的恰当性"（Goodwin，1979：98；黑体为本书所加）。

发言人在发言时时刻关注着听众。伴随着听众的语言、表情及身体语言等反应，发

---

① 嘘声也可能出现在连接的迹象（如鼓掌）之后，但这是另外一个不同的过程。我们在此暂不涉及。

言人——基于这些反应——调整即将出口的句子。这些反应让发言人判断是否传达出要点，如果没有说出，就要改变句子的结构。古德温描述过在某个特定句式序列中发生的一些变换："约翰语句中的意义展开被重构了两次，加入了一个新的部分，另外一个则在出现之前就被删掉了，换成一个与之不同的部分。"（1979：112）换句话说，句子是协同过程的产物。

曼德尔鲍姆（Mandelbaum，1989）审视了故事的互动涌现（interactive emergence）。她的核心观点是听众并非如传统假设中的那般被动，而是可以被看作故事创作的"合作者"。与古德温对句子中互动涌现的分析类似，曼德尔鲍姆发现在讲述故事的过程中，听众有办法可以使他们与讲述者一起改动故事。倾听者通过暂停交替讲话达成参与，于是故事讲述者可以主导这场谈话。通过"啊""嗯"等表达，听众还可以展现他们对故事的理解，从而推动故事的发展。听众甚至能"修正"故事中的某些问题，从而使故事进展得更为顺畅。最重要的是，听众可以干预故事，并使故事转向一个新的方向。由此，完全可以说，故事如同句子和一般意义上的对话一样，是互动的产物。

对话与非语言行为的整合

对话分析学者的关注点在于对话，其他常人方法学者则强调非语言行为。一些研究者用录影或短片来分析语言行为和非语言行为的整合。例如，古德温（1984）对两对夫妇共享晚餐的一段录像进行了分析。语言行为与非语言行为二者关系的研究命题之一是在聚会中讲故事的人（在这一案例中即名叫"安"的人）的身体姿势：

> 安把两只手扣在一起，手肘放在桌子上，身体前倾，注视着她的对话的接受者——贝丝。用这个姿势，发言者表示出自己充分面向对话的接受者，完全融入在对故事的讲述里，对谈话以外的一切活动均不关注。这个姿势似乎……构成了一个故事正在讲述的视觉展现。
>
> （C. Goodwin，1984：228）

古德温从更为一般的意义上归纳指出，"安的讲述得以呈现，不仅仅通过她的对话，也借助了她在讲述过程中对身体和行为的组织"（1984：229）。

古德温研究的另一种非语言行为是凝视，他将其与谈话联系起来：

> 当一个发言者凝视着一个倾听者的时候，那个倾听者应当同时凝视着他。如果发言者凝视着一个并没有凝视自己的倾听者，而且意识到对方违反了规则时，他们就会频繁地在谈话中产生语句的中断，如重新开始或者暂停。这些语句中断一方面通过将进行中的对话定位在因某种方式而受损的那一点，而逐渐适应违反规则的事

件，同时也提供了一种补救措施，要求倾听者凝视发言者。因此，在语句中断发生后，没有凝视的倾听者通常会逐渐把目光移向发言者。

（C. Goodwin，1984：230）

身体姿势和凝视是多种非语言行为中仅有的、与语言行为有密切关联的两种类型。

羞怯（以及自信）

我们往往倾向于将害羞和自信看作心理特征，但是曼宁和雷（Philip Manning and George Ray, 1993）试图表明它们是我们在对话开始时的"作为"。我们都习惯于运用几种典型流程来与不认识的人变得熟悉，而害羞或自信，尽管表现为不同的方式，修正了这些流程，以分别应对不同的社会情境。因此，害羞或者自信应用了不同的对话策略。

曼宁和雷进行了一次面向大学生的实验研究，将十对害羞和自信的同学交叉组合，并对其表现进行录影和文字转录。每个人都能进入"情境—对话"（setting-talk）——即谈论我们此刻所处的环境，害羞的人甚至比那些自信的人谈得更多。请看以下的案例：

A：（紧张地笑）这是一个麦克风。
B：我们现在正在被录像。
A：我差不多知道了。
B：哦。
A：好吧。
B：我猜他们要看我们紧张到什么样子。（笑）
A：我知道。

（Manning and Ray，1993：182）

两位学者发现在对话开始的阶段，害羞的参与者比自信的参与者进入情境对话的可能性要高出1.5倍。进而，无论对话何时走向无趣，害羞的人随后返回情境对话的可能性要比自信的人高出7倍。曼宁和雷总结道："我们认为害羞的参与者将情境对话当作与谈论天气类似的'安全'主题。相反……自信的参与者将情境对话看成应该避免的致命终点。"（1993：183）自信心强烈的参与者更倾向于彼此通报姓名，并迅速进入对某个谈话主题的引导［即"预备主题（pretopical）的序列"］。害羞的参与者倾向于拒绝这些预备主题序列，而自信的人则可能对之做出回应，并深入下去。

核心问题之一在于对话中这样或那样的差异究竟是不是基础心理差异的征兆，抑或害羞和自信**只不过**是不同的对话流程。毋庸置疑，采纳常人方法学视角的曼宁和雷

（1993：189）更倾向于后一种解释。

制度研究

许多常人方法学者开始对各种社会制度中的对话及互动产生了兴趣。在这一部分，我们要审视一些这一类型的研究。

求职面试

一些常人方法学者将注意力转向工作世界。例如，巴顿（Button，1987）研究的是面试。毫不奇怪，他将面试看成一场有序且交替发生的对话，同时也是"谈话各方在环境中的情境化实践产物"（Button，1987：160）。这项研究的主题之一是在被面试者回答问题之后，面试官在转向其他问题时采取的一些行为。这些行为阻止被面试者重新回到之前的问题，抑或纠正他或她的答案。首先，面试官可能指出这场面试已经结束。其次，面试官可能询问其他问题从而使讨论进入另一方向。第三，面试官有可能对现已给出的答案进行评价，用这种方式来阻止被面试者返回这一话题。

巴顿想弄清楚是什么让工作面试成为一场面试。他强调它靠的不是门上的标识或人们的聚集，而是"人们在这期间的行为，以及他们如何架构和组织彼此之间的互动，使得一些社交场合符合所谓面试的特征。它必然包含参与者在彼此之间进行语言交流的组织方式"（Button，1987：170）。所以说，对话抑或互动的性质界定了所谓的工作面试。

经理人谈判

安德森等人（Anderson，Hughes，and Sharrock，1987）研究了商业经理人谈判的性质。他们关于这类谈判的结论之一是，这些谈判是多么地理性、不偏不倚以及非人性化：

> 每件事情都是以一种深思熟虑、基于标准以及合理的方式来执行的。他们的运筹谋略中没有个人的意图存在。这就是他们在做的事情、工作日的一部分……憎恨、意见不一致或者争论总是处于严密控制之中。如果一桩生意这次没有谈成，那就是这样吧。
>
> （Anderson，Hughes，and Sharrock，1987：155）

这种互动反映了商业世界的状况。

有趣的是，安德森等人进一步指出，商业世界里发生的一切与日常生活事件并无多大区别。我们在大多数社会关系中采用了上述商业经理人的行为方式。"商业生活并不发生在密闭的隔间里，与其余的社会生活相隔绝，它与生活相连通并交织在一起。"

(Anderson, Hughes, and Sharrock, 1987: 155)

拨打急救电话

惠伦和齐默尔曼（Whalen and Zimmerman, 1987）对拨打急救电话的行为进行了研究。此类电话的特定背景免除了电话交谈的开场白。在正常的电话交谈中，我们常常看到传唤—回应、身份识别—认可、问候以及"你好吗"等序列。但是，在急救电话中，启动的序列被缩减了，身份认可、问候以及"你好吗"等都会被免除。

有关急救电话的另一个有趣的事实是，某些在一般对话中会被忽略的启动事件将得到极为严肃的对待：

> ……这些情形，如打电话的人在电话被接听之后挂断，电话那头沉默不语，或者只听到狗吠、背景中的争吵或尖叫、烟雾报警器的鸣叫等声响。尽管没有线上的直接对话，但电话接听员会从一开始就将这些事件当作需要帮助的潜在信号，并进一步视为功能性或**实质性**的要求。
>
> （Whalen and Zimmerman, 1987: 178）

急救电话对话的独特性会导致对一般对话结构的许多调整。

在一项相关研究中，惠伦等人（Whalen, Zimmerman, and Whalen, 1988）审视了一次不成功的急救电话对话，它导致救护车的延误及一名妇女的死亡。媒体倾向于指责这一事故的电话接听员，但学者们则把问题归结到急救电话的对话特性上：

> 我们的调查揭示出，参与到这一对话中的人对于正在发生什么存在相当不同的理解，同时对于将会发生什么情况的预期也极为不同。在互动过程中，打电话的人与接听员（及其上司）的对话扩大并加深了这种不一致。而它又以根本的方式引致一场争论，从而破坏和改变了参与者的行为。
>
> （Whalen, Zimmerman, and Whalen, 1988: 358）

因此，正是这场特定对话的性质，而不是接线员的能力，"导致"了此次灾难。

调解听证中争议的解决

安杰拉·加西亚（Angela Garcia, 1991）分析了一个以调节多种争端为目的的加利福尼亚社会项目中的冲突解决方案，该项目负责协调由小额借款引起的、房主与租户以及家庭成员或朋友之间的矛盾。她的最终目标是将制度化的冲突解决方案与发生在日常对话中的同类项做比较。加西亚的核心观点是制度化的调解回避了日常对话里冲突逐步升级的过程，从而使冲突解决方案比较易于实现。不仅如此，如果在调解中发生了争论，在一般对话中不存在的制度化调解程序也使得冲突结束成为可能。

加西亚从对话分析学者习见的、对轮次更替的关注开始入手。调解程序规定了在某个既定的时间里谁可以说话以及应该采取何种形式的回应。比如，诉讼人可以先发言，发言过程不可以被辩诉人打断。约束干扰极大地限制了调解争端时冲突的数量。与此相对，日常对话中对打断的运用则大大加剧了冲突的可能性和数量。此外，辩诉人必须要征得调解员的许可才可以发言或禁止对方发言的规定，同样降低了冲突的可能性。辩诉人的要求可能被拒绝，即使它没有被拒绝，需提出要求这一行为本身仍有助于减少诉辩双方直接冲突的可能性。另一个降低冲突可能性的关键要素是，辩诉人要将其意见呈递给调解员，而非在相互之间提意见。在共同讨论某项议题时，由调解员而非事件参与者来控制话题，以向辩诉人提问的方式来决定谁可以加入讨论。调解员既是缓冲区又是控制者，两种角色都降低了冲突的潜在可能。

调解员尤其注意限制辩诉双方之间直接发生的以及话赶话式的彼此控诉和反驳。这种"话赶话"极有可能引致冲突，所以调解员总是试图阻止它，一旦出现苗头便会迅速采取行动。为了终止你一言我一语的状况，调解员可能试图转变话题、转向某个问题或制止辩诉人。

总而言之，"在调解中，引致争论的、话赶话式和直接表达的对立言语是不会出现的"（A. Garcia，1991：827）。加西亚在结论中提供了四个调解的特征，它们使得辩诉双方得以在不失面子的情况下弱化或消除争端：

- 在争端调解的轮次更替体系中，指控和否认并不会话赶话地进行，因此降低了发言升级为争吵的可能性。
- 否认的表达不会直接变成指控，而是应调解员要求指向质询。其结果是，既然否认与回应相互分离，它就不太可能激发有争吵意味的回应。
- 由于在指控与其回应之间有一定的延时，辩诉人对于某些指控就可以不必回应，而不致因不回应而表示他在这些指控下是有罪的。这种延时使辩诉人可以"过滤掉某些指控，着重在一些更为重要的指控上，或者忽略他或她没有理由否认的指控"（A. Garcia，1991：830）。其结果是一般会留下较少容易引发争端、有待讨论的问题。
- 指控和否认因调解体系而有所缓和。比如，可以用含蓄而非公开的方式提及被指控的一方，当用"我们"这种具有集体意味的词汇来加以指代时，诉讼人就将自身纳入了受指责的一方。再者，运用"我可以想象""也许"等词汇，可以使指控力度降低。

不同于克莱曼对嘘声的研究，加西亚并不认为调解中的互动结构与日常生活中的互动组织是相类似的。实际上，她认为二者有着十分不同的互动次序。然而，如同克莱曼及其他对话分析学者一样，加西亚（1991：833）确实认为理解互动过程（尤其是在调解这一案例中）的关键在于理解"调解过程中的互动次序"，而非理解调解的社会结构或规范结构。

格雷特巴奇和丁沃尔（Greatbatch and Dingwall，1997）研究了由英格兰十家代理机构执行的离婚调解庭议。与加西亚的研究不同的是，这里的辩诉双方可以相互直接对话，经常陷入争吵。在这种情况下，格雷特巴奇和丁沃尔有兴趣了解这类争吵退出的方式。尽管调解员可以采取种种行动，但这项研究的重点在于辩诉双方为摆脱争吵而做的一些事情，比如其中一方沉默不语、任由另一方喋喋不休，主动与调解员而非另一方说话，宣布退出争吵，以及提出有安抚意味的解释（"我并不是指责"等）。在英国的案例中，在大多数情况下，辩诉双方并不直接对话，而是去跟调解者说话。上述两项研究之间的实际差异或许不如另一个事实更为重要：格雷特巴奇和丁沃尔（1997：164）并不认同加西亚的观点，即在这种情境下发生的事情与日常生活经历不太相同。两位学者认为，"这里所描述的避免升级的实践并非是调解过程独有的，它们是从日常对话中衍生出来的一般的演说行为"。换句话说，辩诉双方为了摆脱争吵的所作所为与我们从日常生活的争吵中脱身而出的方式并无二致。

对传统社会学的批判

常人方法学者基于以下几个方面对传统社会学进行了批判。

脱离社会

社会学家由于将**他们自身**对社会现实的理解强加于社会世界而受到批判（Mehan and Wood，1975）。有人认为社会学并没有对本应作为社会学知识终极来源的日常世界给予足够的关注或尊重（Sharrock and Anderson，1986）。更为过分的是，社会学将社会世界中最基本的领域（常人方法）渲染得不那么重要，反而去关注那个遮蔽日常实践的建构世界。社会学家沉迷于他们自身对社会世界的看法，并不打算将他们进行研究的同一类社会现实拿出来分享。正如梅罕和伍德所述，"为了成为一门社会**科学**，社会学已经变得越来越远离社会"（1975：63）。

根据这种普遍的倾向，梅罕和伍德（亦可参考 Sharrock and Anderson，1986）将许多具体的批评指向了社会学。据称，社会学家运用的概念不但造成了社会世界的扭曲，还干扰了它的兴衰起伏。社会学家对科学技术和数据统计分析的依赖进一步加剧了这种扭曲。统计学往往不能反映真实世界的微妙与复杂。社会学家在将人类行为转化为他们的预设类别时使用的编码技术也造成了社会世界的扭曲。进而，在将社会世界的方方面面转化为社会学家的预设类别时，看似简洁的编码掩盖了复杂的和产生扭曲的相应工作。

社会学家还受到了这样的批评,即倾向于无保留地接受被调查者对某种现象的描述而非探究现象本身,于是对某种社会情境的描述就**被当成**情境本身而不是对该情境的概念认知。梅罕和伍德在最后强调说,社会学家倾向于提供日渐远离日常生活现实的社会世界抽象概念。

混淆主题与资源

唐齐默尔曼和梅尔文·波尔纳(Don Zimmerman and Melvin Pollner, 1970)以一种略为不同的取向,指出传统社会学正面临混淆**主题**和**资源**的困境。日常社会世界是社会学感兴趣的主题的源头,但其本身却不太能成为一种主题。我们可以以几种方式来说明这一观点。比如,特纳(Roy Turner, 1970;也可参考 Sharrock and Anderson, 1986)认为社会学家通常不把日常对话本身看成主题,而是将其看成研究规范、价值、心态等遮蔽现实的资源。但是,日常对话除了是一种资源,还是承载社会生活事务的途径之一——这本身就足以成为研究主题。斯佩尔(Matthew Speier, 1970)认为当社会学家审视儿童社会化时,他们关注的不是社会化本身,而是从这些过程中概括出来的一系列抽象"阶段"。斯佩尔指出"**社会化是互动能力的获得**"(1970:189)。因此,常人方法学者必须关注在真实世界日常现实中习得和运用这些能力的方式。

罗伯特·W. 麦凯(Robert W. Mackay, 1974)对儿童社会化的另一种分析,对批判传统社会学以及主题和资源的混淆更具有启发性。麦凯比较了常人方法学的阐释取向与传统社会学的"规范"取向。一般认为,规范取向的看法是社会化仅是一系列的阶段,"完善"的成年人在其中将社会运转的方式教给"不完善"的儿童。麦凯认为这种看法是一种"假象",忽略了社会化涉及儿童与成年人之间存在互动的现实。儿童不是被动的、未装满的容器。相反,他们是社会化的积极参与者,具有推理、创造以及获取知识的能力。社会化是双向的过程。麦凯相信常人方法学的取向"基于阐释的能力将成年人与儿童的互动恢复为有待研究的现象"(1974:183)。

齐默尔曼和波尔纳(1970)还列举了其他混淆主题与资源的范例。比如,他们指出社会学家一般根据规则、规范以及组织内的价值观来解释科层组织中的行动。然而,如果他们将组织看成研究主题,他们就会发现行动者只是通过行动来**展现**这一点,即这些行动可以由规则来解释。社会学研究的主题应当是行动者对规则的**运用**而非规则本身。齐默尔曼和波尔纳以监狱中犯人的行为手册为例来说明。传统社会学家可能会关注行动者如何因罪犯手册而受到约束,而常人方法学者则要探究罪犯如何运用这种手册作为一种阐释性和具有说服力的工具。齐默尔曼和劳伦斯·韦德对主题和资源的混淆进行了以下的概括:

> 常人方法学者所关注的并不是从行动者视角提供一些分析,以便为常规的、模

式化和重复性的可观察行动提供因果解释。他所关注的是社会成员如何着手于**观察**、**描述**以及**解释**他所在的世界之秩序这一任务。

(Zimmerman and Wieder, 1970: 289)

对于常人方法学者而言,社会秩序本身并不是现实本身,而是社会行动者的成就。

常人方法学中的压力与张力

常人方法学实现了社会学的巨大跨越,并且展现出一些积累日常生活世界之知识的能力,在对话分析的领域表现尤其突出。然而,它也存在一些值得注意的问题。

第一,虽然与十年或者二十年前相比,常人方法学已经获得了更多的认同,但它仍然受到许多社会学家的质疑(Pollner, 1991)。这些社会学家认为常人方法学只着眼于细枝末节,忽略了当下社会所面临的最重大的问题。常人方法学者对此的回应则是:他们处理的**正是**重大问题,因为日常生活对人来说才是至关重要的。阿特金森(Paul Atkinson)对此总结道:"在一些领域里,常人方法学仍然会遇到不理解及敌对的混合情绪,但毫无疑问,当讨论到社会学探询的理论、方法以及经验研究时,常人方法学是一支重要的力量。"(1988: 442)

第二,一些学者(如Atkinson, 1988)认为常人方法学已经失去了以现象学为根源的视角以及对意识、认知过程的关注[Cicourel(1974)和Coulter(1983, 1989)对此持有异议,但后者倾向于将认知嵌入日常世界]。与其说关注这些意识层面的过程,常人方法学者(尤其对话分析学者)逐渐更为关注"对话本身的结构特性"(Atkinson, 1988: 449)。在这个过程中,行为的动机以及内在动力被忽略掉了。在阿特金森看来,常人方法学已变得越来越"过分受限",并演化为"行为主义和经验主义"(1988: 441)。在朝这一方向发展时,一般认为,常人方法学已经退化至它的某些基本准则,包括试图不把行动者看成判断的傀儡:

加芬克尔早期的想法乃是否定判断傀儡这一形象,以便将注意力放在被投入于社会秩序生产的那些富于技巧、精妙的及具有一定方法论的工作上。然而,在这期间的几年里,某些版本的常人方法学又重新将判断傀儡当作其典型的行动者。意向性和意义被完全去掉了。

(Atkinson, 1988: 449)

第三,一些常人方法学者为其研究的焦点(如对话)与较大型社会结构之间的关联感到忧虑。尽管我们在本章前半部分已讨论过,而且在本章的总结中还将重复这一点,即常人方法学者倾向于把自己看成微观—宏观两个极端之间的桥梁，但上述的忧虑仍然存在。例如，一些年前，齐默尔曼将与宏观社会学的嫁接看作"一个开放性的问题，一种让人感兴趣的可能性"（1978：12）。不久之后，波尔纳就推动常人方法学"向社会学回归，以理解那些在更大的社会情境中被（习以为常）的实践……以结构过程和历史过程形式出现的世俗理性。世俗理性，据信并不单纯是具有世俗理性的人的本地化产物，因为它还为更长久和更大规模的动力所形塑"（1987：xvi）。吉登斯（Giddens，1984）等理论家已经采取了一些类似的嫁接工作，如吉登斯在其结构化理论中融入了常人方法学的思想。在更广泛的层面上，博登（Boden，1990；参考下一节）提炼了常人方法学为解决结构与能动性的关系所必须提供的理论。她认为常人方法学研究的发现不仅与微观结构相关，也涉及了宏观结构。有关制度的研究有可能加深对宏观结构及它与微观现象之关系的理解。

第四，从这一研究领域内部出发，波尔纳（1991）批评常人方法学丧失了初期具有的激进反身性的视角。激进的反身性导出以下这一观点，即所有的社会行动，包括常人方法学者的行为都是被实现的。然而，常人方法学正逐渐地被主流社会学家所接受。正如波尔纳所指出的，"常人方法学正在社会学的近郊定居下来"（1991：370）。由于得到了越来越多的认可，常人方法学者渐渐失去了要分析其自身理论的视野。在波尔纳看来，其结果是，常人方法学面临丧失自我分析和批判性的危险，将沦为又一个既成的理论派别。

最后，需要指出的是，尽管本书将常人方法学和对话分析放在一起讨论，但二者之间的关系却日益变得紧张（Lynch，1993：203—264）。前文曾经提及，二者具有不同的理论根源。更为重要的是，近些年来，在社会学界获得极大进展的是对话分析这一取向。它的根据经验研究对话的理论倾向更容易为社会学学科主流所接受。如果对话分析继续突进主流，而常人方法学的制度研究却已然居于边缘的话，两者之间的张力还有可能继续加大。

综合与整合

作为社会学理论中最为决然的极端微观论取向之一，常人方法学仍表现出某些综合和整合的开放迹象。例如，常人方法学看起来正在扩展它的领域，越来越与主流的社会学相吻合。这方面的好的案例包括赫里蒂奇和格雷特巴奇（Heritage and Greatbatch，1986）对引导观众掌声的方法的分析，以及克莱曼（Clayman，1993）对嘘声的研究。常人方法学者建立的类型学与其他取向的社会学理论学者运用的类型学并无二致。

然而，常人方法学仍然是受到质疑以及缺乏安全感的，因此在某种程度上看起来又与理论综合的趋势背道而驰。加芬克尔似乎有些排斥理论综合的想法，认为常人方法学是"不可通约的另类社会学"（1988：108）。博登（1990）认为有必要**为**常人方法学和对话分析提供一种强有力（尽管有某种程度的神经质）的理论依据。当然，正如博登所指出的，常人方法学已经在社会学领域扩展和深化了它的理论支撑。然而，我们不禁想知道就此而言，常人方法学或者任何其他的社会学理论是否会如博登所主张的那样"固定下来"。在任何情况下，这样的一番论证都是与认为理论边界受到削弱而理论综合的新的前景正在浮现的观点相抵触的。或许，常人方法学仍然太年轻、太没有安全感，所以还不能考虑边界消融这种事。

不过，博登（1990）的许多文章都在讨论常人方法学**之内**的理论综合，尤其是能动性和结构的关系、行动的嵌入以及历史进程中一闪即逝的事件等综合性的议题。博登还讨论到欧洲和美国的一批理论家将常人方法学和对话分析整合进其自身的理论取向的工作进展。遗憾的是，博登没有讨论常人方法学将其他社会学理论融入自身之中的工作进展。常人方法学者似乎十分愿意看到其他理论对常人方法学视角的接纳，却并不愿意去做相反的工作。

常人方法学和微观—宏观秩序

希尔伯特（1990）讨论了常人方法学和微观—宏观秩序之间的关系。如前文指出，希尔伯特摒弃了将常人方法学看成微观社会学的传统看法，然而，据他来看，它也不能被算作宏观社会学。更确切地说，希尔伯特认为由于它关注的是"社会实践（成员资格的实践），而这产生微观和宏观结构以及它们之间任何假定联结的方法"（1990：794），因此，常人方法学"超越"了微观—宏观的议题。

希尔伯特将微观—宏观的联结降格为一系列对于结构的关注，这在某种程度上是不准确的（参见第十章）。也即，他认为常人方法学是指对微观结构、宏观结构以及两者之间的联结的理论关注。在希尔伯特看来，常人方法学对于**在任何层面上**的结构都是"无差别的"。但实际上，常人方法学不关心微观或宏观的结构，而对结构中以成员资格进行的实践、"常人方法"、一般结构的"技巧性生产"感兴趣。换句话说，常人方法学者感兴趣的是"借助或专为成员资格而生产、维持、保持以及再生产社会结构的方法，无论它指向的是大规模的制度性（宏观）结构还是小规模且私密的（微观）结构"（Hilbert，1990：799）。

希尔伯特写了他口中所谓的常人方法学"激进观点"，有助于超越微观—宏观联系的议题：

> 对话分析学者所见到而社会成员却可能并不知晓的经验现象，以及……社会成员以之为参照和习以为常的，却是非经验性的以及对社会科学来说并不有效的结构现象……是（以一种微妙的方式）**同一种现象**。

（Hilbert，1990：801）

换句话说，对于常人方法学者而言，由于微观和宏观结构是同时生成的，所以两者不必做出区分。然而，常人方法学或任何其他的社会学理论都并没有为微观—宏观议题提出过最终的解决方案。希尔伯特的尝试由于他将这一议题降格为对微观和宏观**结构**间联结的关注而受到损害。正如我们将在第十章讨论的，这一议题远非结构联结这么简单。不过，对于这一议题，常人方法学者的确提供了一个有趣的、实际上也是激进的取向，即将这一议题消解掉并且指出微观和宏观实际上是同一件事情！当然，处理微观—宏观议题的方法之一就是拒绝分离这两个层面，并将其视为同一过程中的两个部分。

总　结

本章讨论了社会学和社会理论中一个十分独特的类别——常人方法学。常人方法学是针对社会普通成员为了应对日常生活所采纳的实践而进行的研究。该理论认为大众通过各种技巧性的实践来成就其日常生活。随着时间的流逝，常人方法学日益变得丰富多元。常人方法学的两个重要分支是制度研究和对话分析。

我们审视了常人方法学早期的几个研究案例，包括"破坏试验"以及加芬克尔著名的关于艾格尼丝及"她"如何成功转变为女性（即使她实际上是"他"）的研究。这一章的一大部分都被用来讨论常人方法学的核心——有关对话和制度的研究。有关对话的研究包括了对人们如何知道什么时候该笑、该鼓掌及发出嘘声的研究。我们还讨论了几种制度研究，其中包括一项针对调解听证过程中争端解决方式的研究。

常人方法学倾向于严厉地批判主流社会学。例如，该派别的学者认为主流社会学家将其对社会现实的理解强加给大众而并未对人们的实际行为做出研究。主流社会学家通过将他们的概念强加于人、运用统计学等多种方式扭曲了社会世界。后者的错误还包括混淆了主题和资源——就是说，日常世界本应成为研究主题，却被当成了资源。

常人方法学内部存在各种压力和张力，诸如社会学主流思想一直以来对它的拒斥，抨击它丢掉了认知过程这一视角的指责，它在解释社会结构时的明显不足，原初激进特性的丧失，以及常人方法学和对话分析之间的紧张关系等。本章最后讨论了常人方法学内部理论整合和综合的工作。最后要指出的是，始终有一些学者认为常人方法学与其他社会学理论是不能兼容的。

第八章
交换、网络和理性选择理论

本章概要

　　交换理论
　　网络理论
　　网络交换理论
　　理性选择理论

　　本章将着重介绍三种相互关联的理论——交换理论、理性选择理论和网络理论。理性选择理论是影响交换理论发展的思想源头之一,对后一理论中假设存在理性行动者的倾向影响尤深。然而,尽管当代交换理论持续表现出受到了理性选择理论的影响,但它也汲取了其他学术流派的营养,并发展出一系列独具特色的理论方向。可以说,当代交换理论和理性选择理论已渐行渐远。二者的根本差异之一是理性选择理论强调个体决策,而交换理论的基本分析单元却是社会关系。近年来,交换理论学者对社会关系网络投入越来越多的注意力,这便为他们建立了与网络理论的联系。网络理论否定人类行动者具有理性的假设,但与理性选择理论有相当多的共通之处(Mizruchi,1994)。总而言之,与前两章所讨论的理论不同的是,本章介绍的理论都具有实证主义的倾向。

交换理论

　　跟随莫尔姆和库克(Molm and Cook,1995;Lovaglia,2007;Cook and Rice,2005,2001)的讨论,我们从交换理论的行为主义理论根源入手,对其发展历史做一次整体回顾。

行为主义

　　行为主义在心理学领域广为人知,在社会学领域则对行为社会学产生了直接影响

（Bushell and Burgess，1969；Baldwin and Baldwin，1986）以及对交换理论尤其显著的间接影响（Molm，2005a）。行为社会学家关注的是一种关系，即行动者的行为对环境的影响及环境对行动者之后行为的影响这两者的关系。这种关系是**操作性条件反射**（operant conditioning）或"行为根据其后果受到修正"的学习过程的基础（Baldwin and Baldwin，1986：6）。人们大多认为这种行为是随机的，至少对于婴儿阶段来说是这样。但是，行为所处的环境，无论是社会的或者物理的，都受到行为的影响，并且会以不同的方式"行动"回去。这种（积极、消极或中立）的回应会影响行动者的后续行为。如果回应对行动者是有益的，同样的行为在未来相似的情境下很可能再度出现。如果回应对于行动者来说是痛苦或惩罚性的，那么此种行为在未来发生的可能性则较低。行为社会学家感兴趣的是环境回应或行为后果的**演变历史**与当下行为性质之间的关系。行为在过去造成的后果支配着它目前的状态。通过了解在过去是什么引发了某种特定行为，我们可以预测在目前的情境下行动者是否将进行同样的行为。

行为主义者最感兴趣的是报酬（或强化刺激）和代价（或惩罚）。报酬根据它增强（或强化）行为的能力来界定，而代价降低了行为发生的可能性。我们在后文将会讨论到，行为主义乃至报酬和代价的思想有力地影响了早期的交换理论。

理性选择理论

理性选择理论的基本原则源自新古典主义经济学（以及功利主义和博弈论；Simpson 2007；Levi et al.，1990；Lindenberg，2001）。基于一系列不同类型的模型，德布拉·弗里德曼和迈克尔·赫克特（Debra Friedman and Michael Hechter，1988）组合出一个被其称之为理性选择理论"骨架"的模型。

理性选择理论的焦点在于行动者。行动者被认为是有目的或倾向性的。也即，行动者具有行动指向的目的或目标。该理论还认为行动者具有偏好（或价值观、效用）。理性选择理论并不关注这些偏好或其来源是什么，重要的是，采取行动是为了达成与行动者偏好等级相一致的目标。

理性选择理论始于行动者的目的或意图，然而它不得不考虑行动中至少有两大约束。首先是资源的稀缺。行动者的资源不同，并且从不同的途径获得资源。对那些拥有较多资源的行动者来说，目标的实现或许会相对容易。然而，对于那些较少或没有资源的行动者而言，目标的实现则十分困难，或根本没有可能。

与资源稀缺有关的是**机会成本**这一概念（D. Friedman and Hechter，1988：202）。在追求既定目标时，行动者始终关注放弃次优行动的成本。当行动者的资源稀少、实现目标的可能性很渺茫，以及实现这一目标可能会危及其实现次优目标的可能性时，行动者很可能不会去追求最高价值的目标。行动者力图实现利益的最大化[①]，而这一目标需要评

[①] 尽管当代理性选择理论学者意识到存在对利益最大化之意图和能力的限制（Heckathom，1997）。

乔治·霍曼斯小传

成为一名社会学家其实对我来说纯属偶然，我在其他出版物中也提过此事。[如欲了解霍曼斯的完整自传，参见 Homans，1984。] 我持续从事社会学的工作始于1933年，即我与哈佛商学院的劳伦斯·亨德森（Lawrence Henderson）和埃尔顿·梅奥（Elton Mayo）教授建立交流之后。亨德森作为生物化学家，正在研究工业工作的心理学特征；而梅奥在以心理学家的身份研究人的因素。梅奥后来成为芝加哥西电公司著名的霍桑工厂中那些广为人知的研究的负责人。

我参加了一个梅奥指导下的阅读与讨论课程。梅奥要求学生们在阅读著作时，一定要读几本由著名社会人类学家撰写的著作，特别是马林诺夫斯基、拉德克利夫-布朗以及弗思的著作。梅奥希望我们通过阅读这些书了解在与现代社会不同的原始社会里，社会仪式如何支持生产性的工作。

我对这些著作产生兴趣却是由于完全不同的原因。在那一时期，文化人类学者在知识界处于主导地位，我在这个阅读小组中的朋友，如克莱德·克鲁克洪（Clyde Kluckhohn）等人，坚持认为每一种文化都是独特的。而我则从自己的阅读中感知到原始社会中的某些制度在一些时空隔绝、人类社会无法相互借鉴这些制度的地方反复地出现了。文化并非独特的，甚至可以说，只有人性在全世界都是相同的这一假设才能解释文化的相似性。不同人种的社会成员在相似环境下的工作，各自独立地创造出了相似的制度。这在当时并不是被广为接受的观点。我也不确定今天人们是否能够接受它。

这个时候，我接触到一批针对现代社会或原始社会中小群体的具体研究或"田野"研究。在"二战"期间应召进入海军现役时，我一边怅望大海，一边反复思考了这些素材。我突然想到大量的这类研究也许都是用彼此互通的概念来描述的。接下来的好几天，我据此勾勒出一个概念框架。

战后，我回到哈佛获得一份终身教职，并开始撰写一本著作，希望将我的概念框架应用到受到质疑的那些研究上，这本著作即后来的《人类群体》（The Human Group, 1951）。在写作过程中，我想到概念框架仅在一门科学创始时才是有用的。下一步需要的是将概念相互联结的一些命题。在《人类群体》里，我陈述了大量此类假设，看起来都能很好地适应我所选择的群体。

我与塔尔科特·帕森斯教授相识时间不短，现在在社会关系系内更有近距离的接触。社会学学界公认他为界内顶尖的理论学者。但我认为他所称之为理论的仅是一些概念框架，一个理论至少要包含一些命题，否则我们是不能将其称为理论的。在阅读了几本有关科学哲学的著作之后，我越来越坚信我的观点是正确的。

> 一个理论仅包含命题，仍是不够的。针对某一现象的理论就是对它的阐释。这种阐释包括揭示一个以上的通用性等级较低的命题在逻辑上遵循等级较高的命题，后者可应用于被冠之以各种称谓的既定条件或边界条件（参数）。在一本小书《社会科学的本质》（*The Nature of Social Sciences*，1967）里，我陈述了自己就这一问题的立场。
>
> 我接着追问自己，我应当用什么样的一般性命题来解释我在《人类群体》中所讨论的经验假设，以及后来我在阅读社会心理学田野和试验研究时感兴趣的其他假设。一般性命题必须要满足一个条件：正如我最初的想法一样，它们应该能同时应用于人类个体和所有种群的所有成员。
>
> 此类命题其实已经存在——幸运的是，我不用自己去创设它们。我的老朋友斯金纳（B. F. Skinner）及其他人已经从行为心理学角度讨论过这些命题。这些命题能够很好地适应在自然环境下单独行动及与他人互动的人。在《社会行为》（*Social Behavior*，1961年版以及1974年的修订版）一书中，我试着用这些命题解释，在适当的既定条件下，相对持久的社会结构如何从个体行为中产生并得以维持，尽管创造结构并不一定是个体的初衷。我认为这是社会学的核心问题。
>
> 一旦结构被创造出来，它们就会对参与其中或即将与之产生关联的个人行为产生进一步的影响。我们用来解释结构最初产生和得以维持的那些命题，同样可以解释这些进一步的影响。这些结构仅仅提供了足以应用这些假设的、新的既定环境。我的社会学理解从根本上仍然是个体性的，而非集体性的。
>
> 霍曼斯逝世于1989年。如欲了解霍曼斯的生平传略，参见贝尔（Bell，1992）。也可参见法拉罗（Fararo，2007）和莫尔姆（Molm，2005b）。

估以下两者的关系，即实现首要目标的机会与它的实现对达成次优目标机会的影响。

个体行动约束的第二个来源是社会制度。正如弗里德曼和赫克特（Friedman and Hechter）所指出的，个体一般来说会：

> 发现从生到死，他或她的行动都受到家庭与学校的规则、法律和条例、公司政策、教堂（或犹太会堂、清真寺）的教规，以及医院和殡仪馆制度等的监查。通过限制个体行动的可行范围，这一游戏的强制规则——包括规范、法律、日程和投票规则等——会对社会后果产生系统性的影响。
>
> （D. Friedman and Hechter，1988：202）

这些制度约束对行动构成或积极或消极的限制，鼓励其中的一些而阻碍另一些。

弗里德曼和赫克特还介绍了另外两种思想，在他们看来它们亦是理性选择理论的基石。一是聚合机制或"独立的个体行动通过结合产生社会后果"的过程（D. Friedman and Hechter，1988：203），二是进行理性选择时信息的重要性。理论界一度认为行动者拥有完善或至少足够充分的信息，因而可以在开放的不同行动方案之间做出有目的性的选择。然而，人们日益认识到有效信息的数量和质量变化极大，这种可变性对行动者的选择构成了深刻的影响（Heckathorn，1997）。

至少在早期的成形阶段，交换理论曾受到一种尚不完善的理性理论的影响。在本章后文介绍理性选择理论时，我们还会讨论到更多与其相关的复杂性。

乔治·霍曼斯的交换理论

乔治·霍曼斯的交换理论核心是一系列基本的命题。尽管某些假设要应用于两个以上互动的个体，但霍曼斯谨慎地指出这些命题乃是基于心理学的原理。霍曼斯将其归结为心理学范畴是根据以下两个理由：第一，"这些假设往往由自认为是心理学家的学者提出并从经验上进行过验证"（Homans，1967：39-40）；第二，更为重要的是它们选择研究社会个体的层面——它们是关于个体行为而非群体或社会的命题，而**以人类身份出现的人类行为**一般来说被认为隶属心理学范畴（Homans，1967：40；黑体为本书所加）。由于这些假设，霍曼斯也承认自己是"人们所称呼的——及令人厌恶的——心理学的还原论者"（1974：12）。对于霍曼斯而言，还原主义乃是"展现某一特定科学（在此指社会学）的命题在逻辑上如何遵循另一特定科学（在此指心理学）之更为一般性命题的过程"（1984：338）。

霍曼斯为他理论中的心理学原理做出了解释，但他并不认为个体是孤立的。他承认人们是社会性的，而且用大把时间与他人进行互动。他试图用心理学原理来解释社会行为，"（霍曼斯的）立场假定，心理学的一般命题，即有关人类行为后果之影响的命题，并不会因行为结果来自于他人而非自然环境而改变"（Homans，1967：59）。霍曼斯并不否认涂尔干的立场，即有新的事物从互动中涌现出来。相反，霍曼斯认为这些涌现的属性可以由心理学原理获得解释，没有必要用新的社会学命题来解释社会事实。霍曼斯用社会学的一个基础概念——规范——来阐释这一观点：

> 社会事实的一个好的范例即为社会规范，群体规范对更多群体成员个体的行为一致性进行约束。问题并不在于约束的存在，而在于对它的解释……规范并不会自动地产生约束：个体对规范的遵从乃是由于感知到遵从规范符合其净利益（net advantage），而正是心理学在讨论这种可感知的利益对行为的影响。
>
> （Homans，1967：60）

霍曼斯详细介绍了一个"把人带回（到）"社会学的项目，然而他也试图发展一种聚焦于心理学、人类以及"社会生活基本形式"的理论。霍曼斯认为，这一理论"将社会**行为**设想为行为交换，是两个以上的个体之间可见或不可见的、具有程度不等的报酬抑或代价的行为交换"（1961：13；黑体为本书所加）。

霍曼斯试图通过心理学的原理来解释纺织工业中由能源驱动的机器化的出现以及由此而来的工业革命，即人们之所以采取这种行动方式，是为了增加他们的回报。在更为一般的意义上，霍曼斯在其发展的交换理论中寻求根据报酬和代价来解释基本的社会行为。被霍曼斯称为"同事和朋友"的帕森斯的结构功能理论在一定程度上启发了他。霍曼斯认为这一理论"无处不是优点，除了它试图容纳一切之外"（Homans，1961：10）。对于霍曼斯而言，结构功能主义者只是创造了一些概念范畴和框架。霍曼斯承认科学的社会学需要这样的范畴，但是社会学"也需要一系列在各范畴之间建立关系的一般命题，因为缺失这样的命题解释就是不可实现的。没有命题就没有解释！"（1974：10）霍曼斯认为自己应当承担发展这些强调心理层面之命题的任务。这就是交换理论建立的基础。

在《社会行为：它的基本形式》（*Social Behavior: Its Elementary Forms*，1961，1974）一书[①]中，霍曼斯承认他的交换理论源于行为心理学和基础经济学（理性选择理论）。事实上，霍曼斯（1984）对把他的理论标示为"交换理论"表示遗憾，因为他认为它其实是行为心理学在特定情境中的应用。霍曼斯的讨论从行为主义范式的代表人物斯金纳开始，具体来说，是从斯金纳对鸽子的研究开始[②]：

> 那么，假设实验室的笼子里有一只初生的幼鸽。它用来探索外部环境的一项本能行为是啄食。当鸽子在笼子里踱步啄食时，它不小心碰到了一个圆形的红色目标物，这时在一旁等待的心理学家或一台自动机器会向它投喂谷物。所发现的证据乃是鸽子再次进行同样行为的可能性——即它不仅啄而且啄向目标物——增加了。根据斯金纳的术语，鸽子啄向目标物的行为是一种**操作性反应**（operant）；这一操作性反应是一种**强化刺激**（reinforcer）；谷物也是一种**强化刺激**；鸽子受到**操作性条件反射**（operant conditioning）的影响。如果用日常生活中的英语来描述，我们会说这是鸽子因获得该种行为的报酬而学习了啄向目标物。
>
> （Homans，1961：18）

[①] 在后文的讨论中，我会用到霍曼斯此书的两个版本。我不希望将自己限于修订版，因为第一版在许多方面更为清楚地反映了霍曼斯的立场。实际上，在修订版的序言中，霍曼斯表示，尽管第二版做了全面的修订，但是他并没有"改变其基本论证的实质"（Homans，1974：v）。因此，我觉得同时讨论两个版本是可行的。

[②] 斯金纳也对包括人类在内的其他物种进行了研究。

斯金纳在这个案例中感兴趣的是鸽子，而霍曼斯的关注点是人。霍曼斯认为在斯金纳的鸽子与心理学家之间不存在真正的交换关系。鸽子参与的是单向的交换关系，而人类的交换则至少是双向的。鸽子受到谷物的强化刺激，但心理学家不会被鸽子的啄食所强化。鸽子与心理学家的关系与它与自然环境的关系并无差异。这里并不存在互惠性，因此霍曼斯将其界定为**个体行为**。霍曼斯似乎将这类行为研究交给了心理学家，鉴于他促请社会学家去研究社会行为，"其中至少包含两个动物的行为，其中一个会强化（或惩罚）另一个的行为，两者会相应地互相影响"（1961：30）。然而，重要的是，霍曼斯认为，相对于个体行为而言，这里**并不需要新的命题**来解释社会行为。只要我们将相互强化的复杂性考虑进去，斯金纳在对鸽子的研究中发展出来的个体行为法则就可以用来解释社会行为。霍曼斯承认他也许最终必须超越斯金纳所发展的原则，但这只是出于无奈的做法。

就理论工作而言，霍曼斯将自己限于对日常社会互动的研究。显然，他相信一门社会学基于他所提出的原则足以解释所有的社会行为。下面就是一个霍曼斯所感兴趣的交换关系的例子：

> 假设有两个人在一间办公室里做行政工作。根据办公室的规定，每个人应该单独完成自己的工作，需要帮助的人应当咨询他的上司。其中的一个人——可称其为"个人"——对手头工作并不熟悉，如果他能够不时获得帮助则可以工作得更有效率。尽管有这样的规定，"个人"却不太情愿去打扰上司，因为这样会显得他能力不足而影响升迁。相反，他去寻求另一个人的帮助，为简便起见，我们可以称这个人为"他人"。"他人"比"个人"在工作上更有经验，可以把工作做得又快又好，节省出一些时间休息。而且，他有理由认为上司并不会跑过来检查谁违反了规定。"他人"于是帮助了"个人"，作为回报，"个人"向"他人"表示感谢以及赞赏。两个人交换了帮助和赞赏。
>
> （Homans，1961：31—32）

通过对此类情境的关注，同时基于斯金纳的发现，霍曼斯发展出以下命题。

成功命题

> 对于人们所采取的一切行动来说，一个人的某个具体行动得到的报酬越多，那么这个人越有可能采取这一行动。
>
> （Homans，1974：16）

根据霍曼斯办公室情境中个人—他人的案例，这一命题意指如果一个人过去曾因有用的建议获得报酬，那么他或她就有更大的可能向他人寻求建议。进而，如果一个人过去获得有用的建议越多，那么他或她就将更频繁地寻求更多的建议。同理，如果他人过去经常因提供建议而获得回报,那么他或她将更乐于以及更频繁地给出建议。一般而言,符合成功命题的行为包含三个阶段:首先是某个人的行动;其次是一种有回报的结果;最后是重复初始行动或至少在某些方面与之相似的行动。

霍曼斯指出了关于成功命题的一些值得注意的事项。首先,尽管总体而言,越来越频繁出现的报酬会引发越来越频繁的行动,但这种交换不能无限地持续下去。在某些时点,个体就是没有办法以这种方式频繁地行动。其次,行为和报酬之间的间隔越短,一个人越有可能重复该行为。相应地,行为和报酬之间的间隔时间若太长,则降低重复该行为的可能性。最后,霍曼斯指出间或的报酬比定期的报酬更有可能引起行为的重复。定期的报酬容易导致厌腻和倦怠,而不定期的报酬(正如赌博)则很可能引起行为重复。

刺激命题

> 如果某种或某些特定的刺激是一个人过去之行动获得报酬的理由,那么当之后出现的刺激与当时的刺激越相似时,这个人越可能采取该行动或某些相似的行动。
>
> (Homans,1974:23)

我们再回到霍曼斯的办公室的案例:如果,之前,"个人"和"他人"看到了给出及获得建议是有报酬的,他们很可能在之后的类似情境中采取相似的行动。霍曼斯还举了一个更加贴近实际的例子:"如果一个渔民曾经在阴暗的池塘里钓到一条鱼,那么他就更倾向于再次到阴暗的池塘里去钓鱼。"(1974:23)

霍曼斯对**泛化**(generalization)的过程很感兴趣,也即,将行为扩展到类似环境中的趋势。在钓鱼的案例里,泛化过程一方面是指将在阴暗池塘里钓鱼扩展到在任意明暗度的水池里钓鱼。同时,钓到鱼的成功可能使得某种钓鱼方式扩展至另一种方式(如从淡水域扩展到海水域),甚至从钓鱼扩展到打猎。**分化**(discrimination)的过程也很重要。也即,行动者也许只是在过去被证明是成功的某个特定的情况下才能钓到鱼。首先,如果导致成功发生的条件过于复杂,那么类似的条件就可能不会对行为产生刺激。其次,如果关键性刺激与所需的行为相距太久,它就不太能在实际上对该行为产生激励。如果某些刺激对行动者非常有价值,行动者也可能对刺激的反应变得特别敏感。事实上,行动者会持续对无关的刺激产生反应,直至反复的失败使他改变。上述一切都可因个体对刺激的敏锐度和关注度而受到影响。

价值命题

> 一个人行动的结果对他来说越有价值,则这个人越有可能进行这一行动。
>
> (Homans,1974:25)

在办公室这个案例里，如果一个人提供给另一人的报酬被认为是有价值的，那么相较只能获得无价值的报酬而言，行动者更有可能做出被期待的行为。在这一点上，霍曼斯引入了报酬和惩罚的概念。报酬是附有积极价值的行动，报酬的增加提高了引致所期望的行为的可能性。惩罚则是附有消极价值的行动，惩罚的增加意味着行动者更少可能从事不被期望的行为。霍曼斯发现，惩罚对于改变人们的行为来说是一个无效率的手段，因为人们可能会以不可取的方式来回应惩罚。简单来说，更好的方式就是不去报酬那些不可取的行为。如此一来，不可取的行为最终会被消除。报酬的方式显然更可取，但是可能存在报酬供给不足的问题。霍曼斯还明确指出他提出的不是一种享乐主义理论，这里的报酬既可能是物质性的（如金钱），也可能是利他性的（如帮助他人）。

剥夺—厌腻命题

> 一个人在近期越经常获得某种特定的报酬，则这种报酬对他来说越没有价值。
>
> （Homans，1974：29）

在办公室里，"个人"和"他人"可能经常因给出或获得建议相互报酬，以至于这种报酬对他们来说不再具有价值。在这里，时间很重要。如果特定的报酬被延伸至较长的一个时段内，人们就不太可能对报酬感到厌腻。

在这一点上，霍曼斯定义了另外两个重要的概念：成本和利益。行为的**成本**（cost）被定义为在放弃其他行动方向时失去的报酬。社会交换中的**利益**（profit）被视作付出成本后所获得的更大的回报。后者使霍夫曼将剥夺—厌腻命题重新调整为"一个人由于其行动所获的利益越多，就越有可能实施这一行动"（1974：31）。

攻击—赞同命题

> 命题 A：当一个人的行动没有获得他所期待的报酬，或者受到他意料之外的惩罚，他会为此愤怒，有更大可能实施攻击行为，而且攻击行为的后果对他而言将更有价值。
>
> （Homans，1974：37）

在办公室的案例里，如果"个人"没有获得他或她所期待的建议，而"他人"也没有得到他或她所期待的赞扬的话，双方都有可能变得愤怒[①]。我们很惊讶在霍曼斯的理论中看

---

① 霍曼斯在修订版中将其改称为"分配正义定律"，但他在第一版中对这一概念的阐述更为详尽。**分配正义**指报酬和成本是否被公平地分配在参与个体中间。事实上，霍曼斯最初将其看作一个命题："对于一个人的劣势而言，分配正义的规则越不能得到实现，那么他越有可能展现一种我们称之为愤怒的情绪性行为。"（1961：75）

到挫折和愤怒的概念，它们看起来指向的是精神状态。实际上，霍曼斯也承认："当一个人没有得到他所期待的事物，据说他会陷入沮丧。行为主义的纯化论者根本不会涉及'期待'（expectation），因为这个词似乎指向……一种精神状态。"（1974：31）霍曼斯接下来指出，因此种期待带来的挫折并**不一定**仅仅指一种内在状态，它也可以指代"完全的外部事件"，可以由个人或局外人观察得到。

有关攻击—赞同的命题A仅仅涉及消极情绪，而命题B则更多地关乎积极情绪：

> 命题B：当一个人的行动获得了期待中的报酬，特别是比他所预期的更大的报酬，又或者没有受到他所预期的惩罚时，他会很高兴，将更有可能从事受到赞同的行为，而且这种行为的结果对他来说将更有价值。

（Homans，1974：39）

比如，在办公室里，当"个人"获得他或她所期待的建议，以及"他人"获得他或她所期待的赞扬时，双方都会很高兴并且更有可能获得或给出建议。此时建议和赞扬对每个人来说都有更高的价值。

理性命题

> 在从众多替代行动中进行选择时，一个人将会用他在当时认知的行为结果的价值V乘以获得这一结果的可能性p，并从中选择得值更大者。

（Homans，1974：43）

早期各个命题在很大程度上源于行为主义，而理性命题最为清晰地显示理性选择理论对霍曼斯理论取向的影响。用经济学的术语来说，根据理性命题而行动的行动者在最大化他们的效用。

一般来说，人们会审视和计算向其开放的各种可能的行动。他们比较与每个行动过程相关的报酬数，也会计算他们实际上获得报酬的可能性。如果行动者认为获得的可能性很低，高价值的报酬将会贬值。相反，如果人们认为获得的可能性很高的话，较低价值的报酬将会升值。因此，在报酬的价值和获得它的可能性之间存在着互动。最可取的报酬是价值很高**又**具有高度可获得性的报酬。最不可取的报酬则是既没有价值又不太可能获得的报酬。

霍曼斯将理性命题与成功、刺激和价值等命题相联系。理性命题告诉我们人们是否实施某一行动取决于他们对成功机会的认知。但是，是什么决定着这种认知呢？霍曼斯认为，对成功机会高或低的感知乃是由过去的成功以及当下情境与过去获得成功的情境之间的相似性所形塑的。理性命题没有告诉我们为什么一个行动者认为某种报酬相对于另一种来说更有价值，为此我们需要关于价值的命题。以这些方式，霍曼斯将理性原则与其理论中更倾向于行为主义的命题联系到一起。

最后，霍曼斯的理论可以被浓缩成一种将行动者视作理性利益寻求者的观点。但是，霍曼斯的理论不太擅长于阐释精神状态（Abrahamsson，1970；Mitchell，1978）和大规模结构（Ekeh，1974）。例如，就意识而言，霍曼斯承认需要一种"更加充分发展的心理学"（1974：45）。

尽管存在一些缺点，但霍曼斯仍然是一位坚持在个体行为层面进行研究的行为主义者。他认为我们如果充分地理解了基本的社会行为，就可以理解大规模的结构。霍曼斯承认在社会层面上"基本交换过程的组合方式更加复杂"（Homans，1974：358），但他仍主张个体和社会层面的交换过程是"一致"的。

彼得·布劳的交换理论

彼得·布劳（1964）的目标是"基于对主导个体及群体二者关系的社会过程进行分析来理解社会结构。基本的问题……是社会生活如何组织成人们之间日益复杂的相互联系的结构"（1964：2）。布劳试图超越霍曼斯对社会生活基本形式的关注，进入对复杂结构的分析，"研究面对面互动过程主要的社会学目的乃是为理解进化中的社会结构及足以标志其发展的、正在显露的社会力量奠定基础"（1964：13）。[①]

布劳着重于讨论交换的过程，在他看来，交换引导着大部分的人类行为，并且是个体之间及群体之间关系的基础。实际上，布劳构想出从人际交换到社会结构再到社会变化的四个阶段：

阶段1：人与人之间的人际交换交易产生了……

阶段2：地位和权利的分化，导致……

阶段3：合法化和组织化成为……形成的基础

阶段4：反抗与变化

从微观到宏观

在个体层面，布劳与霍曼斯的兴趣点比较相似。布劳的社会交换概念限于具有偶变的、取决于他人报酬反应的行动——当期待的回应没有发生时，这些行动也便停止了。人们由于各种促使他们建立社会联系的原因而相互吸引。一旦初始的连接形成，人们相互提供的报酬就可维持并增强这种纽带。相反的情况也有可能发生：如果没有足够的报酬，联系将可能弱化或中断。用于交换的报酬可能是内在性的（如爱、亲昵、尊重）或

[①] 值得指出的是，布劳（1987）已经不再接受在微观基础上建立宏观理论的观点。

> ### 彼得·布劳小传
>
> 彼得·布劳于1918年2月7日出生于奥地利维也纳。他在1939年移民到美国并于1943年成为美国公民。1942年，他在不太起眼的伊利诺伊州艾姆赫斯特学院获得了学士学位。"二战"的爆发中断了他的学业，他投笔从戎并被授予青铜星奖章（Bronze Star）。"二战"后，他回到学校继续学习，于1952年在哥伦比亚大学获得博士学位（Bienenstock，2005）。
>
> 最初，布劳在社会学界因对正规组织的研究贡献而受到广泛认可。在该细分领域，他对于组织的实证研究以及有关正规组织的教材至今仍被广为引用。布劳在2002年逝世之前一直笔耕不辍。他与邓肯（Otis Dudley Duncan）合著的《美国的职业结构》（*The American Occupational Structure*，1967）于1968年获得了美国社会学协会所颁发的索罗金奖（Sorokin Award）。该书对于社会分层的社会学研究而言是非常重大的贡献。
>
> 布劳因一系列的著作而得享盛名，但我们在这里更感兴趣的是他对于社会学理论的贡献。布劳的独特之处在于他对两种极为不同的理论取向都做出了重要贡献。他于1964年出版的《社会生活中的交换与权力》（*Exchange and Power in Social Life*）一书是当代交换理论的重要构成之一。布劳的主要贡献在于接受了以小规模交换理论为主的研究，并力图将它应用于大规模的议题。尽管他的理论仍存在一些显著的不足，但它代表着一种重要的理论上的努力，即试图整合大规模和小规模的社会学议题。布劳还是结构理论领域的前沿人物。他在担任美国社会学协会主席期间（1973—1974），将结构理论作为年度会议的主题。他在阐明和扩展结构理论这一方向上著述颇丰。他在这一领域的晚期著作包括《机会的结构脉络》（*Structural Contexts of Opportunities*，1994）以及《横切社会圈子》第二版（*Crosscutting Social Circles*，Blau and Schwartz，1997）。
>
> 彼得·布劳于2002年3月12日逝世。

外在性的（如金钱和劳动）。交换双方的相互报酬并不一定总是平等的；当交换不平等的情况出现时，权力的差异即从联系内部生发出来。

当一方需要另一方的某种物品却没有相对应的东西作为交换时，有四种可能性会出现。首先，人们可以强迫他人来帮助自己。其次，他们找得到满足所需的替代来源。第三，他们试图自我调整而放弃从他人那里获取所需。最后，也是最重要的，即一方服从另一方并因此在双方关系中给予另一方"一般化信用"（generalized credit），而当另一方需要对方做什么事情时，他们便可以使用这一信用。（当然，最后一种可能性乃是权力的基本特征。）

到目前为止，布劳的理论立场仍与霍曼斯十分接近，然而，布劳继续将他的理论扩展到社会事实的层面。例如，布劳指出我们不应分离对社会互动的过程分析与包含着它们的社会结构分析。社会结构从社会互动中生发，它一旦形成便成为影响互动过程的独立存在。

社会互动首先存在于社会群体内部。当人们感到某个群体的社会关系可以比其他群体提供更多的报酬时，他们就受到了它的吸引。他们一旦受到吸引，就渴望加入这一群体。而为了加入群体，他们必须向群体成员提供报酬，其中包括让该群体之成员形成一种与新人建立联系可得到报酬的印象。当群体成员形成这种印象或说获得所期待的报酬时，新成员与群体成员的关系将被固化。新成员试图影响群体成员的努力一般来说会导致群体凝聚力的增加，但如果有太多的人积极寻求以提供报酬的能力来彼此影响，竞争以及最终的社会分化就会产生。

这里的悖论在于，虽然具有影响力的群体成员可能是有吸引力的伙伴，但他们的影响力也会在其他成员之中引发有关依赖性的担心，使得其他成员不太情愿承认这类成员的吸引力。在群体形成的早期阶段，群体成员之间对社会认可度的竞争，实际上是发现潜在群体领袖的筛选测试。最有能力提供报酬的人最有可能获得领袖的位置，而没有能力提供报酬的群体成员希望继续获得潜在领袖的报酬，这实际上是对他们担心依赖他人的一种补偿。最终，拥有提供更多报酬能力的个体浮现出来而成为领导人，群体随之分化。

群体将不可避免地分化为领导者和服从者，这提出了群体整合的新的需求。一旦服从者认可了领导人的地位，他们会产生更强烈的整合需求。之前，服从者炫耀他们最具影响力的特质，而现在为了实现与其他服从者的整合，他们转而展示自己的弱点。这实际上是公开宣称他们不再想成为领袖。自我贬抑会导致其他陪跑者的同情和认可。领袖（们）在这时也会进行某种自我贬抑以提高整体的群体整合。领导人承认服从者在某些方面具有优势，从而降低了服从所带来的痛苦，同时表明他或她并不想要控制群体生活的每个方面。在群体身份出现了新的分化之后，上述几种力量有助于群体的再整合。

上述一切都让人回想起霍曼斯对交换理论的讨论。不过，布劳跨入了社会层面，而且区分了社会组织的两种类型。交换理论家以及行为主义社会学家同样认识到社会组织的形成，但是正如即将讨论到的，在这个问题上，布劳与"更为纯粹"的社会行为主义者具有根本的差异。第一种类型的社会组织是从前文所讨论的交换及竞争过程中浮现出来的，布劳认为它体现了社会群体的涌现特征。第二种类型的社会组织不是涌现的，它的建立很清楚是为了实现某些具体目标——比如为获得利润而制造物品、参加保龄球比赛、参与集体谈判、获得政治成功等。在讨论这两种类型的组织时，布劳显然超越了社会行为主义者最感兴趣的"社会行为基本形式"。

除了关注这两种类型的组织之外，布劳对它们内部的亚群体也很感兴趣。举例来说，他强调说在两类组织中都存在领导群体和反抗群体。在第一种类型里，领导群体与反抗群体在互动过程中形成。在第二种类型里，二者被嵌入组织结构之中。无论在哪种类型中，群体的分化都是不可避免的，它为领袖与服从者在组织内部的对立和冲突奠定了基础。

在超越霍曼斯的社会行为基本形式而进入对丛社会结构（plex social structures）的分析之后，布劳意识到他必须将交换理论应用于社会层面。布劳认同小群体和大集体之间存在基本差异，而霍曼斯则在根据心理学基本原理来解释一切社会行为的努力中试图淡化这种差异。

> 大集体中的复杂社会结构特征与小群体较为简单的结构具有根本的差异。在小群体中，社会关系的结构从成员之间的社会互动过程中发展出来。鉴于在大的社群或社会整体中大多数成员并没有直接的互动，某些其他形式的机制必须在调节成员之间的关系结构时发挥作用。
>
> （Blau，1964：253）

我们需要对上述表达做进一步的审视。一方面，显然布劳认为社会行为主义作为一种范式并不足以处理复杂的社会结构（参见附录）。另一方面，他也将社会—释义论者（social-definitionlist）的范式排除在外，因为他认为社会互动及与之相伴随的社会释义在大规模的组织中不会直接出现。因此，尽管以社会行为范式为起点，但布劳在处理更为复杂的社会结构时接受的却是社会—事实范式。

规范和价值

对于布劳而言，在复杂社会结构之间进行协调的机制就是存在于社会中的规范和价值（即价值共识）：

> 共同认可的价值和规范乃是社会生活的中介，并且是社会事务的居中连接。它们使间接的社会交换得以实现，并主导着复杂社会结构中社会整合与分化的过程，以及这些过程中的社会组织和再组织的发展。
>
> （Blau，1964：255）

另外一些机制也起到了调节社会结构的作用，但布劳更专注于价值共识机制。布劳最初关注的是社会规范，进而认为它们使得间接交换替代了直接交换。组织成员遵从组织规范，为这种遵从行为获得赞赏，同时还因为该行为有利于组织的维持、稳定而得到隐性的赞赏。换句话说，群体（集体）与个体之间存在的是一种交换关系。布劳用大量案例来说明集体—个体交换对个体—个体交换的替代：

> 后勤官员不会为了交换报酬而协助管理人员，但是提供这种帮助乃是后勤官员的官方责任，他从公司那里获得财务补贴作为执行这些职责的回报。
>
> 组织化的慈善事业是间接社会交换的另一个案例。传统的慈善救助是指一些慷慨的女士将慈善物品直接送到穷人手上，并获得他们的感激，而在当代组织化的慈善行为中，个体捐赠者和接受者之间不存在直接接触和交换。富有的商人和上层阶级遵循其社会阶层中的规范期待而进行慈善活动，以获得同侪的社会赞赏而非从其慈善行为中获益的个体的感激。
>
> （Blau，1964：260）

在布劳的构想中，规范这一概念将他引至个体和集体间交换的层面上，而价值的概念则使他转向最大规模的社会层面以及对**多个集体之间**关系的分析。布劳指出：

> 各种类型的共享价值可以被视作社会交换的中介，它通过社会空间和社会时间扩展了社会互动和社会关系之结构的范围。以有关社会价值的共识为基础，社会交换得以突破直接社会接触的限制，社会结构持续的时间也因此超越了人类的寿命。价值标准在以下两种意义上可以被认为是社会生活的媒介：价值语境（value context）是塑造社会关系形态的中介，而共享价值乃是广泛尺度上社会联系和社会交换的居中连接。
>
> （Blau，1964：263—264）

例如，**特殊主义**（particularistic）价值观是整合以及团结的中介。这一类的价值观有助于将群体成员团结在爱国主义、学校或公司的利益等主题下。可以说，在集体层面上，这些价值观与基于面对面交流而团结起多个个体的个人魅力一类的情感是类似的。可是，它们使整合的纽带不再限于单纯的人际吸引。特殊主义价值观还将内群体和外群体区分开来，并由此增强了它们的凝聚功能。

布劳的分析使得我们远离了霍曼斯版的交换理论。对霍曼斯而言极端重要的个体与个体行为，在布劳的概念框架中几乎消失了。取代个体位置的是具有广泛多样性的**社会事实**。布劳讨论的是群体、组织、集体、社会、规范和价值。布劳的分析关注的是什么使大规模的社会单位凝聚和分裂，这显然是社会事实主义（social factist）传统上的关注内容。

尽管布劳认为他只是简单地将交换理论扩展到社会层面，但在这样做的同时，他已经将交换理论扭曲得面目全非。他甚至不得不承认社会层面的交换过程与个体层面上的有着根本的不同。就扩展交换理论的努力而言，布劳只是成功地将它转换为另外一种宏观理论。布劳似乎认识到交换理论主要关注的是面对面的互动，因此，它必须要由重点关注宏观结构的其他理论取向来加以补充。布劳（1987，1994）逐渐地明确认识到这一点，他之后的工作主要关注宏观层面的结构现象。

理查德·爱默森及其追随者的工作

1962年，理查德·爱默森发表了一篇关于权力—依赖关系的重要论文，但"标志着社会交换理论发展之新阶段的开端"（Molm and Cook，1995：215；Cook and Whitmeyer，2000）的却是他在1972年发表的两篇有关联的论文（Emerson，1972a，1972b）。莫尔姆和库克认为有三个基本要素可以被视为这一新理论体系的推动力。首先，爱默森很有兴趣把交换理论看成其早期的学术兴趣——权力依赖的更广泛的理论框架。爱默森显然认为权力在交换理论视角中居于核心地位。其次，爱默森感到他可以将行为主义（操作性反应心理学）作为交换理论的基础，同时避免曾经影响霍曼斯的一些问题。首先，霍曼斯和其他交换理论学者因假定了过度理性的人类形象而受到抨击，但爱默森觉得他可以在不假设一个理性行动者的情况下运用行为主义理论。其次，爱默森相信他可以避免霍曼斯不幸落入的同义反复陷阱：

> 霍曼斯根据另一个行动者提供的强化（reinforcement）来预测个体的交换行为，但是行为上的反应以及强化在操作性反应心理学中不具有独立的意义。强化物（reinforcer）在定义上乃是一种增加或维持反应频率的刺激结果。
>
> （Molm and Cook，1995：214）

除此之外，爱默森认为他能够建立一种对宏观现象有解释力的交换理论，通过这一点就能避开（霍曼斯陶醉其中的）陷入还原主义的指控。第三，与布劳依赖规范现象来进行解释不同，爱默森希望运用"横跨不同分析层面的社会关系和社会网络"来处理社会结构和社会变化（Molm and Cook，1995：215）。爱默森体系中的行动者既可以是个体，也可以是较大型的企业结构（当然这些结构要通过代理人来运作）。由此，爱默森运用操作性反应心理学的基本原则建立了一种社会结构理论。

在1972年出版的两篇论文中，爱默森建立了其整合性质的交换理论的基础。在第一篇论文里（1972a），爱默森讨论了社会交换的心理学基础，而在第二篇论文中（1972b），他转向宏观层面、交换关系和网络结构。不久，爱默森对这种微观—宏观的连接进行了更为清晰的论述："我试图通过研究**交换网络结构**将交换理论从微观扩展到更为宏观的

理查德·爱默森小传

理查德·爱默森1925年生于犹他州盐湖城。在山区中长大的他似乎从来没有远离河流、山峰和冰川。他最骄傲的个人成就之一是1963年成功登顶珠穆朗玛峰。他在1963年12月版《登山俱乐部年度报告》(*Sierra Club Annual Bulletin*)中所发表的《跨越珠穆朗玛》一文以及1966年《计量社会学》(*Sociometry*)中的一篇论文里详细记录了这一段经历。爱默森从美国科学基金会那里获得了一项资助,对此次登山过程中在持续压力影响下的群体绩效进行研究。该项目使他获得了哈伯德奖章(Hubbard Medal),1963年7月由肯尼迪总统代表国家地理协会向其颁发(Cook,2005)。

对山峰的热爱以及巴基斯坦山区的乡村社会生活不断地给理查德·爱默森的学术生涯带来社会学的启示。他对人际行为、群体绩效、权力以及社会影响的研究时常受到他在探险队中近距离个人体验的启发,这是因为在环境的压力之下合作与竞争的强度都会激增。

"二战"期间以及在驻西欧部队任职之后,爱默森1950年从犹他大学获得了学士学位,随后又在明尼苏达大学获得了硕士(1952)与博士(1955)学位。在明尼苏达大学,他主修社会学,并辅修心理学。爱默森的博士论文题目是"在面对面群体中影响力的决定因素"。

爱默森获得的第一个学术职位在辛辛那提大学(1955—1964)。在离开辛辛那提时,爱默森写道:"我研究工作中一个反复出现的主题被浓缩在那篇关于权力—依赖关系的论文里。不过,提出这一理论显然是为了抛砖引玉而非总结过去。对于将它从理论和经验方面扩展至阶层和共同体权力结构的研究,我已有一个相对明确的计划。"他对权力—依赖关系的研究(1962)目前已经成为被广泛引用的经典,而且影响了美国社会学界大部分针对权力的当代研究。

他的另外两种观点也有极高的影响。它们首次出现在爱默森于1967年撰写的关于社会交换理论的两个章节里,后来于1972年得以出版。这一理论工作是爱默森在1965年获得华盛顿大学的教职后在那里完成的。我敢肯定,他之所以搬到西北部,是由于受到那里的瀑布美景和奥运盛会的吸引。

爱默森在华盛顿大学就职期间,他对社会学理论的影响逐渐成形,在那里他与卡伦·库克(Karen Cook)就社会交换理论的实证发展开展了长达10年(1972—1982)的合作。他们在美国国内首个进行此类研究的电算化实验室里实施了一项研究计划。该研究计划由美国科学基金会提供的三次相互衔接的资金项目支持。

在同事和学生们的记忆里,爱默森被视为一位"思想家"。通过引用爱默森

> 1960年在罗伯特·鲍温（Robert Bowen）的《新教授》（*The New Professor*）一书中所撰写的文字，我们或许能最好地刻画他个性中的这一层面。"那么，某个主题的学术（非实践性的、远离生活的）研究的价值是什么呢？人们也提出了这个问题。这一类问题很难回答，因为问这种问题的人从来不曾爬上山顶，也不曾对任何话题产生兴趣。我认为他们已经远离了生活。"
>
> *以上传记概要由卡伦·库克撰写。

分析层次"（引自Cook，1987：212）。正如爱默生最重要的继任者库克（Whitemeyer，2005a）所指出的那样，交换网络结构的思想是微观—宏观连接的核心："交换网络这一思想的运用，使理论的发展可以弥补孤立的个体或对偶组（dyads）与较大型的多个体集合或集体（如正式的群体或协会、组织、邻里社区、政党等）之间的概念鸿沟"（1987：219）[①]。

爱默森和库克二人都接受交换理论中最基本的三个微观假设，并由此着手建立自己的理论。例如，爱默森指出，"交换取向将首要的注意力放在人们从社会互动过程中获得以及贡献的利益上"（1981：31）。具体而言，爱默森接受将行为主义的原则作为他的理论起点。爱默森（1981：33）概括了交换理论的三个核心假设：

- 事件的受益人倾向于采取"理性"行动，事件的发生也遵循同一原则。
- 人们对行为最终会产生厌腻心理，这使得行为的效用逐步降低。
- 人们通过社会过程获得的收益取决于他们能够在交换中提供的好处，交换理论因此将"焦点放在**社会互动中收益**的流动"上。

尽管这些假设都似曾相识，然而爱默森在1972年的第一篇微观取向的论文的结尾处已为行为主义指向的交换理论指出了一个不同的方向："我们在本章的主要目的是将操作性反应的原则融入一个框架之中，以便使它能够处理比操作性反应心理学所面对的更为复杂的情境。"（1972a：48）

这个主题在1972年的第二篇论文中变成了开篇语："这一论文的目的是启动某种以**社会结构**为因变量之社会交换理论的建构。"（Emerson，1972b：58）在同年的第一篇论文里，爱默森关注的是与其所处环境处于某种交换关系中的单一行动者（如一个在湖边钓鱼的人），而在第二篇论文里，他转向了社会—交换关系和交换网络。

在爱默森宏观层次的交换理论中，行动者既可以是个体，也可以是集体。爱默森关

[①] 建立整合性交换理论的学者并非只有爱默森、库克（以及布劳）。参见Uehara（1990）和Willer, Markovsky, and Patton（1989）。

注行动者之间的交换关系。**交换网络**包含以下要素（Cook et al.，1983：277）：

- 存在一个个体的行动者或集体性质的行动者。
- 有价资源在行动者之间得到分配。
- 网络中所有行动者之间存在一系列的交换机会。
- 一些交换机会发展成为被实际运用的交换关系。
- 交换关系在单一的网络结构中彼此连接。

总之，"'交换网络'乃是由行动者之间两个或以上连接在一起的交换关系所形成的特定社会结构"（Cook et al.，1983：277）。

交换网络的观念将两个行动者之间的交换（对偶交换）与更宏观的现象连接起来（Yamagishi，Gillmore，and Cook，1988：835）。

每个交换关系都被嵌入一个更大的交换网络，该网络由一系列连接在一起的交换关系构成。相互连接，意味着某一关系中的交换会对另一关系中的交换产生影响。

因此，我们可以说两种二元交换关系，如A—B和A—C，当其中一种关系的交换对另一种产生影响时，就形成了一个最小的网络（A—B—C）。以A、B、C作为共同的网络成员对于一个交换网络的发展来说还不足够，即在A—B和B—C的交换之间还必须存在关系。例如，亚伯有可能与比尔就办公室政治交换信息，比尔或许与凯茜交换服务，但单单这一点不足以使它们成为交换网络，除非亚伯的信息会对比尔与凯茜之间的服务交换产生或积极或消极的影响。

积极或消极的交换连接之间存在着重大的区别（Emerson，1972b）。当一种关系中的交换积极地影响到另一种关系中的交换时，这种连接便是积极的（如，亚伯提供给比尔的信息对比尔为凯茜提供服务有帮助）；而当一种关系中的交换阻碍了另一种交换时，这种连接则是消极的（亚伯或许对比尔说了一些关于凯茜的闲言碎语，而它影响到比尔与凯茜的关系）或复合性的。

权力—依赖

爱默森将**权力**界定为"一个行动者可以诱导另一个行动者'接受的潜在成本水平'"，而**依赖**是指"一个行动者在一种关系里所接受的潜在成本水平"（1972b：64）。这些定义使爱默森发展出权力—依赖理论（Molm，2007），山岸等人（Yamagishi，Gillmore，and Cook）将其概括如下："在一种交换关系中一方对另一方的权力是他或她对另一方依赖的反函数。"（1988：837；Whitmeyer，2005b）不平等的权力和依赖导致关系的不平衡，但随着时间的发展，它将会过渡为更加平衡的权力—依赖关系。

莫尔姆和库克（Molm and Cook，1995）将依赖看成爱默森理论中的重要概念。如莫尔姆所述，"行动者的相互**依赖**是他们的互动及对于彼此的权力的结构性决定因素"（1988：109）。爱默森最初讨论这一问题的方式是这样的："行动者A对行动者B的依赖（1）与A

在受B仲裁之目标上'**有目的的投资**'成正比,而(2)与在A—B关系之外该目标对于A的**有效性**成反比。"(1962:32)因此,依赖感与爱默森对权力的界定是有关的:"A对B的权力等于而且基于B对A的依赖。"(1962:33)当A对B的依赖等于B对A的依赖时,A和B之间的关系便达到了一种平衡。如果依赖关系不平衡,较少依赖的行动者在权力上处于优势地位。因而,权力蕴含在A和B之间的**关系**结构中。权力也可以被用来从关系中获得报酬。在处于平衡状态的关系中,权力依然存在,尽管是以某种均衡状态呈现的。

权力—依赖研究以往侧重于探讨积极结果,即报酬他人的能力。不过,莫尔姆(1988,1989,1994,1997;Peterson,2005)在一系列研究中强调了权力—依赖关系的消极结果,即处罚他人之权力的运用。也即,权力既可源于提供报酬的能力,也可源于惩罚他人的能力。总体而言,莫尔姆发现惩罚权力要比报酬权力无效,部分原因是由于惩罚行为更可能导致负面的反应。这意味着负面反应逐步上升的风险是惩罚权力的重要构成之一。风险要素的存在导致这样一种结论,即与报酬权力相比,惩罚权力在实际运用时要运用更多的技巧。

不过,在莫尔姆(1994)的一项研究中,他指出惩罚权力的相对无力以及与之相关的风险可能是因为它没有被广泛运用,而不是因为它在本质上比报酬权力欠缺效力。莫尔姆等人(Molm,Quist,and Wisely,1994)发现一些有提供报酬权力的人在运用惩罚权力时,他的处置更有可能被认为是公平的,然而如果对方此时正期待报酬,它就有可能被视为不公平,进而只产生较弱的强化刺激作用。

一种更具整合性的交换理论

库克及其合作者(Cook,O'Brien,and Kollock,1990)界定交换理论的内在整合性在于对不同分析层面之交换的关注,如在相互连接的个体、法人团体以及民族国家之间的交换。他们区分了交换理论发展中的两个分支———一种在微观层面上强调作为交换的社会行为;另一种在相对宏观的层面上将社会结构视为交换。研究者从微观—宏观整合的视角看到了交换理论的优势,因为"交换理论在一个单一的理论框架中包含了既可以运用于个体行动者也可以应用于宏观层面(或系统层面)的命题,同时它力图清楚地阐明由某个层面上的变化所引致的、对于其他分析层面的后果"(Cook,O'Brien,and Kollock,1990:175)。

库克等人(Cook,O'Brien,and Kollock)发现了当代交换理论的三种发展趋势,这些趋势都朝向建立一种更具整合性的交换理论。趋势一是学者们越来越多地利用聚焦于宏观问题的田野调查,以之作为传统上的、针对微观层面问题的实验室研究的补充。至于趋势二,库克等人指出大量研究正将视线从二元关系转向更大的交换网络。趋势三,也是最重要的,将交换理论与结构主义社会学特别是网络理论进行理论综合的持续努力,我们在之后的章节对此还会有更多的讨论。

沿着这一思路，库克等人还讨论到交换理论在与其他各种微观理论整合时所获得的收益。决策理论提供了"更好地理解行动者制定与交易有关决策的方式"（Cook，O'Brien，and Kollock，1990：168）。在更一般的层面上，认知科学（包括认知人类学以及人工智能）提供了"有关行动者感知、处理以及获得信息的方式的更多启发"（Cook，O'Brien，and Kollock，1990：168）。符号互动论告诉我们行动者如何向他人标识自己的目的，这对于理解交换关系中信任和承诺的发展十分重要。在最一般的层面，库克等人认为交换理论的综合成果为其处理关于行动者—结构关系的核心问题做了很好的准备。在他们看来，"社会科学中能够明确地将与结构相联系的、有目的性的行动者概念化的理论取向是有限的，而交换理论乃是其中之一"（Cook，O'Brien，and Kollock，1990：172）。

交换理论学者与其他的理论取向进行理论综合的努力也可以从近来的一些案例中看出来。例如，山岸和库克（1993）寻求将交换理论与社会困境理论（social dilemma theory）（Yamagishi，1995）——理性选择理论的一个流派——进行整合。社会困境理论的取向源于著名的囚徒困境中的二元概念及其相关研究："社会困境被定义为与某种特定类型的激励结构相关的情境，比如（1）如果所有群体成员选择合作的话，那么所有人都受益，但（2）对于每一个个体而言，选择不合作则更有利。"（Yamagishi and Cook，1993：236；Yamagishi，2005）山岸和库克发现，交换关系和交换结构的性质会影响到人们处理社会困境的方式，其研究的细节在这里不再赘述。

在另外一项研究中，海格特维德等人（Hegtvedt，Thompson，and Cook，1993）寻求将交换理论和一种专注于认知过程的理论取向——归因理论——整合起来。与这一理论的整合使交换理论获得了一种分析人们感知及进行归因之方式的机制，而交换理论也能补充归因理论在处理"社会结构先例及归因行为之后果"方面的不足（Hegtvedt，Thompson，and Cook，1993：100）。例如，上述几位学者发现了支持以下假设的证据，即被认知的权力与个体在结构中的权力等级是有关的，而"感知到自己具有更大权力的个体更可能将他们的交换结果归因为个人行动或互动"（Hegtvedt，Thompson，and Cook，1993：104）。学者们的假设虽不一定能得到充分证实，但这项研究指出了研究社会结构、认知过程（感知和归因）以及行为之间关系的重要性。

米克（Meeker，1971）提出了一个重要的提议，试图解除交换理论对于理性选择理论的依赖，使之与多种强调能动性的微观理论进行整合。米克建议将理性看成交换规则的一种类型，而交换是可以基于其他类型的交换规则的，如利他主义、竞争、互惠以及地位一致性。

近年来，交换理论开始发展出许多种新的方向（Molm，2001）。首先，研究者日益关注交换关系中的风险和不确定性（Kollock，1994）。例如，一名行动者也许为他人提供了有价值的结果，但没有收到任何有价值的回报。其次，对风险的研究兴趣引致对交换关系中信任的关注。与之有关的议题是：在提供有价值的结果时，一名行动者能够信任另一名行动者进行互惠交换吗？第三，行动者是否可以通过建立一系列彼此之间的承诺来降低风险和增加信任（Molm，1997）。它接下来又导出了第四个议题，即一个强调自利的行动者的理论日益对亲密关系和情感给予了更多关注。第五，尽管近年来大多数交换理论都聚焦于结构，但也有越来越多人感兴趣于进一步充实交换关系中行动者的本质和角色。在讨论有待给予更多关注的议题时，莫尔姆强调说虽然交换理论一直强调交换结构的重要性，但它也需要更多地关注变化或交换的动力。最后一点，近年来得到最多关注的一个新的理论取向是将交换理论和网络理论整合起来。在讨论交换网络理论之前，我们先对网络理论进行介绍。

网络理论

网络理论分析学者（如，Mizruchi，2005；Harrison White，1992；Waserman and Faust，1994；Wellman and Berkowitz，1988/1997）在将其理论取向与罗纳德·伯特（Ronald Burt）所称的"原子论"（atomistic）和"规范论"（normative）的社会学取向作出区分时一直比较为难（Burt，1982；也可参见 Granovetter，1985）。原子论的社会学取向强调行动者在做决定时是与其他行动者相隔绝的。一般来说，他们强调行动者的"个人属性"（Wellman，1983）。原子论取向由于视角过于微观、忽略了行动者之间的联系而遭到摒弃。正如巴里·威尔曼（Barry Wellman）所述，"对于个体动机的说明最好留给心理学家"（1983：163）。这一思路当然也意味着对一系列这种或那种方式与动机（motives）有着紧密联系的社会学理论的否定。

在网络理论学者看来，规范论取向强调的是文化和社会化过程，在这一过程中行动者将规范和价值内化。根据规范论取向的认识，将人们连接在一起的是各种共享的观念。网络理论学者不接受这种观点，认为学者们应该关注的是连接社会成员之纽带的客观模式（Mizruchi，1994）。威尔曼对这一主张进行了如下阐述：

> 网络分析学者希望研究的是人们和集体如何采取行动的规律，而不是二者所相信的、它们应该如何行动的规律。因此，网络分析学者试图避免对社会行为进行规范性的解读。他们认为任何将社会过程视为个体行动者之个人属性和内化规范的总和的阐释都是非结构性的。

（Wellman，1983：162）

基本议题和原则

在明确了与原子论和规范论之间的不同后，网络理论接着厘清了它的主要关注——社会关系，也即社会成员（个体或集体）连接纽带的客观模式（Burt，1992）。我们来看一看威尔曼对这一理论焦点的论述：

> 网络分析学者从简单但极其有力的理念出发，即认为社会学家的首要任务是研究社会结构……而研究社会结构的最直接方式是分析连接其成员的纽带的模式。网络分析学者探求深度结构，即在社会系统通常较为复杂的表层下的、有规律的网络模式……行动者及其行为受到这些结构的约束。因此，理论的重点不在于唯意志的行动者，而在于结构上的约束。
>
> （Wellman，1983：156—157）

网络理论的一个独特之处在于它广泛地关注从微观到宏观的各种结构。也即，对于网络理论来说，行动者可能是人（Wellman and Wortley，1990），但也可能是群体、社团（W. E. Baker，1990；Clawson，Neustadtl，and Bearden，1986；Mizruchi and Koenig，1986）以及社会。连接既可以发生在大规模社会结构的层面，也可以出现在较为微观的层面。马克·格兰诺维特将这种微观层面的连接描述为"嵌入"在"具体的人际关系及该关系的结构（或'网络'）中的行动"（1985：490）。连接背后的基本思想是"行动者"（个体或集体）对于有价值的资源（财富、权力和信息）各有不同的获得途径。结果是，结构系统倾向于被层级化，一些构成要素对其他要素产生依赖。

网络分析的一个重要侧面是它试图使社会学家从对社会群体和社会分类的研究转向对行动者之间连接的研究，而这些连接并不一定"充分地形成边界并密集地结合成为所谓群体"（Wellman，1983：169）。格兰诺维特（Granovetter，1973，1983，2005；Tindall and Malinick，2007）有关"弱关系的强度"的研究就是一个典型案例。格兰诺维特对"强关系"和"弱关系"进行了区分，前者指人们与密友之间的连接，后者则指人们与相识的人之间的连接。社会学家倾向于把研究重点放在具有强关系的人或社会群体上。他们倾向于认为强关系是更关键的，弱关系则不具有太多社会学上的意义。格兰诺维特的贡献在于他让我们看到弱关系的重要性。例如，两个行动者之间的弱关系可以成为两个在内部建立了强关系的群体之间的桥梁。没有这样一种弱关系，上述两个群体就将是完全隔离的。这种隔离反过来又可能导致一个更碎片化的社会系统。不具有弱关系的个体可能发现他/她被隔绝在一个结合紧密的群体里，不能获知其他群体乃至更大的社会的信息。弱关系可以防止隔离，从而使个体能够更好地融入更大的社会中去。格兰诺维特强调了弱关系的重要性，但同时匆匆地澄清说"强关系同样是有价值的"（1983：209；参见Bian，1997）。例如，拥有强关系的人们有更大的动机彼此帮助，也更做好了随时帮助他人的准备。

网络理论相对来说仍然较为年轻，尚未得到充分发展。如伯特所说，"目前各种被指称为网络分析的理论取向还只是一个松散的联合体"（1982：20）。但是，它正在逐渐走向壮大，大量采取了网络视角的研究论文和书籍的出版以及刊物《社会网络》（*Social Networks*）的创立等都证明了这一点。网络理论虽然仍只是某些理论的松散聚合，但看上去它确实已经建立了一整套前后连贯的理论准则（Wellman，1983）。

第一，行动者之间的连接在内容和强度上是对称的。行动者互相提供给对方不同的事物，而且他们做这一动作时强度有大有小。第二，个体之间的连接必须在更大的网络结构背景下进行分析。第三，社会连接的结构化产生了不同种类的非随机性网络。一方面，这些网络是可以传导的：如果A和B之间以及B和C之间存在连接，那么A和C之间就很可能也存在着某种连接。结果是，在A、B和C之间有可能形成一个网络。另一方面，连接的数量及强度是有限制的。于是，具有明确边界的、与其他集群相分离的网络集群（network clusters）更有可能获得发展。第四，网络集群的存在使得在集群之间及个体之间都可能出现交叉连接。第五，系统要素之间存在不对称的连接，这导致稀缺资源被不对等地分配。最后，稀缺资源的不平等分配会同时引起合作和竞争。一些群体为了通过合作获得稀缺资源而聚集起来，而另一些群体则为了获得资源而相互竞争和冲突。所以说，网络理论具有一种动态的特性（Rosenthal et al.，1985），系统结构随着联合和冲突模式的变化而改变。

举例来说，米兹鲁奇（Mizruchi，1990）的研究兴趣是社团的凝聚力及其与权力的关系。他强调说在历史上凝聚力被界定为两种不同的方式。第一种或说主观的看法，认为"凝聚力是群体成员对于群体之认同感（特别是成员觉得个体利益与群体利益相连接的认识）"的一个函数（Mizruchi，1990：21）。它的重点是规范系统，凝聚力由规范系统的内化或群体压力形成。第二种或说客观的看法，认为"团结可以被视作与个体情感无关的、客观且可观察的过程"（Mizruchi，1990：22）。鉴于米兹鲁奇对网络理论的认同，可想而知，他遵循的一定是凝聚力研究中的客观取向。

米兹鲁奇认为行为的相似性不仅是凝聚力的结果，还是他所谓的**结构等价**（structural equivalence）的结果，"结构上等价的行动者是指社会结构中与其他行动者有同一性质连接的行动者"（1990：25）。因此，我们可以说，结构等价存在于各个社团之间，即使它们之间没有任何交流。它们以同样的方式采取行动，这是因为它们与社会结构中其他一些实体有同一性质的关系。米兹鲁奇总结道，就行为的相似性而言，结构等价至少与凝聚力具有同样强的解释力。他赋予这种暗含着社会关系网络的结构等价极其重要的理论地位。

一种更具整合性的网络理论

一些网络理论学者试图发展出一种更具整合性的理论取向，而非结构决定论的另一种形式，罗纳德·伯特（1982）是其中的前沿人物。伯特从厘清行动理论内部"原子论"和"规范论"的分裂开始入手。原子论假定"行动替代项由行动者独立地进行评估，得出的评估与其他行动者并无关联";而"规范论的特征是,由于社会规范是在行动者彼此社会化的过程中产生的,因而系统中的独立行动者具有利害关系"(Burt,1982:5)。

伯特所发展的理论取向"规避了原子论与规范论之间的分裂","与其说它是这两种有关行动的既有理论取向的综合,不如说它是将两种观点进行相互连接的第三种观点"(1982:8)。伯特承认自己从其他两种理论那里获得了借鉴,但他也提出了所谓的**结构视角**(structural perspective)。它与其他两种理论取向都不相同,主要表现在"边际评估假定的标准上。这种结构视角所采取的标准是因劳动分工而产生的行动者之地位/角色集合。行动者在评估行动替代项的效用时,一部分根据他个人的境况,而另一部分则根据其他行动者的境况"(1982:8)。伯特将他的这一理论取向看成是原子论的逻辑延伸以及规范论的"经验意义上的精准限定"。

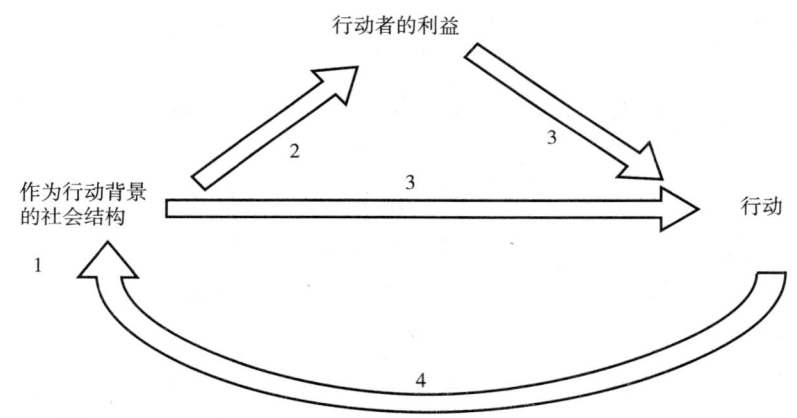

图 8.1　罗纳德·伯特的整合模型

图 8.1 是对伯特之行动结构理论的展示。根据伯特所描述的行动结构理论假设,"行动者在社会结构约束下具有目的性"(1982:9;也可参见 Mizruchi,1994)。在他看来:

> 行动者在社会结构中找到自身。社会结构定义了他们的社会相似性,后者反过来又通过——采取几种行动替代项而模式化行动者对于可能具有的优势的认知。同时,社会结构有区分地限制行动者采取行动的能力。因此,最终被采取的行动是行动者根据能力限制而追逐利益的联合函数,在这里利益和能力都为社会结构所模式化。最后,在社会结构约束下被采取的行动可以修正社会结构本身,而这些修正有可能创造出结构中行动者要面对的新约束。

(Burt,1982:9)

网络交换理论

网络交换理论（Markovsky，2005）结合了社会交换理论和网络分析，并假定这种结合可以汲取两个理论流派的长处而补其不足。一方面，网络分析的优势在于可以根据简单、几何性质的社会关系模型构建社会互动的复杂表述，不过库克和惠特迈尔（Cook and Whitmeyer, 1992：123）认为网络分析就讨论关系的确切意义而言存在不足。另一方面，社会交换理论的优势在于有一个简单的行动者模型，行动者根据可能获得的收益做出选择，它的不足在于将社会结构主要地看成个体选择的结果而非这些选择的决定因素。简单来说，网络理论发展出较好的结构模式（关系网络），但对于关系的内涵则语焉不详；而交换理论在建构行动者之间的关系模式上较为突出，但在解释行动者赖以行动的社会结构时相对较弱。在社会交换理论中，行动者为了增加收益而进行交换的模型正是网络分析所缺乏的。同时，网络分析将社会结构模型视为独立变量也补充了交换理论的不足。

网络交换理论的基本观点是任何社会交换都发生在更大的社会交换网络的背景之中。这一取向更多地关注交换发生于其中的各种网络的不同量级、形态以及连接方式，而非实际交换的内容。正如社会交换理论一样，网络交换理论首要关注的也是权力问题。它的一个基本假定是行动者的交换机会越多，权力越大。该理论假定这些交换机会与网络结构直接相关。根据各自的网络地位，行动者可以获得不同的交换利益的机会，以及不同的控制、累积利益的能力。

爱默森（1972a，1972b）总结出社会交换理论由于只关注两个人（对偶）的交换关系而受到了限制，因此启动了关于社会交换网络的研究。由于认为这些交换关系是相互连接的，爱默森更进一步地认为交换被嵌入更大的网络结构之中。爱默森（1972b：58）最初的意图是建立"一种以社会结构为因变量的社会交换理论"。然而，他的研究很快表明社会结构也可以是一种自变量。换句话说，不仅结构是由交换关系决定的，交换关系也可以为社会结构所决定。

山岸等学者（Yamagishi, Gillmore, and Cook, 1988）进一步将交换理论与网络理论连接起来。他们认为权力是交换理论的核心，但它不能在二元关系中得到有意义的研究。权力"基本上是一种社会结构现象"（Yamagishi, Gillmore, and Cook, 1988：834）。一个完整的理论必须将对交换关系的分析与对交换关系之间连接的分析结合起来。为此，他们基于爱默森关于积极和消极的连接关系的思想，提出网络中权力分布的预测。

在后续的一篇论文中，库克和惠特迈尔（1992）更审慎地探讨了将交换理论和网络分析相结合的可能性。他们讨论两种取向中有关行动者及结构的观点的兼容性。他们的结论是，这两种理论关于行动者的观点基本上是一致的，因为不管以何种方式定义，所有的交换理论都明确地而大多数网络分析则隐晦地假设行动者理性地追逐自我利益的最大化。两种取向对于结构的看法也有大量的相似点，二者主要的区别在于交换理论认为只有在交换真实地发生了之后，社会关系才构成社会结构，而网络分析则不管交换是否发生，都倾向于将所有类别的交换考虑在内。

对于关系的不同界定，构成了交换网络（Friedkin，2005）与网络分析所感兴趣的网络理论之间的根本差异。网络交换理论学者感兴趣的只有交换关系，而网络理论家则对各种关系类型感兴趣。例如，许多网络研究关注"中心性"（centrality），它大概意味着与许多不同的人获得连接的优势。而根据网络交换理论学者的看法，仅仅"连接"起来还不够，人们之间的关系还必须是交换性的。因此，在上文讨论到的亚伯、比尔和凯茜的例子里，根据网络交换理论，只有亚伯和比尔以及比尔和凯茜之间形成某种交换关系，此外，其中一种对偶交换对另一交换产生某种影响时，我们才能说比尔处于中心地位。而对于网络分析理论来说，存在连接关系就足够了，不用在意连接的精确性质。

结构权力

将交换理论和网络分析相结合的理由之一是，超越对偶关系中的权力分析而进行对整个网络权力分布的分析，后者已经成为当代网络交换理论最重要的主题之一。在最初的一次审视网络中权力分布的尝试中，库克及她的合作者（1983）建立了"脆弱性"（vulnerability）理论。这些学者认为某一位置的权力乃是由整体结构对这一位置的依赖度决定的。在他们看来，系统层面的依赖度是该位置的结构中心性以及权力—依赖关系之性质的双重函数。换句话说，脆弱性是指整个网络对特定结构位置的依赖。

另一项对网络中权力分布的重要研究来自马科夫斯基、维勒及其合作者（Willer and Patton，1987；Markovsky，Willer，and Patton，1988）。这一研究的影响力已不容小觑，因此通常被称为**网络交换理论**（network exchange theory），简称NET。它假定权力由网络结构，特别是由行动者之间替代连接的有效性决定。这一理论运用基于计算替代网络路径的图论权力指数（graph-theoretical power index, GPI），以及基于行动者对结果预测的抗拒模型来考量网络中的相对权力。

强和弱的权力结构

基于交换中的行动者是否可以被排除，NET区分了两种类型的网络——强权力网络和弱权力网络。强的权力网络包括一些必须被排除的行动者（低权力行动者）和其他不能被排除的行动者（高权力行动者）。例如，在一个公司里，关于谁可以晋升到更高一级位置的决策可以被视作一种交换。更高一极的位置用来交换有权授权给这一位置的上司所需的工作。如果我们假定只有一位上司而存在很多此位置的竞争者，那么这是一个强的权力网络。上司不会在交换中被清除，而除了一位竞争者之外，其他的竞争者则将全部被清除。NET理论指出，在强权力网络中，拥有强权力的行动者在实质上将获得所有可用的资源。在这个例子里，竞争者有动力完成上司要求的所有工作。但是，如果我们将另一位同样能提供晋升机会的上司引入到网络中，由于希望晋升的竞争者有了替代的交换方式，NET 理论认为两位上司都会拥有更少的权力。

引入第二位上司将使环境演化为弱的权力网络。在弱权力结构中，所有的位置在面对清除的可能性时都具有脆弱性。上司 2 的存在意味着上司 1 可以从交换中被清除。竞争者将对可以给他们晋升而又在交换中对他们索取甚少的上司效忠。在弱权力网络中，不同的位置具有不同的被清除的可能性。我们暂且假设有 20 名希望晋升的竞争者，但仅有两名上司。它使得某个既定的竞争者被清除的可能性要比某个既定的上司大得多。该理论的推论是个体在处于较不可能被清除的位置（上司）时要比处于更有可能被清除的位置（竞争者）成比例地获得更多利益。

将交换理论与网络分析相结合的一大好处是对能动性的扩展。网络分析较为忽视能动性，而强调描述既定结构的特性。交换理论包含一个具有理性的、自利的能动者模式，但这一模式并没有考虑到能动者具有改变结构、增强其讨价还价之地位的能力。里克（Leik，1992）利用网络交换理论来研究行动者"对网络连接的策略性运用"。这意味着处于低权力位置的行动者，如晋升的竞争者们有可能为了强化其地位而寻求其他的晋升途径，而"位高权重的行动者则希望将那些依赖他们的人隔离起来"（Leik，1992：316）。

我们在此应该指出网络交换理论的一个易被轻视的特征，即它的实验室偏好。该理论的大多数发展是由测试主体在受控的实验室环境中接受实验，从而建立起来的。当然，能够在受控条件下检验理论是一种极大的优势，社会学研究往往因缺乏这种优势而感到尴尬。然而，为了使相关因素不受影响，实验室的条件已变得过度地人为化。即使是在实验室研究条件下，如果实验对象知晓他们的交换由于某些标准考量的干预而导致了不平等的后果，该理论的推论也有可能被规避（Molm，2001：264）。这意味着如果希望将实验结果应用到实验室之外的社会情境中，那么相关学者对它的解释必须要十分审慎。不仅如此，实验室的人工条件也容易鼓励某种人为的理论。正如维勒（1999：289）所指出的，"如果由已建立的实验范式来主导研究什么或不研究什么，那么理论的发展将变得过分片面化，研究会集中在那些在实验室之外的天地里不重要或学者们并不热衷的议题上"。维勒以学界对弱权力网络的浓厚兴趣为例。"没有人在现实社会中研究过弱权力网络。因此，这些理论的经验意义乃至经验存在，仍然是一个未知数。"（Willer，1999：290）

理性选择理论

理性选择理论对交换理论的发展产生了一定影响，但总体而言，它在主流社会学理论界一度处于边缘地位（Hechter and Kanazawa，1997）。在很大程度上正是由于詹姆斯·科尔曼的工作，理性选择理论才在当代社会学界成为"热门"理论之一（Heckathorn，2005；Chriss，1995；Lindenberg，2000；Tilly，1997）。首先，科尔曼在1989年创办了刊物《理性与社会》（*Rationality and Society*），致力于扩散理性选择取向的研究成果。其次，科尔曼（1990）以理性选择为视角，出版了一本具有重要影响的著作《社会理论的基础》（*Foundations of Social Theory*）。最后，科尔曼在1992年当选为美国社会学协会主席。他利用这一论坛推广理性选择理论，并做了题为"社会的理性重构"（*The Rational Reconstruction of Society*）的主旨发言（Coleman，1993b）。

鉴于我们对理性选择理论已经做了简要勾勒，下面不妨从科尔曼（1989）在《理性与社会》第一期中的一篇介绍性的评述来入手。由于理性选择理论［按科尔曼的说法即"理性行动范式"（1989：5）］是唯一可能形成范式整合的理论，这本期刊因此可以说具有交叉学科的特点。科尔曼并不讳言这一取向在方法论上的个人主义基础，以及他把理性选择理论当作解释宏观层面现象的微观基础。更有意思的是，科尔曼的理论取向所发现的一些"不尽如人意"的地方：

> 那些基于整体主义方法论的研究，只是停留在系统层面，没有考虑到正是行动者的行动导致了系统的产生……它们认为行动是单纯表达性的、非理性的，以及由外部力量所导致而无需意图或目的作为中介。它（科尔曼的理论取向）排斥在社会科学中广泛应用的经验研究，即个体行为可由某些不具有任何行为模式的要素或决定因素来"解释"。
>
> （Coleman，1989：6）

于是，《理性与社会》将大量的社会学研究排斥在外。它保留下来的是一些宏观层面的议题以及它们与理性行动的连接。除了这一类的学术关注，科尔曼还希望推介一些从理性选择的视角出发而与这个变迁的社会世界具有实际关联的研究。例如，赫克索恩和布罗德黑德（Heckathorn and Broadhead，1996）根据理性选择取向对以艾滋病预防为目标的公共政策问题所做的研究。

社会理论的基础

科尔曼认为社会学应当关注社会系统，但是这一类宏观现象必须由内在于其中的因素——个体原型（prototypically individuals）——来解释。他之所以偏爱行动者的层次有

詹姆斯·科尔曼小传

詹姆斯·科尔曼在社会学界的生涯可谓丰富多彩，"理论家"的标签只是许多适用于他的称号之一。科尔曼于1955年从哥伦比亚大学获得博士学位（关于哥伦比亚"学派"对于其研究工作的重要影响，参见Swedberg，1996）。一年后，他以芝加哥大学助理教授的身份开启了个人的学术生涯（科尔曼在霍普金斯大学工作了14年之后，于1973年重返芝加哥大学，并在那里一直工作至逝世）。在芝加哥大学开始教书的同一年，他作为合著者（与西摩·马丁·李普塞特和马丁·A.特罗一起），参与了工业社会学史（如果不便说是整个社会学史的话）领域的一项里程碑式的研究，撰写了《工会民主》(Union Democracy，1956) 一书。（科尔曼在哥伦比亚大学由李普塞特指导的博士论文中，曾经研究过某些《工会民主》一书所讨论的议题。）科尔曼接着将注意力转向有关青年和教育的研究，一份标志性的联邦政府报告（即后来广为人知的"科尔曼报告"）成为他在该领域研究的巅峰，该报告促生了一项备受争议的政策，即以用校车载送学生的方法达成美国学校内部的种族平等。正是通过这项研究，科尔曼开始拥有比其他美国社会学家更大的现实影响力。接下来，科尔曼将注意力从现实世界转向数理社会学的精妙世界［尤其是《数理社会学导论》(Introduction to Mathematical Sociology，1964) 与《集体行动的数理学》(The Mathematics of Collective Action，1973)］。在随后一些年里，科尔曼又转向了社会学理论，特别是理性选择理论，他在后一领域的成就以《社会理论的基础》(1990) 的出版以及1989年《理性与社会》的发行为代表。这些研究工作无疑反映出不可思议的多样性，但这还没有算上科尔曼简历中所列出的28本书与301篇论文。

科尔曼1949年从普渡大学获得学士学位，在1951年进入著名的哥伦比亚大学社会学系之前，以化学家的身份为柯达公司工作。社会学理论家罗伯特·默顿（参见第三章），特别是他关于涂尔干和个体行为的社会决定因素的演讲，对科尔曼产生了关键的影响。对科尔曼有重要影响的另一个大人物，是著名的方法论学者保罗·拉扎斯菲尔德，科尔曼从他那里获得了对量化方法和数理社会学的终生兴趣。他人生中第三大重要的影响来自西摩·马丁·李普塞特，科尔曼加入了他的研究团队，并因此参与了《工会民主》这一里程碑式的著作的创作。可以说，科尔曼在研究生阶段的训练为创建理论、方法以及认识它们与经验研究之间的关联打下了坚实的基础。这种经历在过去是，而且仍然是所有具有雄心壮志的社会学家梦寐以求的。

基于这些经历，当科尔曼离开研究生院并开始其学术生涯时，他这样描绘自己对于社会学的"愿景"：

> 社会学……应当以社会系统（无论小或大）而非个体作为分析单位；但是，它应当运用定量方法，并将非系统化的技术抛在脑后，后者屈从于调查者的偏见，不支持重复以及经常缺乏一种阐释的或因果性的核心。为什么我以及那个时代其他哥伦比亚大学的学生会具有这样的愿景？我相信它来自于罗伯特·默顿与保罗·拉扎斯菲尔德的独特组合。
>
> （Coleman, 1994: 30—31）

20世纪90年代中期，当已获得极高声誉的科尔曼回头再看时，他发现自己的理论取向已有所改变，虽然并不像他所设想的那么剧烈。例如，当谈到20世纪60年代在霍普金斯大学针对社会模拟游戏的研究时，科尔曼说它们"使我从系统特性不是行动的唯一决定因素（如涂尔干的自杀研究）这种理论取向，改换到系统特性也是或有意或无意的行动后果的理论取向上去"（Coleman, 1994: 33）。因此，科尔曼需要一种行为理论，而他如大多数经济学家一样选择了：

> 这类基础中最简单的，也即理性的或所谓有目的的行为。社会学最艰巨的任务便是发展出这样一种理论，它可以从微观的行动层面转向规范、社会价值、地位分布及社会冲突等宏观层面。
>
> （Coleman, 1994: 33）

这种研究兴趣可以解释科尔曼为什么会转向经济学：

> 使经济学与其他社会科学相区别的，并不是它对"理性选择"的运用，而是它所运用的分析模式可以在个体行动和系统功能两个层面间进行转换。通过定义两大基本假设，即人的行为是理性的和市场在获得充分沟通后可以完美运行，经济分析就能够在系统功能的宏观层面与个体行动的微观层面之间建立连接。
>
> （Coleman, 1994: 32）

科尔曼关于社会学的愿景的另一个层面，与其早期有关学校的研究相一致，是希望社会学研究可以被应用于社会政策。在谈到社会学理论时，他指出，"判断社会理论研究的标准之一是它潜在的、充实社会政策的有效性"（Coleman, 1994: 33）。许多人或许不太认可科尔曼连接理论、方法和社会政策的一些方法，但几乎没有社会学家不同意科尔曼将三者连为一体的目标。无论是否能就具体目标达成一致，未来的社会学家将会发现如何将社会学实践的这三个核心领域进行更好的连接

> 仍然是一个很大的挑战。不过，至少有一些社会学家可以从科尔曼的研究中找到有益的模型。
>
> 詹姆斯·科尔曼逝于1995年3月25日（Marsden，2007；Lindenberg，2005；J. Clark，1996）。

几种原因，其中包括研究数据常常是在个体层面上被收集起来，再被加总或组合，从而延伸到系统层面。"干预"常常发生在个体层面，进而催生了社会变化，这是他喜欢聚焦于个体层面的另一个原因。我们将会看到，科尔曼理论取向的核心是社会理论不仅仅是学术上的实践，而应当通过此类"干预"影响社会世界。

鉴于他对个体的理论关注，科尔曼承认自己在方法论意义上是一个个人主义者，尽管他把这一视角视作该取向的一种"特殊变体"。之所以说它是特殊的，是因为科尔曼接受涌现的思想，以及这一视角在关注内在于系统的因素时，这些因素并不必然是个体的行动或取向。也即，科尔曼所分析的重心乃是微观层面的现象而非个体。

科尔曼的理性选择取向清楚地体现在"人们为达成目标而有目的性地行动，其目标（以及行动）为价值观或偏好所形塑"这一基本思想之中（1990：13）。但是科尔曼（1990：14）接着指出，就大多数理论目标而言，他还需要对源自经济学领域的理性行动者进行更精确的概念化。经济学认为理性行动者会选择那些能够实现效用最大化或最大程度满足其需求的行动。

科尔曼的理论有两个核心要素——行动者和资源。资源是指行动者可以控制与其利益相关的事物。科尔曼具体阐述了它们之间的互动如何导致系统层面的产生：

> 行动的社会系统最微小的基础是指两个行动者，每个行动者都控制着另一个人的利益所牵涉的资源。正是处于他人控制下的资源中的每个个体的利益，使得两个具有目的性的行动者参与了一系列牵涉彼此的行动……一个行动系统……。正是这一结构，以及行动者具有一定目的性——使其自身利益获得最大实现的目标——的事实赋予了二者行动的相互依赖或系统化的特征。
>
> （Coleman，1990：29）

科尔曼虽然对理性选择理论有信心，但并不认为这一理论取向可以提供所有答案，至少现在它还做不到这一点。不过，科尔曼显然相信它可以朝着好的方向发展，因为他强调说"一个以理性为基础的社会理论之成功就在于不断地减少那些不能够为理论所表述的社会行动领域"（Coleman，1990：18）。

科尔曼承认在真实世界里人们并不总是理性地行动，但他指出这一点对他的理论并无影响："我的隐含假设是，无论行动者是如一般认为的那样根据理性精准地行动还是以某些我们观察到的方式发生行为偏离，这里做出的理论预测在本质上并不会有什么差别。"（1990：506；Inbar，1996）

鉴于科尔曼的理论取向指向个体的理性行动，他对于微观—宏观议题的关注顺理成章地落在从微观到宏观的连接上，或者说个体行动的组合如何引致系统行为。在将这一问题作为首要关注的同时，科尔曼的研究兴趣还包括从宏观到微观的反向连接，或者说系统如何约束行动者的行为取向。最后，他表现出对于社会关系的微观—微观层面也有兴趣，也即关注个体行动对其他个体的行动所产生的影响。

科尔曼的理论取向看似是平衡的，但至少存在三大缺陷。首先，他赋予从微观到宏观的议题以最突出的优先地位，因而对其他层面的问题关注不够。其次，他忽略了宏观—宏观的议题。最后，他的因果关系仅是单向的，换句话说，他忽略了微观现象和宏观现象之间的辩证关系。

运用理性选择的取向，科尔曼可以解释一系列宏观层面现象。他的基本立场是理论家应坚持行动者是个恒量，并且从多个微观—恒量中得出宏观现象的各种影像。以这种方式，宏观现象的诸项差异可以被追溯至宏观层面的多种关系结构，而不必追溯至微观层面的各种变化。

从微观向宏观转移的运动中的关键一步在于将某个人所拥有的权威和权力授予另一个人。这一行动的结果是一个行动者服从另一个行动者。更重要的是，它建立了最基本的宏观现象，即一个由两个人而非两个独立行动者构成的行动单元，这个单元独立于行动者自身而行使其功能。在这种情况下，这个行动者不是去最大化他或她的个人利益，而是寻求实现另一个行动者的利益或这一独立集体单元的利益。这个行动单元不仅仅是一种不同的社会现实，更是一种"有着独特缺陷和产生特定问题"的社会现实（Coleman，1990：145）。鉴于该理论的应用取向，科尔曼对于如何诊断和解决这些问题深感兴趣。

集体行为

对于集体行为的阐释可谓科尔曼应用其理论取向处理宏观现象的一个案例（Zablocki，1996）。他之所以选择集体行为这一现象，是因为其时常出现的无秩序及不稳定的特征被认为难以从理性选择取向来对之进行分析。科尔曼认为理性选择理论可以解释所有类型的宏观现象，而不仅仅局限于对那些有秩序和稳定的现象进行阐释。从理性行动者转向"被称为集体行为的狂乱和骚动的系统功能"，意味着"用简单（以及理性）的方式，将对某个人的行动的控制转给另一个行动者……这种转移是单向的，不是交换的一部分"（Coleman，1990：198）。

人们为什么会将对其行动的控制单向地转交给他人？根据理性选择的理论取向，答案是人们试图最大化自身的效用。一般情况下，个体效用的最大化会涉及多个行动者之间相互控制的平衡，它会带来社会内部的均衡。至于出现集体行为时，由于存在控制的单向转移，个体最大化的行为并不必然导致系统均衡。恰恰相反，集体行为中含有不均衡的特征。

规范

进入科尔曼审查视线的另一个宏观现象是规范。大多数社会学家将规范看作既有的，借由它们来解释个体行为，但他们并不解释规范为什么以及如何出现。令科尔曼感到好奇的是，在一个理性行动者的团体里，规范是如何产生并得以维持的。科尔曼认为规范是由一些认识到遵守规范将获得利益而违反规范将招致损害的人创立并维持的。人们可以自愿放弃对自身行为的某些控制，但在这一过程中，他们要（通过规范）获得对他人行为的某种控制。科尔曼如此总结他对规范的看法：

> 这一解释的中心要素是……放弃控制自身行动的部分权力以及获得控制他人行动的部分权力，这就是规范的形成。最终结果是，过去由每个人单独拥有的控制，被广泛地分配在运用这种控制的行动者集合整体之中。
>
> （Coleman，1990：292）

也就是说，人们通过让渡自身的一部分控制权并获得对他人的部分控制而最大化了自身的效用。控制权的转移不是单向的，因此规范之中存在均衡。

然而，规范也可以是对某些人有利而对其他人不利的。在某些情况下，行动者将对自身行动的控制权让渡给那些创造和维持规范的人。当一些人有权力（通过规范）控制他人行动成为一种共识时，规范便产生了效力。进而，规范的有效性取决于强制实施这一共识的能力。共识和强制力可以抑制集体行为中的非均衡特征。

科尔曼意识到规范产生相互关联，但他认为这一宏观问题已超出他所研究的社会系统基础的范畴。不过，他倒是愿意进一步探讨规范内化这一微观问题。他坦承在讨论内化时，他进入了"以理性选择为基础的理论建构的深水区"（Coleman，1990：292）。他将规范内化看成是建立一个内在的处罚体系，人们若违反了规范，便会处罚自己。科尔曼认为行动者或行动者组合通过让他人实现规范内化而对后者实施控制。由此，让某一组行动者内化规范并对其实施控制符合另一组行动者的利益。科尔曼认为"如果在合理的成本下这些尝试可以产生效力"，这类行为就是理性的（Coleman，1990：294）。

科尔曼从三种视角来审视规范的议题，即从微观到宏观、在微观层面的有目的性的行动以及从宏观到微观。规范是以微观层面有目的性的活动为基础而形成的宏观现象。

规范一旦出现，它就可以通过处罚或进行处罚的威胁对个体行动产生影响。某些行动受到鼓励，而其他行动则受到打击。

法人行动者

在规范这一问题上，科尔曼转向了宏观层面，而且在针对法人行动者的讨论中继续了宏观层面上的理论分析（J. Clark，1996）。行动者在处于这类集体内部时，有可能不依据自身利益采取行动，而必须以集体利益为考量。

从个体选择过渡到集体（社会）选择，涉及各种各样的规则和机制。其中最简单的案例是投票以及计票和形成集体决策的流程。这个案例体现的是从微观到宏观的维度，集体提名的候选人名单等则涉及从宏观到微观的连接。

科尔曼强调法人行动者和自然人行动者都有其目标。进而，在组织等法人结构里，自然人行动者也许会追逐与法人目标相异的个人目标。利益的冲突可以帮助我们理解抵制法人权威的那些反叛的来源。在此，从微观到宏观的连接包括人们如何从法人结构中剥离其权威以及将合法性授权给反叛的参与者。不过，既然某些宏观条件将人们导向这类剥夺及授权的行动，那么这里也存在着从宏观到微观的连接。

作为一名坚持理性选择取向的理论学者，科尔曼首先从个体着手进行研究，并且认为一切权利与资源都存在于这一层面。个体的利益决定着事件的进程。然而，这个假设不够正确，尤其在现代社会里，"很大一部分权利和资源，乃至主权，或许都掌握在法人行动者手中"（Coleman，1990：531）。法人行动者在现代世界正获得越来越重要的地位。法人行动者的行动既能为个体创造利益，也会对他们造成损害。那么我们应该如何对法人行动者做出判断呢？科尔曼主张"只有从观念上坚持一切主权取决于个体，才有可能了解个体的终极利益在既有的社会系统层面上得以实现的情况。个人即主权的假定为社会学家提供了一种评估社会系统运作的方式"（1990：531—532）。

对于科尔曼而言，法人行动者的出现是一个关键的社会变化，它构成了对"自然人"行动者的补充。二者之所以都被认为是行动者，乃是因为它们都涉及"对资源和事件的控制、在资源和事件中的利益，并且具有通过此种控制而采取行动去实现这些利益的能力"（Coleman，1990：542）。法人行动者在历史上一直都存在，但以往的家庭等法人行动者逐渐为新的、有目的地被建构出的、独立的法人行动者所替代。新的法人行动者带来了新的问题，即如何确保它们履行社会责任。科尔曼认为我们可以通过发起法人行动者内部的改革，或通过改变它的外部结构，如完善影响法人行动者的相关法律或成立监管机构等，来实现这一目标。

科尔曼区分了基于家庭的邻里社区、宗教团体等原始结构和经济组织、政府等目标结构。他看到一度被紧密连接在家庭内部的行为在逐渐"松绑"（unbundling）。原始结构正在"解体"，它们的功能被分散开来，为一系列的法人行动者所接管。科尔曼感兴趣于这种"解体"以及我们目前被迫与目标结构中的位置而非原始结构中的人打交道的事实。他由此得出结论,"既然人们一直所依赖的原始结构在逐渐消失",他的研究目标便是"为建构一个切实可行的社会结构提供基石"(Coleman, 1990: 652)。

科尔曼批评大多数社会理论都采纳了一种所谓的"**社会人**"(homo sociologicus)的观点。这个概念强调社会化过程以及个体与社会之间的紧密结合。然而,所谓的**社会人**不能解释个体受到种种约束却依然能基于意志而行动的自由。不仅如此,社会人的理论视角还欠缺评估社会系统行动的能力。相应地,在科尔曼看来,**经济人**(homo economicus)却具有上述的解释力。此外,科尔曼攻击传统的社会理论除了将既有的理论奉为圭臬之外毫无作为,它们不仅对现实发生的社会变化无动于衷,亦无助于我们了解社会前进的方向。社会学理论(以及社会学研究)必须具有目标,在社会运转中发挥作用。科尔曼所偏爱的社会理论不能仅仅为了知识而追寻知识,更要以"社会重建为目标而追寻知识"(1990: 651)。

科尔曼对于社会理论的看法与其对于社会变易不定的本质的看法是紧密相关的。原始结构的式微及目标结构的替代留下的空白尚未被新的社会结构填补。重构一个新的社会使得社会理论及社会科学的建构更加成为亟需之事(Coleman, 1993a, 1993b; Bulmer, 1996)。它们的目标不是摧毁目标结构,而是把握机会以及避免这种结构的问题。新的社会需要一门新的社会学。制度领域之间的连接已经有所改变,因此,社会科学必须主动打破传统的学科边界。

相关批判

毋庸置疑,理性选择理论的倾向(Goldfield and Gilbert, 1997; D. Green and Shapiro, 1994; Imber, 1997)在社会学界一直遭到猛烈的批评。事实上,正如赫克索恩(1997: 15)所指出的,社会学界某些领域的学者对理性选择理论怀有一种"歇斯底里"的情绪。詹姆斯·科尔曼的研究受到许多攻击(Alexander, 1992; Rambo, 1995)。例如,蒂利(Tilly, 1997: 83)对科尔曼的理论提出以下的基本批判:

- 未能详细阐述因果机制。
- 倡导一种不完整因而具有误导性的心理学还原论。
- 倡导将理性选择分析视为一般理论。它在一段时间里将社会科学家引入死胡同,令他们在那里无目的地徘徊,沦为贩卖不同形态之个体还原论的地方暴徒及骗子的受害人。

一些研究者指出理性选择理论仍存在某种不足(Weakliem and Heath, 1994),但针对它的大多数批评是由社会学界内部与之对立的理论立场的支持者发出的(Wrong, 1997)。例如,布劳(1997)基于自身宏观—结构的理论立场,认为社会学应当集中研究宏观现象,因此理性选择理论的专长——对个体行为的阐释自然就落在了社会学边界之外。

许多社会学者对理性选择理论的批评是它过于野心勃勃,试图替代其他一切理论视角。格林和夏皮罗(Donald Green and Ian Shapiro,1994:203)认为理性选择理论有待改进的是,"调查理性选择理论可以解释的极限"并"放弃试图忽视、吞并及怀疑其他竞争性理论叙述的倾向"。

从女性主义的观点出发,英格兰和吉尔伯恩(England and Kilbourne,1990)批判理性选择理论中人性自私的假设。这两位学者认为,自私—利他应当被视为一个可变因素。人性自私的假设代表着一种男性化的偏见。两位学者认识到,对这一假设的摒弃以及将其视为可变因素可能会削弱理性选择理论的"演绎决定论"(deductive determinacy),但采取一种更加现实的、较少偏见的理论取向毕竟是利大于弊的。

邓津(1990b;也可参见本书第六章)的批判则从符号互动论的视角出发,提供了一种全然不同的视角:

> 理性选择理论……对于"社会如何得以形成"这一问题无法提供令人信服的答案……它关于理性的理想规范与日常生活并不适配,也不符合互动中个体实际活动的理性和情感规范。
>
> 理性选择理论在当代社会理论中价值有限。它的群体生活图式以及关于人类、行动、互动、自我、两性、情感、权力、语言、日常生活的政治经济学、历史等的图景也令人遗憾地狭隘,就**阐释的目的**而言是远远不够的。
>
> (Denzin,1990a:182—183;黑体为本书所加)

大多数从博大的阐释性视角着手研究的理论家极有可能接受邓津对理性选择理论的有力批判。

除了上述批判,理性选择还因为低估或无视文化(Fararo,1996)及偶发事件(G. Hill,1997)等因素而受到攻击。

最后,我们在这里要强调一下斯梅尔瑟(Smelser,1992)的观点。他认为,如同许多其他的理论视角一样,内部的发展以及对外部批评的回应使得理性选择理论走向退化。理性选择理论逐渐趋向同义反复及不可证伪。它甚至发展出一种"试图解释一切却什么都解释不了的能力"(Smelser,1992:400)。

理性选择理论有许多支持者(Hedstrom and Swedberg,1996)。我们在未来将会看到更多进一步将其合法化为一种社会学理论的努力,以及更多的对它的应用和扩充。同理,我们也有可能看到针对理性选择理论的批判的进一步升级。

总　结

在这一章里，我们讨论了三种采用实证主义取向且相互关联的理论。现代交换理论是从一系列的学术源头中发展起来的，其中尤以行为主义和理性选择理论影响最大。现代交换理论的奠基人是乔治·霍曼斯。他的具有还原论色彩、绝对微观取向的交换理论可以用少数几个命题加以概括。布劳大体上通过强调规范的重要性，试图将交换理论扩展到宏观层面。交换理论在当代的许多研究工作都受到理查德·爱默森的影响，他试图从结构上发展出一种关于交换的、整合性的、从微观到宏观的理论取向。爱默森的学生及其追随者努力将他的理论视角向更多元化的领域拓展。

爱默森的核心关注之一是网络，它也是许多与网络理论有关联的学者的关注。尽管交换理论和网络理论有许多重叠的区域，但多数网络理论家的研究跳出了交换的框架。网络理论的特征是更加着重于社会现实微观和宏观层面内部及二者之间的连接纽带的客观形态。

网络交换理论将社会交换理论和网络分析结合起来，试图着重研究交换网络中权力的分配。它研究了结构本身为何会被称为强结构或弱结构。

很大程度上由于詹姆斯·科尔曼的努力，在交换理论的发展史上扮演了重要角色的理性选择理论，逐渐也发展成一个独立的理论取向。通过运用一些源自经济学的基本准则，理性选择理论自称能够解释微观和宏观层面的现象以及微观因素在宏观现象形成的过程中所发挥的作用。在社会学界，理性选择理论的支持者正日益增多，但支持其他理论取向的学者对它的抵制也随之增多。

第九章

当代女性主义理论

帕特里夏·曼朵·伦格曼 乔治·华盛顿大学
吉莉安·尼布鲁格 美利坚大学

本章概要

女性主义的基本问题
对性别的理论化——从20世纪60年代至今的社会学
当代女性主义理论之流派
女性主义社会学理论

　　女性主义理论是基于女性中心取向发展起来的、关于社会生活和人类经验一般化且涉猎广泛的思想体系。女性主义理论以女性或女性群体为中心，这表现在两个方面：首先，女性主义的一切分析均以社会中女性的某种处境（或多种处境）与经验作为分析起点。其次，它寻求从女性独特的角度来对社会世界进行描述。

　　女性主义理论与大多数社会学理论的区别之一在于它来源于一个由学者、艺术家以及活动家所形成的跨学科的、国际性的共同体。[1]女性主义社会学家试图通过重新梳理学科知识，将这一跨学科共同体的贡献纳入进来，对社会学进行扩展和深化。本章主要包括三个部分：一是描述主流社会学理论如何看待性别；二是介绍当代女性主义理论的各个流派，强调社会学家对这些理论的贡献；三是对从不同的女性主义理论传统发展出来的一般女性主义社会学理论进行整合性的阐述。我们将根据女性主义的一些基本问题来介绍这一理论派别的传统。

女性主义的基本问题

　　当代女性主义理论始于一个看似简单的问题："**女性是怎么回事？**"换句话说，在针

---

[1] 本章主要基于英语世界对于这一世界性主题的贡献。

对各种情境的研究中，女性处于何种地位？如果她们不在场，那是为什么？如果她们是在场的，她们又在做什么？她们如何体验情境？她们为它做了哪些贡献？而这对她们来说又意味着什么？

四十多年来对这一问题的追问已经获得了一些可加以总结的答案。女性在大多数的社会情境中是在场的。当她们不在场时，这并非是因为她们缺乏能力或兴趣，而是因为存在有意为之的排斥。女性一旦出现在情境当中，往往扮演着与人们一般的认知截然不同的角色（如被动的妻子或母亲）。事实上，在扮演妻子、母亲以及许多其他角色时，女性如同男性一样积极地创造着我们所探讨的情境。然而，尽管女性积极地出现在大多数社会情境中，学者、公众以及社会行动者自身——无论男性还是女性，都无视她们的在场。更进一步地说，尽管女性的角色在大多数社会情境中是不可缺少的，然而它们仍然不同于、低于以及服从于男性的角色。女性的不可见仅仅是这种不平等状态的一个层面而已。

女性主义的第二个基本的问题是："**这些情形为什么存在？**"为了回答这一问题，女性主义理论已经发展为对社会学具有启发意义的一般社会理论。女性主义社会学理论的主要贡献之一是对**性别**这一概念的发展。从20世纪70年代开始，女性主义理论家使人们注意到下面两个范畴之间的区分：（1）与男性和女性相连的生物特性，以及（2）与男性气质（masculinity）和女性气质（femininity）相关的社会性习得行为。女性主义理论通过将后者指定为"性别"（gender）来表明这种区分。[①]女性主义对于性别的基本特性是什么仍然在进行理论争论，这些争论提供了区别不同类型的女性主义理论的方法。不过，女性主义的各个流派有一个共同出发点，那就是将性别理解为一种社会建构，认为它并非起源于自然本性，而是作为群体生活过程的一部分被人们所创造出来。

对于所有的女性主义者来说，第三个基本问题是："**我们如何能够对社会进行变革和促进，使得它对于所有人来说都更为公正？**"这种以正义为导向的关于社会变迁的承担是批判社会理论的显著特征，为女性主义、马克思主义、西方新马克思主义以及由少数种族和族群在后殖民地社会中发展出的社会理论所共享帕特里夏·希尔·柯林斯（Patricia Hill Collins, 1998：xiv）强调追求正义和直面非正义的承担的重要性："批判社会理论的知识体系……能够敏锐地把握住处于非正义的政治、社会和历史特定背景中各个群体所面临的中心问题。"这种批判理论式的承担需要女性主义理论家追问她们的理论工作将如何改进所研究人群的日常生活。

[①] **性别**这一词语最早起源于14世纪，当时它与**性征**（sex）的概念混用，只有在关于语法的讨论（关于是否一个名词能够被理解为阳性或阴性）中才相互区分。**性别**在20世纪最初十年的社会学论文里被偶尔地采用，但仍然是可以与性征的概念混用的。第一次对生物特性和社会学习行为之间进行女性社会学的概念区分，是由夏洛特·珀金斯·吉尔曼做出的。她在1898年的经典著作《女性和经济学》（*Woman and Economics*）一书中用**过度的性征差异**（excessive sex distinction）的概念来指代我们现在所说的**性别**。

由于探究这些问题的女性主义派别日益扩展至美国和世界上不同背景的人群，女性主义理论家因此提出第四个问题："**那么女性之间有何差异？**"对这一问题的回答导向一个普遍的结论，即与男性有关联的、作为女性生活之普遍特征的不可见性、不平等以及角色差异，也受到女性社会地位的影响，也即受到她的阶级、种族、年龄、感情偏好、婚姻状况、宗教、族群身份以及全球位置等的影响。

但是女性主义理论并不仅仅是关于女性的，它的主要研究课题也并非是发展性别关系的中型理论。其实，与女性主义主要理论成果可相映照的是马克思在认识论上的成就。马克思指出人们所拥有的关乎社会的知识、其假定的绝对和普遍的现实陈述，实际上反映的是那些从经济上和政治上统治这一世界的统治者的经验。他还有力地指出我们其实可以从工人的视角来看这个世界。他的思想将统治阶级的知识变得相对化，使得我们可以将这种知识与从工人视角出发所获得的知识进行并置（juxpapose）。它极大地扩展了我们分析社会现实的能力。马克思逝世已经超过一个世纪，但我们仍然受到这一思想的启发。

与其相似，女性主义的基本问题也使我们对于世界的理解出现了革命性的转变：我们一直持有的关于世界的普遍性和绝对性的知识实际上来自于权力持有者的经验，来自于作为"领袖"的男性。如果我们从迄今为止仍然处于不可见、不获承认之"隐蔽层面"的女性立场来重新发现世界，以往的那些知识就将被相对化。扮演附属但不可替代的"服务"角色的女性，一直致力于维持以及再造我们生活于其中的这个社会。这一发现对一切我们自以为了解的社会知识提出了质疑，它的启示意义是当代女性主义理论在社会学理论中重要性的核心体现。

女性主义理论对既有的知识体系进行了解构，指出了其中的男性主义偏见以及型构与引导这种偏见的性别政治学。之所以说既有的知识被"解构"了，是指我们发现了迄今为止隐藏在作为既定的、单一的和自然的知识表达背后的立场——这种表达是依赖于社会性的、关系的和权力的分配的建构。但是，在过去二十多年里，女性主义本身也已成为解构的主体。在过去十年里，它尤其承受着来自其自身理论边界内的解构压力。第一种，也是最为强烈的压力来自一些女性，她们对女性主义引领者的白人、特权地位以及异性恋身份进行质疑——提出质疑的女性来自于有色种族、后殖民社会、工人阶级以及女同性恋者。这些女性从"边缘对中心"（Hooks，1984）的角度发问，表明有许多处境不同的女性以及许多类型的女性中心知识体系，她们既反对既成的、男性为主的知识主张，也反对任何单一女性立场的霸权性质的女性主义主张。女性主义内部的第二种解构压力源于日益壮大的后现代主义，后者对不加区分的性别概念提出质疑，也对将个体本身视作体验性别和世界之源头的意识和人格的稳定所在提出疑问。上述质疑对女性主义认识论——其宣扬真理的知识体系——产生了潜在的影响，在下文"交叉性理论"以及"女性主义与后现代主义"等小节中，我们对此会有更充分的探讨。

对性别的理论化——从20世纪60年代至今的社会学

自20世纪60年代起,社会学家以四种方式对女性主义基本问题的挑战进行了回应:首先,将对这些问题的回答融入社会学主要的研究领域,这一努力还在进行中;第二,试图使既有的社会学理论重新指向这些问题;第三,成为某个独特的女性主义理论的代表;以及第四,致力于建立女性主义理论的完善体系。第一种回应涉及大量的理论文献,已超出本章所能讨论的范围。这一节将会对第二种回应进行简要回顾,而第三和第四种回应则会在接下来的各节中进行更充分的讨论。在此,我们把对第二种回应的讨论放到现代宏观—社会性别理论、现代微观—社会性别理论以及布尔迪厄、哈贝马斯和吉登斯等人对女性主义的论述中来进行。

现代宏观—社会性别理论

从三个主要的宏观—社会取向出发,理论家对女性主义的第一个问题"女性是怎么回事"做出了许多回应。本书在之前各章已对以下三种取向进行了充分讨论——结构功能主义(第三章)、冲突理论(第三章)以及西方新马克思主义世界体系理论(第四章)。这些领域的理论家运用了同样的分析过程,即把性别放在对大规模社会现象的一般理论表述中。首先,他们将大规模社会现象界定为相互关联和互动中的结构体系,这个体系被理解成"行为中模式化的规则"(Chafetz,1984:23)。功能主义者和分析冲突理论学者强调民族—国家,偶尔也强调前现代文化性群体形成的重要性,后者尤其体现在分析冲突理论中;世界体系理论将全球资本主义看作是一个跨国家体系,民族—国家则是其中的重要结构。这些理论的差异主要围绕着理论家特别重视的特定结构和系统过程。近来的一个重大发展是性别本身也必须被看成这样一种结构,与其他结构产生互动而且不能被还原为它们的构成之一(参见本章"自由女性主义"一节)。第二,这些理论家进一步将女性定位于所描述的系统内部。上述三种宏观理论得出了同样的结论,即女性的首要场所——也就是说在一切文化中都属于特定的女性"领域"的地点——是家/家庭(household/family)。以这一首要场所为基础以及始终将其作为一个设计条件,女性也可能拥有其他重要的结构性的活动地点,这一点最显著地体现在市场经济之中。这一议题随之转变成如何理解社会系统中家/家庭的功能,以及如何勾勒家与经济之间的关系。第三,上述这些类型的性别理论学者中的每一位都试图根据对家/家庭、经济以及一般的社会—系统需求与过程的三角结构校准(triangulated structural alignment)方法对性别分层进行解释——性别分层被认为是女性会普遍遭遇的社会不平等。

功能主义

功能主义性别理论的主要代表人物是米里亚姆·约翰逊(Miriam Johnson,1988,

1989，1993；也可参见 Giele and Holst，2004）。作为一个功能主义者和性别主义者，约翰逊首先指出，功能主义并没有足够充分地探讨女性在社会中的不平等地位。她认为帕森斯的家庭理论存在无意识的性别偏见，同时，功能主义使社会不平等、控制以及压迫等问题边缘化——这种倾向源于功能主义对社会秩序的首要关注。她也中肯地指出，帕森斯式的功能主义在分析上表现出较高的适用性和灵活性，这些优点应该为性别分析所继承。她重申了许多新功能主义的立场（参见第三章）。约翰逊还探讨了一些帕森斯核心类型学方法与性别的相关性，如作为社会系统基本单位的社会角色、表达性（expressiveness）与工具性（instrumentality）的角色倾向、与其他制度有关联的家庭制度、社会系统的必备功能（适应、目标达成、整合和模式维持）、社会行动的分析层面（社会的、文化的、人格的和行为的层面），以及社会变化阶段（分化、适应性提高、整合和价值一般化）等。

功能主义者对于性别的理解中最值得关注的是约翰逊对于帕森斯某些理论思想的应用，如表达性和工具性角色的概念、就家庭与其他制度关系的看法以及功能先决条件模型等。约翰逊将大部分性别不平等的根源归结于几乎存在于所有已知社会的父权家庭结构。家庭的功能区别于经济体和其他"公共"制度，它是儿童社会化的场所以及成年人情感上的依托。家庭活动则是社会凝聚和价值再生产（整合和模式维持）的基础。女性在家庭结构中首要的社会定位便是这些基础功能的重要生产者。在这些活动里，女性须具有表达性的角色倾向，也即情感协调和回应关系。女性在家庭中的功能以及这种表达性的倾向影响了她们在所有其他社会结构中的功能，特别是经济体中的功能。例如，女性在职业选择上被定位为适合表达性的工作类型，在由男性主导的职业中，她们被期望具有表达性特质，但也因为这种倾向而受到排挤。同时，她们对家庭的责任限制和阻碍了她们的经济参与度。

然而，所有上述这些功能并不能充分解释导致女性不利地位的性别分层体系。为了理解为什么性别分层得以产生，我们必须回到父权家庭的视角上。在照顾孩子这种表达性倾向中，女性的行动是有力的和权威的，令她的孩子们获得对"普遍人性"的认识。而制度和文化的约束要求女性在她的丈夫面前处于弱势地位，在表达上服从后者，她的丈夫则根据工具性的经济收入使其家庭获得一定程度的经济安全和竞争力。看到母亲扮演这种"软弱妻子"的角色，孩子们习得了对父权的敬畏及对表达性倾向的贬低，相对而言，工具性似乎更有权力以及更有价值。男性的工具性价值比女性的表达性价值更有效的这种观念被辐射到文化之中。这一价值立场不存在实践的基础——除了在受到父权意识形态约束时。约翰逊的冀望之一是女性运动可以带来社会和文化的变迁，从而推动对表达性进行系统性的重新评价。

与此同时，约翰逊必须探讨父权文化如何运转且制造出系统均衡和社会秩序。她建议（1993）我们追问这样的问题，即"它对谁有功能意义"。在这个问题上，她超越了帕森斯的功能主义，后者认为功能应当根据系统本身来理解。"对谁有功能意义"的问题涉及权力不平等以及利益冲突的议题，对理论家而言是一种批判性的而非价值中立的立场，与功能主义的立场恰恰相反。关于女性以及性别的议题一直以来都会激起诸多争论。

分析冲突理论

珍妮特·查菲茨（Janet Chafetz）是从分析冲突理论视角研究性别问题的、最有影响的一位理论家（1984，1988，1990，1997，1999；也可参见 Dunn, Almquist, and Chafetz, 1993）。与约翰逊不同的是，查菲茨借助的是一个具有相似框架的理论研究网络（Blumbert, 1978, 1979, 1984; R. Collins, 1975; R. Collins et al., 1993; Demetriou, 2002; Huber, 2004; Skelton, 2005；以及人类学家 Peggy Sanday, 1974, 1981）。查菲茨采纳一种跨文化和超历史的取向，试图在一切特定社会模式中对性别进行理论化。她尤其重点探讨了性别不平等或她所命名的——**性别分层**问题。查菲茨沿着分析冲突理论的视角开始她的性别分层研究：她发现社会冲突是反复出现的，因此从价值中立的立场着手对产生不同冲突强度的结构性条件进行了分析。

查菲茨接着探讨了所有社会和文化中影响性别分层（女性的不利地位）强度的社会结构和条件，包括性别的角色分化、父权意识、家庭和工作组织以及多种型构条件（如生育模式、家庭与工作地点的分离、经济剩余、技术复杂性、人口密度和恶劣环境等），上述这些均可以被看作变量。这些变量型构着家庭和经济生产的核心结构以及女性在两个区域之间移动的水平，故而它们之间的互动决定了性别分层的强度。查菲茨认为，当女性可以通过市场生产中独立和重要的地位来平衡家庭责任的时候，她们对不利地位的感觉最少。家/家庭不应被看成职场之外的情感区和育儿区，而应被看作照顾儿童、家务劳动以及为获得额外物质回报的工作（如家庭经营的农场）在其中进行的场所。女性或者通过家庭或者通过市场生产获得回报，这可以弥补其社会不利地位。家庭这种形式——其他许多变量交织作用的结果——其实正是促进或阻碍女性获得这些回报的关键结构。

查菲茨接着探究了如何有意识地追求**性别平等**（gender equity），试图发现一些可以改变女性处境的结构关键点。查菲茨对性别平等的主动追求，使得她突破了自韦伯以来分析冲突理论标志性的价值中立。对性别的研究再次使理论家——在本例中是一位具有专业学科研究背景的实践者——超越了理论而进入权力和政治议题。

世界—体系理论

世界—体系理论将全球资本主义的各个历史阶段看作社会学分析唯一的目标。全球资本主义世界—体系的重要结构包括：民族社会和其他独特的文化群体构成（如殖民地或土著人群）；还有同样重要的、这些社会和群体构成中的经济分层（核心、半边陲以及边陲经济）；它们之间以及内部的劳动、资本与权力的分工；以及每一个社会单元内部的阶级关系。该理论探索的典型过程是资本主义，故而它对所有社会单位中的个体的理解都须根据其在以创造剩余价值为目的的资本主义配置中的角色来进行。世界—体系理论对社会系统中女性地位的理解，典型地是以她们的劳动在多大程度上成为资本主义构成为根据的，也即根据她们成为资本主义生产和市场中的工人时的表现。一旦要对性别议题进行全面和深入的研究，社会体系的这一模型立即面对了许多质疑。

凯瑟琳·B.沃德（Kathryn B. Ward, 1984, 1985a, 1985b, 1988, 1990, 1993; Ward and Pyle, 1995; 也可参见 Fieldman, 2001; Sassen, 1998, 2004; Wallerstein, 2000）认为：（1）只有从事家务及非正式经济中的劳动者得到了适当的考虑，我们才能够理解世界—体系；（2）由于女性构成了这类劳动力的一大部分，她们在世界体系理论中必须被赋予特殊的关注，而不能被简单地归为"工人"。家务劳动包括维持和再生产工人所需的一切工作；非正式经济则是一种工作组织方式，劳动与资本在这里没有明确的分界，也缺乏法律或资本主义组织制订的劳动法规。沃德指出，这两种在很大程度上被忽视的、非资本主义式的经济大约占据全世界工作总量的66%，而且在这两种经济中进行的工作的扩张速度与全球范围内**资本主义扩张自身的速度正好**是相同的。于是，在世界体系中回答"女性是怎么回事"这一问题，揭示了一个与全球资本主义共存、互动并日益扩展的、非资本性生产的"次大陆"。在女性的全球性工作模式中——总是存在从事家庭工作的迫切需要以及在不断变化的世界中离开家庭参与到非正式的和资本主义的经济中——我们发现了一个对世界体系中工作结构进行理论化的切入点。最后，沃德认为，女性不被支付报酬的劳动对于世界经济有特殊贡献，而这种贡献以及男性对女性的支配不能仅仅被理解成资本主义的产物，而是"具有自身逻辑的、独特的现象特质"（Ward, 1993: 52）。

现代微观—社会性别理论

微观社会学理论家较少关注如何解释女性的社会不利地位，而是把重点放在解释女性在互动中对性别现象的社会理解。他们追问性别在互动中以怎样的方式出场以及互动如何生产了性别。两种主要的有关性别的微观社会学理论分别是符号互动论（Deegan and Hill, 1987; Frost, 2005; Goffman, 1979; Hollander and Howard, 1997; McGregor, 1995）和常人方法学（Dozier and Schwartz, 2001; Fenstermaker, West, and Zimmerman, 1991; Kessler and McKenna, 2000; Layte, 1998; West and Fenstermaker, 1993; West and Zimmerman, 1987）。

符号互动论的性别理论开始于一个假设，它也是一切符号互动论分析的核心，即"性别认同和其他社会认同一样都从社会互动中产生，融入到个体跨情境的自我中，它必须持续地在变化的互动情境中得到确证……因为自我总是要接受持续不断的经验测试"（Cahill，1980：123）。符号互动论扭转了弗洛伊德的观点，后者认为性别认同**发展**的关键因素是对同性别的父母的认同。相反，符号互动论认为孩子在学习语言的过程中认识到语言的性质是识别，并由此自我识别为"男孩"或"女孩"，并习得对"妈妈"和"爸爸"的识别。符号互动论者的理论表明个体会在不同的情境中维持性别化的自我。由此归纳得出的一个核心观点是，习得过程中的个体通过内在和外在的对话，掌握了关于什么意味着男人及女人的一系列观念和词语。个体将性别化的自我带入到情境中，并试图根据这种内化的定义行动。该定义可能在不同情境下的互动中获得修正，而且是人们跨情境行为中性别构成的储备库。

　　常人方法学者从齐默尔曼的假设（1978：11）出发，即"社会生活的看似客观的、事实的以及跨情境的特征，实际上是本地化过程中有意为之的成果和成就"。常人方法学者对**性征**（sex，即男性或女性的生理类别）、**性范畴**（sex category，即作为男性或女性的社会身份）以及**性别**（gender，即符合作为男性或女性之社会期待的行为）进行了理论上的重要区分。考虑到强调固有的性别认同内化或许会将性别还原为性征的某种属性——个体固有的一部分——常人方法学指出，性别并非固着于个人，而是在情境中通过互动获得的。由于性范畴可能是个体的一种持续存在的特征，性别的获得也可能是社会情境的某种持续存在的特征。人们对于什么是适当的男性或女性行为之规范的认知要在情境中得到触发。人们在情境中获知他（她）们要对自己的性别表现"负责"，这种性别表现也受制于允许一个人作为男人或女人行动的情境以及情境中其他人对于他或她的行为是否认可。不同文化背景的人们——包括不同的阶级和种族文化——可能发现在性别认同上其观念互不相容：某个人觉得适当的男性或女性行动在另外一个人看来却并不恰当。另一方面，常人方法学研究也显示，从家庭情境之外的角度看起来很不平等的家庭劳动分工却有可能被家庭内部的各方所接受，成为需遵循的规范预期。近年来，常人方法学对性别的探讨已经成为女性主义的一个主要理论课题，伴随着同时期出现的后现代理论家朱迪斯·巴特勒的操演性（performativity）概念，这一理论研究获得了更多关注（参见下文的"性别差异"一节）。

　　符号互动论和常人方法学都认可以及假定存在关于性别的规范概念的制度环境。戈夫曼（1979）在早期曾经指出——以及在后现代主义影响下（Denzin，1993）的符号互动论者也日益确认——性别的规范概念并非独立地获得其意义，或许首要地源于与他人的互动。经过加工的信息——出现在广告、电视、电影、书籍以及杂志上的媒体映像——在没有互动介入的情况下，可以直接地将性别概念施加于成人及孩子。这些经加工的信息提供了戈夫曼所谓的性别"展示"（display）：为既定互动条件中的男性和女性提供适当"校正"的"简化、夸大和刻板的"信息。这一分析引发了因果上的困惑：是媒体在仿制生活，还是生活在仿制媒体？正如我们见到的许多案例，针对性别的微观社会学研究只基于其自身的既定范式,并没有挑战这些范式中的男性偏见,这类挑战将由下文讨论的女性主义社会学理论来提出。

布尔迪厄、哈贝马斯和吉登斯等人理论中的女性主义

女性主义者还探讨了在当代社会学理论中特别有影响力的三位社会学家——皮埃尔·布尔迪厄(见第十章)、安东尼·吉登斯(第十一章),以及尤尔根·哈贝马斯(第十一章)——对性别的研究。

吉登斯

有些反讽但可以理解的是,尽管在这几位理论家中吉登斯对性别问题做了最明确的阐述,他却从女性主义者那里得到最少的回应。吉登斯否定以下的主张:我们目前生活在一个宏观社会意义上的后现代世界,这个世界已从过去三个世纪的社会结构设定中实现剧烈转向——超越了社会的"现代"阶段。相反,吉登斯认为目前的历史现状是**高级现代性**(high modernity),现代性的模式还在持续,但处于加速之中,并且常常发生不可预测的、宏观层面的变迁,它的特征包括全球化、风险、不确定性,以及大规模非人化力量以适当性和标准性为目的而对日常生活中的微观社会现场进行入侵和转化。吉登斯将性别关系看作微观社会抵制宏观趋势的重要范畴。在高级现代性阶段,为了对抗非人化的力量,个体越来越强烈地转向性别关系,以生产一种对于亲密关系体验来说必要的、激进的平等。他认为女性以及女性主义对于推动实现这种平等来说具有重要的价值。

然而,一些女性主义社会学家质疑吉登斯将平等与性别关系的亲密体验联系在一起的做法,例如,在有关家庭财务的谈判上,个体化似乎比相互关系更为多见(Pahl,1999;Vogler,2005)。吉登斯理论对亲密关系的促进,是应对自高级现代性中出现的激进个体化的一种对抗力。而一些女性主义著作从性别和性别差异的视角来探讨这种结构和能动性的综合,指出对于男性和女性来说个体化可能表现为不同的形式(Demetriou,2002;Gerhard,2004)。学者们认为,不能认识这种不同形式的可能性,或许正是吉登斯有关性别的理论探讨中男性主义偏见仍在持续的信号之一。

女性主义者将更多的注意力放在布尔迪厄和哈贝马斯的理论上。尽管由于没有充分地讨论性别而受到挑剔,但这两位学者仍被认为提供了"**其他理论所无法提供的阐释力**"(如Skeggs,2004:21)。

哈贝马斯

关于哈贝马斯的第一点讨论是,尽管他的理论假定了性别角色的存在,却没有讨论性别不平等的问题(Fleming,1997)。不过,女性主义者还是从他基于**公共领域中的沟通行动**(communicative action in the public sphere)实践而提出的自由而民主的社会的可

能性愿景中获得启发。沟通行动话语的特征表现为：参与者对彼此平等地位的认可以及在既定情境中试图不带偏见地确立普遍适用的规范。公共领域被哈贝马斯视为建立公共舆论的地点，应当对每个人开放。它以某种方式存在于任何人们聚集起来以产生某种公共机构的地方，所有的人在这一公共机构中作为公民讨论大家感兴趣的事务。

女性主义者对公共领域的意义和建立它的实践进行了探讨。公共领域这一概念被认为至少在解决两个问题——一是马克思主义中将公共（the public）等同于政府的倾向；二是女性主义思想中将公共等同于任何不属于私人领域范畴的事务的倾向（Fraser，1992）。有效参与公共领域的能力源于个人在"生活世界"的经验，以及这种经验为言论自由提供的可能性。这些可能性依靠生活世界的力量回避"系统世界"对其进行"殖民"。女性主义者特别指出，生活世界的生产依赖于无偿的女性劳动。看护儿童的商业化是否构成系统世界对生活世界的殖民，还是会带给女性自由参与公共领域的更大可能，这个问题仍然会在人们中激发争议（Fraser，1995；Cohen，1995）。

哈贝马斯所提出的公共领域实际上是一种主体间事实（intersubjective reality）。麦克尼（McNay，2004b：178）认为这种对主体间性（intersubjectivity）的强调有可能解决女性主义思想中存在的一种张力——即文化变量和物质变量哪个更重要的问题："哈贝马斯使马克思主义重新指向了对生活世界首要性的认可。这一重新指向克服了生产主义者对工具理性收益的排他性强调……同时，（它也）是对后结构主义传统中相对主义及美学化倾向的唯物论矫正。"不过，女性主义者最为关注的是扩展人们平等进入公共领域的途径（McLaughlin，2004；Moorti，2002）。这些学者批评哈贝马斯的沟通行动实践研究受到"话语伦理"（discourse ethics）的引导，在他们看来，话语伦理基于抽象的正义原则以及抽象的"他者"（the Other）概念，而女性主义寻求将基于即时情境之具体的、长久以来的女性主义关怀伦理注入这一话语（Benhabib，1995；Nagel，1997）。女性主义者批判所关注的是在学者们看来，哈贝马斯所倡导的、将正义概念看成是参与其中的每个个体一致同意的规范，是一种男性主义偏见，这种立场忽略了实践话语情境中长期存在的女性不平等。而女性主义者则致力于推动对"沟通行动中包容性要素……的关注"（Pajnik，2006：385）。

布尔迪厄

针对布尔迪厄的理论，女性主义理论者试图将性别加入一个社会和社会关系的理论模型，该模型尽管经过严密论证且十分富有启发性，却几乎完全没有注意到性别问题（Adkins，2004a）。实际上，这个模型在某些时候，正如哈贝马斯的理论一样，为了使世界如理论描述那般运转，需要传统意义上的性别角色的存在。

鉴于女性主义者对于布尔迪厄理论的较多运用，在此有必要对他的社会模型作一简单介绍（更多讨论，请参见第十章）。就最基本的结构来说，布尔迪厄的模型包含四个主要的部分。**实践**（practice）是为了在某一**场域**（field）中获得位置的所作所为，而场域是能够产生关系网络和规则并支持维持二者之必要实践的社会生活领域。场域可能是无穷无尽的。其中，权力场域是最重要的，但也有经济场域、社会场域、法律场域、教育场域、家庭场域，等等。个体通过**惯习**（habitus）机制进入特定的场域实践中。惯习是行动倾向的系统，它产生于一个人生活历史的经验构成以及在场域中应对各种刺激的行为综合。当个体通过惯习机制进入场域的实践中时，他或她试图获得以及转换各种不同类型的**资本**，也即一个人在实践中所运用到的资源——如**经济资本**（财富）、**社会资本**（关系）、**文化资本**（关于在特定场域中如何实践的知识），以及**符号资本**（声望、获得注意的权利）。

女性主义者发现布尔迪厄的理论在处理女性主义理论中一些反复出现的问题时是富有启发性的。麦克尼认为布尔迪厄的理论有助于解决主体性和具化（embodiment）以及能动性和结构之间的关系问题。惯习可以通过身体上的表现来表达，而这些身体上的表现又是被社会训练所预置的，布尔迪厄的惯习概念由此将"社会性整合到身体中"（Mcnay，1999：99）。布尔迪厄的社会世界作为一种自然空间——即具化的个人在其中寻求自身位置的一系列自主的或相互关联的场域——为解决女性主义理论中持续存在的、能动性和结构之间的张力提供了一种有益的想象。一如麦克尼（2004a：184）所写："通过将社会位置描绘为空间位置，符号性和物理性的权力关系以及即时经验和不可见的结构之间的复杂互动得以被阐释出来。"

托瑞尔·莫依（Toril Moi，1991，1999）所呈现的性别在功能上是与布尔迪厄的社会阶级意义相近的，这是试图将性别纳入到布尔迪厄理论模型中的一个重要尝试，即二者都型构着社会场域（social field）——一个一般性的、发散的以及与其他几乎所有场域都相互交错和关联的社会关系领域。作为社会场域之一部分的性别不是一个独立的体系，而是一个"特别具有交融性的社会类别，它渗透并影响其他任何一种社会类别"（Moi，1999：288）。女性主义理论家或直接或间接地跟随着莫依的理论观点，对性别"渗透和影响"实践、场域、惯习、资本以及社会变革动力的方式进行了分析。

布尔迪厄对于女性主义分析来说最可借鉴之处或许在于他对统治和社会变革过程的解释。布尔迪厄指出，只有"当行动者获得授权而在某一领域有权威性的表达或行动时"（Bourdieu，引自Lovell 2004：48），一个阶级才算存在。这一观点被洛弗尔（Lovell）所借鉴，用来探讨女性主义和女性行动者在将女性塑造为一个社会阶级时所扮演的角色。阿德金斯（Adkins，2004a）则关注性别化的惯习在进入某一之前不存在这种惯习实践的场域（例如之前不对女性开放的职业领域）时的潜在效用。在这种情境里，"在惯习（对游戏规则的感知）和场域（游戏规则本身）之间缺乏'适配'"，这将导致实践更加具有反身性（Adkins，2004b：191）。

女性主义理论家也对布尔迪厄的某些观点提出了质疑，如布尔迪厄强调女性/母亲就儿童早期惯习形成以及承袭源自父亲的社会地位而言是文化资本的传递者。布尔迪厄的理论基于西方传统的男性主导而女性服从的性别惯习，这一倾向被认为限制了他回应性别秩序正在发生变化这一社会现实的能力（Silva，2005）。

当代女性主义理论之流派

在这一节，我们会讨论当代女性主义的各个类型，它是女性主义社会学理论建构的基础。① 我们的类型学讨论根据对女性主义最基本问题的回答展开，即如何看待"**女性是怎么回事**"。对此问题的回答基本上有四种（可参考表9.1）。第一种着重于**性别差异**——认为女性在大多数情境里的地位和经历与这些情境中的男性是**不同**的。第二种着重于**性别不平等**——女性在大多数情境下不仅与男性有差异，还处于更为弱势或**不平等**的地位。第三种强调**性别压迫**——即男性和女性之间存在直接的权力关系，女性被男性限制、压制、模塑、利用以及虐待。第四种认为女性的差异化、不平等和受压迫的经历因她们所处**结构性压迫**的社会配置中的位置而有所不同——这些社会配置包括阶级、种族、族群、年龄、亲密关系偏好、婚姻状况以及全球定位等。

以此为基本范畴，我们还可以根据对第二个或者阐释性的女性主义问题的不同回答来对女性主义理论进行区分——即如何看待"**这种情形为什么存在？**"（表9.1总结了对这一问题不同类型的回答）。在这一节末尾，我们讨论了女性主义和后现代主义之间不断发展的对话。不过，由于后现代主义女性主义者并没有从女性主义关于"女性是怎么回事"这一基本问题出发来进行概念化讨论，它在这一节的位置较为独特——表9.1中的分布表明了这一点。

这一类型学的划分提供了一种对产生于社会学内部和外部的当代女性主义理论知识体系进行整理的方式。它也有助于我们梳理与性别社会学相关的扩展研究。尽管性别社会学对男性和女性关系的强调不同于女性主义理论批判性的、以女性为中立的人类体验模式（Chafetz，2004），但一些社会学家从性别社会学的立场出发已经进行了许多对女性主义理论发展来说具有重要意义的研究。同时，许多社会学家还直接地参与到女性主义理论的发展工作中。女性主义理论和性别社会学之间的连接可以解释女性主义理论工作在理论准则和实践上的"扎根性（groundedness），也即研究和理论"发现"之间持续

---

① 一些分类体系已经存在，如Chafetz（1988）；Clough（1994）；Glennon（1979）；Jaggar（1983）；Jaggar and Rothenberg（1984）；Kirk and Okazawa-Ray（1998）；Lengermann and Wallace（1985）；Snitow, Stansell, and Thompson（1983）；Sokoloff（1980）；and Tong（1998）等发展出来的类型。读者或许有兴趣参考这些研究，用以平衡或详细了解我们这里所讨论的理想类型。结合来看，学者们以这些研究为基础已经发展出来许许多多的女性主义理论类别，包括黑人女性主义、保守主义、表达主义、生态女性主义、存在主义、全球工具主义、女同性恋女性主义、自由主义、马克思主义、极端主义、心理分析女性主义、激进主义、分离主义、社会主义以及综合主义等。我们在这里所发展的类型学试图囊括大部分这些理论，尽管很多时候并不存在特定的标签对应。

的动态关系。理论主张在研究表述中经常是归纳式的——频率至少与对理论本体的演绎运用一样频繁。事实上，如多萝西·E. 史密斯（Dorothy E. Smith，2002：ix，x）的评论，女性主义社会学理论的一个标志是它"受到研究方法的制约"，这使得它"与女性主义……哲学和文学理论分开来"。

女性主义理论基本流派——对描述性问题的回答，"女性是怎么回事？"	理论内部的差异——对阐释性问题的回答，"女性的状况为什么如此？"
性别差异	
在大多数情境下女性的位置和经历与男性是**有差异**的。	文化女性主义 存在主义和现象学社会学理论 ・制度的 ・互动的
性别不平等	
女性在大多数情境下不仅与男性有差异，还处于更为弱势或**不平等**的地位。	自由女性主义
性别压迫	
女性受到**压迫**，不仅在于与男性之间存在差异或者不平等，还在于她们受到男性的限制、压制、模塑、利用及虐待。	精神分析女性主义 激进女性主义
结构压迫	
女性差异化、不平等及压迫的经历根据她们在资本主义、父权制和种族主义中的社会地位而不同。	社会主义女性主义 交叉性理论
女性主义和后现代主义	

表9.1　女性主义理论流派概览

　　这种类型学划分在分析意义上呈现了对女性主义社会学理论具有启发性的理论传统，这是一种理想化的划分，但我们也需要对这一划分保持警惕，具体体现在以下方面：一是类型学划分描述的是理论的立场（position）而不是特定理论家的定位（location）。很多时候立场本身是补充性的，在理论家的职业生涯中，他/她可能持有几种立场。二是女性主义理论和女性主义社会学理论是持续变迁的动态知识体系。当前这一类型学划分与下面的学术趋势相关：首先及最重要的是，过去几年里不断增加的理论综合以及朝向批判性的评估趋势，后者关注不同的理论要素如何才能相互补充及融合以促进一般女性主义理论的发展。其次，主导性的问题从女性被压迫的主题转移到影响世界人口大多数人类（男性和女性）生活的压迫实践和结构的主题上。第三，在强调文化和意义的阐释与强调权力之实质后果的阐释之间发展出重要的张力分界。第四，关于意义和物质之解释力的争论日益强调使性别问题化，也即，试图对习以为常的、女性主义第二次浪潮的基础概念进行质疑。第五，女性主义理论在实践中正成为库恩所提出的"规范科学"，也就是说，女性主义理论的假设理所当然地被当作诸多经验研究的起点（可参考 S. P. Turner，2004）。最后，根据类型学进行区分的各种理论所面对的并不是一个公平竞争的环境。在目前的社会政治情境中，一些理论处于相对隐性的地位，也即，这些理论在过去曾做出显著的贡献，但目前并没有得到更多发展——最突出的便是精神分析的女性主义，在某种程度上也包括激进的女性主义理论。目前比较活跃且得到发展的理论以常人方法学和交叉性（intersectionality）理论表现最为突出。

性别差异

性别差异理论是历史最悠久的女性主义理论之一。尽管"差异"的概念在历史上一直处于几种女性主义理论争论的核心，但在这里，我们对此概念的运用是指对男性和女性在行为和经验上表现相同或不同的意义进行描述、解释和追溯的理论。所有性别差异理论必须要面对所谓的"本质主义论证"，即男性和女性之间的根本差异是不可改变的。差异的永恒性经常被认为源自三种因素：(1) 生物性；(2) 让男性和女性满足不同社会角色的制度需求，家庭是其中最重要但并非唯一的社会制度；以及 (3) 作为自我定义行为的一部分，人类要根据存在主义或者现象学的需求而制造"他者"。一些女性主义学者由此开始对社会生物学产生浓厚兴趣，这一点突出表现在爱丽丝·罗西（Alice Rossi，1977，1983）的理论中。她所探讨的论题是人类的生物学特征决定了男性和女性之间的众多社会差异。不过总体而言，女性主义对社会生物学仍然持反对态度（Chancer and Palmer，2001；Risman，2001）。在女性主义理论界享有重要地位的性别差异理论具有多元化的理论来源，如女权运动、心理学、存在主义哲学、社会学分析的两大分支以及后现代主义等。

文化女性主义

文化女性主义在众多女性主义理论分析中的独树一帜，主要是因为它较少强调对差异起源的解释，而更多着重于探讨——甚至可以说歌颂——女性独特存在方式的社会价值，也即，女性不同于男性的方式。这一取向使得文化女性主义可以回避而不必去解决本质主义的问题。

在男权话语体系中，关于永恒之性别差异的本质主义观点与女性站在对立面，它宣称女性不如男性，认为这种自然劣势可以解释女性的社会服从。这种观点随后被第一次浪潮中的女性主义者所扭转。她们创造出了文化女性主义理论，歌颂所谓"女性特征"或"女性人格"的积极意义。玛格丽特·富勒（Margaret Fuller）、弗朗西斯·威拉德（Frances Willard）、简·亚当斯以及夏洛特·珀金斯·吉尔曼等理论家是文化女性主义的支持者，认为在国家统治之下，人类社会需要合作、关怀、和平主义以及解决冲突的非暴力方式等女性品质（Deegan and Hill，1998；Donovan，1985；Lengermann and Niebrugge-Brantley，1998）。这一传统一直持续到今天一些理论观点中，如女性具有独特的伦理判断标准（Day，2000；M. Friedman，1993；Gilligan，1982；V. Held，1993）、女性意识中的"关爱"模式（Fisher，1995；Reiger，1999；Ruddick，1980）、女性沟通的模式（Bate and Taylor，1988；M. Crawford，1995；Tannen，1990，1993，1994）、女性开放的情感体验能力（Beutel and Marini，1995；Mirowsky and Ross，1995）、女性对性和亲密关系的想象（Radway，1984；Snitow，Stansell，and Thompson，1983）、女性攻击行为的低概率以及更擅于和平共处的能力（A. Campbell，1993；Forcey，2001；Ruddick，1994；Wilson and Musick，1997）。

当代文献中最常见的文化女性主义主题来自卡罗尔·吉利根（Carl Gilligan）的理论，她认为女性运用的道德理性有别于男性。她对比了两种伦理形式，"关怀伦理"可以被看作是女性的，它强调各方都能感受到自身的需求被注意和被回应；"正义伦理"则可以被看作是男性的，它强调对各方平等权利的保护（Gilligan and Attanucci，1988）。尽管有许多研究关注人们在使用这两种伦理时是否存在性别差异，但是吉利根的研究更为持久的影响却在于它将关怀伦理视为普世性的道德立场（Orme，2002；Reitz-Pustejovsky，2002；F. Robinson，2001）。文化女性主义对于社会变迁最深刻的启示体现于它的下述观点，即女性文化中认知和存在的方式相对于男性文化而言或许才是建立正义社会的更健康的方式。

存在主义和现象学分析

提出存在主义和现象学分析的女性主义思想家发展出了女性主义理论中最持久的主题之一：女性在男性创造的文化中作为"他者"被边缘化。该主题的经典表达即西蒙·波伏娃的《第二性》(*The Second Sex*，1949/1957)，但巴特斯盖（Bartsky，1992）、戴利（Daly，1973）以及奥特加（Ortega，2001）等许多学者的有关论述也具有相当的重要性。这些理论阐释指出，人类栖息的世界是从男人所创造的文化中发展起来的，它假定男性是主体，也即，将男性意识作为观察和界定世界的主体意识。这种文化从最好的角度来说，将女性的经验及认识自身的方式推向概念框架中的边缘位置，而最令人担心的观点认为，它创造了一个以女性为"他者"的建构、一个天生与作为主体的男性相对立的客观存在。沿着黑格尔、海德格尔和萨特的思路，西蒙·波伏娃认为以下这些观点是既定的，即"他者是人类思想的基本范畴"（1949/1957：xiv），二元对立是思想构造文化的主要方式之一。此外，个体将他人看成主体意识主权的潜在威胁，认为它限制着进行中的自我实现的能力。女性之所以有别于男性，一部分是排斥女性的文化建构的结果，另一部分也是女性自身将"他者"内化的结果。这里一个重要的问题在于女性可否从客体/他者的地位中获得解放，以及在这一解放中她们是否必须变得和男性一样抑或可以实现一种独特的主体性。波伏娃的论述倾向于指出［该观点由稍晚的法国女性主义者，如 Helene Cixous（1976，1994）以及 Luce Irigaray（1985a，1985b），加以激进地发展］当女性可以发展出一种属于自身的、独特的意识和文化时，这种对于女性和其他人而言的解放就会来到。

社会学理论：制度理论和互动理论

制度理论

这一理论假定性别差异源自女性和男性在各种制度背景下扮演的不同角色。决定差异的一个主要因素被认为是性别劳动分工。它将女性与妻子、母亲、家务劳动者等功能联系起来，与家和家庭这些私人领域联系起来，与一系列十分不同于男性的人生事件和经验联系起来。许多理论家曾分析过女性作为母亲和妻子在生产和再生产女性人格及文化时的作用，如伯格和伯格（Berger and Berger，1983）、J. 伯纳德（J. Bernard，1981，1972/1982）、乔多罗（Chodorow，1978）、里兹曼和费里（Risman and Ferree，1995），以及约翰逊（M. Johnson，1989）。这一系列理论思考的核心是家庭中的性别劳动分工。在这些理论家的描述中，家庭内部反复发生的经历可被带入其他制度环境，产生女性和男性之间的种种性别差异，如政治行为差异（投票行为的性别差异）、职业选择差异（女性较多地从事看护性的职业）、公司管理风格以及职业发展可能性的差异（如女性进入做妈妈的人生轨道）。制度配置理论（Institutional placement theories）其实可被归结为更深层的问题，即日常行为怎样生产了性别的永久化特征，但这一点使它承受了很多批评。制度配置理论承受的批评主要来自于以下两个方面。首先，当男性和女性占据同样的制度位置时，制度理论者不能解释性别差异的持续存在。实际上，正是由于性别作为独立结构的存在，许多女性主义理论家认为男性和女性永远不可能占据相同的制度位置。第二，许多社会学家认为制度角色理论是一种过于静态和决定论的模型。

互动理论

当下针对性别差异起源的、最精细的社会学理解源于常人方法学的分析，它将性别视为一种**成就**（accomplishment）。常人方法学（参见第七章）假定制度秩序、文化和分层系统由互动中个体进行中的活动所维持。当这一观点应用在性别上时，它产生了"人们在实践着性别（people do gender）"的理解——或者简单地说是"实践性别"（doing gender）。

韦斯特和齐默尔曼（West and Zimmerman）在1987年的《实践性别》（Doing Gender）一文中，区分了性征、性别范畴和性别三个概念，这一区分在目前看来已经成为这一理论立场的经典表述。一个婴儿在出生时就具有了生物性征的一些构成（尽管显著程度存在差异）。基于成年人在婴儿出生时对其性征的解释，婴儿被归到某个性别范畴。在这一归类完成之后，孩子及其周围的每一个人就开始逐渐实践性别，以性别范畴指定的适当方式来行动。每个人如何知晓什么是适当的这个问题在常人方法学中是通过**可说明性**（accountability）这一准则而得到解决的：人们并非随性而为，在互动中的人们认为他人的行为是"可说明的"，即以被期待的、有用的或可理解的方式来行动。也即，人们"以预期他人如何在特定场合中描述自身的行为而对行为进行管理"（Fenstermaker and West，2002：212）。由此，彼此互动的人们通过赋予意义以及维持世界运转来持续不断地生产性别。

例如，使用"正确"的公共洗手间是一种避免可能出现的窘迫的方式。它是一种避免困扰的方法，人们已经习以为常而不觉得自己在这样做时是在实践性别。拥抱、笑、抱怨的方式——传达着广泛的人类情感——是十分性别化的。当人们试图与他人进行交流时，她们/他们在情境中践行着这些方式。事实上，实践性别的理论取向凸现出一个问题，即**不**去实践性别是否可能？

目前这一取向的诉求不仅仅反映了其抽象的理论效力，也与美国历史具有一定的契合。在美国历史上的一段时期，许多人认为男性和女性具有更多相似性而非差异性，或者至少两性有很多共同的特质。常人方法学的理论视角认为两性在从性征到性别范畴再到性别这一运动中具有共同的起点：男性和女性都经历了这一运动，而且双方都被卷入实践性别的活动中。

虽然对"实践"的基本理解对女性和男性而言是不变的，韦斯特和芬斯特梅克（West and Fenstermaker，1995，2002）以及韦斯特和齐默尔曼（1987）意识到实践性别的一部分实质是"实践差异"（doing difference）——在行动中完成区分，识别某个人具有男性气质而非女性气质，抑或相反。通过从一个情境到另一个情境的重复，这种区分行动得以维持性别认同。而生产这种性别差异实践的社会机制即为可说明性以性别范畴的形式进行运作。

对这一取向的主要批评是认为——以及对于许多常人方法学的印象——它并没有清晰指出可说明性的标准从何而来，同时，鉴于在人们实践性别的个体互动中所产生的行为很多时候极其相似，常人方法学的取向可能太过于唯意志论（如Maldonado，1995；Weber，1995）。另外一些社会学家则指出，这一取向过于关注再生产而没有对抵抗行为给予充分说明，"过分强调规范概念的维持和再生产，而忽略了抵抗的对立过程"（Thorne，1995：448）。

"实践性别"作为一种理论通过与哲学家朱迪斯·巴特勒的后现代主义论题产生共鸣，即认为性别是一种"操演"（performance），而获得了更多的关注。"实践"和"操演"具有的日常生活意义引致一种困惑，即这两种观点是否实际上是一样的。芬斯特梅克和韦斯特（2002）以及莫洛尼和芬斯特梅克（Moloney & Fenstermaker，2002）试图提出综合的观点，在强调两者之间存在差异的同时，也指出二者都将性别刻画为在进行中的个体行动中实现的某些事物。

上述两种理论的主要差异还在于其不同的出发点。常人方法学者从性别如何在日常生活中获得生产这个问题出发；巴特勒则从伴随着女性主义最基本范畴——"女性"的不安开始。巴特勒的理论是反对本质主义的突出代表，本质主义在很大程度上主导着我们的日常生活，也是性别差异观念的来源。对于巴特勒而言，女性的范畴来自于生产性别的过程，她将这一过程称为"操演性"。她对**操演性**的界定还不完善，但这个概念是从言语行为理论（speech-act theory）中生发出来的，后者认为操演行为是"使它命名进而标记的构成性或生产性话语权力得以形成和发生的离散实践"（Butler，1995：134）。

言语—行为领域的哲人 J. L. 奥斯汀（J. L. Austin）曾提到关于操演行为的一个经典案例，即一位法官或牧师说"现在我宣布你们成为男人和妻子"。巴特勒将他的思想应用于性别，认为性别起源于互动中人类的操演行为："当初始的身份被认为是决定性原因时，性别认同也许会被重构为一种就接收意义而言的个人/文化的历史，这些意义来自于一组模仿性的实践，它们横向地指向其他模仿，并且共同建构一种初始的和内在的性别化自我假象或者笨拙地模仿这种建构机制"（Butler，1990：138）。

在巴特勒的思考中，人们并非从一开始就具有男人或者女人的内在认同，相反，他们/她们对男人和女人的理解依赖于其个人的生活经历以及在历史中的位置。这些意义引导着行动。当一个人观察周围，她或者他会发现其他人也以相似的方式采取行动。由此，当人们模仿他人、试图与文化上既定的男性气质或女性气质之观念相一致时，性别就被创造出来。这些观念于是有效地产生了人们所命名且视之为真实的核心性别自我。不过，巴特勒（1990：25）在驳斥尼采时指出，"并不存在性别表达之下的性别认同，这种认同乃由视为其自身结果的'表达'以操演性的方式构成"。在一个赋予异性恋特权的社会文化历史中，这些表达的核心是需要使自我区分于另一性别，以便参与持续的异性恋模仿。

常人方法学和巴特勒的后现代操演性理论有两大关键区别。首先，常人方法学如几乎所有的社会学理论一样，相信一个统一的、大致理性的自我——行为（doing）后面有一个存在（being），正是这一存在进行着选择。而巴特勒则如其他后现代主义者一样，对这种统一的自我存在提出质疑。其次，常人方法学的可说明性准则就理解一个人完成特定"模仿"背后的机制而言似乎较为清晰。

性别不平等

女性主义的性别不平等理论包含四个命题。首先，男人和女人在社会中的存在不仅有差异，而且是不平等的。具体而言，女性相对于男性而言获得更不利的物质资源、社会地位、权力以及自我实现的机会，女性与男性占据特定社会位置是阶级、种族、职业、族群、宗教、教育、国籍等因素交叉综合的结果。第二，不平等源于社会的组织方式，而非女性和男性之间的生理或个性差异。第三，尽管人类个体在潜质或特质上存在差异，但没有哪种自然差别足以区分两性。相反，所有的人类都具有这样的特征，即具有寻求自我实现之自由的深层需求以及适应情境中约束或机会的基本可塑性。因此，我们在说性别不平等时，也就是认为女性在情境中更少被授权去实现与男性同样的自我实现需求。第四，所有的不平等理论都假定女性和男性会以相当轻松和自然的态度来接受一个更为平等的社会结构与情境。换句话说，这些理论相信改变情境是可能的。以这种信仰为基础，性别不平等理论与性别差异理论形成了对立，后者勾勒了另一幅社会生活图景，其中性别差异更加持久、对于人格的渗透更深以及更难以被改变。

自由女性主义

性别不平等理论主要体现为自由女性主义。它认为女性对平等的要求以人类必不可少的理性道德能动性为基础，同时，它指出性别不平等是劳动分工之性别模式的结果，性别平等可通过转变劳动分工来实现，后者需要对核心制度进行重组——即重组法律、工作、家庭、教育以及媒体等制度（Bem, 1993; Friedan, 1963; Lorber, 1994; Pateman, 1999; Rhode, 1997; Schaeffer, 2001）。

历史上来看，自由女性主义论著的第一个要素便是对性别平等的声索。1848年在纽约的塞尼卡福尔斯起草的《感性宣言》（*Declaration of Sentiments*）中，这一声索第一次在政治意义上得到阐述。该宣言的目的在于比照《独立宣言》并使自身适用于女性。通过一段根据《独立宣言》进行修改的语句——"我们认为下面这些真理不言而喻，即所有的男人**和女人**生而平等"（黑体为本书所加），它改动了《独立宣言》的不平等清单，进而强调女性的境遇，并在结论中号召女性为了获得与男性平等的权利而行动。《感性宣言》在其表述中使妇女运动发出了如启蒙运动、美国与法国革命及废奴运动一样的知识分子话语。它为妇女争取自然法中基于理性道德人的全人类权利；它坚称否定女性获得快乐之权利的法律"悖离了自然的准则，不具有权威性"；它同时号召改革法律和习俗，恢复妇女在社会中的平等地位。**男性构建**的政府对女性权利的否定违背了自然法，是一种来自性别歧视主义多重实践的专制。《感性宣言》的激进性体现在它并未在家庭的背景下定义女性，而将其看作具有个人权利的自主个体（DuBois, 1973/1995）。自由女性主义依托于下面这些信念：(1) 所有人类都具有某些基本特性——理性、道德人以及自我实现的能力；(2) 这些能力的运用在法律承认其普世权利之后，即可以获得确保；(3) 通过性征所确定的两性之间的不平等是一种社会建构，不具有"自然"的基础；以及 (4) 达致平等的社会变迁可以依靠理智的公众以及政府的运作来达成。

当代女性主义理论在其发展中纳入了全球女性主义，后者反对北大西洋社会中的种族主义并致力于实现世界上任一角落的"女性人权"。这一言论体现在许多组织文件的基本表述中，如《美国妇女协会宣言》（the National Organization for Women's Statement of

Purpose）和《北京宣言》（the Beijing Declaration）。这些组织化的目标宣言基于一种将人的平等视为政府必须尊重之权利的、令人振奋的理论（这里的政府包括地方政府、全国政府乃至世界政府）。这一类的论述近来又引起许多争论，如关于生育自由之政治权利的争论（Bordo，1993；Solinger，1998），与后现代主义者之间关于制定权利原则的可能性及效用的争论（K. Green，1995；A. Phillips，1993；P. Williams，1991），以及女性主义对自由民主理论和实践的性别特征考察（Haney，1996；Hirschmann and Di Stefano，1996；A. Philips，1993；Thistle，2002），等等。

社会学中的当代自由女性主义在一定程度上将性别界定为一种结构而进行研究（Ferree，Lorber，and Hess，1999；Lorber，1994；Martin，2005；Risman，2004）。里兹曼（Risman，2004：432）将这一取向与以往根据社会结构来解释性别的分析区别开来（如在前述"性别差异"一节中讨论到的制度配置）：

> 虽然结构取向在之前已经应用于性别，但这类应用存在着根本的缺陷。应用于性别的一般结构理论假定如果女性和男性具有相同的结构条件和角色期望，从经验上可观察到的性别差异就将消失。但是……只有我们意识到性别本身是被深刻嵌入在社会中的一种结构，这种关于性别的结构视角才会是准确的。

里兹曼将性别描述为在三个层面上修饰人类行为的高度复杂的结构，这些层面是个体层面、文化/互动层面和制度层面（2004：437）。从这一视角出发，性别之社会影响的定义认为性别是"一种社会建构的分层体系"（2004：430）。自由女性主义指出，作为分层体系的性别产生了劳动的性别分工，使社会组织分化为公共和私人领域，并建立了性别主义意识形态的文化维度。

通过性别以及被标记为"公共"和"私人"的领域，现代社会中的劳动性别分工分离了生产。女性的首要责任在私人领域，男性则获得进入公共领域的特权（自由女性主义将公共领域视为获取社会生活真正报酬——金钱、权力、地位、自由、成长及实现自我价值的机会——的核心场所）。当然，女性获得公共领域的进入权是女权运动——以及自由女性主义和女性主义社会学的——的一个成就，正如女性感到可以要求男性对其私人领域的工作进行协助一样。私人领域和公共领域在女性的生活中（在男性的生活中则较少）持续地发生着互动，同时它们仍然受到在当代大众媒体中普遍存在的父权意识形态和性别歧视主义的形塑（L. R. Davis，1997）。

一方面，女性在教育、工作、政治和公共空间等公共领域仍然体验到受歧视、被边缘化以及骚扰等实践的限制（Benokraitis，1997；Gardner，1995；Hagan and Kay，1995；Reskin and Padovic，1994；Ridgeway，1997）。另一方面，在私人领域，她们发现当自己从职场回到家庭时受到了"时间困扰"（time bind），在孩子需要更多母爱这样的意识形态下，她们面临着从工作到照料家庭和孩子的"第二轮班"（second shift）（Hochschild，1989，1997；Shelton，2000）。女性承受的这些压力以复杂的互动方式表现出来——当代女性主义理论的一个特点便是试图去理解这些互动。女性在职场和专业领域中的竞争能力受到来自私人领域之需求的阻碍（Waldfogel，1997）。在公共领域，以男性的标准来界定的"理想雇员规范"（Williams，2000）加剧了女性家庭角色的压力，减少了女性在时间和精力上的资源，反过来又增加了家庭危机管理对于女性的要求（Hochschild，1997）。性别歧视主义将女性与私人领域的照顾、情感管理以及家务劳动等活动连接起来，而这意味着女性在公共领域中也被期待做一些额外的事情。与此同时，在一些"女性化"的技能被商品化和市场化时，它们常常被归类为低报酬的工作（Adkins，1995；Pierce，1995）。上述工作和家庭的性别主义模式使单亲母亲处于巨大的经济风险中，同时也是"贫困女性化"增长的一个因素（Edin and Lein，1997；K. M. Harris，1996；Hays，2003）。

自由女性主义分析中一个持续的研究主题是实现婚姻的平等。杰西·伯纳德（Jessie Bernard）的《婚姻的未来》（The Future of Marriage）是关于这一主题的一项经典研究。伯纳德的分析认为婚姻可以同时是信仰和理想的文化系统、角色和规范的制度性安排，以及女性和男性个体互动经验的复合体。在文化意义上，婚姻被理想化为给予女性承诺的起点和归宿，以及给予男性家庭生活、责任及约束的祸福兼有之事，在美国社会中它意味着丈夫和妻子之间平等的关系。在制度意义上，婚姻赋予丈夫权威的角色以及超越家庭情境的自由（事实上却是义务），它将男性权威的观念与性别上的刚猛气质以及男性权力挂钩，又要求妻子是服从的、依赖的、无思想的，基本上被限定在被孤立起来的家务劳动的活动和需求中。而在经验意义上，制度化的婚姻中存在两种婚姻：一种是男性的婚姻，丈夫怀有自己受到约束和要担当责任的信念，但同时体验到规范所支配的一切——权威、独立以及要求妻子承担家务、情感及性服务的权利；另一种是女性的婚姻，女性要符合所谓责任的文化信仰，同时体验到规范强制的无权和依赖性，以提供家务、情感以及性服务为义务，婚前作为年轻人的独立性逐渐"被削弱"。

在个人压力测量数据中，我们可以发现上述一切的后果。不管自称多么满足的**已婚**妇女以及多么自由的**未婚**男子，两者在所有的压力指标中都排名很高，这些指标包括心脏跳动次数、头昏、头疼、虚弱、噩梦、失眠、对于神经衰弱的恐惧等。而无论承受多大社会污名的**未婚**妇女和**已婚**男子在所有的压力指标中排名则相对较低。由此，我们可以说婚姻对男性有利而对女性不利。只有当夫妻双方都感到可以拥有自由来摆脱普遍存在的制度约束、寻找适合自身需要和个性的婚姻之时，婚姻才不会导致不平等的效应。近期的研究也证明伯纳德的分析对大多数婚姻是适用的（Dempsen，2002；Steil，1997），不过，一些夫妻正在通过自身的努力实现自由女性主义关于平等婚姻的理想（P. Schwartz，1994）。

自由女性主义推动变革的议程与她们/他们主张平等的理论基础以及对不平等原因的分析相一致。它的拥护者希望消除性别这一分配社会"物品"的组织原则，同时有意提出追求平等的普世准则。近期的一些著作甚至认为可以消除性别分类本身（Lorber，2000，2001）。自由女性主义者寻求通过法律——立法、诉讼以及规制等，以及通过诉诸人类的理性道德判断，也即公众受到要求公平之论著触动的能力，来实现变革。她们/他们努力争取平等的教育和经济机会、家庭生活的平等责任，在家庭和教育乃至大众媒介中消除性别主义的信息，在日常生活中面对性别歧视对个体的挑战。自由女性主义者致力于通过立法变革来确保教育平等并禁止工作中的歧视，监督常规执法部门，倡导将职场中的性骚扰在法律上界定为"工作歧视"，呼吁"待遇公平（pay equity）/同工同酬以及"可比价值（comparable worth）/劳动等价"（Acker，1989；England，1992；Rosenbert，1992）。

对于自由女性主义者来说，理想的性别配置应该是每个个体在行动时都能以自由、负责的道德人的身份选择最适合她或他的生活方式，而无论这一选择是家庭主妇、家庭妇男、单身主义、双职工家庭、要或不要孩子、异性恋或同性恋，都应获得接纳和尊重。自由女性主义者认为这种理想是一种可以增进美国核心文化理想中自由与平等的实践。自由女性主义因此与拥抱民主和资本主义的美国主流思潮以及它的改良主义倾向相吻合，与这种思潮所推崇的个人主义、选择、责任和机会平等诸多价值相一致。

性别压迫

性别压迫理论将女性境况描述为男性和女性之间直接权力关系的后果，男性在这一关系中因控制、利用和压迫女性而获得根本及具体的利益，也即实施统治的实践。性别压迫理论者认为**统治**是指满足以下条件的任何一种关系，即**统治者**一方（个体或集体）成功地使作为**附属者**的另一方（个体或集体）沦为满足统治者意志的工具。从概念的角度，工具性被理解为对服从者独立主体性的否定（Lengermann and Niebrugge-Brantley，1995）。对于性别压迫理论者来说，女性境况的核心是受到男性的统治和压迫。性别压迫模式以最深入和最普遍的模式被融入社会组织，是被广泛称为**父权制**（patriarchy）的统治方式的基础安排，这种社会的组织方式是在社会生活的一切方面都赋予男性特权。父权制并非另外一些因素组合——如生物学、社会化、性别角色或分层体系等因素——的非预期和第二级的后果。它是由强力且深谋远虑的意向所维持的、首要的权力安排。实际上，对于性别压迫的理论者而言，性别差异和性别不平等都是父权制的副产品。

我们在此将回顾性别压迫理论的两个主要分支：精神分析女性主义和激进女性主义。

精神分析女性主义

精神分析女性主义试图通过重组弗洛伊德及其学术继承人的理论来解释父权制（J.

Benjamin，1988，1996，1998；Chodorow，1978，1990，1994，1999；Langford，1999）。弗洛伊德学派的理论描述以及强调人格的情感动力，认为人的情感深刻地隐藏在灵魂的潜意识或无意识之中。它们还着重强调就情感形成而言婴儿期和孩童早期的重要性。在尝试运用弗洛伊德学派的理论时，女性主义必须从根本上修正弗洛伊德式的结论，在追随弗洛伊德理论中隐含的方向的同时也拒绝其性别特定性的结论，因为这些观点都是性别主义和父权制的。

正如所有性别压迫理论者一样，精神分析理论者将父权制看作男性征服女性的系统，这个无处不在的系统不随时间和空间的改变而改变，在面临偶然出现的挑战时仍可以维持其稳定。精神分析女性主义理论的独特之处在于它将父权制视为所有男性在日常生活行动中都试图创造和维护的一个体系。精神分析女性主义者力图解决的困惑是，男性为什么会坚持不懈地维护父权制，以及为什么女性缺乏对抗它的能量？

精神分析女性主义批驳那种认为实际利益的认知算计即足以解释男性对父权制的支持的论述。认知动员（cognitive mobilization）似乎并不足以解释为什么男性愿意在父权制上投入大量精力，这是因为，根据人类辩论和事后批评的天性，男性并不能随时随地确定父权制对于他们具有绝对价值。此外，在认知意义上追逐自我利益的论证意味着女性同样有能力积极地进行反对父权制的动员。与此相反，精神分析女性主义者关注经弗洛伊德理论有力描述的人类情感、被部分识别或尚未识别的渴望和恐惧，乃至神经症（neurosis）和病理学等领域。在这里，她们/他们揭示出一种临床上可被验证的、激发性的能量及无力感，起源于心理深层结构而未能被个体的意识所识别或监测。

在寻找父权制的能量基础时，精神分析女性主义者将其分析的视角转向儿童人格形成期的社会情感环境，以及早期儿童发展的两个层面：(1) 假定人类在成长过程中要学会如何平衡**个性化**（individuation）和**认可**（recognition）之间无法解决的张力，前者源于对行动自由的渴望，后者是指获得他人认可的渴望。(2) 一个可观察到的事实是，在所有的社会里，婴儿和孩童都在与一名女性（她们/他们的母亲或母亲的替代者）的近距离、不被打断的、亲密的关系中经历其最早期和最重要的发展（J. Benjamin，1985，1988；Chodorow，1978，1990，1999；Doane and Hodges，1992）。在缺乏以语言为工具来理解个人经验的婴儿和童年初期这一较长的时期里，个体经历了人格发展的最初阶段，体验到各种原始情感——恐惧、爱、恨、快乐、愤怒、失去以及渴望等——的持续波动。这些早期体验的情感结果常常作为有力但无意识的"感觉记忆"而与人们相伴随。这一经验残留的核心是针对女性/母亲/看护者的一种深刻矛盾情感的聚合：需要、依赖、爱、拥有，以及对于她是否有能力挫败某人意愿的恐惧和愤怒。儿童与父亲/男人的关系更加随意、次要，以及在情感上缺少关联。

以此为起点，在一种褒奖男性价值、贬低女性价值的文化中长大并逐渐意识到其男性身份的男孩，将试图艰难地快速分离与女性/母亲的认同——一种片面的、代价高昂的情感分离。在成年时期，早期对于女性的情感遗留——需要、爱、恨、拥有——使男人获得寻找属于自己的女性的动力，她要满足其情感需要，同时依赖并接受男人的控制，换句话说，男性有支配的渴望而且发现相互的认可难以实现。女孩对于女性／母亲有与男孩相同的情感，却在一种贬低女性的文化中发现其自身的身份。她的成长伴随着对于自身以及女性／母亲的、积极与消极参半的深刻情感，这种矛盾心理消耗了其动员抵抗其社会从属地位的许多潜能。她在成年时期通过强调自身与赢得认可相一致的能力来解决情感遗留的问题——通常是在性吸引方面服从于男性，在亲属维系和朋友方面与女性保持互助。女性不会寻求母亲的替代物，而是通过成为一名母亲来再造之前的婴儿—女性关系。

精神分析女性主义理论者还将其分析从个体人格扩展到西方文化。西方科学强调"人"与"自然"的明确分离，以及向人们许诺"客观"真理及控制自然的"科学方法"。这种传统观念受到了挑战，被重新解释为一种以渴望支配以及恐惧主体间认同为特征的过度个体化之男性自我的投射（Jaggar and Bordo, 1989; Keller, 1985）。而大众文化的主题——如在故事情节和影像中反复放置男性对女性的统治——被精神分析理论者解释为打破个人需求和认可需求之间必然张力的征兆（J. Benjamin, 1985, 1988; Brennan, 1994; Chancer, 1992）。在某种文化或人格中，当这种打破严重到一定程度时，两种异常状态将会出现——一是过度个体化的统治者，只通过控制行为来"认可"他者；另一种是过度非个体化的服从者，放弃自身独立性以获得作为统治者映衬的认可（Zosky, 1999）。

因此，精神分析女性主义者根据男性控制女性的深层情感需求来解释女性受压迫的状况，这种男性的情感需求是由对培养他的女性的矛盾心理所驱动的。女性或者缺乏这些神经症的特征，或者只具有补充性的神经症，无论是其中哪一种情况，在心理层面的表现是缺乏同等的、反抗统治的能量来源。临床精神分析证据支持了上述神经症在西方社会中普遍存在的观点。但是，精神分析女性主义理论在建立人类情感与女性压迫的直接联系时，无法找出连接情感与压迫的、介乎中间的社会配置，更无法提供情感、社会配置及压迫发生转变的可能线索。有几位理论学家曾经研讨过精神分析女性主义理论中未获认可的族群、阶级、国籍等假定，以及它们根据北大西洋地域中上阶层白人家庭的经验所做出的理论概括（Segura and Pierce, 1993; Spelman, 1988; Zhang, 1993）。不仅如此，精神分析女性主义理论几乎不能提供改变社会现状的策略，除非我们打算重建养育儿童的实践。这些理论指出了性别压迫的根源，但是还应进一步对社会学的要素和变革策略进行更为详尽的阐述。

激进女性主义

激进女性主义基于两种受情感掌控的核心信念：（1）女性作为女性具有绝对积极的价

值，这是一种反对贬低女性价值的普遍信念，（2）女性无时无刻不处于父权制系统的暴力压迫之中（Bunch，1987；Chesler，1994；Daly，1993；C. A. Douglas，1990；Dworkin，1989；Echols，1989；French，1992；Frye，1983；Jeffreys，1991；MacKinnon，1989，1993；Rhodes，2005；Rich，1976，1980，1993；Richardson，1996）。以与非裔美国人动员"黑人权力"以及大屠杀中犹太幸存者的"见证"相类同的战斗热情，激进女性主义者阐发了一种关于社会组织、性别压迫和变革策略的理论。

激进女性主义在每一种制度以及社会中最基本的、关于统治和服从的分层配置——异性恋、阶级、种姓、种族、族群、年龄和性别——体系中都看到其最根本的结构即为父权制。父权制不仅是历史上统治和服从的首要结构，而且仍将是最普遍和最持久的不平等体系，或说统治的基本社会模式（Lerner，1986）。通过参与父权制，男人习得了如何蔑视他人、将其视为非人类并进行控制。在父权制体系中，男性观察到而女性则习得什么是服从。父权制创造了罪行和压制、施虐和受虐、操控和受骗，男性和女性被驱赶从而接触到其他形式的暴政。对于激进女性主义而言，父权制是社会不平等现象中最少被注意到但最为重要的结构。

该理论分析的核心是将父权制描绘为由男性以及为男性所支配的组织所实践的、针对女性的暴力。暴力也许并不总是体现为明显的身体虐待，而可能隐藏在剥削和控制等更为复杂的实践中，如时尚和美的标准，母性、一夫一妻制、贞节观、异性恋等粗暴的理想典范，职场性骚扰，妇产科和心理治疗的实践，以及无偿的家务苦工和低工资的劳动等（MacKinnon，1979；Rich，1976，1980；L. M. Roth，1999；B. W. Thompson，1994；N. Wolf，1991）。只要一个群体为了自己的利益对另一群体的生存概率、环境、行动和感知力等进行控制，正如男性对女性所做的那样，暴力就出现了。

当激进女性主义将父权制与暴力相连接时，其核心主题是明显的、针对肉体的施暴，如强奸、性虐待、强迫卖淫、配偶虐待、乱伦、猥亵儿童、子宫切除或其他过度的外科手术、淫秽作品中的施虐、历史以及不同文化中的烧死女巫的行为、针对成年女性的石刑、对女同性恋的迫害、杀害女婴、虐待寡妇以及阴蒂切除，等等（Barnett and LaViolette，1993；Barry，1979，1993；Bart and Moran，1993；Bergen，1996；Buchwald, Fletcher, and Roth，1993；Hammer，2002；Kempadoo，2001；Mardorossian，2002；Martin, Vieratis, and Britto，2005；M. Owen，1996；Russell，1998；Sanday，1996；Scully，1990；Stiglmayer，1994）。

父权制之所以成为一种近乎普遍的社会形式，是因为男人能够动用最根本的权力资源——男性的身体优势来进行控制。一旦父权制得以建立，其他的权力资源——经济的、意识形态的、法律的和情感的——也被组织起来维护它。不过，身体暴力始终是其基础，无论在人际关系还是群际关系中，暴力总是用来保护父权制免受女性个体或群体的抵制（Captuti，1989；Faludi，1991；Riger and Krieglstein，2000）。

男人创造和维持父权制不仅仅是因为他们有足够的资源这样做，还因为让女性成为服从工具符合其真正的利益。只有女性才能满足男人的性欲望，只有女性的身体才能孕育孩子，而孩子可以满足男人的实践需要以及精神分析女性主义者在前文中阐明的神经症需要。女性不但是一种很有用处的劳动力，还可以装点男性的地位和权利。在对男孩和成年男性的、受到谨慎控制的陪伴中，她们可成为令人愉悦的伴侣、情感支持的来源，还可成为男性是社会核心意义这一认知的有效陪衬。这些有用的功能意味着任何地域的男性都寻求让女性保持服从。不过，不同的社会环境会对上述功能进行不同的排序，从而形成父权制形态上的跨文化差异。

我们要如何击败父权制？激进女性主义者坚信要击败父权制，必须从女性意识的基本改造入手。要让每一名女性都认识到自身的价值和力量；抵制父权制将女性看成虚弱、有依赖性的劣等阶层的传统；同时应与其他妇女团结起来，搁置彼此之间的差异，建立以广泛的姐妹情谊（sisterhood）为基础的信任、支持、欣赏和互相支撑（Chasteen，2001；McCaughey，1997）。一旦这种姐妹情谊得以建立，两种策略就显现出来：一种是对于所发现的任何形态的父权支配进行批判和与之对抗；第二是采取某种程度上的分离主义，推动女性进入属于自己的事业、家庭、社区、艺术活动中心、女同性恋关系等。女同性恋的女性主义是激进女性主义的主要流派之一，它的实践和信念是"对女性的爱和情感的投入是抗争父权统治的一个部分"（Phelan，1994；Rudy，2001；Taylor and Rupp，1993）。

对激进女性主义理论的评估需要注意到它融合了社会主义、精神分析女性主义关于女性附属地位的解释，同时又超越了这些理论解释。此外，激进女性主义进行了重要的研究以支持它的父权制归根结底是基于针对女性的暴力实践这一论题。激进女性主义提出了虽不完整但颇为合理的变革计划。激进女性主义的缺陷在于它排他性地集中于父权制这一焦点，简化了社会组织和社会不平等的现实。

结构压迫

如同性别压迫理论一样，结构压迫理论承认压迫来自以下的事实，即某些群体从控制、利用、压制其他群体中直接获益。结构压迫理论者所分析的是统治利益如何通过社会结构得以实现，本书将社会结构理解为在历史中出现的那些不断重现、被常规化的社会关系在一定规模上的配置，而且它通常表现为权力的配置。结构压迫理论者关注父权制、资本主义、种族主义、异性恋的结构，认为统治的实施和压迫的经验就存在于上述结构的相互作用之中，表现为它们彼此强化的方式。结构压迫理论不曾解除或否定个体统治者的能动性，但试图解释这种能动性为何是结构配置的产物。在这一节，我们要讨论结构压迫理论的两大类型：社会主义女性主义和交叉性理论。

社会主义女性主义

社会主义女性主义的理论研究围绕着三个目标发展起来：(1)从女性的经验立场出发对父权制和资本主义各不相同但又相互关联的压迫进行批判；(2)从对历史唯物主义的延伸理解中发展出明确及充分的社会分析方法；(3)将对于诸多思想之意义的理解融入人类事务决策的唯物主义分析。社会主义女性主义致力于实现对其他女性主义理论的综合和超越，尤其是其中的马克思主义女性主义和激进女性主义思想（Eisenstein，1979；Fraser，1989，1997；Giminez，2000，2005；Hansen and Philipson，1990；Hartsock，1983；Hennessey and Ingraham，1997；Jackson，2001；MacKinnon，1989；Dorothy Smith，1979，1987，1990a，1990b，1999a，1999b，2000a，2004a；Vogel，1995）。

前文已经谈到，激进女性主义是针对父权制的批判，而马克思主义女性主义则依照传统将马克思主义的阶级分析与女性主义的社会反抗结合在一起。不过，二者之间的结合如同不合拍的婚姻（Hartmann，1981；Shelton and Aggar，1993），未能发展出更强有力的性别压迫理论。更多情况下，由于女性的关注被嫁接至——而非平等地关联到——对阶级压迫的批判上，这一结合实际上压抑了关于性别不平等的表述。纯粹意义上的马克思主义女性主义在当代美国女性主义领域是一种相对陷入停滞的理论，但它对社会主义女性主义产生了重要的影响。马克思和恩格斯奠定了社会主义女性主义的基础（参见第一章）。他们主要的理论关注是社会阶级压迫，但偶尔会转向性别压迫，这方面最著名的著作是《家庭、私有制和国家的起源》（*The Origins of the Family, Private Property, and the State*，以下简称《起源》）。该书由恩格斯著于1884年，基于马克思于1883年逝世之前所作的大量笔记。我们要对这部著作作一简要的叙述，因为它对于了解古典马克思主义中的性别压迫理论以及历史唯物主义方法是很好的入门。

《起源》的主要观点是女性的从属地位并非起源于假定不变的生物特性，而是源于具有清晰及可追溯之历史且在理论假定的角度上可以改变的社会关系。以19世纪关于性别的思考为背景，该书的观点实际上就是激进女性主义的观点。女性居于从属地位的人际关系的基础在于家庭制度，其命名源自拉丁语中的**用人**（servant），而复杂社会中的家庭则绝对是男性操控女性服务的系统。尽管当代社会的意识形态将家庭视为社会生活基本、普遍的特征，但恩格斯和马克思运用考古学和人类学的证据显示，在人类生存历史的演变中，家庭只是近期才出现的社会关系发明。对于许多史前社会生活在亲族结构中的男人和女人来说，女人具有相当程度的自主性，这主要是因为她们作为基本生活资料的收集者、制作者、贮藏者以及分配者，具有独立的经济基础。打破这种类型的社会系统，进而产生恩格斯所谓的"世界历史性地击败女性"（Engels，1884/1970：87）的，其实是一种经济上的因素，尤其是传统的狩猎和聚居经济为游牧和农耕经济所替代的现象，男人的力量、机动性等生物资源以及凭借早期狩猎角色获得的技术使其获得了相对于女性的系统性优势。这进一步导致了**所有权**这一概念的出现,即男性阶层宣称自己拥有实现经济生产之公共资源的思想及现实。在新经济中,男性作为产权的拥有者不但需要顺从的劳动力——奴隶、俘虏、女人/妻子或孩子,还需要能够作为存续和传承所有权之途径的继承者。这便出现了第一个**家庭**(familia),即一个主人和奴隶/仆从、妻子/仆从、孩子/仆从。自此之后,对劳动的剥削发展为日益复杂的统治结构,其中尤以阶级关系为最。政治秩序被创造出来以维护这些统治系统。伴随着经济体系和所有权体系的历史转型,家庭进化为一种嵌入的、有依赖性的制度,反映着政治经济体中更加巨大的不公并且持续迫使女性居于从属地位。恩格斯和马克思在结论中指出,只有通过阶级解放而消除所有权,女性才能获得社会、政治、经济和个人行动意义上的自由。

将父权制的起源与产权关系连接在一起,这就使女性受压迫的境遇被纳入马克思主义阶级分析的一般框架。"所有权"不再被理解为个人占有,而是对社会生产所必需的资源(生产资料)的占有。就使某些群体能够宣称其对生产资料的占有,而另一些群体则要为了生产而劳动来说,所有权成为阶级划分的基础。马克思的分析着重强调阶级划分在资本主义以及现代社会经济系统中如何得以实现。资本主义的独特性质在于拥有生产资料的阶级(或资本家)根据资本持续积累这一逻辑来运作;**资本**是用来产生经济生产之物质结构的财富(即金钱及其他资产)。在其他经济组织形式中,人们交换物品或金钱以获得更多的物品,而资本家进行物品交换则是为了积累财富,这些财富反过来被投资到经济生产的物质结构中,以产生更多的财富。资本家将物品转换为财富的机制又称为剩余价值。剩余价值是劳动者的劳动报酬与其生产的物品价值的差异。剩余价值(我们可以理解为生产成本和商品定价的差异或利润)为资本家所占有,资本家用它来提升自身的生活品质及权力,更重要的是,将它再投资至资本积累和扩张的持续过程中。

社会主义女性主义者将马克思对资本主义阶级关系的分析视为重要的压迫结构理论解释,但她们/他们抵制马克思主义理论者将父权制看成同一经济生产过程之副产品的观点。恰恰相反,她们/他们认可激进女性主义的观点,认为父权制虽然与经济环境存在互动,但其本身是一个独立的压迫结构。

社会主义女性主义将这种双重认识(资本主义下的压迫以及父权制下的压迫)纳入对于一切社会压迫形式的统一解释。用来统合这两种压迫的术语是**资本主义父权制**(Eisenstein,1979;Hartmann,1979;A. Kuhn and Wolpe,1978)。不过,被更广泛地应用的术语应该是**统治**。在前文中,它被界定为一方(**统治者**)成功地使另一方(**附属者**)变成实现统治者意愿的工具,而且后者不再能认识自身独立的主体性。社会主义女性主义对于压迫的理论解释将统治描述为一种大规模的结构配置以及不同类型的社会行动者之间的权力关系。统治结构形塑了个体行动者有意愿的行动,同时通过后者得以再生产。女性居于社会主义女性主义分析的中心,这表现在以下两个方面:首先,与所有的女性主义相似,女性受压迫的境况是社会主义女性主义首要的分析主题。第二,世界上女性的位置和经验是一切形式之统治最基本的落脚点。尽管如此，这些理论学者最终关注的是女性以及男性的一切压迫体验。她们/他们也在探讨一些自身受到压迫的女性又是如何积极地参与到对其他女性的压迫中去，如美国社会中特权阶层女性对贫穷女性的压迫。实际上，所有社会主义女性主义者的行动策略之一就是反抗女性群体**内部**的偏见和压迫实践（Eisenstein，1994；Lorde，1984）。

将对资本主义父权制的关注与历史唯物主义连接起来的是一种分析策略（Hennessey and Ingraham，1997）。**历史唯物主义**作为马克思主义社会理论的基本原理，认为人类生活的物质环境（包括产生这些环境的行为和关系）是形塑人类经验、人格、思想以及社会配置的核心要素。同时，人类生活的物质环境会由于其固有的内在动力而随时间不断变化。历史是对群体生活的物质环境以及相关的经验、人格、思想和社会配置之变迁的记录。历史唯物主义者坚持认为，任何社会分析必须致力于在具体的历史细节中追溯群体物质环境的特性以及该环境与群体中典型的经验、人格、事件、思想以及社会配置之间的联系。社会主义女性主义者将历史唯物主义与统治联系起来，其理论目标是探究最广泛的人类社会配置——统治，同时对塑造特定统治情境的物质和社会配置进行准确的、历史性的具体分析。

历史唯物主义作为社会主义女性主义的一大标志清楚地显示了这一学派与马克思主义的渊源。但在方法的运用上，社会主义女性主义在以下三个关键的方面不同于马克思主义者：对于**物质环境**的重新定义、对意识形态之意义的再评价，以及对统治的强调。首先，她们/他们扩展了人类生活**物质环境**的意义。马克思主义者一般将物质环境理解为社会的经济动力，特别是各类产品得以创造并在市场上进行交换的方式。在形形色色的、令某些人变得富有而另一些人变得贫困的剥削性社会配置中，马克思主义者找到了阶级不平等和阶级冲突的根源。社会主义女性主义的分析接纳了经济动力的思想，但也加入了另外一些创造和维持人类生活的物质条件：性、生育和儿童抚养；无偿的、不可见的家务劳动以及知识的生产。在**所有**这些维持生活的活动中，剥削性社会配置使某些人受益而令另一些人陷入穷困。有关一切生产和剥削之历史转型的分析对于一种统治理论来说是必要的基础。

物质环境的重新定义将马克思主义的假定——人类是商品的生产者——转变为人类是一切人类生活的创造者和维持者。这一转变使我们看到了马克思历史唯物主义与社会主义女性主义的历史唯物主义之间的第二个差异，即后者所强调的是马克思主义者摒弃的一些属于**精神的或观念的**现象：意识、动机、思想、情境的社会定义、知识、文本、意识形态、基于自身利益或他人利益的行动意志等。[①] 在社会主义女性主义者看来，上述

---

① 显然，一些西方新马克思主义者（尤其是批判理论学者）重新评价了意识形态的阐释意义（参见第四章）。

多萝西·史密斯小传

多萝西·E.史密斯指出她的社会学理论源于其作为女性的生活经历，特别是在男性主导的学术领域和女性主导的单身母亲生活这两个世界之间转换的经历。20世纪60年代初期，史密斯在加州伯克利大学攻读社会学博士学位期间已是一位单身母亲。在回忆并反思自己这段生活经历时，史密斯认为她的生活似乎可被看作"由一系列的偶然性和意外所引导的……而非一种职业生涯的选择"（1979：151）。史密斯的许多个人经历（其中也包括偶然性），使她走向挑战所谓社会学正统观念——有目的性的行动者以线性方式追逐事业发展——的道路。

无论是偶然发生还是经过深思熟虑，以下这些事件都可被视为影响史密斯思想发展的一些重要事件。她于1926年出生在英国，1955年从伦敦大学获得社会学学士学位，1963年从加州伯克利大学获得社会学博士学位。在求学期间，她经历了"结婚、婚后移民（到加拿大）、孩子的降临、某日凌晨丈夫的猝死以及工作机会的来临"（Smith，1979：151）。史密斯承认，很多事件"发生的时刻，我实际上无法选择，也茫然无措"。她遇到的工作机会包括伯克利大学的社会学研究人员及社会学讲师、位于英格兰科尔切斯特的艾塞克斯大学的社会学讲师、英属哥伦比亚大学社会学系的副教授以及多伦多安大略教育研究学院的教育社会学教授等职位。

史密斯的著作涉猎广泛，而所有这些著作都与"分歧"（bifurcation）这一关注点有关，它有时是其著作的核心议题，有时则仅作为议题的主旨。史密斯认为分歧体验的出现是由于社会科学叙事与人们生活经验的分离；由于女性的生活经历与她们运用父权化的理想类型来表述这一经历之间的分离；由于微观世界与主导微观经验的宏观世界结构之间的分离，尤其是受压迫者的微观世界与创造压迫性宏观结构之统治者的微观世界之间的分离。有选择地回顾史密斯一部分著作的标题就可看到这些命题的具体呈现。1987年，史密斯出版了《问题化的日常世界》（*The Everyday World as Problematic*），这本书是对上述主题最为深入和综合性的讨论，被奉为女性主义社会学的里程碑之一。之后，史密斯的著作还包括《权力的概念实践》（*The Conceptual Practices of Power*，1990a）、《文本、事实和女性气质》（*Texts, Facts and Femininity*，1990b）、《书写社会》（*Writing the Social*，1999b）以及《制度民族志：人民的社会学》（*Institutional Ethnography: A Sociology for People*，2004c）。

对于女性主义社会学家，事实上对于所有关注理论前沿的社会学家来说，史密斯的理论将西方新马克思主义对于统治结构及现象学视角的关注整合到主观性且具有微观层面之互动的世界之中。史密斯认为这些内容丰富的日常生活世界乃由宏观的结构所形塑，而宏观结构自身又由经济需求的历史特性所形塑。在发展其理论时，

> 史密斯希望避免这样一种世界观，即始终将压迫者视为基于自利而进行理性决定的个体行动者。史密斯认为自利本身是由结构所定位的，而且她相信只有从身边的事实入手才可以洞悉这些结构，也即要探索情境中个体的日常世界。史密斯指出许多社会科学从一开始就假定结构是已被认识的，并且可独立于日常生活世界而被认知，这令我们对生产日常世界之结构的认识更趋模糊而非日益清晰。史密斯近期的著作从女性社会学扩展至针对所有人类的社会学，其研究的方向是把宏观结构看作日常生活世界的组织手段。史密斯尤其有兴趣的是人们在日常区域实践中如何建立以文本为基础的组织以及以文本为媒介的社会关系（Smith，2000b）。由此，她的理论提供了女性主义后现代学派之外的另一种可能性。史密斯的研究对于社会学理论的启示在很大程度上构成了本章的基础。

所有因素深刻地影响着人类的人格、人类行动和通过这种行动而实现的统治结构。人类主体性的这些体现是由社会结构生产的，这些结构不但不可避免地与生产经济物品的结构交织在一起，而且具有与后者同等的复杂性和影响力。在所有生产主体性的社会结构内部，剥削性的社会配置都会使某些人获得财富和权力，而令另一些人陷入贫穷及受压制。针对形塑人类主体性的分析过程对于统治理论来说至关重要，这里同样应用了历史唯物主义的原理。

社会主义女性主义者与马克思主义者的第三个差别在于，前者的分析对象并非首要地基于阶级不平等，而是针对更广泛层面的社会不平等相互交织的综合体。在社会主义女性主义描绘的社会组织图景中，经济、政体和意识形态等公共结构与人类繁衍、家庭、性和主体性等私密过程发生交互作用以维系一个多维度的统治体系，该统治体系的运作不但体现在持久和非个人化的社会模式中，还存在于人际关系细微的变化中。为了分析这个统治体系，社会主义女性主义者在勾勒大规模的统治系统的地图以及针对受压迫者之世俗日常生活的情境化的、具体而详尽的探索两者之间来回穿梭。社会主义女性主义者推动变革的战略取决于这一探索发现的过程。她们/他们希望将研究对象即受压迫群体纳入这一过程，希望通过这种方式使得个体和群体以这样或那样的方式行动起来，以追求整体的解放。

在这个一般性的理论框架中，社会主义女性主义者的分析或许可以划分为三个不同的侧重点。首先，**唯物主义女性主义**（materialist feminism）强调并且将两性关系定位于当代资本主义阶级体系的结构之中，而这一体系如今越来越呈现出全球运转的特征。唯物主义女性主义者的理论兴趣在于全球资本主义对女性生活的意义，以及女性劳动如何推动了资本主义财富的扩张。在全球资本主义体制内，由于父权意识形态赋予女性较低的社会地位，她们只能得到比男性更少的劳动工资。而父权制又要求女性承担家庭的责任，因此她们在劳动市场上处境更为不利，也更难以组织起来进行抗争。上述两种因素使得女性成为资本家阶级赚取利润的更好的来源。不仅如此，资本主义还依赖于女性不付报酬的劳动生产。女性作为家庭主妇、妻子、母亲的劳动掩盖和补贴了再生产及维持劳动力的真实成本。与此同时，女性作为家庭商品和服务的消费者还是资本主义获得利润的主要来源（J. L. Collins，2002；Hennessey and Ingraham，1997；N. E. Rose，1995；Vogel，1995）。

当代社会主义女性主义的第二个侧重点是**统治关系**（relations of ruling），它指资本主义父权制的统治通过相互支持的控制系统（其中包括经济体、国家和有特权的职业，如社会科学研究者）得以施行。史密斯及其追随者对此进行了较多阐述，通过关注女性维持物质生活的日常活动和经验来探讨这一控制之社会配置的动力机制。统治关系还以"文本"的方式对女性日常生产进行渗透和控制，试图超越地域性，通过提出一般化的要求将女性劳动力模式化和适切化，此类文本包括医疗保险文件、校历以及关于理想家庭和完美女性身材的广告等（M. Campbell and Manicom，1995；Currie，1997，1999）。

社会主义女性主义话语的第三个侧重点体现在至少已由唯物主义女性主义者表述的**文化唯物主义**（cultural materialism）上。文化唯物主义者探讨国家政策、社会意识形态以及大众媒介、信息与人类主体性的互动方式，它们模式化和控制思想，又通过思想而得以重塑。文化唯物主义者探讨了生产上述信息的过程，然而她们/他们并不必然要将这一过程置于全球资本主义和大规模社会阶级配置的模型中。相反，文化唯物主义者致力于研究身体被赋予的描述和意义，以及争夺社会群体和社会范畴的政治活动以何种方式呈现（Clough，1994；L. R. Davis，1997；Walkerdine，1997）。"文化唯物主义不是一种将文化和意义制造的历史与资本的阶级体系相连接的系统化反资本主义分析……相反，它的关注点几乎全部放在意识形态、国家或文化的实践上，将意义与身体和肉体愉悦锚定在一起，并且主要根据对呈现方式的抗争来理解社会变革。"（Hennesey and Ingraham，1997：5）[①]

社会主义女性主义者的变革纲领号召女性的世界大团结，以反抗资本主义对于她们的生活、她们的共同体生活以及环境的伤害。事实上，社会主义女性主义中朝向生态—女性主义的转向是当下一个主要的趋势（Dordoy and Mellor，2000；Goldman and Schurman，2000；Kirk，1997）。她们/他们呼吁女性主义共同体对自身被吸纳到服务于资本家利益的特权知识分子阶层之危险保持警惕。社会主义女性主义者动员人们运用国家手段实现社会资源的有效再分配，提供广泛的公共服务安全网，如由国家支持的教育、

---

① 理论学者就上述术语的运用存在争议，对**唯物主义女性主义**这一术语的争议尤其多。有关这一论战在 Hennessey and Ingraham（1997）中得到较好阐述。

医疗、交通、儿童看护和住房；具有进步性、消除广泛的贫富分化的税收结构；针对所有群体的最低工资保障，等等。社会主义女性主义者相信只有人们逐渐意识到并开始关注自身及他人的生活处境时，这种动员才是有效的。女性主义社会科学家的义务是向世人揭示那些形塑人们生活的物质不平等。

交叉性理论

交叉性理论的中心议题是理解女性在不同构型中体验到的不同程度的压迫（Aptheker，1989；Anzaldúa，1990；Anzaldúa and Keating，2002；Caldwell，1991；P. H. Collins，1990，1998，1999，2000，2001，2004；Crenshawe，1991，1997；E. Glenn，1999；Lorde，1984；P. Williams，1991，1995）。该理论认为，尽管所有女性都基于性别而潜在地受到压迫，但社会中各种不平等配置的交织使得她们具有不同的受压迫经历。**压迫和特权向量**［vectors of oppression and privilege，或如柯林斯所表述的"统治矩阵"（1990）］，不仅包括性别，还包括阶级、种族、全球定位、性取向以及年龄。这些相互交叉的组合从本质上改变着作为女性的体验——而且，这种变化及多元性必须被纳入"女性"经验理论化的考量。交叉性理论认为，正是相互交叉本身生产了特定的压迫体验，人们很难通过运用性别加上种族、加上阶级或加上性征等权宜策略来达成充分的解释（Anderson，2005）。例如，克伦肖（Crenshawe，1989）指出黑人妇女常常因为她们是**黑人妇女**遭遇就业歧视，但是法庭习惯性地拒绝承认这种歧视——除非它可以被考虑为更一般的歧视，如"性别歧视"（可解读为针对"白人妇女"）或"种族歧视"（可解读为针对"黑人男性"）。在将上述事件形象表述为压迫与特权向量时，我们希望能够借此揭示交叉性理论的基本理念——即某些女性和男性所拥有的特权启动了其他女性和男性受压迫的境遇。交叉性理论的核心是将这些不平等的社会配置理解为基于非正义权力关系的层级结构。非正义的命题体现了这一理论分析的主要侧重点。

交叉性理论承认意识形态与权力之间有根本性的连接，这使得统治者可以通过创造某种政治策略令差异化成为理性化压迫性之社会配置的概念工具而控制从属者。在社会实践中，统治者将差异化转化为低等/高等模型，运用人们之间的差异来理性化其压迫实践。人们的社会化过程不是将差异视为多元化、利益和文化财富的来源，而是以"更好"或"更差"的形式来对它们进行评估。正如罗德（Lorde，1984：115）所指出的，这种"以制度化来否定差异的行为在一种以利润为本的经济中是绝对必要的，后者需要外部居民成为其剩余人口"。这种意识形态在一定程度上通过创造人们赖以评价他人和自身的**"虚构范式"**（a mythical norm）来运作。在美国社会，这一范式即"白人、苗条、男性、年轻、异性恋、基督教以及经济自主"（Lorde，1984：116）。范式不仅使统治者可以控制社会生产（有报酬和无报酬的），更演化为个人主体性的一部分。主体性是对于差异化的内在抵制。差异化使人们低估自身价值，抵制来自不同群体的人，在自己群体的内部订立标准以排斥、惩罚或者边缘化一些群体成员。安扎杜瓦（Anzaldúa）将这最终的实践描述为"他者化"（Othering），即在从属群体内部完成的定义行为（act of definition），通过某些标准将一些群体成员定义为不可以接受的"他者"。她指出这种定义行为破坏了团结和抗争的可能。

压迫和特权向量的相互交织在人们所体验到的压迫形式和强度上都有变化——"并非所有的苦难都是同等的，这里存在着关于痛苦的测算"（Arguelles，1993）。从交叉性视角出发而出版的大多数著作及研究将人们生活的具体现实呈现为受多种向量的相互交织所形塑的生活。女性主义者研究最多的交叉是性别与种族（Clark-Lewis，1994；Dill，1994；S. Hill and Sprague，1989）；性别与阶级（P. N. Cohen，1998；Foner，1994；Gregson and Lowe，1994；Wrigley，1995），以及种族、性别与阶级（Andersen and Collins，1992；Edin and Lein，1997；Edin and Kefalas，2005）。其他一些分析则纳入了性别和年龄（D. Gibson，1996；Lopata，1996）、性别和全球定位（Goodwin，1994；Mullins，2005；Oberhauser and Pratt，2004；Reddock，2000；Scheper-Hughes，1992）以及性别和性取向（Dunne，1997；Nagel，2003）等交叉向量。近来交叉性理论还被用于针对位于从属地位的男性处境的研究（P. Collins，2004；Edin and Kefalas，2005）。

为了回应所处的现实处境，人们创造出在非正义权力的持续影响下生存和抗争的阐释方法与策略。交叉性理论的任务是让由不平等现象的历史交织制造出来的、特定生活经验中的群体知识发出声音，以及发展群体知识中多样化的女性主义表达——例如黑人女性主义思想或者美国墨西哥女性的女性主义等（P. H. Collins，1990；Cordova et al.，1990；A. M. Garcia，1989；James and Busia，1993）。

交叉性理论对女性主义的第二次浪潮（以及第一次浪潮）提出批判，后者的理论思想反映了北大西洋圈各社会中白人特权女性主义的经验和关注。交叉性理论的一些批判与后现代主义的批判颇为相似——但二者之间的关联不应该被过分强调。交叉性理论是女性主义最早的思想传统之一，在美国它至少可以追溯至索杰纳·特鲁思（Sojourner Truth）1852年在阿克伦妇女权利大会上的演讲"难道我不是女人"（Zerai，2000）。交叉性理论的批判对我们所理解的"女人""性别""种族"以及"姐妹"等范畴提出质疑（Chopra，2004；hooks，1984；Kaminsky，1994；Mohanty，1991）。它的理论关注在于在"母职""家庭"这些貌似具有普世性的概念中体验的丰富性，而且它对乔多罗和本杰明的社会学—心理分析研究一类的理论观点进行了重新阐释（Dickerson，1995；E. N. Glenn，Chang，and Forcey，1993；Mahoney and Yngvesson，1992；Segura and Pierce，1993；Zhang，1993）。这一批判激发了对"白人肤色"（whiteness）理解的重新定位，白人女性主义者试图将白人肤色视为一种建构，同样被重新定位的还有由于肤色而导致特权的种种方式、这些方式对于缓解种族主义的积极影响以及它们如何促进更具包容性的女性主义分析（Alcoff，1998；Chodorow，1994；Frankenberg，1993；Rowe，2000；Ward，

1994；Yancy，2000）。

理论研究过程及相应批判将交叉性理论带入它的一个核心议题或说女性主义今天所面临的核心问题：如何在坚持特定女性群体共享一种独特立场这一评估立场和政治立场的同时，保留女性之中存在多样化的分析准则和经验事实。在阐释**立场**（standpoint）时，帕特里夏·希尔·柯林斯（1998：224—225）的看法是它是由一个以"异质性共性"（heterogeneous commonality）为特征的群体共享的世界观。柯林斯认为，"共享"（shared），正如马克思所说，指的是"直接面对的、既定的以及从历史中传递下来的客观环境"。由此，柯林斯得出结论，一个群体的立场并非源自某种本质主义，而是来自某种认知，一如黑人行动主义者范尼·卢·哈默（Fannie Lou Hamer）所说，"我们是一条船上的。"由于压迫和特权向量——种族、阶级、性别、年龄、全球位置、性取向——是在所有人的生活中相互交织的，理论学者指出其互相交织的方式对于共同立场得到确认的程度有着显著的影响。当前，因为女性主义交叉性理论者将其视角扩展到处于从属地位的男性的境遇，她们/他们不得不权衡就立场分析的策略而言，**女性**的立场应在何时及何处比处于从属地位的女性及男性**群体**的立场更为重要。影响这一问题的因素包括群体长时间内的存在、群体对于该群体历史的认知、群体在相对分割的且可识别空间中的定位，以及群体为应对压迫而建立的社会组织和社会知识的内生系统等。群体立场永远不会是一成不变或不可渗透的。群体由相互交织的向量构成意味着群体成员可以在不同的自我意义之间进行枢轴运动（pivot）。群体成员常常从家庭群体走向更大的社会，在那里她们获得"内部的圈外人"（the outsider within）的体验（P. H. Collins，1990，1998）。此外，家庭群体容易受到外部思想的渗透，并非不可分化——它自身内部有差异化的动力，它的建立甚至就是靠了它在文化"边缘地带"的存在（Anzaldúa，1990）。交叉性理论者警告说，由于探究个体的立场和相互交织的经验比较容易，这一还原主义的做法从理论和政治的角度来说是危险的，它可能消弭产生个体经验之不平等权力的历史结构，并淡化政治变革的需要。

为了建立以变革为目标的议程，交叉性理论转而探讨受压迫人群的知识及其长期秉持的有关忠诚和正义的评价准则（P. H. Collins，1990，1998；hooks，1990；Reagon，1982/1995；Lorde，1984）。该理论强调在受压迫群体的情境内部作证、抗议以及组织起来寻求变革的需要，因为只有在群体内部，个人才可以坚信正义最终必将胜利——此处的正义不能以法律理性的狭隘框架来理解，而应被看作以对他人及自我的公正和关注为准则的社会制度和社会关系内部演生出的结果。

女性主义与后现代主义

与女性主义理论相似，后现代主义是跨学科的以及国际学术团体的产物。不过，女性主义团体从社会行动主义中孕育而生，而后现代主义群体的根源和基础则在学术界内

帕特里夏·希尔·柯林斯小传

柯林斯出生于1948年。根据她的自我叙述，她成长于费城某黑人社区内一个能为家人提供精神支持的黑人工人阶层大家庭。她每天从这一安全的基地出发，到一所学业要求颇高的公立女子高中就读，后来又到离家较远的地方继续学业。1969年，她在布兰迪斯大学获得学士学位，1970年获得哈佛大学的教育文学硕士。20世纪70年代，她在波士顿、匹兹堡、哈特福德、纽约以及华盛顿特区的中学里担任课程专员。之后，柯林斯重返布兰迪斯大学，于1984年获得社会学博士学位。她的职业生涯中的大部分时光是在辛辛那提大学度过的，在那里柯林斯获得了查尔斯·菲尔普斯·塔夫脱（Charles Phelps Taft）社会学教授和非裔美国研究教授的任命。目前，柯林斯是马里兰大学的杰出教授。

柯林斯在著作中写到，她在教育领域的成功始终伴随着一种对立的体验，即"在学校、社区或职场里成为非裔美国人、女性以及工人阶层中的'第一人''少数'或者'唯一的'（成功者）"（1990：xi）。在这些情况下，她发现自己被认为是不如那些其他背景出身的人的，柯林斯意识到自己在教育领域的成功似乎在要求她远离自己的黑人工人阶层背景。这使得她有一种"失去声音"的担心。

柯林斯对这些张力的反应使她形成了对于社会理论的另类理解以及建构理论的另类方式。这一方向引导她去发现自己所属社群的理论声音，并通过在这一社群定位的方式发出她自己的声音。这一切在《黑人女性主义思想》（*Black Feminist Thought*，1990）中获得了集中体现，该著作是一本同时获得杰西·伯纳德奖（Jessie Bernard Award）和怀特·米尔斯奖（Wright Mills Award）的、女性主义乃至社会学理论领域的里程碑式著作。《黑人女性主义思想》一书根据黑人女性这一特定群体的理解来呈现社会理论。为了达成这一目标，柯林斯广泛地吸收各种声音，其中一些流传广泛，另一些则不为人所知。柯林斯所呈现的是一种以社区为本的社会理论，它明确表达了在种族、性别和阶级的交织作用下该群体对自身受压迫状态以及它在历史上对这种压迫之反抗的理解。在这本著作中，科林斯揭示了黑人女性评价真理和有效性的独特认识论，并且有力地宣传了一种女性主义立场的认识论。无论在实践中还是理论上，柯林斯都是以她的交叉性理论为指导的。她与论文集《种族、阶级和性别》（*Race, Class and Gender*，1992）的作者玛格丽特·安德森（Margaret Anderson）一起组织了美国社会学协会的种族、性别和阶级分论坛，并且在多种学术刊物中发表了一系列论文。

在《语词的斗争：黑人女性与寻求正义》（*Fighting Words: Black Women and the Search for Justice*，1988）一书中，柯林斯继续推动她的计划，重新界定社会

> 理论，指出它不是知识精英群体的领域和实践，而是不同处境的群体所达成的、对于社会世界的理解。在《黑人性别政治：非裔美国人、性别和新种族主义》（*Black Sexual Politics: African Americans, Gender and the New Racism*, 2004）一书中，柯林斯将她的交叉性理论的边界扩展到对黑人女性**以及**黑人男性所受压迫的多种体验的分析上，并且追踪了这些体验对于黑人女性与男性之关系的影响。

部。我们在这里要强调的是，由于某些将会得到澄清的理由，后现代主义对女性主义社会学理论的影响不像它对哲学、文学等学科中的女性主义理论影响那样大。

总的来说，后现代主义以两种方式对女性主义理论产生影响。第一，通过在哲学层面对"女性"这一范畴的真正意义进行思考，后现代主义从根本上对所有女性主义的核心问题——"女性是怎么回事"提出了挑战。其次，后现代主义为女性主义理论提供了"对立的认识论"，该认识论质疑由任何理论建立的有关真理的主张。通过创造一种丰富而激进的语言并使之挑战现代性构成中习以为常的假设，后现代主义有效地达成了第二种影响。在这一节，我们首先要来探讨后现代主义摒弃现代主义思想的起源；之后我们会讨论后现代主义如何将挑战现代性中习以为常之观点的种种方式进行概念化；接下来，我们要探讨后现代主义对女性主义所构成的重大挑战，即它对于"女性"这一范畴的质疑；最后，我们再审视一下女性主义者对后现代主义的反驳。

后现代主义理论开始于对我们所处时代的观察，认为我们（也即生活在21世纪的人们）已经不再处于现代性的环境之中，而是生活在"后现代性"的时代。后现代性的世界因四种重大变化的相互作用而产生：(1) 全球资本主义的激进扩张阶段；(2) 集权国家权力的削弱（伴随着帝国主义体系的崩溃、共产主义阵营的分裂以及民族—国家中族群政治的兴起）；(3) 由日益强大和具渗透性、控制了生产及提倡消费主义的技术所带来的生活模式；(4) 基于阶级之外其他认同形式的解放主义社会运动的发展，如民族主义（前殖民地国家的复兴）、种族（非裔美国人的民权运动）、性别（作为全球运动的女性主义）、性取向（同性恋权利）以及环保主义。解放主义运动在制造挑战现代主义认识论及其理论的各项发展中或许是最为重要的一环，正如女性主义哲学家苏珊·博尔多（Susan Bordo）所说：

> 很难说**哪一种**学术声音最终导致了对认识论意义上的客观性、基础、中立判断之伪装和幻觉的揭露。这一揭露的行为首先在政治实践中得以发生。（20世纪）60至70年代的解放运动是它的代理人，这一运动的浮现不仅仅是为了呼吁建立边缘文化、未被听到的声音以及受压迫者叙述的合法性，而且暴露了官方叙事的透明度不

足及片面性……（核心问题现在变成了）历史的、社会的问题：**谁的**真理？**谁的**本质？**哪种**版本的理性？**谁的**历史？**谁的**传统？

（Bordo，1990：136—137）

"谁的知识"的质疑被证明促成了带来激进转变的、开放性的讨论，这场讨论不仅关乎权力和知识的关系，还关乎人类求知的基础。后现代主义者否定现代主义认识论的基本准则——人类通过纯粹理性可以获得有关世界的完整及客观的知识，或者说有如"自然之镜"一般的现实呈现。后现代主义者认为现代主义的这一准则导致了许多认识论上的错误——将观察者置于所观察世界之外的**上帝之眼**（god-eye）的观念；全面解释世界的**宏大叙事**（grand narrative）；假定某些分析规则总是适当的的**基础主义**（foundationalism）；坚持存在某些可被发现的、在世界任一角落都有效的准则的**普世主义**（universalism）；宣称人类由核心及一些不变的特性构成的**本质主义**（essentialism）；以及假定个体关于世界的陈述可以准确反映世界的**表征理论**（representation）。后现代主义还质疑作为人类思想之普遍和必要特性的"理性"以及作为意识的一致及统一构型之"理性主体"的存在。后现代主义者将知识生产过程描述为由不同处境话语群体所创造的经验的多元呈现，其中任何霸权性知识主张的建立皆来自有效的权力运作。后现代主义者推荐采用其他类型的认识论实践，比如，**去中心化**（decentering），将非特权群体的理解移向话语和知识的中心；**解构**（deconstruction），展现了被用来达成对世界之准确呈现的概念是如何被历史性地建构的，而且其内部充满冲突；关注**差异**（difference），在探讨一切知识建构时不仅关注其表达，还关注它所抹杀或边缘化的内容，在运用现代主义"与／或"的二元逻辑时尤其容易产生这种问题。

女性主义与后现代主义都提出了"**谁的知识或定义才是重要的**"这一问题，而且在某种程度上，都介入了去中心化和解构的实践。在20世纪六七十年代女性主义运动的流行口号里，我们可以看到两极对立的消融——"个人的就是政治的"；对传统范畴的挑战——"没有男人的女人就好像没有自行车的鱼"；对去中心化的强调——"上帝来了，哦，**她（SHE）**尿裤子了吗？"；用情境化和相互关系来理解语言——"如果她说'不'，这就是强奸"；以及建构在权力关系之外的世界观——"如果男人可以自慰，那么流产就是神圣的"。当代女性主义理论学者自身对于去中心化和解构在认识论及政治意义上有其必要的坚持，在后现代主义这里找到了支持与合法性。通过汲取后现代主义的一些术语：**话语实践**、**话语分析**、**谱系学**、**符码**、**互文性**（intertextuality）、**表征**、**文本**、**想象界**（the Imaginary）、**差异**、**超现实**、**他异性**（alterity），女性主义理论的分析得到进一步的扩展。后现代主义认识论由此为一些女性主义学者提供了更多的为其理论命名的可能性，同时成为自由女性主义"解构性别"实践的一部分（Clough，1994；P. H. Collins，1998；Hennessey and Ingraham，1997；Mann and Kelley，1997；Stacey and Thorne，

1996）。对后现代主义术语的采纳可看作在延续第二次女性主义浪潮的传统，这一传统发展出女性被压迫和授权的一系列术语。它不是一次不加分辨的替代，而是一次精巧的融入，或者保持，或者混合，又或者改变了后现代主义术语的原初意义。许多女性主义者——特别是在文学界等以文本为基础的领域工作的学者——发现后现代主义者也会将世界理解为有助于将社会生活概念化的"表征""文本"及"话语"。社会科学领域的女性主义者有时亦会借助社会生活作为话语和表征的这一侧面或沿着这一方向，来分析影响女性生活的文化与政治表征中那些在场及被掩盖的事物。

后现代主义理论对女性主义理论的一大实质贡献是它对女性主义理论的基本范畴——女性（或女性们）——的质疑。这一质疑的经典表述可见于朱迪斯·巴特勒1990年的著作《性别麻烦》（Gender Trouble，参见上文"性别差异"一节）。通过对性别是自生物性征分离出来的社会构成这一观点进行解构，巴特勒使"女性"特别是作为政治认同的女性范畴问题化。如果性别被理解为具有特定生物学意义性征所承担的社会建构，那么就会存在性别和性征之间的分离；而如果存在这种分离，那么性别总是以一种特定方式附着于性征之肉身上就不合逻辑。也就是说，在男性性征（male sex）和男性性别（masculine gender），以及女性性征（female sex）和女性性别（feminine gender）之间不存在逻辑性的关联。况且，即使假定只存在两种生物意义上的性征——后现代主义者、许多女性主义者和生物学家均质疑这一假设——我们也没有理由认为只存在两种性别。那么，如果性别与性征之间不存在逻辑性或"自然"的关联，"女性"这一范畴又有什么意义呢？难道不是每个人都有可能成为女性吗？如果"女性"这一范畴的共同点仅限于生物功能，那么它就很难被视为政治身份之诉求的基础。反过来，如果性征决定性别，那么性别就不是一种社会建构，而是政治行动不能改变的本质属性。巴特勒继续发展出性别操演理论（performativity theory of gender），由此得出两个结论：第一，如果将性别看作一种持续进行的社会文化模仿实践，那么任何个体以社会承认的女性方式来完成模仿实践时，就可以成为所谓的女性；第二，没有证据显示一种核心的性别认同可以独立于持续进行的操演行动而存在——换句话说，并不存在先在的"男性"和"女性"，自我可以通过操控行动来展现与其内核相容的性别认同。这些问题引出了女性主义的一些重要议题，它们与交叉性理论所提出的"哪些人构成'女性'范畴"的问题并不冲突。

综上所述，后现代主义的"转向"促使女性主义将反身性作为其理论建设的恒久特征，确保理论不致滑向它的对立面——即通过本质主义和普世主义范畴压迫民众的霸权话语（Haraway, 1990; King, 1994; Nicholson, 1994; Sawicki, 1991）。这一导向特别有意义，它与有色人种女性、大西洋圈各社会之外的女性、女同性恋以及工人阶层女性等提出的问题相一致，质疑第二次女性主义浪潮关于"姐妹""女性""第三世界女性""性""家庭""母职"和"工作"等的本质主义诉求。亚娜·萨维茨基（Jana Sawicki）认为，女性主义"有很合理的理由呼吁福柯的消极自由，即解除我们政治身份的自由，解除性别差异之假定的自由、解除界定女性主义之范畴和实践的自由……女性由父权所生产但同时又反抗它。在声索'理性''母亲身份'或'女性特质'的解放可能性时，它们同时也是压迫的来源，这里存在着矛盾"（1991：102）。

但是，女性主义与后现代主义之间也存在着不一致。许多女性主义者认为后现代主义具有排他性，与包容的女性主义目标相对立（Benhabib，1998）。不一致还表现在后现代主义晦涩的用语、立足于学术性而非政治性以及在学术话语中非反身性地掌控霸权地位。许多女性主义者还质疑后现代主义者挑战的"无知"，怀疑它是否是真正的解放主义者，又或者只是知识政治的一部分，即特权学术阶级用一种技术性的复杂论述来回应边缘人士的挑战，指出没有一种言论可以自权威。哈特萨克（Hartsock，1990：169）在这一方面做出了经典陈述："在某种程度上这似乎是高度可疑的，即为什么恰恰在很多人参与到重新定义边缘化他者时，就浮现出关于'主体'性质、关于一般理论对世界描述的可能性、关于历史'进步'等的质疑。"另一种不一致的源头体现在：后现代主义者强调无限回归到解构和差异，导致人们远离集体的、解放主义的政治并走向激进的个体主义，它导致一种结论，即"因为我们中的每一个人……都是不同的，是特别的，那么接下来便是每一个问题或危机都完全是我们自己的，或者相反，那是你的问题——不是我的'"（Jordan，1992，引自 P. H. Collins，1998：150）。综上所述，后现代主义的转向将女性主义学者从对不平等、非正义和压迫的重要性中转移出来，采取将世界视为"话语""表征"和"文本"的新唯心主义者姿态。通过切断与实质性的不平等的连接，后现代主义使女性主义远离了它推动变革的承诺——这恰恰是任何一种批判社会理论的基础性任务。

女性主义社会学理论

这一节将综合前述各种女性主义理论中或公开或隐藏的观点，以明确地表述女性主义**社会学**理论的基本准则。我们概括出女性主义社会学理论具有以下四种特征：女性主义的知识社会学、社会模型、社会互动模式，以及对主体层面的社会经验的强调。我们在此处的综合汲取了包括社会学在内的、具有不同学科背景的理论家之经典论述。其中具有重要影响力的学者及文献包括：安德森（Andersen，2005）、J. 本杰明（J. Benjamin，1988）、博尔多（1993）、巴特勒（1990，1993）、乔多罗（1978）、P. H. 柯林斯（1990，1998，2004）、芬斯特梅克和韦斯特（2002）、吉利根（1982）、赫尔布伦（Heilbrun，1988）、亨尼西和英格拉哈姆（Hennessey and Ingraham，1997）、英格拉哈姆（Ingraham，1999）、洛德（Lorde，1984）、麦金农（MacKinnon，1989）、里奇（Rich，1976，1980）、多萝西·史密斯（1989，1990a，1990b，1999a，1999b，2004a）、韦斯特和芬斯特梅克（1993）以及 P. 威廉姆斯（P. Williams，1991 and 1995）。

女性主义知识社会学

女性主义知识社会学认为一切所谓的"关于这个世界的知识"都具有四个特征:(1)它总是根据置身于群体中的被具象化的行动者之立场创造出来的,这些群体在社会结构中占据着不同地位;(2)由此,它总是片面和利益攸关的,而从来不是总体性与客观的;(3)它在群体中生产出来,因群体的不同以及某种程度上因群体内行动者的不同而不同;(4)它总是受到权力关系的影响——无论这种权力关系是由统治者群体抑或从属者群体的立场表达出来的。这种对知识的理解被命名为"女性主义立场的认识论"(Harding,1986)。女性主义社会学理论之所以起始于知识社会学,是因为女性主义者试图从女性的立场去描述、分析以及改变世界,同时还因为女性主义社会学理论家从女性在社会关系中的附属地位出发,将知识生产视为主导社会一切生产之权力系统的一部分。女性主义社会学理论者试图通过将女性以及更广泛的受压迫人群的立场作为社会知识建构的立场,改变社会学话语乃至社会理论中的权力平衡。

在试图从女性的立场来进行社会学研究时,女性主义社会学理论家不得不考虑这样一个问题,即什么构成了女性的立场。立场是具有丰富的历史和共同处境的社会集体在建立有关社会关系的共享知识时的产物。女性主义从对马克思未涉及的地方出发区分了三种重要的集体——所有者、工人**和女性**——她们/他们与社会生产和再生产过程的独特关系使其各自形成立场群体。历史上在父权制下的女性,无论她们隶属于哪个阶级和种族,都被安排去完成社会再生产的任务(分娩、育儿、家务劳动、做饭、照顾病弱、提供情感和性服务等)。在父权制的生产中,任何女性"阶级"层面的团结都被包括经济阶级和种族阶级在内的其他阶级构型所分裂。在居于附属地位的处境下,女性所共享的、历史的社会再生产关系是"女性立场"之女性主义诉求的基础,而在社会权力的日常运作中,性别不平等与种族不平等、阶级不平等、地缘社会不平等以及基于性和年龄的不平等的多重交织,产生了一个向各个立场群体不平等赋权的复杂系统,这些群体以不稳定的、或联盟或对立的方式彼此关联。这些交叉是女性主义对女性立场进行描述和分析的有机构成。

将知识理解为不同立场群体之产物的方式,提出了发展女性主义社会学理论的问题,即如何创造出一种女性主义社会学表述,它既能被社会学家所接受,又有助于女性主义的解放事业。在此,至少有四种策略可供采用。一是坚持"网状说明"(webbed account)的有效性,即提供将各式各样的行动者和立场群体的经验知识报告出来、同时描述行动者和群体得以创造上述不同类型知识的情境(包括其中的权力机制)的交叉性说明(Haraway,1988)。第二个策略是给予那些较少得到赋权的行动者或群体以表述或立场的优先权,原因是不平等权力关系的一个主要因素便是统治者的视角能够获得更多的信任及传播。使失权者的立场获得优先权是女性主义解放事业的一部分,通过改变理解社会过程的视角，它也对社会学主流理论进行了一次重要的纠偏（P. H. Collins, 2004; Edin and Kefalas, 2005; Lorde, 1984）。第三个策略是在从某一个体或群体的立场向一般社会学表述转换时，女性主义理论者必须具有反身性，且能够给出关于这些转换阶段的表述，因为这种转换是一种权力行动（P. H. Collins, 1990, 1998; Dorothy Smith, 1990a）。第四个策略是社会理论家需要意识到她或他发言时所处的特定位置，并因此察觉到其观点的片面性（包括在任何意义上的片面性）以及它对于所建构理论的影响。

根据第四种策略，本书应该在此表明我们所推崇的理论综合的立场。本书的写作从生活在当代美国学术界的社会科学家所具有的相对有优势的阶层地位出发，同时也代表使人们受制于种族主义、年龄歧视以及异性恋主义等经验的压迫与特权向量之特定交叉中的女性立场，还源于为贫困和殖民身份所形塑的、在历史中形成的立场群体成员的家族精神。当下的社会地位和家族历史的混合塑造了作者的兴趣与价值观。本书的立场体现的是压迫理论中正义社会的观念，即一个赋权所有人可宣称自身基本权利的社会（而非羞羞答答地承认需要与"应得"奖赏），一个对社会商品进行公平分配的社会（包括获得食物、衣服、住所、医疗和教育等必需品，远离对于暴力的恐惧，以及根据群体认同与个体认同的具体情况获得对自我的积极评价）。

宏观—社会秩序

在这一小节以及接下来的两小节中，我们将在既有的社会学术语和概念化传统内进行我们的讨论，主要围绕着**宏观—社会**（macro-social）、**微观—社会**（micro-social）以及**主体性**（subjectivity）这几个范畴——尽管许多女性主义社会学理论也对这些范畴提出了根本性的批判。

女性主义社会学对于宏观—社会秩序的思考从扩展马克思主义的经济生产概念入手，将其衍生至一般社会生产的概念，也即一切人类社会生活的生产。与市场商品的生产相一致，女性主义者所讨论的社会生产也包括各种配置，如为了生产家庭必需品及服务的家务劳动之组织；为了配合和满足人欲之性的组织；为了配合和满足人类关于接纳、赞赏、爱和自尊等情感需求的亲密关系之组织；为了创造共同体之规则和法律的国家与宗教组织；为了确立被制度化的公共定义之政治、大众媒体与学术话语的组织。

在设置框架并被扩展之后，马克思主义的群体间关系模型在女性主义理论的社会组织模型中得以保留。这些形形色色的社会生产类型中的每一种皆基于某种特定安排，其中有一些行动者控制着生产活动的重要资源，以统治者或"主人"的身份行动，指导并从生产环境中获利。在每一个生产部门中，生产依赖于从属者或"仆人"的工作，她们/他们的能量创造出其主人发号施令的世界，但剥削却使其无法获得工作生产带来的相应报酬和满足。与马克思主义理论相比，我们透过女性主义理论可以更加真切地看到主人和仆人的紧密联系，这种联系是生产的核心，仆人的工作对于创造和维持人类社会生活来说是必不可少的。在密切的剥削关系中，统治可能并非通过强制而是通过家长制表现出来，"混合着对于群体的积极情感以及同样针对群体的差异化倾向"。家长制遮蔽了这两个阶层的存在，但没有改变两者之间统治和从属的关系（Jackman，1994：11）。社会生产通过多维度的统治和剥削结构来运行，后者将阶级、性别、种族、性、权力及知识组织到在紧密联系的主人和工人之间相互重叠的层级中。

女性主义理论关于社会生产的分层模型直接批判了结构功能主义的视角，后者将社会看作由各自孤立的制度以及看似关联却有明显区别的角色所构成。女性主义理论指出这种社会图景不是可概括化的，它只描述了社会主流人群——包括白人、男性、上层阶级及成年人——的经验和观点。女性主义研究显示女性及其他非主流人群没有在各个相互区分的角色之间转换的社会生活体验。相反，她们/他们总是处于对角色的平衡之中，要融合与角色相关联的各种利益和取向，并且通过这种角色融合进行与社会制度的连接。事实上，反映统治人群控制生产情境的指标之一是其成员可以进行有目的的角色区分。不过女性主义社会学强调指出，统治人群的优势依赖于那些不能对其生活和行动进行区分之行动者的从属服务。假如这些处于附属地位的行动者也以类似的方式区分角色的话，整个复杂工业社会的生产体系就将崩溃。与结构功能模型不同的是，女性主义的理论模型强调女性的角色融合经验可以涵盖许多其他从属性"仆人"群体的经验，后者的工作形成了日常生活的精细纹理。这些从属群体对社会生活之组织的理解或许与结构功能主义理论所描述的大相径庭，对于关键的制度范畴的界定也会有所不同。她们/他们的视角源于社会中必需的某些情境，而这个社会的组织和根源正在于使主人关于由制度区分的世界之安全感成为可能的工作。

进而，女性主义强调意识形态统治在社会统治结构中的中心性。意识形态是一张关于现实和社会生活的错综复杂的信念之网，它被制度化为公共知识，在社会中获得有效散播，成为一切社会群体习以为常的知识。由此，女性主义者所看到的"社会现实的公共知识"并非一种首要的文化（overarching culture）以及以共识方式创造的社会产物，而是社会统治者之利益和经验的反映，是其社会权力的重要指数之一。女性主义的观点与传统马克思主义分析的区别在于：对于女性主义者而言，意识形态控制是统治的基本过程，而话语和知识的分层控制是社会统治的关键要素。

女性主义对于宏观社会秩序的理论关注的核心是性别作为一种结构情况下的宏观结构模式。压迫的产生正是基于这一宏观结构。女性主义理论者认为女性的身体构成了社会生产和再生产的基本资源，也因此成为剥削与控制的所在。性别压迫通过将知识制度化的意识形态系统得以再生产，而这种系统反映的是男性的利益和经验。这种性别意识形态将男性看作社会文化的权威，向男性的社会角色分配统治权利，分配给女性角色的则是在一切社会生产维度上服务的义务。性别意识形态将女性建构成为男性欲望的对象，其社会价值由她们的身体是否得到恰当的塑造决定。性别意识形态也通过以下方式系统地摧毁和扭曲女性的生产活动:(1)使某些活动变得琐碎化,如家务劳动;(2)将对某些活动的理想化上升至难以认可的程度,如母职;(3)遮蔽其他重要的工作,如女性对于市场商品生产的诸多重要贡献。这些意识形态过程可以被推广至一切社会附属群体的宏观结构生产。

资本主义与父权制尽管在分析意义上是两种分立的统治形式,但它们以多种方式彼此强化。例如,将生产纳入公共领域和私人领域以及这些领域的性别化对于这两种统治系统而言都是有利的。女性在私人领域的劳动使得资本可以无成本地实现工人的再生产,从而使资本主义受益;不仅如此,女性在私人领域的责任使她们始终成为廉价劳动力中被边缘化的补充来源,带动整体工资的下降。同时,对女性劳动力的剥削维系了女性对于男性的依赖,父权制也因而从中获益。女性难以进入公共领域的现实确保了"好"的就业机会总是首先流向男性。女性在工作中受到性骚扰以及在公共场所被找麻烦的经验并不是偶然的、不重要的微观事件,而是父权制协助维护资本边界的佐证。统治与从属的区分进一步因"种族化""年龄化"以及公共和私人领域的性别化而变得复杂。

微观—社会秩序

在微观互动的层面,女性主义社会学(一如其他微观社会学的理论视角)关注个体在追求客观目标或主体间意义时如何将彼此纳入考量。女性主义社会学理论认为传统的互动模型(社会行为主义或者社会释义论,参见附录)描述了在宏观—结构、权力—授予(conferring)等范畴中地位平等的行动者如何在对共同目标的追求中创造意义、协商关系,以及结构性的统治者如何感受与同等地位的行动者及从属者的互动。女性主义理论指出在结构上处于不平等地位的行动者在彼此互动时产生了许多传统互动模型不能充分描述的关系特性:行动是回应性的而非目的性的;存在权力分化的持续制定(enaction);许多行动的意义是不清楚或不可见的;通往最有可能创造共享意义的环境的那些入口常常是封闭的。这一分析对于性别社会学文献中的实践性别(doing gender)以及后现代主义中的性别操演来说是一种补充性的视角。在一切互动情境中,除了实践性别和实践差异,唯一永恒不变的就是实践权力(doing power)。人们在互动中对自身行动的调整不仅仅是期待他人的回应或是对他人模仿的模仿,还基于一番谁可以最终作解释的算计。

大多数主流的微观社会学提出的是基于有目的人的理论模型,人们确立自己的目标,并努力在线性的行动过程中(以个体或集体的方式)将手段和结果联结起来以追求这些目标。与之相对应的是,女性主义理论研究表明:首先,女性的生活具有随机性,女性发现自己常常被卷入飘移不定的行动议程,如婚姻、丈夫的行动计划、孩子对生活规划不可预期的影响、离婚、丧偶,以及大多数女性赚取工资之职业的不稳定性。其次,在女性的日常活动中,她们发现自己并非以线性的次序追求目标,而是不断地在回应他人的需要和要求。这一命题基于对母女之间情感与亲属之共生关系的分析，对姐妹淘之间紧密关系的描述，对从事教师、护士、秘书、接待员或办公室助理等典型职业的女性的分析以及对于作为妻子、母亲和社区（家族）调解人的女性的说明。我们将女性的活动称为"回应性的"并不是要将女性描述为只懂得被动地反应，恰恰相反，我们认为女性更多地力图实现监督、协调、促进、调节他人之愿望、行动和要求等任务，而不是始终指向自身的目标。与微观社会学中目的性行动者的传统模型不同的是，女性主义研究提出了另外一种行动者模型，这里的行动者是指在日常生活中以回应性的方式处于他人行动网络的核心，或从长远来看发现自身处于由其无法预测或掌控的力量所主导的这样或那样的情境中的个体或群体。

传统的微观社会理论假定，由于互动情境中指向合作和意义建构的压力如此巨大，行动者在纳入对宏观结构的考量之后，会基于一种平等的假设而彼此适应。但女性主义关于女性和男性互动的研究则与此观点相对立，表示这类社会互动普遍地受到宏观结构背景的影响及塑造。在女性的日常活动中，她们与男性的偶然联系、恋爱、婚姻、家庭及工作上的互动受到其在结构上从属于男性这一事实的影响。结构模式的存在抵消了女性作为个体在互动过程内可能取得的任何人际平等或统治权，而其中最为常见的结构模式便是性别制度。性别不平等的宏观结构模式通过女性和男性之间的互动而错综复杂地交织在一起，不仅影响到广泛的劳动分工（关于谁决定及谁执行），也对互动过程的细微之处产生影响（如座席安排、演讲及对话的形式、目光接触及空间、时间控制等反复体现的权威和差异化的制订成形）。在女性主义分析框架中纳入种族和阶级因素之后，不平等作为互动情境之特征的假定进一步被强化和复杂化。

社会释义论者假定社会互动中持续进行的主要任务之一是共享意义的建构。在行动和互动中发现彼此的行动者通过沟通获得共享的理解，基于体验形成共通的视角。女性主义认为，这一假定如要生效，必须以微观互动被嵌入和受到权力和意识形态宏观结构的渗透为条件。宏观结构使互动中行动所承担的意义被模型化。在与女性的互动中，作为统治者的男性更有可能从宏观的性别意识形态结构出发赋予女性活动以意义，而较少以一种开放的探询态度进入情境或根据其他宏观层面类型来解读女性活动。而浸没于同样的意识形态阐释中的女性则处于左右为难的境地，在她们的实际生活与这样一种意识形态之间挣扎平衡。女性的这种张力状态发展出了极为丰富的意义。社会释义论者假定长期紧密联系和沟通的行动者有可能创造共同的视角或共享的理解体系。但女性主义者针对可能是最为紧密且长期的男性—女性联系形式——婚姻——所做的研究显示，在前文所提及的因素作用下，婚姻中的伴侣彼此仍然是陌生人，处于分立的意义世界之中。对处于统治地位的男性来说，为了实现有效的控制，他们的"陌生人"体验可能比处于从属地位的女性更为强烈，因为后者必须随时监控统治者的意义。

民主观念同时影响了社会释义论者和社会行为主义者有关互动的描述。传统上的理论模型认为人们在互动情境中进出时享有相当程度的机会平等及选择自由。而女性主义研究则显示，女性在与其具有相似处境的女性建立关系及沟通时最能自由地与他人一起创造描述其生活经验的意义。进而，这种联系由于提供了实践、情感以及意义确认之支持而对女性构成深刻的吸引。可是，女性并没有获得自由进入这类情境的赋权。法律、互动支配、意识形态等限制以及贬低对这种联系的选择，以致女性也不知不觉地对其吸引力表示怀疑。在这种情况下，联系不再是一种自由和开放的选择，而变成一个关系和意义受到隐藏的、受限制的以及不为公众所见的领域。

最后，女性主义的互动实践分析强调依据深层的心理结构来解释男性和女性之间的差异。对男性的培养鼓励个人化及对女性的否定，因此男性从幼年时期就知道主张男性特权意味着要远离女性化的行为。同理，女性在其早年便学习到女人在面对男性和彼此相处时的职责之一——通过关注、评价已达成的行动、运用表达赞赏及在意的姿势等互动姿态承认对方的主体性。这些行为可以渗透和解释跨性别的乃至同性别群体内部的互动。女性反复地被表现成以下的形象：要履行针对对方的更多责任，并且要投入精力，不断探察对方的需求和欲望。而男性则更倾向于感受到为达成个人目标而被分隔出的权力和责任，将他们对他人的回应视为一种慷慨之举，而非预期的互动行为之一部分。

主体性

大多数社会学理论将主观的社会经验纳入到微观—社会行动（微观主体性）或宏观层面的"文化"或"意识形态"（宏观主体性）之中（参见第十章及附录）。然而，女性主义社会学坚持认为行动者对目标和关系的个人解释必须被看作一个独特的层面。正如许多女性主义社会学一样，它的这一坚持源自针对女性生活的研究，而且似乎适用于一般性的从属群体生活。作为从属者的女性敏感地意识到其主观经验的独特性，这恰恰是因为她们自身的经验常常与流行文化及微观—互动层面上既有的定义相对立。社会学家通常将经验的主观层面看成微观社会秩序的一部分，他们聚焦于以下四个主要的议题：（1）角色扮演以及有关他者的知识；（2）共同体规范的内化过程；（3）作为社会行动者之自我的性质；（4）日常生活中意识的性质。本节将逐一讨论女性主义就每一议题的观点。

传统的关于主体性的社会学模型，一如米德理论（参见第六章）及舒茨理论所体现的那样，假定在角色扮演的过程中，社会行动者学习到以或多或少与行动者相似的他人视角来看待自我。但女性主义社会学表明女性在社会化过程中学会通过男性视角来审视自己。即使当有意义的他者也是女性时，她们仍然由于受到社会化的巨大影响而采取男性看待自我及其他女性的视角。女性学习角色扮演的体验受到以下这一事实的形塑，即女性必须学习扮演一种真正的**他者**，而不是一种与自己更为相像的社会性的他者（social other），男性则不需要采取这种方式。相对于女性的他者即男性，是异己的；而对于男性来说，首要且最重要的他者是与之相似的男性。性别在此具有至高的文化重要性。女性主义理论还强调说，个体生活中压迫和特权等向量的多重交织使得这一模式更为复杂化。

角色扮演通常被视为社会行动者通过学习扮演"概化他人"的角色而达成共同体规范之内化过程的顶点。所谓"概化他人"是指行动者在精神层面根据构成其社会生活的宏观和微观层面经验混合而创造出来的建构。**他者**采用单数，表明微观社会学家常常将这一想象出来的概化他人设想为有关诸多期待的、具有内在一致性和凝聚力的单一表达。但女性主义则强调说，在由男性主导的父权文化里，概化他人代表着一组由男性主导的共同体规范，后者迫使女性将自己勾勒成"不如"男性或与男性"不平等"的角色。女性在成功地形成准确反映共同体主流认知的概化他人时，她的自尊和自我探索的内在可能性或许已受到伤害。女性主义理论质疑对于群体中的大多数而言，统一的概化他人是否存在。从属者不得不在以下两个领域之间转换，一是由主流的概化他人主导的世界或意义系统；二是提供替代性理解和概化他人的"家庭群体"所占据的场所。意识到多种概化他人的可能性，对于理解拥有或形成自我之潜在复杂性来说是有必要的。

微观社会学家所描述的社会行动者将日常世界勾勒为一个可根据个体的特定利益来掌控的对象。而女性主义社会学家指出，女性将会发现她们由于身为女性而受到太多限制，在世界中实现自身计划的观点在理论世界之外变得毫无意义。进而，女性也许无法体验根据自己的特定利益来掌控生活世界。她们在社会化过程中体验到的生活世界可能只是一个去平衡多个行动者之利益的场所。由于不能免于外界干预，女性很难拥有控制特定空间场域的同类体验。同理，由于以平衡他人利益和目标为终身事业，女性对于时间的理解也很少遵循先发生的事件先处理的简单模式。因此，女性有可能会认为规划和行动即关注自身及他人等多方利益的行为；在行动中更多地采取合作而非掌控；在对其持续的角色平衡之生活体验进行评估时，认为它并非基于角色冲突，而是对社会生活（相对于角色区分）更加适当的回应。

女性主义社会学家对传统微观社会学中假定的统一的日常生活意识进行了批判。女性主义社会学家强调对于女性来说，日常生活认知形式最普遍的特征即"分裂的意识"（bifurcated consciousness）。这种意识是沿着女性自身个人化的、生活化的和反思的经验，以及社会知识库存中现成的、描述此类经验的既有类型之间的"断层线"（line of fault）而建立起来的（Dorothy Smith，1979，1987）。对于从属者而言，日常生活也由此分为两种现实：基于实际的、生活化的、反思的经验之现实与社会中的典型化现实。女性经常意识到，在与文化上处于统治地位的男性进行互动时，其自身的经验不同于男性的经验，这使得她们更不太可能行使共享的主体性。作为一种自身活动不能为父权时代所完美调整的生物或社会存在，女性更有可能意识到作为生活体验的时代与作为社会管制的时代之间的分界。关乎主体性的女性主义社会学研究或许要从以下的问题入手，即当人们自身的经验与此类经验既有的社会中的典型化不相吻合时，她们/他们是如何生存的？我们知道对这一问题的解决有以下几种方式：回避进行持续的反思行动；培养属于自己的一系列私人化类型从而使自身的经验有意义；寻求与共享同一分裂现实的他者建立共同体；以及否定自身经验的有效性。

我们在此针对女性之主体性而归纳的要点也许适用于一切从属者的主体：（1）由于意识到必须学习另外一个人的种种期待（这一他者凭借权力差异而成为异己），她们/他们的角色扮演体验变得相对复杂；（2）在掌权者的文化和具有较少权力者及无权者的亚文化中，她们/他们必须关联的不是一个概化他者，而是许多的概化他者；（3）她们/他们体会不到自己是可以规划其生活进程的、有目的社会行动者——尽管她们/他们可能不断地被告知自己能够这样做；（4）最为普遍的是，她们/他们的日常生活伴随着一种分裂的意识，一种在自己的生活经验与主流文化所传达的社会现实之间存在断层的认知。

这里讨论的一切都预先假定了一个统一主体（unified subject），即具有进行中的、持续的意识以及自我认知的女性或男性个体。统一主体对于女性主义理论之所以重要，是因为体验痛苦与压迫、做出价值判断、抗争或接受世界的现状的正是这一所谓的主体，这一统一主体即社会变革的首要推动者。然而，本书对主体性的讨论也对该主体的统一程度提出了质疑。举例来说，当主体的概化他人是真正的"他者"（other）、"异己"（alien）时，当主体不仅仅有一种概化他人而是有多种概化他人之体验时，当主体具有分裂意识时，当主体就推动发展和变化的能力而言将自我更多地视为过程而非产物时，这里就有许多问题有待讨论。上述这些将自我理解为分裂的而非统一的趋势，是女性主义关于自我之理论化的内在特征——事实上，它们正是女性主义抗争与变革之思想的核心。这种分裂的认识在后现代女性主义批判中更为强烈（本章前文已有讨论），该理论立场质疑"统一主体或意识"的可能性。如果说每个自我乃至任何自我都要屈从于日复一日甚至时时刻刻的变化，如果我们可以谈及"并非我自己"（being not myself），那么我们基于什么来提出自我的假定呢？对此，女性主义对于后现代主义之批判的回应是从日常生活中的女性经验着手，女性在谈到"我不是自己"或者"我始终不是自己"时假定了一个她们与之相分离的稳定自我，而根据上述的陈述，她们进而假定了某种意识到这一分离的自我。

总　结

女性主义社会学理论脱胎于一般女性主义理论——这个有关女性的新的学术分支试图提供一个将女性刻画为客体、主体乃至实践者与认知者的有关人类生活的思想体系。

当代女性主义运动对于社会学的影响之一是扩展了两性关系社会学以及女性生活社会学的意义。目前，许多社会学理论正在努力探索女性主义的议题。功能主义的宏观—社会理论、分析冲突理论以及西方新马克思主义旗帜下的世界体系理论都在研究家庭在社会系统中的地位，借此解释女性在社会中的从属地位。而符号互动论和常人方法学这两种微观—社会理论则探讨了在人际关系中生产与再生产性别的方式。在过去的十年中，一些社会学家还尝试对哈贝马斯、布尔迪厄、吉登斯的性别分析进行女性主义的修正。

女性主义这一学科受到以下四个基本问题的引导：（1）**如何理解女性？**（2）**女性为什么会陷入现在这种处境？**（3）**我们如何对社会世界进行变革和改良？**（4）**如何理解女性之间的差异？**在回答这些问题时，女性主义理论的各种分支得以产生。本章按照这一思路介绍了女性主义理论的四个主要派别。性别差异理论看到女性的处境与男性有所不同，从而根据作为男性和作为女性这两种不同且始终持续的存在方式（或说被制度化的角色与社会互动），以及将女性视为"他者"的本体论建构来解释这种差异。性别不平等理论，尤其是自由主义女性主义，强调女性对于平等之基本权力的诉求，并且描述了由性别主义导致的机会不平等的社会结构。性别压迫理论中包含女性主义精神分析理论与激进女性主义，前者根据针对男性追求统治之心理驱动力的精神分析来解释女性受到的压迫；后者则通过男性运用暴力来征服女性的能力和意愿来进行解释。结构压迫理论包括社会主义女性主义与交叉性理论。社会主义女性主义理论认为压迫源于父权制和资本主义控制社会生产与再生产的企图；交叉性理论就女性的生活经验、群体立场及彼此之间的关系追溯了阶级、种族、性别、亲密关系偏好和全球定位等因素的影响。

女性主义理论提出了六个核心命题作为修正标准社会学理论的基础。第一，社会学理论的实践必须基于知识社会学，承认所有知识都有其片面性、认知者是具化的及具有社会定位以及权力在影响哪些知识可以成为知识时所发挥的职能。第二，宏观社会结构基于一系列的过程，这些过程由以自身利益为导向的统治者控制并由从属者执行。受统治者意识形态的影响，从属者的工作在很大程度上是不可见的，其价值甚至对于其自身而言也是受到贬低的。由此，统治者占用和控制了社会的生产性工作，这里不仅是指经济生产，也包括女性的社会再生产工作。第三，社会的微观互动过程是统治—从属权力配置的实施，掌权的以及处于从属地位的行动者对所谓实施的解释大不相同。第四，上述社会条件在女性的主体性中制造了一种分裂的意识，它是在因父权意识形态和女性对于生活现实的体验并置而出现的断层线上发展而成的。第五，这些关乎女性的理论有可能适用于一切以某种相似但不完全一致的形式存在的从属者。第六，人们必须对由一个以男性为主导的传统学科建立的一切范畴提出质疑，而尤其应该质疑微观社会学与宏观社会学之间的所谓分野。

第三部分

社会学理论中新近的整合发展

第十章
微观—宏观和能动—结构整合

本章大纲

微观—宏观整合

能动—结构整合

能动—结构和微观—宏观的联系：根本区别

在本章中，我们将讨论近年来社会学理论中的两个重要发展。首先，我们关注的是20世纪80年代主要出现在美国并一直持续到今天的巨大发展（不过，我们将会了解到，这一发展自有其重要的思想先导）。这就是社会学学者对**微观—宏观关系**日趋浓厚的兴趣（J. H. Turner, 2007b; Barnes, 2001; Turner and Boyns, 2001）。然后，我们将介绍同一时期主要出现在欧洲社会学理论界的另一发展——对**能动—结构关系**日渐加深的关注。我们将会发现，美国学界的微观—宏观文献与欧洲学界的能动—结构著作之间既有着重要的相似之处，也存在着根本性的差异。微观—宏观和能动—结构的文献本身可以被视作一种（社会学理论的）综合发展，因此我们又可以将它们看成本书第二部分一直在讨论的、以理论整合为方向的宏大思潮的一部分。

微观—宏观整合

微观—宏观极端主义

直到最近，当代美国社会学理论的一个重大分水岭是极端**微观**（microscopic）理论与极端**宏观**（macroscopic）理论[①]（以及理论家）之间的对立，更重要的是以上述两种方

[①] 采用**微观**（micro）和**宏观**（macro）这两个名词，或许会让人觉得我们在处理两分法的问题，但请始终不要忘记存在一个从微观一端到宏观一端的**连续统**（参见本书附录）。

式阐释理论的社会学家之间的冲突（Archer, 1982）。这些偏执一端的理论以及理论阐释往往倾向于强化宏观与微观理论之间存在巨大鸿沟的印象，或者更进一步地说，它们强化了社会学理论界存在冲突与混乱的印象（Gouldner, 197; Wardell and Turner, 1986; Wiley, 1985）。

我们虽然可以把本章第一部分所讨论的古典主义社会学理论家（马克思、涂尔干、韦伯和齐美尔）归为宏观极端或微观极端的类别（而且许多人都这样做过），但是最站得住脚的视角或者说至少本章将选择的视角是，这些理论大师在本质上关心的是微观—宏观的联系（Moscovici, 1993）。马克思的理论兴趣可以被理解为侧重资本主义社会对工人个体（以及资本家）产生的强制和异化。韦伯专注于个体在形式理性社会的铁笼中所处的困境。齐美尔感兴趣的主要是客观（宏观）文化与主观（个体或微观）文化的关系。就连涂尔干关注的也是宏观层面的社会事实对个体或个体行为的影响（例如自杀）。如果我们接受以上对古典主义社会学理论大师的特性描述，那么看起来在上个世纪出现的大多数美国社会学理论已经不再关心二者的联系，而是接受了微观或宏观极端理论的主导，或者说，接受了将绝对的力量和意义赋予微观或宏观层面的理论大师及各种理论。可以说，本书第二部分所讨论的社会学理论都倾向于微观或宏观的极端。在宏观一极，有结构功能主义、冲突理论以及西方新马克思主义理论的一些流派（特别是经济决定论）；在微观一极，有符号互动论、常人方法学、交换理论和理性选择理论。

20世纪最著名的宏观极端理论是帕森斯的"文化决定论"（1966）[①]、达伦多夫（1959）强调强制性协作团体的冲突理论，以及彼得·布劳的宏观结构主义，后者可以由布劳"我是一个结构决定论者"的自信宣言所概括（1977: x）。宏观结构极端主义的其他来源（Rubenstein, 1986）还包括怀特（White）、布尔曼（Boorman）和布里格（Breiger）等网络理论学者（Breiger, 1976），邓肯（Duncan）和施诺尔（Schnore, 1959）等生态学家以及梅休（Mayhew, 1980）等结构主义者。其中很少有人的立场比梅休更加极端，梅休经常宣称"结构社会学的分析单位永远是社交网络，**从来都不是个人**（never the individual）"（1980: 349）。

至于微观极端理论，我们可以把符号互动论中的一大部分理论以及布鲁默的研究（1969a）归入其中，尽管布鲁默看起来具有结构功能主义思想，认为符号互动论是一种仅与微观层面的现象有关的社会学理论（如欲了解对布鲁默理论视角的不同阐释，参见本书第六章）。霍曼斯与其交换理论（1974）也应被归入微观极端理论。霍曼斯试图找到

[①] 即使亚历山大这种总是赞同帕森斯的观察者（1987a:296）也承认帕森斯"有集体主义偏向"，也请参见科尔曼的类似观点（Coleman, 1986:1310）。但是，即使帕森斯最大的影响力体现在集体主义理论领域，我们仍然能在他的研究中找到明显的微观—宏观整合理论。

一种可以替代结构功能主义的理论，并且根据斯金纳行为主义的微观极端取向建立了交换理论。常人方法学由于它对于行动者日常实践的关注也应被归为微观极端理论。加芬克尔（1967）丢弃了结论功能主义的宏观焦点以及将行动者视为"判断傀儡"的倾向。谢夫（Scheff，2007）建立了一种更为一般化的"微观社会学"。

迈向微观—宏观整合的运动

20 世纪大多数社会学理论是以宏观/微观极端主义为特征的，但大概从 20 世纪 80 年代开始，美国社会学界出现了偏离微观/宏观极端主义，**在促进微观与宏观理论和/或社会分析层面整合（或综合、连接）**的问题上达成广泛共识的一场运动。这一学术方向代表着对 20 世纪 70 年代社会学理论的改弦易辙。凯梅尼（Kemeny）强调说，"所以，极少有人注意到'微观'和'宏观'之间的区分，这两个名词甚至不再像通常那样被编入社会学著作的索引了"（1976：731）。可以说，至少在这个意义上，美国社会学理论家们重启了古典主义大师的理论设计。

微观—宏观整合理论的发展在 20 世纪八九十年代尤为迅猛，但也有零星的、直接论述微观—宏观连接的著作在更早的时期出现。例如，在 20 世纪 60 年代中期，赫尔穆特·瓦格纳（Helmut Wagner，1964）曾讨论微观理论和宏观理论的关系。在 60 年代末，瓦尔特·华莱士（Walter Wallace，1969）对从微观至宏观的连续统做了一番审视，不过这项工作在他的研究中只占次要地位，仅作为他的社会学理论基本分类中"使情况复杂化"的因素之一。在 70 年代中期，凯梅尼（1976）一度呼吁要更多地关注对微观—宏观的区分以及二者相互关联的方式。

直到 20 世纪 80 年代，我们才亲眼目睹了与微观—宏观关系有关的连接议题如潮水般涌现出来。柯林斯强调与这一主题相关的研究"有望在未来一段时间里成为理论发展的重要阵地"（1986a：1350）。艾森斯塔德和赫勒为一部两卷本的著作［其中一卷介绍宏观理论（Eisenstadt & Helle，1985a），另一卷介绍微观理论（Helle & Eisenstadt，1985）］撰写了导言，并得出结论说，"微观理论与宏观理论的对抗已经成为历史"（1985b：3）。与之相类似的，明希（Münch）和斯梅尔瑟（Smelser）在《微观与宏观之联系》（*The Micro-Macro Link,* Alexander et al，1987）选集中坚定地称，"那些热衷于争论某个层面比另一个层面更接近本质的人……一定是错误的。事实上，本书的每一位作者都坚持了微观—宏观相互关联的正确立场"（1987：385）。

与微观—宏观整合有关的理论研究共有两大分支。有一些理论学家侧重对微观—宏观**理论**的整合，而另一些理论家则重视建立一种能够阐释社会分析的微观与宏观**层面**联系的理论（Alford and Friedland，1985；Edel，1959）。在上文中，我已简要举例，艾森斯塔德和赫勒（1985b：3）的结论是，微观与宏观**理论**的对抗已经成为历史，明希和斯梅尔瑟（1987：385）在选择微观还是宏观**层面**的问题上也得出了类似的结论。然而，就整合宏观理论（如结构功能主义）与微观理论（如符号互动论），以及建立一种能够阐释社会分析宏观层面（如社会结构）与微观层面（如人格）[①]之间关系的理论（后者的示例，参见Summers-Effler，2002）来说，这二者之间存在着重大差异。

在概述之后，我们接下来要看一些微观—宏观整合的案例。鉴于本书第二部分已有多处涉及整合微观与宏观**理论**的探索，下面的所有例证集中在整合**社会分析**中微观与宏观**层面**的研究。

微观—宏观整合的案例

整合的社会学范式

本节首先以我在微观—宏观整合方面所做的尝试开始。这里的介绍将会相对简略，因为附录还会继续谈到整合的社会学范式。我在附录中总结了相关论述，是因为它体现了我赖以指引和组织本书的元理论图式。本节的侧重点在于整合范式在微观—宏观连接这一议题上必须强调的一些内容。

要强调的是，我对于整合范式乃至更为具体的微观—宏观连接的思考受到众多前辈的影响，艾德尔（Abraham Edel，1959）和古尔维奇（Georges Gurvitch，1964；也参见Bosserman，1968）的研究对我的影响尤其深刻。古尔维奇秉持的理念是社会世界应从五个"横向"或从微观到宏观的层级［Smelser（1997）提出其中四个层级］来研究，它们从微观到宏观依次是：社会交往形式、分组（groupings）、社会阶层、社会结构和全球结构。为了补充这个层级结构，古尔维奇还提供了十个"纵向"或"纵深"的层级，从客观程度最高的社会现象（如生态因素、组织）开始，以主观程度最高的社会现象（如集体观念和价值观、集体意识）结束。古尔维奇使这些纵向和横向的维度进行交叉，从而得出大量的社会分析层级。

我研究整合的社会学范式的动力，在一定程度上是希望借助古尔维奇的洞见，创建一个更为简约的模型。这个模型由从微观至宏观的连续统开始（即古尔维奇的横向层级），从个体的思维和行动跨越到世界体系（参见附录中的图A.1）。另外一个从客观至主观的连续统（即古尔维奇的纵向层级）被叠加在前一个连续统之上，从个体行动和科层机构等物质现象跨越到意识、规范和价值观等非物质现象（参见附录，图A.2）。与古尔维奇一样，我使两个连续统进行了交叉，但我只得出四个社会分析层级，相比于古尔维奇繁多的分析层级要更容易处理。图10.1描述了我的主要社会分析层级。

[①] 以及中观层面的现象（Ulmer，2007）。

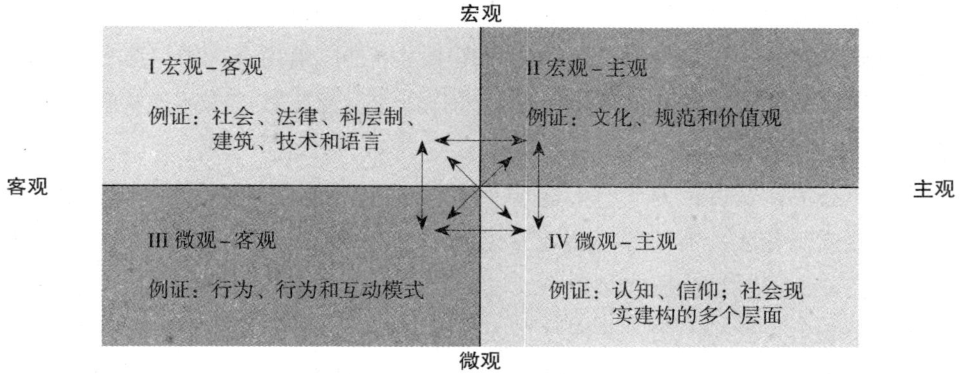

```
                              宏观
        ┌──────────────────────┬──────────────────────┐
        │ I 宏观–客观           │ II 宏观–主观          │
        │ 例证：社会、法律、科层制、│ 例证：文化、规范和价值观 │
        │ 建筑、技术和语言       │                      │
客观 ────┤                      │                      ├──── 主观
        │ III 微观–客观         │ IV 微观–主观         │
        │ 例证：行为、行为和互动模式│ 例证：认知、信仰；社会现│
        │                      │ 实建构的多个层面      │
        └──────────────────────┴──────────────────────┘
                              微观
```

图 10.1　瑞泽尔的主要社会分析层级

注：这里呈现的只是一幅"快照"。它应被嵌入正在进行的历史进程之中。

就微观—宏观议题而言，我认为它不能离开客观—主观连续统来讨论。一切微观及宏观的社会现象要么是客观的，要么是主观的。因此，我的结论是社会分析中存在四个主要层级，而社会学家必须关注这些层级的辩证关系。宏观—客观层级是指规模较大的物质现实，如社会、科层体制和技术。宏观—主观层级包含规范和价值观等规模较大的非物质现象。在微观层级，微观—客观层级是指规模较小的客观实体，如行为模式和互动模式，微观—主观层级则关注人们建构社会事实的小规模的精神过程。四个层级中的任何一个都很重要，但最重要的还是它们彼此之间的辩证关系。

我在《运通美国：全球信用卡社会批判》一书中应用了微观—宏观的整合方法（1995；也参见 R. Manning, 2000）。具体地说，我利用 C. 怀特·米尔斯（1959）就微观层级的**个人问题**与宏观层级的**公共问题**二者关系的思想来分析信用卡造成的一些问题。个人问题指的是影响个人以及与其有直接关系的人的那些问题。比如，一个丈夫打了妻子，这是给他的妻子和其他的家庭成员，有时也给他自己制造麻烦（尤其是涉及法律时）。但是，某个丈夫伤害妻子的行为并不会制造公共问题——他的暴力行为不会导致公众要求废除婚姻这一社会制度。公共问题往往会影响到很多人，有时甚至会影响整个社会。如果大量的家庭暴力在一定程度上导致了婚姻制度的解体，那么这就是一个公共问题。个人问题与公共问题之间的关系十分复杂。举例来说，广泛存在的个人问题可能演化为公共问题，而某种公共问题则会导致大量的个人问题。

我梳理了大量与信用卡有关的个人问题与公共问题。我的论证以及微观—宏观的整合方法可以通过米尔斯针对消费信贷的讨论来理解。在宏观层面，由于许多人欠了信用卡公司越来越多的钱（数字仍在增长），累计的消费负债已经变成一个公共议题。消费负债日益增长的副产品是赤字和破产的增加。在宏观层面，政府通过它自身累积债务的倾向鼓励消费负债，这是又一个公共议题。信用卡公司在这方面扮演了非常重要的角色，它们竭尽全力地把更多的信用卡发到尽可能多的人手上。人们越来越多地在邮箱里收到信用卡资格获批的通知函。他们轻易地获得了大量附有高透支额度的信用卡。信用卡公司最应该受到谴责的行为是他们在大学生和高中生中推广信用卡。它们努力"引诱"年轻人过一种靠信用和负债维持的生活。信用卡公司的行为显然是一种公共问题，而且正在制造不计其数的个人问题。

信用卡的滥用使数以百万计的人被卷入债务旋涡，情况有时甚至不可挽回。人们建立了巨大的收支平衡表，有时候不得不从某张卡上提现去还另一张卡上的最低还款额。许多人拖欠债务，有时候被迫宣布破产，这在社会上已经十分普通。有些人不得不花很多年甚至整个余生去偿还旧债，并恢复个人的财务信用。即使在事情没有发展得如此恶劣时，不少人也不得不长时间地工作以偿付信用卡的利息或勉强削减其债务赤字水平。我们可以认为，他们这一辈子都要给信用卡公司打工了。

这里描述的个人问题，一旦加总起来就会给社会制造公共问题。我们已经说明，信用卡公司的策略和流程等公共问题（如提供预批信用卡和招揽学生用户）将会带来更多的个人问题。也就是说，个人问题与公共问题之间存在辩证关系，而且会互相激化。总体来说，信用卡的案例说明在研究迫切的社会问题时整合的微观—宏观方法具有一定的适用性。

多维社会学

杰弗里·亚历山大提出了他所谓的"社会学的新'理论逻辑'"（1982：xv）。这种新的理论逻辑影响了"在知识连续统的每个研究层级上的社会学思想"（Alexander，1982：65）。根据这一精神，亚历山大提出了所谓的"**多维社会学**"（multidimensional sociology）。**多维性**在亚历山大的著作中有多种含义，其中与本书关系最大的是亚历山大对社会分析层级的多维认识。

我们先来介绍亚历山大（紧随帕森斯）定义的**秩序问题**（problem of order）。亚历山大认为微观—宏观的连续统["分析的'个人'层面或'集体'层面"（1982：93）]与在社会中创建秩序的方式有关。在宏观一极，秩序是从外部建立的，其本质是集体主义的，也就是说，集体现象产生秩序。在微观一极，秩序来自内在的动力，其本质是个体主义的，也就是说，秩序源自个体协商。

根据帕森斯的经典立场，在秩序问题之外，还有**行动问题**（problem of action）。行动与唯物主义—唯心主义的连续统有关，它大致等同于我的整合社会学范式中的客观—主观连续统。在物质的一极，行动被描述为工具性的、理性的和有一定限定条件的。在非物质的一极，行动则是规范性的、非理性的和情感性的。我们如果将亚历山大的秩序与行动连续统进行交互考量，就会得到四个社会分析层级，它们与我采用的那四个层级极为类似（参见图10.2）。

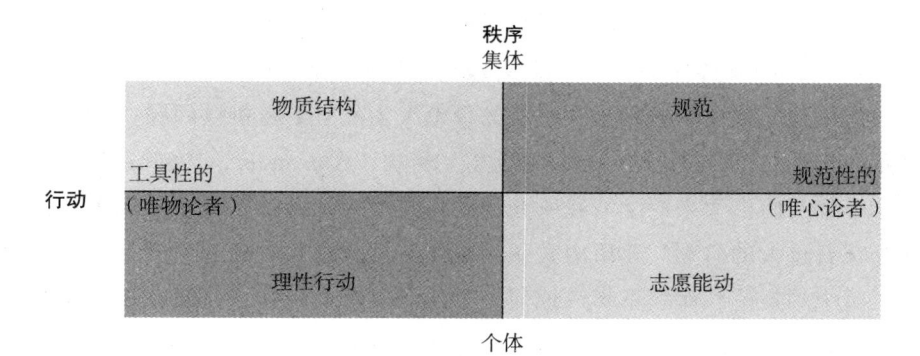

```
                    秩序
                    集体
        ┌─────────────┬─────────────┐
        │             │             │
        │   物质结构   │     规范    │
        │             │             │
   工具性的│             │            规范性的
行动     │  (唯物论者) │  (唯心论者)  │
        │             │             │
        │             │             │
        │   理性行动   │    志愿能动  │
        │             │             │
        └─────────────┴─────────────┘
                    个体
```

图 10.2　亚历山大的整合模型

除了使用的术语略有不同，我和亚历山大的模型基本没有什么差别。二者最主要的区别在于它们如何将四个层级联系起来。我想要关注的是四个层级的辩证关系，而亚历山大则试图找出其中最重要的一个层级。

亚历山大相信优先关注微观层面是一种"理论错误"（1987a：295）。他猛烈地抨击了符号互动论等从非理性的志愿能动之个体—规范的层面入手并跨越到宏观层面的理论。在他看来，这些理论的问题在于它们在保留个体自由和唯意志论的概念的同时，却无法解释集体现象的独特性（sui generis）。亚历山大还批判了交换理论等从个人—工具层面入手又跨越到经济体等宏观结构的理论。这些理论同样不能充分解释宏观现象。可以说，亚历山大对于从微观层面着手并试图用这一基础去解释宏观现象的一切理论，都持有批判态度。

在宏观层面，亚历山大对集体—工具一类的理论（如经济决定论、结构决定论）也采取批判态度。这些理论强调强制秩序，消除个人自由。基本上看，这些理论的问题在于不承认个人能动性的存在。

亚历山大虽然对四个层级的关系表现出一定兴趣，但更认同集体主义—规范层面以及那些以此为出发点的理论（鉴于他受到帕森斯及结构功能主义的极大影响，这种倾向不足为奇）。亚历山大曾表示："结合集体秩序和个体唯意志论的希望在于规范，而不是理性主义传统。"（Alexander，1982：108）这一信念的核心是亚历山大认为秩序的源头是内化（于道德）的，而不像集体主义—工具的理论所认为的那样是外化的。规范的内化使得秩序和自发的能动性得以**共存**。

总之，亚历山大强调我们应该拒绝任何个人主义的或微观的视角，因为它最终将导向的不是秩序，而是"随机性与不可预测"（1985a：27）。所以，"社会理论的一般框架**只能**由集体主义视角产生"（1985a：28，黑体为本书所加）。而且，在两种集体主义的视角之中，亚历山大赞同的是集体—规范的立场。

对亚历山大来说，社会理论家必须在集体主义者（宏观）与个体主义者（微观）视角之间做出选择。如果选择集体主义的立场，他们就只能吸收"相对较少"的个体协商的元素。可是，如果选择一种个人主义理论，他们又必定会陷入"个人主义者的困境"——滑入用超个体现象解释个人主义的理论天生具有的随机性问题。这个困境只能通过"放弃对个人主义的僵化的坚持"才能得到解决（Alexander，1985a：27）。

因此，尽管亚历山大采取了与我所利用的模式极为相近的四层级分析法，但是两种模型之间存在着重大的差别。亚历山大认为集体—规范这一类的理论最为优越，强调要关注社会生活中的规范。而我不承认任何一个层级更有优越性，强调有必要审视四个层级两两之间以及整体上的辩证关系。亚历山大最终过分地强调了宏观（及主观）现象的意义，因此在建立微观—宏观整合的理论上贡献有限。在晚期的一部著作中，亚历山大如此说："我认为理论家错误地从单一变量泛化到整体的直接重建。"（1987a：314）然而，我们可以认为亚历山大也是这一类理论家中的一员，因为他错误地试图从集体—规范的层面推广至社会世界的其余领域。

虽然没有直接提及亚历山大的著作，但吉登斯（1984）也得出了与我类似的结论，即**所有**帕森斯式的，对行动与秩序进行区分的著作都将不可避免地导致微观层面的弱化，尤其是在考虑到"社会行动者的知晓能力（knowledgeability）是社会实践的构成要素之一时。我（吉登斯）认为任何一种深受帕森斯影响的理论立场都不能令人满意地处理这个位于社会理论核心的问题"（1984：xxxvii）。

但是，我们应该注意到亚历山大表达出一种有相当整合意义的视角，一种使**微观**与**宏观**互为定义的视角。亚历山大自己对这一视角的表述是："行动的集体主义环境能够激发和限制行动。如果我正确地给出了行动这一概念，那么环境就应该被看作行动的产物；如果我正确地给出了环境的概念，行动就应该被看作它们的最终结果"（Alexander，1987a：303）。如此看来，亚历山大对于微观—宏观的关系似乎有着更为复杂和辩证的认识，而这个模式相比于他早期所采用的模式更接近我的整合社会学范式。

宏观社会学的微观基础

在一篇题为"宏观社会学的微观基础"的论文中，柯林斯（1981a；也参见1981b）针对微观—宏观联系的问题提出了一个具有高度还原倾向的理论方向（关于对它的批判，参见Ritzer，1985）。尽管这篇论文的标题具有天然的整合色彩，但柯林斯却为这种理论方向冠以"激进的微观社会学"的标签。柯林斯的焦点，或说激进微观社会学的焦点，是他所谓的"互动仪式链"（interaction ritual chains），或成束的"互动体验的个别链条，在沿时间伸展的同时又在空间中相互交叉"（1981a：998）。在强调互动仪式链的同时，柯林斯试图回避在他看来更有还原论色彩的、与个体行动与意识相关的理论关注。柯林斯将分析层级提升至互动、互动链以及互动"市场"的层面。因此，柯林斯不承认极度微观的思想与行动（行为），并且对关注该分析层级的微观理论（如

兰德尔·柯林斯自传

我很早就成为一名社会学家。我的父亲在"二战"末期从事军事情报工作，随后进入美国国务院成为一名外事服务人员。我最早的记忆之一是1945年夏天我随他一起前往柏林。我和我的姐妹们不能在公园里玩，因为到处都是荷枪实弹。某天，苏联士兵在我们的后院挖出一具尸体。这一切使我感到，冲突是重要的，而暴力随时有可能发生。

我父亲接下来的工作又把我们一家带到了苏联、西德（当时被美军占领）、西班牙和南美。在外事任命之间的空档期，我们住在美国，所以我的身份不断在普通的美国儿童及有特权的外国客人之间来回切换。我认为这导致我在审视社会关系时可以保持一定程度的超然。随着我的年龄增长，外交生活不再那么具有戏剧性了，而越来越像外交礼仪的轮番上演，人们身处其中却从不谈论正在发生的重大政治事件。后台隐密与前台光鲜之间的撕裂使得我很容易产生对欧文·戈夫曼的理论的推崇。

当我的年纪不再适合陪同父母前往海外时，我被送入了新英格兰的一所预备学校。这个经验教会了我另一个重要的社会学现实：阶层的存在。这里有很多学生出身名流世家，我渐渐懂得一些与我不时相处的同学是大使或副部长的孩子，而我的父亲其实并不属于那样的阶层。

不久后，我进入哈佛大学读书，前后好几次变换了专业。我研习过文学，想要尝试成为一名小说家和剧作家。我曾从数学系转到哲学系，又阅读弗洛伊德的著作，打算成为一名精神病医生。最后，我选择了覆盖社会学、社会心理学和人类学的社会关系专业。跟随塔尔科特·帕森斯上课使我确定了我的研究方向。帕森斯的课程实际上可以涵盖一切事物，从微观进入宏观并横跨整个世界的历史。我从他那里学习到的与其说是他的理论，倒不如说是社会学的意义。他还带给我一些文化资本的重要理念，比如说，韦伯对比世界各地宗教之驱动力的兴趣要大过他对新教伦理的兴趣；涂尔干在试图揭示社会秩序的前契约基础时提出的核心问题。

我以为自己想要成为一名心理学家，于是又转去斯坦福大学，但是在一年中反复在小白鼠的大脑中植入电极的经历让我认识到社会学才是更适合研究人的领域。于是我又换了大学，于1964年夏天来到伯克利，刚好赶上参与当地的人权运动。到了那年秋天，当自由言论运动的潮流在校园里涌现时，我们已经惯于参与静坐示威，而且当与成百上千人团结在一起时，即使为另一种理由遭到逮捕，我们在情感上仍会感到充满力量。在经历上述一切时，我在研读冲突社会学。当越南战争和国内的种族冲突走向激化，反战运动开始批判它的非暴力原则时，我们之中有许多人感到幻灭，中途退出并转向嬉皮士式的文化生活来寻找安慰。如果你没有失去社会学

> 意义上的敏感，这些经历可能会对你构成最好的启发。我深入研究了欧文·戈夫曼与赫伯特·布鲁默（当时二人都在伯克利分校任教）的理论，开始意识到冲突、阶层等社会的各个层面是如何在日常生活的互动仪式中被建构起来的。
>
> 　　我从来没有想要成为一名教授，但是现在我已经在多所大学授过课了。我试图把所有认识写进一本书里，即《冲突社会学》(*Conflict Sociology*, 1975)。但最后我不得不另外再写一本《文凭社会》(*The Credential Society*, 1979)，来解释这个让我们所有人身陷其中的膨胀的地位体系。为了严肃地对待我自己的社会分析，我一度退出学术界，在一段时间里靠撰写小说和教科书为生。但最终，受到一些有趣的同事的吸引，我重返了教学岗位。透过社会情感的微观细节，社会学这个领域正在从世界历史的新景象中了解一些宏大的事物。我第二任妻子朱迪思·麦康奈尔对我的影响至关重要。她曾动员女性律师一起冲破法律界的性别歧视，而现在我正在向她了解高等司法部门的幕后政治。在社会学以及社会的领域里，我们仍有大量的工作需要完成。
>
> 　　也请参见Li, 2005。

现象学和交换理论）持批判态度。

　　柯林斯同样试图与宏观理论以及它们对宏观现象的关注保持距离。举例来说，他批判结构功能主义以及它对宏观—客观（结构）以及宏观—主观（规范）的关注。事实上，他甚至激进地认为，"规范这一术语应该从社会学理论中被剔除出去"（Collins, 1981a: 991）。柯林斯对与冲突理论有关的一些概念同样持否定态度，比如，他强调说不存在产权和权威这种"内在客观的"实体；只有"人们在特定时空对这些强制关联强度的不断变化的感知"（Collins, 1981a: 997）。他的理论重点在于只有人才能采取行动，而结构、组织、阶级和社会"从来不能有任何行动。任何因果解释最终都要归结到现实中个体的行动上去"（Collins, 1975: 12）。

　　柯林斯试图展示"一切宏观现象"都可以被转译为"微观事件的组合"（1981a: 985）。具体地说，柯林斯强调社会结构可以在经验上被转化为"重复性微观互动的模式"（Collins, 1981a: 985）。所以，从根本上说，柯林斯所追求的**不是**一种整合方法，而是微观理论以及微观现象的主导地位（类似的批判观点，参见 Giddens, 1984）。一如柯林斯所说，"基于激进的经验主义微观基础而重组宏观社会学的持续努力是通往更加成功的社会学的关键性一步"（1981b: 82）。

　　我们可以对比一下柯林斯与卡琳·克诺尔-塞蒂纳（Karin Knorr-Cetina, 1981）二人的理论方向。克诺尔-塞蒂纳虽然十分重视互动领域，但她的著作更为强调的是意识和宏观层面的现象。克诺尔-塞蒂纳不但与柯林斯一样解释了为何要在微观社会学的基础上对宏观理论进行彻底的重组，同时也乐于考虑一种简单地把微观社会学的成果并入宏观社会学理论的、相对不太激进的方式。除此之外，克诺尔-塞蒂娜似乎坚持这样一种立场，即微观社会学研究的终极目标在于建立对宏观社会及其结构、制度更好的理解：

> 我……相信以下这种看似矛盾的看法，即通过微观—社会方法，我们可以更多地了解宏观秩序，因为正是这些微观方法透过它们不加遮掩的经验主义使我们能够对自己所探讨的那些社会事实一窥究竟。当然，我们无法透过面对面互动的微观记录掌握所谓的整体事实。但是，如果我们有史以来第一次听到了宏观秩序的嘀答声，这或许就已经足够了。

（Knorr-Cetina，1981：41—42）

所以说，在宏观层级与微观层级的关系上，克诺尔-塞蒂娜显然采取了一种比柯林斯更为平衡的立场。

亚伦·西科莱尔（Aaron Cicourel，1981）采取的是一种更倾向于整合的立场："微观结构或宏观结构都不是独立自足的分析层级。它们一直在发生**交互**作用，尽管学者们出于方便甚至可疑的自我纵容只对这种或那种分析层级进行审查"（Cicourel，1981：54）。此处暗含着对柯林斯的批判，但西科莱尔所采取的另一种立场似乎才是对柯林斯式立场的更直接的批判，"问题不是简单地丢掉这种或那种分析层级，而是要表明它们必须被整合起来——如果我们不是为了方便而忽视竞争性的理论和研究框架，选择一个层级而排除另一个层级的话"（1981：76）。值得赞扬的是，西科莱尔不仅认识到宏观与微观层级联系的重要性，还意识到在本体论、理论和方法论上实现这种联系的必要性。

柯林斯在一段时间内一直坚持他的微观—还原论立场。例如，柯林斯在一部晚期的著作中强调："宏观结构无非是由大量重复（有时会随着时空变化而改变）的微观接触（microencounter）而构成的。"（1987：195）他毫不掩饰地得出结论："这听起来似乎我正在赋予微观以极大的优越性，事实正是如此。"（Collins，1987：195）然而，值得注意的是，不过一年之后，柯林斯（1988）就有意给予宏观层级更高的地位。他的新的理论方法展现了对微观—宏观关系更加平衡的认知："微观—宏观的转化表明，任何宏观事物都是由'微观'构成的。反之，一切'微观'都只是'宏观'组成的一部分，'微观'总是存在于宏观背景之中……从任何一个方向上着手研究微观—宏观的联系都有可能获得一定的成果。"（Collins，1988：244）柯林斯的后一种观点意味着他对微观—宏观的关系采取了一种更具辩证意味的取向。不过，柯林斯（1988：244）与科尔曼（1986，1987）一样认同以下的观点："社会学的最大挑战"在于说明"'微观'如何影响'宏观'"。所以说，即使柯林斯的微观—宏观理论已经有所进步，但它仍然是一种有很大局限性的理论方法。

回到未来：诺伯特·埃利亚斯的构型社会学

我们已经介绍了美国社会学界近年来在微观—宏观整合方向上的一些重大进展。不过，欧洲的理论家诺伯特·埃利亚斯（Norbert Elias）的研究才最适合被列在这一标题之下（有关埃利亚斯的著作精选，参见 Mennell and Goudsblom, 1998）。埃利亚斯一直致力于突破微观—宏观的区分，或者更一般地说，超越社会学家区分个人与社会的倾向（Rundell, 2005 年; Dunning, 1986: 5; Mennell, 1992）。埃利亚斯的主要著作是在 20 世纪 30 年代完成的，但是直到近期，它们才逐渐赢得应有的认可（Kilminster and Mennell, 2000; Van Krieken, 1998, 2001; Dennis Smith, 2001）。

为了帮助其整合目标的实现，埃利亚斯提出了**构型**（figuration）的概念（Mennell, 2005）。这个概念：

> 使得我们能够抵制关乎人类的概念走向分裂和极端化的社会性压力，后者已一再阻碍我们在把人民看成个体的**同时**又把他们视为社会……因此，构型的概念可以被看作是一种简单的概念工具，以解脱以下这种社会限制，即在表达和思考时认为"个人"与"社会"似乎是对立且不同的。
>
> （Elias, 1978: 129—130; 黑体为本书所加）

构型首先可被看成一个过程。事实上，埃利亚斯在晚年更喜欢用**过程社会学**（process sociology）这一术语来描述他的研究（Mennell, 1992: 252）。构型是人们"交织在一起"的社会进程。它们**不是**外在于人际关系且对其有强制作用的结构；它们**就是**人与人之间的关系。个体既是开放的，又是彼此依存的，而构型由这些个体构成。权力是处于流动之中的社会构型的核心：

> 变化中的构型核心——事实上也就是构型过程的中心——是一种波动的、充满张力的均衡状态。权力的平衡来回移动，先倾向某个极端，然后又转向另一端。这种权力的波动平衡是任何一种构型流变的结构性特征。
>
> （Elias, 1978: 131）

构型不断出现和发展，但大多是以不可见和不可预料的方式。

关键在于构型理论既适用于微观层级，也适用于宏观层级，还适用于这两极之间的任何一种社会现象。这个概念既可以被应用于规模较小的群体，也能被用于由成千上万相互依存的个体构成的社会。班级里的教师和学生、治疗小组里的医生和病人、酒吧的常客、托儿所的孩子——它们都可以彼此构成相对容易理解的构型。一个村庄的居民、一座城市和一个民族也可以构成构型，然而在后一种案例中构型并非一望而知，因为将人们联系在一起的**相互依赖之链条**（chains of interdependence）相对更长、更多样化。

（Elias，1978：131；黑体为本书所加）

可以说，埃利亚斯没有处理"个体"与"社会"的关系，而是聚焦于"被视为个体的人与被视为社会的人之间的关系"（Elias，1986：23）。换言之，个体与社会（以及两者之间的每一种社会现象）都涉及人乃至人际关系。这里强调的"相互依赖之链"的思想生动地表现了埃利亚斯试图用构型表达的意义以及他的社会学理论的焦点："人们如何以及为何关联在一起并构成特定的动态构型是社会学的核心问题之一，甚至或许是**唯一**的核心问题"（1969/1983：208）。

埃利亚斯的所谓构型意味着个体是面向他人开放，且与他们相互关联的。他强调说绝大部分社会学家都秉持着一种**"封闭的人"**（homo clausus）的认识，也就是说"在终极意义上绝对独立于其他个体的、单个的人——一个自在的个体（an individual in himself）"（Elias，1969/1983：143）。这种个体形象不会出现在构型理论中，构型社会学需要的是开放的、相互依赖的行动者。

《风尚的历史》

如果说韦伯关注的是西方社会的理性化，埃利亚斯的兴趣焦点则在于西方的**文明化**（Bogner，Baker，and Kilminster，1992；将他的思想应用于非西方国家——新加坡——的尝试，参见Stauth，1997）。要说明的是，埃利亚斯并不是要强调人类文明出现在西方或其他某个地域就一定意味着某种好的或更优秀的特质。埃利亚斯也不想强调文明在本质上就是恶的，虽然他的确意识到西方文明带来了各式各样的困境。更广泛地说，埃利亚斯（1968/1994：188）不认为越文明就代表越优秀，同理，越不文明也并不代表越拙笨。在谈及人类变得越来越文明时，我们不一定就是在说他们已经变得更加优秀（或更加恶劣）。我们只是在陈述一个社会学意义上的事实。因此，埃利亚斯是在对他所谓的西方文明之"社会起源"（sociogenesis）进行社会学研究（下文将会介绍）。

具体来说，埃利亚斯的兴趣在于西方人行为和心理构成中的渐进变化（Elias，1997）。《文明的进程》（*The Civilizing Process*，1939/1978）的第一卷——《风尚的历史》（*The History of Manners*）——的核心就是针对这些变化所做的分析。在该著作的第二卷《权力与礼仪》（*Power and Civility*，1939/1982）中，埃利亚斯转而研究伴随这些行为和心理变化而来且与之密切相关的社会变化。总体而言，埃利亚斯研究的是"社会结构的变迁与行为及心理构成的结构变迁二者之间的关系"（1939/1994：xv）。

就针对风尚的历史研究而言，埃利亚斯感兴趣的是各种类型的世俗行为向今天我们所谓的文明行为转型的渐进的历史过程（当然同样存在所谓"去文明化"的时期，参见Elias，1995；Mennell，2005b）。埃利亚斯的研究以中世纪为起点，但他明确地说明，文明的发展既不存在也不可能存在所谓的起点（或终点），"在研究长期的社会变迁时，再没有比试图确定一个绝对起点更徒劳无功的事了"（Elias，1969/1983：232）。也就是说，文明进程既可以追溯到古代，也可以延续到今天，而且还将延伸至未来。文明是一个进行中的发展过程，埃利亚斯以中世纪为起点不过是为了研究的便利。他很乐于去追溯以下这些事情，比如令我们感到尴尬的事物的变化、人类不断提高的敏感程度，以及为什么我们变得越来越善于观察和敏锐地理解他人。然而，要理解埃利亚斯的思想，最好的方法不是抽象的说理，而是对他采用的一些具体案例进行探讨。

餐桌行为　埃利亚斯梳理了从13世纪到19世纪介绍礼仪的著作（以及其他资料来源）中必谈的内容，即如何在餐桌上表现得举止得宜（还有接下来的几节要探讨的那些主题）。埃利亚斯最基本的观点是，人们感到尴尬的阈值在逐步上升。人们在13世纪的餐桌上很少或根本不会引起尴尬的行为，换到19世纪的餐桌上就可能招致羞辱。那些被冠以"没品位"标签的行为随着时间的推移有可能被"移出社会生活的场景"（Elias，1939/1994：99）。

例如，13世纪的一首诗发出告诫："很多人啃完骨头又将它放回餐盘，这是一种极其严重的冒犯。"（Elias，1939/1994：68）另一本13世纪的著作则警告说："揉眼睛、抠耳朵，或者一边吃饭一边挖鼻孔，都是不体面的行为。"（Elias，1939/1994：71）显然，这些告诫暗示着当时许多人都有这一类行为，而且它们通常不会令这些人及周围的人感到尴尬。当时之所以需要明确提出这类警告，是因为人们并不知道这些行为"不文明"。随着时间的推移，我们越来越不需要提醒人们不要做一边吃饭一边挖鼻孔之类的行为。16世纪末的一部文献如此说："舔手指、用手抓肉并送到嘴里、用手指搅拌酱汁，或者用叉子叉着面包蘸酱汁，然后又去舔叉子，再没有比它们更不恰当的行为了。"（Elias，1939/1994：79）抠鼻孔的行为当然远比舔手指粗鲁，但是文明到这时已经发展到一定的阶段，以至于人人都认为抠鼻孔是不文明的行为。一旦抠鼻孔被安全地移至幕后，人类社会就会发掘出另外一些不那么过分的行为，并将其定义为不文明。

生理功能

在如何表现生理功能上，我们可以发现类似的趋势。一本14世纪供学童及其他受众使用的书籍认为有必要专就放屁提出一些建议：

辨别疾病：古谚有云，放屁无声，再好不过；放屁有声，又好过憋着不放……

诺伯特·埃利亚斯小传

诺伯特·埃利亚斯的职业生涯不但有趣，而且富于启发性。埃利亚斯在20世纪30年代写出了他最重要的著作，然而在当时以及之后的很多年间一直为人们所忽视。在埃利亚斯的晚年，他的著作才"被重新发现"，尤其是在英国和荷兰享有很高的知名度。目前，埃利亚斯的声誉仍在不断上升，他的著作在世界各地受到越来越多的关注与认可（Dennis Smith，2001）。埃利亚斯一直活到93岁（于1990年去世），还来得及感受被延误多年的人们对其著作重要意义的认可。

埃利亚斯1897年出生于德国布雷斯劳（Mennell，1992）。他的父亲是一名小制造商，一家人生活得相当舒适。这一家人显然十分亲密、友爱，这在埃利亚斯的性格中注入了一种自信，支撑他走过其作品不受认可的岁月：

我将它归因于我自孩提起拥有的、巨大的安全感……我总是感到很安全，认为事情最后总会向最好的方向发展，这是因为父母给予我这个独子以极大的情感安全。

我从很早起就知道我想做什么。我想上大学，希望从事研究工作。我从很小的时候就知道这一点，而且我达成了我的目标，即使它有时看起来遥不可及……我有极大的信心，相信我的著作最终会被视为对人类智慧有益的贡献。

（Elias，引自 Mennell，1992：6—7）

埃利亚斯在第一次世界大战期间曾在德军服役，战后进入布雷斯劳大学学习哲学和医学。尽管在医学领域已经小有成就，但埃利亚斯最终还是放弃了医学课程，以便专心学习哲学。在医学系的学习使得埃利亚斯充分认识到人体各部分之间的相互联系，这样一种认识对他建立人际之间相互关联的理论方向有一定的影响。埃利亚斯于1924年1月获得博士学位。直到这时，他才前往海德堡大学开始研习社会学。

埃利亚斯在海德堡大学没有薪酬，但积极地参与了这所大学的社会学学术圈。马克斯·韦伯虽已于1920年去世，但由他的遗孀玛丽安主持的沙龙仍然相当活跃。埃利亚斯逐渐走入了这个沙龙。他还结识了韦伯的兄弟阿尔弗雷德以及卡尔·曼海姆，阿尔弗雷德当时在海德堡大学社会学系任教，而曼海姆［被埃利亚斯描述为"毋庸置疑的才华横溢"（1994：34）］在学术生涯的发展上略微领先于埃利亚斯。事实上，埃利亚斯成为曼海姆的密友，以及后者无偿的、非正式的助理。当法兰克福大学在20世纪30年代向曼海姆提供了一个教职之后，埃利亚斯作为曼海姆的正式的和支取薪水的助理与他一同前往该大学（有关两人的关系以及他们的研究，参见Kilminster，1993）。

　　阿道夫·希特勒于1933年2月上台。很快，埃利亚斯就像其他许多犹太学者一样（其中也包括曼海姆）被迫走上流亡之路。他先到巴黎，后来又前往伦敦（据信埃利亚斯的母亲在1941年死于集中营）。埃利亚斯正是在伦敦完成了《文明的进程》一书的绝大部分工作，该著作于1939年在德国出版。当时，犹太人的著作在德国没有市场，埃利亚斯没有拿到一分钱的版税。不仅如此，这本书在其他国家也没有得到太多认可。

　　在"二战"期间以及战后的十年，埃利亚斯生活得相当艰难，既没有稳定的工作，又一直处在英国学术界的边缘。1954年，有人向埃利亚斯提供了两个学术职位，他最后选择了莱斯特大学提供的机会。这样一来，埃利亚斯终于得以在57岁时启动正式的学术生涯！埃利亚斯的事业在莱斯特大学得到了发展，他接连发表了大量重要的论著。然而，埃利亚斯对他在莱斯特大学的终身教职并不十分满意，因为他未能将一种发展性理论视角的理论方法制度化，以便替代（帕森斯和另外一些人所拥护的）当时正在社会学界风行的静态性理论视角。埃利亚斯同样为很少有学生采纳这种理论视角感到失望。他依然代表着一种来自旷野的声音，即使是在莱斯特大学，学生们也往往认为他发出的是一种古怪且"过时的论调"（Mennell，1992：22）。埃利亚斯谈到的、一个反复出现的梦境最能说明这种被排斥在外的感觉，梦中有一个从电话传来的人声不断重复着："你能说大声点吗？我听不见你说什么。"（Mennell，1992：23）值得强调的一点是，埃利亚斯在莱斯特大学任教期间，他的著作从未被译成英文，而那个时代使用英语的社会学家几乎都不能流利地使用德语。

　　20世纪五六十年代，埃利亚斯的著作在欧洲大陆，尤其是在荷兰和德国，再度为人们发现。进入70年代之后，他在欧洲不仅收获了学术界的关注，更进一步得到大众的认可。埃利亚斯在余生中得到了许多大奖、一个荣誉博士学位，出版了一部纪念文集以及一家期刊《理论、文化和社会》（Theory, Culture and Society）向其著作致敬的特别合刊。

　　耐人寻味的是，埃利亚斯虽然获得了社会学界的广泛认可（本书也介绍了他的理论），但他获得认可的这个时期却又正好是社会学界越来越排斥他这种类型著作的一个时期。换句话说，后现代思想的兴起驱使社会学家质疑任何一种宏大叙事，而埃利亚斯最重要的著作《文明的进程》正是这种传统意义上的宏大叙事之标本（Dennis Smith，1999）。它关注的是西方文明的长期历史发展（当然也存在衰落与变化）。后现代思想的发展壮大很有可能在埃利亚斯的著作刚刚引起关注时就限制了人们对它的兴趣。

……屁声，尤其是站在高台上的人发出的屁声非常可怕。这时，人们应该克制自己，夹紧屁股……

……可以用咳嗽声掩盖响亮的屁声……《千行诗集》（*Chiliades*）说：宁用咳嗽遮屁声。

（Elias，1939/1994：106）

这里我们可以看到一度被公开讨论的规则，到了19世纪（在今天更不必说）已经不再有提及的必要，因为众所周知，这些受质疑的行为是不文明的。不仅如此，我们甚至会为这样一段有违当代礼仪的议论感到震惊。以上论述反映的正是文明的过程和"尴尬边界"的移动（Elias，1939/1994：107）。一度可被公开讨论的规则随着时间的推移逐步越过了"尴尬边界"。我们在阅读关于放屁的建议时感到尴尬，正反映出当下的边界已经完全不同于14世纪时的边界。

埃利亚斯把如何放屁才更适宜的变化与社会构型的变化，尤其是法国宫廷的构型变化，联系在一起。人们的生活越来越在空间上接近，处于持久的相互依赖之中。因此，人们越来越有迫切的需要管理自身的冲动和实施更多的限制。这种对冲动的控制始于法国宫廷的上流阶层，又扩散到较低的社会阶层之中。更进一步的构型变化又导致扩展上述限制成为必要。当不同阶层的人有了更多的接触，变得更加依赖于彼此，而划分阶层的系统受到侵蚀，社会地位较低的人更容易与地位较高的人进行互动时，限制的扩展就更加显得必要。因此，简单来说，底层人民和上流人士都有越来越强烈的需要，对放屁（以及其他行为）进行控制。上流阶层不但在同等级的成员面前需要自我控制，在底层人民面前也同样如此。

埃利亚斯总结了这番针对生理功能的讨论：

社会逐渐开始通过唤起焦虑的方式有力地抑制某些生理功能中积极、愉悦的成分，或者，更准确地说，社会将这种愉悦"私人化"和"秘密化"（如将它压制在个人体内）。与此同时，社会培育了一些充满负面情感的感受——不愉快、厌恶、恶心——作为社会唯一习惯的感受。

（Elias，1939/1994：117）

擤鼻子 从限制擤鼻子的行为中可以看见类似的过程。比如，一份15世纪的文献告诫说："不要用拿肉的那只手去擤鼻子"（Elias，1939/1994：118）。16世纪时，读者被提醒说："擦完鼻子之后，展开手帕盯着它看，就像是从你的脑袋里流出了珍珠与宝石一样，这也是不适宜的"（Elias，1939/1994：119）。当到了18世纪末，书中提供的建议已经开始有意回避这一类的细节："任何对于鼻子的自主动作……都是不礼貌和幼稚的。挖鼻孔的行为是令人恶心的不当行为……在擤鼻子时，你要遵守一切得体和卫生的相关规则。"（Elias，1939/1994：121）一如埃利亚斯所说，"'沉默的阴谋'散播开来"（1939/1994：121）。人们对一两个世纪之前还可以公开讨论的事情的态度更趋谨慎，甚至根本绝口不提。与擤鼻子和其他一些事情有关的"尴尬边界"都向前发展了。羞耻心逐渐与一些过去人们从不认为是羞耻的事情（如擤鼻子、放屁）挂上了钩。越来越多的墙被竖立在人与人之间，以至于那些过去可以在他人面前做的事情到今天都只能背着人做。

两性关系　埃利亚斯还描述了两性关系中发生的类似趋势。在中世纪，一大群男女在同一个房间里过夜，是很平常的事，甚至男男女女裸露着身体睡觉的事情也并不罕见。但是，随着时间的推移，在异性面前裸露身体逐渐被看成一件羞耻的事。埃利亚斯介绍了以下这种自中世纪开始流行的婚俗，以之作为"不文明"性行为的典型：

> 伴郎领着一行人进入婚房。伴娘为新娘脱掉衣服，新娘不得不脱掉所有的服饰。新婚夫妇必须在他人的见证下迈上婚床，婚姻才算有效。他们"躺在了一起"。俗语说，"只有上了床才算结了婚"。在中世纪晚期，这种婚俗逐渐演变为新郎和新娘穿着衣服并排躺在床上……甚至在法国这种专制主义社会里，新娘和新郎会被宾客们拉到床上，宽衣解带，再重新穿上睡袍。
>
> （Elias，1939/1994：145—146）

显然，婚俗的演变是伴随着文明的进步发生的。到了现在，婚床上的一切都被遮蔽了起来、隐藏在幕后，消失在所有宾客的视线之中。一般地说，性生活已经被从大众社会中隔离出去，封闭在核心家庭内部。

总之，埃利亚斯在《风尚的历史》中所关心的是个体思维、行动、互动等方式的变化。他有时概括地称之为"人格结构"的变化。在人格的变化之外，他还描述了人们行为及互动方式的变化。综上所述，我们可以认为《风尚的历史》一书主要关心的是微观层面的问题。但是，有两个因素影响到这样的解读。首先，埃利亚斯在《风尚的历史》中也经常谈到宏观层面的变化（如宫廷）。而且，他强调说，"人格结构与社会结构的进化是不可分离的"（1968/1994：188）。其次，埃利亚斯在创作《风尚的历史》时始终想到另外一本《权力与礼仪》将集中解释宏观层面的变化。即使埃利亚斯想要避免微观—宏观的二分法，但他的《文明的进程》却是由相互独立的两卷本构成的，第一卷集中关注微观问题，而第二卷的兴趣焦点主要在于宏观问题。

权力和礼仪

如果说自我克制是文明进程的关键，那么埃利亚斯在《权力与礼仪》中所关心的是与自我克制的兴起有关的社会约束的变化。埃利亚斯在学术生涯晚期明确抵制对微观与宏观的区分，然而，在《权力与礼仪》一书中，他似乎表达的是他正在进行另外一种更具"宏观视野"的分析。

> 这种由许多个人计划和行动所形成的基本组织，可以促成任何个体都无法规划和建立的变化及模式。一种独特的秩序，一种比个体意愿和理性所能构造的更有诱惑力、更强大的秩序，从人与人之间的相互依赖之中脱颖而出。这种交织着人类冲动和奋斗的社会秩序，决定了历史变迁的进程。它构成了文明进程的基础。
>
> （Elias，1939/1982：230）

这段引文几乎采用了涂尔干的语言风格，有力地勾勒出一幅独特且有吸引力的现实，它"决定着历史变迁的进程"。埃利亚斯后来表示说有必要抵制对微观及宏观的区分，但《权力与礼仪》这本不时地试图解释宏观结构对微观现象的影响（有时甚至是决定性的影响）的著作，却显然并不支持这样一种立场［然而，我们必须快速地补充说，埃利亚斯经常强调他自己只对宏观现象与微观现象之间的共变感兴趣，或说对"人际关系结构中的特定变化以及人格结构中与之相对应的变化"之间的联系感兴趣（1939/1982：231）］。

埃利亚斯对**心理发生**（psychogenetic）研究和**社会发生**（sociogenetic）研究进行的区分，反映出他在以整合的方式来处理微观和宏观关系时遇到了困难。心理发生研究侧重于个人心理，而社会发生研究则有较大范围和较长历程的视角，关注的是"整体结构，它不仅是一个单一的国家社会，还包括相互依赖的社会群体特定组合所构成的社会领域及其进化的序列"（Elias，1939/1982：287—288）。

相互依赖之链的延伸　那么，对文明进程具有如此重大意义的宏观结构变化究竟是指什么？事实上，它可以被描述为"相互依赖之链"的延伸。

> 西方历史自萌芽起直至现在，社会功能在竞争的压力下变得越来越多样化。它们分化的程度越高，社会功能的数量就越庞大，个体在其一切行动（从最简单和最常见的行动到较复杂和较罕见的行动）中要依赖的人数也就越多。如果说每个个体的行动是为了达成它的社会功能的话，由于越来越多的人必须在行动时保持与他人的一致，行动网络必须更严格、更精确地被加以组织。个体被迫要以越来越分化的以及更加公平和稳定的方式来管理自己的行为……更复杂和稳定的行为控制作为一种自动装置，从个体幼年起就被越来越强烈地灌输到个体之中，成为一种即使个体有意识地想要抵制却仍然无法抵制的自我强制。
>
> （Elias，1939/1982：232—233）

上述演变的结果就是"社会行动与相互依赖的链条的延伸"，它相应地促使个体产生了通过"建立因果链条以建立事件关联的习惯",从而调整情绪的需要(Elias,1939/1982:236)。

因此,埃利亚斯认为社会功能的不断分化在文明进程中起到了关键的作用。此外,埃利亚斯所谓的"对社会构造的全面重组"的重要性也不亚于社会功能的分化(1939/1982:234)。埃利亚斯所描述的是一个见证暴力手段和税收被垄断起来、越来越趋稳定的社会核心机构全面形成的历史进程。这一发展过程中至关重要的是出现一位占据绝对地位的国王以及宫廷社会(尤其是在法国以及路易十四治下,尽管欧洲宫廷的联系变得越来越紧密)。埃利亚斯所谓的"皇家机制"(royal mechanism)从此得以运作。相互竞争的功能集团(functional groups)彼此克制(这些集团以既相互依赖又彼此敌视为特征),权力被均衡地分配在它们之间,以至于杜绝了根本性的冲突与妥协,国王就在这样一种特定的历史环境中出现了。正如埃利亚斯所说:"铁腕王权不是随机更不是任何时候都会出现的,只有当某种特定的社会结构提供了相应的良机,中央机构才能获得那种唯有在独裁统治中才得以表达的至上权力"(1939/1982:174)。换句话说,国王是在适当的社会构型形成之后才出现的。

埃利亚斯认为国王的宫廷具有特殊的重要性,因为最终影响到整个社会的那些变化正是在宫廷里发生的。骑士的相互依赖链条比较短,因而更容易上演暴力行为;宫廷贵族对大量其他贵族有所依赖,因而依赖链条相对较长。他们发现有必要对他人保持越来越高的敏感度,而通过暴力或任何其他一种行动来自由表达情感变得越来越困难。国王逐步控制了所有暴力手段的事实,又进一步地限制了贵族们的行为。"对暴力的垄断,将武器及武装人员集中在单一的权威之下……迫使未经武装的人们待在安定的社会空间里,借助远见和沉思来克制自身的暴力冲动。换句话说,它强迫人们或多或少地进行自我控制"(Elias,1939/1982:239)。垄断暴力手段与国王垄断税收的能力密切相关,因为只有税收才能偿付国王为控制暴力手段而付出的代价(Elias,1939/1982:208)。事实上,埃利亚斯描述的是一个包含了两种垄断的相互作用的情形,"因此,流入中央权力机构的财税维持着它对军事力量的垄断,而这又反过来维持了对税收的垄断"(1939/1982:104)。此外,国王收入的增长还对应着贵族收入的下降,这种不对称进一步巩固了国王的权力(Elias,1969/1983:155)。

贵族之所以在文明进程中扮演了关键的角色,是因为发生在这一精英群体中的变化逐渐被扩散到整个社会之中:

> 行为模式的基本配置正是在宫廷社会里得以形成,在与其他模式相互融合并根据携带这些模式的群体的社会地位进行相应修正之后,出于行使预见的强制,进一步传播到更广泛的功能圈子里。宫廷社会的成员比其他任何一种西方群体更易受到上述运动的影响,特殊的处境使得他们成为精细阐述和模塑社会行为的

专家。

(Elias, 1939/1982: 258)

不仅如此，这些自西方起源的变化又进一步传播到世界各地。

国王和宫廷的出现，以及从骑士到朝臣的转变（即骑士的"宫廷化"）对埃利亚斯来说代表了文明进程中的关键"突变"。"突变"的概念是埃利亚斯的社会变化理论的核心。他并不认为变迁是一个流畅的、按阶段发展的过程。变迁其实是一个不断中止和启动的过程，其中充满了循环往复的运动。

尽管埃利亚斯赋予宫廷的出现极为重要的意义[1]，随之而来的决定性变化的终极原因却是当时整个社会构型的变化。也就是说，关键在于群体之间关系的变化（如骑士与贵族之间），以及群体内部个体关系的变化。这种构型同时对贵族和国王构成了限制："王子和贵族群体倾向于表现他们过着一种自由、无拘无束的生活。但在这里……上流阶级，尤其是其中最强大的一员——至高无上的君王所受到的限制被一览无余地表现出来。"（Elias, 1969/1983: 266）

国王与贵族的统治向现代国家的转变是一场渐进运动。换句话说，一旦对武装和税收的私人垄断（通过国王）已然就绪，针对这些资源的公共垄断也就被奠定了基础——国家将要出现了。国王以及随后出现的国家作为社会控制工具的发展，与个体内部相应的控制工具的发展，二者之间有着直接的联系。它们共同向个体控制他或她的情感的能力行使了前所未有的权力。这并不是说人类在此之前完全缺乏自我控制，而是强调自我控制已变得越来越持久和稳定，影响了人类生活越来越多的领域。埃利亚斯争辩说，随着相互依赖的链条变得更长，"个体学会了更稳健地控制自己。他现在不太是其激情的囚徒了"（1939/1982: 241）。我们可以认为这时埃利亚斯已经相当接近了涂尔干的观点。

这里最有趣的一点是埃利亚斯承认对激情的控制并非绝对的好事。生活中的危险越来越少，但是生活也越来越失去了乐趣。由于不能直接地表达情绪，人们就必须寻找其他的出口，如在梦里或者借助书籍宣泄。此外，原本外在的抗争可能被内化为弗洛伊德所谓的本我与超我之间的斗争。（弗洛伊德的理论深刻地影响了埃利亚斯有关个体的思考。）所以说，对激情的进一步控制固然令人欣喜地使暴力得以减少，但同时也带来了更多的厌倦和不安。

依赖链条的延长不仅意味着更有效的情感控制，还提高了人们面向自我及他人的敏感度。进一步说，人们的判断变得越来越审时度势与精细入微，从而使他们能够更好地审视、控制自我和他人。在宫廷社会出现之前，人们必须保护自己免受暴力和死亡的威

---

[1] 关于宫廷、布尔乔亚及其对莫扎特的影响的一项有趣的研究，参见埃利亚斯（1993）。

胁。而在此之后，由于危险的减少，人们就有余暇更精细地感知更微小的威胁和行动。更高的敏感度是文明进程中的一大关键，对文明的进一步发展做出了重要的贡献。

能动—结构整合

就在美国社会学理论界对微观—宏观议题产生日渐增长的兴趣的同时，欧洲的理论学者越来越着重于能动—结构的关系。他们的兴趣是如此强烈，以至于富勒（Fuller, 1998）要用"狂热"一词来形容它。举例来说，玛格丽特·阿切尔说："结构和能动性的问题逐渐被正确地视为现代社会理论的基本议题。"（1988：ix）事实上，她强调如何处理这一关系（以及它所暗示的一系列其他关系）已经成为一般社会理论的"酸度测试"（acid test）和理论的"中心问题"（Archer, 1988：x）。达维（Dawe）在早年间甚至比阿切尔还更强调这一点，"**这里出现了整个社会学分析史的核心问题：人类能动性的问题**"（1978：379）。达维对能动性的关注还暗含有对社会结构以及能动—结构之间张力的关注①。

简单地看，微观—宏观和能动—结构问题听上去似乎差不多，人们通常也认为它们彼此很相似。不过，我们换个视角来看，就会发现能动—结构和微观—宏观两个议题之间其实有泾渭分明的差别。

能动性通常与微观层面的个体行动者有关，②但它也能指称采取行动的（宏观）集体。例如，伯恩斯（Burns）认为人类范畴的能动者包括"个体、有组织的群体、正式组织和国家"（1986：9）。图海纳（Touraine, 1977）关注作为行动者的社会阶级。如果以集体为能动者，我们就不能将能动性和微观层面的现象等同起来。此外，**结构**（structure）通常指称的是大规模的社会结构，但也能指称那些涉及人际互动的微观结构。吉登斯对**系统**（systems）的定义（更接近于**结构**一词通常的意义，而不是吉登斯自己的结构概念）暗指了这两种结构，因为系统包括"行动者或集体之间关系的再生产"（1979：66）。因此，**能动**和**结构**不但能够指称单一的微观或宏观层面的现象，还能同时指称这两种现象。

现在来看微观—宏观的分野，**微观**通常用来指称许多能动性理论家关注的那种具有自我意识和创造力的能动者，但是也能指称行为主义者、交换理论学者以及理性选择理论学者口中的相对无意识的"行动者"。同理，**宏观**既能指称宏观层面的社会结构，也能指称集体文化。所以说，微观并不一定就是指"能动者"，而宏观也不一定用来指称"结构"。

---

① 事实上，能动的概念在应用中经常包含着对结构的关注（Abrams, 1982:xiii）。
② 许多现代社会学理论家，尤其是那些后结构主义和后现代主义理论家，往往质疑甚至否定人类的能动性，参见（M. P. Jones, 1996）。

如果我们更仔细地考察微观—宏观和能动—结构模式，我们就会发现二者之间存在根本的区别。

能动—结构整合取向的主要理论

结构化理论

能动性与结构整合研究中最著名且被阐述得最为清晰的理论是吉登斯的结构化理论（Bryant and Jary，2000；I. J. Cohen，2005，1989；Craib，1992；Held and Thompson，1989）。吉登斯甚至说："社会科学或历史领域的每一次研究调查都将行动（通常被当作**能动性**的同义词使用）与结构联系在一起……结构与行动到底是谁'决定'了谁，是没有意义的。"（1984：219）

吉登斯不是马克思主义者，但他的著作显然受到了马克思的深刻影响，他甚至将《社会的构成》（*The Constitution of Society*）一书看作对马克思隐含的整合宣言的深入反思："人类创造了历史，但是他们既不能随心所欲地创造历史，也不能在他们所选择的历史环境里创造它，而只能在迎头撞上的、既有的和从历史中遗留下来的条件下去创造它"（Marx，1869/1963：15）。[①]

马克思理论只是结构化理论众多的理论源头之一。吉登斯对大多数重要的理论方向进行了分析和批判，也从中汲取了一些有益的思想。结构化理论表现出强烈的折中主义色彩。克雷布（Craib，1992：20 31）曾罗列吉登斯思想的九大源头。

吉登斯广泛阅读了以个体/能动者或社会/结构为出发点的各种理论（前者如符号互动论，后者如结构功能论），对偏执一端的倾向采取否定的态度。相应地，吉登斯强调我们必须以"反复发生的社会实践"为出发点。他更略为具体地强调，"根据结构化理论，社会科学研究的基本领域既不是个体行动者的经验，也不是任何形式社会整体的存在，而是时空中有序的社会实践"（Giddens，1984：2）。

吉登斯的结构化理论以社会实践为研究重点，在本质上是一种关于能动与结构二者之关系的理论。理查德·J.伯恩斯坦（Richard J. Bernstein）说："结构化理论的核心意在阐明能动性和结构的二元性以及二者的辩证互动。"（1989：23）因此，能动性与结构不能被设想为彼此独立的成分，它们是同一枚硬币的两面。按吉登斯的话来说，能动性与结构体现的即二元性。任何社会行动都与结构有关，而任何一种结构均会涉及社会行动。在正在发生的人类活动或实践中，能动性和结构不可避免地交织在一起。

正如之前我们指出的，吉登斯的分析起点是人类实践，但是他坚持认为人类实践具

[①] 把马克思置于结构化理论乃至能动性与结构的整合理论的核心是适宜的。正如我在别处论证过的那样，马克思的著作是"整合社会学范式"的最佳典范（Ritzer, 1981a: 232）。

有递归的特征。也就是说，人类活动"并非由社会行动者所营造，而是通过他们表达自己是行动者的那些方式被持续地再造。通过他们的活动以及在这些活动当中，能动者制造出使这些活动得以实现的环境"（Giddens，1984：2）。因此，人类活动既不是由意识或现实中的社会建构所制造的，也不是由社会结构所产生的。相反，人们正是为了表达自己的行动者身份才投入实践，并通过实践制造出意识和结构。赫尔德（Held）和汤普森（Thompson）着力于研究结构的递归特征，强调"结构通过以及在由它自身所组织的情境性实践演替中得以复制"（Held and Thompson，1989：7）。意识也是如此。吉登斯关注意识或反身性。不过，为了具有反身性，人类行动者不仅要具备自我意识，还要监控活动与结构环境的流变。伯恩斯坦强调说："能动性与社会结构有反身性和递归性的关联。"（1989：23）一般地说，我们可以认为吉登斯着重于研究产生实践、结构与意识的辩证过程。吉登斯在处理能动—结构问题时采用了一种历史的、强调过程的动态方式。

不仅社会行动者具有反身性，以他们为研究对象的学者也是如此。在此基础上，吉登斯又进一步提出了他著名的"双重解释学"（double hermeneutic）。社会行动者和社会学家都使用语言。行动者使用语言来解释他们的所作所为，而社会学家用语言来解释社会行动者的行动。所以，我们需要关注日常语言和科学语言之间的关系。我们尤其需要注意社会学家对社会世界的理解会影响对研究对象的理解。在这个意义上，社会研究者可能会改变他们所研究的世界，并因此得出失真的调查结果和结论。

结构化理论的要素 我们接下来讨论吉登斯结构化理论的要素，先谈吉登斯有关能动者的思想。我们已经知道，能动者始终在监测自身的思想和行为以及所处的物质环境和社会环境。在寻求安全感的同时，能动者将其所在的世界理性化。通过理性化这一术语，吉登斯想表达的是日常生活的发展不但使行动者建立了安全感，还使得他们能够有效地应对社会生活。行动者有动机采取行动，这里的动机包括促发行动的需求和欲望。因此，鉴于行动总是包含理性化和反身性，动机更适合被视为行动的可能性。动机提供了行动的整体计划，但在吉登斯看来，人类大部分的行动并非由动机直接驱动。尽管行动不是被动机激发的，而且一般情况下人类的动机是无意识的，但是动机对人类行为有重要的影响。

在意识的领域，吉登斯做出了话语意识（discursive consciousness）与实践意识（practical consciousness）的（不太明晰的）区分。**话语意识**使得我们能够用语言描述行动。**实践意识**是指那些被行动者视为理所当然、不必用语言来描述的行动。实践意识对结构化理论来说尤其重要，它体现出注重行为更胜过表述的首要的研究兴趣。

以实践意识为焦点，我们就可以顺畅地从能动者转换到能动性，即能动者实际上从事的事情，"能动性涉及个人作为施动者的那些事件……即如果没有该个体参与其中便不会发生的那些事"（Giddens，1984：9）。吉登斯在理论中给予能动性相当大的权重（这正是批评者时常提到的一点）（Baber，1991）。吉登斯大费周章地将能动性与意图区分开来，因为他希望强调行动总是以非预期的结果而告终。换句话说，有目的的行动总是产生非预期的后果。非预期的后果在吉登斯的理论中有很重要的作用，在帮助我们从能动性跨越至社会系统层面时显得尤其重要。

与对能动性的强调一致，吉登斯赋予了能动者极大的能力（power）。吉登斯理论中的能动者有能力改变社会世界。更直白地说，能力几乎是能动者的代名词，行动者一旦失去改变世界的能力就不再是一个能动者。吉登斯当然认识到行动者面临各种限制，但这并不代表行动者没有选择，不能改变世界。吉登斯认为能力在逻辑上先于主体性（subjectivity），因为行动总是涉及能力或改变情境的实力。吉登斯的结构化理论赋予行动者和行动以能力的内涵，它与那些没有这种理论偏好的理论恰恰相反，后一类的理论要么强调行动者的意向很重要（如现象学），要么强调外部结构很重要（如结构功能主义）。

结构化理论的概念核心在于结构、系统和结构的双重性。**结构**被定义为"结构化的**属性**（**规则**和**资源**）……即使得明显相似的社会实践跨越不同的时空跨度而存在，且赋予实践系统形式的那些属性"（Giddens，1984：17）。结构的出现是由于规则和资源的存在。结构本身在时空中并不存在，而社会现象却具有结构化的能力。吉登斯主张"结构只能存在于人类能动者的活动中或通过这种活动才能存在"（1989：256）。吉登斯给出了一个非常不同寻常的**结构**概念，没有沿袭涂尔干将结构视为外在于行动者并且对行动者具有强制性的理论传统。吉登斯力图使读者不要产生结构"外在于"人类行动或处于人类行动"外部"的认识。"按照我的用法，正是结构形塑了社会生活，但是它**本身**并不是这种形塑功能"（Giddens，1989：256）。正如赫尔德和汤普森所说，结构对于吉登斯来说不是"建筑主梁或人体骨骼那样"的框架（1989：4）。

吉登斯并不否认结构可能会限制行动，但是他认为社会学家夸大了这种限制的作用。不仅如此，社会学家也未能充分强调结构"**总是**既限制**又**授权"的事实（Giddens，1984：25，163，黑体为本书所加）。结构经常使得能动者有能力去做那些没有结构就不能做的事情。在吉登斯淡化结构性限制时，他的确认识到当社会系统在时空中延伸时，行动者可能会失去对它的结构属性的控制。不过，他谨慎地避开韦伯式的铁笼想象，强调失去控制并非**不可避免**。

传统社会学对结构的定义更接近吉登斯的所谓社会系统（J. B. Thompson，1989：60）。吉登斯将**社会系统**定义为社会实践再生产，或"被组织为常规社会实践的、行动者与集体之间的关系再生产"（1984：17，25）。社会系统的概念源于吉登斯对实践的核心关注。社会系统**不**包含结构，但展现出结构的属性结构本身不存在于具体的时空，而是以实践再生产的形式展现在社会系统之中。虽然有一些社会系统是计划的产物，但吉登斯强调得更多的是，社会系统通常是人类行为的非预期后果。这些非预期后果有可能成为未获认同的行动环境，形成对行动的反馈。这一类的环境可能会逃避人类对它们的控制，可是行动者一直在努力施行这种控制。

结构在社会系统中得以"实例化"(instantiated)。除此之外，它们还出现在"为具有知晓能力的人类能动者之行动进行定向的记忆痕迹中"(Giddens，1984：17)。因此，规则和资源既可以在宏观层面的社会系统出现，也可以在微观层面的人类意识出现。

现在，我们可以来认识**结构化**（structuration）这一概念。它以如下的思想为前提，即"能动者与结构并不是两套各自独立的现象，不是所谓的二元论，而是表现出二重性……社会系统的结构属性既是媒介，又是它们递归组织实践的结果"，还可以说"行动的生产过程同时也是在社会生活日常实践背景下的再生产过程"(Giddens，1984：25，26)。结构化显然包含结构与能动性的辩证关系(Rachlin，1991)。结构和能动性体现的是二重性，彼此不能独立于对方而存在。

我们已经指出，**时间**和**空间**是吉登斯理论的关键变量。二者都取决于他人是否会暂时性或空间性地在场。原初的环境是面对面的互动，即互动中的他人处在同一时空之中。社会系统在时间与空间中不断延展，所以（互动的）他人有可能不再在场。随着通信和交通的新发展，以时空为表现形式的距离在现代世界里越来越成为可能。格雷戈里（Gregory，1989）指出，吉登斯对时间的重视更胜过空间。为了强调空间的重要性，桑德斯（Saunders）争辩说："有关任何一种事物**为什么**以及**如何**发生的社会学分析都需要说明该事物是在（何时）**何地**发生的。"(1989：218)社会秩序在社会学意义上的核心问题取决于社会系统如何跨越时空而得到很好的整合。吉登斯在社会学理论领域最被广泛认可的成就之一就是将时间和空间的命题带入领域前沿(Bryant and Jary，2001a)。

在本节结尾，我们要通过讨论自结构化理论派生出的研究计划，从而使这一非常抽象的理论变得更容易为读者了解（如欲了解基于结构化理论之实证研究的综合情况，参见Bryant and Jary，2001b）。首先，结构化理论关注的不是人类社会，而是"跨越时空的制度秩序"(Giddens，1989：300)。（吉登斯把制度视为实践聚类，而且定义出其中的四种——符号秩序、政治制度、经济制度和法律。）其次，他的理论重点关注随时空发展而出现的制度变化。第三，研究人员需要对不同制度的领导群体侵入、改变社会模式的方式保持敏感。第四，结构化理论学者需要监控其理论发现对社会世界的影响并对它保持敏感。一般而言，吉登斯特别关注"现代性的破坏性影响"(1989：301)，强调结构化理论学者应该重视对这一迫切社会问题的研究。

当然，比起我们在这里讨论的，结构化理论本身的内容要丰富得多。除了更为详尽地探讨了本书概述的理论要点之外，吉登斯还对其他许多问题也做了阐述。结构化理论的建构过程就是一个对诸多理论进行分析、整合和批判的过程。近年来，吉登斯将更多的注意力用于利用结构化理论对现代世界进行批判分析(Giddens，1990，1991，1992；参见本书第十一章)。与其他学者不同的是，吉登斯不仅仅是空洞地宣称要进行能动—结构整合，而是对其中各个因素进行了详尽的分析，更重要的是注意到这种相互关系的本质。吉登斯的方法最令人感到满意的一点是，其理论的核心——结构化——被定义为内在具有整合的本质。能动者与结构在构造上不能彼此独立存在。社会系统既是行动者实践的媒介，又是实践的结果，且社会系统的属性又递归性地组织了行动者的实践。

莱德尔、阿什顿和宋（Layder，Ashton，and Sung，1991）通过一项有关从学校向工作岗位过渡的研究寻找结构化理论的经验数据。这几位学者总体上支持吉登斯的理论方法，然而他们最重要的结论却是，结构与能动性并不是如吉登斯所说的那样交织在一起，"我们因此得出结论，就经验来说，结构与行动是相互依赖的（也因此彼此深刻影响），但**在一定程度上仍是相对自主和彼此分离的领域**"（Layder，Ashton，and Sung，1991：461；黑体为本书所加）。

相关批判 克雷布（Ian Craib，1992）给出了对吉登斯结构化理论最为系统化的批判（欲了解一般的批判，可参见 Mestrovic，1998）。第一，克雷布指出因为吉登斯关注社会实践，他的研究缺乏所谓的"本体论深度"。这也就是说，吉登斯并没有找出社会世界赖以运行的社会结构。第二，吉登斯为理论综合所做的努力并不能适应社会世界的复杂性。要解释这种复杂性，我们需要的不是某个单一的综合理论，"而是许多个或许并不相容的理论"（Craib，1992：178）。在克雷布看来，社会世界是相当混乱的，一个类似于结构化理论的，在概念上颇为简练的单一理论不足以充分解释它的混乱。吉登斯的方法还可能限制了应用各类社会学理论而产生的潜在贡献。由于排斥实证主义一类的超理论及结构功能主义等理论，吉登斯难以从中汲取有益的思想。即使他确实在从其他理论中汲取营养时，吉登斯也只是片面地利用那些理论，因此无法从中获取他本能得到的全部养分。第三，由于吉登斯未能提供一个可以操作的基点，他的理论缺乏对现代社会进行批判分析的坚实基础（参见第十一章）。因此，他的批判通常带有即兴的性质，而不像是从某个合乎逻辑的理论核心出发系统性地发展起来的。第四，吉登斯的理论从总体上看是相当碎片化的。折中主义使得吉登斯将各种在本质上不能很好黏合的理论要点和碎片堆积在一起。最后一点，要明确理解吉登斯的理论是十分困难的，即使不是全无可能（Mestrovic，1998：207）。克雷布在其分析中多次指出他不能确定而只是在猜测吉登斯的意思。

鉴于批评的声音如此之多又格外严厉，克雷布追问我们为什么还要了解结构化理论呢？他给出了两个根本性的理由。首先，吉登斯的许多思想（例如，结构既是限制也是能使）已被整合为现代社会学理论的一部分。其次，今天任何一位致力于社会学理论的学者都需要思考并回应吉登斯的研究。克雷布在结尾处轻描淡写地赞扬了吉登斯的研究："我很难想象有哪种社会理论在建立时不会从吉登斯的著作中发现些**什么**。无论如何，**至少在目前**，结构化理论还是相当重要的一道主菜。"（1992：196，黑体为本书所加）

惯习和场域

皮埃尔·布尔迪厄（Pierre Bourdieu，1984a：483；Calhoun，2000）的理论是他为了解决所谓的客观主义与主观主义之间的虚假对立，或者用他自己的话说"个体与社会之间的荒唐对立"而发展起来的（Bourdieu，1990：31）。正如他所写，"指引我工作的最坚定的（在我看来也是最重要的）动机就是要克服客观主义和主观主义之间的对立"（1989：15）。

布尔迪厄将涂尔干及其关于社会事实的研究（参见第一章）和索绪尔、列维-斯特劳斯的结构主义以及结构马克思主义（参见第十三章）归入客观主义阵营。他批判这些理论视角只知研究客观结构，而忽略了行动者认知、思考和建构这些客观结构，进而在此基础上采取行动的社会建构过程。客观主义者忽略了能动性和能动者，而布尔迪厄更倾向于采取有能动者存在的结构主义立场。"我的目的是将消失在列维-斯特劳斯和其他结构主义者（尤其是阿尔都塞）手中的那些真实生活中的行动者带回来。"（Bourdieu，引自Jenkins，1992：18）

这个目标使布尔迪厄（1980/1990：42）更倾向主观主义者的立场，这种立场在布尔迪厄的学生时代以萨特的存在主义为代表。此外，舒茨的现象学、布鲁默的符号互动论和加芬克尔的常人方法学也被视为主观主义的典型。它们重视能动者的思考、阐释及表达社会世界的方式，但同时忽略了这些主观过程寄居于其中的客观结构。布尔迪厄认为这些理论强调能动性但忽略了结构。

与他们不同的是，布尔迪厄着重于客观结构与主观现象之间的辩证关系：

> 一方面，客观结构……构成了表征（representations）……基础，并构成了与互动有关的结构限制；但是，另一方面，这些表征也必须被纳入考量，尤其是当我们想要解释那些目的在于改变或维持现有结构的个体及集体的日常斗争时。
>
> （Bourdieu，1989：15）

为了避开客观主义—主观主义二分的困境，布尔迪厄（1977：3）将关注点放在其眼中结构与能动性之辩证关系的结果——**实践**（practice）上。实践既不是被客观决定的，也决非自由意志的产物。[布尔迪厄关注实践的另一个理由是，这样一个焦点可以避开他使之与客观主义和主观主义相联系，但往往并不切题的唯智主义（intellectualism）。]

为了表达着重于结构与人们建构社会现实的方式之间辩证关系的学术旨趣，布尔迪厄将自己的理论方向定位为"建构主义者的结构主义""结构主义者的建构主义"或"生成结构主义"（genetic structuralism）。布尔迪厄是如此定义生成结构主义的：

> 针对不同领域的客观结构之分析既无法脱离生物个体内部的心理结构生成分析（这些心理结构在一定程度上是社会结构渗入的结果），也无法脱离对社会结构本身的生成过程之分析：社会空间以及群体所占据的空间是历史斗争的产物（能动者依据自身在社会空间中的位置，以及帮助其理解该社会空间的心理结构而参与这些历史斗争）。

皮埃尔·布尔迪厄小传

布尔迪厄1930年出生于法国东南部某个乡村小镇的中下阶层家庭，父亲是一名公务员（Monnier，2007；Jenkins，2005a）。20世纪50年代初，他进入巴黎著名的高等师范学校，并在那里获得了学位证书。然而，布尔迪厄拒绝完成论文，这某种程度上是因为他抵制平庸的教学质量以及学校的威权结构。他对学校里共产主义（尤其是斯大林主义）的强烈倾向十分反感，并积极地抵制这一思潮。

布尔迪厄在一所省级学校短暂地教了一阵子书，1956年被征入伍，随后跟随法军在阿尔及利亚待了两年。他根据自己的经历写了一本书，服役期满之后又在阿尔及利亚停留了两年。1960年，他返回法国，在巴黎大学做了一年助教。布尔迪厄去聆听法兰西学院人类学家列维-斯特劳斯的讲座，并担任了社会学家雷蒙·阿隆的助手。布尔迪厄在里尔大学工作了三年，于1964年返回巴黎，在高等研究实践学校（L'Ecole Practique des Hautes Etudes）就任研究主任这一重要职位。

在接下来的岁月里，布尔迪厄逐渐成为巴黎、法国乃至全球学界的知名人物。他的著作对包括教育、人类学和社会学在内的诸多领域产生影响。20世纪60年代，布尔迪厄的身边已经聚集起一批门徒。从这时起，他们开始了与其导师的合作并结出了各自的学术硕果。1968年，欧洲社会学中心创立，布尔迪厄在逝世前一直出任该中心的负责人。《社会科学的研究行动》（Actes de la Recherche en Sciences Sociales）这份与该中心相关联的、独特的出版刊物，一直是布尔迪厄及其追随者发表作品的重要平台。

当雷蒙·阿隆在1981年退休，辞去显赫的法兰西学院社会学席位时，绝大多数一流的法国社会学家[如雷蒙·布东（Raymond Boudon）和阿兰·图海纳（Alain Touraine）]都参与了角逐，但最终布尔迪厄获得了这个席位（Jenkins，1992）。自此之后，如果说布尔迪厄有什么变化的话，那就是他变得更加多产，声誉日隆（有关布尔迪厄的更多信息，参见Swartz，1997：15—51）。

布尔迪厄著作中颇值玩味的一点是，他的思想是在与其他学者时而公开时而隐晦的持续对话中形成的。例如，布尔迪厄的许多早期思想源于他在接受学术训练的时期里与两位杰出的学者——萨特和列维-斯特劳斯的对话。布尔迪厄在萨特的存在主义中充分地认识到行动者是其社会世界的创造者。但布尔迪厄觉得萨特走得太远，赋予行动者过多权力，而且在这个过程中忽略了结构对行动者的限制。由于受到结构这一方向的吸引，布尔迪厄自然转向了卓越的结构主义者列维-斯特劳斯的作品。最初，布尔迪厄受到该方向的强烈吸引。事实上，他曾一度将自己描述成一个"满怀喜悦的结构主义者"（引自Jenkins，1992：17）。然而，布尔迪厄的一些早期研究使他得出如下结论,即结构主义与存在主义一样存在局限性,尽管这些局限的导向并不相同。布尔迪厄抵制结构主义者的以下做法,即假定人民为结构所控且毫不自知,而把自己看成是享有特权的观察者。布尔迪厄逐渐对这样一种只关注此类结构限制的理论方向失去好感,他认为社会学界:

> 恐怕不值得花一个小时为它烦恼,如果它只是将揭示令个体活跃起来的那些牵线作为它的目标的话,如果它忘记了它必须要去认识那些不知道游戏规则就参与到游戏中的、有如牵线木偶的人们,简而言之,如果它不能赋予自身恢复人类行动之意义的使命的话。
>
> (Bourdieu,引自 Robbins,1991:37)

布尔迪厄将回应结构主义的失当作为他的一个基本目标:"我的动机就是再现在列维-斯特劳斯及其他结构主义者手中消失的现实生活中的行动者……把他们看成结构的次生现象(epiphenomena)。"(引自 Jenkins,1992:17—18)换句话说,布尔迪厄希望至少将部分的萨特的存在主义与列维-斯特劳斯的结构主义整合起来。

布尔迪厄的思想还曾受到马克思理论及马克思主义者的深刻影响。正如我们所见,布尔迪厄在学生时代曾抵制"过于激进的马克思主义者",后来又反对过结构马克思主义的思想。布尔迪厄自然不能被视作马克思主义者,但他的著作显然渗透着某种来自马克思主义理论的观点。其中最显而易见的是布尔迪厄对于实践的强调及他将理论和(研究)实践在其社会学理论中进行整合的雄心。[也许可以说,布尔迪厄正在研究的是人类行为学(praxeology),而不是存在主义或结构主义。]布尔迪厄的著作中还存在着解放论的线索,可以看出他有志于将人们从政治与阶级统治中解放出来。但是,正如他与萨特及列维-斯特劳斯的关系一样,我们最好也只是将马克思和马克思主义者视为布尔迪厄理论创建的出发点之一。

从布尔迪厄的著作中,我们还可以看到其他理论家的影响,尤其是韦伯和法国社会学理论大师涂尔干。不过,布尔迪厄拒绝被贴上任何马克思主义者、韦伯主义者或涂尔干主义者的标签。他认为这些标签是对其著作的限制、简化以及粗暴解释。从一定程度上说,布尔迪厄是在自学生时代开始且持续终生的批判对话中建立起自己的思想体系的,"我在社会学及人类学领域所做的一切既是为了抵制我学到的那些知识,但同时也是对它们的致谢"(Bourdieu,参见 Bourdieu and Wacquant,1992:204)。布尔迪厄卒于2002年1月23日,享年71岁。

(Bourdieu，1990：14)

在一定程度上，布尔迪厄认同结构主义者的视角，但这种视角显然不同于索绪尔和列维-斯特劳斯的结构主义（以及结构马克思主义）。后者更强调语言和文化中的结构，而布尔迪厄认为结构也存在于社会世界之中。他认为"客观结构独立于能够引导、限制能动者之实践或表征的意识和自由意志"（1989：14）。与此同时，他接受了一种建构主义的立场，以便解释认知、思想、行动等图式乃至社会结构的起源。

布尔迪厄试图连接结构主义与建构主义，而且一定程度上确实达成了目标，但他的作品仍然表现出对结构主义的偏好。正是由于这个原因，布尔迪厄（以及福柯等人，参见第十三章）都被视为后结构主义者。他的著作显示出更多与结构主义而不是与建构主义的关联。与这一取向上的绝大多数学者（如现象学家、符号互动论者）不同的是，布尔迪厄的建构主义不重视主观性和意向性。他认为他的社会学理论非常需要将人们根据其特定社会位置而感知、建构社会世界的方式容纳在内。但是，发生在社会世界中的认知和建构既是被结构激活的，也要受其限制。他为自己的理论视角所下的定义充分说明了这一点："对客观结构的分析……（既）离不开对生物个体的心理结构起源的分析，后者在一定程度上是社会结构合并的结果，也离不开对社会结构本身之起源的分析。"（Bourdieu，1990：14）我们可以将其理解为布尔迪厄的学术兴趣在于"社会结构和心理结构"的关系（Bourdieu，1984a：471）。

因此，某些微观社会学学者会对布尔迪厄的视角感到不适应，认为他的理论不过就是更加成熟的结构主义。据华康德（Wacquant）的说法，"两种分析成分虽然是同等必要的，却并不平等，即从认识论上说，客观主义的撕裂优先于主观主义的理解"（1992：11）。詹金斯（Jenkins）则表示，"布尔迪厄社会学的重中之重即接受绝大多数为他所坚决摒弃的著作接受过的客观主义世界观"（1992：91）。他还表示说，"直到世界最后的那一天，布尔迪厄理论最核心的弱点或许就是他没法解决主观性"（Jenkins，1992：97）。但是，布尔迪厄的理论中确实存在着一个有活力的行动者，可以"**不具预设性地创造**（intentionless invention）受控的即兴表演"（1977：79）。惯习、场域（Aldridge，1998），以及二者的辩证关系能够体现布尔迪厄著作的核心，以及他桥接主观主义和客观主义的尝试（Swartz，1997）。其中，惯习内在于行动者的思想，而场域则外在于他们的思想。接下来，我们将用一定的篇幅详细讨论这两个概念。

惯习 我们先来学习布尔迪厄理论中最著名的概念——惯习[①]（Jenkins，2005b）。**惯习**（habitus）就是人们用来应对社会世界的"心理结构或认知结构"。在感知、理解、审鉴和评估社会世界的过程中，人们被赋予了一系列的内在图式。正是通过这些图式，人

[①] 这个概念并非由布尔迪厄首创，而是一个因布尔迪厄而再次受到关注的古老的哲学概念（Wacquant，1989）。惯习既可以是单数，也可以是复数。

们才能创造出他们的实践，并对它们加以审鉴和评估。辩证地说，惯习是社会世界"结构内在化的产品"（Bourdieu，1989：18）。事实上，我们可以将惯习看成是"社会结构的内在化及具体化"（Bourdieu，1984a：468）。惯习接近于"常识"（Holton，2000）。它们反映着年龄、性别和社会阶层等阶级结构中的客观分野。惯习的获得是长期占据社会世界中某个特定位置的结果。因此，惯习的不同取决于个体在所属世界中地位的性质。并非每个人都有同样的惯习。不过，在社会世界内占据同等地位的个体倾向于具有相似的惯习。[为了公正地评论布尔迪厄，我们必须要说他曾做过以下这类的陈述，即他的著作背后的驱动力是"渴望再次引入能动者的实践，或说他或她创造和即兴发挥的能力"（Bourdieu，1990：13）。]在这个意义上，惯习也可以说是一种集体现象。惯习帮助人们理解社会世界，而大量惯习的存在意味着社会世界及其结构不会对所有的行动者产生一致的影响。

在某个既定时点有效的惯习是在集体历史过程中产生的，"惯习作为历史的产物，生产了个体和集体的实践，并由此根据历史产生的图式创造历史"（Bourdieu，1977：82）。在任何既定个体身上出现的惯习由个人以往的经历所塑造，是它身处其中的社会历史在特定时刻的一个函数。惯习是持久和可传递的——也就是说从一个场域传递到另一个场域。人们也可能具有不恰当的惯习，从而遭遇布尔迪厄的所谓滞后（hysteresis）。有一个典型的例子，出身于某种前资本主义状态下的农业社会的某人要在华尔街工作，但在前资本主义社会获得的惯习无法有效地帮助他应对华尔街的生活。

惯习既可以创造社会世界，也可以被社会世界所创造。一方面，惯习是一种"构成中的结构"（structuring structure），也就是说，它是架构社会结构的结构。另一方面，它又是一种"被结构的结构"（structured structure），即它是为社会所架构的结构。布尔迪厄将惯习描述成"**外部性的内部化以及内部性的外部化之辩证**"（dialectic of the internalization of externality and the externalization of internality，1977：72）。这个概念使布尔迪厄摆脱了必须在主观主义和客观主义之间二择其一的困境，"既摆脱了主体哲学而且不必废除能动者……既摆脱了结构哲学，但又并没有忘记将它对能动者的影响以及通过能动者而产生的作用纳入考虑"（Bourdieu and Wacquant，1992：121—122）。

实践在惯习和社会世界之间充当媒介。一方面，惯习通过实践才得以被创造出来；另一方面，社会世界得以被创造正是实践的结果。布尔迪厄将惯习定义为一种"由实践构成并且始终指向实践、具有被架构和构成倾向的系统"（引自Wacquant，1989：42；也参见Bourdieu，1977：72），表达出实践的媒介功能。实践有形塑惯习的倾向，而惯习有助于整合和生产实践。

惯习虽然是一种限制思想和行为选择的内在结构，但不能决定这二者（Myles，1999）。对决定论的**抵制**是使布尔迪厄区别于主流结构论者的重要特征。惯习只能"暗示"人们应该如何思想和选择。人们深思熟虑地衡量各种选项，但他们的决策过程可以反映惯习的活动。惯习为人们制订决策和选择应用于社会世界的策略提供了原则。布尔迪厄和华康德生动地描述称:"人们并不愚蠢。"然而,人类同样也并非是完全理性的(布尔迪厄蔑视理性选择理论);人们按照"合理"的方式采取行动——他们具有实践的意识。人类的行为有迹可寻,那就是"实践的逻辑"(Bourdieu,1980/1990)。

罗宾斯(Robbins)强调布尔迪厄所指出的实践逻辑是"'多元的'——即实践逻辑可以同时容纳大量令人困惑且在逻辑上(指形式逻辑)矛盾的意义和命题,因为它运作的最重要情境即为讲求实用"(1991:112)。他的评点十分重要,不仅是因为它强调了实践逻辑与理性(形式逻辑)的区别,还因为它提醒我们注意布尔迪厄的"关系论"(relationism)。关系论在此处的意义十分重要,因为它使我们认识到惯习**并不是**一种经久不变的、固定的结构,而可以由在面对足以让他们发现自己的矛盾情境时不断进行调整的个体所改变。

惯习"在意识和语言层面之下"活动,"内心省视和意志控制都无法对它构成限制"(Bourdieu,1984a:466)。人们固然意识不到惯习及其活动,但它在诸如吃饭、走路、谈话,甚至擤鼻子等绝大多数的实践活动中都有所表现。惯习以结构的方式发生作用,但是人们并非只是机械地回应惯习或者基于惯习而运作的外部结构。这样一来,我们就用布尔迪厄的理论避开了(行动者)不可预知的创新与(结构)绝对决定论这两个极端。

场域 我们现在转向讨论"场域"。布尔迪厄认为场域的本质是关系而非结构。**场域**(field)是它内部的客观位置之间的关系网(Bourdieu and Wacquant,1992:97)。这些关系独立于个体意识和意志而存在。它们既不是互动,也不是个体之间的主体间联系。位置的占据者可能是能动者或机构,二者都受到场域结构的限制。社会世界中存在许多半自治性的场域〔如,艺术(Bourdieu and Darbel,1969/1990;Fowler,1997)、宗教和高等教育〕。每个场域都有其特定的逻辑性,并且可以让行动者产生某个场域内哪些事物至关重要的认识。

布尔迪厄在定义中将场域视作一个竞技场:"场域也是一个战场。"(Bourdieu and Wacquant,1992:101)场域的结构"加固并引导了社会地位占据者(以个体或集体的方式)采取保持或提升其地位以及以最有利于其产品的方式强制使用等级原则的策略"(Bourdieu,引自Wacquant,1989:40)。场域是竞争型的市场,各种类型的资本(经济资本、文化资本、社会资本、符号资本)都可以在其中被应用和调配。但是,权力的场域(政治场域)享有最为重要的地位。政治场域内的权力关系层级能够形塑其他的一切场域。

布尔迪厄对场域的分析分三步走。第一步,思考权力场域的首要地位,即将任何特定场域的关系回溯到政治场域之中。第二步,描绘由场域中各种地位之间的关系所构成的客观结构。第三步,分析者要试图确定在该场域中占据了不同位置的能动者之惯习的本质。

能动者在场域中的地位是由其拥有的资本数及其相对权重所决定的（Anheier，Gerhards，and Romo，1995）。布尔迪厄在描述场域时甚至运用了军事化的比喻，称之为"战场中要捍卫与夺取的战略炮台与堡垒"（1984a：244）。正是资本使得某个人可以掌控他自己和其他人的命运（有关资本的负面作用，参见 Portes and Landolt，1996）。布尔迪厄通常讨论四种资本类型（有关在讨论国家形成时期时略有差异的资本类型分类，参见 Bourdieu，1994）。这一思想显然借鉴了经济学领域的思想以及**经济资本**的内涵（Guillory，2000：32）。**文化资本**"意味着熟习并能轻松运用为社会高级文化阶层制度化的文化形式（如进大学）"（DiMaggio，2005：167）。**社会资本**由人与人之间有价值的社会关系构成。**符号资本**源自个人的社会声誉和名望。

场域中位置的占据者使用多种多样的**策略**。这种看法再一次表明布尔迪厄的行动者至少享有一定自由，"惯习不否定能动者进行**策略**计算的可能性"（Bourdieu，1993：5；黑体为本书所加）。策略并不是指"对经过计算的目标进行有目的和预先计划的追求……而是指积极部署客观导向（objectively oriented）的'行动路线'，遵守规律，形成前后一致的、符合社会理性的模式，即使它们并不遵守有意为之的规则，或者指向一个由战略家策划的有预谋的目标"（Wacquant，1992：25）。通过策略，"位置占据者试图（以个人或集体的方式）维持或提升既有的地位，以及以最有利于其产品的方式强制使用层级原则。能动者可以选择的策略取决于他在场域中的地位"（Bourdieu and Wacquant，1992：101）。

布尔迪厄将国家看作争夺所谓**符号暴力**（symbolic violence）垄断权的战场。它是一种"软"暴力，一种"与社会能动者自身达成共谋而得以实施的暴力"（Bourdieu and Wacquant，1992：167）。符号暴力主要通过文化机制间接实施，与社会学家更加关注的那些较为直接的社会控制有所不同。教育系统是实施符号暴力的重要机制（Bourdieu and Passeron，1970/1990；有关用符号暴力理解女性地位的思想，参见 Krais，1993）。语言、意义以及权势人物特有的符号系统被强加给受统治的人群。它们从公众的视线中遮蔽掉当权者的所作所为，使"被统治者将自身被统治的状态看成合法的"，进而巩固了当权者的地位（Swartz，1997：89）。一般来说，布尔迪厄（1996）认为教育系统可以深刻影响既有权力和阶层关系的再生产。有关符号暴力的思想最为清楚地体现了布尔迪厄著作中的政治倾向。也就是说，布尔迪厄有志于把人们从符号暴力、从阶级与政治的统治中解放出来（Postone，LiPuma，and Calhoun，1993：6）。不过，布尔迪厄并不是天真的乌托邦主义者，有关其立场的更准确的描述或许是"充满理性的乌托邦主义者"（Bourdieu and Wacquant，1992：197）。

为了**同样**强调惯习和场域的重要性，布尔迪厄反对个体主义与整体论的方法论之间的割裂，采取了一种被定义为"关系主义方法论"（methodological relationism）的立场（Ritzer and Gindoff，1992）。这就是说，布尔迪厄的焦点在于惯习和场域的**关系**。他认为它以两种主要的方式在运作。一是场域**限定**着惯习，一是惯习**构成**充满意义、具有智慧与价值观念、值得为之投入的场域。

惯习和场域的应用 布尔迪厄并不是只想建立一个抽象的理论体系。他将它与一系列实证的议题联系起来，从而回避了唯智论的陷阱。我们将介绍这种理论方法在其实证研究著作《区隔》(*Distinction*，1984a)中的应用，该作品考察了不同社会群体的审美偏好〔至于另外一种应用，参见《学术人》(*Homo Academicus*，Bourdieu，1984b)〕。

区 隔

在这部著作里，布尔迪厄的目标之一是证实文化可以成为合乎科学标准的研究目标。他试图重新整合所谓的"高雅文化"(如对古典音乐的偏好)与一切人类学意义上的所谓高级与低等的文化。具体地说，布尔迪厄在书中把对高雅事物的品味与最基本的对食物口味的偏好联系起来。

鉴于结构乃至场域、惯习具有恒常性，社会不同群体(尤指阶级以及阶级内部的分层)的文化偏好构成了相互耦合的系统。布尔迪厄的关注重点在于审美"品味"的变化。所谓品味，即对各种文化产品的审美感受做出区分以及用不同方式欣赏文化产品的既有倾向。品味还是能使个体及他人感受到其在社会秩序中地位的实践之一。品味将具有相似偏好的个体聚集在一起，使他们与品味不同的群体区隔开来。这就是说，通过品味的实际应用和暗示，人们不但对物品进行了区分，还在这个过程中为自身建立了分类。我们可以通过个体展示的品味(如对音乐或电影的偏好)而将其归入不同的类别。正如其他实践一样，这一类的实践也应被放入包含所有相互关系的情境(即总体)中考量。因此，对艺术或电影的偏好看似是独立的，其实却与对食物、运动或发型的偏好有关。

布尔迪厄有关品味的研究还涉及两个相互关联的场域——阶级关系(尤指在统治阶级分层之内)和文化关系(有关文化区隔的批判，参见 Erickson，1996)。他将这些场域视为从事各种各样"游戏"的一系列位置。占据特定位置的个体或集体能动者所采取的行动受场域结构、所处位置的性质以及与二者有关联的利益支配。这还是一个涉及自我定位和运用有助于个人在游戏中取胜的多样化策略的游戏。品味是感受和确认某人在场域中之位置的时机。社会阶级的场域可以对个体的游戏能力产生全面的影响。处于较高阶级的个体更有能力让社会接受其品味，抵制出身较低的个体的品味。可以说，文化研究的世界与社会阶级的等级世界相关联，它本身就是分等级且正在等级化的。

布尔迪厄进一步将品味与另一个重要概念"惯习"相联系。这些有着深刻源头且长期存在的习性(disposition)对于品味的影响，远远超过表面上的意见和语言表达。人们对于着装、家具和烹调等世俗文化的偏好都受到惯习的影响。正是这些习性"铸就了一个阶级的无意识统一"(Bourdieu，1984a：77)。布尔迪厄后来更富有诗意地将其描述为："品味是媒介……某种惯习通过它确定与其他惯习的姻亲关系。"(1984a：243)辩证地看，形塑惯习的当然就是阶级结构。

场域和惯习对布尔迪厄来说都很重要，然而二者之间的辩证关系才是最重要和最有意义的。场域和惯习能够相互定义。

> 构成在点点滴滴中形成的惯习的那些习性，只有在与某个场域的关系中才能形成、运转，才在**场域**中成为有效的……场域本身是"各种潜在力量的所在地"，一个各种力量只有在与某种习性的关系中才能得以展现的"动态"环境。这就是为什么同一种实践会因场域、构型的不同，甚至因位于同一场域的不同区域而获得截然不同的意义和价值观。
>
> （Bourdieu，1984a：94；黑体为本书所加）

或者，按照布尔迪厄更朴素的说法，"社会位置与占据其位置的能动者偏好是强相关的"（1984a：110）。实践，尤其是文化实践，正是在惯习和场域的关系中产生的。

布尔迪厄将文化看作某种经济体或市场。在这个市场里，人们使用的是文化资本而非经济资本。文化资本在很大程度上是社会阶级出身及教育经历的结果。人们在市场中累积了或多或少的资本，有人用它提升自身的地位，有人因资本损失而造成在经济体内部地位的恶化。

人们在各个文化场域里都追求区隔，诸如饮用的饮料（矿泉水或可乐）、私人汽车（奔驰或福特）、报纸（《纽约时报》或《今日美国》）及度假地（法国里维埃拉或迪士尼乐园）。区隔客观地存在于上述事物内部，人们对它们的每一次鉴赏都会激活这种区隔。在布尔迪厄看来，"上述场域的总体场域为人们追求区隔提供了几乎无穷无尽的资源"（1984a：227）。对某种文化产品（如梅赛德斯-奔驰）的欣赏能够产生"收益"，而对其他文化产品（如福特汽车）的欣赏不但不能带来收益，甚至会造成"损失"。

布尔迪厄（1998：9）颇费周章地想要说明，在凡勃伦提出著名的炫耀性消费理论（1899/1994）之后，自己并不仅仅是想要强调"人类一切行为的驱动力就是寻求区隔"。他争辩说他的主要观点是"为了在某个社会空间生存、占据某个要点或者成为社会空间内部的个体，人们就要制造差异，与他人不同……在被列入某个有待确定的空间时，他/她……被赋予了某种感知类型、分类图示或某种品味，从而使他/她可以制造差异，去辨别和区别"（Bourdieu，1998：9）。举例来说，一个选择购买三角钢琴的人与选择手风琴的人必定是不同的。某个选择（钢琴）在区隔上是有价值的，而另一个选择（手风琴）太过世俗，此种判断是某种视角居统治地位以及对选择另一种视角的人群实行符号暴力的结果。

文化产品的性质与品味之间存在辩证关系。文化产品的变迁导致品味的改变，品味上的变化也有可能导致文化产品的转型。场域结构不仅可以限制文化产品消费者的欲望，还会影响生产者为迎合这些需求而建立的结构。

品味的变化（而且布尔迪厄认为所有场域都暂时性地）是文化和阶级舞台上相互对立的势力斗争（例如，旧时尚与新时尚的拥护者、统治阶级内部的统治者和被统治者）的结果。但是，斗争的核心在阶级体系的内部。艺术家及知识分子之间的这一类文化斗争，其实是统治阶级内部各个分层之间要求定义文化的乃至整个社会世界的、永无止境的斗争之反映。品味和惯习上的对立是由阶级结构内部的对立决定的。布尔迪厄承认社会阶级具有极为重要的地位，但拒绝将其简化为纯粹的经济问题或生产关系，而是认为阶级同样是由惯习所定义的。

在强调惯习与场域之辩证关系的背景下，布尔迪厄提供了一个阐释能动与结构关系的独特理论。该理论的独特性还在于它对实践（根据上述案例，可称之为审美实践）的关注，以及对枯燥的唯智主义的抵制。从这个意义上说，布尔迪厄的理论代表着向关注理论与实践之关系的马克思主义传统的回归。

结 论

布尔迪厄是一位大思想家（加芬克尔则是另一位）。他被看成是一位理论家，却十分抗拒这一标签。布尔迪厄称他不是"在建立有关社会世界的普遍话语"（Bourdieu and Wacquant，1992：159）。布尔迪厄既反对缺乏经验基础的纯理论，也蔑视缺乏理论支撑的纯粹的经验主义。他认为自己是在从事"经验与理论不可分的（研究）……没有理论指导的经验研究是盲目的，没有经验支撑的理论则是空洞的"（Bourdieu and Wacquant，1992：160，162）。

总之，本书赞同詹金斯的说法："布尔迪厄的学术理论是经得住考验的，具有相对的连贯性和累积性。它至少是在尝试建构一个关于社会实践和社会的理论。"（1992：67）卡尔霍恩（Calhoun）认为布尔迪厄是一位具批判力的理论学者，而这里"批判"的意义远比法兰克福学派学者所使用的概念更为广博。卡尔霍恩对批判理论的定义是"承担对既有范畴、理论实践进行批判，同时对一切可能存在（而不是仅仅现实发生）的社会生活进行批判性实质分析的任务的社会理论工程"（1993：63）。

布尔迪厄提供了这样一种理论，但这个理论并不能放之四海而皆准。譬如，他认为"场域之间的关系中不存在超越历史的规律"（Bourdieu and Wacquant，1992：109）。场域间现实关系的性质通常是一个经验问题。同理，惯习的性质随历史情境的变化而变化："惯习……是先验的，却是与场域的历史和结构密切关联的历史性先验。"（Bourdieu and Wacquant，1992：189）

对生活世界的殖民

我们在第四章探讨西方新马克思主义理论时，在"批判理论"一节中讨论了哈贝马斯的早期思想。可是，正如我们将看到的，虽然至少有一部分人认为哈贝马斯的理论视角仍然隶属于西方新马克思主义阵营（McBride，2000），但他的思想已增加了相当多的内涵，越来越难以被西方新马克思主义或其他单一的理论派别所容纳。由于处理及整合了一大批社会理论家的思想，其中我们最熟悉与最知名的人物包括米德、帕森斯、舒茨和涂尔干，哈贝马斯的理论在不断发展，变得越来越丰富。尽管将哈贝马斯创新性的理论视角进行归类有一定难度，但我们还是要在"**能动—结构议题**"这一节中讨论他的最新思想，这个思想被概括性地称为"对生活世界的殖民"。哈贝马斯（1991：251）澄清说他所致力的是"范式组合"，也就是说，他通过整合从行动理论和系统理论中汲取的思想而建立了自己的能动—结构视角。在一定程度上，哈贝马斯是在有关生活世界的思考中着手解释能动性的。对结构的处理主要体现在哈贝马斯有关社会体系的思考上，正如我们所知，社会体系即殖民生活世界的力量。哈贝马斯想用**生活世界**（life-world）、**系统**（system）和**殖民**（colonization）概念表达什么呢？在这一部分，我们将要展示哈贝马斯最新理论成果中的这些概念、它们彼此的关系以及其他重要概念。

　　在进入这些概念之前，我们要说明哈贝马斯的核心关注始终是沟通行为。自由、开放的沟通既是他的理论基石，又是他的政治目标。如同韦伯的理想类型一样，它具有方法论意义上的作用，使得哈贝马斯可以分析该模型的种种变化："建构一个无限制、不失真的话语至多只能作为一个陪衬，目的是更加显著地烘托现代社会那些相对模糊的发展趋势。"（Habermas，1987a：107）事实上，他对于生活世界殖民化的核心兴趣在于该过程对自由沟通造成不利影响的方式。

　　哈贝马斯对韦伯的理性化过程也有一定兴趣，尤其是生活世界和系统的理性化，以及二者理性化的差异对系统殖民生活世界的影响（欲了解某种多少有些对立的观点，参见 Bartos，1996）。在韦伯的概念中，**系统**（system）属于形式理性的范畴，而**生活世界**（life-world）则受实质理性支配。因此，对生活世界的殖民意味着对韦伯命题的再阐释，即在现代世界，形式理性压倒了实质理性，而且将逐渐控制之前由实质理性支配的领域。也就是说，哈贝马斯的理论确实发生了一些有趣的变化，但它的理论根源依然是马克思主义和韦伯的理论。

　　生活世界　这个概念源于现象学社会学，具体地说是来自舒茨的理论（Bowring，1996）。不过，哈贝马斯认为米德的思想也对生活世界的理论有所贡献。对哈贝马斯来说，生活世界代表内部视角（而正如我们所见，系统代表外部视角）："社会是根据正在行动中的主体的视角构想的。"（1987a：117）只存在唯一一个社会，生活世界和系统只是看待这个社会的不同方式。

　　哈贝马斯指出生活世界和沟通行动是"互补"的概念。确切地说，沟通行为只能发生在生活世界之中：

> 生活世界可以说是演说者和聆听者相遇的先验地点，在这里人们相互提出其表达符合这个世界的声明……在这里他们可以质疑或验证这些声明的有效性、解决争端并达成共识。
>
> （Habermas，1987a：126）

生活世界是通过沟通行动以"达致理解这一过程的情境形成背景"（Habermas，1987a：204）。它包括一系列为了达成沟通而必须存在的且双方都能理解的、不言而喻的、有关互信的假定。

哈贝马斯关注生活世界的理性化，这首先是指生活世界中占比越来越大的理性沟通。他相信如果生活世界变得更趋理性，人际互动就更有可能被"由理性驱动的相互理解"所控制。从根本上说，理解或达成共识的理性方法以较完善的论证之可靠性为基础。

哈贝马斯认为生活世界的理性化就是其中各要素的逐步分化。生活世界由文化、社会和人格构成（这里要注意帕森斯及其行动系统的影响）。其中的每一项都是关乎文化及其对行动的影响、社会关系的适宜模式、人是怎么回事（人格）以及他们在预想中如何行动的阐释模式或背景假设。根据上述命题进行沟通行动并达成理解，生活世界借助文化的强化、社会整合和人格形成得以再生产。这些社会构成在古代社会里是紧密交织在一起的，因此，生活世界的理性化意味着"文化、社会和人格的日益分化"（Habermas，1987a：288）。

系统　生活世界展现了行动主体看待社会的视角，而系统则关乎"从某个无关联的观察者视角"审视社会的外部视角（Habermas，1987a：117）。在对系统进行分析时，我们需要协调行动的互连、它们的功能意义以及为维护系统所做的贡献。生活世界的每个重要构成（文化、社会和人格）在系统中都有其对应要素。文化再生产、社会整合和人格形成都发生在系统层面。

系统的根源在于生活世界，但它最终建立了自己的结构特征。这一类结构的范例包括家庭、司法、政权和经济体。这些结构在演化中变得与生活世界越来越疏离。如同在生活世界一样，系统层面的理性化意味着渐进的分化以及更进一步的复杂性。这些结构也变得越来越能够自给自足。随着实力的增长，它们对生活世界施加了越来越多的操控。它们越来越少地进入达成共识的过程，事实上，甚至限制了这个过程在生活世界的出现。换句话说，这些理性结构并未增强沟通和达成共识的能力，反而通过施加于其上的外部控制破坏了沟通过程。

社会整合和系统整合　通过之前对生活世界和系统的讨论，哈贝马斯总结说："**社会理论的基本问题**就是如何以令人满意的方式将系统和生活世界所指称的两种概念策略（conceptual strategies）联系起来。"（1987a：151；黑体为本书所加）哈贝马斯将这两种概念策略称为"社会整合"和"系统整合"。

社会整合（social integration）所关注的是生活世界以及行为系统如何通过规范确保的共识或经沟通达成的共识而得以整合。认为社会是通过社会整合而得以整合（society is integrated through social integration）的理论学者，以沟通行为出发点，认为社会就是生活世界。他们采取群体成员的内部视角，应用解释学的方法使他们的理解与生活世界成员的理解相联系。社会的持续再生产被看作生活世界成员为维持其符号结构而采取行动的结果。社会整合只包含生活世界成员的视角。所以，解释学的理论方法丢掉了局外人的视角以及他们对发生在系统层面的再生产过程的理解。

系统整合（system integration）最关注的是系统及它如何通过外部控制对未经过主观调整的个体决策加以整合。接受这种理论视角的学者认为社会是自我规范的系统。他们采取的是观察者的外部视角，但是，这种视角使得他们无法真正理解唯有通过生活世界成员的内部视角加以阐释才能被理解的那些结构模式。

哈贝马斯总结说，虽然这两种广阔的视野都有一定贡献，但它们同时也存在着严重缺陷。以对社会整合和系统整合的批判为基础，哈贝马斯提供了自己的选项，即试图整合这两种理论方向。他认为：

> 社会作为系统必须实现维持社会文化之生活世界的条件。规程社会（formula-societies）是以**经过社会整合**的群体行动为内涵的、被**系统性加固**的复合体，……我支持以下这个富于探索性的建议：我们将社会视作一个实体，它在社会进化的过程中**作为系统和生活世界**发生分化。
>
> （Habermas, 1987a: 151—152；黑体为本书所加）

在强调了对系统和生活世界**二者**的理论兴趣之后，哈贝马斯特别在上述引文的末尾说明，他还关注二者的进化过程。生活世界与系统沿着越来越理性化的方向发展，理性化在二者之中以不同的形式出现，而分化则是对生活世界殖民的基础。

殖民 理解殖民概念的关键在于明白一个事实，即哈贝马斯认为社会是由生活世界和系统共同构成的。它们在古代社会里本是紧密交织的，但现在它们之间却出现了越来越大的分歧，发生了"脱耦"。二者都经历了理性化的过程，但是各自理性化的形式却有不同。哈贝马斯看到了系统与生活世界之间的辩证关系（它们彼此制约，但又为对方开启了新的可能性），但最关注的却是现代世界的系统如何逐渐对生活世界形成控制。换句话说，他更感兴趣的是系统与社会世界辩证关系的破裂以及前者针对后者的、日渐增长的权力。[1]

---

[1] 不过，哈贝马斯也看到了生活世界内部的问题（如控制、自我欺骗）（Outhwaite, 1994:116）。

哈贝马斯对比了系统与生活世界中日益增长的理性化。生活世界的理性化是指沟通行为中理性化的增长。不仅如此，以达成相互理解为目的的行为越来越不受规范的制约，更加依赖于日常语言。换句话说，社会整合越来越多地是通过在语言方面达成共识来实现的。

结果是，语言方面的需求不断增长，逐渐压过了其自身的能力。去语言化的媒介（以经济系统的货币和政治系统及行政机构中的的权力为典型）从系统中分化和逃离出来，逐渐填补虚空，并至少在一定程度上替代了日常语言。语言不再协调行动，换由货币和权力行使它的功能。生活逐渐变得货币化和官僚化。

日趋复杂的系统"释放出系统的迫切需求，后者强烈地破坏了被其工具化的生活世界"（Habermas，1987a：155）。于是，哈贝马斯借由系统限制沟通的方式，谈到系统施加于生活世界的"暴力"。这种暴力进而制造出生活世界内部的"病态"。哈贝马斯将这一发展过程嵌入对世界历史的审视之中：

> 系统和生活世界二者的意义深远的脱耦，是欧洲封建主义社会中阶层化的阶级社会向现代社会早期的经济化的阶级社会转变的必要条件之一；现代化的资本主义模式以**扭曲**（deformation）为特征，是生活世界的符号结构在经由金钱、权力及经渲染的自给自足而分化出的子系统的迫切需求背景下的物化。
>
> （Habermas，1987a：283；黑体为本书所加）

注意，通过将扭曲与资本主义相联系，哈贝马斯至少在这个意义上继续停留在西方新马克思主义的框架里。然而，在考察现代世界时，哈贝马斯被迫抛弃了马克思主义的方法（Sitton，1996），因为他认识到生活世界的扭曲"在任何类别的方法中都不再是区域化的"（1987a：333）。鉴于这一限制，以及哈贝马斯的批判理论根源，他的作品表现出韦伯理论的深刻影响。哈贝马斯强调生活世界和系统之间的区别以及生活世界最终的殖民化，启示我们以新的眼光看待韦伯关于"自我冲突的现代性"的命题（Habermas，1987a：299）。在韦伯看来，冲突主要存在于实质理性和形式理性之间以及后者压倒前者、在西方世界取得胜利的现实之中。而哈贝马斯认为，系统的理性化逐渐战胜了生活世界的理性化，最终导致了系统对生活世界的殖民。

哈贝马斯理论的独特性在于他强调这个过程中的主要力量是系统层面上"正式被组织起来的行动领域"，如经济、政府等。按照马克思主义语汇，哈贝马斯认为现代社会要周期性地遭遇系统危机。在试图解决这些危机时，政府、经济等制度因采取对生活世界产生不利影响的行动，而导致了生活世界内部的病态与危机。基本上，生活世界会被这些系统剥夺殆尽，而沟通行为则越来越少地指向共识的达成。沟通变得越来越僵化、贫乏与支离破碎，生活世界本身濒临解体。由于哈贝马斯关注发生在生活世界内部的沟通行为，针对生活世界的攻击自然使得他十分忧虑。但是，无论系统造成的殖民化多么普遍，生活世界"从来都不会完全被剥除"（Habermas，1987a：311）。

如果说现代世界的基本问题是系统和生活世界的脱耦以及系统对生活世界的控制，那么解决的办法也很明显。一方面，生活世界与系统应该重新结合；另一方面，系统与生活世界之间的辩证关系要得到恢复，这样二者才能彼此增进，相互提升，后者才不致被前者所扭曲。系统与生活世界在古代社会是交织在一起的，而二者内部的理性化过程将使得接下来的再次耦合创造出人类历史上从未出现过的系统、生活世界及其相互关系的新的高度。

这样一来，哈贝马斯又再次回归了马克思主义理论的源头。马克思从未向历史深处去寻找理想国，而是预见了共产主义及人类的全面繁荣终会实现。哈贝马斯同样不想回溯未经理性化的系统和生活世界融合无间的古代社会，而是追求建立一个理性化的、系统与生活世界能够更令人满意地达成融合的未来政府。

哈贝马斯对马克思主义理论中社会的基本冲突做了重新阐释。马克思强调无产阶级与资本家的冲突，认为冲突的根源在于资本主义系统的剥削本质。哈贝马斯所关注的不是剥削而是殖民。他从这个视角出发解读了发生在近几十年来的多次冲突。也就是说，他认为争取平等、自我实现、环境保护、促进和平等社会运动"是对系统攻击生活世界的回应。不管这些异质化群体的自身利益及政治诉求是如何多样化，它们都在抵制对生活世界的殖民"（Seidman，1989：25）。显然，未来的希望在于抵制对生活世界的入侵，以及建立一个系统与生活世界能够和谐一致、在前所未有的历史高度上彼此增益的世界。

能动—结构文献中的重大差异

正如美国社会学界对微观—宏观整合的研究一样，欧洲学者有关能动—结构议题的研究也存在重大分歧。举例来说，就能动者的性质而言，文献中就充斥着不一致的看法。大多数致力于此的学者（如吉登斯、布尔迪厄）倾向于将能动者看成单个的行动者，但图海纳的"行动主义社会学"（actionalist sociology）则把社会阶级等集体视为能动者。事实上，图海纳将**能动性**定义为"直接实施历史行动系统的某个或多个要素从而直接干预社会统治关系的一种组织"（1977：459）。再者，伯恩斯（Burns）和弗朗（Flam）在这个问题上采取了中间立场（也可参见 Crozier and Friedberg，1980），认为个体与集体都可成为能动者。

即使在把单个行动者看成能动者的学者之间，同样存在着巨大的分歧。例如，布尔迪厄的能动者受惯习的支配，看上去比吉登斯（或哈贝马斯）的能动者要机械得多。布尔迪厄的惯习是指"持久的、可转换（transposible）的倾向系统，有建构结构的作用，也即实践及象征的产生和结构化的原则"（1977：72）。惯习是那些"并非某种真正的策略意图之产品的"策略的源头（Bourdieu，1977：73）。它既不是主观主义的，也不是客观主义的，而是结合了二者之中的要素。它明确地否定了"拥有建构的自由和意志的"行动者的思想（Bourdieu，1977：73）。吉登斯的能动者虽然没有目的和自由意志，却比布尔迪厄的能动者拥有更多的意志上的力量。布尔迪厄的能动者看起来受到惯习及内在（"结构化"）的结构控制，而吉登斯著作中的能动者则是行动的实施者。后者至少拥有一些选择，有选择不同行动的可能性。他们有力量，能够改变其身处的世界（也可参见Lukes，1977）。最重要的是，他们建构结构，同时也被结构所建构。相比之下，在布尔迪厄的著作中，有时看起来超脱的惯习却与外部世界存在着辩证关系。[①]

相应地，能动—结构理论家在何谓结构的确切定义上也存在显著的争议。[②]一些学者将特定结构视为理论核心，如克罗泽和费埃德伯格（Friedberg）著作中的组织，以及图海纳在政治制度与组织中发现的社会统治关系；另一些学者（如伯恩斯，1986：13）则关注官僚制、政体、经济体及宗教等一大批社会结构。吉登斯为**结构**下了一个极其特异的定义［"被递归组织的规则与资源"（1984：25）］，实质上它与社会学文献中的其他定义都不一致（Layder，1985）。然而，吉登斯为**系统**所下的定义，即再生产的社会实践，却与许多社会学家所使用的"结构"非常接近。除了在这些专注研究结构的理论学者之间存在不一致，这些学者与其他理论学者之间也有分歧。

连接能动—结构的尝试是在多种多样且极为不同的理论方向中孕育而出的。例如，在社会学理论领域里，相对于现象学、存在主义、常人方法学，以及更广泛意义上的新语言结构主义（new linguistic structuralism）、符号学和解释学，吉登斯似乎更多地受到功能主义和结构主义的启发（Archer，1982）。布尔迪厄试图在人类学理论中发现主观主义和客观主义的令人满意的替代物。哈贝马斯则试图整合马克思、韦伯、某些批判理论学者、涂尔干、米德、舒茨和帕森斯的思想。

在欧洲学界，偏重能动性或结构的任何一种理论方向都存在张力。显然，布尔迪厄强烈地受到结构方向的吸引，而吉登斯相对于该类别中绝大多数理论家而言，对能动性有更强烈的兴趣（Layder，1985：131）。尽管在能动性与结构的理论方向上都存在牵引力，但相较于美国社会学界的微观—宏观研究，欧洲学界有关能动—结构的工作的显著特点是，拒绝使二者分离、要辩证地看待二者的强烈愿望（比如吉登斯、布尔迪厄和哈贝马斯的研究）。在美国社会学界微观—宏观研究的文献中，大致与欧洲学界辩证看待能动—结构的尝试相类似的，有我辩证地整合微观与宏观、客观与主观这两个连续统的尝试。

迪茨和伯恩斯（Dietz and Burns，1992）试图提出一种能反映早期研究的优势与劣势

[①] 本书强调吉登斯和布尔迪厄在能动性认识上的差别，但吉登斯（1979：217）认为二者之间至少存在一些相似性。
[②] 我在此主要关注那些论述社会结构的欧洲学者，而未考虑那些将结构视为潜在的文化基本元素的学者。

的、有关能动性及结构的观点。将能动性归为社会因素必须满足四个标准。[①]第一，行动者必须具有力量，能够促成改变。其次，能动者采取的行动必须具有目的性。第三，行动者必须有某些选择，有一定自由空间。观察者因此只能对行动者可能的行动做出或然的判断。第四，能动者必须具有反身性，能够监测其行动的效果，并运用这一知识修正行动的基础。总之，能动性被看成是连续统。所有行动者都具有一定程度的能动性，而任何一个行动者都不可能有完全不受限制的能动性。

在等式的所谓结构性的另一侧，根据迪茨和伯恩斯的观点，它由对能动性的限制所构成。首先，即使能动者可以想象得到某些行动，但鉴于既有的技术和物理现实，它们基本上是不可实现的。其次，结构（尤指规则）使得某些行动看上去极为必要，而另一些行动却完全不可行。最后，能动性受到其他拥有制裁权力（无论该权力是支持性的还是抵制性的）的能动者的约束。

能动—结构和微观—宏观的联系：根本区别

美国和欧洲的理论家之间存在一个根本区别，那就是他们关于行动者的想象。美国社会学界显然深受行为主义与交换理论的影响，这二者在一定程度上源自某种行为主义视角。因此，美国理论家们虽然与欧洲理论家一样对于有意识的创造行为感兴趣，但这种兴趣却因强调无意识行为的重要性而受到限制。当前美国社会学界涌现出对理性选择理论越来越多的关注，强化了行动者只能无意识地采取行动的认知倾向，仿佛行动者或多或少会自动选择能实现目标的最有效的方式。[②]理性选择理论在美国的影响力似乎使欧美学界对于行动和能动性的认识产生了更大的分歧。

在宏观/结构的层面，欧洲理论家一向倾向于关注社会结构。在某些并未一心一意专注于此的情况下，社会结构未能充分地从文化中分化出来［事实上，这正是阿切尔研究背后的意图（Archer，1988）］。相对而言，美国学界表现出的强烈倾向是在微观—宏观的整合研究中**同时**对结构与文化加以处理。

欧美学界在宏观/结构问题上的另一区别在于各自所受到的理论影响。在美国，主要影响有关宏观/结构问题之思考的是结构功能主义。该理论的根本立场引导美国理论家同时关注宏观社会结构**与**文化。在欧洲，主要发挥影响的则是结构主义，它对结构有着更为广泛的理解，覆盖了从思想的微观结构到社会的宏观结构等多个方面。文化对结构主义者的重要性远远比不上它对结构功能主义者的意义。

[①] 正如其他大多数能动—结构理论家一样，迪茨和伯恩斯贬低或无视能动者的身体（参见 Shilling and Mellor，1996；Shilling，1997）。
[②] 德维尔（DeVille，1989）认为这类行动者是机械呆板的人。

除此之外，一个关键性区别还在于微观—宏观问题被纳入了分析层级这个广泛的议题（Edel，1959；Jaffee，1998；Ritzer，1981a，1989；Wiley，1988），而对能动—结构的理论关注却没有得到这样的处理。我们可以明确地把微观—宏观的连接想象成某种垂直的层级结构，底部是微观层面的现象，宏观层面的现象位于顶层，中观层面的实体则处于二者之间。但能动—结构连接看上去似乎与分析层级的问题并无明确联系，因为在任何社会分析层级中都有能动性与结构的存在。

相较于微观—宏观问题，能动—结构问题被更坚定地嵌入一个历史的动态框架之中（Sztompka，1991；埃利亚斯再次成为一个显著的例外，但他当然是位欧洲学者）。而致力于微观—宏观问题的理论家似乎更多地采用静态、层级化、非历史的语言来描述它们。不过，在选择以相对的静态来描述微观—宏观关系的学者中，至少有一部分人明确地表明他们认识到这种关系的动态特征："有关社会事实的层级及其相互关系的研究天然就是一种**动态**而非静态的认识社会世界的方法……研究社会世界各个层级时这种动态及历史的取向应该被看成一种更具综合性的**辩证**方法中的构成部分。"（Ritzer，1981a：208；也可参见 Wiley，1988：260）最后，道德是能动—结构理论家的核心议题，但在微观—宏观文献中却颇受冷遇。能动—结构理论以及它对道德命题的极大关注显示出更为明确的哲学倾向和更有力的哲学根源。相较而言，微观—宏观理论在很大程度上属于社会学这一领域，在导向上以自然科学作为参照——道德问题在自然科学领域的重要性显然不及它在哲学中的地位。

总　结

本章的第一部分介绍了整合微观—宏观取向的研究。它的发展代表着对社会学理论界早期思想巨匠所思考议题的回归，以及对作为20世纪大多数美国社会学理论之特征的理论极端化（无论是微观或宏观层面）的摒弃。在20世纪80年代以前，很少有人关注微观—宏观议题，但是这一主题在八九十年代呈现出爆炸式的增长。这些研究成果来自微观的及宏观的极端理论，以及处于它们中间的种种立场。其中一些研究关注的是微观与宏观理论的整合；另一些研究则注重社会分析中微观与宏观层面的连接。除了这一基本的区别，这些致力于整合不同理论与分析层级的理论研究还存在另外一些重大的区别。

第一部分的核心在于讨论几种整合社会分析中微观与宏观层面的重要研究。亚历山大和我建立了非常相似的社会世界微观—宏观模式。我们两人的研究虽然存在重大差异，但它们对于社会世界的相似描述反映出在试图连接社会分析的微观与宏观层面的学者中存在高度的共识。然后，本章讨论了柯林斯的微观—宏观整合的尝试，并批判了他的微观还原主义——将宏观现象还原为微观现象的倾向。

在这一部分的末尾，我们详细地考察了引领美国学界微观—宏观整合研究的欧洲先驱之一埃利亚斯的研究。与此主题尤其相关的是，埃利亚斯的构型社会学思想以及他对宫廷和政府内部微观层面的生活方式与宏观层面的变迁这二者的关系所进行的历史比较研究。

本章第二部分主要介绍与能动—结构连接有关的大量欧洲著作。这些著作与美国学界在微观—宏观整合领域的研究有很多相似之处，但二者之间也存在许多实质性的差别。

处理能动—结构连接的现代欧洲理论家大有人在，而这一部分着重介绍了这一理论化方向中的三种代表性思想。首先介绍的是吉登斯的结构化理论。吉登斯的理论核心是拒绝将能动者与结构彼此分开来看，二者被认为是相互构成的。随后，我们介绍了布尔迪厄的理论，它侧重研究惯习和场域之间的关系。最后，我们分析了哈贝马斯有关生活世界、系统以及系统对生活世界的殖民等最新思想。

在讨论了上述具体的能动—结构研究后，我们再次回到对这一类文献的综合认识。我们从讨论这类文献的主要区别开始，并且对与能动者及结构有关的种种观点做出区分。形成差异的另一个源头是这些著作赖以建立的各不相同的理论传统。某些著作沿能动性的方面进行探索，而另一些著作则被拉向结构的方向。

接下来我们还介绍了能动—结构与微观—宏观文献之间的相似性。两类文献都表现出对理论整合的兴趣，对微观/能动性或宏观/结构只执一端的做法有所警惕。然而，二者之间的差异远远大于相似之处。在行动者、结构的构造方式、思想的理论渊源、是否被分析层级这一思想所充分包纳、在历史及动态分析框架中的嵌入程度，以及与道德问题的关联程度上，二者都存在着差异。

第四部分

从现代迈向后现代及之后的社会理论

第十一章
有关现代性的当代理论

本章概要

古典主义理论家论现代性

现代性大碾车

风险社会

现代性与大屠杀

现代性的未竟事业

信息主义和网络社会

当前社会学界就当代社会的性质问题进行着一场激烈的争论,一些学者认为当下的社会仍属于现代社会,而另一些学者认为近年来社会已经发生了根本性的变化,人类已经进入了一个后现代的新世界。本书第十一章和第十三章将介绍这两大理论阵营。在本章中,我们将讨论那些坚持现代社会持续论的代表人物及其著作。在第十三章,我们将综述一些最重要的后现代理论家的思想。

古典主义理论家论现代性

大多数古典主义社会学家都曾分析或批判过现代社会。这类分析在马克思、韦伯、涂尔干和齐美尔的作品中明确地存在着。这些大师都身处现代性兴起并走向昌盛的历史时点。每一位大师都意识到了现代性的优越性,不过他们的著作却主要是对现代社会所带来的问题提出批判。

对马克思来说,现代性就是资本主义经济。马克思认识到从早期社会向资本主义转型所带来的进步。但是,在他的著作中,马克思在很大程度上将矛头指向这一经济系统及其缺陷(异化、剥削等)。

至于韦伯，他认为现代社会最具决定性的问题在于形式理性的扩张，这种扩张以牺牲其他类型的理性、铸就了理性的牢笼为代价。人类逐渐被这个铁笼所困，越来越难以表现出最富人性的那些特征。当然，韦伯也认识到理性化发展所带来的好处——例如，官僚制比早期的组织形式更优越——但他最关心的仍是理性化所提出的问题。

涂尔干认为现代性的定义在于它的有机团结及集体意识的衰落。有机团结在带来更多自由和更高生产力的同时，也引发了一系列独特的问题。比如说，伴随着公共道德的削弱，人们越来越发现自己像是现代世界里无意义的游魂。换句话说，他们发现自己常常要承受失范的痛苦。

我们将会相对详细地介绍最后一位古典主义理论家齐美尔，这主要是因为他同时被学界看成现代主义者（Frisby，1992）和后现代主义者（D. Weinstein and Weinstein，1993；Jaworski，1997）。齐美尔在某种程度上同时契合于这两个类别，所以足以成为本章和第十三章之间的重要桥梁。在此，我们先把齐美尔当作一位现代主义者来介绍，而在第十三章中，我们将要讨论他的后现代主义思想。

弗里斯比（Frisby）认同"齐美尔是第一位着手于现代性的社会学家"的观点（1992：59）。齐美尔对现代性的探讨主要集中于两个相互关联的领域——城市和货币经济。城市是现代性集中和被强化的场所，货币经济则涉及现代性的扩散、伸展（Frisby，1992：69）。

波吉（Poggi，1993）在齐美尔《货币哲学》一书（1907/1978）中择出了与货币相关的现代性主题。正如波吉所指出的，该书表达了三种有关现代性的观点。一是现代化给人类带来了一系列的好处，人类自此开始有能力表达在前现代社会无法表达、被隐藏和压抑的种种可能性。在这个意义上，齐美尔将现代性比喻为"神启"（epiphany），即将人类过去未能表现的、固有的能力展现出来（Poggi，1993：165）。二是齐美尔揭示了货币对于现代社会的重大影响。第三，齐美尔集中论述了货币对现代性的不利影响，尤其是由它所导致的异化。异化将我们带回齐美尔的社会学理论以及其有关现代性的社会学理论的核心议题："文化悲剧"（tragedy of culture），即客观文化与主观文化之间日益加深的鸿沟。齐美尔则将其形容为"个体文化的退化与客观文化的膨胀"（引自Frisby，1992：69）。

弗里斯比认为，齐美尔尤其关注现代性的"体验"。这一体验的要素——时间、空间和或然因果关系——是本章要讨论的一部分有关现代性的当代理论的核心：

> 齐美尔认为现代性的体验就是，**时间**是非连续的、短暂的，前一刻与下一秒都交汇在一起；**空间**是远处与近处的辩证……因果关系则是偶然的、随机的和意外的。
>
> （Frisby，1992：163—164）

尽管齐美尔可以被视为后现代主义者，而且正如我们将在第十三章中所看到的，相比于其他古典主义理论家，齐美尔的确与后现代主义者有更多的共性，但我们至少有同样的理由将他视为一位现代主义者。几乎可以确定，齐美尔所关注的焦点，尤其是城市和货币经济，正是现代性的核心。所以说，无论是齐美尔还是马克思、韦伯和涂尔干，我们不妨将他们的工作视为针对现代性所做的社会学研究。

这四位古典主义社会学理论家至1920年已相继逝世。当我们迈入21世纪时，这个世界显然已与上世纪20年代的世界大不相同。关于"后现代时代从何时开始"存在巨大的分歧（假定当下我们已经进入后现代时代），但没有人会把这个时限设在上世纪20年代之前。问题在于自那时起，世界的变化是如与现代性有关的变化一样是温和而持续的，还是剧烈及非持续性的，以至于我们最好用"后现代"这个新名词来描述当代社会？这个问题引发了本章及第十三章的相关讨论。

在这一章中，我们要来审视几位当代理论家的思想，他们以不同的方式或在不同程度上认为最好还是将当代世界描述为现代社会［限于篇幅，许多理论家的研究在这里不能加以讨论（比如，Lefebvre，1962/1995；Touraine，1995；P. Wagner，1994；E. M. Wood，1997）］。

现代性大碾车

一方面是为了与其结构化理论保持一致（参见第十章），另一方面则是为了与韦伯及其"铁笼"等古典主义思想家所创造的意象相竞争，安东尼·吉登斯（1990；对吉登斯现代性理论的激烈批判，参见 Mestrovic，1998）将现代世界（及其17世纪在欧洲的起源）比喻为"大碾车"（juggernaut）[①]。具体地说，吉登斯用这个术语来描绘现代性的高级阶段——激进的、高级的或晚期的现代性。这样一来，吉登斯就与那些认为我们已经进入后现代时代的学者形成了对立，尽管他指出未来可能出现某种类型的后现代主义。然而，虽然当下的人们生活在现代社会，但吉登斯认为今天的世界与古典主义社会学理论家所处的时代已大不相同。

关于现代性是辆大碾车的形象，吉登斯是这样描述的：

> 好比一台拥有惊人力量而失去控制的机器，我们作为人类虽然能在一定程度上驾驭它，但是它也存在挣脱人类控制的风险，这将会导致它自身的撕裂。大碾车会碾碎一切抗拒它的人，它有时候似乎稳定地走在一条道路上，有时候却会冲出轨道，转向我们无法预见的方向。驾驶这辆大车前行的旅途从整体上说绝不是不愉快或乏

[①] 另有译为"主宰之车""猛兽"的，该词源自梵语，意为"带有神像的巨大战车"。——编者注

安东尼·吉登斯小传

吉登斯是当代英国最重要的社会理论家，也是当今世界上少数最有影响力的理论家之一（Stones，2005）。吉登斯生于1938年1月18日（Clark, Modgil, and Modgil，1990）。他曾先后就读于赫尔大学、伦敦政治经济学院和伦敦大学。1961年，吉登斯在莱斯特大学获得了讲师的职位。他的早期研究基于经验主义，关注的是自杀问题。1969年，吉登斯进入著名的剑桥大学成为社会学系讲师，同时还在伦敦国王学院任职。吉登斯从事的跨文化研究使得他写出了第一本赢得国际声誉的佳作——《发达社会的阶级结构》（*The Class Structure of Advanced Societies*，1975）。在接下来的十年里，吉登斯出版了大量重量级的理论著作。通过这些著作，吉登斯开始逐步建立起自己的理论视角，即后来为人们所共知的结构化理论。1984年，吉登斯将多年来的工作累积合并成《社会的构成：结构化理论大纲》（*The Constitution of Society: Outline of the Theory of Structuration*）一书，它是阐释结构化理论的最重要的一部著作。1985年，吉登斯被剑桥大学聘为社会学教授。

在过去30年，吉登斯已经成为社会学理论界的重要成员。不仅如此，他对于当代英国社会学的形成也产生了深刻的影响。首先，他在麦克米伦（Macmillan）和哈钦森（Hutchinson）两大出版公司担任顾问编辑，经手编辑了大量图书。他是在社会学理论领域十分活跃且颇有影响力的政治出版社（Polity Press）的共同创办人之一。此外，吉登斯还出版了一本在全世界都很成功的教科书《社会学》（*Sociology*，1987）。

作为社会学理论家，吉登斯在美国及其他一些国家享有极高的影响力。有趣的是，他的著作在英国反倒不如在其他地方那样受欢迎。吉登斯在本土受到冷落的原因在一定程度上可以归结为，他所获得的世界级别的理论影响力是许许多多英国社会学理论家试图达到却未能达成的。克雷布对此评论说："在这个激发出结构化理论的、激烈而又令人兴奋的大辩论时代里，吉登斯或许已经意识到我们中许多人诉诸于社会学的狂想。"（Craib，1992：12）

吉登斯的学术生涯在20世纪90年代发生了一系列有趣的转折（Bryant and Jary，2000）。数年间参与心理治疗的经历致使他对个人生活产生了浓厚的兴趣，并出版了《现代性与自我认同》（*Modernity and Self-Identity*，1991）《亲密关系的变革》（*The Transformation of Intimacy*，1992）等作品。这段经历令吉登斯拥有更多的自信去承担公共职务，他担任了英国首相布莱尔的顾问。1997年，吉登斯就任享有盛誉的伦敦政治经济学院（LSE）院长。他进一步提高了伦敦政治经济学院在学术界的声誉，令它的声音更多地为英国及世界所知晓。有人认为这些工作对吉登斯的学术产生了

> 不利影响（他近期的作品缺乏早期作品中的那种深度和精妙），但吉登斯显然更着意于在公共事务中成为举足轻重的人物。

善可陈的，它时常是令人兴奋和充满期待的。但是，只要现代性的制度一直存在，我们就永远无法完全控制旅途的方向和行进的速度。进而，我们也永远不会感受到彻底的安全，因为前路险恶，充满风险。

（Giddens，1990：139）

以大碾车形式出现的现代性具有极大的活力。现代世界是一个失控的世界（runaway world），对以往系统的改造在速度、范围和深刻性上都出现了巨大提升（Giddens，1991：16）。吉登斯很快又补充说，现代性的大碾车不会固着在某条路径上，它甚至不是一个整体，而是由大量相互冲突和矛盾的部分构成的。吉登斯提醒我们，他提供的不是那种老一套的宏大理论，至少不是一种单一的、单向性的宏大叙事。

这个大碾车的比喻与结构化理论成为完美搭配，尤其凸显了时间与空间在该理论中的重要性。大碾车的意象既可以**沿着时间移动**，又能**穿越物理空间**。可是，这个意象却与吉登斯强调的能动者所具有的力量不太符合。它向现代机制赋予的力量似乎要远远超出它向控制它的能动者赋予的力量（Mestrovic，1998：155）。针对吉登斯理论的更综合性的批判指出了同样的问题，吉登斯在纯理论著作中对能动性的强调，与指出系统的控制倾向与人类改造世界的能力相对抗的真实历史分析，二者是脱节的（Craib，1992：149）。

现代性及其后果

吉登斯认为现代性的内涵包括四个基本制度。一是**资本主义**（capitalism），其特征是我们熟悉的商品生产、资本私有制、无财产和领薪水的劳动力，以及由这些特征衍生出的阶级体系。二是**工业主义**（industrialism），其内涵是用无生命力的能源与机器生产商品。工业主义并不仅限于车间，更影响到"交通、通信和家庭生活"等一系列环境（Giddens，1990：56）。吉登斯提出的第三种制度——**监督**（surveillance capacities）——要比前两个现代性特征新锐得多，尽管它是受福柯作品的启发而产生的（参见第十三章）。吉登斯给出的定义是，"监督是指对（主要但是不限于）政治领域中主体活动的监测"（1990：58）。现代性的最后一个制度维度是指军事力量，或说**对暴力工具的控制**（control of the means of violence），其中包括战争的工业化。此外，要强调的是，吉登斯对现代性的分析，至少从宏观层面来说，最关注的是**民族国家**（nation-state）（而不是传统社会学所关注的社会）。吉登斯认为民族国家与前现代社会特有的那种共同体是全然不同的。

现代性从吉登斯结构化理论的三大基本特征获得推动力：延伸（distanciation）、脱域（disembedding）和反身性。第一个特征是**时空的分离**或**延伸**（这个日渐分离的过程亦如吉登斯理论的诸项特征一样，不是线性的，而是辩证的）。在前现代社会，时间总是与空间相联系，对时间的测量也不精确。但在现代化的过程中，对时间的测量被标准化了，时空的密切联系则被打破。从这个意义上说，时空都是"空无一物的"，不存在某种更有特权的时空。它们成为纯粹的形式。在前现代社会，空间在很大程度上由物理存在乃至区域化空间定义。随着现代社会的来临，空间逐渐脱离了地点。与物理上不在场以及越来越遥远的事物建立联系具有越来越多的可能性。对吉登斯来说，地点变得日益"如影似幻"，也就是说，"场所（locales）完全被与之距离遥远的社会影响所渗透和形塑……现场的'可见形式'隐藏了那些延伸出去的、决定其性质的关系"（Giddens，1990：19）。

时空延伸对现代性之所以重要，有以下几个原因。首先，它使官僚制、民族国家等理性化组织的发展成为可能，这些组织具有内在的活力（相较于前现代社会的类似组织），有能力将本地区与全球性地域联系起来。其次，现代世界要在完全意义上的世界史中被定位，而且它有能力利用历史来形塑当下。第三，时空延伸是吉登斯的现代性的第二种动力源——脱域的重要前提。

根据吉登斯的定义，**脱域**包括"将社会关系从互动的本地情境中'抽离'，和地区情境在跨越不明确的时空时的重构"（1990：21）。现代社会有两种扮演关键角色的脱域机制，二者都可以被归入所谓的"抽象系统"。其一是**符号标志**（symbolic tokens），以货币为典型。货币使得时空延伸——我们可以同那些与我们不在同一时空的人进行交易。其二是**专家系统**（expert systems），指"组织我们今天赖以生存的大部分物质及社会环境的技术成就或职业技能系统"（Giddens，1990：27）。最典型的专家系统是指律师、物理学家等专业人才，但私人汽车和住宅等日常现象也是由专家系统创造和设计的。专家系统可以为跨时空的专业表现提供保证（但并未完全排除风险）。

在由抽象系统支配、时空延伸十分普遍的现代社会，信任显得尤其重要。要求信任与时空延伸是相关的："对于不断出现在我们的视野里、行为受到直接监控的人，我们是无所谓信不信任的。"（Giddens，1991：19）只是当时间或者空间不断延伸，而我们不再能获得有关社会现象的全部信息时，信任才变得必要起来（Craib，1992：99）。信任是"对个体或系统之可靠性的信任，在面对既定的一系列结果、事件时，信任在其中表现为对另一个体的爱与正义或抽象原则的正确性（技术知识）怀有信心"（Giddens，1990：34）。信任不仅在现代社会里具有重要性，而且对有助于把生活从现代社会中抽离出来的符号表征和专家系统也极为重要。例如，货币经济和法律体系若要正常运转，人们就必须信任它们。

现代性的第三个动态特征是它的**反身性**。反身性是吉登斯结构化理论的基本特征（他认为它也是人类存在的基本特征）。它在现代性范畴里承担了特殊的含义，即"根据从进行中的社会实践那里得来的新信息，这些社会实践要被不断地审视和改进，从而在结构上改变自身的特征"（Giddens，1990：38）。现代社会的一切都要经过反思，这其中甚至包括反思本身，这一特征带给人类一种强烈的不确定感。不仅如此，因为专家对社会世界的反思是为了改变这个世界，这里再一次出现了双重解释的问题（参见第十章）。

现代生活的脱域特征带来了一系列显著的问题。其中之一是我们要信任普遍意义上的抽象系统和特定的专家系统。吉登斯在一个颇有争议性的比喻中指出，孩子们在儿童社会化的过程中被"灌输"了一定"剂量"的信任。社会化的这一特征为人们提供了一个"保护性的茧"，当孩子长大成人时，他们在一定程度上获得了本体论意义上的安全和信任。人们在日常生活中反复经历的常规活动支撑着这种信任。然而，与现代性相伴而生的新的、有危害性的风险会损害人们之间的信任，从而带来一种普遍的、本体论意义上的不安全感。正如吉登斯所预见的，脱域机制在各个领域向人们提供安全感的同时，也创造出一种独特的"风险景象"。风险具有全球性的强度（核战争可以毁灭人类），偶然事件的扩散有可能影响世界上不计其数的人（如世界范围的劳动分工变化）。人类在试图改造物质环境时也会引发风险。我们建立的全球金融市场等制度化风险环境同样是风险的源头。人们的风险意识越来越强，而宗教与风俗作为可以安抚人们的手段却越来越失去效力，因为人们并不相信这些风险最终都能化危为安。广大的公众现在都意识到我们面临的风险。更有甚者，人们已痛苦地意识到专家系统在解决这些风险时能力有限。这些风险使得现代性看上去好似一辆失控的碾车，让我们为一种本体论意义上的不安全感所充满。

这个世界究竟发生了什么？为什么我们要承受现代性带来的这些消极后果？吉登斯指出了以下几个原因。其一是现代社会的**设计错误**（design faults），那些为现代世界提供要素的设计者犯了错误。其二是**操作失败**（operator failure），问题不仅仅源自设计者，也源自现代世界的管理者。不过，吉登斯认为另外两个原因——**计划外的后果**（unintended consequences）和**社会知识的反身性**（reflexivity of social knowledge）——更为重要。系统行为的后果不可充分预测，新的知识不断将系统推向新的方向。由于这些原因，人类无法完全控制现代世界这辆碾车。

但是，与其举手投降，吉登斯建议人们尝试**乌托邦现实主义**（utopian realism）这一看似矛盾的道路。也就是说，吉登斯试图在乌托邦理想与现代世界的现实之间寻求一种平衡。他还对社会运动寄予厚望，认为它们可以解决某些现代社会风险，将人类带向一个风险大大降低的未来社会。

吉登斯（1994）试图找到一种折中的政治路线，这一意图明确地表现在其生涯晚期一部著作的书名上，即《超越左与右：激进政治的未来》（*Beyond Left and Right: The Future of Radical Politics*）。鉴于当下的政治路线陷入困顿，吉登斯提议在乌托邦现实主义的基础上再造一种"激进政治"，致力于解决贫穷、环境恶化、专制权力和暴力等社会生活问题。吉登斯的政治路线接受了资本主义的某些层面（如市场），又摒弃了社会主义的某些层面（如革命的主题）。吉登斯的选择是在一条狭长而难度极高的政治悬索上行走。

吉登斯对现代性的认知如此，那么他又是如何看待后现代性呢？首先，如果不是全部的话，吉登斯至少否定了绝大部分我们通常与后现代性联系在一起的那些原则。例如，就不存在系统知识的后现代主义观点而言，吉登斯认为这种观点会使我们"否定所有的智力活动"（1990：47）。其次，鉴于吉登斯认为人类正处于高级现代化的阶段，他相信我们可以看到一些后现代社会的前兆。他认为后现代社会将以后匮乏体系（postscarcity system）、越来越多层次的民主化、去军事化和技术人性化为特征。我们无法确定世界一定会沿着某些后现代化的特征发展。可是，从反身性的角度说，吉登斯相信如果他（及其他学者）记录下这些可能性，这样的做法将有助于它们的来临。

现代性与认同

如果说《现代性的后果》（*The Consequences of Modernity*）一书在很大程度上是一部宏观指向的著作，那么《现代性与自我认同》更关注的是晚期现代性的微观层面，尤其是自我。当然，吉登斯认为自我与现代社会制度是辩证相关的，但他在该书中用大部分的篇幅来分析该连续统的微观一端。在本节中，我们同样要聚焦于微观议题，同时不会丢掉更高层面的辩证视角：

> 自我认同的转型与全球化……是现代社会高级阶段中局部与全球辩证关系的两极。私人生活中亲密关系的变迁……与社会关系在广泛范围内的建立是直接相关的……在人类历史上，"自我"和"社会"第一次在全球化的背景下建立了关联。
>
> （Giddens，1991：32）

我们已经知道，吉登斯将现代世界定义为反身性的，而且强调"现代性中的反身性已延伸至自我的核心……自我变成一项**反身性的事业**（reflexive project）（1991：32）"。也就是说，自我成为接受反思、被改变甚至模塑的对象。个体不仅要对自我的形成和维持负责，而且这种负责是持续性和全方位的。自我既是自我探索的结果，又是亲密的社会关系发展之产物。在现代世界，连身体都被"卷入社会生活的反身性组织"之中（Giddens，1991：98）。我们不仅要完成自我的设计，还要（相关地）完成对我们身体的设计。身体的外观及其在各种场合下的得当表现是自我反身性创造及维持的核心。我们的身体要接受一系列的"管理"（如有关节食和健身的书籍），它们不但能帮助个体塑造形体，而且推动了针对自我及现代性整体的反身。总的来说，这最终导致现代世界对于身体和自我的迷恋。

现代世界还导致了"经验的封存"（sequestration of experience），即"将日常生活的轨迹与疯狂、犯罪、疾病、死亡、两性与自然等现象相分离的、环环相接的隐蔽过程"（Giddens，1991：149，156）。封存的出现是抽象系统在日常生活中地位日趋重要的结果。它带给人们更大的本体论意义上的安全感,代价是"从社会生活中排除掉向人类提出核心道德困境的、基本的存在议题"(Giddens,1991:156)。

现代性是一把双刃剑,同时带来积极与消极的影响,而吉登斯从中感知到的是一种潜在的、"迫在眉睫的个人丧失意义(personal meaninglessness)的威胁"(1991:201)。一切有意义的事物都从日常生活中被隔绝出去、压抑下来。不过,辩证地看,日益强烈的自我反身性也会导致向那些被压抑的事物回归的越来越多的可能。吉登斯认为我们正在进入一个"无论从集体层面抑或从日常生活来说,道德/存在问题都渴望再次回归舞台中心"的世界(1991:208)。他认为现代性之后的世界将是一个"再道德化"的世界。吉登斯认为在那个为晚期现代社会的自我反身性所预见和期待的社会里,那些被封存起来的核心伦理和存在议题将会再次占据舞台的中心。

现代性和亲密关系

吉登斯在《亲密关系的变革》(*The Transformation of Intimacy*,1992)一书中谈到了许多议题。在这本书中,他所关注的是亲密关系正在经历一种指向**纯粹关系**(pure relationship)的转变,后者是吉登斯现代性思想中另一个重要的概念。所谓纯粹关系是指"进入某种社会关系是为了自身利益、为了每个个体都能从与对方的可维系的联系中获益的状态;只要各方都认为要向停留在这段关系中的每个个体提供足够的满足,这种关系就能够维系下去"(Giddens,1992:58)。在亲密关系中,纯粹关系的特征是在两性与情感平等的背景下自我与他人的情感交流。亲密关系的民主化(democratization)可以带来人际关系以及宏观制度秩序的民主化。由女性[见"现代性的情感革命"(Giddens,1992:130)]主导而男性缺乏热情的、正在改变的亲密关系的本质,对于整个社会具有革命性的意义。

在现代世界,亲密关系、两性(以及正如我们所看到的许多别的事物)被封存了起来。封存在多种意义上解除了传统社会的亲密关系,但它也是一种压迫形式。建立更纯粹的亲密关系的反身性努力必须在独立于更大的道德和伦理议题的背景下进行。这一现代调整源于人们(尤其是女性)试图反身性地建构自我及他人的推动。所以,与其说吉登斯是在呼吁性解放或多元主义,倒不如说是在提倡更大的伦理与道德的改变,他已经在亲密关系中明确地看到了这种改变:

> 我们没有必要等待一场社会政治变革来推进解放事业,这种革命也起不到什么作用。革命的过程在私人生活的基本架构中已经启动了。亲密关系的转型推动精神变化与社会变化,而且这种"自下而上"的变化可以潜在地通过其他一些更具有公共性质的制度发散开来。
>
> 我认为,性解放可以成为社会生活中普遍的情感重组的媒介。
>
> (Giddens,1992:181—182)

风险社会

我们已经谈过吉登斯有关现代性的著作中的风险。正如吉登斯所说：

> 现代性是风险文化。我这样说不是指现代社会生活在本质上比过去有更大风险；对大部分人来说，情况并非如此。我是说，风险成为无经验的行动者与技术专家组织社会世界的方式中基本的概念。现代性降低了某些领域和生活模式中的整体风险，但同时又引入了我们几乎从不了解的、新的风险参数。
> （Giddens，1991：3—4）

可以说，吉登斯（1991：28）"相当准确"地论述了本节要讨论的另外一部著作——乌尔里希·贝克《风险社会：新的现代性之路》（*Risk Society: Towards a New Modernity*，1992；Bora，2007；Bronner，1995）的主题。

根据这一讨论，贝克这部著作的副标题极为重要，它表明贝克与吉登斯一样不认可人类已经进入后现代时代的说法。恰恰相反，在贝克看来，我们仍处于现代世界，尽管这种现代性表现为一种新的形式。逝去的现代性"古典"阶段是与工业社会相联系的，而正在兴起的新的现代性及其技术是与风险社会相联系的（N. Clark，1997）。人们虽然仍未进入风险社会，但也不再生活在单纯的工业社会里了。也就是说，当代社会兼具二者的元素。事实上，风险社会可以被看作工业社会的一种，因为其中许多风险都可以溯源到工业这个源头。贝克对他的观点做了如下陈述：

> 正如现代化在19世纪消解掉封建社会的结构而建立起工业社会，今天的现代化也正在消解工业社会，另一种现代性正在形成……本书的主题是：我们正在见证的不是现代性的终结而是它的开端——也就是说，一种**超越**了古典的工业设计的现代性。
> （Beck，1992：10）

那么，新的现代性是什么？伴随它出现的风险社会又是什么？

贝克将这种新的、更优越的，但又只是刚刚兴起的形式定义为**反身性现代性**（reflexive modernity）（Zinn，2007a）。西方社会发生了一场个人化的进程。能动者越来越多地摆脱了结构性的限制，从而也更有能力反身性地创造自我以及其身处的社会。人们不再任由他们的阶级地位支配一切，而是或多或少地自我掌控命运。在被放任自流之后，人们被迫变得更有反身性。贝克以现代世界的社会关系为例充分说明了反身性的重要性："新形成的社会关系和社会网络现在必须是出于个人的选择；社会关系则变得具有反身性，鉴于它们必须由个体建立、维持和持续更新。"（1992：97）

贝克在现代性及古典工业社会向风险社会的转型中看到断裂（break），这里的风险社会尽管与工业社会并不相同，但仍然保有许多工业社会的特征。古典的现代性（第一现代性）的核心议题是财富以及如何更公平地分配财富，而第二现代性的核心议题则是风险以及如何防范风险。在古典现代性社会中，人们在寻求平等这一绝对目标的过程中达成了团结，而在更高级的现代性社会中，我们要在追求回避风险这一相对消极或防御性的目标时才能看到这种达成团结的努力。

制造风险

现代社会的风险在很大程度上源自财富的生产。明确地说，工业以及它的副作用正在给社会带来各种各样的危害乃至致命的后果，并且通过全球化（Featherstone，1990；Robertson，1992）将它们散播至整个世界。借助时间和空间的概念，贝克强调这些现代风险并不局限于一时一地（一场核事故可能导致在未来几代人中持续的基因影响，而在某地发生的核事故可能影响到许多个国家）。

鉴于社会阶层是工业社会的核心，而风险是风险社会的基本要素，风险与阶级并非毫无关联。贝克说：

> 风险扩散的历史表明，正如财富一样，风险是与阶级模式相联系的，只不过采取了相反的模式：财富向上集中，风险则向下扩散。从这个意义上说，风险似乎会强化而非革除阶级社会。贫穷会吸引大量的风险。相较之下，（收入、权力或教育方面）的富有可以回避风险，获得安全。

（Beck，1992：35）

这个适用于社会阶级的定律，同样适用于国家。也就是说，在可能的情况下，风险总是集中在穷国，富国则总是尽可能地排除掉许多风险。不仅如此，富国还能够从它们制造的风险中获益，例如生产和售卖能够应对风险发生及风险发生后的负面影响的一些技术。

尽管如此，富有的个人或国家最终仍不能免于风险。在这一前提下，贝克讨论了所谓的"回力棒效应"（boomerang effect），即风险的副作用可以"回击它的策源地"。现代化的能动者会被由他们自己发动并从中获益的这一巨大风险旋涡所断然裹胁（1992：37）。

处理风险

第二现代性不仅制造了风险，同时也制造了质疑自身及相应风险的反身性。事实上，首先开始反思风险的，通常正是这些风险的受害者。他们开始观察和整理有关风险的数据以及它们造成的后果。这些人成为质疑更发达的现代性及其危险的专家。他们之所以这样做，在一定程度上是因为他们不再依赖科学家来为他们做这些工作。事实上，贝克非常严厉地批评了科学家在建立和维系风险社会方面发挥的作用："科学已成为**针对人类与自然的全球污染的保护者**。在这方面，毫不夸张地说，科学在众多领域处理风险的方式，**一直是在下一次警告来临之前尽情挥霍以理性著称的历史性声誉**。"（1992：70）

自然与社会在古典工业社会里是分离的，而在更高级的工业社会里，自然与社会却紧密地交织在一起。也就是说，社会变化往往会影响自然环境，而自然环境的变化又反过来影响社会。所以，根据贝克的说法，在当下"自然就是社会，社会也是'**自然**'"（1992：80）。在自然被政治化之后，自然科学家的工作如同社会科学家一样，也被政治化了。

政府作为传统的政治场域正在失去权力，因为当下主要的风险来自贝克所说的"亚政治领域"，即大型公司、科学实验室之类的机构。正是在亚政治系统（subpolitical system）中，"新型社会的结构根据知识发展的最终目标在议会制度之外而获得实现，其手法不是与之对立，而是简单地忽略它"（Beck，1992：223）。这便是贝克所谓"政治的解放"的部分内容，政治不再只留待中央政府处理，而越来越成为各式各样的亚群体乃至个人的职权。这些亚群体及个人比中央政府更具有反身性和自我批判性。在面对与第二现代性有关的风险阵列时，他们也具有反思及以更合理的方式处理的能力。因此，辩证地看，第二现代性在产生前所未有的风险的同时，也为解决这些风险做出了前所未有的努力（Beck，1996）。

现代性与大屠杀

对齐格蒙特·鲍曼（1989，1991）来说，正是理性的现代范式使得大屠杀成为可能，从而导致纳粹对犹太人（及其他种族）的系统性屠杀（Beilharz，2005c，2005d）。鲍曼说："就一项复杂且有目的性的操作来说，大屠杀或许就是现代官僚理性的范式。"（1989：149）对许多人来说，将快餐店与大屠杀一起讨论令人十分不快。然而，在有关现代理性的社会学思考中，从官僚制到大屠杀再到快餐店存在一条清晰的线索。韦伯的理性原则可以有效和合理地应用于大屠杀及快餐店。大屠杀的凶手们把官僚主义当作他们的重要工具之一。令大屠杀成为可能的前提——形式上的理性系统——一直到今天还存在。事实上，麦当劳化的过程表明形式理性系统不仅存在下来，而且还在急剧地扩张。因此，在鲍曼看来，在恰当的环境下，现代世界已经为比大屠杀更恶劣的惨剧（如果确实存在这类事情的话）做好了准备。

现代性的产物

鲍曼不像大多数人那样认为大屠杀是一次非常态的事件，而是认为从许多方面来看大屠杀都是现代理性世界的一次"常态"。

> 真相是大屠杀的每个"构成因素"——所有那些促使它发生的因素——都是正常的;所谓"正常"不是我们熟悉的那个意思……而是说它们与我们所了解的文明、其主导精神、首要任务及这个世界的内在景象保持了高度的一致。
>
> (Bauman, 1989: 8)

对鲍曼来说,大屠杀是现代性的产物,**而非**大多数人所认为的那样是现代性的崩溃或其内部出现的一条歧路(Joas, 1998; Varcoe, 1998)。用韦伯的话说,大屠杀和现代性之间存在"选择性亲和"(elective affinity)。

举例来说,大屠杀就是利用工业化乃至具体的工厂体系的运转原则来损害人类的:

> (奥斯维辛集中营)也是现代工厂体系在世俗社会的延伸。只不过它生产的不是商品,它使用的原材料是人类本身,最终的产出是死亡,每天都有如此众多的生产单位被标注在经理人的生产图表上。烟囱,现代工厂系统的典型象征,每天释放大量焚烧尸体而形成的浓烟。现代欧洲大陆上被完美地组织起来的铁路网,将新的原材料运到这所工厂。它的运输方式与运送其他货物是一样的……工程师设计了火葬场;经理人设计了令工作富于激情和高效的官僚制度……我们所目睹的无疑是一个庞大的社会工程。
>
> (Feingold,引自 Bauman, 1989: 8)

德国纳粹成功地将工业的理性成就与理性的官僚制组织到一起,让二者共同行使摧毁人类的任务。具化在上述理性系统中的现代性,虽然不是大屠杀的充分条件,却显然是它的必要条件之一。缺少了现代性和理性,"大屠杀就是不可想象的"(Bauman, 1989: 13)。

官僚制的作用

德国纳粹官僚制的作用远不止于对大屠杀的执行,实际上它制造了大屠杀。希特勒所谓的"消灭犹太人"的任务是为德国官僚所选择的,就在这些官僚解决一系列日常问题的过程中,种族灭绝凸显为达成希特勒及其亲信定义之目标的最好方式。鲍曼强调称大屠杀既不是非理性的后果,也不是前现代的野蛮行为,而正是现代的、理性的官僚制的产物。制造和管理大屠杀的不是疯子,而是高度理性、在其他方面都相当正常的官僚们。

事实上,这之前的杀戮,比如源于仇恨和非理性的滥杀,都不能完成大屠杀这样一种大规模的种族灭绝。这种灭绝活动需要高度理性化和官僚化的操作体系。滥杀这种非理性的大爆发或许会杀掉一些人,但是它不可能成功地执行一场如大屠杀这样的种族灭绝。鲍曼如此形容说，"暴怒和复仇在大规模灭绝面前只是程度可笑的、原始及低效的工具。它们通常在工作尚未完成之前就逐渐消散了"（1989：90）。相较而言，德国纳粹实施的现代灭绝有一个看似理性的目标，即创造"更好"的社会（不幸的是，对纳粹分子来说，更好的社会就是一个没有"邪恶"的犹太人的社会）。此外，纳粹分子及其官僚在着手完成这一目标时采取了一种冷静的、讲究方法的心态。

与大部分的评论家不同，鲍曼不认为官僚制是可以从任何方向加以推进的、单纯的中立工具。鲍曼认为官僚制"更像……掷骰子"（1989：104）。由于既可以被用于残酷的目标，也可以被用于人道的事业，或许官僚制对于非人性的过程才是更有助益的："它衡量最优结果的设计标准是，不对某个人类客体与另一个人类客体或人类客体与非人性客体作出区分"（Bauman，1989：104）。具有这些基本特征的官僚制会将非人性化的任务执行到底，甚至超越原有的目标。在正常的运作之外，官僚制还表现出许多众所周知的无效特征，它们在大屠杀中发挥了同样的发酵作用。举例来说，手段在官僚制度中经常被转变为目的，在大屠杀中亦是如此，杀戮的手段往往沦为最终的目标。

当然，官僚制及其中的官员不能也并不是仅靠自己的力量就制造出这场大屠杀，它还需要其他一些条件的配合。首先，垄断了暴力工具的国家机器可以向社会大众实施不容置疑的控制，换句话说，当时在纳粹德国几乎不存在任何与之对抗的权力基础。政府被阿道夫·希特勒控制，这个人有能力使国家听从他的命令。其次，德国无疑存在一种反闪米特人的现代理性表现，它以系统性的方式把犹太人与其他社会大众相隔离，将犹太人描绘成妨碍德国成为"完美"社会的一类人。为了达成目标，德国人必须除掉那些妨害德国成为完美社会的人。德国（高度理性化的）科学发展被用来鉴定犹太人是否算得上是一个有缺陷的种族。一旦犹太人被定义为有缺陷的而且是实现完美社会的障碍，种族的灭绝就成了唯一的解决之道。这个决定一旦做出，摆在官僚们面前的唯一一个重要问题就是找到达成这一目标的最有效方式。

官僚制等现代结构中完全不存在道德考量的空间，可说是另一个配合条件。灭绝犹太人的行为是错还是对，成为不成问题的问题。道德关注的缺失是大屠杀这种现代社会现象的又一个原因。

大屠杀和理性化

大屠杀具有韦伯所谓的理性化过程的一切特征（"麦当劳化"亦是如此，参见本书第十二章）。对于效率的重视是必然的。在屠杀大批群众时，毒气被认为是远比子弹高效的一种工具。大屠杀表现出如生产流水线般的可测性，随着一串接一串的列车驶入死亡集中营，长长的人流排着蜿蜒的队形等待进入"淋浴房"，该过程的终端"生产"出大堆的尸体等待处置。由于侧重点在于在非常短的时间里可以杀死多少人，这个过程其实是可以计算的。

> 对铁路经理人来说,唯一可以清晰地说明其目标的是每公里的额定载量。他们不会区分所运载的是人、绵羊或铁丝网,他们眼里只有货物。这意味着一个完全由测量数据支配而回避本质的实体。对大部分官僚来说,就连货物这个范畴都算是过于严格的、与本质相关的限制。他们只关心其行为的财务后果。官僚的目标就是金钱。
>
> (Bauman,1989:103)

当犹太人接受命运排队走入毒气室时,他们生命的本质及其死亡几乎不会得到任何关注。从另一种定量意义上说,这场灭绝性的大屠杀是种族灭绝的最极端形式:

> 正如其他经过现代的(或理性的、有计划的、为科学所充斥的、专家的、被有效管理的、协调的)方式处理的事务一样,大屠杀将一切所谓的前现代的屠杀远远地抛在身后,暴露了它们的原始、浪费和低效。一如现代社会的所有事务,大屠杀在任何一个方面都是更"卓越"的成就……它足以傲视之前历史上一切的种族清洗。
>
> (Bauman,1989:89)

最后,大屠杀还使用非人性化的技术控制囚犯及看管士兵,如集中营的规章制度、焚尸炉的流水线操作等。

完美匹配大屠杀的理性化(及麦当劳化)的特征是理性的非理性化,尤其是非人性化。在此,鲍曼利用延伸的观点来说明,由于制定决策的官僚与受害者没有私人接触,受害者也可以被非人化。受害者只是账目上可以被来回移动和处理的对象,他们不是人类。总而言之,"德国的官僚机器服务于一个极度非理性的目标"(Bauman,1989:136)。

鲍曼理论中最耐人寻味的一个观点是,被纳粹所落实的理性系统甚至逐渐地将受害者即犹太人容纳在内。犹太人居住区被转化为"杀人机器的延伸"(Bauman,1989:23)。所以说,

> 那些不幸的社区的管理者完成了绝大多数大屠杀所需要的初级官僚工作(向纳粹提供社区记录并保存预期中的受害者文档),监督必要的生产及分配活动以保证受害者可以活到毒气室有空间接纳他们的那一刻;监管被俘人群,以便使法律及秩序这一类的任务不致消耗纳粹的精神和资源;通过约定后续阶段的目标、将被选定的犹太人运送至用最小代价就能集中管理的地点以及调动必要的财务资源以完成这段最后的旅程,保证种族灭绝的过程得以顺畅进行。
>
> (Bauman,1989:118)

(这与麦当劳化社会的设想非常相似,顾客们成为系统中不收取报酬的工人,亲手制做沙

拉、饭后完成清理工作，等等）。在"通常的种族清洗"中，谋杀者和被谋杀者被截然分开。谋杀者谋划向受害者实施某种可怕的行为，并有可能遭受潜在的受害者的反击。然而，当受害者成为行凶者所建立的"系统"的不可缺少的一部分之后，这种反击将越来越不可能出现。

就行为而言，与纳粹合作的犹太人表现出了行为理性。为了再多活一天，或被选入一个受特殊优待的犹太群体，他们做了必须要做的事。他们甚至也在运用理性工具计算是否可以通过少数犹太人的牺牲拯救大多数人，权衡在不合作的前提下是否会有更多的犹太人被杀。但是，在终极意义上，这种行为是非理性的，因为它加快了清洗的过程并降低了抵抗的可能性。

现代性一向以文明而自傲，认为自身有足够的防护以防止大屠杀式的事件发生。然而，不幸的事确实发生了，现代社会的防护措施并不足以阻止它的发生。理性化的力量在今天依然存在，而且只会更加强大。没有迹象表明为防止理性化变得狂热而必需的防护措施在今天要比20世纪40年代时更为有力。正如鲍曼的评论，"任何一个使奥斯维辛集中营得以实现的社会前提都没有真正地消失，我们也没有采取任何有效的手段以防止奥斯维辛式的灾难"（1989：11）。强烈的道德感以及多元化的政治力量是阻止另一场大屠杀的必要条件。但是，某种独裁成为主宰的时代是很可能出现的，而几乎没有什么可以使得我们相信人类社会将建立一个足够强大的道德体系，以阻止政治强人与这个热切和甘受驱使的官僚制度的下一次汇合。

现代性的未竟事业

哈贝马斯不但是一位受到热议的当代杰出社会理论家，还是一位直面后现代主义者（及其他学者）的思想攻讦的、现代性与理性的重要辩护人。正如塞德曼（Seidman）所说：

> 与采取反现代主义或后现代主义立场的众多当代知识分子不同，哈贝马斯看到了现代性理性结构中的制度秩序。在许多知识分子对现代性解放人类的潜能冷嘲热讽时……哈贝马斯却一直坚持认为现代性内含乌托邦的可能性。在由理性促成美好社会的启蒙运动信仰越来越被当作黯淡的希望和被抛弃的幻象时，在这样一种社会环境里，哈贝马斯仍然是现代性最有力的捍卫者之一。

（Seidman，1989：2）

哈贝马斯（1987b）认为现代性是一场"未竟的事业"，这意味着在思考后现代社会的可能性之前，我们还有相当多的现代社会的事务需要完成（Outhwaite，2000；Scambler，1996）。

尤尔根·哈贝马斯小传

尤尔根·哈贝马斯是当今世界上最重要的社会思想家之一，当然，他也受到许多争议。他于1929年6月18日出生在德国杜塞尔多夫市，其家庭是相当传统的中产阶级家庭。哈贝马斯的父亲是一位商会主席。青少年时期对"二战"的感受对哈贝马斯产生了深刻的影响。战争的结束给包括哈贝马斯在内的许多德国人带来了希望与机会。纳粹的倒台使人们对德国的未来大感乐观，然而哈贝马斯却因战后德国没有立即出现飞跃式的进步而深感失望。纳粹的倒台使得知识分子活动变得极为活跃，以往的禁书对年轻的哈贝马斯来说变得触手可及，它们包括"西方"文学和德国文学以及马克思和恩格斯著写的小册子。从1949年到1954年，哈贝马斯先后在哥廷根大学、苏黎世大学和波恩大学修习了多个专业（如哲学、心理学、德国文学等）。在哈贝马斯就读的大学里没有一位老师当得起大师的称号。这些老师要么曾公开支持纳粹，要么便是在纳粹统治下埋首于学术研究，这多少损害了他们的声誉。1954年，哈贝马斯从波恩大学获得博士学位，接下来又当了两年记者。

1956年，哈贝马斯进入法兰克福社会研究学院，从此与法兰克福学派建立了联系。事实上，他成为当时法兰克福学派声誉最高的西奥多·阿多诺的研究助理，以及该学院的成员（Wiggershaus, 1994）。人们通常认为法兰克福学派成员在思想上是高度一致的，哈贝马斯却不这么认为：

> 对我来说，从来不存在一种前后连贯的理论。阿多诺撰写文化批判的文章，但也举办有关黑格尔的专题研讨。他流露出某种马克思主义的影响——事情就是如此。

（Habermas，引自 Wiggershaus, 1994: 2）

尽管与社会研究学院有关联，但哈贝马斯从一开始就表现出要走一条独立知识分子的道路。一篇于1957年写的文章使他陷入了与学院领袖霍克海默的纷争。哈贝马斯力促批判思维和实践行动，而霍克海默担心这种立场会危及仰赖公共基金的研究学院。霍克海默强烈建议将哈贝马斯开除出研究学院。他评价哈贝马斯说："他将来或许会成为一个优秀的，甚至是光耀夺目的写作者，但这个人能带给研究学院的将只有巨大的危害。"（引自Wiggershaus, 1994: 555）哈贝马斯的文章最终还是得到了发表，但没有获得学院的资助，他在文章中也完全没有提及学院的名字。最终，霍克海默向哈贝马斯提出了不可能完成的要求，后者只好辞职。

1961年，哈贝马斯成为马尔堡大学的编外讲师，并在那里完成了他的"任教资格论文"(德国大学要求的高级论文)。鉴于哈贝马斯已经发表过大量受到关注的文章,早在完成任教资格论文之前,他就被推荐出任海德堡大学的哲学教授。哈贝马斯在海德堡一直待到1964年,之后受聘为法兰克福大学的哲学及社会学教授。从1971年至1981年,他出任了马克斯·普朗克学会的主席。之后,哈贝马斯以哲学教授的身份重返法兰克福大学,1994年被授予荣休教授的称号。哈贝马斯一生获得过难以计数的学术奖项,还被众多院校授予荣誉教授的头衔。

哈贝马斯许多年来一直是西方新马克思主义的领军人物(Nollman,2005b)。但是,随着时间的流逝,他的作品容纳了越来越多的理论源头。哈贝马斯一直对现代世界的未来抱有希望。他正是在这个意义上将现代性看成一项未竟的事业。如果说马克思所关注的是劳动,那么哈贝马斯关注的则是沟通,在他看来沟通是比劳动更为普遍的社会过程。马克思强调资本主义社会结构对劳动的扭曲,哈贝马斯则更侧重现代社会结构对沟通的扭曲。马克思追求一个以充实且富于创意的劳动为标识的未来世界,哈贝马斯所追求的则是一个以公开自由的沟通为标识的未来社会。一般地说,两位思想大师都是相信现代性事业在其所处时代尚未完成的现代主义者(现代性事业对马克思而言是充实且有创意的劳动,对哈贝马斯来说则是坦诚的沟通),而且他们都确信这项事业终将达成。

投身于现代主义以及对未来满怀信心,将哈贝马斯与许多当代杰出的思想家,如让·鲍德里亚及一些后现代主义者区分开来。哈贝马斯始终相信这一终身事业(现代性),后者则往往会走向虚无主义。同样地,在一些后现代主义者(如利奥塔)否定建立宏大叙事的可能性之时,哈贝马斯却一直在研究和充实现代社会理论中或许最具有影响力的一种宏大理论。哈贝马斯与后现代主义者的战斗孰胜孰败,结果尚不得而知。如果后者最终胜出,那么哈贝马斯或许会被视为最后一位现代主义大思想家。如果哈贝马斯(及追随者)获得了胜利,那么他将会被看作现代主义事业及社会科学中宏大理论的救世主。

在第十章,在讨论哈贝马斯有关生活世界、系统以及系统对生活世界的殖民等思想时,我们已经介绍了相当一部分哈贝马斯有关现代性的思考。由于哈贝马斯认为现代性与自身不能协调,我们可以认为他(1986:96)建立的是一个"现代性病理学理论"。他的这一表达是指标识社会系统的理性(主要是形式理性)与标识生活世界的理性彼此不同,甚至相互冲突。社会系统变得越来越复杂、分化、整合,也越来越以工具理性为其特征。同样地,生活世界也见证了自身(限于知识库以及真理、美德和审美等价值范畴)的日益分化和聚合、世俗化,以及反身性与批判规范的制度化(Seidman,1989:24)。

理性社会应该是一个同时允许系统和生活世界按照各自的逻辑和方式实现理性化的社会。系统和生活世界的理性化将会带来一个物质极大丰富的社会，而且这些理性系统和一个从理性的生活世界衍生出真理、美德与审美的社会将会以理性化控制社会环境为代价。在现代社会，系统已经实现了对生活世界的支配与殖民。就结果而言，我们或许享受到了系统理性化的好处，但同时也被剥夺了当生活世界得以繁茂生长时它所带来的生活多样性。在过去几十年，发生于生活世界与系统的"边界"上的许多社会运动，都可以被归结为对生活世界被殖民及贫乏化的反抗。

就系统对生活世界的殖民方式的分析而言，哈贝马斯认为自己承继了社会思想史上的许多努力：

> 社会理论发展的主线——从马克思到斯宾塞、涂尔干，再到齐美尔、韦伯和卢卡奇——必须被理解为对系统—环境边界（system-environment boundaries）如何进入社会本身（哈贝马斯的生活世界），以及"内部陌生国度"的源起等问题的回答……这必然被理解为**现代性的标记**（the hallmark of modernity）。
>
> （Habermas，1991：255—256；黑体为本书所加）

换句话说，哈贝马斯理论以及大多数古典主义理论中所谓的"现代性的标记"，用哈贝马斯的术语来说，就是系统对生活世界的殖民。

那么，对哈贝马斯来说，现代性事业的完成究竟意味着什么呢？显然，它的最终产物应该是一个完全理性的社会，系统和生活世界的理性都可以获得充分的表达，而不会有相互破坏的局限。我们当下受困于一个贫瘠化的生活世界，这个问题必须要被解决。但解决之道不是毁掉系统（尤其是经济系统和行政系统），因为正是这些系统为生活世界走向理性提供了必要的物质条件。

哈贝马斯（1987b）要解决的问题之一是现代官僚制福利国家正面临着越来越多的危机。许多与这一类的国家有关联的学者认识到了问题所在，但他们的解决方案仅限于在系统层面上解决问题，如简单地增加一个用于解决具体问题的新的子系统。哈贝马斯不认为这种方式能够奏效。恰恰相反，这些问题只有在系统与生活世界的关系的层面上才能获得解决。首先，"限制性的障碍"（restraining barriers）必须被归位，以减轻系统对生活世界的影响。其次，建立"传感器"（sensors）以强化生活世界对系统的影响。哈贝马斯总结说：当代社会的问题不能通过让"系统学习如何更好地运转来解决。相反，来自生活世界的冲动必须要能进入功能系统的自我导航"（1987b：364）。上述措施可以成为建立生活世界与系统相互促进之关系的关键步骤。社会运动在此处进入了人们的视野，因为它们代表着系统与生活世界重耦并各自达到最高程度理性化的希望。

哈贝马斯在美国几乎看不到什么希望，它看起来是打算以生活世界持续贫瘠化为代价来支持系统理性的发展。他在欧洲看到了新的希望，因为它具有"结束那种令人困惑的思想的可能性，这种思想认为被存储在理性化生活世界之中的现代性规范内容只有通过更复杂的系统手段才能被释放"（1987b：366）。欧洲有可能"以一种决然的方式"吸收"西方理性的遗产"（Habermas，1987b：366）。这份遗产在今天应被转化为对系统理性的限制，从而让生活世界的理性得以生长繁衍，直至两种理性可以在现代世界里以平等的方式共存。系统理性与生活世界理性的全面合作可以代表现代性事业的完成。要达成这一目标还有很长的路要走，所以说，人类仍远未走到现代性的终结，更不要说徘徊在后现代性的门口或进入其内部了。

哈贝马斯与后现代主义者

哈贝马斯不仅充分论证了现代性，也对后现代主义者进行了回击。他在广受好评的《现代性与后现代性的对抗》一文（1981）中提供了一些个人早期的批评意见。[①] 在这篇文章中，哈贝马斯提出鉴于20世纪的失败经历，我们是"要无视**启蒙运动目标**的黯淡现状而努力坚持，还是要宣布现代性事业的彻底失败？"（1981：9）哈贝马斯当然不是要放弃启蒙事业或现代性。他选择聚焦于那些否定现代性的学者所犯的"错误"。后者最严重的错误之一是心甘情愿地放弃了科学，特别是生活世界里的科学。科学被从生活世界分离出来，交给专家处理，这种做法如果再结合其他自主领域的创建的话，就意味着完全放弃了"现代性的事业"（Habermas，1981：14）。哈贝马斯拒绝放弃以理性、"科学"的方式理解生活世界的可能性，也拒绝放弃生活世界理性化的可能性。

霍勒布（Holub，1991）总结了哈贝马斯针对后现代主义者所做的最重要的批判。第一，后现代主义者对于他们是否在建构严肃理论或著述仍犹疑不定。如果我们认为他们在建构严肃理论，他们的工作就因此变得不可理解，因为"他们拒绝使用从制度上确立的术语"（Holub，1991：158）。如果我们认为后现代主义者是在进行著述，"那么他们的论证又毫无逻辑支撑"（Holub，1991：158）。无论是上述哪一种情况下，我们都不可能对后现代主义者的研究进行严肃的批判分析，因为他们总是认为其他人不能理解他们的语言或者在著述上的努力。

第二，哈贝马斯认为后现代主义者被规范情感（normative sentiments）所激发，而这些情感是什么却从不向读者交代清楚。所以，读者不能从其陈述的目标中理解后现代主义者真正的关怀，以及他们为什么要批判社会。不仅如此，后现代主义者在隐藏规范情感的同时，还公然否定这一类情感。由于缺乏明显的情感，后现代主义者不能发展出自觉的实践，以解决他们在社会中发现的问题。相比之下，由于哈贝马斯公开且清晰地

---

① 哈贝马斯在晚期的作品中对于后现代主义者的批判似乎变得更为温和与精准（Peters，1994）。

陈述了他的规范情感（自由且开放的沟通），他的社会批判的源头就使人一目了然，更进一步为政治实践提供了基础。

第三，哈贝马斯指责后现代主义作为总体性视角（totalizing perspective），不能够"区分现代社会内部的现象与实践"（Holub，1991：159）。例如，世界受权力和监督支配的观点没有达到足够的精细程度，因而无法对现代世界里压迫的真实来源进行有意义的分析。

最后，后现代主义者被指责无视了在哈贝马斯看来极为重要的"日常生活及其实践"。这种疏忽是后现代主义者的双重损失。一方面，后现代主义者摒弃了建立规范标准的一个重要源头。毕竟，存在于日常生活中的理性潜力是哈贝马斯有关沟通理性的思想的一个重要来源（Cooke，1994）。另一方面，日常世界是社会学研究的终极目标，只有在日常世界里理论思想才能对实践产生影响。

哈贝马斯（1994：107）用以下这段话很好地总结了他对现代性—后现代性的看法，它也是本书迈向介绍后现代社会理论的第十三章的过渡："现代性这一概念不再带给人类幸福的承诺。但是在任何有关后现代主义的言论中，我们看不到一种替代现有生活形式的理性选择。那么，我们能够做的只有在现有的生活形式之内寻求实际的提升。"

信息主义和网络社会

曼纽尔·卡斯特尔著写的三部曲是现代社会理论的最新成果之一，它们有一个包罗万象的书名《信息时代三部曲：经济、社会与文化》（*The Information Age：Economy, Society and Culture*，1996，1997，1998；Allan，2007）。卡斯特尔（1996：4）明确反对后现代主义社会理论，认为后者沉溺于"为历史的终结，甚至在某种程度上也为理性的终结而狂欢，丢弃了人类理解及赋予意义的能力"：

> 这本书所传达的计划是要逆破坏的潮流而动，反对各种形式的知识虚无主义（intellectual nihilism）、社会怀疑论（social skepticism）和政治犬儒主义（political cynicism）。我相信理性以及唤起人类理性的可能性……我相信有意义的社会行动的胜率……是的，我更相信即使在人类历史上时常可看到知识犯下的错误，但观察、分析和理论化仍然是帮助我们建设一个不同的、更加美好的世界的手段。
>
> （Castells，1996：4）

卡斯特尔鉴于自20世纪70年代在美国发动的信息技术革命（电视、计算机，等等），考察了新社会、新文化与新经济的出现。这场革命导致了自80年代开始的对资本主义系统的根本重建，以及卡斯特尔所谓"信息资本主义"的出现。"信息社会"与之同时出现（虽然在各个社会中存在着重大的文化及制度差异）。二者都以"信息主义"为基础。［信息主义是"一种发展模式,它的生产率主要取决于根据知识与信息对生产要素的组合和使用进行优化的核心能力"(Castells,1998:7)]。信息主义乃至信息资本主义的扩散,使得基于自我与身份认同的、相互对立的社会运动大量涌现["一个社会行动者在这个过程中认识自身并建构意义,其主要依据是某个或某一套既定的文化属性,与此同时排除涉及其他社会结构的更广泛的参照"(Castells,1996:22)]。这些运动引发了马克思所谓"阶级斗争"在当代社会的等同物。要阻止信息资本主义及其问题(如剥削、排斥、对自我与认同的威胁)的扩散,希望不在于工人阶级,而在于丰富多样的、很大程度上基于身份认同的社会运动(如生态保护、女权主义)。

卡斯特尔的分析核心是其理论中具有五大基本特征的信息技术范式。第一,这是一些作用于信息的技术。第二,鉴于信息是一切人类活动的构成,这些技术将会带来极为普遍的影响。第三,所有利用信息技术的系统都由"网络的逻辑"来定义,因而可以广泛地影响许多类型的流程和组织。第四,新技术具有高度的灵活性,可以持续地调整和改变。第五,与信息相关联的特定技术被合并为一个高度整合的系统。

一个新的且利润不断增长的全球信息经济出现于上世纪80年代。"它是**信息化**的,因为该经济体中的单元和行动者(可以是公司、地区或国家)的生产力与竞争力基本上取决于制造、处理和有效利用以知识为基础的信息的能力。"(Castells,1996:66)这种经济又是全球化的,因为它具有"**实时地在全球范围内作为一个单元开展工作的能力**"(Castells,1996:92)。新的信息和通信技术使这种能力有史以来第一次成为可能。它是"信息化的,但不仅仅以信息为基础,这是因为整个社会系统的文化—制度属性必然被纳入到这一新技术范式的扩散和应用中"(Castells,1996:91)。然而,这种经济虽然是全球化的,但内部也会出现差异。卡斯特尔对居于全球新经济核心的地区(即北美、欧盟和亚太地区)进行了区分。所以说,我们在讨论的是一个区域化的全球经济。此外,各个区域内部也存在着丰富的差异性。一个极为重要的事实是,尽管有一些地区被纳入了全球化,但另外一些地区却被排除在外并且正在承受严重的负面影响。除了某些大的地区(如撒哈拉以南的非洲地区),发达地区的个别地点(如美国的内陆城市),也被全球化排除在外。

一种新的组织形式,即互联网企业,伴随着全球信息化经济的崛起而出现。互联网企业的特征包括弹性生产(相对于大众生产)、全新的管理系统(通常借鉴了日本模式)、扁平化而非层级化的组织结构,以及通过战略联盟而紧密联结的大型公司。但最重要的是,这些组织的基本构成是一系列的网络。这使得卡斯特尔(1996:171)最终认定:"一种新的组织形式作为信息化/全球化经济的特征涌现出来。"于是,**互联网**企业被定义为"**由自主的目标系统之各部分的相互交叉构成其工具系统的一种特定企业形式**"。互联网企业是全球信息化经济这一文化的实体化,符号从此可以通过知识的处理转变为商品。工作的性质因此被转变(例如,通过弹性时间等安排使工作得以个性化),尽管在不同的国家转变的确切含义各不相同。

卡斯特尔（1996：373）还讨论了**真实虚拟**（real virtuality）文化的出现（大众传媒与计算机融合后出现的多媒体发展），"所谓真实虚拟是**一个系统，真实本身（即人的物理/符号存在）在这个系统中完全屈从和沉浸于一个虚拟的图像环境、一个虚构的世界。在这里，用来交流经验的表象（appearance）不仅仅出现在屏幕上，它们甚至变成了经验**"。与被"地理的空间"（the space of places，如伦敦、纽约）所控制的过去不同，一种新的空间逻辑，即"流动的空间"（space of flows）出现了。我们进入了一个由过程而非物理场所支配的世界（尽管后者仍然有显著的存在）。同理，我们也进入了一个"时间失去时间意识"（timeless time）的时代，比如说，信息在这个时代里对于地球上的任何一个地点都是即时性的。

除了互联网企业，卡斯特尔（1996：469，470；黑体为本书所加）还强调说，"信息时代的主要功能和过程越来越环绕着由一系列'联结节点'定义的**网络**"。网络是开放的、有能力做无限延伸的、动态的、能在不干扰系统的前提下进行变革的。不过，我们这个时代被网络所定义的事实（互联网社会）并不意味着资本主义的终结。事实上，至少在当前，网络使得资本主义有史以来第一次以全球金融流动为基础真正实现了全球化的组织。这种现象可以由受到热议的世界"金融赌场"得到证实，后者既是网络也是信息系统的典型。金钱在该领域的得失远比通过生产过程获得的收益更重要。货币逐渐与生产过程相分离。我们身处一个不停追逐金钱的资本主义时代。

但是，正如我们在前面所见到的，卡斯特尔并不认为网络的发展、真实虚拟文化、信息主义以及它们在信息资本主义中的应用不会遇到挑战。它们遭到了那些试图保护其自身地位的个体及集体的反对。"上帝、民族、家庭和共同体将会提供牢不可破的、永恒的信条，一波对抗的攻势将会围绕它们不断强化。"（Castells，1997：66）然而，重要的是，人们要认识到这些对抗运动若想成功，就必须依赖信息与网络。它们都被深深地卷入了新的秩序。正是在这一背景下，卡斯特尔描述了墨西哥恰帕斯州的萨帕塔主义者、美国民兵组织、环保主义、女权主义和同性恋运动等多样化的社会运动。

那么，国家又有什么变化呢？在卡斯特尔看来，在这个经济全球化的新世界，由于对全球资本市场的依赖日益严重，国家已经变得越来越无力。举例来说，一些国家已渐渐没有能力保障其福利项目，因为全球范围内的不平衡将资金引向了低福利成本的国家。使信息可以跨越边境自由流动的全球通信，也进一步削弱了国家的力量。犯罪行为的全球化以及全球互联网的建立超出了任何一个国家的控制。多边主义的发展、跨民族国家的出现（如欧盟）以及内部的分裂都在削减国家的实力。国家仍将持续存在，但卡斯特尔（1997：304）认为它们会变成"**更广阔的权力之网的节点**"。现代国家面临的两难困境是，如果要代表国内的选民，那么它在全球系统中就会变得低效，而如果它更关心后者，那么它又无法充分地代表其选民。

卡斯特尔的批判特别指向信息资本主义，尤其是它对于自我、认同、幸福造成的威胁以及对世界上许多地区的排斥。卡斯特尔（1998：359）由此得出结论说，鉴于上述现象逐渐成形，我们的"经济、社会和文化……会限制集体创造，吞噬信息与技术的成果，将我们的精力导向自我毁灭的对抗"。不过，它不是一定要走向这个方向，因为"自觉且有目的的社会行动可以改变一切"（Castells，1998：360）。

卡斯特尔为我们这个计算机化的新世界提供了第一份可持续化的社会分析，他的研究带给我们许多洞见。不过，它有两个突出的缺陷。第一，它基本上是一项经验研究（依靠二手数据），而且卡斯特尔煞费周章地避开了一系列可能丰富其研究的理论资源。第二，他被锁定在一个生产主义的视角里，所以没能处理好有关消费的分析。尽管如此，在我们试图更好地理解他所描述的这个新兴世界时，卡斯特尔显然为我们提供了一个重要的起点。

探讨卡斯特尔的作品可说是本书进入有关全球化理论的第十二章的完美过渡，正如我们所看到的，卡斯特尔理论的大部分内容都与全球化议题相关，而且该理论本身也经常被当作一种全球化理论来讨论。大部分全球化理论可以被看作是现代性的（我们将会学习本章曾提及的现代社会理论家——吉登斯、贝克、鲍曼——的另外一些观点）。全球化理论离不开现代化理论、依附理论等现代理论视角。不过，全球化理论同样也批判和反对这些早期的理论视角，在某些情况下，更对众多现代性理论的基本教义发起了攻击。我们在第十二章中介绍的许多观点是相当现代的，但是另外一些观点则超越了现代性，与将在第十三章中讨论的后现代主义思想有着或隐晦［如"全球在地化"（glocalization）、"交叉化"（hybridization）、"混杂化"（creolization）］或公开［"帝国"（empire）与"大众"（multitude）］的联系。

总　结

在这一章，我们讨论了一些坚持以现代语汇审视当代社会的理论视角。吉登斯将现代性视为一辆大碾车，在带来许多好处的同时也带来了一系列的风险。在众多风险之中，吉登斯强调了因现代性不受控而产生的风险。它们正是贝克的风险社会理论中的关键议题。现代世界的特征就是风险以及人们抵御和防范风险的需求。鲍曼将大屠杀看成现代性与理性的范式。他对大屠杀的分析表明非理性以及更广义上的风险是与现代性和日渐增长的理性化有关的。随后，我们讨论了哈贝马斯将现代性看成一项未竟事业的研究。虽然哈贝马斯同样关注理性，但是他更侧重的是系统理性的支配以及生活世界中理性的贫瘠化。哈贝马斯将系统理性与生活世界之理性的彼此促进看成是现代性的实现。

我们接着讨论的是卡斯特尔的近期理论成果。卡斯特尔关注的是信息主义和互联网社会的发展。计算机及其所带来的信息流动改变了这个世界，而且在这个过程中制造出一系列的问题，例如将世界上相当多的地区（包括美国的某些内陆地区）排斥在系统之外，使其无法从中受惠。

第十二章
全球化理论

本章概要

当代主要的全球化理论家

文化理论

经济理论

政治理论

其他理论

　　没有哪个主题如同近年来的全球化那样得到大众与学术界如此多关注。学术上的理论关注在很大程度上来自于全球化特别重要的公共性、人们对它的好奇以及忧虑。当然，学术界内部的原因（如为了回应早期全球化研究的狭窄视角）也导致了学者们对这一主题的沉迷。本章所讨论的以及本书其他章节涉及的许多社会理论家，都不免置身于这一潮流，对全球化给予核心关注。我们无法在这一章有限的篇幅中对社会理论家有关该主题浩若烟海的研究做一个完整的综述，更不要说对全球化理论的全部文献进行综述。接下来，我们将只简单地介绍关于全球化的几项最重要的理论工作。

　　全球化（globalization）是指社会生活的实践、关系、意识与组织在世界范围内的扩散。全世界几乎每个国家和上亿人的生活都在因为全球化而发生改变，而且通常变化得十分剧烈。全球化影响的深远程度及重大意义几乎可以在任何放眼所及的地方看到，当前最明显、最常见的就是世贸组织（WTO）和国际货币基金组织（IMF）等全球组织召开高级别会议期间爆发的抗议活动（Thomas，2007）。这些组织所面临的问题的量级，以及抵制这些组织的力度都清晰地表明，全世界人民都强烈地意识到他们正面临一个伟大的时刻。

　　全球化理论（Robinson，2007）的出现还是社会学理论内部一系列发展（特别是对现代化理论等早期视角的回应）的结果。现代化理论的标志性特征包括它的西方倾向、西方发展优越论，以及西方世界以外的地域只能不断向西方靠拢而没有其他选择的观念。全球化理论有多种多样的版本，但是几乎所有全球化理论都表现出了一种倾向，即在理论关注上来了个大转折，不再以西方（包括且尤指美国）为关注焦点，转而着重研究在不同方向上发展的跨国进程，以及世界上那些在一定程度上享有自治和独立的国家及地区［参见下文有关阿帕杜莱（Appadurai）研究的讨论］。

全球化可以从文化、经济、政治及制度的角度进行分析。对每一种类型分析而言，关键的差异在于从中看到越来越多的同质化抑或异质化。从极端的意义上来说，文化的全球化既可以被视作一般规则和实践的跨国扩张（同质化），也可以被视作由许多全球或地方文化输入相互作用而创造出的拼凑和混合的产物并由此产生多种类的文化混合类型的过程（异质化）。同质化的趋势经常与**文化帝国主义**（cultural imperialism）相联系，后者是指某种特定文化对一大批其他类型文化的影响。文化帝国主义有许多形式，其中一些特别强调美国文化、西方或核心国家的重要性（DeGrazia，2005）。以罗兰·罗伯逊（Roland Robertson，1992，2001）为首的一些学者抵制文化帝国主义理论，尽管罗伯逊本人从未使用过这个概念。罗伯逊的著名的全球在地化理论（glocalization）（参见下文），认为全球在与地区的互动中制造出独特的全球在地化（glocal）。

聚焦于经济因素的理论家试图强调经济因素对全世界日益重要的及同质化的作用。他们一般将全球化看作新自由主义、资本主义和市场经济在世界各地的扩散（Antonio，2007a）。例如，一些学者关注全球化以及贸易扩张的议题。诺贝尔经济学奖获得者、美国经济顾问委员会前任主席约瑟夫·E. 斯蒂格利茨（Joseph E. Stiglitz，2002）毫不客气地指责了世界银行、世界贸易组织，尤其是国际货币基金组织，认为它们不但没有解决反而加剧了全球经济危机。斯蒂格利茨对国际货币基金组织的批评之一是指责它的同质化、"一刀切"以及对各国之间的差异欠缺考虑的做法。国际货币基金组织乃至全球化对于富裕国家更有利，尤其对美国有利（后者对国际货币基金组织的决定享有一票否决权），但损害了贫穷国家的利益。推行全球化在实际上扩大了贫富之间的差距。

关注经济议题的社会学学者虽然倾向于强调同质化，但也承认某些分化（异质化）仍存在于全球经济的边缘地带。事实上，斯蒂格利茨强调国际货币基金组织及其他全球经济组织有必要采取更具有差异性的政策。经济领域中异质化的其他形式还包括地区文化的商品化，以及根据不同的地区需求定制多种产品的富有弹性的专业化。一般地说，强调异质化的学者（Tomlinson，1999）强调全球市场与地区市场的互动会导致独特的"全球在地化"市场的建立，以便整合全球市场的需求以及地方市场的现实。

政治/制度方向的研究同样有强调同质化或异质化的两种倾向。例如，一些在该领域持同质化视角的学者将研究重点设为民族—国家模式在全世界的传播以及类似治理模式在全球的出现——换句话说，某种单一治理模式在世界范围内的兴起（Meyer, Boli, and Ramirez，1997）。从更广泛的意义上说，人们越来越关注在制度多样性中不断增长的同质化（Lechner and Boli，2005）。我们将会看到，一些学者认为跨国机构与跨国组织的增长意味着民族—国家和某些更区域化的社会结构在人类生活中制造差别的能力大幅削减。政治领域中最极端的同质化理念之一是本杰明·巴伯（Benjamin Barber，1995）对"麦当劳化"（McWorld）的思考，即某种在世界上不断扩散的单一化政治倾向[①]的增长。

有趣的是，巴伯还清楚地表达了另一种替代性的观点，即"吉哈德化"（Jihad）——区域化、民族化和保守的政治力量（包括所谓"流氓国家"）的出现，它意味着民族主义的激化及全球范围内更高程度的政治异质化。麦当劳化与吉哈德化在地区层面的互动可能会产生独特的且整合了前者（如利用互联网吸引支持者）及后者（如利用传统思想和豪言壮语）要素的全球在地化的政治构造。

同质化/异质化的议题覆盖了全球化理论的一大部分，然而它们显然不是全球化理论的全部。我们接下来有关重要的全球化理论的讨论，当然会以不同的方式触及同质化/异质化的问题，但是也将侧重强调全球化理论的许多其他层面。这个部分的讨论将被划分为四个小节。首先，我们要了解本书曾经介绍过的一些重要的当代社会学理论家（吉登斯、贝克和鲍曼）如何看待全球化。然后，我们要转而研究本节之前提及的全球化理论中的三大类别：文化、经济和政治/制度全球化。

当代主要的全球化理论家

安东尼·吉登斯：全球化的"失控世界"

吉登斯（2000）对全球化的看法与他关于现代性大碾车的思考紧密相关，甚至有所重叠（参见第十一章）。吉登斯看到了全球化与风险，尤其是他所谓的人为风险（manufactured risk）上升之间的密切联系。绝大部分的全球化失控世界超出了人类的控制，但吉登斯从总体上来说并不悲观。他认为我们可以限制失控世界可能制造的问题，但不可能完全地控制它。他对民主抱有希望，尤其称赏欧盟等国际性和跨国性质的民主形式。

吉登斯是强调整个西方尤其是美国在全球化中重大作用的那一批学者中的一位。不过，他也意识到全球化是一个双向过程，美国和西方社会同样受到了全球化的巨大影响。不仅如此，吉登斯强调说由于西方以外的国家（如中国和印度）在全球化中发挥了越来越大的作用，全球化过程正变得越来越去中心化。他还意识到全球化在瓦解了地区文化的同时，也有助于它们的复兴。吉登斯提出了一个富有创新性的观点，即全球化"侧向挤压"（squeeze sideways）创造出了跨越国家边界的新区域。他认为位于西班牙北部并一直延伸到法国边境的巴塞罗那及其周边地区就可被看作一个范例。

[①] 巴伯有关麦当劳化的思想不限于政治领域。巴伯认为其他许多领域都遵从着麦当劳化的模式。

当下全球层面上的核心冲突之一是原教旨主义与世界主义之间的冲突。吉登斯最终看到了"全球世界性社会"的出现。它的主要对立势力——原教旨主义本身，同样也是全球化的产品。原教旨主义也需要利用全球化的力量（如大众媒体）以推动它的目标。原教旨主义有可能采取宗教、种族、民族主义、政治手段等形式，但不管它采取什么形式，吉登斯都认为原教旨主义存在一定的问题，这既是因为它与世界主义的分歧，更因为它与暴力的关联（参见下文对亨廷顿著作的讨论）。

乌尔里希·贝克：全球化政治和世界主义

通过讨论贝克（2000）关于全球主义（globalism）和全球性（globality）的区分，我们就可以抓住其全球化理论的本质。**全球主义**是指世界受经济支配而我们正在见证以资本主义世界市场霸权为基石的新自由主义意识形态的兴起。对贝克来说，这种观点意味着单因子的和线性的思考。生态、政治、文化和公民社会等全球化发展的多维角度，被错误地简化为单一的经济维度，而这一经济维度又被误解为以线性方式形成了对世界市场的越来越深的依赖。贝克用多维度、多向度的方式来审视世界。除此之外，他对与资本主义市场有关的问题非常敏锐，曾讨论过人们会为自由贸易设置各式各样的障碍，以及世界市场里不仅有赢家也有（许多）输家，等等。

贝克批判全球主义的视角，但他在**全球化**的思想中看到许多特性，封闭空间，尤其是与国家相关联的封闭空间在其中越来越被看作强烈的幻象。它们变得越来越不真实，原因正在于包含彼此交叉且相互损害民族—国家以及具有不同程度的实力、身份及其他要素的跨国行动者的全球化。这些跨国性进程不仅仅限于经济范畴，也涉及生态、文化、政治和公民社会。这一类跨国性进程穿透国家的边界，使得它们虽然不致落后于时代，却越来越容易被渗透。任何事物都不再只局限于一个区域。发生在地方上的一切，包括进步和灾难，都将影响整个世界。

跨国性进程已存在了相当长的时间，可是，全球化却是新生事物。这至少有三个原因：第一，全球化对地理空间的影响要比以往广袤得多；第二，它的长期影响更为稳定，是从一个时间点至另一个时间点的持续影响；第三，它的包括跨国关系、网络在内的各个要素具有相对高得多的密度。贝克还列举了一些全球化与跨国主义的早期表现相比的典型特征：

- 日常生活和跨越国境的互动受到深刻的影响。
- 大众媒体、消费和旅游等领域对于跨国主义存在自我知觉（self-perception）。
- 共同体、劳动和资本越来越不具有固定的位置。
- 人们越来越意识到全球生态危机的存在，以及这个问题必须采取行动来加以解决。
- 人们对于生活中的跨文化他者具有越来越多的感知。
- 全球文化工业在前所未有的水平上进行传播。

- 多边协议、行动者和机构的数量和力量都有所增长。

贝克因此修正了其理论中有关现代性的思想（参见第十一章），强调全球化以及它的不可扭转与他定义的"第二现代性"有所关联。总体来说，定义后者的是"第一现代性"的核心——国家实力及国境——的衰落。第一现代性的核心假设是（过去也是）我们生活在自我闭合的民族—国家里（贝克将其称为社会的"集装箱理论"而摒弃它）。因此，全球化以及第二现代性意味着去国家化，出现贝克所希望的跨国组织乃至跨国政府。

贝克绝大部分的近期研究，包括全球化思想，是与其**世界主义**的思想相联系的。世界主义用更具流动性的跨国的焦点取代基于在空间上被固定的国家的传统社会学焦点（Beck and Sznaider，2005）。一般来说，它具有超越针对思想及行为的地区限制的内涵。在全球化时代，人们不再被固着于某个既定的空间（如美国），而是"被嵌入不同的城市、地域、种族、阶层、民族、宗教等"（Beck and Sznaider，2005：159）。这意味着抛弃传统的非此即彼、基于国家的视角的思考，转向一个混合度更高、"此选项外加彼选项"的世界。显然，世界主义理论取向一定源自全球化，且与之有密切的关系。

贝克一直忙于三本著作的撰写以进一步发展有关全球化的思想，其中的第一本已被译成英文版，即《全球化时代的权力》（*Power in the Global Age*，Beck，2005）。在书中，贝克（2005b：xi—xii）继续采用了超越全球政治中民族与国际关系的世界主义取向，全球政治可以被看作"后果完全开放的元博弈（meta-game）。它是一场边界、基本原则和本质差别都可以再协商的博弈——协商的对象不仅包括存在于'民族'与'国际'之间的那些范畴，还包括存在于全球商务和国家、跨国公民社会运动、超国家组织以及中央政府与社会之间的范畴"。正是这一现实要求我们从想象中的国家主义转向世界主义视角，如此才能更好地理解和处理这一元博弈。

齐格蒙特·鲍曼：全球化给人类带来的后果

鲍曼（1998）认为全球化是一场"空间战争"。在他看来，在今天的世界，流动性是影响社会分层的最重要和最具区分作用的因素。因此，空间战争的胜利者必然具有流动性，能够自由地在全球范围以及为其自身创造意义的过程中移动。他们可以相对于空间自由地漂移，当不得不"着陆"于某处时，也可以将自己隔离在建有围墙和提供治安保障的空间里，与空间战争中的失败者保持距离。失败者不但缺乏流动性，而且被归入和限制在被剥夺了意义乃至提供意义的能力的地域。因此，当精英们为其享有流动性机会而陶醉时，其他的人很可能觉得被其所处的地域所束缚，几乎看不到流动的前景。不仅如此，后者还可能因为自身流动性的缺乏以及看到精英们可以随心所欲地自由流动而感到羞愧。结果是，地域成为空间战争中的失败者与胜利者在一场极不公平的争斗中相互对峙的战场。

与其说胜利者生活在空间里，不如说他们生活在时间中。即使不是在转瞬间，但他们毕竟可以快速地跨越每一个空间。相比之下，我们可以认为失败者是生活在空间中的。这个空间超出了失败者的控制，沉重而难于改变，对失败者来说是顽固不化而不可触摸的。空间将时间困住，使其停滞不前。这里颇为重要的一点是，要分辨出那些至少有一定流动性的人群。**旅行者**（tourist）是指那些能够按其意志移动的人。他们受到某些事情的吸引，发现它们不可抗拒而向其移动过去。**流浪者**（vagabond）则是指那些因为发现其所处环境在任何解释中都令人不可忍受且充满敌意而移动的人。我们为之欢呼的全球化的积极效果是针对旅行者而言的，而它不可避免的副效应是使许多人被转化为流浪者。绝大多数人位于两个极端之间。这些人既不能确知自己此刻身处何方，更不能确知明天是否还会停留在同一个地方。因此，全球化对我们大多数人来说意味着不安定。

旅行者看起来是全球化过程中的胜利者，但仍要面对一些问题。首先，他们因无法放慢脚步而感到负担沉重，始终处于高速移动的状态是不容易的。其次，流动性意味着一连串没有尽头的选择，每个选择都伴有一定程度的不确定性。第三，每个选择都伴随着一系列的风险和危机。无止境的流动性和持续选择最终即使不会变成负担，也会成为一种麻烦。

要强调的是，鲍曼在21世纪初完成的多部著作中都曾使用"流动性"的概念（如Bauman, 2005）。显然，全球正在成为一个以各种类型且难以计数的"流体"为特征的液态世界。这个世界持续地改变它的形式，不但变得越来越难以控制，而且人类越来越难以获得对它的稳固认知。流动性的思想对于全球化过程而言有着广泛的适用性。

在介绍过几位当代社会重要的社会学理论家的全球化理论之后，我们现在要转向全球化理论的主要类型，在这里将会涉及其他一些重要的社会思想家的理论。

文化理论

扬·尼德文·彼得斯（Jan Nederveen Pieterse, 2004）为文化领域全球化的理论化工作定义了三大范式，具体地说即世界各国文化是会永远保持差异、趋于聚合，还是会从全球与地方文化的独特结合中创造出新的"混合"形式。我们来看一下这三大范式及其理论典型。

文化差异论

接受该范式的学者认为在多个或两种文化之间存在着持续的差异，它们基本上不会被全球化或任何一种双边、交互、多边和跨文化的过程影响。这不等于说上述这些过程乃至全球化过程对文化全无影响，而是说，文化就其核心而言在很大程度上不受它们的影响。文化总是保持其一贯的模样。从这个视角来看，全球化只存在于文化的表层，而文化的深层结构则很少受到它的影响。这些学者认为各地文化在很大程度上与全球化乃至其他文化的影响相隔绝。在一种想象中，世界被具化为由基本上相互独立的多个文化构成的镶嵌画。另一种有关撞球的想象更让人感到压抑。撞球（代表文化）在与其他撞球（代表其他文化）碰上时不断被弹开。后一种想象之所以比前一种想象更危险，是因为它暗示在世界多种文化之间存在着危机乃至灾难性冲突的可能性。

文化差异范式有很长的一段历史，近年来由于两个系列事件吸引了越来越多的关注和追随者（以及批判者）。系列事件之一是2001年9月11日的恐怖袭击及之后美国针对阿富汗与伊拉克的战争。许多学者认为这些事件是西方文化与伊斯兰文化之间的冲突与永续的文化差异引发的后果。系列事件之二是在美国（主要是由于西班牙裔人口的增长）和西欧各国（主要是由于穆斯林人口的增长）不断发展的文化多元主义，以及多数族群与少数族群之间的巨大差异和敌意。

采用该理论范式且最著名、最有争议的著作可谓塞缪尔·亨廷顿（Samuel Huntington）的《文明的冲突与世界秩序的重建》（*Clash of Civilizations and the Remaking of World Order*，1996）。亨廷顿将当代世界格局的起源一直追溯到冷战的终结，以及从基于政治—经济基础的差异转向基于文化差异的世界的再分配。文化差异并不是新生事物，但它们在很大程度上被冷战时期压倒一切的政治—经济差异而掩盖（如在前南斯拉夫共和国境内塞尔维亚人与克罗地亚人之间的文化冲突，等等）。在过去二十年，我们看到古老的身份认同及敌对关系重新浮上了水面。亨廷顿用**文明**一词来描述最广义的文化与文化认同［事实上，他认为文明就是文化的"放大"（writ large）］。亨廷顿看到错误的分界在这些文明之间出现。鉴于这些文明之中至少有一部分在历史上存在相互的敌意，他认为这是一种高度危险的状况。

亨廷顿对多种世界文明进行了区分：中华文明、日本文明（有时与"中华文明"并称为"远东文明"）、印度文明、伊斯兰文明、东正教文明（以俄罗斯为中心）、西欧文明、北美文明（以及与之关系密切的澳大利亚与新西兰文明）、拉美文明以及非洲文明。他认为上述文明就基本的哲学假设、深层的价值观、社会关系、风俗以及整体的生活观而言存在巨大的差异。在亨廷顿看来，人类历史实质上就是文明的历史，尤其是上述文明的历史。这些文明共享以下的特征，在文明的本质这一论题上也有极大的一致性（虽然这些特征缺乏明确的源头，而且尽管文明是相当真实的存在，这些特征之间却不存在明显的分界）。文明：

- 存在于最持久的人类社团之中（虽然它们仍然会随时间而变化）。
- 是文化认同最为广义的层面［就其整体（entirety）而言不够人性化］。
- 是主观上的自我认同最广泛的源头。
- 通常会超越单一的国家（尽管文明不行使国家的职能）。
- 是一个整体（totality）。
- 与宗教和种族有紧密的关联。

亨廷顿用一种具有现代性的宏大叙事来阐述文明之间的关系。首先，在3000多年的历史长河中（大约从公元前1500年到公元1500年），各个文明在时间和空间上是普遍分离的。它们之间基本上不存在什么接触。当文明遭遇文明，它们只能在有限的基础上或间歇性地进行交流，因此它们的关系可能相当紧张。

第二个阶段，大致从1500年到第二次世界大战结束，以西方文明对其他文明持续的、压倒性的单向影响为特征。亨廷顿将这一影响归因于西方世界的各种结构性特征，诸如城市、商业和政府机构的兴起以及民族意识的形成。当然，影响最直接的要素仍是技术，尤其是在航海和军事领域。军事技术是指杰出的军事组织、学科建立与训练，当然还包括武器设计及生产。西方世界更擅长推行组织化的暴力，西方人有时会忘记这一点，而其他各国的人民并不会。截至1910年，恰在第一次世界大战爆发前夕，用亨廷顿的话说，这个世界以前所未有的密切程度，演变为一个世界、一种文明（即西方文明）。

第三阶段——多元文明系统——可以追溯到西方世界扩张的终结以及反抗的开始。从"一战"结束一直到1990年前后的这一时期以观念的碰撞为特征，其中尤以资本主义和共产主义两种意识形态的冲突为首；而当今世界的主要冲突则围绕着宗教、文化乃至文明而展开。西方继续占据支配地位，但亨廷顿预见到它的衰落。它的衰落是缓慢的，不会出现直线下降，西方世界的资源——人口、生产品和军事能力都将出现衰减（至少是相对地）。军事能力上的衰减缘于美军的衰落以及国防工业全球化等变化，后者意味着之前被西方垄断或主要由西方控制的武器现在在许多国家都能获得。其他类型的文明会逐步加强对西方文明的抵制，但是它们将拥抱和利用现代化的优越性，后者是能够也应该与西方文化相区别的。

在西方文明走向衰落时，另外两个极为重要的文明却在走向复兴。其一体现为亚洲各国尤其是中华文明的经济增长。亨廷顿预见到亚洲经济体的持续增长，它们将快速超越西方世界的经济体。除开这一事实本身的重要性，经济上的发展还会转化为东方世界持续增长的实力，西方世界将自身标准强加于东方的能力也将相应地下降。亨廷顿认为东方世界的经济崛起在很大程度上可以归因为文化领域的优越性，尤其是相对于在西方占主导地位之个体主义的集体主义。东亚地区各国共有的一些特性（如宗教，尤以儒家思想为最）对于东方世界的经济崛起同样是有帮助的。亚洲各经济体的成功不仅对于自身来说非常重要，还为其他非西方的社会树立了榜样。

以上是亨廷顿观点的第一部分，既不能说是惊世骇俗，原创性也并不高。毕竟，我们曾经见证过第二次世界大战之后日本经济的飞速崛起，而且正在见证中国和印度在经济上的巨大转型。就当下的经济趋势进行推测，很少有人会否定"中国在不久的将来会成为世界最大的经济体"。

相对有争议性的是亨廷顿的理论中与伊斯兰复兴有关的第二个部分。中华文明的崛起以经济发展为基础，而伊斯兰文明的成长则基于快速的人口增长及流动性。伊斯兰文明的发展几乎影响到每一个穆斯林社会，通常先从文化上，再转向社会经济等手段。伊斯兰文明的发展可以被视为全球宗教复兴的一部分。同时，它还可以被视作现代化的产物或试图应对现代化的一种努力。

亨廷顿不但指出了这种发展趋势，还亲自给西方文明与另外两大文明（尤其是伊斯兰文明）之间的关系埋下了悲惨的伏笔。资本主义和共产主义之间的冷战将被取代，新的冲突将在各个文明（尤其是西方文明、中华文明和伊斯兰文明）之间的"断层线"上出现。他预见到在西方（与亨廷顿所定义的"傲慢"）、伊斯兰（与它的"不宽容"）和中国（与它的"过分自信"）之间将爆发危险的冲突。其中大多数冲突都将以西方对自身的认知为中心，如西方拥有"普世文化"、它向世界上其他地区输出该种文化的愿望，以及与其自身意愿相背离的、日益衰落的实力。不仅如此，西方世界眼中的普世主义，会被世界其他各国（尤其是伊斯兰国家）看作帝国主义。具体地说，西方希望限制武器扩散，而其他文明却希望获得武器，特别是"大规模杀伤性武器"。西方寻求向世界上其他社会与文明输出甚至强迫其接受民主，后者却常常把民主看成西方普世文化的一部分而加以抵制。西方试图控制和限制移民（尤其是受伊斯兰文明影响的移民），即便许多来自其他文明地域的人已设法进入或希望进入西方社会。随着上述过程的加速，亨廷顿认为欧洲和美国内部都正在经历一场分裂。在美国，断层线不仅出现在西方人与穆斯林之间，更在盎格鲁裔与西班牙裔之间有所发展（Huntington，2004）。亨廷顿理论中与伊斯兰文明及穆斯林有关的论述为其招致了不计其数的批评和极大的敌意（Huntington，1996）。

亨廷顿关注西方（尤其是美国）的衰落。他认为包括美国在内的所有社会都受到了越来越强烈的多元文明或多元文化特性的威胁。对亨廷顿而言，美国的命运可以有效地等同于西方文明的命运。如果没有一个强有力及单一文明的美国，西方将是微不足道的。为了达致西方的存续和兴盛，美国必须做到以下两点：首先，它必须再次确认它是一个西方国家（而不是一个多元文明国家）。其次，它必须确认和反复重申自身的西方文明全球领袖地位。对于西方文明乃至一切文明的确认和接纳（对西方文明的重申意味着放弃普世主义），是防止各个文明之间爆发战争的最可靠的方式。亨廷顿认为真正的危险是西方世界和其他文明内部的多元文化主义。于是，亨廷顿最终将重点放在文化的连续性以及文明内部某些类似于文化纯洁性的因素上。对他来说，至少在某种理想的程度上，全球化应该是一个多种文明持续并存并且以大致平等的机会获得发展的过程。它意味着全球化时代对文明（也即文化）重要性的再确认。

文化趋同论

差异论范式的基本假设是不同文化与文明之间存在永恒的差异，它既可以被认为是全球化的结果，也可以说并不受全球化的影响。相较而言，文化趋同范式的基本观点是全球化导致了趋同在世界范围内的增长。亨廷顿等思想家强调文化与文明在全球化过程中的延续性，而支持趋同视角的学者看到的却是全球化过程中文化的改变，有时甚至是相当剧烈的改变。后者认为至少在一定程度上和以某种方式，世界文化正在变得越来越趋同。我们可以看到一种以世界上统治集团与主流社会为方向的全球同化趋势。从这一视角切入的学者所关注的是"文化帝国主义"、全球资本主义、西方化、美国化、"麦当劳化"和"世界文化"等现象（Boli and Lechner, 2005）。它的极端表现是全球化演变成西方化、美国化（DeGrazia, 2005; Marling, 2006）和更加深化的麦当劳化。

接下来我要讨论与我个人对文化趋同的研究有着密切关系的两个版本。不过，我有必要先做一下提醒和澄清。我的理论研究虽然关注文化趋同性，但我并**不**认为它是全球化过程中发生的一切，也不认为区域文化将要彻底消失或必然要发生一些根本性的改变。相反，我的看法是确实存在将相同或相似的现象传递至世界各地的全球化过程（如世界120多个国家里的麦当劳餐厅），在这个意义上文化趋同不可否认。可是，与全球化现象相伴而来的，不乏一些富有生气和相当重要的区域现象（如区域性的露天食品市场或手工集市）。不仅如此，上述全球化现象的出现很可能刺激了区域现象的复兴和发展。以上两个要点当然具有一定的价值，然而我们在接受它们的同时不能忽视另外一个事实，那就是有一些或说大量的文化趋同现象确实正在发生（沃尔玛在墨西哥等国的扩张是另一个实证）。

"麦当劳化"

麦当劳化（McDonaldization）的观点（Ritzer, 2004a, 2006）是以马克斯·韦伯关于西方理性化的思想为基础的（参见第一章），然而它采用了一种不尽相同的模式。韦伯侧重于科层制，而我则主要关注快餐店。麦当劳化的观点将理性化理论带入了21世纪，毕竟理性化的发展已经远远超出韦伯当年的想象，它将触角延伸至社会的更多领域、世界的更多地区。这一部分内容最关注的是——正如我们所见，麦当劳化是全球化过程（尤其是日益增多的文化同质化）的推动力。

麦当劳化 它是指快餐店的指导原则在逐渐统治美国乃至世界其他各国的越来越多的社会领域的过程。我们或许可以通过五个基本维度来描述麦当劳化过程的本质：高效率、可计算性、可预测性、通过技术替代人工以实现控制，以及理性之非理性化的悖论。

效率 麦当劳化的社会强调**效率**（efficiency），总是试图发现最高效的方式以实现所追求的任何目标。快餐店的工人们显然需要高效率地工作。例如，汉堡包是被组装起来的，这个过程甚至借助了装配流水线的模式。顾客希望且被假定需要高效地获得和消费食物。不下车外卖窗口就是顾客获取和店员配给食物的一种便捷方式。总之，快餐店各种各样的规范、规章、纪律、流程和架构是全面就位的，就为了保证员工和顾客都能以高效的方式行动。而且，其中一方的高效率有助于促使另一方以类似的方式行动。

可计算性 快餐店特别强调**可计算性**（calculability），并时常不惜以损害质量为代价而强调数量。快餐店雇员在各个环节的工作表现都要计时。从雇员的视角来看，对速度的强调往往对工作品质产生坏的影响，结果是不满、异化和高周转率。同理，顾客也被预期尽可能少地在快餐店里停留。不下车外卖窗口将顾客的停留时间减少到零，而即便顾客希望在餐馆里就餐，座椅的设计也可能驱使他们在大概20分钟之后离开。对速度的强调显然会给快餐店的就餐体验带来不利影响。可以认为，强调尽可能快地完成工作，从字面上来说，就意味着顾客不可能获得那种需要大量时间准备的、高品质的食物。

可预测性 麦当劳化强调**可预测性**，因此产品、环境、雇员及消费者行为等要素是不随地点及时间变化而改变的。雇员被要求以可预测的方式来完成工作，顾客则被认为将以类似的可预测行为进行回应。顾客进店后，雇员按照脚本询问他们需要购买什么。顾客们被认为是了解其自身需要或者知道在哪里去寻找他们所需要的产品的，而且将迅速地点餐、付钱和离开。雇员（遵照另一脚本）在顾客离店时表示感谢。一套高度可预测的仪式在快餐店上演——这里还包含几乎不随时空变化的、高度可预测的食品。

受技术手段控制 麦当劳化的系统中存在高度的控制。控制主要来自技术。这些技术现在能够控制雇员，而最终它们将替代雇员。雇员们显然受到炸薯条机等技术产品的控制，该机器在薯条炸好后会响铃，甚至可以自动把薯条从热油里捞出来。从顾客的角度来说，他们既受到雇员的控制（雇员受技术的控制），又受到技术本身更为直接的控制。自动炸薯条机器使得顾客获得一份炸得刚刚好的、金黄色的薯条成为不可能满足的请求。

理性之非理性化 雇员和顾客都受到麦当劳化过程中看似不可避免的理性之非理性化的影响。悖论的是，理性看起来常常导致它的反面——非理性。例如，快餐店的高效率经常由于人们在柜台前或汽车在外卖窗口前大排长龙而被抵消。我们还可以看到许多其他的非理性，非人性化是最终极的非理性。雇员被迫从事非人性化的工作，顾客不得不在非人性化的环境中就餐。对于雇员和顾客来说，快餐店都是人格退化的一个源头。

麦当劳化、扩张主义和全球化

麦当劳在世界舞台上取得了极为轰动的成功。过半的麦当劳餐馆设立在美国境外（20世纪80年代中期，只有25%的麦当劳快餐店开在美国之外）。在每年新开的麦当劳店中，绝大部分是在海外开张的。麦当劳一多半的利润来自海外经营。高度麦当劳化的星巴克也成为一支越来越重要的全球化力量，在拉美、欧洲（尤其在伦敦）、中东及环太平洋地区随处可见。

快餐业之外的许多高度麦当劳化的公司也取得了全球性的成功。除了在美国拥有成千上万家门店，影片租赁连锁公司百视达（Block-buster）现在在美国以外的28个国家里拥有超过2000家连锁门店。沃尔玛1991年在墨西哥开设第一家海外分店，现在其海外门店已多达上千家（它在美国的门店超过3000家，其中包括购物中心与山姆俱乐部）。

全球化的另一个标志是其他国家纷纷发展出麦当劳化这一美国产物的变体。加拿大有提姆荷顿（Tim Hortons）连锁咖啡店（几年前与温迪咖啡合并），它设有2200家门店（美国有160家）。读者或许会认为巴黎这座热爱美食的城市对快餐是免疫的，然而它却拥有大量售卖牛角面包的快餐店，法式面包亦被麦当劳化了。印度有售卖羊肉汉堡（大约80%的印度人是不吃牛肉的印度教徒）和印度风味食品的快餐连锁店尼如拉（Nirula）。摩斯（Mos）汉堡是一个拥有超过1500家餐馆的日本连锁店，除了常见的餐点，它还销售照烧鸡肉汉堡、寿司和搭配红米糕的年糕汤。俄罗斯的连锁店鲁斯科耶餐馆（Russkoye Bistro）售卖传统的俄国食品，比如酥饼（夹肉和蔬菜的派）、薄饼（扁平的煎饼）、哥萨克杏酱塔等，当然还有伏特加。在最不可能出现本土快餐连锁品牌的、饱受战争摧毁的黎巴嫩首都贝鲁特，1984年出现了桔希（Juicy）汉堡连锁，它以彩虹标识代替金拱门，门口站着与麦当劳大叔相类似的 J. B. 小丑。它的经营者希望它可以成为阿拉伯世界的麦当劳公司。在2003年伊拉克战争之后，大量麦当劳快餐的克隆体迅速在当地出现。

现在，麦当劳化兜了一个大圈。建立了本土麦当劳化机制的国家开始把它们的文化输出到美国。美体商店（Body Shop）是一家提倡环保概念的英国化妆品连锁店，2003年在50多个国家设立了1900多家门店，其中有300家设在美国。更有甚者，有一些美国企业现在在模仿这家英国连锁公司，如BBW美体产品连锁店。专做炸鸡的危地马拉连锁店咔贝乐连锁餐厅，现在已经扩展至6个国家，并且正在迅速占领美国市场。

麦当劳快餐作为麦当劳化的典型范例，逐渐在全世界占据核心的地位。当麦当劳快餐在莫斯科开业时，它被描述为美国的终极标志。而1990年，当必胜客开始在莫斯科营业时，顾客只把它看成美国的缩影。在回顾快餐文化在巴西的发展时，必胜客巴西店的一位经理认为这个国家对美国化的事物抱有极大的热情。

"虚无的全球化"

"虚无的全球化"（globalization of nothing）（Ritzer，2004b），如同麦当劳化一样暗示着同质化的增长，因为越来越多的国家出现了大量的形形色色的虚无。请注意我并不是说全球化是虚无的。事实上，全球化过程具有巨大的意义。我的观点是在全球化和虚无之间存在**选择性亲和**（该术语来自韦伯的思想）：二者没有因果关系，但总是倾向于同时发生变化。

这里最重要的概念是**增长全球化**（grobalization，与"全球在地化"的概念相联系），它是指国家、公司、组织的帝国主义雄心以及它们将自身的影响力强加给不同地域的渴望（事实上也是需要）（参见 J. M. Ryan，2007）。这些实体的主要兴趣在于看到其权力、影响以及利润的全球**增长**（这便是增长全球化一词的由来）。增长全球化包括形形色色的子过程。其中三个子过程——资本主义、美国化和麦当劳化——既是全球化的核心驱动力，同时也在虚无感全球扩散的过程中具有重要意义。

通过虚无这个概念，我想传达的是（主要是）空洞的形式，即在很大程度上缺乏独特内容的形式。[相反，**实在**（something）定义的是（在很大程度上）充实的形式，即富有独特内容的形式。]向全球输出空洞的形式（虚无）要比输出承载内容的形式（实在）更容易。后者很可能会被某些文化和社会拒绝，因为它的内容会因与地域性的内容有差异而发生冲突。相比之下，空洞的形式基本上不具有独特的内容，因此不太可能与地方文化形成冲突。而且，从全球化的视野来看，空洞的形式还有其他优势。例如，它们由于极端简化而更容易被反复复制，而由于复制起来相对廉价，还存在成本上的优势。大型购物中心即虚无的典型，如米尔斯集团（包括波托马克·米尔斯、索格拉斯·米尔斯旗下任意一所购物中心）。它（在很大程度上）是一个空洞的结构，很容易在全世界被复制。这些购物中心**可以**用无穷无尽的独特内容组合（如地域性商店、地域性食品等——所谓实在！）来填充，这些实在会因场所的不同而出现巨大的变化。这些购物中心将越来越被充斥着各种类型的……虚无的连锁店所填充。鉴于越来越多的国家开始兴建大型购物中心，这正是一个虚无的增长全球化以及全球同质化日益泛滥的例子。

虚无有四种亚型，它们基本上都缺乏独特的内容并且正在被全球化：（1）"虚无地"（nonplace），即基本上没有内容的环境（如前面讨论的购物中心）；（2）"虚无物"（nothings），即信用卡一类的事物，这类事物与其成千上万的复制品毫无差别，并以同样的方式为世界上任何地点的任何一位使用者服务；（3）"虚无人"（nonpeople），即与"虚无地"有关联的雇员，如电话营销人员，他们几乎存在于世界的任何一个角落，以大致相同的方式与每一位顾客建立联系，且严重地依赖于脚本；以及（4）"虚无服务"（nonservices），如由ATM机提供的、原本属于人类出纳员的服务（所提供的服务是完全相同的，顾客要获得服务必须要完成每一项必需的工作）。虚无地、虚无物、虚无人以及虚无服务的全球扩散是同质化不断增长的另一个迹象。

文化混杂论

第三种范式认为文化的混合是全球化及生产的结果，脱胎于全球与地区的整合以及不能被化约为地区或全球文化的多个新鲜且独特的混血文化。从这个视角出发，麦当劳化和虚无的增长全球化正在形成，但它们只是流于表面的变化。更为重要的变化是，这两种全球化以及其他全球化过程与形形色色的地区现实相整合，从而制造出代表着持续异质化而非同质化的、新鲜且独特的混杂形式。混杂论是指一类非常积极、颇有些罗曼蒂克的全球化观点，它认为全球化是一个影响深远的创造过程，在类型不同的场所孕育新的文化现实以及维持（甚至扩大）异质化。

全球在地化的概念抓住了文化混杂论以及众多对全球化有兴趣的当代理论家正在思考的跨国进程的核心。**全球在地化**可以被定义为全球和地区间的相互渗透在不同的地域产生的独特结果。如果说增长全球化如上所述倾向于与虚无的扩张相联系，那么全球在地化则更多地与实在相关联，并因此至少在一定程度上（和"地域"一起）与虚无的扩散产生对立。罗兰·罗伯森（Roland Robertson，2001；也请参见M. Smith，2007）对接受全球在地化视角的学者们的基本观点，做出了如下归纳：

- 世界越来越多元化。全球在地化理论尤其提请大家注意世界各地区之间和地区内部的差异。
- 个体和地方群体在一个全球在地化的世界中有巨大的力量进行改造、创新和调动。全球在地化理论把地区性的个体和群体看成重要且有创造性的能动者。
- 社会过程是相互关联且具有偶变性的。增长全球化激发了各种反应——从民族主义者的防卫到拥抱大都市区——这些反应又反馈回来改变了增长全球化，并制造出全球在地化。
- 商品和媒体不被认为具有（整体上的）强制性，它们为世界上所有全球在地化地区内的个体及群体创造提供可利用的素材。

强调全球在地化现象的学者倾向于认为它是抵御虚无增长全球化的力量。事实上，他们认为它导致了极为广泛的、有关实在且新鲜的"全球在地化"形式的创造。相较而言，强调增长全球化的学者则认为增长全球化为虚无的世界性扩张做出了有力的贡献。

将某些联系密切的术语（及相应案例）放在一起讨论，有助于我们更好地理解全球在地化以及内涵更丰富的文化混杂论（Canclini，1995；Pieterse，2004）。**混杂论**强调差异的不断增长，该差异与全球和地方的独特混合有关联。混杂化与增长全球化所导致的一致性（uniformity）是对立的。文化混杂是指不同文化或地域中两个以上的要素的组合。混杂化（异质化、全球在地化）的案例包括乌干达游客在阿姆斯特丹观看两位摩洛哥女性进行泰拳比赛，阿根廷人在伦敦市某个沙特阿拉伯人所开的酒吧里观看拉美乐队表演的亚洲饶舌节目，以及美国人吃由爱尔兰百吉饼、中国炸玉米饼和犹太披萨制成的拼盘，等等。显然，我们可以列出长长一列这样的文化混合，而且随着混杂过程的发展，这个名单还会迅速地增长。与之对立的自然是如下的一致经验，如在美国吃汉堡包、在法国吃乳蛋饼、在日本吃寿司。

克里奥化（creolization）是一个与全球在地化有密切关联的概念（Hannerz，1987）。**克里奥**（creole）这个词通常是指长相有混血特征的人，但也被延伸用于指称语言及文化的克里奥化，指多种过去彼此不相熟习的语言及文化的组合。

对于全球在地化、混杂化、克里奥化的了解——应该可以帮助读者更好地理解我们在这里讨论的"文化混杂论"。

阿帕杜莱的"图景"

在《消散的现代性：全球化的文化维度》（*Modernity at Large: Cultural Dimensions of Globalization*，1996）一书中，阿尔君·阿帕杜莱（Arjun Appadurai）侧重谈到全球

文化流动及其中的分裂。这些现象有助于在世界各地生产出独特的文化现实，创造出更多的文化混杂产物。

阿帕杜莱讨论了五种全球流动：族群景观（ethnoscapes）、媒体景观（mediascapes）、技术景观（technoscapes）、金融景观（financescapes）以及意识形态景观（ideoscapes）。后缀"景观"（-scape）的使用使得阿帕杜莱能够表达这样一种观点，即这些过程是流动的、不规则的，具有变化的形态。因此，他的看法与全球异质化的观点是相一致的，而与全球同质化的思想不尽相同。世界上存在大量类似景观，以及它们在一定程度上彼此独立运转、甚至也可能相互冲突的事实也使得这种理论视角与某些强调文化多样性及异质性的视角相一致。不仅如此，形形色色的能动者，从个人、面对面的群体、地方群体、跨国集团直到民族国家，对这些景观有各不相同的阐释。个体与群体最终是基于自身对这些景观的主观阐释来应对它们的。换句话说，景观是想象的世界，进行想象的主体是控制景观和生活在景观内部以及穿越景观的人。权力当然归于控制者及其想象，但是这一理论视角赋予那些仅仅居住或穿越景观的人们以再定义和颠覆的权力。

阿帕杜莱思想的核心就是我们前面提到的五种景观：

1. **族群景观** 包括流动的群体和在一个人们参与得更为深入、不断变化的世界里发挥重要作用的一些个体（游客、难民、外来工）。它包括现实中的流动以及有关流动的想象。在一个持续变化的世界里，人们不能承担让想象停留太久的后果，必须保持这些幻象的活跃。

2. **技术景观** 是由高级与低级技术、机械与信息技术以及广义上的材料（如下载文件、电子邮件）构成的、持续流动的全球配置，广义上的材料现在可以自由并迅速地在全球流动，并且（或至少人们认为）跨越这类运动过去一度不能渗透的边界。

3. **金融景观** 是指巨量资金通过商品投机、外汇市场、国内证券交易等方式在国家之间乃至全世界流动的过程。

4. **媒体景观** 是指在全球范围内生产和发布信息的电子化能力，以及媒介创造和传播的世界影像。媒体景观还包括网络"博客"写手、全球电影制造商和发行商、电视台（如著名的美国有线电视新闻网和卡塔尔半岛电视台）以及报刊杂志。

5. **意识形态景观** 如同媒体景观一样，是指成系列的影像。但是，意识形态景观在很大程度上受限于国家制造的以及与相应的意识形态保持一致的政治影像。意识形态景观也有可能受限于试图挤掉当权者或至少获取部分权力的社会运动制造出来的影像以及敌对的意识形态。

阿帕杜莱的景观思想里有三点尤其值得我们注意。第一，它们可以被看作在一定程度上或完全独立于任何特定民族国家的全球化过程。第二，全球流动不仅仅出现在景观之中，而且越来越多地出现在景观之间的**断裂**（disjunctures）中。下面举个例子来说明这种断裂，日本人在思想（意识形态景观、媒体景观）上是开放的，但素以拒绝移民（至少可算作族群景观之一）著称。一般来说，某些景观的自由流动与另一些景观的封锁是冲突的。这个领域的研究必须注意到这类断裂以及它们对于全球化的意义。第三，上述五种景观及其断裂将会对世界各地产生不同的影响，导致文化之间的重大差异。关注景观及其断裂为全球化研究指明了一系列独特的方向。总之，关注景观符合以下这样一种思想，即全球化是一个异质化多于同质化的过程，也是一个全球在地化多于增长全球化的过程。

经济理论

论述全球化经济层面的理论有很多。单就社会学领域而言，其中最重要的理论视角应该是与马克思主义有关的那些视角。它们在本质上属于西方新马克思主义阵营。我们在本节会讨论其中两个重要的理论取向。

跨国资本主义

莱斯利·斯克莱尔（Leslie Sklair, 2002）区分出两个全球化系统。其一是全球化的资本主义系统，它是当前主要的系统。其二是社会主义系统，它尚未出现，却已为当下的反全球化运动（尤其是呼吁为世界人民争取更多人权的运动）所预示。当前全球化系统的问题，尤其是阶级极化和由资本主义全球化造成的日渐严重的生态危机，为反全球化运动的出现提供了可能性。

民族国家的重要地位虽然没有改变，但斯克莱尔更加关注可以突破边界（包括由政府建立的）的跨国实践，这意味着领土边界在资本主义全球化的过程中变得越来越不重要。作为马克思主义者，斯克莱尔认为经济性的跨国实践具有首要地位，而正是在这一背景下，**跨国公司**（其理论分析的核心之一）占据了主导地位。斯克莱尔对于跨国公司的强调基于以下这种思考，即资本主义不再是国际体系（因为民族国家的重要性逐渐下降），而逐渐演变成一个与任何特定的地域及国家都不再挂钩的全球化系统。

第二类极为重要的跨国实践是政治性的，**跨国资产阶级**（transnational capitalist class）在其中居于主导地位。但是，这个阶级并非由马克思主义传统意义上的资本家所构成，也就是说，跨国资产阶级不必然占有生产资料。斯克莱尔区分了跨国资产阶级的四个"面向"：（1）**公司面向**（corporate fraction），由跨国公司及其地方机构的执行官组成；（2）**国家面向**（state fraction），由处于全球化之中的国家级别和州级别的官僚与政客组成；（3）**技术面向**（technical fraction），由从事全球化的专业人员组成；以及（4）**消费主义面向**（consumerist fraction），包括商人和媒体从业人员。这一群体显然不同于马克思思想中的资本家阶层。

跨国资产阶级不是传统意义上的资本家，在若干个方面都呈现出跨国特征。首先，它的"成员"往往共享全球（及地方）利益。其次，他们试图实施多种类型的跨国控制，在工厂实施经济控制，对国内及国际政府实施政治控制，还对跨境活动实施文化—意识形态控制。第三，他们在众多的议题上都倾向于采用全球而非地方的视角。第四，他们来自不同国家，却越来越将自己视为世界公民，而不仅仅隶属于其出生地。最后，不论在任何时空之中，他们的生活方式都极为相似，这尤其体现在他们所消费的商品和服务上。

第三类跨国实践是文化—意识形态性质的，在这一领域，斯克莱尔认为资本主义全球化过程中的**消费的文化—意识形态**（culture-ideology of consumption）最为重要。他的关注点虽然在文化与意识形态方面，但通过向一般经济理论方法（尤其是马克思主义理论）传统上对生产（以及跨国公司）的关注加入对于消费的分析，斯克莱尔对于消费的侧重最终将经济领域也包含在内。在这一领域，资本主义向世界各地的人民施加意识形态控制的能力迅速增长，这主要是通过更深入精巧的广告和媒体以及藉由它们推销的名目繁多、迷惑人心的商品而实现的。总而言之，这一类实践致力于制造一种使跨国公司、广告与传媒集团获益的全球消费情绪，广告与传媒集团是跨国公司中的典范并且从后者身上获取利益。

最后，斯克莱尔分析了跨国实践与支配这类实践的机制之间的关系，指出跨国公司利用跨国资产阶级发展和固化消费主义文化及意识形态，后者对于满足资本主义生产系统的需求来说越来越具有必要性。事实上，正是二者之间的关系在定义今天的全球资本主义，它是现代世界不断变易的最重要的驱动力。

斯克莱尔作为一名马克思主义者，不仅对批判性地分析资本主义全球化感兴趣，而且有志于找出它的替代品，以防止该机制的滥用。他在一些认为本国受到跨国集团剥削的国家保护主义中看到了希望。同样给他带来希望的现象还包括以可持续之环境为诉求的绿色运动以及近年来不断繁衍壮大的各类反全球化群体等新型社会运动的兴起。他对众多形式的人权运动尤其感兴趣，认为其中孕育着替代资本主义全球化的星星之火——社会主义全球化的萌芽。斯克莱尔预言，鉴于上述乃至更多的社会运动对为跨国公司所占用的全球化模式发起越来越强的抵抗，它们将在21世纪取得巨大的发展。事实上，借助马克思的辩证思维方法，斯克莱尔发现资本主义全球化在走向成功的同时播下了自我毁灭的种子，它在扩张时倾向于向其对抗者提供资源（源自跨国资本主义的经济成功）、组织形式（复制全球化资本主义中成功的组织模式），以及至关重要的一项——目标的清晰度。跨国公司在不断走向成功的同时，它的弊端变得越来越显著，因而将它从全球系统的核心参与者的地位挤走的需求也将逐渐强化。

帝国

提到西方新马克思主义全球化思想中最重要也受到最广泛争议的理论方法，就不得不提迈克尔·哈特（Michael Hardt）和安东尼奥·奈格里（Antonio Negri）的《帝国》（*Empire*, 2000）和《大众》（*Multitude*, 2004）。哈特和奈格里对于后现代社会理论虽然有所保留，却对全球经济的后现代化做出了分析。他们将现代性与**帝国主义**相联系，后者的本质特征是由某个或多个核心国家控制和剥削全球大多数地区，在经济领域尤其如此。在向后现代理论转移时，哈特和奈格里将帝国主义"去中心化"，将帝国定义为一种后现代事实，支配虽然继续存在，却不再有某个居于中心的国家（或任何实体）。换句话说，**现代**主权国家可以被追溯到某个**地点**，但是就帝国的**后现代形式**而言，主权的存在与地点无关。帝国没有中心。它是去地域化的，只存在于思想的国度（媒体的作用尤为重要）。因此，帝国的景象处处皆是，它无所不在。

帝国尚未充分形成，当下它正处在形成的过程中，但是我们能体察到它的特征。帝国用单一的统治逻辑统治世界，但它的中心并不存在单一的权力。在帝国内部，权力不是发自一极，而是广泛地分布于社会和整个世界。美国看上去执掌着世界霸权，但它并不是上述意义上的帝国，更不处于哈特和奈格里所谓帝国的核心。美国的主权确实构成通向帝国的一种重要的先导力量，而且美国仍将在世界上持续据有优势。但总体来说，它正处于被帝国替代的过程之中。

帝国不具有（或今后将不具备）地理或地域的边界。我们可以说它在寻求（尽管未能成功）搁置历史和永续生存。我们还可以认为它在试图向下扩展至社会世界深处时缺少一个更低的边界。这意味着它不仅试图控制社会世界的基础（如思想、行为、互动、群体），还想更进一步地利用生物动力来控制人类本质以及种群——**同时**控制人类的大脑及身体。在某种意义上，帝国远比帝国主义更有野心，因为它试图在生命最基本的层次上控制生命的全部。

帝国的全球权力的关键在于这样一个事实，即它是（或试图成为）一种新的裁判权。它建立在秩序、规范、伦理真理和何为正确的通行概念等构造之上。这种裁判的形成是帝国的权力之源。因此，以何为"正确"的名义，它可以对世界上的任何地区进行干预，以解决它所谓的人道主义问题，保证世界协调一致，将和平强加给对和平不抱期望或不愿将帝国目标视为和平的人。更确切地说，它可以以裁判形成物的名义发动"正义战争"，前者将后者合法化。战争成为一项神圣事业，敌人是被裁判形成物视为世界伦理秩序之威胁的任何人与事物。这样一来，发动正义战争的权力不再具有边界，而是覆盖了整个文明空间。发动正义战争的权力在时间上也是无边界的，是永续存在的。在一场正义战争中，有道德基础的军事行动具有合法性，其目标是获取冀望中的秩序与和平。所以说，帝国的基础不在于武力本身，而在于为增长正义而投注武力的能力（它的先例参见美国两次入侵伊拉克以及在阿富汗的作战）。

帝国以三大任务为基础。首先，它试图整合它能够整合的一切。它看起来气度宏大，在形式上也是自由的。但是，在整合的过程中，它制造了一个清除了差异、抵抗和冲突的无摩擦世界。其次，帝国区分和确认既存的差异。具有个性的事物是文化之幸，但在裁判中它们却被抛在一边。第三，一旦这些差异各就其位，帝国就试图实现层级化，并对层级及内嵌在其中的差异进行管理。层级化与管理是帝国真正的权力。

可见，帝国的理念是用后现代的马克思主义视角分析全球化以及全球权力。实施权力的不再是资本家或资本主义国家，而是更加模糊不清的帝国。如果帝国内部不再有资本主义，那么无产阶级是否存在呢？对哈特和奈格里来说，无产阶级的时代已经过去。可是，如果无产阶级不再作为帝国的反抗者而存在，那么反抗力量又从何而来？从马克思主义的视角出发，哈特和奈格里必须发现某种反抗力量。在这一点上，他们没有让我们失望，发现了"大众"（multitude）这一反抗群体。这个术语的选择非常有趣。首先，它比"无产阶级"更一般化，也更抽象，使我们摆脱了具有局限性的经济视角。其次，它清晰地表明帝国有很多反对者（至少是潜在的）。相较于大众，帝国的控制者只是一个规模很小的少数群体。

哈特和奈格里的**大众**是指以各种方式维持帝国存在的世界各地人民的集合，包括但**不**限于其中的劳动者（他们是帝国真实的生产力）。大众对帝国的维持还包括接受消费的文化—意识形态，以及更重要的在现实中消费帝国的供应物等形式。正如资本主义及它与无产阶级的关系一样，帝国寄生于大众以及它的创造力和生产力之上。大众如同马克思理论中的无产阶级（在帝国理论中已完全消失）一样，是帝国的创新之源。大众也像无产阶级一样，能够通过自发建立所谓的反帝国（couter-empire）而推翻帝国。反帝国，与帝国一样，是（或将会成为）一种自全球流动和交换中被创造出来并融入其中的全球化现象。全球化导致去领土化（大众本身是去领土化过程中的一种力量，并且也被去领土化了），而去领土化是大众实现全球解放的必要前提。伴随着去领土化的过程，正如马克思所预言的那样，社会革命或许有史以来第一次在全球层面发生。

无论是现代资本主义的帝国主义还是后现代的帝国，哈特和奈格里显然对全球化持有批判的态度，但是他们也在全球化中看到了乌托邦的可能性。因此，全球化本身**并不是**问题，问题在于帝国主义或帝国曾经采取或正在采取的形式。乌托邦的可能性总是存在的，但一度被现代主权的权力机器通过意识形态控制或军事力量扼杀了。帝国现在取得了或说很快就会取得统治地位，但是它压制乌托邦之潜力的欲望为大众表达和展示该潜力的需求所抵消。归根结底，全球化过程中存在实现全球自由与公平的可能性。不仅如此，全球化还可以阻止我们再退回到在人类历史上留有鲜明印迹的排他主义和孤立主义。当然，这些过程有可能阻碍大众所期盼的全球变革。不过，从积极的一面看，随着全球化的推进，它会越来越将我们推到创立反帝国的道路上。对全球的关注将哈特和奈格里与其他的后现代主义者以及后马克思主义者区分开来，因为后二者通常更为关注地区问题以及各地蕴藏的潜力。相形之下，在哈特和奈格里看来，关注地区性将会模糊以下事实，即人类重大问题及其解放的源头就全球层面而言是存在于帝国之中的。

虽然哈特和奈格里预见到反帝国的出现，但他们却未能提供反帝国的践行方法以及反帝国大致的建构蓝图。反帝国将会在现实的实践，尤其是大众实践中出现；反帝国必须是全球性的，必须无所不在，同时必须与帝国相对抗。鉴于帝国正逐步丧失对大众的控制，实现反帝国的可能性越来越大。帝国在此时必须加强控制（如通过警察部队），而这有助于对大众的动员，使得反帝国的出现更具可能。作为后现代主义者，哈特和奈格里拒绝接受马克思理论所建构的能动者，尤其是被置于该理论核心位置的、越来越意识到自己遭受资产阶级剥削的无产阶级革命能动者。相反，两位学者关注大众发起的、非能动（nonagential）的集体行动，如逃亡、移民和流浪。为了与理论的后现代倾向及对身体的关注保持一致，哈特和奈格里十分鼓励一种新的"野蛮"行为，包括当下出现在性别、两性和审美变化中的那些新的身体形态（如文身和人体穿孔）。这类身体表现有更少的可能屈服于外部控制，同时更可能创造新的生活，即反帝国的基础。也就是说，革命的力量不再取决于有意识的能动者，而在于崭新的肉体与身体形式。

尽管哈特和奈格里延续了马克思主义对于经济领域的研究兴趣，但是他们确实看到一个生产和工作的新世界，非物质性的、知识型的和交流型的劳动在其中越来越处于核心。对于从事这类工作个体的控制——这类工作成为大众的关键要素，并在其中占据了越来越高的比例——变得越来越重要。大众之中的个体虽然会被全球化的沟通和意识形态（尤其通过媒体）所控制，但是大众的革命潜能也恰恰要通过沟通和意识形态才能够得以表达。交流的关键特征在于它可以轻易而有效地环绕全球流动。帝国由此得以更容易地实施控制，组织全球生产，为其自身及固着在这一沟通中的各种行为做出辩护。当然，与此同时，沟通也恰好就是大众最终赖以建立反帝国的机制。

政治理论

自由主义理论是政治理论领域中极为重要的一支，发源于约翰·洛克、亚当·斯密以及其他一些学者的古典著作（MacPherson，1962）。新自由主义思想（J. Campbell and Pederson，2001；D. Harvey，2005），又称为"华盛顿共识"（Williamson，1990，1997）在当下的政治理论领域更是占有举足轻重的地位。自由主义理论演化出种种形式，但是它的所有理论形式都为同一种理念所支撑，即自由市场极为重要，人们应该让市场免于民族国家及其他政治实体的干预。它相信从"长期"来看，市场（尤其是资本市场）的自由运作可以使每一个人受益。自由主义在国际关系、政治学和商业领域大行其道。自由主义为许多政治家（尤以美国政治家为最，这就是"华盛顿共识"的由来）所接受，并且为托马斯·弗里德曼等颇具影响力的作者大力宣扬（Antonio，2007a）。

另外一种政治理论采取了在同类场所中颇为流行的"现实主义"视角，认为全球化是民族国家之间**力量关系**的产物（Scholte，2005；Spegle，1996）。也就是说，国家不遗余力地在全球舞台上（以及在其边界内部）追逐自身利益，并利用其力量发展自身利益。美国被视为其自身力量在世界舞台上的主要实施者（及滥用者）。例如，伊拉克战争（始于2003年）被看作美国全球力量（尤其是军事力量）的一次演习。美国实施这一力量以获得它自己的利益。从积极的角度来说，它是在保护自身福祉不受大规模杀伤性武器的威胁（但最终未能在伊拉克发现这类武器），而从消极的角度来说，这只是保护和扩张自身利益的借口，是为了保护中东地区重要的石油供给以维护其经济利益。[①]

此外，以更广阔的视角解读民族国家之间关系的国际关系理论领域也产生了许多理论类型（如现实主义理论）（Smouts，2001）。这一类理论的影响力近年来逐渐衰落，这主要是因为它们所关注的是民族国家的关系（鉴于它们所处的领域的性质）。它们很少关注独立于民族国家的、覆盖面极其广泛的那些跨国进程，但是这些进程现在占据了越来越重要的地位。

贾斯汀·罗森伯格（Justin Rosenberg，2005）在一篇才华横溢的文章中将国际关系领域的理论焦点及困境阐述得很清楚。他指出大多数全球化理论中的跨国焦点都受到了误导。根据他的说法，这一类理论在20世纪90年代曾经盛极一时，但是现在已经停滞不前。他提出理论界应该更新针对民族国家及其相互关系的研究焦点，尤其应从马克思主义及其对资本主义的核心关注出发。罗森伯格从国际关系的视角来论证他的看法，并试图复兴这个看起来已经快隐没在全球化理论之中的研究领域。在全球化理论看来，民族国家已经受到了侵蚀，甚至正在消亡。

尽管更新理论焦点的取向不能代表全球化领域的所有政治理论，但是我们仍要以政治科学理论家詹姆斯·罗西瑙（James Rosenau，2003）雄心勃勃的理论建构为例来对它加以说明。我们此处要讨论的罗西瑙的著作是《遥远的接近性》（*Distant Proximities*），该书的书名是最能凸显其全球化观点的概念。也就是说，全球化越来越以看似远在天边实则近在眼前的感觉为特征（它与吉登斯的时空延伸概念有密切的关系；参见第十一章）。"遥远的接近性"的概念与罗西瑙著作中的另一个关键的过程（或概念）——**分合并存**（fragmegration）——相关联，后者指世界同时处于分裂与整合的过程中。世界在发生区域化、去中心化和分裂，与此同时它又在进行全球化、中心化以及整合。

罗西瑙为全球化理论提供了一个视野广阔、高度综合和抽象的理论方向，但在这里有意思的是他对于政治全球化的讨论。就这一议题而言，罗西瑙最主要的贡献是找出了当今世界中分合并存现象的多个源头。

- **微电子技术的新发展** 移动电话、互联网和电子邮件等微电子技术倾向于把世界变小。在这个过程中，它们使领土边界乃至国家变得越来越不重要。之所以称这些技术是分合并存的，是因为它们进一步整合了拥有这些技术的国家，而未能拥有此类技术的国家，尤其是那些因能力有限而无法负担这一发展的国家（如由信

---

① 有人也认为这场战争强化了美国（在中东地区）的政治利益和军事利益（全球范围内前线军事基地中军队和物资的占位）。

息鸿沟所导致的）却越来越被隔离在前者之外，而这便导致了不断增长的分裂。
- **技能革命** 这里罗西瑙主要考虑的是分析技能，即使得某些人能够将自身境遇与更广大乃至全球化的情境相联系的分析技能。其他人受制于信息和教育的缺乏，分析技能水平未能出现同等的提高。前者可能表现出更加全球化的取向，而后者可能仍然导向甚至退回到地区性的关注之中。较大比例人口掌握分析技能的地区更可能获得成功。不仅如此，拥有这种技术的人更有能力轻松地跨越国家边界，将他们与任何既定的政治单元之间的联结最小化。
- **组织的爆发式扩张** 在这一点上令罗西瑙尤其感兴趣的是志愿性组织的大规模扩张，尤其是人权组织和环保组织等非政府组织（NGO）的扩张。志愿性组织将参与其中的个体整合起来，同时在参与者与非参与者中制造了分裂。从政治上讲，NGO组织的兴起不仅反映出，更推动了国家地位乃至对国家践行各类事务能力之信心的衰落。国家地位降低的一种反映就是国家无力阻止非政府组织越来越多地卷入社会生活而且地位不断上升。
- **全球结构的分歧（组织与国家日益增长的多样性）** 跟前面的观点相关，罗西瑙一方面看到了国家之间的分歧（国家中心主义），另一方面也看到各种各样的亚国家、跨国组织以及非政府组织（多中心主义）。以国家为中心的世界与多中心世界的互动可以采取多种形式（如冲突、合作）。可是，我们已经看到国家中心世界因这些形形色色的组织形式的兴起而走向衰落。组织与国家的内部固然孕育着整合的趋势，但两个世界之间的分裂仍在不断发展。
- **流动性的上升** 全世界范围内规模不断上升的人口流动（包括商务旅行、旅游、恐怖主义、务工，以及合法与非法移民）正显示出分合并存的效应。其中一些流动形式，如旅行，具有很高的整合效果。而另一些流动形式——恐怖活动是最好的例子——却可能是分解性的。失控的人口流动，比如非法移民潮，对政治实体造成最大的威胁。人口从欠发达国家向发达国家的巨量流动在政治上具有分解的效果。长期以来开放移民的政治共识在许多国家（尤其在欧洲各国）正受到威胁与破坏，自由主义阵营受到右翼阵营的威胁或被其取代，而后者对此类人口流动有更大的反感。当然，在某些情境下起到分裂作用的流动形式，在另外一些情境中可能会发挥整合作用。比如说，恐怖行动给目标国造成分裂，但它们的成功却促进了恐怖活动输出国及地区的整合。
- **领土意识（尤其是国家主权）的弱化，即政府的去中心化** 在这里，我们将直接谈到全球化的政治意涵。国家的地位不断下降，因为它们无力阻止多种类型的全球化过程。思想、工作、生产设备、货币、毒品、污染，乃至极端情况下的恐怖主义，都在自由地跨境流动。更有甚者，国家的地位还在进一步下降，因为人们日益清晰地认识到国家越来越无力处理罗西瑙所提及的多种分合并存的过程。可以说，绝大多数的国家以各种形式以及不同的原因而见证了一定程度的解体。人们越来越不愿意将无上的忠诚献与国家，而这种意愿的弱化又进一步促进了国家的衰落。不过，整合毕竟仍是存在的，比如当多个移民群体在某一既定的社区聚集起来，并创立其自身的地方机构（如学校、媒体和教堂）时。

- **由越来越多的次群体主义（subgroupism）和去中心化引发的权威危机** 与国家解体相伴而生的现象是其权威遭到侵蚀。传统意义上的忠诚和权力的基础以国家是否能恰当实现其多类型的任务及责任为准绳，因而正在被侵蚀和替代。国家权威的衰落引发了各种反响，如国家官僚体系的无序、行政部门和立法部门之间的无所适从或决策制定的普遍失能。人们越来越怀疑不再有人能够负责，更不再有人能够控制这个复杂的分合过程。这样一种信念反过来又导致公民们更加关注自身的利益。

  随着多种类型的任务更多地被移交给地区以及地方政府，不断增长的政府去中心化使上述过程被进一步放大。在上述政府责任之外的一些职责被转交给营利性组织（如在对伊拉克的占领中许多任务被交给私人公司处理），以及我们前面讨论过的非营利组织。职责的转移产生了解体效应。过去一度为美国联邦政府所独掌的事务现在被许多级别不同的政府代理以及各式各样的组织和公司承担起来。当然，微电子新技术的应用使得它们的相互整合成为可能。但是，联邦政府无力承担传统责任的现状进一步引发了它的权威危机。可以说，正如罗西瑙所分析的许多现象一样，政府去中心化也是一个分合并存的过程。

  "次群体主义"是导致权威危机的另一种过程。人类社会出现了越来越多的次群体，其中包括地区政府和地方政府、非政府组织、种族群体和民族群体等许多我们前面讨论过的实体。越来越多的人变得日益依附于次群体（整合）而非依附于中央政府，这种选择加剧了国家政府目前正在经历的权威危机（以及分裂）。次群体主义的现象在流传广泛的身份政治中表现得尤其明显，人们越来越多地认同于其所在的种族群体，而非国家。国家发现它越来越难以在社会内部建立广泛的共识，从而在整体上动员公民并达成社会的目标。

- **民族性经济体的全球化** 各种类别的跨国经济网络不断增长的重要性，有力地影响了分合过程以及国家地位下降的过程。国家不再有能力控制跨国经济流动，而许多人认为这类流动远比国家采取的任何行动重要。然而，这种现象在打碎全球范围内国家对经济事务的控制的同时，也在跨国经济实体中创造了集中化与整合（如欧盟或空客公司的建立，空客公司是欧洲飞机制造商的联营公司）。

罗西瑙的理论还有许多要点未能在这里论述，他最重要的理论贡献是使得我们可以更好地理解全球化、分合过程和政治之间的关系。显然，国家面临的政治挑战是在一个处于全球化和不断强化的分合过程中的世界里找到新的控制方法，尽管或许是在较低水平上。

其他理论

这一章简要介绍了全球化理论的几大类型。当然，在此之外，还有许多其他的有关全球化的著名理论，比如那些利用网络理论（Castells，1996，1997，1998；参见第十一章）和复杂性理论（Urry，2003）来分析全球化现象的理论，或者一些以宗教、体育或城市为关注的全球化理论。不过，本章的介绍至少可以让读者对全球化理论中最重要的大类和具体理论有所认知。全球化的过程仍在继续、扩张并不断地变化。因此，我们可以预见全球化理论工作仍将持续发展，就这一话题还将出现更多全新和具有创新性的理论方向。

总　结

全球化理论的出现是全球世界以及学界发展与变迁的结果。全球化可以从文化、经济、政治乃至制度的角度进行分析。对同质化/异质化的关注贯穿于所有领域的全球化研究。吉登斯全球化理论的核心是现代性这辆大碾车的失控及由其创造的失控世界。贝克在民族国家的衰落、跨国组织的出现以及跨国性政府的可能性等全球性现象中找到了希望。至于鲍曼，他认为全球化世界的本质是发生在具有流动机会与没有流动机会的人之间的一场"空间战争"。但是，即使那些拥有流动机会的人，也要面对沉重的问题。

有关全球化的文化理论可被分为三种范式：文化差异论、文化趋同论和文化混杂论。文化差异论认为文化与文化之间存在永恒的差异，文化间的差异在很大程度上不受全球化的影响。亨廷顿就文化差异论提出了一个最著名的案例，这是从他对文明、世界上的主要文明，以及在中华文明与西方文明之间引发经济冲突和在伊斯兰文明与西方文明之间爆发战争的可能性的研究中得出的。文化趋同论认为全球化正导向一个日益趋同的世界。文化趋同论的两个典型范例是麦当劳化以及世界正越来越为虚无的"全球增长化"所支配的观点。文化混杂论认为全球化带来了文化的混合，从而产生了独特的、不能被还原为全球文化或地区文化的新文化。文化混杂论的范式下聚集了大量的理论观点，包括全球在地化、混杂化和克里奥化。阿帕杜莱有关景观以及景观之间的断裂的思考是"文化混杂化"理论范畴内的重要理论。

本章用两种理论来体现有关全球化的经济理论。斯克莱尔就全球化问题建立了一种西方新马克思主义经济理论，聚焦于跨国资本主义（尤其是跨国公司）、跨国资产阶级，以及聚焦于消费的文化意识形态。斯克莱尔指出，跨国资本主义为社会主义全球化提供了基础。而根据哈特和奈格里的说法，人类正处于从资本主义的帝国主义向帝国统治的过渡之中。帝国没有中心，以审判权为其权力基础。大众维系了帝国的生存，但是它也具有（至少有此潜力）颠覆帝国和建立反帝国的力量。

罗西瑙提出了一种全球化政治理论，强调"遥远的接近性"以及"分合并存"。罗西瑙指出分合并存有八大来源，其中每一个源头都对政治全球化产生一定的影响。

第十三章
结构主义、后结构主义和后现代社会理论

本章概要

结构主义

后结构主义

后现代社会理论

相关批判及后一后现代社会理论

  本书的绝大部分章节介绍的都是**现代**社会学理论。但是最近几十年来,在许多不同的领域(如艺术、建筑、文学、社会学及其他领域),一些被学者们视为**后现代**的发展出现了。"后现代"不仅意味着这些新的事物出现在现代性之后,还意指现代性存在一些后现代主义者们正予以指出并努力解决的问题。

  就社会学理论而言,我们在前文中讨论的现代理论(及古典理论)在这一学科中仍然相当重要——事实上仍占据着显著的地位。但是,后现代社会理论正在对社会学理论施加越来越重要的影响。现在,我们已经可以对后现代理论的发展、理论前景和理论学者做出区分。进而,我们还可以预期社会学理论家作为最接近人文科学的群体将会对后现代主义抱有最为开放的态度。由于至少有某些社会学理论家在理论倾向上越来越趋向后现代化,我们甚至可以预期更多侧重经验的社会学家将会在某些方面受到后现代社会理论的影响。

  在讨论后现代社会理论时,我们有必要将焦点从**社会学**理论转换到**社会**理论。**社会学**理论倾向于反映大部分发生在该学科内部的理论发展,关注的人群主要是社会学家。**社会**理论则具有跨学科性。二者之间的区别并不那么泾渭分明。事实上,至少我们在前文讨论的某些理论,尤其是西方新马克思主义理论和能动—结构理论,最好应被归类为社会理论。不论如何,显而易见,后现代理论最好被视为社会理论。

  在本章中,通过追溯从结构主义到后结构主义,最终到我们所谓的后现代社会理

论的这样一条路径，我们将要讨论紧跟在现代社会理论之后出现的一些理论。依照拉什（Lash，1991：ix）的观点，我们把"在20世纪60年代横扫法国社会思想界的结构主义"视为后结构主义和后现代主义兴起的起点。

结构主义是反对法国人文主义，尤其是萨特之存在主义的产物（Margolis，2007；Craib and Wernick，2005）。萨特在早期作品中关注个体，尤其是个体之自由。那时他坚持认为人们的行动由他们自己而非社会法律和较大的社会结构所决定。然而，在晚期，萨特更多地接受了马克思主义理论，尽管他依然关注"自由个体"，但个体现在"被定位于限制和异化其活动的、宏大且具有压迫性的社会结构中"（Craib，1976：9）。

吉拉·哈伊姆（Gila Hayim，1980）在对萨特作品的分析中看到了萨特早期及晚期作品的连续性。在1943年出版的《存在与虚无》（*Being and Nothingness*）中，萨特更多地关注地自由个体，认为"存在由于并且通过个体行动而存在……**个人即其所为（One is what one does）**"（Hayim，1980：3）。同时，萨特攻击结构主义者的观点，即"客观结构完全决定行为"（Hayim，1980：5）。对萨特和一般意义上的存在主义者来说，行动者具有超越当下、面向未来的能力。由此，对萨特来说，人们是自由的，对自己所做的一切负责，不能另找其他借口。在某种意义上说，这些"关于自由的令人震惊的责任"是人们巨大的痛苦之源（Hayim，1980：17）。但换个角度看，这些责任又是人们的乐观之源——命运掌握在自己手中。在1963年出版的《辩证理性批判》（*Critique of Dialectical Reason*）一书中，萨特更多地论证了社会结构的问题，但是即使这样，他强调的也是"卓越（超越既定条件）的人类特权"（Hayim，1980：16）。萨特对许多强调社会结构之角色和地位的马克思主义者（结构马克思主义者）持批判的态度。"教条主义的马克思主义者，在萨特看来，已经抹去了马克思主义原始理论中的人文成分。"（Hayim，1980：72）作为一个存在主义者，萨特**总是**保持着这种人文关怀。正是为了对抗存在主义的人文关怀背景，我们才必须审视结构主义、后结构主义和后现代主义的兴起。

结构主义

结构主义自然包含对结构的关注，但是它们从整体来看不同于结构功能论者所关注的结构（参见第三章）。结构功能主义者（事实上也就是大多数社会学家）关注**社会**结构，而结构主义者所关注的是**语言**结构。从社会结构向语言结构的转移即后来我们所知的**语言学转向**（linguistic turn），它极大地改变了社会科学的性质（Lash，1991：ix）。很多社会科学家的关注点从社会结构转向了语言［例如，我们之前介绍过的哈贝马斯有关沟通的研究（参见第四章），以及某些常人方法学学者的对话分析（参见第七章）］，或者更一般的针对各种类别符号的理论关注。

语言学中的理论根源

结构主义源于不同领域的丰富发展（Dosse，1998）。现代结构主义的源起及迄今为止最强大的堡垒就是语言学。瑞士语言学家索绪尔（Ferdinand de Saussure，1857—1913）的研究在结构语言学乃至许多领域内的结构主义的发展史上贡献巨大（Thibault，2005a；Culler，1976）。我们特别感兴趣的是索绪尔对**语言**（langue）和**言语**（parole）的区分，这具有十分重要的意义。**语言**是指正规的、符合语法规则的语言体系。索绪尔及其同事认为它是一个语音（phonic）要素系统，要素之间的关系由确定的法则所主导。**语言**的存在使得**言语**成为可能（Bakker，2007b）。**言语**是真实的演说，是发言者用语言来表达自己的方式。索绪尔虽然认识到人们以主观和通常颇为独特的方式来使用语言的现象意义重大，但认为个体对语言的运用不应成为以科学为导向的语言学家的焦点。语言学家必须关注**语言**，即语言的正式体系，而非行动者运用语言的主观方式。

由此，语言可以被视为一个符号系统，也即一个结构，其中每个符号的意义由系统内部符号之间的关系而产生。彼此之间有所差异的关系，包括二元对立，在这里尤其重要。例如，"**热**"这个单词的意义并非源于它的内在属性，而是源于它与"**冷**"的二元对立关系。意义、意识乃至最终整个社会世界都为语言结构所形塑。因此，与人类形塑环境的存在主义的世界不同的是，我们此时面对的是一个人类以及社会世界的其他层面皆为语言结构所形塑的世界。

对结构的关注已经超越了语言，进入到对一切符号系统的研究。针对符号系统之结构的研究被称为"符号学"，吸引了大批追随者（Thibault，2005b；Gottdiener，1994；Hawkes，1977）。**符号学**（semiotics）比结构语言学内容广泛，因为除了语言，它还涉及其他标志和符号系统，如面部表情、身体语言、文学作品文本，也即一切沟通形式。

罗兰·巴特（Roland Barthes）通常被看作符号学真正的奠基人（Perry，2007）。巴特将索绪尔的思想扩展至社会生活的一切领域。语言乃至社会行为，都是象征或符号，"不仅语言，甚至连摔跤比赛都是能指实践，电视节目、时尚、烹饪以及我们日常生活中的其他事物无不如此"（Lash，1991：xi）。"语言学转向"将所有社会现象囊括在内，后者由此逐渐被再阐释为符号。

人类学结构主义：克劳德·列维-斯特劳斯

法国结构主义的核心人物之一是法国人类学家克劳德·列维-斯特劳斯（I. Rossi，2005），科兹维尔（Kurzweil，1980：13）称其为"结构主义之父"。

结构在列维-斯特劳斯的著作中以多种形式出现，但对于本书的目的来说最重要的是，他将索绪尔的语言研究延伸至人类学的命题，如原始社会中的神话。列维-斯特劳斯还将结构主义广泛地应用于一切形式的沟通。他主要的创举是将一系列广泛的社会现象

（如亲属体系）再概念化为沟通系统，从而使得它们可以被用于结构分析。例如，在分析配偶的交换时可以采用如语言交换一样的分析方式。二者都是社会交换，都可以用结构人类学的思路来分析。

我们可以借助语言体系及亲属体系的相似性来阐述列维-斯特劳斯（1967）的思想。首先，被用来描述亲属关系的术语，正如语言中的音素一样，是结构人类学家的基本分析单位。第二，亲属关系的相关术语或音素本身都不具有意义。相反，二者只有在作为更大系统的构成部分时才能获得意义。列维-斯特劳斯甚至在其人类学理论中应用了一个与索绪尔应用于语言学中的十分神似的二元对立系统（如生与熟）。第三，列维-斯特劳斯承认在亲属体系和音素系统中存在因情境不同而产生的经验变异，但是这些变异仍可以追溯至一般规则（尽管是隐含的）的运作。

上述一切都与语言学转向十分符合，然而列维-斯特劳斯最终走向一系列与语言学转向不同的方向。最重要的是，他强调说音素系统和亲属体系都是意识结构的产物。不过，它们却又并非一个有意识的过程。相反，它们是无意识的、具有逻辑性的意识结构的产物。这两个系统与派生出它们的意识的逻辑结构一样，都是依照一般法则而运转的。大多数追随语言学转向的学者并不认同列维-斯特劳斯的取向，即将意识的深层结构定义为最基本的结构。

结构马克思主义

结构主义在法国（以及世界上许多地方）获得巨大成功的另一个分支是结构马克思主义（Lechte，2005），尤其是路易·阿尔都塞（Louis Althusser）（K. H. Tucker，2007）、尼科斯·普兰查斯（Nicos Poulantzas）和莫里斯·戈德利耶（Maurice Godelier）等人的研究。

虽然我们已经介绍说现代结构主义始于索绪尔的语言学，但有一些人却认为它的开端是卡尔·马克思的研究——"当马克思假定结构不能与有形关系相混淆并解释了其中的隐含逻辑时，他揭开了现代结构主义传统的序幕"（Godelier，1972b：336）。结构马克思主义与一般意义上的结构主义虽然都对"结构"感兴趣，但是二者对结构的定义却大不相同。

结构马克思主义学者中有一些人与结构主义者一样热衷于把结构研究作为历史研究的先决条件。正如戈德利耶所说："对结构内部之运转的研究必须先于并且能够阐明针对其起源及进化的研究。"（1972b：343）在另一部著作中，戈德利耶又说："我们在分析这些系统的**起源之前**必须对系统的内部**逻辑**进行分析"（1972a：xxi）。结构主义者与结构马克思主义者另一个共享的观点是结构主义应该关注在社会关系相互作用下生成的结构（或系统）。尽管两个学派在所谓真实的结构之本质的问题上观点相去甚远，但二者都认为结构是真实存在的（尽管不可见）。对列维-斯特劳斯来说，理论的焦点是意识结构，而结构马克思主义者认为焦点在于社会的基础结构。

这里需要强调的是，结构主义和结构马克思主义都反对经验主义，并且接受针对潜在的、不可见的结构的理论关注。戈德利耶说："结构主义者和马克思主义者都反对经验主义者对于什么构成了社会结构的定义。"（1972a：xviii）戈德利耶还这样宣称：

> 对马克思以及列维-斯特劳斯来说，结构**不是直接**可见因而可直接观察的现实，而是**超越**人们之间有形关系而存在的**一个现实层面**（a level of reality），而且它的运转构成了该系统的基本逻辑，也即表层秩序由它的底层秩序而获得解释。
>
> （Godelier，1972a：xix）

戈德利耶继续发展这一理论，强调说这样一种追求定义了一切科学："我们见到的是一种**事实**隐藏了**另一种**更深层次的事实，何者是隐藏着的以及对它的发现正是科学认知的目的"（1972a：xxiv）。

尽管存在如此之多的相似之处，但结构马克思主义主要来说并未参与当时在社会科学领域出现的语言学转向。该理论的焦点仍然是社会结构、经济结构，而非语言结构。结构马克思主义持续地与马克思理论进行对话，在这个过程中，许多法国社会思想家对待马克思主义理论逐渐变得像对存在主义一样不耐烦。

后结构主义

尽管不可能精确地定位何时发生了从结构主义向后结构主义（Poststructuralism）的转型，但查尔斯·勒默特（Charles Lemert，1990）坚持认为后结构主义始于1966年雅克·德里达（Jacques Derrida）的一番演讲。德里达是后结构主义公认的代表人物（Lipscomb，2007；J. W. Phillips，2005）。在这次演讲中，他宣告了后结构主义时代的来临。相比于结构主义者，尤其是那些追随语言学转向、认为人类受到语言结构限制的学者，德里达将语言还原为不对使用它的主体产生限制的"书写"。而且，德里达还认为社会制度并不具有书写之外的意义，所以也不能约束行动者。用当代的术语来说，德里达解构了语言和社会制度（Trifonas，1996），当他完成这一切之后，他所发现的就只剩下书写。书写保留了对语言的关注，但它**不是**一个限制人类的结构。不仅如此，不同于结构主义者在语言系统中看到秩序与稳定，德里达认为语言是非秩序化和不稳定的。不同的情境将赋予语言不同的含义。正因如此，语言系统不可能具有如结构主义者所设想的那种限制人类的权力。进一步说，科学家们不可能从语言中找到基本规则。可以说，德里达提供了一个终极意义上具有颠覆性的解构视角。正如我们将看到的，伴随着后现代性的出现，颠覆性和解构的地位变得日益重要。后结构主义的出现为后现代主义奠定了它的基础。

德里达打击的目标是支配西方社会思想领域的**逻各斯中心主义**（logocentrism）（它追求揭示何谓真、正义、美的普世思想）。这一取向促成了德里达所说的"柏拉图以来历史上书写所造成的压迫与压制"（1978：196）。逻各斯中心主义导致了哲学乃至人文科学的终结。德里达对于解构或"拆除"这种终结（压迫）之源，从而将书写从奴役它的事物中解放出来深感兴趣。德里达的理论关注可以被贴切地描述为"解构逻各斯中心主义"（1978：230）。一般来说，**解构**是指分解统一体以揭示其中隐藏的差异（D. N. Smith, 1996：208）。

德里达对所谓"残酷戏剧"（theatre of cruelty）的讨论可以很好地说明他的思想。他将这一概念与传统戏剧相对比，并且认为传统戏剧由他所谓的**具象逻辑**（representational logic）的思想体系所支配（类似的逻辑主导了社会理论）。也就是说，发生在舞台上的一切"表现"了在"现实生活"中发生的一切以及作者、导演等的期待。传统戏剧对"再现论"顶礼膜拜，导致了传统戏剧的神学化。神学化的戏剧是被控制和奴役的戏剧：

> 舞台即为神学的，只要它的结构依照整个传统而且符合以下要素：作者——创造者不出现在现场而只在远处，以文本为武装，保持着对表达的时机或意义的监控、集合、控制……他通过代理人、导演或演员来让表达呈现他自己——**受奴役的**阐释者……或多或少地直接呈现"创造者"的思想。**阐释的奴隶**忠实地执行"主人"的天造之作。……最后，神学的舞台适合**被动**且不易变动的大众，一个由旁观者、消费者和享受者构成的大众。
>
> （Derrida，1978：235；黑体为本书所加）

德里达设想出了一个"话语不再统治舞台"的替代舞台（抑或替代社会？）（1978：239）。也就是说，舞台不再由作者和文本等支配。演员不再接受命令，作者也不再是舞台演出的独裁者。这并不意味着舞台将会陷入无政府主义。德里达对于他的替代舞台阐述得并不十分清晰，但从他的"建构一个喧闹声尚未安定为文字的舞台"（1978：240）的讨论中，我们仍然能获得一些暗示。或者我们可以说，"残酷戏剧应该是差异的艺术和消费的艺术，不涉及节制、保留、回头和历史"（Derrida，1978：247）。

德里达号召对传统戏剧进行激进的解构。一般地说，他在暗示要对受到逻各斯中心主义奴役的社会整体进行批判。正如希望将戏剧从创作者的独裁中解放出来一样，德里达也希望看见将社会从创造统治话语的一切知识权威思想里解放出来。换句话说，德里达希望看见我们所有人都可以不受创作者的限制。

这里暗含着另一个后结构主义（以及后现代主义）广为人知的理论关注——**去中心化**。在某种意义上，德里达希望戏剧摆脱它传统的"中心"、它对作者（或权威）及其期待的关注，而给予演员更多的表演自由。这一观点可以被普及至整个社会。德里达将中心与**唯一**答案相关联，并由此最终与死亡相关联。在德里达看来，中心恰恰与他认为最本质的东西之间缺乏关联，即"游戏与延异"[①]（1978：297）。没有游戏和延异的戏剧或社会，也即静止的戏剧或社会，我们可以认为它们已经死了。相比之下，一个没有中心的戏剧或世界会是一个无限开放的、持续发展的和自我反思的戏剧和社会。德里达的结论是未来"既不是等来的，也不必被重新发现"（1978：300）。他的观点是我们既不要在过去中发现未来，也不应该消极地等待命运。相反，未来应该在我们正在从事的工作中被创造、被制造、被书写。

在揭露西方世界的逻各斯中心主义和学术权威之后，德里达最终并没有给我们提供答案，事实上简单的答案并**不**存在（Cadieux，1995）。追寻答案，或追寻所谓的逻各斯，都是有害无益的，将会通往奴役。我们所拥有的只有书写与行动的过程，以及游戏和延异。

米歇尔·福柯的理论

德里达是后结构主义非常重要的代表人物，但是该理论流派最重要的思想家却要说是米歇尔·福柯（Smart，2000）。福柯的研究展示了后结构主义和结构主义的另一大差异。与结构主义受到语言学的压倒性的影响不同，福柯的理论取向以及后结构主义显示出更为丰富的理论源头（Smart，1985）。这种丰富性使得福柯的研究充满了挑衅意味而且难以把握。不仅如此，福柯的思想并不是从其他思想家那里简单地接受过来的，它们在被整合进福柯不同寻常的理论取向时都有所转化。韦伯的合化理论虽然对福柯有影响，但是对后者来说它只出现在某些"关键的地方"，也并不是一只"铁笼"，人们总在抵制它。马克思的观点（Smart，1983）在福柯的作品中也有体现，但是福柯并未将自己局限于经济领域，而是关注各种不同的社会制度。相比马克思主义对社会层面之权力的一贯关注，福柯对"权力的微观政治"更感兴趣。为了更好地理解他所关心的社会现象，他践行了解释学。除此之外，福柯没有追寻某些深层次之终极真理的想法，那里总是有越来越多的层次需要剥开。这里显示出他的理论受到现象学的影响，但是福柯也反对具有自主性、能够赋予意义之主体的思想。福柯的思想中有明显的结构主义元素，但不存在正式的、由规则主导的行为模式。最后，也许最重要的是，福柯承袭了尼采对于权力与知识之关系的关注，但是他对于这一联系的分析更为社会学化。如此多元的理论源头正是福柯被视作后结构主义者的原因之一。

说福柯的作品显然是后结构主义的，还有另外一层含义。福柯的早期作品受到了结

[①] 延异（difference，或说différence）是德里达理论的另一个关键概念。它是指我们要认识某个事物就必须抓住它与其他事物的关联方式（Ramji，2007）。

构主义的深刻影响，但是随着他的研究向前推进，这种影响逐渐减弱，其他理论源头从多个方向上进入了他的理论。我们来看一下福柯思想的演进。

福柯的方法论核心是以下两种思想——知识考古学（Foucault，1966）和权力系谱学（Foucault，1969）。虽然福柯的著作总是让人们觉得后者是前者的承继，但是米切尔·迪恩（Mitchell Dean，1994）令人信服地表明在福柯的重要著作中，这二者其实是共存且相互支撑的。

艾伦·谢里登（Alan Sheridan，1980：48）指出，福柯的知识考古学（Scheurich and McKenzie，2007）是指揭示"在任何既定时间决定具体对话中的一切表达之可能性条件的一套规则"。如果换一种说法，即知识考古学是要寻求"陈述形成和转换（成为话语构型）的一般规则"（Dean，1994：16）。致力于揭示这样一种"系统"（或规则）以及对**话语**（包括口头和书面"文档"）的关注（Lemert，2005b）反映了结构主义对福柯早期作品的影响。在分析这些文档时，福柯并不像一个解释学学者那样试图去"理解"它们。相反，福柯的考古学是"组织文档，将它分割、分类、排序、整理，区分相关与不相关的内容，揭示要素、定义整体、描述关系"（Dean，1994：15）。话语和从中派生出的文档将被分析、描述和组织。它们既不具有可还原性，也不接受寻求某种"更深层次"理解的阐释。对本源的追寻被福柯排除在外，重要的是文档本身，而非它们的起源。

福柯尤其关注这样的话语——它们"试图以理性化或系统化其自身的特定方式来'宣讲真相'"（Dean，1994：32）。正如我们将看到的，这一关注使他转向研究那些与人文科学（如心理学）之形成相关的话语。知识考古学能够将自己从"有利于从内部理解现有科学与学科之整体分布以及它们出现、存在和变迁之条件等事实的这些科学及学科有效性的规范和标准"中隔离和抽离开来（Dean，1994：36）。

自从福柯逐渐发现知识和权力不可避免地要纠缠在一起，他对"宣讲真理"的关注就直接跟权力系谱学联系起来了［在这一点上尼采的哲学使福柯受益匪浅（Fuller，2007b；Lemert，2005a）］。系谱学是学术史上一个极具特色的理论类型，"将历史内涵串联成有组织且有序列的**轨迹**的一种方式，这些轨迹既非简单地揭示历史的起源，也不必实现特定的目的。它是一种方式，用于分析话语、实践和事件之多元、结局开放、异质性的轨迹，并建立它们的模式化关系，以避免求助于宣扬伪自然法则或全球必要性的真理集团"（Dean，1994：35—36；黑体为本书所加）。因此，系谱学不同于赋予规则、必然性以中心地位的其他历史研究。从系谱学的视角来看，任何事情都是偶然的。系谱学本质上具有批判性，"孜孜不倦地审问那些被认为是既定、自然、必需或中立的事物"（Dean，1994：20）。

具体地说，系谱学关注人文科学中知识和权力的关系以及它们的"与身体调控、行为管理和自我形成有关的实践"（Dean，1994：154）。福柯感兴趣于"人文科学在任何时刻要'宣讲真理'需具备的条件"（Dean，1994：24）。因此，"在知识考古学较早地处理了话语形构规则的那些地方,新一代批判性的系谱学描述则在处理叙述的稀缺和肯定的权力"(Dean,1994:33)。就福柯这两种方法的关系而言,考古学所承担的工作是系谱学展开工作的前提。具体地说,考古学是对历史话语的经验分析,系谱学承担的责任则是对历史话语以及它们与当今世界重大关注之间的关系进行一系列批判分析。

因此,系谱学可以说是"当下的历史"。但是,它不应与"现时论"相混淆,后者是指"历史学家个人经验或背景的阐释结构在有待研究的历史各层面上的无意识投射"(Dean,1994:28)。福柯的目的在于解释现在,用"历史资源仔细考察当下社会制度安排(作为经验)各个构成要素的多样轨迹的偶变性、特异性、相互关联和多种可能性"(Dean,1994:21)。它摒弃了决定论,现在并不必然是过去发展的产物。福柯的目的在于批判地使用历史来使当下的可能性易于理解。

在权力系谱学中,福柯关心的是人们如何通过知识生产来控制自己和他人。他尤其看到知识如何通过将人塑造为主体、再用知识来统治主体的方式来形成权力。他批判了知识的层级化。因为最高形式的知识(科学)拥有最大的权力,福柯专挑出它们来进行了最严厉的批判。福柯对源自知识(尤其科学知识)的技术以及它们如何被机构用来实施权力非常感兴趣。福柯看到了知识和权力之间的关联,但是他并没有将此看成社会精英分子的共谋。这样的共谋意味着存在有自主意识的行动者,而福柯则更多地倾向于强调结构关系,特别是知识和权力的关系。回望历史,福柯不认为从原始的野蛮(primitive brutishness)演进到基于复杂知识系统的现代仁慈(modern humaneness)是一种进步。相反,他认为这是历史从一种统治系统(基于知识)突然跳跃到另一种。从总体上看这是一幅黯淡景象,但是从积极面来看,福柯相信知识与权力总是相互竞争的,(社会中)总是存在持续的抵抗。福柯审视了一些历史事件,但是他更感兴趣的是现代世界。正如他所说,他正在"书写当下的历史"(Foucault,1979:31)。

在前述基础上,我们来了解一下福柯几本特别的、实质性的著作。在《疯癫与文明》(*Madness and Civilization*,1965;Foucault,1995)中,福柯着手于知识考古学,尤其是精神病学的研究。他从疯癫和理性尚未分离的文艺复兴时期开始入手。在1650年到1800年(古典时期)之间,二者之间的分离得以建立,理性最终征服了疯癫。换句话说,福柯所描述的是理性与疯癫之间的"一场中断的对话"(1965:x)。福柯如此描述最终的结果:

> 在这里,理性支配了一切,主导了这场提前为其安排的、击败(疯狂的)非理性的胜利。疯癫因此被从想象的自由中撕离开来,而在文艺复兴时期它还有勉力挣扎的空间。就在不久以前,它的挣扎——在《李尔王》及《唐吉诃德》中——仍处于光天化日之下。但是在不到半个世纪的时间里,它就隐退了,退入了监禁的堡垒中,被理性、道德规则和那些单调枯燥的黑夜所禁锢。

(Foucault,1965:64)

这里清晰地展现出一个韦伯口中的铁笼形象——"疯癫"（非理性）在理智（理性）建构的铁笼中度过的"单调枯燥的长夜"。

19世纪的科学取向的心理学最终是在18世纪对疯癫与健全之区分的基础上建立起来的［精神病学的标签即"理性关于疯癫的独白"（Foucault，1965：xi）］。最初，医学负责疯人们的物理与心理治疗，但是随后，科学心理学这门学问接管了心理治疗："只有当疯癫被异化为罪恶时，纯粹的心理学治疗才成为可能。"（Foucault，1965：182—183）后来，福柯说："我们所称之为精神病学实践的东西是18世纪末期出现的某种心理策略，被留存在庇护所的权利之中，披上了实证主义神话的外衣。"（1965：276）因此，对福柯来说，心理学（和精神病学）不是一种科学的努力，而是针对疯人的道德营生，疯人们渐渐地不能摆脱所谓的"帮助"而保护自己。他认为疯癫已被所谓的科学发展判刑，被锁入"巨大的道德监狱"。

毋庸赘言，福柯否定了多年以来在疯病治疗上人类已取得科学的、医学的或人道主义进步的观点。相反，他看到的是理性及其代理人（医生、心理学家、心理治疗师）用来压迫和抑制疯癫的日益增长的力量。我们不应该忘记的是，后者在17世纪仍与前者具有平等的资格。最新的发展是现在疯癫已较少受到外部代理人的审判，"疯癫不停地呼吁要进行自我审判"（Foucault，1965：265）。在许多意义上，内化的控制是最具压迫性的控制形式。显然，福柯的知识考古学促成了他对于历史、疯癫在当代的地位以及疯癫与理性（及其代理人）之关系的理解，非常不同于传统历史学家得出的结论。此外，他还试图在疯癫与理性的区隔以及对疯癫所实施的道德控制中寻找人文科学（尤其是心理学和精神病学）的根源。以上是福柯关于人文科学如何对人类实施道德控制的部分讨论。

至于福柯早期著作中的结构主义，他强调疯癫发生在两个"层次"上，在"较深的层次上，疯癫是一种话语形式"（1965：96）。明确地说，至少在古典时代，疯癫并不意味着精神或身体上的变化；相反，"发狂般的呓语是疯癫的终极真相"（Foucault，1965：97）。不过，福柯早期著作还运用了更广义的结构主义概念："让古典文化在**其一般结构上**形成（formulate）它关于疯癫的经验，一种突然出现的经验，在与古典文化内部逻辑所具有的同一种秩序之中、在推理秩序和制度秩序之中、在话语与律法之中、在词语和暗号之中表达了同样的意义——事实上，在任何一个地方，每个能指要素都可以被我们假定为具有语言的价值。"（Foucault，1965：116；黑体为本书所加）

福柯在《临床医学的诞生》（*The Birth of the Clinic*）中继续运用结构主义的方法，关注医学话语及其深层结构："在人们的表达中，最重要的不是他们的想法或这些表达代表其思想的程度，而是**从一开始就使之系统化**的那些东西，这就使得它们自此以后可以无限地接近新的话语，并且对转换它们的任务保持开放。"（1975：xiv；黑体为本书所加）

在《疯癫与文明》中，医学是人文科学重要的先驱，而在《临床医学的诞生》一书中则是核心的命题［正如福柯所说："人的科学……是以医学……为基础的。"（1975：

米歇尔·福柯小传

米歇尔·福柯1984年死于艾滋病（Lemert，2005a），时年58岁，那时"他也许已经是世界上最著名的学者之一了"（J. Miller，1993：13）。他的名声来自他那一批令人着迷的著作，它们影响了多个领域（包括社会学领域）的思想者。福柯的生活极为不同寻常，定义其生活的那些主题也可以用来定义他的研究。事实上，我们可以认为福柯通过他的著作来更好地理解自己，并且从中获得引领他进入他所经历的那种生活的一些力量。

在福柯晚期的著作中有一套关于性的三部曲——《性经验史》（*The History of Sexuality*，1980a）、《关注自我》（*The Care of the Self*，1984）以及《快感的享用》（*The Use of Pleasure*，1985）。它们反映出福柯终生受到性的困扰。福柯的大部分生活看起来一直与性这个问题纠缠不清，尤其是他的同性恋倾向和受虐症。1975年，当福柯到旧金山旅行时，他拜访了当地一派欣欣向荣的同性恋社区，并深深为之着迷。他被当时声名狼藉的洗浴场中流行的赤裸裸的性活动所吸引。他喜欢出入这些场所以及在那里发生的性活动，并且深陷其中、乐此不疲。福柯终其一生都在追逐"那种似乎要吞噬人的、无法形容的、令人毛骨悚然的、惊惧的、兴奋若狂的"（刺激）（引自J. Miller，1993：27）。换句话说，福柯在他的生命中（包括在其著作中）深深地沉醉于"极限体验"［指人们（包括他自己）有意地推挤其意识和身体走向临界点］，如那些发生在洗浴场所及其周边的非情感化的性虐行为。福柯相信只有通过这种极限体验，伟大的身体及智识上的突破及天启才能成为可能。

性与极限体验建立了关联，进而与福柯的死亡观联系起来，"我认为，我眼中唯一真正的愉悦是深刻、浓烈、席卷一切的，令我感到窒息……完全彻底的愉悦……对我来说，它与死亡相连"（Foucault，引自J. Miller，1993：27）。即使在1983年秋天，在他充分意识到艾滋病以及同性恋将导致感染艾滋病的高风险之后，福柯还是重新投入到旧金山洗浴场那些非情感化的性活动中，"他的艾滋病情十分严重……最后一次去旧金山时，他把它当作一场'极限体验'之旅"（引自J. Miller，1993：380）。

1975年春天，福柯在死亡谷的扎布里斯基角服用迷幻剂时曾经有过一次极限体验。那是福柯是第一次尝试迷幻剂，它将他的意识推向极致，"天空爆炸开来……星星在我身边如雨坠落。我知道这不是真的，但是这就是真相（Truth）"（引自J. Miller 1993：250）。福柯泪流满面地说："我很开心……今晚我对自己有了全新的认识……我现在理解了我的性偏好……我们必须重返故乡。"（引自J. Miller，1993：251）

在尝试迷幻剂之前，福柯曾经十分刻苦地研究性史。他计划像推进有关疯癫和

> 其他命题的那些著作那样来推进这一研究。但是在通过迷幻剂获得极致体验之后，福柯有了完全不同的想法，即这一研究首要的是要更多地关注自我。它也许正是福柯在迷幻剂之旅中谈及重返故乡（自我）时期待的新的理论焦点。
>
> 福柯不仅在私人生活中挑战极限，在研究之中也同样如此。事实上，我们可以说，二者的极端性质有相互促进的趋势。不管人们怎么评价福柯的思想，它显然极具创造性。它推动，甚至可说超越了创造性的极限。对福柯来说写作就是极限体验，读者在阅读他的著作时同样会经历一场极限体验。
>
> 由于常在极限边缘游走，福柯的生活和工作很难被简单定义。但福柯对这种状态颇感满意，一度曾经写道，"不要问我是谁，别要求我一成不变……没有一个人像我一样写作就是为了丢脸"（Foucault，引自 J. Miller, 1993: 19）。

36）] 在 19 世纪之前，医学是一种分类科学，研究对象是一个清晰有序的疾病体系。但到了 19 世纪，医学开始关注个体病痛及宏观社会层面的疾病（流行病）。医学由此被延伸到健康人（疾病防护）。它采取了规范化的姿态以区分健康和不健康乃至常态和病态。就对人们采取这种常态—病态区分的姿态而言，医学又一次做了人文科学的先驱。

迄今为止，医学仍未出现临床意义上的结构。此处关键是临床诊断的发展，病人们在临床阶段接受观察。福柯采用了一个关键词——**凝视**（gaze），这时"凝视同时又是知识"（1975: 81）。换句话说，知识源自医生们将眼中所见与从书本上获取的知识所做的对比。作为一个结构主义者，福柯将凝视看成一种语言，"没有文字的语言"（1975: 68）。他感兴趣的是这种"语言"的深层结构。在病人（或死者）身上看和摸的能力（尤其是在尸检中）是一个关键变化以及知识的重要来源。福柯在谈及尸体解剖时说："死者的光亮驱散了生者的黑夜。"（1975: 146）福柯认为解剖—临床上的凝视是西方医学的"重大突破"。所以说，这里涉及的不是知识的演进，而是认识论的变迁。医生们的做法不同于从前，变成了一个遵循不同规则的游戏。在**这个**游戏中，人们（病人）成为科学知识和实践的对象，取代了疾病这一存在。据福柯的结构主义者取向来看，变化了的是话语的本质——疾病的名称、分组、客体场域等（Foucault, 1975: 54）。

再一次地，在福柯看来，医学充当了人文科学的先行者。"这样一来，我们就可以理解医学为什么应在人文科学构成中占据如此重要的地位——这种重要性不仅是方法论上的，而且是本体论上的，因为它关注人如何变成了实证知识的对象。"（Foucault, 1975: 197）具体就医学解剖来说，福柯认为："死亡脱离以往悲惨的天国，变成人类抒情的核心——他的不可见的真理、他的看得到的秘密。"（1975: 172）事实上，在福柯看来，更大的变化在于个体成为他自己知识的主体和客体，而医学上的变化不过是"上述变化在经验基本结构中的又一个较为明显的见证"（1975：199）。

《规训与惩罚》（*Discipline and Punish*, Foucault, 1979）论述了许多相似的主题，但是我们将会更多地看到权力系谱学，而较少地看到结构主义、话语，等等。在该书中，"权力和知识是可以直接互换的词语"（Foucault, 1979：27）。福柯在此关注的是在从1757年到19世纪30年代这一时段里施于囚犯的刑罚如何被监狱规则对他们的控制所取代。（典型地说，福柯认为这种变化是以非常规的方式产生的，不是一种理性的演化。）通常认为，从刑罚到管制的变化代表着处置罪犯的进一步人性化，后者变得更悲悯，也更少痛苦和残忍。但从福柯的视角看来，事实是惩罚变得越来越趋于理性化［"断头台上的刽子手只需变成小心翼翼的看守人"（1979：13）］，并且从许多方面更强化了对囚犯的侵犯。早期对囚犯的刑罚或许是很好的公共展示，却是"对权力的不经济的使用"，因为它可能在围观者中激发不安（Foucault, 1979：79）。就当时的刑罚而言，知识和权力的联系是十分清晰的；但随着处罚发展为规则，二者的联系变得不再那么清晰。新的规则体系"更加规范、更有效、更恒定，其效果得到了更加详细的说明，总之，在降低经济成本的同时，加强了它的效果"（Foucault, 1979：80—81）。新的体系的设计不是为了更加人性化，而是为了"更好地惩罚……将惩罚的权力更深地插入社会肌体"（Foucault, 1979：82）。相比于刑罚，这种施加惩罚的新权术出现在异常行为的早期，数量更多、更官僚化、更高效、更非人化、更稳定以及更冷静。它包含了对罪犯乃至整个社会的监控。这一社会理论激发了学术界的极大兴趣。我们可以认为即使福柯关于监狱所说的一切都是错的，它仍然会是让人感兴趣的（Alford, 2000）。

这种新的技术，即一种规训权力之技术，以军队为模板。它所指向的不是一个单一的、支配一切的权力体系，而是一个微观权力体系。福柯称其为具有"不计其数的冲突点"（1979：26—27）和抵制点（Brenner, 1994）的"权力的微观物理学"（microphysics of power）。他划分出规训权力的三种工具。第一种是**层级监视**（hierarchical observation），或说官员们看一眼（gaze）便能监视所控制的一切之能力；第二种是进行**规范化裁决**（normalizing judgments）以及惩罚规则违反者的能力。因此，一个人可能因在时间（迟到）、行为（心不在焉）或举止（不礼貌）等维度上获得负面评价而被惩罚。第三是通过**检查**（examination）来评判主体，对人们做出规范化的判断。规训权力的第三个工具包含了另外两个工具。

福柯对规训社会的发展没有简单地持否定的态度。他认为它也有积极的效果。例如，他认为规训在军队和工厂里可以发挥有益的作用。不过，福柯也表达了对规训扩散的发自内心的恐惧，尤其是当它进入国家警察网络之后，整个社会都将成为被规训的对象和被监视的领域。

福柯不认为规训无差别地覆盖了整个社会。相反，他认为它"游弋"在社会中，在这个过程中一点一滴地对社会产生影响。但是，最后大部分机构都会受到影响。福柯夸张地问道："奇怪吗？监狱跟学校、工厂、营房、医院一样，所有这一切都跟监狱一样。"（1979：228）最终，福柯看到了监狱系统的发展，规训被"从监狱机构转移到整个社会中"（1979：298）。我们在此可以看到铁笼的影子，但正如他一向的风格，福柯也看到了与监狱系统相对立的力量的运转。福柯的作品中总是存在持续的结构层面的辩证。

讨论至此，福柯在《规训与惩罚》一书中对权力做了更多的强调已经很明显了，他在该书中还关注了他一向感兴趣的命题——人文科学的出现。从刑罚到监狱规则的转变构成了从惩罚肉体到惩罚灵魂或意志的转变。由此，这种变化带来对规范和道德的思考。监狱官员和警察开始负责评判囚犯的正常状态和道德。最终，这种评判的能力被延伸到其他"小规模审判者"身上，如精神病医生和教育者。全新的科学刑罚知识体系自这些裁定中涌现出来，成为现代"科学法律综合体"的基础。新的镇压模式将人们定义为知识或科学话语的客体。福柯的核心观点是这个过程中蕴藏着现代人文科学的根源。福柯艰难地描述了人文科学在规训中的根源："在过去一个多世纪点亮我们'人性'的科学，在这些有关规训及其调查的琐碎且恶毒的细节中建立了它们的技术模型。"（1979：226）

《规训与惩罚》中还有一点值得一提。福柯对于知识如何生产实施权力的技术这一问题很感兴趣。在这一语境中，他以圆形监狱为例来分析。圆形监狱是一种使官员们对罪犯的全面监控成为可能的结构（Lyon，2007；G. T. Marx，2005）。事实上，官员们不需要总是在场，仅仅是这种结构的存在（以及官员们在那里的可能性）就会对罪犯构成约束。圆形监狱采取在一个圆周形监狱中央竖立一座高塔的形式，守卫从高塔上可以看到所有的牢房。圆形监狱是监狱官员巨大权力的来源，因为它赋予他们全面监控的可能性。更重要的是，圆形监狱的权力将由于囚犯的自我控制而得以加强。囚犯们会因为害怕**可能**会被守卫看见而停止做许多事。知识、技术和权力之间存在明显的关联。进而，福柯又返回他对人文科学的关注，将圆形监狱看作收集大众信息的实验室。它是社会科学实验室以及其他收集人类信息之社会科学技术的先导。在另一个层面上，福柯还将圆形监狱看作"一个完整的社会类型"——规训社会的基础（1979：216）。①

最后，我们要讨论一下《性经验史》第一卷（Foucault，1980a）。这本书的核心仍然是权力系谱学。对于福柯来说，性是"权力关系的一个极其难以穿透的转换点"（1980a：103）。他认为他的目的就是去"定义有关权力—知识—愉悦的管理体制，它在我们生活的那一部分世界里**维系着**与人类性活动有关的话语"（Foucault，1980a：11）。他审视了性被置入话语的方式以及权力侵入该话语的方式。

一般认为，维多利亚时代导致了广泛的性压抑，尤其是对性话语的压抑。福柯专门讨

---

① 就这一思想的一种有趣的应用，参见扎波夫（Zuboff，1988）。他将电脑看作现代圆形监狱，因为它给予上级对下属近乎无限的监控权。

论了这种看法。他的立场刚好相反——认为维多利亚时代导致了性话语的爆发。作为维多利亚时代的产物，社会上出现了更多对性活动的分析、盘点、分类、说明以及定性/因果研究。福柯说："人们会问自己，就什么是我们最热切的关注而言，为什么我们如此想结束沉默的法则？"在学校里尤其如此，与其说性受到压抑，不如说"关于性的问题是人们持续的关注"（1980a：27）。福柯如此总结维多利亚时代的假说及他与之相反的观点：

> 因此，我们必须抛弃那种认为现代工业社会在一个性日益受到压抑的时代起到导引作用的假设。我们不仅亲眼见证了各种非正统性活动的爆炸式发展……权力中心前所未有地增多；从未展示和表达出如此多的关注……从来没有出现过这么多充满了高强度的愉悦、充斥着权力的地方，并且不停地扩散开去。
>
> （Foucault，1980a：49）

再一次地，福柯赋予医学及其中有关性的话语以独特地位。对大多数人而言，医学致力于对性进行科学分析，福柯则认为道德在医学研究中比科学占据更大的比重。[事实上，福柯对于医学的苛刻堪为典型，他认为它的话语"不是为了陈述真相，而是为了阻止真相的出现"（1980a：55）。]宗教（尤其是西方的基督教）、忏悔，以及主体诉说关于性之真相的需要，同样涉及性道德。所有这一切都与人文科学及该领域获得主体知识的追求相关。正如向神父告白一样，人们也向医生、心理医生和社会学家告白。告白，尤其是关于性的告白，逐渐为科学术语所包裹。

在西方，"对主体的科学研究在一个日趋狭窄的圈子里被引向性的问题"（Foucault，1980a：70）。旨在确定我们是谁的那些问题，也越来越多地被导向了性。福柯将这一切总结为："性，是一切事物的解释。"（1980a：78）

福柯认为对性的科学研究不应再聚焦于性压抑，而应该关注性和权力的关系。要再强调一次的是，权力并非只有一个中心来源，它存在于各种微观环境之中。而且，正如福柯一向强调的，强加于性的权力始终伴随着抵抗——哪里有权力，哪里就有反抗。

在18世纪之前，社会试图控制人的死亡，但是自18世纪起，焦点转移到对生活尤其是性的控制上。控制生活（以及性）的权力有两种形式。一是"人体的解剖政治"，旨在规训人类的身体（及其性活动）。二是"人口的生物政治"，旨在控制和规范人口增长、健康状况、预期寿命，等等。在这两种形式中，社会逐渐将"生命视为政治目标"（Foucault，1980a：145）。性是这两种形式的中心："性是达成人体生命以及人口延续的一种途径。"（Foucault，1980a：146）在现代西方社会，性的重要性已经远远越过了灵魂（我们知道它在福柯著作中有多重要），几乎与生命本身一样重要。通过性的知识，社会逐渐向生活施予更多的权力。不过尽管控制在日益增强，福柯对于解放仍是满怀期望：

> 我们必须打破性的种种代理,如果我们想要通过对各种性(控制)机制的战术性反转,根据人体、愉悦和知识的多样性及反抗的可能性来对抗宣称针对以上三者的权力控制的话。反抗性之布局的反攻着力点不在于性的欲望(sex-desire),而应该在于肉体和愉悦(bodies and pleasures)。
>
> (Foucault, 1980a: 157)

迪恩(1994)指出,从20世纪70年代晚期到1984年逝世,福柯在其作品中逐渐将注意力由权力的微观政治转向**治理术**(governmentalities),即"统治实践和技术逐渐取决于它们进行干预和运转之领域的分散表达(discursive representations)这一异质性、非主观的过程"(Dean, 1994: 78)。相较于其他理论家,福柯的关注重点不专门指向国家,而在于"构成治理方式的实践与理性"(Dean, 1994: 153)。因此,就人文科学知识的意愿来说,福柯关心的是身体被管制、行为被治理的方式以及自我形成的多种方式。更一般地说,他关心自我管制、对他人的管制和对国家的治理。总而言之,在福柯看来,治理就是"对行为的管理"(the conduct of conduct)(Dean, 1994: 176; Lemert, 2005d)。

福柯去世距今已经数十年了,后结构主义已被后现代理论超越并取而代之。我们总是很难在二者之间划一条清晰的界限,事实上,也不存在这样一条界限。我们不妨将后现代理论视作后结构主义的延伸和夸大。不管我们能不能清晰地将这二者区分开来,有一点很清楚,那就是后现代主义在社会学理论界乃至许多学术及非学术领域都已成为最重要的发展。

后现代社会理论

今天的社会学所面临的境况,正如十年前多个学科领域(尤以人文学科为主)所面临的情境一样:

> 后现代时代到了,不知所措的知识分子、艺术家和文化企业家们很困惑他们是该去赶这趟潮流,参加这场狂欢嘉年华,还是该安静地坐在一边,眼看着这种新的时尚被文化潮流带走。
>
> (Kellner, 1989b: 1—2)

尽管许多社会学家和一些社会理论家仍然认为后现代社会理论只是一股潮流(它看起来总是更像一场嘉年华而非严肃的学术运动),但事实证明社会学理论家们再也不能忽视它了(Dandaneau, 2001)。在现代社会理论界,它已成为"镇上炙手可热的游戏"(Kellner, 1989b: 2)。实际上它是如此大受欢迎,至少已经有一位理论家力劝我们停止使用这一术语,因为它已经"因过度使用而被磨损殆尽了"(Lemert,1994:142)。也就是说,支持者和诽谤者以及二者热烈的争吵太多地使用了它。

鉴于后现代社会理论的重要性以及它所引发的热度,我们在这里至少要对后现代思潮作一简单介绍(Antonio,1998;Ritzer,1997;Ritzer and Goodman,2001)。作这个介绍可并非易事。首先,后现代思想家一般来说是极具个性的,在他们之间存在着巨大的差异,因此我们很难概括出一个大部分人都能认同的"概论"。例如,斯马特(Smart,1993)区分了三种后现代主义立场。① 第一种立场,或说极端后现代主义,认为存在突然的断裂,现代社会已经为后现代社会所取代。它的代表人物有鲍德里亚(Armitage,2005)、吉尔·德勒兹(Gilles Deleuze)和费利克斯·加塔利(Felix Guattari,1972/1983;Bogard,1998;Binkley,2007c;Genosko,2007;《理论、文化和社会》(Theory, Culture and Society),1997]。第二种立场认为,社会虽然已经发生变化,但后现代主义脱胎于现代主义,并且与后者相互衔接。马克思主义阵营中的詹明信、拉克劳和墨菲以及后现代女性主义者如南希·弗雷泽(Nancy Fraser)和琳达·尼克尔森(Linda Nicholson)都秉持这一取向。最后,第三种也即斯马特的立场认为,与其说将现代主义和后现代主义看成两个时期,不如认为它们并行在一系列长期持续、正在进行的关系之中,后现代主义在其中不断地指出现代主义的局限。斯马特的分类虽然有一定用处,却被后现代主义者所摒弃,因为它大大简化了后现代主义思想巨大的多样性,使之产生了扭曲。

没有哪个名词能像**后现代**这样在如此广泛的学科领域里引起学者们的共鸣,但就这一术语的确切内涵而言,这里仍然存在许多的语焉不详和矛盾。为了澄清其意义,我们有必要对**后现代性、后现代主义**和**后现代社会理论**加以区分。② **后现代性**通常是指出现在现代之后的历史时期,**后现代主义**对应不同于现代文化产品的文化产品(在艺术、电影、建筑等领域)(Taylor,2007),**后现代社会理论**是指区别于现代社会理论的思考方式。这样一来,所谓的后现代就包含着**一个新的历史时期、新的文化产品**以及**一种关于社会世界的新的理论类型**。当然,上述概念共享的意义是,近年来出现了一些不能用**现代**这一术语来描述的、新鲜且不一样的事物,它们正在取代当代现实。

谈到其中的第一个概念,许多人认为现代历史已接近尾声,或说已经终结,我们进入了所谓后现代性的全新的历史时期。勒默特认为后现代主义的诞生,至少在象征意义上可以追溯到:

> 1972年7月15日下午3点32分现代建筑的死亡——圣路易斯州布鲁特-伊果住

---

① 波林·罗西瑙(Pauline Rosenau,1992)则将后现代思想家区分为怀疑派和证实派这两类。
② 这里我采纳了贝斯特(Best)和凯尔纳(Kellner)所做的分类(1991:5)。

宅项目被毁的那一刻……这个位于圣路易斯州的大型房屋计划代表了现代建筑学自以为是的信仰，即公共住宅规划师和建筑师认为建造最大最好的公共房屋就能够消除贫困和人类的痛苦。意识到这一思想的破产并摧毁它的象征物，无异于承认现代建筑的失败，也暗示了现代性自身的失败。

（Lemert，1990：233；该观点最早见于 Jencks，1977）

现代性和后现代性的差异在于是否存在为社会问题找出理性解决方案的可能，布鲁特–伊果项目的被毁正是该种差异的反映。我们再另举一例。林登·约翰逊总统在20世纪60年代向贫穷宣战，即为典型的现代性做法，人们认为社会问题可以通过找出和实施理性解决方案来解决。可以认为，在20世纪80年代，里根政府基本上不愿通过推动大型项目来解决这类问题，即代表了进入后现代社会以及针对多种问题没有一个简单的理性答案的看法。这样一来，我们可能得出结论，即在肯尼迪、约翰逊和里根政府之间的某个时段，美国已从现代社会转变为后现代社会。事实上，布鲁特–伊果项目的被毁正发生在那个时间段。

第二个概念，即后现代主义，与文化领域相关。人们认为后现代产品表现出取代现代产品的倾向。在艺术领域，正如我们稍后将看到的，詹明信（1984）比较了安迪·沃霍尔几乎等同于摄影、不带情绪的《玛丽莲·梦露》后现代主义绘画与爱德华·蒙克极度痛苦的现代主义作品《呐喊》（The Scream）。在电视界，《双峰》（Twin Peaks）通常被认为很好地代表了后现代主义，而《父亲最懂》（Father Knows Best）则是典型的现代主义电视节目。至于电影，《银翼杀手》（Blade Runner）会被看作后现代的作品,《十诫》（Ten Commandments）则是当之无愧的现代电影。

第三个概念，也即与我们此处的讨论更直接相关的概念，涉及后现代社会理论的出现及它与现代理论的差异。现代社会理论试图为它对社会的分析和批判寻求一个普遍的、非历史的理性基础。对马克思来说，这个基础即为类存在物（species-being），而哈贝马斯认为它是沟通理性。后现代思想拒绝"基础主义"（foundationalism），表现出相对的、非理性的和虚无主义的倾向。在尼采与福柯之后，后现代理论家们开始质疑所谓的社会基础，认为它们倾向于向某些群体授予特权而贬低其他群体的意义；将权力给予某些群体，并使得其他群体失去权力。

后现代理论家还拒绝宏大叙事和元叙事。说到对这些思想的抵制，我们必须介绍一下让–弗朗索瓦·利奥塔（Jean-François Lyotard），最重要的后现代主义理论家之一。利奥塔（1984：xxiii）首先用某种单一而宏大的综合体（或说"元话语"）定义了现代（科学）知识，我们通常认为马克思、帕森斯等理论家的思想是这类综合体的代表。利奥塔将"精神辩证法、意义诠释学、理性（生产）主体之解放或财富的创造"等宏大叙事与现代科学相联系（Lyotard，1984：xxiii）。

如果说利奥塔用元叙事定义了现代知识，那么后现代知识则包含了对这类宏大叙事的抵制。正如利奥塔所说："如果简化到极致，我将后现代定义为对宏大叙事的质疑。"（1984：xxiv）他进一步激烈地强调说："让我们向总体性开战……让我们激活这之间的差异。"（Lyotard，1984：82）事实上，后现代社会理论已经成为许多不同的理论视角的庆典："后现代知识不是简单的权力工具。它改善了我们对差异的敏感度，增强了我们包容不可化约性的能力。"（Lyotard，1984：xxv）就此而言，社会学在寻求一系列较为具体的理论综合的过程中，已经越过现代历史，进入了后现代时期。在弗雷泽和尼克尔森（Fraser and Nicholson）看来，相比于现代性的元叙事或宏大叙事，利奥塔更喜欢"短小的、地区化的叙事"（1988：89）。至于本书一直在讨论的新的综合趋势，它也许可以被视为"短小的""地方化"之社会叙事的范例。

与利奥塔拒绝一切宏大叙事不同，鲍德里亚只抵制社会学中的宏大叙事。首先，鲍德里亚抵制社会这一整体观念。其次，他对社会的抵制进一步导致对与现代性相联系的社会学元叙事的抵制：

> ……社会中伟大的组织原则、宏大叙事，这些曾经在理性契约、公民社会、进步、权力、生产等思想中找到支撑和合法性的概念——它们都指向某种曾经存在但是不复存在的事物。以社会为视角（the perspective of the social）的时代（同时伴随着定义不清的所谓现代性）……已经过去了。
>
> （Bogard，1990：10）

所以说，后现代社会理论在一般的意义上代表着对元叙事的抵制，具体来说就是对社会学内部宏大叙事的抵制。

后现代社会理论在很大程度上是非社会学家（如利奥塔、德里达、詹明信等）的成果。不过，近年来，大批的社会学家开始采用后现代的视角进行研究，而且至少在一定程度上，后现代社会理论可以被看作古典社会学传统的一部分。举个例子，最近出版的一本对齐美尔著作进行再解读的《后现代化的齐美尔》[*Postmodern*（*ized*）*Simmel*, Weinstein and Weinstein，1993；1998]就是如此。两位温斯坦认为有十足的理由将齐美尔看成秉持自由主义的现代主义者；齐美尔提出历史趋势趋向以客观文化为主导的宏大叙事，即所谓"文化悲剧"。但是，他们还指出我们同样有十足的理由将齐美尔看成后现代理论家。也就是说，两位温斯坦认为上述两种判断都是有效的。事实上，并不存在某种观点比另一种观点更真实的情况。他们表示："对于我们来说，'现代主义'和'后现代主义'并非相互排斥的两个选择，而是不连贯的、彼此毗邻的两个领域。"（1993：21）这两位学者强调说他们可以对齐美尔的思想进行现代主义的阐释，但认为对其进行后现代主义的说明更有用处。于是，他们表达了一种非常后现代风格的观点："没有所谓的必然的齐美尔，只有在当代话语形成过程中根据不同立场而被解读的不同的齐美尔。"（Weinstein and Weinstein，1993：55）

两位温斯坦是怎样来论证齐美尔是个后现代主义者的呢？首先，齐美尔总的来说是反对总体主义的。事实上，他倾向于对现代性进行去总体化。尽管（除了）提出"文化悲剧"的理论，齐美尔首先是一位评论家和短篇小说作者，主要处理的是一系列具体的问题，而不是社会世界这一整体。

两位温斯坦，亦如其他一些人一样，将齐美尔描述为一个**漫游者**。具体地说，齐美尔被描述成一位将时光虚掷在对广泛的社会现象进行分析的社会学家。他因为一切社会现象所具有的美学特质而对它们深感兴趣，它们的存在使他"感到兴奋、愉快和惊奇"（Weinstein and Weinstein，1993：60）。人们大多认为齐美尔将学术生命用于在广泛的社会现象之间漫游，受情绪支配而描述了一种又一种社会现象。这一取向引导齐美尔远离总体性世界观，转而关注大量离散的但十分重要社会因素。

修补匠（bricoleur）是另外一个可用来描述齐美尔的词语。修补匠是指一类心灵手巧的匠人，能够利用手边任何有效的材料。对于齐美尔来说，有效的材料就是社会世界的各种各样的碎片，又或者如两位温斯坦（1993：70）用齐美尔式的术语所描述的"客观文化的碎片"。作为修补匠，齐美尔将他所能发现的一切思想拼凑在一起，以便将社会世界清楚地显现出来。

我们没有必要过于深入地讨论温斯坦们如何阐述齐美尔之后现代性的细节。上文讨论过的阐释重点已经清楚地说明，对齐美尔的后现代主义阐释如同对他的现代主义阐释一样具有合理性。针对其他重要的古典理论家而提出类似的后现代化观点难度要大得多，尽管我们也可以从其著作中找到某些与后现代社会理论相符合的片段。可以说，正如塞德曼（Seidman，1991）所清楚表示的，大部分社会学理论是现代主义的，但是正如齐美尔这个案例所展示的，即使在最为现代主义的传统理论中，后现代主义观点也不是无迹可寻（也可参见吉恩对韦伯及后现代主义的讨论，Gane，2002）。

我们还可以在社会学理论领域内部针对现代理论的批判之中寻找后现代社会理论的迹象。正如几位评论者（Antonio，1991；Best and Kellner，1991；Smart，1993）所指出的，米尔斯是其中的代表人物（C. Wright Mills，1959）。首先，米尔斯事实上已采用后现代一词来描述我们正在步入的后启蒙时期："我们正处在所谓现代时代的尾声……随之来临的是后现代时代。"（Mills，1959：165—166）其次，他猛烈地抨击了社会学中的现代性质的宏大理论，尤其是帕森斯所实践的那些理论。再次，米尔斯偏好着力于强调道德和社会性的社会学。用他自己的话说，他追求将广泛的公共议题和具体的私人问题相联系的社会学。

虽然齐美尔和米尔斯（以及其他学者）的作品中出现了后现代社会理论的影子，但是我们并不能在这些地方发现后现代理论。比如，贝斯特和凯尔纳认为米尔斯"从本质上说是一个现代主义者,考虑到他笔下覆盖一切的社会学通用化、针对社会学和历史的总体调查,以及试用借助社会学之想象力来解释社会现实和改变社会的信念"(1991:8)。

在了解以上的大致背景之后,我们将针对后现代社会理论进行更具体的讨论。接下来,我们将介绍两位最重要的后现代社会理论家——詹明信和鲍德里亚提出的几种观点。

温和的后现代社会理论:弗雷德里克·詹明信

有关后现代性议题的主流观点显然认为在现代和后现代之间存在着不可跨越的鸿沟。但是,一些后现代理论家却认为虽然后现代与现代之间存在重大差异,但二者之间也具有一定的连续性。这些论断中最著名的当属詹明信(1984;Kellner,2005b)的题为"后现代主义,抑或晚期资本主义的文化逻辑"的论文以及稍晚的一本同名文集(Jameson,1991)。这个题目清晰地表明了詹明信的马克思主义立场,处于"晚期"阶段的资本主义固然仍是当下世界的主流特征,但它已孵化出新的文化逻辑——后现代主义。换句话说,文化逻辑或许已发生改变,但是深层的经济结构仍在延续资本主义的早期形式。不仅如此,资本主义一直忙于玩弄它的老把戏——制造文化逻辑以帮助维系自身的运作。

沿着这一脉络创作,詹明信显然否定了许多后现代主义者(如利奥塔、鲍德里亚)所持的观点,即马克思主义理论堪称最出色的宏大叙事,也因此不具备任何后现代性,或说与之毫无关联可言。詹明信致力于表明马克思主义为后现代提供了一种最理想的理论阐释。有意思的是,虽然詹明信一般来说会因为他对后现代主义文化的洞见而受到赞扬,但也经常由于对这一新文化世界的经济基础分析不足而饱受批评,马克思主义者对他的批评尤其激烈。

詹明信的理论中另一处与马克思的思想相一致、而与大多数后现代理论家不一致的地方是,他同时看到了积极与消极的特征(1984:86),即与后现代社会"一并"相联系的"灾难和进步"。马克思显然以同样的方式看待资本主义:生产力的解放以及极其可观的发展,但与此同时剥削和异化也达到了同等程度。

詹明信首先认识到后现代主义通常与突然的断裂联系在一起,在讨论了一系列通常来说与后现代主义相联系的事物之后,又提问说:"相比于由较早的高峰现代主义者(high modernist)迫切要求的风格创新所决定的周期性风格(或风尚)变迁,这是否暗示着更为根本的改变或突破?"(1984:54)他给出的答案是,审美上的变化确实出现了,但是它们依然只是深层经济动力的机能之一:

> 今天社会所发生的就是审美生产已经被普遍地并入了商品生产:基于更高的营业额,生产比以往更新奇的产品(从服装到飞机),这种疯狂的经济驱动使审美创新和实验承担着越来越基础的结构职能和地位。这种经济上的需要随后在对新艺术有效的各种制度支撑(从博物馆的基金、赠款到其他形式的赞助)中获得了认可。

(Jameson, 1984: 56)

以下引文更为清晰和突出地体现了后现代与过去的连续性：

> 这种全球性的，但更是美国的后现代文化是美国在世界上的军事和经济统治的整个一轮新浪潮的内部表达以及上层建筑表达：在这个意义上，正如在整个阶级历史上一样，文化的阴暗面就是血腥、折磨、死亡和恐怖。

(Jameson, 1984: 57)

詹明信［继欧内斯特·曼德尔（Ernest Mandel）之后］在资本主义历史上看到三个历史阶段。第一个阶段就是马克思所分析的市场资本主义，或说统一民族市场的出现。第二个阶段是列宁所分析的帝国主义阶段，这个阶段出现了资本主义的全球网络。第三个阶段是曼德尔（1975）和詹明信所定义的"晚期资本主义"，包括"资本主义面向那些迄今为止尚未商品化的地区的惊人扩张"（Jameson, 1984: 78）。这一扩张，"与马克思在19世纪的伟大分析完全不同，恰恰构成了至今为止史上最纯粹的资本形式"（Jameson, 1984: 78）。詹明信说："就理解这一新的历史内容来说，马克思的框架仍然是不可或缺的。为了达成理解，我们需要的不是对马克思主义框架进行修正，而是对其进行进一步的发展。"（引自Stephanson, 1989: 54）对于詹明信来说，现代资本主义的核心就在于它的跨国特征，以及极大提高了商品化的范围这一事实。

经济结构中的变迁也反映在文化变迁上。因此，詹明信将现实主义与市场资本主义、现代文化与垄断资本主义、后现代文化与跨国资本主义一一对应起来。这个观点看起来像是马克思经济基础—上层建筑论断的更新版，许多学者因此批评詹明信采纳的这一视角过于简单化。詹明信已努力地避免这样一种"通俗"立场，对经济和文化二者的关系进行了更复杂的解释。可是，即使费瑟斯通（Featherstone）的批评充满同情意味，但他仍然认为："显然，詹明信的文化观点主要在基础—上层建筑的模型范围内生效。"（1989: 119）

资本主义已经从文化至少还有一定程度自主性的垄断资本主义阶段走向文化爆炸的跨国资本主义阶段：

> 文化在社会领域中的扩张已经达到如此惊人的地步，以至于从某种本源和尚未被理论化的意义上来说，社会生活中的一切事物——从指导实践的经济价值和国家权力到心灵本身的结构——可以说都变成了"文化的"。可是，这个惊人的假设在本质上与之前一个影像或拟象（simulacrum，这个词稍后将被界定）社会的判断是完全一致的，把"真实"转换成如此之多的伪事件。

（Jameson，1984：87）

詹明信将这种新的形式称为"文化主流"。作为一种文化主流，后现代主义被描述为"一种力场，在其中极度不同的多种文化冲动……都必须自寻出路"（Jameson，1984：57）。可以说，作为"一种新的文化系统规范"，后现代主义是由许多相对异质的元素构成的（Jameson，1984：57）。通过**文化主流**（cultural dominant）这一术语，詹明信清楚地表明后现代文化虽然居于主流，但是在当代文化内部仍存在其他多种力量。

詹明信提供了一个由四种基本元素构成的、有关后现代社会的、较为清晰的画面（第五种元素——它的晚期资本主义特征，我们已经有所讨论）。第一，后现代社会是肤浅的，缺乏深度。它的文化产品满足于表面的形象，并不试图深入挖掘内在的意义。典型案例之一就是安迪·沃霍尔著名的坎贝尔浓汤罐头画作，它看起来正是那些罐头的完美表达。用后现代理论的关键术语**拟象**来解释，画作就是一种让我们难以区分原作与复制品的拟象。拟象是对复制品的复制。不根据罐头本身，而是根据这些罐头的一张照片来作画，正是沃霍尔之所以获得声誉的原因。詹明信描述说，拟象就是"使原作不复存在的、完美的复制品"（1984：66）。根据这一定义，拟象是肤浅的，缺乏深度。

第二，后现代主义以感情或倾向的消逝为特征。詹明信为了举例说明，将沃霍尔的另一幅以玛丽莲·梦露为主题的画作——又一幅近似摄影的表达，与一幅现代主义的经典杰作——蒙克的《呐喊》相比较。《呐喊》是一个人在表达深深的绝望，换用社会学术语来说，即表达失范与异化的一幅超现实画作。沃霍尔的梦露画像则是空洞的，没有表达任何真实的情绪。这反映出对于后现代主义者来说，引发蒙克画笔下的那种情绪反应的异化和失范是现已逝去的现代世界的一部分。在后现代世界里，异化被代之以碎片化。鉴于世界和其中的人都已被碎片化，余下的情感便是"飘浮和非人格化的"（Jameson，1984：64）。有一种古怪的欢快情绪与这些后现代的情感相联系，詹明信宁愿称之为"紧张"。他以一幅照片般逼真的城市风景画来举例说明，"连汽车残骸都闪耀着新的、引发幻觉的壮丽光芒"（Jameson，1984：76）。基于城市肮脏地区中间大批废弃汽车的欢快感，事实上是一种古怪的情绪。"当人体被植入新出现的电子媒介时，后现代式的紧张会相应出现。"（Donougho，1989：85）

第三，历史真实性的丧失。人类不再有能力认识过去。我们所能接触到的只有关于过去的文本，而所能做的只是生产关于历史这一议题的其他文本。历史真实性的丧失导致"对历史进行各种形式的随机拆卸"（Jameson，1984：65—66）。这一后果带领我们认识后现代思想的另一个关键概念——**拼凑**（pastiche）。鉴于历史学家不可能发现过去的真相，甚至不能拼出一个关乎过去的连贯的故事，他们只能满足于创造拼凑物或有时显得相互矛盾和混乱的历史思想大杂烩。除此之外，后现代社会里没有关于历史发展、时间流逝的清晰认识，过去和现在无可避免地交织在一起。例如，在多克托罗（E. L.

Doctorow)《拉格泰姆时代》(*Ragtime*)之类的历史小说中，我们看到"历史指涉的消失。这部历史小说不再着力于表达历史性的过去，而只能'代表'我们的思想以及有关过去的刻板印象"(Jameson, 1984: 71)。类似的案例还有，电影《体热》(*Body Heat*)显然是关于现在的电影，却创造出20世纪30年代特有的怀旧气氛。为了做到这一点，

——器具和工艺品，甚至汽车，在风格上都要有助于确定画面的时间，当下这个时代的客观世界被仔细地剪辑掉了。因此，电影中的一切要协力淡化电影自身正统的当代气质，使得观众能够接受它的叙事，好像这个故事超越了历史，永远定格在三十年代。

(Jameson, 1984: 68)

《体热》这类电影或《拉格泰姆时代》一类的小说是"我们的历史真实感正在消逝的微妙症候"(Jameson, 1984: 68)。时态的丧失，区分过去、现在和未来的无能，表现在个体层面上就是某种精神分裂症。对于后现代的个体来说，事件是碎片化和不连续的。

第四，与后现代社会相联系的是一种新的技术。不同于汽车装配流水线之类的生产技术，我们见证的是再生产技术（尤其是电视和计算机等电子媒介）的统治。相比于工业革命中"令人兴奋"的技术，我们现在拥有的是电视等科技，"它们随身携带扁平化的图形界面，除了内爆没有表达任何东西"(Jameson, 1984: 79)。后现代时代向内爆裂的、扁平化的技术生产出非常不同于现代社会向外爆裂、扩张性的技术所生产的文化产品。

总之，詹明信向我们展示了这样一幅后现代主义的画面，人们随波逐流，无法理解跨国资本主义系统以及他们身处其中的爆炸式发展的文化。詹明信用著名后现代建筑大师约翰·波特曼（John Portman）所设计的、洛杉矶波那维图尔酒店（Hotel Bonaventure）来说明这个世界以及个人如何在其中定位。詹明信想表达的该酒店的特征之一是一个人在门厅里无法获知自己的定位。这个门厅是詹明信所谓**超级空间**的典型，在此现代空间概念不能帮助人们给自己定位。酒店门厅被四个有客房坐落的、呈完全几何对称的塔楼所环绕，酒店不得不加设颜色编码和指示标志来帮助人们找路。总而言之，它的设计以及我们想强调的重点是，人们在酒店门厅很难获知自己的定位。

波那维图尔酒店门厅的情况可谓一种隐喻，暗示着人们不能在跨国经济及晚期资本主义的文化爆炸中找到自己的定位。与许多后现代主义者不同，詹明信作为马克思主义者在这个话题上不愿意就此打住，（他认为）至少要就生活在后现代社会这一问题给出部分的解决之道。他说，我们需要一份认知地图来帮助我们认清周围的情况（Jagtenberg and McKie, 1997）。当然，这张地图不是也不能是以前的旧地图。也就是说，詹明信在等待

一个突破，从中涌现出某种尚且无法想象的、新的（晚期资本主义）表达模式……在其中我们也许能够再次掌握我们作为个人主体和集体主体的位置，重获行动和抗争的能力，它们当下已由于人们在空间和社会层面的混乱而被中和了。后现代时代的政治形式（如果可以有的话），将以发明和规划社会及空间双重层面的全球认知地图为己任。

（Jameson，1984：92）

这些认知地图可以有多个来源，例如社会理论学者（包括詹明信在内，他的著作就可被视为是在提供这样的地图）、小说作家以及根据日常生活绘制自身空间地图的人们。当然，对于像詹明信这样的马克思主义者来说，地图并非目的本身，它们只被用来构造后现代社会激进政治运动的基础。

对地图的需要与詹明信以下的观点相联系，即我们已从一个由时间定义的世界移入另一个由空间定义的世界。确实，超级空间的概念和波那维图尔酒店门厅的例子反映了空间在后现代社会中的支配地位。所以，对詹明信来说，今天的核心问题是"**我们丧失了在这一空间中进行自我定位以及从认识上测绘它**的能力"（Jameson，in Stephanson，1989：48）。

有趣的是，詹明信将认知地图的概念与马克思主义理论（尤其是有关阶级意识的思想）联系了起来："'认知地图'在现实中是不存在的，只是'阶级意识'的代码……它只是提出了一种新的、迄今尚未被梦想过的阶级意识需要，它同时根据后现代中隐含的新的空间性改变了相应的说明。"（1989：387）

詹明信的理论的突出优点在于综合马克思主义理论和后现代主义的取向。詹明信本应该为此受到称赞，但现实却是他的研究**既不能**让马克思主义者满意，**也不能**让后现代主义者高兴。正如贝斯特和凯尔纳所说："当詹明信在古典的马克思主义和极端的后现代主义之间制造出令人不安的联合时，他的研究显示了构建某种折中、多维视角理论的潜在风险。它试图合并难以计数的理论立场，其中一些甚至彼此矛盾、冲突。"（Best and Kellner，1991：192）更具体地说，一些马克思主义者反对詹明信将后现代主义视为文化主流，而一些后现代主义者则批判他对于世界总体论的接纳。

极端的后现代社会理论：让·鲍德里亚

如果说詹明信是相对温和的后现代社会理论家的一位代表，那么让·鲍德里亚就是最激进和愤怒的后现代理论家之一。与詹明信不同，鲍德里亚接受过社会学的专业训练（Genosko，2005；Wernick，2000），但是他的研究很早就超越了学科的限制。鲍德里亚的研究既不能被任何学科所涵盖，而他本人在任何情况下也始终排斥学科分界的思想。

继凯尔纳（1989d，2000）之后，我们在这里简单回顾一下鲍德里亚迂回曲折的研究之路。他最早的作品可以回溯到上个世纪60年代，表现出现代主义（鲍德里亚直到上个世纪80年代才开始使用后现代主义这一术语）和马克思主义的倾向。鲍德里亚的早期作品包含指向消费社会的马克思主义式批判。它们受到了语言学和符号学的深刻影响，凯尔纳认为最好将鲍德里亚的早期作品视为"对马克思政治经济学理论的符号学补充"。但不久之后，鲍德里亚就开始批判马克思的理论方向（以及结构主义），并最终将其远远地抛在身后。

在《生产之镜》（*The Mirror of Production*）中，鲍德里亚（1973/1975）开始将马克思主义视角视作保守政治经济学的镜像。鲍德里亚明确表达出要用象征交换的思想来替代经济交换，这也是对后者的彻底否定（D. Cook，1994）。象征交换是指"取与予、给与受"的不间断的循环、"馈赠与反馈增的**循环**"（Baudrillard，1973/1975：83）。象征交换显然置身于资本主义的逻辑之外，并且站在它的对立面。象征交换的思想暗示着要创造一个以象征交换为特征之社会的政治计划。举例来说，鲍德里亚批评工人阶级，而且看上去对新左派和嬉皮士更抱肯定态度。然而，鲍德里亚很快放弃了**所有**的政治目标。

鲍德里亚将他的关注转向对现代社会的分析，认为在当代社会里生产不再占据统治地位，而由"媒体、控制系统模型和转向系统、计算机、信息处理、娱乐和知识产业等"取而代之（Kellner，1989d：61）。由这些系统所发散出的是一场名副其实的符号爆炸（D. Harris，1996）。可以说，我们已经从一个由生产方式主导的社会进入到一个由生产符号主导的社会。社会目标已经从剥削和利润转向了符号和生产它们的系统的统治。不仅如此，过去这些符号代表着某些真实的事物，而现在它们所指称的只有自身和其他符号，符号逐渐演变成自指性的（self-referntial）。我们再也不能判断什么才是真实，符号和现实之间的区隔已经**内爆**。一般地说，后现代的世界（现在鲍德里亚就在这个世界里直接地运作）是一个以这类内爆为特征的世界，区别于以生产系统、商品、技术等之外爆为特征的现代社会。所以，正如现代世界经历过分化的过程，我们也可以认为后现代世界正在经历**去分化**（de-differentiation）的过程。

如同詹明信一样，鲍德里亚描述后现代世界的另一种方式是，强调它以**仿真**（simulations）为特征，而我们生活在一个"仿真的时代"（Baudrillard，1983：4；Der Derian，1994）。仿真过程指向**拟象**的创造，或说"客体或事件的再生产"（Kellner，1989d：78）。随着符号和现实之间的区隔发生内爆，我们越来越难以将现实与那些模仿现实的事物区别开来。鲍德里亚曾谈及"电视节目消融在生活之中，生活又消融在电视节目里"（1983：55）。最终，现实的再现或说仿真物逐渐占据了统治地位。我们受到这些仿真物的束缚，它"形成了一个原地打转、无始无终的循环系统"（Kellner，1989d：83）。

鲍德里亚（1983）用**超现实**（hyperreality）来描述这个世界。媒体不再只是现实的反映，而成为现实本身，甚至比现实更为真实。小报新闻秀［如《内幕》（*Inside*

Edition）］如今在电视上大受欢迎就是很好的案例，它们兜售给观众的谎言和扭曲远远超出现实——它们是超现实。于是，真实的事物逐渐沦为从属品，并最终被一起消解掉了。区分表演与现实变得不再可能。事实上，所谓的"真实"事件越来越具有超现实的特征。对前橄榄球明星辛普森谋杀妻子妮可·辛普森及其男友雷纳德·戈德曼一案的审判看起来就是超现实的，是《内幕》之类的超现实电视节目的完美素材。到了最后，现实不复存在，剩下的只有超现实。

鲍德里亚在上述研究中始终关注的是文化，他认为社会文化正在经历一场大规模且"灾难性"的革命。在这场革命中，大众变得日益消极，而不像马克思所认为的那样越来越反叛。由此，大众被视为一个吸收掉所有意义、信息、交流、消息等的"黑洞"，把它们变得毫无意义……大众沉闷地走着自己的路，将操控他们的那些企图置之脑后（Kellner，1989d：85）。不关心、冷漠和迟钝，这些词汇很适合用来描述沉浸在媒体符号、拟象物和超现实中的大众。一般认为，大众并不是被媒体所操控的，相反，媒体正被迫供应大众不断增长的、对于客体和表演的需求。在某种意义上，社会本身在内爆后成为大众的黑洞。在将这些理论总结起来之后，凯尔纳说：

> 在虚无主义和无意义的黑洞中，迟钝的加剧、媒体中意义的内爆、大众社会的以及大众的内爆，就是鲍德里亚所看到的后现代的景象.
>
> （Kellner，1989d：118）

这番分析看起来已经非同寻常，但鲍德里亚在《象征交换与死亡》（*Symbolic Exchange and Death*）中变得更为怪异、不顾名誉、无礼、混乱、玩世不恭，或者一如凯尔纳所说"尽情作乐"（1976/1993）。鲍德里亚认为当代社会就是死亡文化，死亡是"一切社会性排他和歧视的范式"（Kellner，1989d：104）。对死亡的强调也折射出生与死的二元对立。相比之下，以象征交换为特征的社会在一般的意义上终结了二元对立，更具体地说就是生与死的对立（以及在这个过程中与死亡文化相伴而生的排他和歧视）。正是对死亡的焦虑和排斥让人们更深入地陷入消费文化的旋涡。

将象征交换视作当代社会的更好选项的看法，对鲍德里亚来说逐渐变得太过简单（1979/1990），他慢慢把**诱惑**（seduction）看成更适合的选项，这或许是因为它能够更好地适应他当时正在形成的后现代主义观念。诱惑是指"纯粹且单纯的游戏的魔力、表层的仪式"（Kellner，1989d：149）。鲍德里亚鼓吹诱惑的力量和好处，特别强调它给这个以生产为特征的世界带来的无意义、玩闹、无深度、"胡说"以及非理性。

总之，鲍德里亚所提供的是一种毁灭性的理论。在晚期的一本著作《美国》（*America*）中，鲍德里亚表示在造访这个国家时，他"在寻找未来灾难的最终形态"（1986/1989：5）。他认为，马克思著作中的革命的希望是不存在的，涂尔干所期望的变革社会的可能性同样不存在。相反，我们这一生似乎注定要面对一个充斥着仿真物、超现实和万事万物都内爆为无限之黑洞的世界。在鲍德里亚的作品中存在着象征交换和诱惑之类的模糊的替代选项，但总体上他回避了宣扬它们的优点或明确阐述一个旨在实现它们的政治计划。

后现代社会理论和社会学理论

有些人相信后现代社会理论，尤其是较为激进的后现代社会理论，代表着对社会学理论的不对称的替代。从某种意义上说，至少是在我们传统上使用"理论"这一术语的意义上，后现代社会理论并不被视为理论。在本书开始处，社会学理论被定义为"社会学中的'大思想'，是（或承诺）经得起时间考验、处理重大社会议题、涉猎广泛的思想体系"。鲍德里亚等后现代主义者的激进思想完全符合这一定义。鲍德里亚显然提供了很多"大思想"（仿真、超现实、象征交换、诱惑）。这些思想每每表现出它们经得起时间的考验。鲍德里亚所处理的当然也都是重大的社会议题（如对媒体的控制）。他的思想对于社会世界的某些实质部分有所影响，即使并不能影响整个社会世界。因此，我们可以说鲍德里亚为我们提供了一种社会学理论。不过，假如可以这样评价鲍德里亚的话，那么詹明信和其他大多数后现代主义者当然也可以获得类似评价。

后现代社会理论真正的威胁更多地源于它的形式而非内容。在拒绝宏大叙事的同时，后现代主义者也否定了大多数我们通常看到的社会学理论。鲍德里亚（以及其他的后现代主义者）提供的不是宏大叙事，而是一些不时看上去彼此矛盾的思想碎片。如果后现代主义者得胜，未来的社会学理论与今天的相比将会大为不同。但是即使在形式上面目全非，社会学理论仍然需要涵盖有关社会议题的、重要的且涉猎广泛的思想。

不管未来将会怎样，后现代社会理论家正在创造难以计数的、重大的且令人兴奋的思想。这些思想不应受到忽视，在不断被内化到社会学的过程中，它们将推动社会学理论走上新的、未知的发展方向。

相关批判及后—后现代社会理论

关于后结构主义与后现代社会理论的争论通常会产生巨大的热度。支持者通常高唱赞歌，而贬斥者常常被引向（我们只能说是）盲目的愤怒。例如，约翰·奥尼尔（John O'Neill, 1995）在作品中提到"后现代主义的精神错乱"（p. 16），认为它所提供的是"铺天盖地的胡说八道"（p. 191），是"意识已死的瞬间"（p. 199）。摒弃这些极端的修辞不说，人们对后现代社会理论的主要批判究竟是什么？（注意，鉴于后现代社会理论的极大丰富，对于后现代理论的一般批评在有效性和实用性上是否需要质疑？）

• 后现代理论被批评说不能符合为后现代主义者所回避的现代科学标准。对于沿着科学道路前进的现代主义者来说，他们无法判断后现代主义者的争辩是否为真。换用更正式一些的表达来说，在现代主义者看来，后现代主义者所说的一切都是不可检验的——也就是说，他们的想法不可以被证伪，更不能通过经验研究来证伪（Frow，1991；Kumar，1995）。当然，这些批判假定了科学模式的存在、现实的存在，以及存在真理和对真理的追寻，而上述这些假设正是后现代主义者所抵制的。

- 鉴于后现代主义者所创造的知识似乎不能构成科学思想体系，或许我们最好把后现代社会理论看成某种意识形态（Kumar，1995）。一旦我们这么做了，要点就不再是这些观点是否真实，而仅仅是我们是否相信它们。那些只相信某一种思想组合的人是没有理由来争辩他们秉持的思想组合比其他的思想组合更好或更差的。
- 由于不受科学规范的约束，后现代主义者可以自由地做他们想做的事情，"把玩"各种各样的思想。他们在广泛归纳的同时往往不设限制。不仅如此，后现代社会理论家在表达立场时，也不太采用现代科学家那种不动声色的修辞。大多数后现代话语的夸张特性使得处于这一理论视角之外的大多数人很难接受它的基本主张。
- 后现代观念通常十分模糊和抽象，将它们与社会世界相联系即使不是不可能的，至少也是极端困难的（Calhoun，1993）。不仅如此，后现代主义者在研究的不同时期使用的概念内涵往往会发生变化，但是读者由于不清楚它的原初意义，就很难察觉到其中的变化。
- 后现代社会理论家有批判现代理论家宏大叙事的偏好，但他们自己也经常采用这类叙事的变体。例如，詹明信经常因为采用宏大叙事和总体论而受到批判。
- 在理论分析中，后现代社会理论家经常提出对现代社会的批判，但是这些批判的有效性是可疑的，因为它们普遍缺乏足以推出此类判断的规范基础。
- 后现代理论家抵制有关主体和主体性的理论关注，所以他们通常提不出有关能动性的理论。
- 后现代社会理论家最擅长批判社会，但是他们对于社会应该是什么样子缺乏想象。
- 后现代社会理论导致彻底的悲观主义。
- 后现代社会理论家虽然抓住了他们眼中的社会重大议题，但是最终往往会忽略掉更多人所认定的我们这个时代的核心问题。
- 尽管我们看到女性主义者中不乏后现代理论的信徒，但正如我们在第九章所谈到的那样，女性主义者对于后现代社会理论的批判尤其强烈。女性主义者倾向于批判后现代社会理论对主体的否定、它与一般的跨文化范畴（如性别和性别压迫）的对立、过分关注差异、否定真理，以及缺少建立某种具批判性之政治议程的能力。

我们可以列举出许多针对后现代社会理论的一般批判，更不用说针对每一位后现代理论家的具体批判。不过，以上列表足以让读者大致掌握这些批判所涉及的领域。不管这些批判的价值是什么，核心议题是后现代理论究竟有没有提出一系列有趣的、富于洞见的、重要的，并且很可能对社会理论的未来发展产生深远影响的观点？从本章来看，这个问题的答案应该是明显的，即这样的思想在后现代社会理论中比比皆是。

后现代社会理论对于美国社会学界的有力影响才刚刚开始展现，然而它在许多领域却已度过鼎盛期，走上了下坡路。有趣的是，正是在后结构主义和后现代主义之最具意义的理论发源地——法国社会学理论界，我们看到超越后现代理论的最具决心的尝试。

由于否定人类主体，后现代主义者被指责为是反人文主义的（Ferry and Renaut, 1985/1990：30）。后一后现代主义者试图在后现代主义那里挽救人文主义（和主体性），后现代主义则大体上任由此类思想死去。里拉（Lilla, 1994：20）强调说人们当下寻求的是"重新守护伦理和政治领域里普世的及理性的规范，对人权的捍卫尤其重要"。

"后一后现代社会理论"的另一进路是，面对后现代主义对自由主义之宏大叙事的攻击，试图重塑自由主义的重要性（Lilla, 1994）。后结构主义者/后现代主义者的著作（如福柯的《规训与惩罚》），即使是以高度抽象的理论术语来表达的，仍然被法国学者解读为是对于结构，尤其是对自由主义的资产阶级社会结构及其"治理术"（governmentalities）的攻击。后现代理论家不仅质疑这样的社会，而且从此衍生出一种观点，即人们在这种社会权力结构之下无处可逃。在后现代理论鼎盛时期被宣判"死亡"的议题——"人权、宪政、代表制、阶级、个人主义"（Lilla, 1994：16）——又重新引起关注。后现代主义的虚无主义被代之以各种各样的对自由主义社会抱有同情的理论方向。我们可以说自由主义（及人文主义）理论关注的复兴暗示了一种指向关注和赞赏现代社会的回归。

吉尔·利波维茨基（Gilles Lipovetsky, 1987/1994）的《时尚帝国：将现代民主穿在身上》（*The Empire of Fashion: Dressing Modern Democracy*）清晰地展现了后一后现代社会理论的另外一些侧面。利波维茨基以相当坦率的态度与后结构主义者和后现代主义者相互较量。他以如下方式表述了上述二者所采取的立场，以及那些他至少在一定程度上反对的思想：

> 在我们的社会里，时尚掌控一切。在不到半个世纪的时间里，诱惑和昙花一现成为现代集体生活的组织原则。我们生活在由琐碎细节主导的社会里……我们应该因此而灰心么？它是否宣告了西方社会缓慢而不可阻挡的衰落？我们是否必须把它看作民主理想堕落的信号？没有什么比污名化民主国家的消费主义嗜好更常见和广受欢迎的了——当然这并非事出无因；它们被解读为缺乏对任何大型集体项目的动员，人们因为消费主义所引发的个体狂欢而陷入麻木状态，因为"即时"文化、广告和表演政治（politics-as-theatre）而被幼稚化。
>
> （Lipovetsky, 1987/1994：6）

相应地，在认识到时尚的种种问题的同时，利波维茨基（1987/1994：6）认为时尚也是"通往个人主义和自由社会之巩固的螺旋式运动的重要动力"。所以，利波维茨基并不像后现代主义者一样持悲观态度，他既看到了时尚的消极面，也看到了其积极面。总的来说，他对未来社会秉持着乐观的看法。

利波维茨基为时尚、消费主义、个人主义、民主和现代社会说了许多好话，但他也认识到与每个项目有关的种种问题。他由此得出结论，我们所生活的"世界既非最好，亦非最坏……时尚既不是天使，也不是魔鬼……这是时尚的伟大，总是引导作为个体的我们回到自我本身；这又是时尚的不幸，使得我们对自己和他人日益变得怀疑"（Lipovetsky，1987/1994：240—241）。他提醒知识分子不要只是因为时尚有违他们对于智识的好感而忽略它（以及其他现象）。后结构主义者/后现代主义者以及其他一些学者（如批判主义者）正是因为忽略了时尚以及自由主义、民主等重要现象而受到利波维茨基的攻击。在任何情况下，对时尚（及现代社会其他层面）的攻击都会导致我们忽略一个事实，那就是"时尚的时代一直是如下历史进程的重要因素，这一进程推动男人和女人集体远离蒙昧主义和宗教狂热，创立了开放的公共空间，形构了更讲法制、更成熟、更富于质疑精神的人性"（Lipovetsky，1987/1994：12）。

以时装为范式，利波维茨基强调说，时尚代表西方社会所特有的社会变革形式。相比于那些抵制本源思想的后现代主义者，利波维茨基将时尚的源头追溯至中世纪晚期西方社会的上流阶级。时尚作为社会变革的特点在于时间跨度短、以风格的转换为主以及影响社会世界各个部门的能力。西方社会汇聚了一系列的要素，这才导致时尚乃至推崇个性和创新之文化的产生。

时尚是促进个性的力量，因为它允许人们在着装中表达自我及个性，尽管他们也可能参与时尚整体的变化。同理，它也是促进社会平等的因素之一，因为它允许那些处于较低社会等级的人至少在着装上可以模仿等级较高的人。时尚甚至允许轻佻的自我表达。总的来说，时尚与日益增长的个人主义和整个社会的民主化是有关联的。

这一部分的讨论不应该受到以下的误解，即后—后现代或反—后现代社会理论将现代法国理论的气数消耗殆尽，但是它显然是这一理论方向的主要问题之一。后现代社会理论在当代法国并没有过气。鲍德里亚仍在持续写作，一些我们在此没有讨论的后现代主义学者也依旧活跃。例如，法国城市规划专家和建筑师保罗·维希留（Paul Virilio）〔参见《理论、文化和社会》（1999年10月）一书中的特别专题"保罗·维希留"〕。在一系列引人入胜的著作中，维希留（1983，1986，1991a，1991b，1995）集中关注了后现代世界中与速度有关的现象（速度学）。举例来说，在《丢失的维度》（*Lost Dimension*）一书中，维希留（1991a）讨论了物理距离及障碍已经由于速度的日益重要而消失。空间被时间取代，物质被非物所取代。就城市而言，它的物理边界已经被高速沟通及其他一些因素永远地打破了。由空间定义的现代社会让位于由时间定义的后现代社会。

就本书的目的而言，更重要的是，后现代社会理论不仅活力十足，而且在美国仍处于它的上升期。不过，我们需要跳出美国（或法国）的学术潮流来看问题，并且意识到不管后结构/后现代的思想在任何时点是否已经过气，它们在未来一段时间里对于社会理论这一整体仍将保持影响力。我们最终将会跨越后现代社会理论，但是总体上说，社会理论再也回不到从前了。

总　结

本章论述了社会学理论近代史上一系列重要且相互关联的发展，其中许多发展都源于语言学领域的革命并引导人们去探寻语言的深层结构。这场被称为结构主义的变革影响了无数个领域，包括人类学（尤其是列维-斯特劳斯的研究）以及马克思主义理论（特别是结构马克思主义）。

结构主义仍在影响社会理论学者的思考，同时它还催生了一场被称为后结构主义的运动。顾名思义，后结构主义建立在结构主义思想的基础上，但是又大大超越了后者，创造出一种独特的思维模式。福柯是最具影响力的后结构主义学者。在一系列影响深远的著作中，福柯提出了大量的理论观点，它们很可能在未来几十年里产生深刻的影响。

影响极其广泛的后现代理论一定程度上是由后结构主义演化而来。后现代的思考方式影响了许多领域，如艺术、建筑、哲学以及社会学。后现代的社会理论有很多分支，本章所介绍的是詹明信的温和版后现代理论以及鲍德里亚的激进版后现代理论。从最微观的意义上说，后现代理论代表着对社会学理论的挑战；而从最宏观的视角看，它意味着对大多数社会学理论（即使并非全部）的否定。本章在末尾探讨了几种针对后现代社会理论的重要批判以及后—后现代社会理论的意义。

第十四章
当代理论的前沿发展

本章概要

酷儿理论
种族和种族主义批判理论
行动者—网络理论、后人文主义和后社会主义
实践理论

本书最后一章的目的是关注社会学理论最近期的一些发展并做一番讨论。达成这一目的并不像看上去那么容易，因为新的理论总是层出不穷，我们通常又很难从中区分出哪些将在未来继续存在，而哪些则很快就会被扫入理论的垃圾桶。尽管如此，我们还是要努力地做这个工作，本章至少要介绍近期一些看起来有很大希望能够经受住时间考验的理论。我们在之前的各个章节也曾讨论过一些新近的理论发展。例如，我们在第十二章有关全球化理论的部分讨论了世界主义与世界主义的社会理论。事实上，有人认为全球化理论是当代理论界最重要的发展，而且很可能在可见的未来里会一直如此。

我们在这一章将讨论四种理论：酷儿理论、种族和种族主义批判理论、行动者—网络理论（以及与之相关的后社会和后人文主义思想），以及实践理论。[1]

酷儿理论[2]

任何试图定义酷儿理论的努力都应该从为此种行为道歉开始。酷儿理论清晰地秉持一个观念，就是定义一个事物就意味着对它的终结。所以，给酷儿理论下定义无疑违背

---

[1] 行动者—网络理论和酷儿理论在本书旧版里曾出现过，但是由于它们日益增长的重要性，新版对它们的讨论更加深入了。实践理论和种族与种族主义批判理论则是在新版中第一次出现。
[2] 这一节由J. 迈克尔·瑞恩（J. Michael Ryan）撰写。

了酷儿理论核心的后身份（postidentity）精神。用任何一种定义为该术语划定边界都可能破坏这个概念的延展性和包容性，而它们正是该概念内涵的独特所在。所以，我们要为对酷儿理论进行"澄清"而道歉，并且指出在这样做的同时不可避免地会损害到它的大部分精髓。不过，我们可以梳理出酷儿理论的一些基本原则，从而至少可以对这种不愿被命名的理论有些许了解。

酷儿理论（queer theory）是一系列主张身份并非固定不变而且不能决定我们是谁的思想集合。在这里，身份是历史性和社会化的建构过程，它既是流动性的，也是竞争性的。根据酷儿理论的精神，谈论"男同性恋者""犹太女人""变性黑人"或其他任何群体都是无意义的，因为上述身份中的任何一种都必然忽视了许多其他的身份（例如，犹太裔的男同性恋者或身为女同性恋者的犹太女性）。我们不能根据单个共享特征来整体地评判他人，因为还有难以计数的其他特征将人们区分开来，而我们对单个特征的关注将使它们变得沉寂。因此，酷儿理论的目标之一就是挑战固有身份的概念，主张一种更加开放和包容的身份观。

"酷儿"是什么？

酷儿（queer）这一名词可以体现为多种意义。对一些人特别是对老一代人来说，它是一个带贬义的概念，指称同性恋者。对另一些人来说，酷儿是一个无所不包的总称，包括男同性恋、女同性恋、双性恋、变性人、异装癖、怪癖者、阴阳人以及多重身份的人，等等。还有一些人认为（包括许多酷儿理论学者在内），它指称如此广泛的多样性身份以至于使酷儿成为反身份乃至无身份的代名词。皮昂特克（Piontek，2006：2）建议，**酷儿**"不应被用来指称一种身份，而是让我们得以从新的优势位置来探索那些理所当然和熟悉的一切的一种质疑的立场和大量的方法论"。酷儿可以被用作名词，来描述一种身份或非身份（nonidentity），或者被用作形容词修饰**理论**等特定的名词，再或者被用作动词把某个事物转化为非常态。在酷儿理论的语境中，这个词作为一个覆盖面广的学术和政治项目的一部分，在运用中可以采用以上三种属性。

致力于发表性主题研究，从而成为酷儿理论及其周边研究崭露头角之地的学术期刊包括英国的《性别》（*Sexualities*）、澳大利亚的《酷儿理论批判》（*Critical InQueeries*）以及北美期刊《同性恋季刊：男同性恋和女同性恋研究》（*GLQ：A Journal of Gay and Lesbian Studies*）以及《同性恋》（*Homosexuality*）。此外，《社会主义者评论》（*Socialist Review*，1992年22卷第1期）和《社会学理论》（*Sociological Theory*，1994年夏）等著名刊物也都大篇幅地介绍过酷儿理论。

我们尚且无法给出酷儿理论标志性特征的全面列表，但是阿琳·斯坦和肯·普拉默（Arlene Stein and Ken Plummer，1994）曾强调过它的四个"标志性特征"：

- "见证了在社会生活不同层面具化的性权力的这一性的概念化过程，以不规则的方式得以表达并在实施中超越了边界和二元划分。"（Stein and Plummer，1994：181—182）任何关于性的理解都必须基于建立在社会生活多种形式中的性权力关系，特别是在那些传统上人们并不认为与性直接相关的形式，如流行文化、政治、教育和经济。性权力的维系源于对性分类的边界进行持续地再制定、再生产和监管。例如，异性恋者要与同性恋者保持安全的防御距离。两种性向互为定义。每种性向通过确定它自身不是什么，建立了一个严格的边界，从而将这两种被人为设想为截然不同的性隔绝开来。这种性权力的维系要依靠使"正常"的性向（如异性恋、传教士式的性、一夫一妻制）优越于"非正常"的性向（如同性恋、性变态、多配偶）。

- "将性（sexual）和性别（gender）分类乃至一般意义上的身份问题化。身份的基础总是不确定的，需要认同和认知的替代。"（Stein and Plummer，1994：182）过去被用作概念化的性（conceptualized sexuality）的基础从而建构和维持性权力的特定边界受到了质疑。"同性恋""异性恋"等性分类，由分析单元的起点变成了被随意制造出的研究主体。它们被视为"行为"（doing）的方式而非"实存"（being）的方式。行为、知识和告解全都是被用来挑战有关性、性别和性向的主流分类的典型现象。身份不再被看成是稳定和可识别的，而是建立在不断变易和不可知的基础之上的范畴。

- "助长狂欢、反叛与蹩脚模仿的政治，从而导致解构、去中心化、修正主义解读，以及反同化（anti-assimilationist）政治等对公民权利政策的否定。"（Stein and Plummer，1994：182）男同性恋与女同性恋权力运动等基于身份的政治诉求被回避了，这制造出一种更为反讽、反叛和游戏人生的取向。倡议基于边缘身份之权利的辩论只能合法化反对者抵制的那种权力结构——抵抗意味着合法化压迫者的地位。

- "愿意走入那些通常不被视为性的领域的查询区，以及对表面上看起来是异性恋或非性别化的文本进行酷儿式的'解读'。"（Stein and Plummer，1994：182）媒体（Walters，2001）、音乐节（B. Morris，2003）、流行文化（Sullivan，2003）、教育（Kosciw，2004）、美国文学（Lindemann，2000）、社会运动（Gamson，1995），甚至考古学（Dowson，2000）等社会生活领域都被当作性发挥了活跃作用的领域而受到审视。社会生活的任何领域都不能免疫于性的影响，即使看起来最无害的文本也必须要通过性的透镜来加以解读。

这四种标志特征固然可以被扩展、压缩、争论和转移，但它们有助于为一种试图打破框架的理论取向提供一个松散的架构。前两个特征构成激进的解构行动，使身份的固定特征消解在一个不确定性被普遍接受的氛围当中，后两个特征则为颠覆性的性政治搭建了舞台。

不管我们如何认识酷儿理论，它绝对不是或者至少不应该是男/女同性恋研究的同义词（如欲了解更多信息，参见Giffney，2004）。酷儿理论不是一个关于怪异人士的理论。这并不是说酷儿理论和男/女同性恋研究没有把性和性行为视为其事业的核心或接近核心的重要课题，也不是说二者不可以在一定程度上彼此重叠或借鉴。相反，我们要强调的是二者在基本前提和研究目标上存在本质的区别。

同性恋是男/女同性恋研究的主题，酷儿理论则拒绝为自己确定一个已知的主题。男/女同性恋研究将性尤其是同性恋放在身份研究的核心，因而成为一种立场理论。酷儿理论则更普遍地去中心化并解构性和身份认同，使得性与身份认同永远保持开放的状态，成为了一个后结构主义的、后现代主义的、多元文化的、酷儿化的理论。对男/女同性恋研究的批判指出这种理论取向合法化了"异性恋规范、同性恋失范"的假定。男/女同性恋研究基于性吸引或性行为而在细分的群体间建立边界。但是，酷儿理论试图打破这些边界，去除任何二分法，将自身定义为不可定义的。

尽管讨厌边界和将性分类具体化，酷儿理论保留了对异性恋/同性恋进行的区分。它是在福柯式系谱学的意义上这样做的。换句话说，酷儿理论家们最大的兴趣在于异性/同性二元划分中独特的知识—权力关系。酷儿理论家们没有简单地寻求用同性恋取代主流异性恋在研究中的中心地位，而是在对异性恋和同性恋的解构中理解它们是如何在历史和特定文化领域中相互建构的。性不是天然的，而是持续地被社会建构、监控的。酷儿理论所感兴趣的不是解释同性恋为什么受到压迫和压抑，而是解释异性恋/同性恋的划分如何成为一个知识和权力的图景，从而定义了欲望、行为、社会制度以及社会关系。

酷儿理论的核心因此在于挑战规范性的知识和身份认同，乃至更普遍意义上的认知方法。规范受到审视、解构、拆解，而且这里没有丝毫对于不确定性的恐惧。事实上，有些人认为酷儿理论并非一个建制性的知识体系，而是一个更广义的解构过程。

从何而来？

酷儿理论的源起，正如它的术语、内容、用途及其自身未来发展一样，是模糊而富有争议的。有人认为它在学术界的正式出现始于特雷莎·德劳拉提斯1989年在加利福利亚大学圣鲁克兹分校的一次会议上首次使用这个概念，又或者始于她于1991年在特刊《差异：女性主义文化研究学刊》（*Differences: A Journal of Feminist Cultural Studies*）上发表的一篇介绍性文章《酷儿理论：女同性恋与男同性恋》。

另一些人指出伊芙·科索夫斯基·赛奇威克的重要著作《男性之间》（*Between Men*，1985）、《暗柜认识论》（*Epistemology of the Closet*，1990）以及朱迪斯·巴特勒的《性别麻烦》（1990）才是酷儿理论在学术话语中的开端。一些人甚至回溯到福柯的著作，尤其是他的《性经验史》（第一卷）（1978）的出版，认为这时酷儿理论才真正地在学术界落地生根。

追寻酷儿理论的确切起源正如试图对它进行准确的定义一样危害不轻。更有价值的做法是对它进行福柯式的系谱学分析（参见下文），以便在它最初出现的更广泛的制度环境中定义其知识基础。无论它准确的起源是在什么时候，酷儿理论在20世纪80年代后期至90年代逐渐在学术界获得一席之地。一系列重要的出版物、学术会议、政治组织和已发表的文本推动了这个新兴领域的繁荣。酷儿理论的理论根源来自很多领域，其中包括女性主义研究、男/女同性恋研究、社会建构论、文化理论、后结构主义和文学批评等。社会建构论和后结构主义的重要性尤其显著。

社会建构论，从伯格和卢克曼（1976）的作品开始就致力于解析现象的社会属性，以及对所谓"自然性"或说"内在性"祛魅。就性的语境而言，该理论取向意味着揭示性以及异性恋/同性恋差异的社会起源，也意味着批判了假定的异性恋/同性恋差异之基本性质。在一定程度上，酷儿理论与它共享了这一目标。酷儿理论与社会建构论的不同在于它既没有假定过去建立的性别身份认同是经验性的，或者是表征身份的有效方法，也没有确认异性恋和同性恋的文化领域是否存在差异。相反，它指出异性恋和同性恋不过是一个更大的系统内部的符号，这个系统的意义源于二者彼此间的关系，而且二者是文化和语言含义不稳定且不断变化的同一个基础系统的一部分。酷儿理论假定可以被追溯到它的另一个基础——结构主义乃至更为重要的后结构主义。

我们在本书十三章曾详尽地介绍过后结构主义，但是这里有必要再讨论一下它的几个核心假定，以帮助我们理解它是如何促生酷儿理论的。后结构主义者相信任何问题都不存在唯一的答案，强调找到这样一个答案并不重要，这种取向为酷儿理论对知识主张的再评估找到了合法性依据。后结构主义者还强调要通过解构社会现象来认知它们——这是酷儿理论家们的另一项核心工作。不仅如此，后结构主义者和后现代主义者大力消除人文主义主体性，为酷儿理论搭建了一个理论平台，使之致力于挑战固定和不可更改的身份。

在学界之外，酷儿理论与更为广泛的酷儿政治工程建立了有力的联系。艾滋病的流行激发了一系列由草根活动家创立的、致力于打破对异性恋理解之主流模式的组织，如艾滋病联盟［the AIDS Coalition to Unleash Power（ACT UP）］、酷儿国，等等。酷儿政治激发了许多男/女同性恋群体内部的不安，因为它批评说同性恋共同体内部也存在着特权和压迫的阶层，比如基于种族、民族、性、性别、受教育程度和阶层差异的层级结构。可以说，酷儿政治对于任何规范化的领域都持批判态度，倾向于更加开放、自由和具包容性的政治。

理解酷儿理论的另一种方式是阅读该理论奠基者的一些著作。许多学者在这一领域做出了贡献，福柯要算是其中最重要的一位（当然这存在争议）。在福柯的作品之前，弗洛伊德、金赛以及其他一些主要不在社会学领域活动的学者就性别与个体或与社会的关系而发表的著作，基本上为学术界所忽略。从福柯开始，这种现象至少在一定程度上开始变化。性在社会学对种族、阶级或两性等议题的分析中尚未占据核心地位，但至少已经被看成一个值得严肃对待的变量。

福柯的两种重要思想——知识考古学和权力系谱学（有关它们的详尽介绍，请参见上一章相关部分）——或许对酷儿理论的影响是最大的。知识考古学（Foucault，1966）意味着寻求在特定历史时刻主导特定话语的一般原则。它的目标是描述、分析和组织这一类话语，而非追溯其起源或试图做出预测。分析的焦点应该在于现实中的存在。目标在于理解，而非定义。

　　福柯（1969）的权力系谱学关注知识和权力的关系。系谱学是一种关乎知识史的方法，它并不基于类定律的历史进程进行阐述，而是勾勒出一个允许多样化路径存在的开放轨迹。与后结构主义相一致，这里所有的一切都是相互关联且因情况而异的。与社会建构论相一致的则是，这里存在着对于"自然性"的固有批判。权力系谱学还试图揭示人们如何通过知识的生产与控制来管理自身及他人。该理论的重点不在于行动者自身及其在结构中的地位，而在于知识的架构和权力本身。

　　赛奇威克（1985，1990）是另一位酷儿理论早期的先锋。她的《暗柜认识论》探讨了"暗柜"（the closet）与"出柜"（coming out）这一对二元概念。暗柜用来比喻某个人们隐藏其身份的地点。出柜则是向其他人揭示自己这一隐秘身份的过程。赛奇威克在书中将这两个相互依存的过程与一系列隐藏和揭示的思想相比较，认为这两个过程都在政治上受到了控制，因为二者都试图固结同性恋的身份。从权力系谱学的视角看，出柜的关联性也构成了某种特定的知识—权力关系。例如，暗柜为他人制造了利用有关人们性向的知识以反对他们的权力。

　　巴特勒（1990）[①]从知识—权力的关系出发，认为性别和性都是基于重复的操演形式。她认为，异性恋逐渐获得"自然性"和"常态"这些标签，是因为它从不间断的重复和实施，这里包括那些非异性恋者的配合。因此，它并不是基于任何**内在心理现实**（inherent psychic reality）的表达（1997）。换句话说，性是一种阻力形式。不管个体是否意识到其有关性的操演，这些操演都在持续。巴特勒通过概念"重复打断"（repetitive disruption）为那些希望打断异性恋强制性的人们提供了希望。打断是指对重复性的异性恋规则进行有意识的破坏。巴特勒在她的著作《消解性别》（*Undoing Gender*，2004）中进一步详细地探讨了这个主题。消解异性恋的性别建构意味着什么呢？她说"以变革的名义去干预无异于破坏那些正在成为确定知识和可认知现实的一切，以及运用……个人的非现实（one's unreality）来制造一个非如此就不可能或不合法的主张"（Butler，2004：27）。

批评和潜在的解决之道

　　酷儿理论相对于之前的知识和理论研究来说是一个进步，但它仍然面对着许多批评。

[①] 如欲了解更多有关巴特勒及其与酷儿理论的特殊关系，参见布林和布卢门菲尔德的相关著作（Breen and Blumenfeld，2005）。

许多人认为它的无组织且具包容性的政治学以及对种族、阶级或性等单一身份特征的抵制，破坏了现实的政治行动的潜能（如 T. Edwards，1998；Kirsch，2000）。因此，它的抵制忽视了日常生活经验的物质性（Stein and Plummer，1994）以及两性建构中社会的作用（A. I. Green，2002）。如果身份不能成为行为的动机，那么面临显而易见的压迫的群体要如何确立正义或为之战斗？也有人说，酷儿理论被学术话语接受的程度越高，它就会越多地丧失革命的潜力。哈尔珀林（Halperin，1995：113）注意到"酷儿理论越是趋近规范的学术，它就越不能宣称自己是酷的"。由于学术界对它的推崇，它正在丧失变革的能力；而由于理论的规范，它失去了酷的能力。更深刻的批判是，酷儿理论所创造的大部分理论对于那些最能从中受益的人来说通常却是难以企及或说不可理解的。举例来说，巴特勒的文章通常都太晦涩了，以至于就其理论而言本应最受吸引的非专业人士（乃至学术界人士）完全不能理解它。

受到这些批评的启发，有些人试图找到修正酷儿理论的方法，希望使它对于行动者的社会地位和生活经验产生更强烈的社会敏感，在政治上则变得更灵活。马克思·基尔施（Max Kirsch，2000）提供了一个潜在的解决方案，强调我们需要区分**认同**（identifying with）与**认定**（identifying as），并给予后者更多强调，从而在维持身份认同基础的同时尽量回避身份问题。这样一来，身份就只是"一个附属模式而不是严格意义上的定义个人的类别"（Kirsch，2000：7）。由此，基尔施的取向能够使酷儿理论在面对提炼和具化身份的风险时保持自己的批判立场，同时使关联身份（identity by association）在解释集体社会行动时仍然不失为一个有力的工具。

格林（Adam Isaiah Green，2002）认为酷儿理论至少可以分为两个流派。第一种，**激进的解构主义**（radical deconstructionism），"在同性恋主题中添加了后现代的自我概念，从而粉饰了性的持久的制度化组织"（Green，2002：523）。第二种，**激进的颠覆主义**（radical subversion），"在同性恋主题中添加了在政治意义上边缘化的自我概念，从而极度地简化了性身份认同中复杂的发展过程"（Green，2002：523）。从本质上说，两个流派都没有足够重视行动者的物质生活体验和制度性依赖。格林（2002：537）因此呼吁对性问题的后酷儿研究，一种"引向在具体及实证的案例研究上接受酷儿理论之无条件审查"的研究。

酷儿理论的缺点有许多，但它也具有不少优点。它试图增进理解，促进包容。它提醒我们研究边缘与研究中心一样重要。它为长期在学术界沉默无声的性议题发声。它有助于进一步破坏特权层级，驱散与身份有关的神话。这一切都只是它在问世之后的几十年里做到的！无论酷儿理论的起源在哪里，它的本质是什么，以及它将走向何处，重要的是，它确实出现了，揭示了社会现实，而且确定会继续走下去。毫无疑问，它为社会学所做的贡献尚未画上句点。

种族与种族主义批判理论[①]

我们在本章之前的部分曾经提到、在第九章更曾加以详尽论述的女性主义理论的性（性别）及性别歧视的研究体系从很早以前就被建立了起来。然而，种族和种族主义理论作为多元文化社会理论的一部分，却远远落后于女性主义理论。[当然，这些理论之间不存在清晰的界线。举例来说，莫汉蒂（Mohanty，2002：2）就把自己定位为"反种族主义的女性主义者"。女性主义和多元文化主义中最重要的一些发展都包含给予黑人女性应有地位的内容（如P. H. Collins，1990，1998）。]这不是说学者们忽视了对种族问题和种族主义的理论化。杜波伊斯很早就被认为是重要的种族问题及种族主义理论家，而且近年来其地位也不断提升[参见《古典社会学理论》第十一章（Ritzer，2008）；Goldberg and Essed，2002]。不过，在最近的一二十年里，有关种族问题和种族主义的理论出现了戏剧性的扩张。此时此刻，我们必须接受这一发展（或许已有点太晚），而且至少应对这一类理论化工作做出简要的介绍。

继杜波伊斯在上一个世纪之交的作品以及其更早期的研究之后，社会学家和其他社会科学家在种族主义理论领域已做出了很有意义的贡献，该领域的理论化在近期的爆发很大程度上是受到法律界"批判种族理论"发展的促动（Delgado and Stefancic，2001：3；Valdes，Culp，and Harris，2002）。批判种族理论的兴起是由于人们越来越意识到20世纪60年代人权运动即使说不上被反转，也已丧失了它的驱动力，而且当下存在着社会行动主义复兴以及种族问题再次理论化的需要。批判种族理论的思想来源十分广博，其中一些已为社会理论家所熟知，例如源自马克思主义理论（如葛兰西）、后结构主义（如德里达）、女性主义理论，当然还有杜波伊斯的一些思想。

德尔加多（Delgado）、斯蒂凡西克（Stefancic）和马特苏达等（Matsuda et al.，2003）给出了批判种族理论基本内容暂定的列表：

- 种族主义不是一个异数；它是美国生活的"常态"和地方病。这一特征使得它较难获得解决。
- 大多数人没有动力去根除种族主义。白人精英从中获益（通过剥削黑人和其他少数族群）。蓝领白人尽管有自身的困难，但存在这样一个令他们具有比较优势的群体，可以使他们在物质和精神上同时获益。
- 种族并不是物体或固定现实，而是随着时间而变化的社会建构（这种思想使批判种族理论充分地与社会学中的社会建构论取向相匹配；参见Berger and Luckmann，1967）。这一类社会建构论是被制造出来的，受到操纵，有时甚至会陷于沉寂，而且通常会被新的社会建构所取代。社会建构论取向与对美国法律的非历史主义的

[①] 我在这里采用了我的同事柯林斯的标题，而不是更普遍的名称"种族理论"。

质疑，以及对中立、客观、（种族）色盲、精英教育等法定言论的质疑是有联系的。也就是说，在确信要采取种族行动时，它们都可能被看成受到操纵、修改甚至被抛弃的社会建构。

- 差异化的种族化"是指主流社会在不同时代将不同少数族群种族化的方式，以达到回应劳动力市场等波动性需求的目的"（Delgado and Stefancic，2001：8）。黑人在美国成立之初就已被种族化，而其他少数族群则是在漫长的时间里逐步被种族化的。可作为案例的有第二次世界大战期间的日本人、"9·11"事件之后的穆斯林，以及近年来合法及非法移民问题逐渐升温之后的墨西哥裔美国人。
- 正如在女性主义理论中一样，交叉性（P. H. Collins，1990，1998）和反本质主义（anti-essentialism）是批判种族理论的核心思想。因此，黑人（及其他少数族群）不具有"单一的、可以明确陈述的、统一的身份"（Delgado and Stefancic，2001：9）。他们，亦如其他人一样，存在于或说至少潜在地存在于"冲突和重叠的身份、忠诚和效忠"的交织之中（Delgado and Stefancic，2001：9）。其中可能包括宗教、社会阶级、性别、性向和政治偏好。
- 有色人种的经验知识以及原初社群被认为是极其重要的。
- 强调有色人种的经验知识与批判种族理论的反本质主义是有关联的，在一定程度上甚至与后者形成映照。它暗示着以下这种极度矛盾的观点（考虑到对本质论的后现代批判），即黑人和其他少数族群因具有受压迫的特定历史和经验，所以是唯一能述说和写作种族问题和种族主义的群体。除了该观点中的本质主义，另一个导致该观点矛盾的原因是人们可以争辩说，白种人在压迫系统中的独特历史和经验也赋予白种人一种审视种族和种族主义的、同样独特但不尽相同的视角。白种人的历史和经验看起来可以使他们有权像黑人一样在种族问题上发声。
- 作为消除一切形式之压迫的更大目标的构成之一，批判种族理论指向消灭种族压迫。

种族和种族主义的批判理论（CTRR）与批判种族理论有很多共通之处，包括讨论社会正义、消除或削减社会不平等，以及对交叉性的强烈关注。然而，二者之间也存在重大的差异，CTRR的理论根源更多来自包括社会学在内的社会科学，而批判种族理论的基础在于法学和行动主义。这种差异使得CTRR敏感于且使得二者都涉及了理论前沿问题，如种族和种族主义与能动—结构关系、政治经济学、全球化两两之间的关系。由于与民族国家、国家主义和排斥少数民族的民族主义（Connor，2007）、跨国主义（Remennick，2007）、殖民主义、新殖民主义（Go，2007a）、去殖民化（Go，2007b）、帝国主义、帝国等具有关联，全球化议题被CTRR纳入并与之建立了关联，成为该理论的关注之一。因此，相对于批判种族理论所关注的美国和美国法律，CTRR提出了更为广泛的、全球性的理论关注（Goldberg and Essed，2002：4）。除此之外，CTRR对于各个流派中适用于种族问题的古典和现代理论也保持着开放。例如，达尔德和托雷斯（Darder and Torres, 2004：23）利用政治经济学取向解读种族问题，该取向极度得益于马克思及其"历史唯物主义方法"。在阐明其理论取向时，达尔德和托雷斯对批判种族理论忽略政治经济学议题提出了批判。

迈克尔·布朗等人（Michael Brown et al.）在《美化种族》（Whitewashing Race, 2003）中利用了更为丰富的理论取向。他们从更广阔的宏观结构和宏观文化的视角来审视种族问题。布朗等人明确地比较了自己的研究方法与所谓的"现实主义分析"（realist analysis），后者选择关注个体及其动机和选择的微观视角，而忽视了较大型的结构和制度。

现实主义的理论焦点指向导致个体偏见和歧视的理论关注（Law, 2007），使白人种族主义已经终结或日渐式微的结论成为可能。相比之下，布朗及其同事研究形形色色的社会结构和制度。在他们看来，这些结构和制度导致白人优势的累积和黑人优势的持续消解，并加剧了社会中的结构性不平等。他们不仅考察法律的结构，也考察种族阶层、劳动力市场、住房市场、政府政策等结构。种族不平等一直以来都存在于这些结构之中，而且仍将持续存在。因此，黑人仍将继续面临种族歧视，而且不得不面对这些领域中的种族歧视遗留。所以说，仅仅处理当代社会中结构和制度的运转是不够的，上述各层面中种族歧视的遗留也必须得到处理和矫正。

科内尔·韦斯特（Cornell West, 1994）指出，从种族和种族主义批判理论中可以总结出一个更普遍的结论，即"种族问题正在影响"而且仍将持续影响法律系统乃至整个社会的结构和制度。

另外一些学者也表明种族问题仍将对美国社会产生影响。例如，吉尼耶和托雷斯（Guinier and Torres, 2002）用矿工的金丝雀来比喻种族问题。矿井中的金丝雀被用来指示瓦斯浓度，也即正在逼近的死亡。美国社会的种族问题正如矿工的金丝雀一样，指向了较大的社会中更宏大的或许是更致命的问题。不过，吉尼耶和托雷斯（2002：12）没有将其分析局限于黑人群体，而是发展出"政治种族"这一更为丰富的概念，其中包括许多少数族群乃至一些白人群体（参见Bonilla-Silva, 2003）。即便如此，只有有色人种才能在反映政治种族之政治维度的社会变革运动中发挥领导作用。

吉尼耶和托雷斯明确地尝试将该理论嵌入批判种族理论的架构。他们在多个方面超越了后者（如将理论关注从法律转向了政治），并在这样做的同时向CTRR的阵营靠拢。

博尼拉-席尔瓦（Bonilla-Silva, 2003）对美国色盲种族主义（吉尼耶和托雷斯也攻击这种思想）的研究和批判显然属于CTRR阵营在美国社会问题方面的理论尝试。博尼拉-席尔瓦还批判了种族主义在当下只是历史话题的观点。恰恰相反，他认为色盲是令白种美国人继续施行种族歧视的烟幕弹。博尼拉-席尔瓦总结说，色盲种族主义提供了一种"无害的方式……将少数族群标称为黑鬼（Kennedy, 2002）、西班牙乡巴佬或中国佬"（Bonilla-Silva, 2003：181）。基于这一结论，博尼拉-席尔瓦（2003：185）提供了多种实用指导（它的指向实践的理论取向与CTRR的文献是一致的）来与"'新种族主义'实践和色盲蠢行"做斗争。

CTRR理论给予美国社会种族问题以极大关注，而另外一些与该理论取向有关联的学者则试图证明种族是全球性的问题。例如，怀南特（Winant，2001）从历史的角度考察种族问题，分别对美国、南非、巴西和欧洲的种族问题做了相关研究。

CTRR理论仍处于发展初期，因此我们难以清晰地描述它们的基本特征。不过，柯林斯（Patricia Hill Collins）罗列过种族和种族主义批判理论的显著特征[①]，为我们在这方面的探索开了一个好头。

- CTRR不仅仅单纯地研究种族和种族主义，还致力于解决社会不平等，推动社会正义。
- CTRR避免一切二元对立，以交叉的视角来看待所有问题。这样的视角需要运用多面向的研究方法。
- CTRR本质上是跨学科的。
- CTRR借用并且发展了交叉性，审视了种族、种族主义与性别、民族、阶级、性和国家两两之间的关系。
- CTRR越来越倾向于对种族和种族主义以及全球化对种族和种族主义之影响进行唯物主义（政治经济学）的分析。
- 权力的结构正日益成为CTRR的核心议题。CTRR针对美国社会福利和审判体系的早期关注已延伸至民族国家和国家主义、民主、帝国、跨国主义和帝国主义等议题。

上述特征，尤其是最后三项，显然将CTRR与社会理论中其他当下的议题（即使不称之为前沿议题）对应起来。

总之，我们完全有理由说目前尚不存在一个有关种族和种族主义的批判理论或别的什么"理论"。但是我们有一个可以借鉴的历史性理论体系（如杜波伊斯、萨义德的理论）、多得不可胜数且与之高度相关的理论观点和视角（如批判理论、葛兰西的霸权论、哈特和奈格里的帝国论），还有一系列自CTRR内部发展起来的思想（如交叉性）。以这一思想阵营（当然还会有许多其他的思想阵营）为背景，种族和种族主义批判理论将在今后的岁月里进一步明确和扩展它的理论视角。

行动者—网络理论、后人文主义和后社会主义

行动者—网络理论（ANT）是新近发展起来的理论（但它更多地被视作方法，而非

[①] 以下文字摘自柯林斯在马里兰大学2005年秋季学期研究生课程"种族和种族主义批判理论"的教学大纲。

理论），具有鲜明的结构主义和后结构主义特征。①用约翰·劳（John Law）的话来说，"行动者—网络理论是**符号学**的冷静应用。它告诉我们实体是由于它们与其他实体的关系才获得其形式及属性。在万物的框架中，实体没有固有的属性"（Law，1999：3）。许多理论视角都接受了**主体**相对性的思想。行动者—网络理论的独特之处在于它认为**有形的物体**（material objects）也是被创造的，要在与其他物体的关系**网络**中获得意义。因此，"行动者—网络理论可以被理解为物质性的符号学（semiotics of materiality）。它采用了符号学的视野，认为实体具有相对性，是在关系中被生产出来的，并且将这一点严格地应用于一切物质——而非简单地用于语言范畴"（Law，1999：4）。

这个主体相对性的视角更多地得益于结构主义，而ANT其他一些基本视角则源于后结构主义。反本质主义的思想已隐含在上文之中。也就是说，实体缺少内在的特征，它们的本质是与其他实体之间关系的结果。因此，任何实体或物质对象（包括人类在内）都**不存在**所谓本质。除此之外，ANT**反对溯源**（search for origins）这种现代意味十足的思想，无论所谓的溯源是从历史的角度还是从人类能动者是一切事物的根源这一当代思想入手。如同后结构主义（以及后现代主义）一样，行动者—网络理论支持**反基础论**（antifoundational）。也即，它否定任何事物都有基础结构以及分析的任务就在于揭示这一结构。

被ANT引为要义的后结构概念是**去中心化**（decentering）。它通常意味着焦点从中心（或本质、源头等）转向边缘。具体地说，它意味着在ANT理论中，理论焦点从采取行动的能动者转向存在，尤其是网络和非人类客体。行动者是网络的一部分，我们可以依据"'行动者'的'网络化'（networkization）"来进行思考（Gomart and Hennion，1999：223）。行动者从属于网络，而且在某种意义上说是网络的造物："行动者是网络的效应，吸收了被它们包含于其中的实体的属性。"（Law，1999：5）在此，理论焦点从针对能动者的现代焦点转向网络以及对象、非物质性实体。我们在下文中将会发现，这一点正是行动者—网络理论对社会科学理论的最大贡献：它"使社会科学向非人类领域打开大门"（Callon，1999：182）。[顺便说一下，非人类领域及人类与该领域的关系是塞蒂纳（Knorr Cetina，2001）所谓后社会关系（postsocial relations）中至关重要的一部分。]有关这一点，我们稍后还会继续讨论，不过尽管对非人类领域的关注十分重要，我们必须牢记对人类来说"**物体是低一级**的合作者"（Gomart and Hennion，1999：223）。

ANT倾向于抵制微观—宏观理论以及能动—结构理论（参见第十章）。首先，这两个连续统是后结构主义者和后现代主义者摒弃的现代二元对立的典型。[根据劳的说法

---

① ANT有许多理论来源；常人方法学是其中最重要的一种。ANT以一种消极的方式，试图回避它与能动—结构理论和微观—宏观理论有关联的问题（参见下文）。它的其他理论根源和关联源自"女性主义理论、文化研究、社会和文化人类学、后结构主义的其他分支"（Law，1999：3）。

（1999：3），"所有这些区分都毫无价值"。] 其次，这两个连续统的问题在于若关注一端就不可避免地要丢弃另一端的真知。更重要的是，这两个连续统将重点放在错误的地方。核心议题不在于能动性/微观抑或结构/宏观，而是循环联结实体的社会过程。换句话说，真正的核心在于网络，即我们将讨论的另一个关键主题。一如拉图尔（Latour，1999：22）所说：ANT不是关乎社会的理论，而是"关乎流体空间在非现代情境下散播"的理论。

沿着这一思路，我们可以建立一个相当好用的ANT理论的定义。①

> 我们可以想象物质唯一的基本的正式单元（行动元），它们因相遇（沿着力的轨迹）而进入关系（网络），在这里，这些极其相同的单元中与权力和身份相关的问题，通过参照这些单元当下被嵌入其中的种种关系之整体而混杂的联结而暂时解决。
> （Brown and Capdevila，1999：34）

行动元（actant）这一术语［自符号学中借用（Fuller，2007c）］需要做些澄清。它所指的不仅仅是有行动的人类。非人实体也能行动——成为行动元！因此，同一个阐释框架应被用于这两种行动者类型。

克劳福德（Crawford，2005：2）曾说："研究者绝不应该在个体和组织、程序漏洞和采集器或计算机和程序员之间跳来跳去（只择其一）。"不仅如此，在讨论非人类的行动元时，焦点再一次从行动者转向网络。一如拉图尔（Latour，1999：18）所说："行动力（actantability）不是指行动者的所作所为……而是促使行动元采取行动，**赋予**其主观性、目的、道德的那些事物。一旦你与这一流动的实体挂上钩，它就在一定程度上为你提供了意识、主体性、行为性（actoriality）等……成为一个行动者是……一种区域化的成就。"甚至如动机一类看上去属于人类和个人领域的事物，也从网络的角度被定义为"流转能力……在与特定的实践主体相结合时可以部分地获得或失去"（Latour，1999：23）。

基本上，离开其身处并成为构成之一部分的网络，我们就无法真正地理解行动者（或行动元）。事实上，行动者和网络是"同一现象的一体两面"（Latour，1999：19）。所以说，行动者—网络理论寻求的是绕过许多社会理论以之为特征的微观—宏观以及能动—结构的二分法（参见第十章）。

网络是什么，这很难说清楚，但是克劳福德（Crawford，2005：1）巧妙地定义了它们，并将其与行动元相联系："网络是过程性的，它们建立活动，并通过构成它们的行动元运转。"更一般地说，网络意味着一系列的变形和转译。拉图尔在论述中给出了

---

① 实际上，这里提供的是"转译社会学"（sociology of translation）的定义，它通常被视为ANT理论的一般形态（Brown and Capdevila，1999）。

更具体的定义（1999：17）：网络既不是社会，也不是各种力量的匿名场域，而是"在一个非常地域化、非常具有实践性、非常微小的场所，通过各种设备（devices）、铭文（inscriptions）、形式（forms）和公式（formulae）形成的互动关系的**总和**"。因此，关注网络的视角将使我们更接近而非远离地方性。这种观点与ANT的科学研究根源有紧密的联系，尤其是该理论针对科学实验室运转过程的、细致而地方化的研究。ANT理论抵制微观—宏观的分野。因此，在讨论地方性、网络，甚至行动元时，它给人的感觉是不对微观—宏观以及地方性——一般化进行区分。具体地说，宏观事物不仅被看成是"大的"，"而且要与地方性、间接、相互关联联系在一起"（Latour，1999：18）。

操演与网络这一思想是相关的。它意味着实体没有任何实质意义上的存在，而是处于、借助乃至通过关系或网络而被操演出来的（Law，1999：4）。我们可以轻易联想到人类行动者在进行这类操演，但ANT理论对此有所超越，认为物质实体是以操演为特征的。如果人和物都是被操演的，那么"一切事物就都是不确定和可反转的"（Law，1999：4）。持久性和不变性有时可以发生作用，但理论焦点仍然在于那些事物是如何被操演的，以至使这一类的持久性得以达成。换句话说，如果说持久的网络是被操演的，那么这意味着不管看起来如何持久，它们总可能四分五裂。正如网络可以通过操演表现出持久，它们同样可以操演出分裂，甚至消亡。甚至连ANT理论家们也意识到一定程度的持久性，正如被拉图尔"不变的运动体"（immutable mobiles）这一概念所最充分地例证的，可以被定义为在穿越时空时"性状保持不变的要素网络"（Law and Hetherington，2002：395—396）。因此，持久网络在ANT理论里是存在的，但是它在持续地变动（该网络四分五裂的可能性永远都存在）。

行动者—网络理论的特别之处或许就在于它对物质实体或人造物的关注："物质的人造物可以操控某些类似于能动性的因素。但是，事实证明它是**能动性**的一种特殊形式，完全**没有意向性**。"（Brown and Capdevila，1999：40）正如前文所说，这便是物质的人造物被视为"低一级"事物的原因之一。这些人造物的核心在于它们缺少意义，这一点使它们产生与网络中其他要素"建立连接的意愿"。同样正是这种意义的匮乏，引导网络及其构成要素寻求与人造物建立连接。换句话说，通过刺激相互的连接，人造物"驱动网络吸收并包裹行动元"（Brown and Capdevila，1999：41）。人类行动者亦可以以同样的方式来看待："他们操演其自身功能性的匮乏……基于他们不能表达、说出的内容而激励并形成连接……（他们激发）连接的意愿直至前所未有的程度。"（Brown and Capdevila，1999：40）

与此相关，ANT理论取向也关注"实践的物质性"（Dugdale，1999）。物质的人造物在构成网络和主体时扮演了重要的角色。人造物不仅仅是行动的对象（如，通过网络与其他事物连接），它们也可以采取行动。物质的人造物，如同人类能动者一样，也是行动元。例如，劳和赫瑟林顿（Law and Hetherington，2002：394）讨论了地毯和装饰一类的事物是如何操演行为的：它们行动并且"参与了信息、权力关系、主体性及客体性的产生过程"。因此，非人行动者是网络与社会关系的积极参与者。当然，物质的人造物不具备人类行动者所特有的——意向性！针对上述理论，魏伦（Verran）给出了一个不错的总结：

> 这个阐释框架避免了在解释世界时因参与者相互抵制/适应而导致的物质与符号的分离，在这里参与者不仅仅限于人类行动者，还包括了构成这一世界的、在日常（或创新）行动中表现活跃的非生命体。
>
> （Verran，1999：143）

这个针对关系、循环和网络的理论关注显然具有某种空间意义，但是ANT理论对于空间有其独特的见解："不同的、不令人舒服的空间性（如地区和网络）得以形成"（Law，1999：11）。由此，ANT理论试图使自己与欧几里得式的简单的空间观念相区别。在其最具辨识度的一种空间观念中，ANT就空间的"折叠"大做文章，它的形成"好比一把钝剪刀缓缓划过纸张，从而使远点突然成为邻近点。事物……因褶皱而相互接近"（Brown and Capdevila，1999：29）。另一个很有意思的要点在于，拉图尔（1999：19）认为"网络'之间'的空洞空间、那些**未知领域**（terra incognita）是ANT理论中最令人兴奋的层面，因为它们揭示出人类无知的程度以及可以期待变化的、巨大的保留地域"。

鉴于它的科学研究根源，行动者—网络理论是与微观方法相适应的（尽管微观这个术语在该理论视角中是种诅咒）："行动者—网络研究试图成为它们所谈论的网络的一部分。有能力追踪一个网络意味着要成为其内在活动的一部分。"（Brown and Capdevila，1999：43）拉图尔（1999：20）也曾谦卑地说："对于我们来说，ANT理论只是忠于常人方法学视角的另一种表达：行动者[①]知道自己在做什么，而我们不仅要了解他们在做什么，还要了解他们如何以及为什么要这样做……（这是）一种极为质朴的、向行动者学习的方法，没有在他们身上强加任何一种有关其建构世界之能力的**预设**定义。"（Latour，1999：19—20）事实上，正如常人方法学一样，一些ANT理论的支持者将ANT定位成一种方法，**而非理论**（Callon，1999：194）。

根据本书第十一章对现代性以及第十三章对后现代性的讨论，在这一节的讨论结束时，反思一下拉图尔（1993：39）的"现代社会从未实现"的主张，将是很有意思的。他的看法部分地基于以下这一事实，即我们的社会仍然保有许多前现代社会的特征。此外，这一主张的前提在于，我们不可能界定出起始点，或说不可能清晰定位一个时代走

[①] 这个词看起来与之前一些广泛关注行动元的观点不一致，而且意味着聚焦于人类行动者。这也似乎支持了卡龙（Callon，1999：182）对ANT理论的批判，他认为它关于行动者的视角是"匿名的、定义糟糕的且不易识别的"。

向终结而另一个时代发韧的时间点。鉴于我们从来没有实现现代化（同理，也就没有实现前现代化），自然我们就不可能进入后现代化。ANT理论否定了前现代性、现代性和后现代性的分野。

最后，我们要强调的是，某些ANT理论的追随者对于新近由另外一些与该理论方法有关联的思想家推动的方向，以及清晰界定和限定ANT理论（一如本书）的那些努力，并不感到高兴。例如，劳（1999：9）关注到该理论的命名、简化和复杂性的丧失——"ANT理论被简化为一些便于传播的警句"。换用更严厉一些的说法，这位ANT理论的领军人物称："有四个与行动者—网络理论不相区配的事项：即行动者、网络、理论和连字符。它们在棺材上打了四根钉（彻底毁了这个理论）！"（Latour，1999：15）可见，ANT理论的核心人物有意维持该理论的复杂性，以便至少在一定程度上反映社会（和物质）世界的复杂。

与行动者—网络理论的发展相关联的思想包括后人文主义和后社会性。**后人文主义**（posthumanism）因其"与人文主义的对立以及对它的超越而获得定义。它抵制将人类与非人世界分离……以及将知识划分成多个领域的观点"（Franklin，2007：3548）。鉴于人文主义是大部分社会学（尤其是微观社会学）的基础，后人文主义发起了一场针对该领域的、意义深远的挑战。尽管如此，我们可以认为这是一个使社会学研究超越人类行动者从而扩展至广泛的其他类型现象，既而将所有对象一概纳入一个单一框架的契机。

后社会性（postsocial）对有关社会性的传统理论构成了挑战。社会性依然得到承认，但是它的重要性有所降低[社会形式（social form）正在被清除出社会关系（social relationship）]，而且它采取了新的形式。新的形式包括伴随着当代社会物（如技术、消费品和知识客体）的极大扩张而产生的一些关系。正如诺尔-塞蒂娜（Knorr-Cetina）所说：

> 后社会关系是用客体关系进行三角部分的人际联结，而且只有在与这些关系有关时才能形成……后社会主义即所谓的主体间性的层面不再基于面对面的互动，事实上也许压根不再涉及互动……后社会系统有可能围绕着由互联网确定的关联类型而出现……后社会形式不再具有传统意义上的、丰富的社会性……而以其他的形式体现其丰富性，我们面临的挑战是分析并且理论化它的上述这些特性。
>
> （Knorr-Cetina，2007：3588）

后社会关系在数量上的不断增长，与工作及消费环境的新型发展是密不可分的。前者以"虚拟组织"为其典型，缺少能使工人聚集、互动、处理与工作相关的任务并发展社会关系的中央总部。在虚拟组织里，工人即使不是完全也要在很大程度上依靠自己，通过电话、电子邮件或偶尔的面对面拜访，在相对有限的基础上与其他工人及管理者进行互动。

消费领域有大量体现后社会关系的实例。例如，我们越来越经常地使用ATM机，而不再与银行柜员打交道。银行业务中的其他互动也越来越多地通过自动应答电话或网上银行。同理，我们不再与书店中的店员互动，而是通过亚马逊网站、不与任何人类打交道就购买书籍（及其他商品）。在这些案例中，技术和其他客体取代人类而成为关系中的对手方或人际关系的中介。通常来说，我们总是在尝试过电话自动应答提供的所有选项之后，才试图与真正的人类对话。

我们在一些著名的消费场所［我称之为"消费教堂"（Ritzer，2005a）］里，可以越来越多地发现同类的变化。例如，在拉斯维加斯、美国乃至世界上的任何地方，赌场的经营空间被越来越大比例地用于摆放老虎机，赌徒们则几乎完全沉浸于与它们的互动。其他形式的赌博，如基诺彩票，同样基本不涉及或者极少涉及人的互动，正在取代赌场中传统的那些重头戏（如二十一点、扑克、轮盘赌、掷骰子等）。类似地，百货公司的雇员远比过去少，顾客被假定先与百货公司及其产品进行互动，做出选择，然后才带着挑选出来的商品到人类雇员那里去付款。

当然，互联网是最完美的后社会情境。人们与键盘、电脑屏幕、网址、电子邮件、聊天室、大型多人参与游戏等展开互动。在某些情况下，互联网上的关系会逐渐进化成面对面的互动关系（有时会伴随着危险的后果），但是最常见的是，人际关系在互联网上所体现的一切都是以与之相关的一系列技术为中介的。

实践理论

实践理论听上去、事实上也确实借鉴了本书所广泛讨论的大量理论及理论家的思想。它以布尔迪厄、福柯、吉登斯、加芬克尔、拉图尔和巴特勒的著作为理论根源。它与后结构主义、结构化理论、常人方法学、行动者—网络理论（和科学研究）以及述行性理论相互关联。我们甚至可以发现更加具体的"实践"研究（S. P. Turner，1994）、实践理论原初的理论取向（Schatzki，1996；也请参见 Schatzki, Knorr-Cetina, and von Savigny，2001），并在百科全书中找到有关条目（Biernacki，2007）。不仅如此，我们正在见证将实践理论应用于特定领域的努力，如沃德（Warde，2005）在消费研究领域的应用。由于它的极为广泛的材料和根源，我们很难确定实践理论意味着什么，但是雷科威茨（Reckwitz，2002）至少已经基于理论的理想类型，为提炼该理论的核心特征做了有价值的工作。

实践理论是"文化理论"类型中的一种。大多数文化理论的焦点在于精神的性质（如现象学）、话语（如结构主义、符号学）和互动（如符号互动论）。单就定义来说，实践理论所关注的当然就是实践。什么是实践？首先，针对实践的理论关注强调"人类行为领域中被广为接受的前理论假设（pre-theoretical assumption）"的影响（Biernacki，

2007：3607）。实践是常规化的行动方式，而前理论假设和常规可以影响我们行动的方式，尤其是我们如何管理身体、操控客体、对待主体、描述事物及理解世界。雷科威茨试图通过考察实践与一些核心概念的关系，来厘清实践和实践理论的抽象本质。

第一个核心概念是**身体**（body）。事实上，对身体的兴趣是实践理论的一个核心及标志性特征（整个社会学界尤其是社会学理论界也对它产生了日渐浓厚的兴趣）。在众多其他类型的理论中，身体只是一种附带现象，为其他现象（理性选择、规范、价值观等）所影响甚至操控。但是，对于实践理论来说，身体的重要性是核心且不容回避的，身体就是社会化的场所。事实上，实践是或至少在一定程度上是，"常规化的身体表现"（Reckwitz，2002：251）。实践是以特定方式训练身体的结果，"它可以被理解为人体规范的和富于技巧的'表现'"（Reckwitz，2002：251）。这一定义不但适用于用高尔夫球杆打高尔夫球这类显而易见的行为，也适用于交谈、阅读和写作。

实践不仅涉及常规化的身体表现，而且也与**心灵**、精神活动有关。参与实践意味着以多种方式使用身体，以及从事精神活动——"理解世界，形成渴望，了解事物的特定的常规方式"（Reckwitz，2002：251）。注意，这句话的重点在于精神活动如同身体活动一样，是被常规化了的。它不是说人们有意识地详细思考身体或心灵将要怎么做，而仅仅是根据常规化的方式采取行动。例如，我们在打网球时需要做出我们惯常采用的特定身体动作，而没有仔细地思考在击打反手球或扣杀时每一步该如何行动。在打网球时，我们还需要清楚地知道游戏规则、相关阐释（比如说，对手冲向网前意味着什么）以及目标（如得分和赢得比赛）。为了打网球，我们需要常规化的身体活动以及常规化的精神活动，以及二者之间的互动。

至于**物**（things），它是实践的一部分，必要性不亚于身体活动和精神活动。实践通常是以特定的方式运用物。物的运用同时与身体活动和精神活动有关。就打网球这一案例来说，选手必须能够根据必要的击打性质以多种方式使用网球拍。不管选手的身体活动和精神活动表现得多么出色，缺少了网球拍他就无法击打网球。绝大多数的实践正是存在于身体、心灵和客体的互动之中。总之，没有客体的存在，实践就不可能出现。

知识（knowledge）也是实践得以产生的必要项。所谓知识不仅是指认识各种事物，还包括了解"理解和穷究根源的途径、需要以及感受在某次实践中彼此关联的途径"（Reckwitz，2002：253）。这些知识在很大程度上是隐晦不明的。也就是说，打网球时，我们要知道这个游戏的基本规则、如何实现特定类型的击打和回击对手的各种来球，以及我们需要某种物（取胜）而非另一种物（因输球而感到尴尬），我们甚至还要知道要保持一定水平的情感投入（机敏而不紧张）才能打好这场球。各方面的知识都是重要的，但是在大多数情况下，它们以常规方式得到运用，我们不必逐项思考所有参与其中的事项。

就实践理论来说，**话语/语言**（discourse/language）仅仅是众多实践中的一种。相形之下，许多类似的理论视角（尤其是结构主义和符号学）——即社会学领域的"语言学转向"——皆向话语/语言赋予首要的地位。在这些类似的理论视角中，话语实践仅仅是字符串。而在实践理论看来，它们不但是字符串，还是"身体模式、常规化的精神活动，即理解和穷究根源的形式（这里包括语法和语用规则的使用），以及动机——还有所有的彼此联结的客体（从声响到电脑）"（Reckwitz，2002：254—255）。因此，在实践理论中，话语/语言所指的不仅是符号，还指向该理论所有的核心关注。

就**结构/过程**（structure/process）而言，社会结构建立在实践的常规特性之上。从公司之类的经济结构到私人之间的社会关系，大规模社会现象总是由居于实践理论核心的常规化所建构的。结构（和过程）不会"外在于"大规模社会现象或人们的头脑，而是存在于行动的常规特性之中。所以说，结构所反映的不是在组织图表中某个组织的结构，更不是人脑结构，而是行动的常规化。

这种思路导向一种非常独特的、关乎**能动者/个体**（agent/individual）的观念。多数社会理论（尤其是微观理论）关注的是或者自利（如理性选择理论）或者受规范和角色控制（如结构功能论）的能动者/个体，而实践理论的关注焦点是实践而非能动者。在这里，能动者虽然存在，但他们只是"'承载'和'施行'社会实践的身体/心灵"。因此，行动者既不是自主的（如在理性选择理论中那样），也不是不能做出判断的笨蛋（如在结构功能论中那样），而是"理解世界和自己（herself）、根据具体实践运用穷究根源的方法和激励性知识（motivational knowledge）的个人"（Reckwitz，2002：256）。此处的重点在于实践理论弱化了能动者的重要性，并试图将焦点放在实践上。实践，**而非**施行实践的能动者，才是理论的核心。以往的大多数社会学理论所关注的若不是创造社会世界的能动者，就是限制能动者及其创造性的各种内部和外部力量，相形之下，实践理论可谓迈出了激进的一步。

正如我们看到的那样，实践理论受到了形形色色的理论以及理论家思想的滋养。该领域的研究与著述构成了一个松散的网络。我们目前还没有看到所谓的实践"大"理论，它也没有必要一定要成为"大"理论。但是，实践理论已经提出了一些足够独特的理论思想，它们附着在以实践论为核心的多种有趣的方法之中，暗示着一种用途广泛的、新的理论视角的进一步发展。

总　结

本章介绍了四种在近年表现出长足进展并极有可能在未来获得进一步发展的理论。另外一些日渐壮大且不乏前景的理论，我们在之前各章也已讨论过（如女性主义和全球化理论）。当然，还有一些理论按理说也应该被并入这一章。但是，我们认为本章选入的四种理论正是当下最热门，而且很可能在未来几年依然保持重要影响力的理论。

酷儿理论、种族和种族主义批判理论的出现是更大的社会世界对于酷儿和种族/种族主义兴趣日增的结果。它们也显示了社会理论内部发展的影响，如福柯对酷儿理论、杜波伊斯对CTRR的影响。我们看到新的理论材料层出不穷，如酷儿理论之中男/女同性恋研究孳生的一些思想及其影响，以及批判种族理论对CTRR的影响。新的理论视角对酷儿理论和CTRR既有积极的影响，也有消极的影响。更重要的是，酷儿理论和CTRR还从许多其他的理论视角、从社会世界的发展中汲取了更多的思想，有望发展出具有更高辨识度的及前景大好的社会理论。

行动者—网络理论和实践理论则是重大理论进步更纯粹的产物。它们虽然与社会世界相关联，却远非社会世界发展的反映。行动者—网络理论最值得称道的是向非人行动者赋予了其在社会理论中应得的地位。实践理论就提出行动的常规化方式这一理论要点来说，贡献与行动者—网络理论不相上下。实践理论关注的是前理论假设及常规化影响行为的方式，即人类如何管理自己的身体、操控客体、对待主体、描述事物和理解世界。

如同本章讨论的这四种理论一样，通过增添新的研究课题和新的思考方式（它们不仅仅关于这些理论自身，还关乎社会学领域长期关注的许多其他议题），前沿理论将持续地刷新社会学理论界的版图。我们可以有把握地预测说，未来将会有更多的新理论涌现（当然有些理论将会衰落乃至消亡），而且它们也将以同样的方式继续丰富社会学理论。

附 录
社会学的元理论化和分析社会学理论的元理论图式

本章概要

社会学中的元理论化
托马斯·库恩的理论
社会学：一门多范式的科学
建立更具整合性的社会学范式

社会学理论界最近的一个发展是社会学家对社会学元理论化的兴趣倍增。如果说理论家将社会世界当作研究主题，元理论家所从事的则是针对社会学理论基础结构的系统研究（Ritzer，1991b；Ritzer，Zhao，and Murphy，2001；Zhao，2005，2001）。本附录的目标之一是探讨社会学界对于元理论的兴趣增长以及这一取向的基本特征。本书的整个结构安排正是得自我所发展的元理论视角的特定组合（1975a，1981a）。本附录的另一目标是呈现一些激发全书诸多思想的元理论思想。但是首先，我们要对社会学界的元理论化做一综述，从而帮助读者理解。

社会学中的元理论化

社会学家并非唯一进行元分析（也即对本学科进行反思性研究）的人群（Bakker，2007c）。哲学家（Radnitzky，1973）、心理学家（Gergen，1973，1986；Schmidt et al.，1984）、政治学家（Connolly，1973）、历史学家（Hayden White，1973），以及大量其他类型的社会科学家（Fiske and Shweder 著作中的多篇论文，1986）也在进行同样的工作。

不但其他领域存在元分析，在元理论学者之外，各个类别的社会学家也会做这一类型的分析（Zhao，1991）。我们可以以"元社会学"为标题将社会学中各种类型的元分析组织在一起，将其定义为**对社会学整体的基础结构及其不同成分进行的反身性研**

究，这些成分是指现实领域［如 Richard Hall（1983）对职业社会学的概述］、概念［如 Rubenstein（1986）对"结构"的分析］、方法［指元方法，如 Brewer and Hunter（1989）and Noblit and Hare（1988）综合社会学方法的尝试］、数据［指元数据分析[①]（meta-data-analysis），如 Fendrich，1984；Hunter, Schmidt, and Jackson, 1982；Polit and Falbo, 1987；F. M. Wolf, 1986］，以及理论。**元理论化**（metatheorizing）是我们在附录中最后讨论的一个议题。

令这一领域的工作与众不同的要素，与其说是元理论化的过程（或如所有元理论学者所做的那样系统地研究理论），不如说是最终产品的本质。元理论化有三种类型，主要是依据其最终产品的差异来划分的（Ritzer，1991a，1991b，1991c，1992b，2007）。第一种类型，**作为获得对理论之更深入理解的手段的元理论化**（M_U），是指为获得对既有理论更好、更深刻的理解而做的理论研究（Ritzer，1988）。M_U 专注于针对理论、理论家和理论家群体以及理论与理论家所处的更大的学术与社会环境进行的研究。第二种类型，**作为促进理论发展之前提的元理论化**（M_P），对既有理论的研究是为了产出新的社会学理论。第三种类型，**作为促进主领（overarch）社会学理论的理论视角源头之一的元理论化**（M_O），它对既有理论的研究指向产出一种理论视角——我们也可以称之为元理论——它主领着社会学理论的一部分乃至全部。（本书在构思时，正是第三种类型的元理论化为它提供了组织框架。）基于以上定义，我们下面将进一步考察元理论化的每一种类型。

- 第一种类型的元理论化 M_U，由四个基本的亚型组成。它们都是以获得对社会学理论更深刻理解为目的的正规（非正规）研究。

    第一种亚型，**内部知识**（internal-intellectual），关注的是社会学内部有关知识或认知的议题。这包括定义主要认知范式（Ritzer，1975a，1975b；也可参见下文）和"思想流派"（Sorokin，1928）的努力，用更动态的视角来解读社会学理论基础结构（L. Harvey，1982，1987；Wiley，1979；Nash and Wardell，1993；Holm-wood and Stewart，1994），以及发展用来分析现有的社会学理论以及建立新理论的一般意义上的元理论工具（Alexander et al.，1987；Edel，1959；Gouldner，1970；Ritzer，1989，1990a；Wiley，1988）。

    第二种亚型，**内部社会**（internal-social），也将目光投向社会学的内部，但它关注的是社会因素而非认知因素。它的主要理论取向在于强调多种社会学理论共有的那些层面，还包括根据社会学理论史划定主要"流派"（Bulmer，1984，

[①] "元数据分析"这一（多少有些令人尴尬的）标签被用来与更一般化的元分析相区分。元数据分析的目的是寻找各项研究之研究结论的累积方式。尼米（Niemi）在介绍沃尔夫（Wolf）的**元分析**概念时，将元分析定义为"将统计方法用于从单个研究中收集的经验发现的集合，以实现整合、综合和挖掘其意义的目的"（F. M. Wolf，1986:5）。

1985；Cortese，1995；Tiryakian，1979，1986），定义指向研究社会学家群体之间纽带关系的更为正式的网络理论取向（Mullins，1973，1983）和确认理论家自身考察其附属机构、学术模式、在社会学界的地位等相关研究（Gouldner，1970；Camic，1992）。

第三种亚型，**外部知识**（external-intellectual），转向其他学科，以寻求可用于社会学理论分析的思想、工具、概念和理论（如R. Brown，1987，1990）。贝克（Baker，1993）审查了物理学领域的混沌理论对于社会学的意义。贝利强调说尽管元理论化对于社会学来说仍是相对新鲜的概念，但是"一般意义上的系统理论很久以来一直以广泛的元理论化为其标志"（K. D. Bailey，1994：27）。系统理论的跨学科特点，以及将不同领域的思想汇聚起来研究的需要，使得这种元理论化成为一种必需。不久后，贝利又强调说社会系统理论"拥抱元理论化"（Bailey，1994：82）。事实上，贝利采用了元理论的取向来对系统理论的发展及其与社会学理论发展的关系进行分析。

第四种亚型，**外部社会取向**（external-social approach），转向更为宏观的层面，考察较大的社会（国家构建、社会文化环境，等等），以及它对社会学理论化之影响的本质（如Vidich and Lyman，1985）。

当然，具体的元理论化可以结合两种或多种亚型的M_U。例如，贾沃斯基（Jaworski）指出科塞1956年出版的《社会冲突的功能》"是一部个人色彩很浓的著作以及一份具有历史定位的声明"（Jaworski，1991：116）。贾沃斯基谈到科塞的家庭（内部社会）及希特勒在德国的崛起（外部社会）对科塞的生活及研究的影响。他还分析了外部知识（美国激进政治思想）以及内部知识（工业社会学）等因素对科塞思想的影响。可见，贾沃斯基在分析科塞的社会冲突论时运用了所有四种M_U亚型。

- 社会学领域大多数的元理论化不是M_U，而是第二种类型，作为促进社会学理论发展之前提的元理论化（M_P）。最重要的古典理论家和当代理论家在建立其理论时，至少在一定程度上要基于对其他理论家的工作的审慎研究和回应。马克思提出的资本主义理论（参见第一章）是最知名的案例之一，以对黑格尔哲学、政治经济学、乌托邦社会主义等思想的系统化研究为基础；帕森斯的行动理论源自对涂尔干、韦伯、帕累托和马歇尔理论成果的系统研究；亚历山大的多维度的新功能主义理论（1982—1983）基于对马克思、韦伯、涂尔干、帕森斯的细致研究；哈贝马斯的沟通理论（1987a）建立在他对多位批判理论学者以及马克思、韦伯、帕森斯、米德和涂尔干等人理论的考察的基础上。下面我们将以马克思的研究为例更详细地来了解M_P。

在《1844年经济学哲学手稿》（1932/1964）一书中，马克思基于对下列领域细致且审慎的分析、批判，即亚当·斯密、让-巴蒂斯特·萨伊（Jean-Baptiste Say）、大卫·李嘉图、詹姆斯·穆勒等政治经济学家，黑格尔、青年黑格尔派［如鲍威尔（Bruno Bauer）］、费尔巴哈等哲学家，艾迪耶纳·卡贝（Etienne Cabet）、欧文、傅立叶和蒲鲁东等乌托邦社会主义者，以及一系列或重要或不起眼的学派和人物的著作，建立了自己的理论视角。我们完全可以说《1844年经济学哲学手稿》整部作品是马克思在吸收了一系列思想体系后发展出他自己的思想的一部元理论专著。

那么，马克思的其他著作呢？它们是否更具有经验性，而少一些元理论化的味道？C. J. 亚瑟（C. J. Arthur）在为《德意志意识形态》（Marx and Engels, 1845—1846/1970）一书所撰写的序言中谈到这部著作主要是由"反对他们（马克思和恩格斯）同时代学者之著作的、细致且逐字逐句的论证"所构成（1970：1）。事实上，马克思自己也认为《德意志意识形态》"将我们反对德国哲学中意识形态分支的设想和盘托出，事实上是要与我们之前的哲学良知进行清算。这个意图表现为对后黑格尔哲学（post-Hegelian philosophy）的批判"（1859/1970：22）。总的来说，《神圣家族》（Marx and Engels, 1845/1956）是对青年黑格尔派中的布鲁诺·鲍威尔及该学派具投机色彩的"批判的批判主义"倾向展开批判。①在该书的前言，马克思和恩格斯表明这一元理论化的工作是接下来的理论化的前提："因此，我们先发表这部论战性的著作，再各自分头在自己的著作里叙述自己的肯定的观点，以及对现代哲学和社会学的肯定的见解。"（1845/1956：16）在《政治经济学批判大纲》（Grundrisse）中，马克思（1857—1858/1974）选择了政治经济学家大卫·李嘉图和法国社会主义者蒲鲁东作为他的元理论批判对象（Nicolaus, 1974）。在《大纲》中，马克思从头至尾都在努力解决一系列理论问题，部分地是通过对此处提到的理论和理论家们进行批判，部分地是通过应用黑格尔的思想。在提及《大纲》的导言时，尼古劳斯（Nicolaus）说它"字里行间都表现出马克思与黑格尔、李嘉图和蒲鲁东之间的斗争。通过它，马克思实现了最重要的目标——辩证地书写历史的基本原则"（1974：42）。《政治经济学批判》（A Contribution to the Critique of Political Economy, Marx, 1859/1970）一书，正如书名所示，是基于针对政治经济学家著作之批判而建立独特的经济取向的一次尝试。

《资本论》（1867/1967）被公认为马克思最具实证性的著作之一，他在书中运用政府统计数据和报告直接地解释了资本主义工作世界的现实。它不但体现着马克思早年的元理论研究，也包含了一些自身的理论化研究。事实上，副标题"政

---

① 事实上，该书的副标题就是"驳布鲁诺·鲍威尔及其伙伴"（Against Bruno Bauer and Co）。

治经济学批判"(A Critique of Political Economy)明确了该元理论的根源。马克思在《资本论》中建构了自己独特的理论方向，也因此表现得更为自由和更加积极。这种自由一定程度上可以追溯到其早期著作中大量的元理论基础工作。其中绝大多数的元理论新研究被归入以《剩余价值理论》(Theories of Surplus Value)为标题的《资本论》第四卷之中(Marx, 1862—1863/1963, 1862—1863/1968)。它由许多重要的政治经济学家（如斯密和李嘉图）的著作摘要以及马克思对它们的批判分析构成。总之，我们完全可以说马克思在很大程度上是一位元理论家，而且或许是在所有古典社会学理论家中**最**着重于元理论的。

- 第三种类型的元理论化 M_O——元理论化以产生主领的视角，可以表现为许多种形式。其中包括华莱士（1988）"学科基质"、瑞泽尔（1979，1981a）的"整合的社会学范式"（见附录下文）、佛斐（Furfey, 1953/1965）的实证主义元社会学、格罗斯（Gross, 1961）的"新辩证"元社会学、亚历山大（Alexander, 1982）的"社会学一般理论逻辑"，以及亚历山大（1995）稍晚一些的建立以普世主义和理性为目标的后实证主义取向的努力。许多理论家（Bourdieu and Wacquant, 1992; Emirbayer, 1997; Ritzer and Gindoff, 1992, 1994）都致力于创建瑞泽尔和金多夫所谓的"方法论的关系主义"[①]，以补充既有的、主领"方法论的个人主义"（methodological individualism, Udehn, 2002）和"方法论整体主义"（methodological holism）的视角。方法论关系主义的理论源头是有关微观—宏观和能动—结构整合的著作以及形形色色的社会心理学领域的研究。

上述元理论的三种类型皆为理想型。事实上，元理论研究的目标经常会出现程度可观的重叠。尽管如此，只从事某一种元理论研究的学者，对于其他两类元理论研究的目标往往缺少兴趣。当然，有一些社会学家可能不时地从事过三种类型的元理论研究。例如，亚历山大（1982—1983）在《社会学的理论逻辑》(Theoretical Logic in Sociology)第一卷中创建了主领视角（M_O），在之后的三卷本中使用这些视角达成了对古典理论家们更深入的理解（M_U），不久之后又试图建立新功能主义（M_P），以之作为结构功能主义的理论延续（Alexander and Colomy, 1990a）。

布尔迪厄的反身社会学

布尔迪厄是地位卓著的当代元理论家之一（尽管他会拒绝被贴上这一标签，以及任何的标签）。布尔迪厄所倡导的是一种具反身性的社会学："对于我来说，社会学应该是元（meta），但它总是**关乎**其自身。它必须用自己的工具去发现它自身的性质和它正在做

[①] 斯沃茨（Swartz, 1997）列出了曾经启示布尔迪厄的这一元理论以及其他的元理论，在这方面做了非常好的工作。

的工作，并试图去更好地理解自身的立场。"（Bourdieu and Wacquant，1992：191；也请参见 Meisenhelder，1997）如果换用一个更早一些但定义得不那么明确的标签来定义元社会学（"社会学的社会学"），布尔迪厄说："社会学的社会学是社会学认识论的基本维度。"（Bourdieu and Wacquant，1992：68）社会学家用毕生精力使社会世界"客观化"，也应该花费一些时间来客观化其自身的实践。因此，社会学要"不断地回到它自身，以及它所制造的那些科学武器"（Bourdieu and Wacquant，1992：214）。布尔迪厄甚至否认某些形式的元理论化（例如，M_U中的内部社会及内部知识的亚型）是"基于社会学家个人的或是在追寻激发了他/她的著作的学术精神（Zeitgeist）的自满和述说个人情感的回归"（Bourdieu and Wacquant，1992：72；关于布尔迪厄对上述元理论化的更为真实的看法的一些讨论，参见Wacquant，1992：38）。然而，否定某种形式的元理论化并不意味着否定它的全部。显然，依照《学术人》（1984b）的逻辑，布尔迪厄乐于在社会学这一学科和学术世界中检视社会学家的惯习和实践，以及社会学与阶层、政治等场域的关系。《区隔》（1984a）一书将把布尔迪厄导向关心单个的社会学家乃至这一学科本身达成区隔的策略。例如，社会学家作为个体有可能通过使用晦涩术语以便在学科领域内求得更高地位，而社会学则可能给自己披上科学的外袍，以便与相应的实践世界区隔开来。事实上，布尔迪厄宣称，社会学以及其他社会科学所谓科学的主张"实际上只是权力的委婉表达"（Robbins，1991：139）。当然，这一立场也为布尔迪厄自己的研究带来不令人愉快的内涵：

> 布尔迪厄在20世纪80年代的主要问题一直是如何维持其思想中的符号性权力，与此同时又要破坏它所赖以为根基的科学性。或许有人会说他无异于自掘坟墓。
>
> （Robbins，1991：150）

鉴于布尔迪厄醉心于接受理论化指导的经验研究，他对M_O的绝大多数形式（即使不说所有形式）都没有什么耐心；他将M_O描述为"世界知识的通用元话语"（Bourdieu and Wacquant，1992：159）。更具体地说，布尔迪厄否认元理论化是自主的实践，将元理论化与社会世界研究的理论化和经验化区分开来（参见Wacquant，1992：31）。

在指出社会学家需要"**避免在（他们的）社会学实践中成为社会力量的玩偶**"（Bourdieu and Wacquant，1992：183）时，布尔迪厄举了一个关于元理论化的有趣案例。避免这种命运的唯一方式是，了解这些社会力量在历史特定时点作用于社会学家的本质。认识这些社会力量只能通过元理论分析或布尔迪厄所谓"社会分析"的方式（Bourdieu and Wacquant，1992：210）。一旦社会学家们认识到这些加诸其身上的社会力量（尤其是外部社会和外部知识）的本质，他们在控制它们对其研究工作的影响时就可居于更有利的处境。正如布尔迪厄就其个人的情况所说，"我一直试图用社会学来净化我关于……

社会支配力量的研究"（Bourdieu and Wacquant，1992：211）。因此，在布尔迪厄看来，元理论化的目的不在于削弱社会学，而是要将它从那些左右它的力量中解救出来。当然，布尔迪厄针对其自身努力的这番论述同样适用于普遍的元理论研究。布尔迪厄在努力限制外部因素对其研究之影响的同时，也意识到了这一努力的局限性："我在任何时点都不敢相信或宣称我完全不受它们（社会支配力量）的影响。"（Bourdieu and Wacquant，1992：211）

同理，布尔迪厄也希望将社会学家从另外一些更有权势的社会学家施加于其身上的符号暴力中解救出来。这一目标要求对社会学进行内部知识和内部社会分析，以揭示这种符号暴力的由来与本质。一旦这些符号暴力为人们所认识，社会学家们就能更好地免受或至少限制其影响。一般地说，社会学家有很好的定位来行使"认识论的警戒"，保护自己免于承受上述具有扭曲作用的压力（Bourdieu，1984b：15）。

布尔迪厄之元理论的理论取向中最独特的一点是拒绝将元理论化与社会学中的其他层面相分离。[①] 也就是说，他认为社会学家们在进行社会学分析时应持续地保持反思。他们在分析中必须反思他们正在做的研究，尤其是这些研究对其研究对象有可能造成的扭曲。这种反思可以削弱"符号暴力"加诸于研究主体的影响。

尽管布尔迪厄所做的是一种极为独特的元理论研究，但显然，他的研究属于（或者至少在一定程度上属于）元理论研究。鉴于布迪尔厄在社会理论领域越来越重要的地位，他的研究对于元理论的影响很可能会在社会学的元理论化方面引发越来越强烈的兴趣。

说了这么多，现在我们要转向为本书奠定基础的元理论取向。我们将会逐步阐明，它是 M_U 与 M_O 组合。我们先对托马斯·库恩的研究作一简要介绍，然后再来检视瑞泽尔对社会学多重范式的分析（M_U）。最后，我们要回顾元理论化的工具——整合的社会学范式（M_O），即本书用来解读社会学理论的多种分析层面的源头。

托马斯·库恩的理论

1962年，专注于科学哲学研究的托马斯·库恩出版了一部相对单薄的著作——《科学革命的结构》（*The Structure of Scientific Revolutions*，Hoyningen-Huene，1993）。鉴于这一著作是自哲学领域脱胎而来，它在社会学内部似乎注定只能处于边缘位置。此外，它关注的是自然科学（如物理），而对于社会科学少有建议。然而，事实证明这本书的命题引起了诸多领域学者［例如，历史领域的霍林格（Hollinger，1980）；语言学领域的塞尔（Searle，1972）；经济学领域的斯坦菲尔德（Stanfield，1974）］的极大兴趣，

[①] 这一点使得斯沃茨（1997：11）特别强调："布尔迪厄不认同瑞泽尔（1988）的看法，后者认为社会学元理论的建立是该学科内部地位正当的子领域。"

乔治·瑞泽尔小传

可作为元理论分析工具的自传

传记及自传研究，对于帮助我们理解社会学理论家乃至整个社会学家群体是非常有帮助的。科学历史学家托马斯·汉金（Thomas Hankin）是这样解释的：

> 有关某位科学家的全面的传记——不但介绍了他的人格，还描述了他的科研工作以及其所处时代的社会与学术背景，……仍然是解决困扰科学史写作中诸多问题的最佳方式……科学是由个体的人创造的，无论它怎样受到外部力量的驱动，这些力量必须要通过科学家本人来产生效用。传记即文学化的镜头，透过它我们可以清晰地浏览整个过程。
>
> （Hankin, 1979: 14）

汉金对于科学家这一群体的论述启发了我对于社会学理论家（包括我自己）传记的研究兴趣。我设计这一短小自传的目的是为了表明传记至少在几种方式上是元理论分析的有益工具。

我在社会学系任教已超过30年，撰写了大量有关社会学的文章，在世界各地以社会学为主题办过讲座，然而我从来没有获得任何社会学学位。缺少该学科的专业背景使我终生保持着对社会学以及社会学理论的学习。在某种意义上，它促使我努力地去理解社会学理论。由于从未接受某一"学派"的学术训练，我在接触社会学理论时很少携带先入为主的偏见。恰恰相反，我是所有"思想学派"的学生，它们都是我的菜。

我的第一本元理论著作《社会学：一门多重范式的科学》（1975a），不仅试图展示社会学中分裂的、甚至经常彼此冲突的各个范式，还试图解释范式之间的联结、跃迁、主领和整合。我对范式之间的冲突感觉很不舒服，希望看到社会学内部更多的和谐与整合。这种愿望驱使我出版《走向一个整合的社会学范式》（1981a）一书，我在其中更全面地论述了我对于整合范式的认识。解决理论冲突的兴趣引导我关注微观—宏观（1990a）、能动—结构（Ritzer and Gindoff, 1994）的整合，以及更高一级的有关理论综合的议题（1990b）。

我希望能够更好地理解社会学理论并解决其内部不必要的冲突，这就是我为什么对元理论研究产生兴趣的原因。在《社会学元理论化》（1991b）一书以及主编的《元理论化》（*Metatheorizing*, 1992a）中，我都阐明了系统研究社会学理论的必要性。我相信我们需要在这方面做更多的工作，才能更好地理解理论、建立新理论，以及提出新的主领理论视角（或元理论）。元理论研究还指向厘清和解决争端，从而使更进一步的整合与综合成为可能。

在20世纪90年代初，我已经花了好多年时间，试图对社会学理论的本质作出澄清，因而这时逐渐对元理论研究的抽象性感到厌倦起来。我试图将我学到的各种理论应用于社会世界极为具体的层面。这方面的工作我在80年代做过一点点，如用韦伯的理性化理论来解释快餐店（1983）和医药行业（Ritzer and Walczak，1988）。我回顾了1983年的研究，并以此为基础写成了《社会的麦当劳化》（1993，1996，2000，2004a）。这本书的观点是，在韦伯所处的时代，理性化过程的典型代表是科层制，而目前快餐店成为了这一过程的更佳典范［关于这个主题的其他文章，参见《麦当劳化文集》（*McDonaldization Thesis*，1998）］。在《运通美国：全球信用卡社会批判》（1995）一书中，我的注意力转向日常生活中的另一种经济现象。我不但从理性化理论视角，还从其他视角（包括齐美尔的货币哲学思想）对它进行了分析。

针对快餐店和信用卡的研究使我意识到我真正感兴趣的领域是消费社会，这是一个在美国颇不受重视的领域，至少与英国和其他欧洲国家相比情况就是如此。我随后出版了《祛魅世界的入魅：消费工具的革命》（1999，2005a），用韦伯、马克思以及一些后现代理论来分析一系列消费新方式（超级市场、购物中心、网络营销、电视购物、俱乐部、主题公园、游艇、快餐店和其他特许经营店）对美国及至全世界商品消费和服务消费所产生的革命性影响。

麦当劳、麦当劳化、信用卡以及消费新方式的全球渗透引导我更为直接地关注全球化，从而出版了《虚无的全球化》（*The Globalization of Nothing*，2004b）一书。我不敢断言我不会回归元理论的议题，事实上我最近正在做这方面的研究（Ritzer，2001），可是我目前的计划是继续用理论联系当代世界的实际（尤其是消费和全球化）。

来源：改编（并更新）自瑞泽尔，《我从不做自己不喜欢的元理论》（I Never Metatheory I Didn't Like），《美国中部社会学评论》15：21—32，1991，也请参见 Goodman（2005）。

而且对社会学家的意义尤为重大。在20世纪70年代，罗伯特·弗里德里克斯（Robert Friedrichs）出版了第一部库恩式视角的卓越著作《社会学的社会学》（*A Sociology of Sociology*）。自此之后，采取这一视角的著作层出不穷（Eckberg and Hill，1979；Effrat，1972；Eisenstadt and Curelaru，1976；Falk and Zhao，1990a，1990b；Friedrichs，1972；

Greisman，1986；Guba and Lincoln，1994；Lodahl and Gordon，1972；D. Phillips，1973，1975；Quadagno，1979；Ritzer，1975a，1975b，1981b；M. Rosenberg，1989；Snizek，1976；Snizek，Fuhrman，and Miller，1979）。库恩式的理论当然是 M_U 的一个重要的分支，但是这种理论取向究竟是什么呢？

库恩在《科学革命的结构》一书中的主旨之一是挑战有关科学革命方式的通行假设。在大多数外行人以及许多科学家眼中，科学以累进的方式实现进步，每一次的进步都是不可阻挡的且基于之前的积累。科学通过缓慢而持续的知识积累才走到今天，而未来必将走向新的高度。物理学家牛顿将这种关于科学的认识阐释得尤为清楚，"我之所以可以看得更远，那是因为我站在巨人的肩膀上。"可是，库恩认为这种累进的科学发展观不过是一种神话，必须要予以揭露。

库恩承认积累在科学的发展过程中起到了一定作用，但认为真正重大的改变是革命的结果。库恩提出了一个说明科学重大变革如何得以发生的理论。他认为在任意时点的科学都由某种特定的**范式**（被定义为当时对科学主题的基本想象）所支配（Ritzer，2005b）。**常态科学**（normal science）是一个科学家努力工作以扩张主流范式的知识积累阶段。这类科学工作不可避免地会带来**异常**（anomalie），或不能为主流范式所解释的一些发现。当异常现象不断增长，**危机**阶段随之出现，而且它最终可能要以一场科学革命来终结。主流范式被推翻，一个新的范式取而代之。它再成为新的主流范式，旧的循环又一次启动。库恩的理论如下图所示：

范式Ⅰ→常态科学→异常→危机→革命→范式Ⅱ

真正重要的科学变化恰恰发生在革命阶段。库恩的观点无疑与大多数有关科学发展的认知都不同。

库恩这一理论取向中的关键概念，也即本节的核心，即范式。不幸的是，库恩对该概念的阐释模糊不清（Alcala-Campos，1997）。根据玛格丽特·马斯特曼（Margaret Masterman，1970）的说法，库恩至少以21种不同的方式使用过这一术语。我将采用其中一个我认为符合库恩早期研究工作之本质和精神的定义。

范式的功能是区分科学共同体。我们可以用它来区分物理和化学或社会学与心理学。这些学科都有各自不同的范式。我们也可以用范式来划分科学发展史上的不同历史阶段（Mann，Grimes，and Kemp，1997）。19世纪物理学的主流范式与20世纪初该领域的主流范式是不同的。范式还有第三种用途，也即本书最想强调的用途，即我们可以用它来区分某一学科**内部**的认知群体。例如，当代精神分析领域可被划分为弗洛伊德学派、荣格学派、霍妮学派等范式（还有其他一些范式）——也就是说，精神分析领域存在**多重范式**（multiple paradigms）——对社会学以及其他大多数学科来说，情况也是如此。

至此，关于**范式**，我可以提供一个我认为符合库恩初期研究精神的定义了：

> 范式是关于科学主题的基本想象。它定义了应该研究什么，应该问什么样的问题，应该怎样提问，以及在阐释得到的答案时应遵循什么规则。范式是科学界最广泛的共识单位，可被用来区分科学共同体（或**亚群体**）。它包摄、定义和并联有关的范例、**理论**（黑体为新加）和学科中既有的方法和工具。

（Ritzer，1975a：7）

借助这一定义，我们可以来审视一下范式与理论的关系。**理论是更高一级的范式的一部分**。换句话说，一个范式可以包含两种及以上的理论，以及关于研究主题的不同**想象**、**方法**（及工具）和**范例**（被后来者奉为经典的特定科学研究）。

社会学：一门多范式的科学

瑞泽尔（1975a，1975b，1980）有关社会学范式状况的研究始于20世纪70年代中期，它为贯穿本书的分析框架的元理论视角奠定了基础。社会学有**三种**主流范式，当然还有另外几种范式具有获取主流地位的潜力。这三种主流范式分别为**社会—事实**（social-facts）、**社会—释义**（social-definition）和**社会—行为**（social-behavior）。下面我们将根据范式的四大要素来对它们作一一解读。

社会—事实范式

- **范例**：涂尔干的著作，尤其是《社会学方法的准则》（*The Rules of Sociological Method*）及《自杀论》（*Suicide*），堪为社会事实论者的典范。
- **主题想象**（image of the subject matter）：社会事实论者关注由涂尔干定义的社会事实，或大规模的社会结构和社会制度。接受社会—事实范式的学者不但关注上述现象，还关注它们对于个体思想及行为的影响。
- **方法**：社会事实论者相比于接受其他范式的学者更可能采用访谈—调查问卷法（interview-questionnaire method）[①]和历史比较法（historical-comparative method）。
- **理论**：社会—事实范式包含多种理论视角。**结构功能主义者**倾向于认为社会事实是顺滑地相互衔接的，而秩序由普遍共识维系。**冲突论者**倾向于强调社会事实的无序以及社会秩序由社会的强制力量维持这一认识。结构功能主义和冲突理论是在社会事实范式中占据主流地位的理论，不过该范式还涵盖了**系统论**等一些理论。

---

① 威廉·斯尼泽克（William Snizek，1976）表明访谈—调查问卷法在所有范式中都是主流研究方法。

社会—界定范式

- **范例**：对于社会释义论者来说，韦伯对社会行动的研究是经典范例。
- **主题想象**：韦伯的研究唤起了社会释义论者的研究兴趣，后者旨在研究行动者如何定义其所在的社会情境，以及这些定义对之后的行动和互动有何影响。
- **方法**：社会释义论者在研究中最可能采用的是访谈—调查问卷法，不过相比其他范式的研究者，他们也比较可能采用观察法（Prus，1996）。换句话说，观察法是社会释义论者特有的方法论。
- **理论**：许多理论都可被纳入社会释义范式，如**行动理论**、**符号互动论**、**现象学**、**常人方法学**以及**存在主义**。

社会—行为范式

- **范例**：心理学家斯金纳的研究被社会行为论者尊为典范。
- **主题想象**：对于社会行为论者来说，社会学的研究主题是个体不假思索的行为。尤其令他们感兴趣的是激发期望中行为的报酬和禁止不受期望之行为的惩罚。
- **方法**：社会行为论者的典型方法是实验。
- **理论**：有两种社会学理论取向可以被归入"社会行为主义"。第一种是**行为社会学**（behavioral sociology），近似于纯粹的心理学行为主义，第二种是**交换理论**（exchange theory）[①]，相比之下后者重要得多。

建立更具整合性的社会学范式

在叙述社会学多重范式的性质之外，我还试图说明社会学内部更进一步的范式整合。既有的范式有理由存在下去，但是我们也需建立更具整合性的范式。[②] 与纳什和沃德尔（Nash and Wardell，1993）的主张不同，我要求的不是在社会学内部建立新的霸权。我也不赞同"当前的（理论）多样性代表着需要清除的、不令人舒服的状态"（Nash and Wardell，1993：278）。相反，我希望建立一种用来补充既有范式的整合范式，从而达成更为丰富的多样化。正如纳什和沃德尔一样，我偏爱理论上的丰富。

既有范式大多是单边的，关注社会分析的特定层面，而对其他现象毫不关心。社会事实论者对于宏观结构的关注，社会释义论者对于行动、互动和现实之社会建构的关注，社会行为论者对于行为的关注，都反映出这一特点。这种只执一端的的做法使得越来越

[①] 对这一范式架构的分析包括埃克伯格和希尔（Eckberg and Hill，1979）；费里德海姆（Friedheim，1979）；哈珀、西尔维斯特和瓦尔恰克（Harper, Sylvester, and Walczak，1980）；史内兹克（Snizek，1976）以及斯塔茨（Staats，1976）。
[②] 我们也可以有其他选项，其中包括后现代范式（Milovanovic，1995）以及更多范式间的对话（Chriss，1996）。

多的社会学家开始思考如何建立一种整合度更高的理论（Ritzer，1991d）。（事实上这只是许多社会科学领域里越来越强烈的理论整合兴趣中的一部分，特别参见Mitroff and Kilmann，1978。）举例来说，社会事实论者的代表人物罗伯特·默顿认为，社会事实论与社会释义论可以相互增益，"它们彼此之间的对立大概就像火腿与鸡蛋的对立，它们是如此不同，却可以相互促进"（1975：30）。

整合范式中的关键是社会分析**层次**（Ritzer，1979，1981a）。读者们当然知道，**社会世界并不真的被划分为不同层次**。事实上，社会事实最好被视为不断互动和变化的、极其多样的社会现象。个体、群体、家庭、官僚机构、政体以及其他数量众多且高度多样化的社会现象呈现着构成社会世界的、使人备感困惑的现象阵列。我们很难掌控如此众多、覆盖面广且相互渗透的社会现象。我们显然需要某种类别的概念图式，而社会学家在处理社会世界的过程中已经发展了很多这样的图式。我们在此介绍的社会分析层次的概念应该被看作海量图式中的一种，后者可被用于并且已被用于处理社会世界的复杂性。

社会分析层次：一份概述

尽管大多数社会学理论中都暗含有层次的思想，但它很少获得公开的关注。［不过，我们确实看到一些公开表露的对这一议题的兴趣，比如，哈格（Hage，1994）、惠特迈尔（Whitmeyer，1994）、尤其是普伦德加斯特（Prendergast，2005c）、贾菲（Jaffee，1998）、斯梅尔瑟（1997）等人的著作。］我在这里强调层次问题，就是希望将社会学理论中暗含的要素显性化。

社会事实的两个连续统在建立社会世界的主要层次时是很有用的。第一个连续统是**微观—宏观**（microscopic-macroscopic）连续统。想象一下社会世界由一系列由大到小的实体所构成，这并不难，因为它是如此普遍。大多数人在日常生活中都是如此理解社会世界的。正如我们在第十章中所看到的，许多思想大家在研究中都借助了微观—宏观连续统。无论是外行人还是学术大家，他们对于连续统的认知都基于一种简单的思想，即社会现象的规模差异悬殊。在该连续统宏观一端的是，由多个社会构成的群体（如资本主义世界体系）、社会和文化等大规模社会现象。在其微观一端的是，个体行动者及其思想和活动。位于两端之间的是一系列中观现象——群体、集体、社会阶层和组织等。我们可以轻而易举地看到其中的差别，并以微观—宏观的模式来思考这个世界。在微观与宏观社会单元之间没有泾渭分明的分界。恰好相反，这里只有一个从微观端过渡到宏观端的连续统。

第二个连续统是社会分析的**客观—主观**（objective-subjective）维度。在微观—宏观连续统的任何一端（以及两端之间的任意一点），我们都能区分出客观成分和主观成分。在微观一端，或说在个体层次上，我们可以看到行动者的主观精神活动以及他/她从事的行动与互动的客观模式。这里的**主观**（subjective）是指只能出现在思维王国的事物，而**客观**（objective）是指真实的、物质性的事项。在这个连续统的宏观一端，我们可以看到同样的区分。社会是由政府、官僚机构、法律等客观结构以及规范、价值观等主观现象构成的。

社会世界极其复杂，要把握它，我们需要相对简单的模式。我们所寻求的这个简单模式由社会现实层次的两个连续统交互而来。首先，我们可以用图A.1来表现微观—宏观连续统。

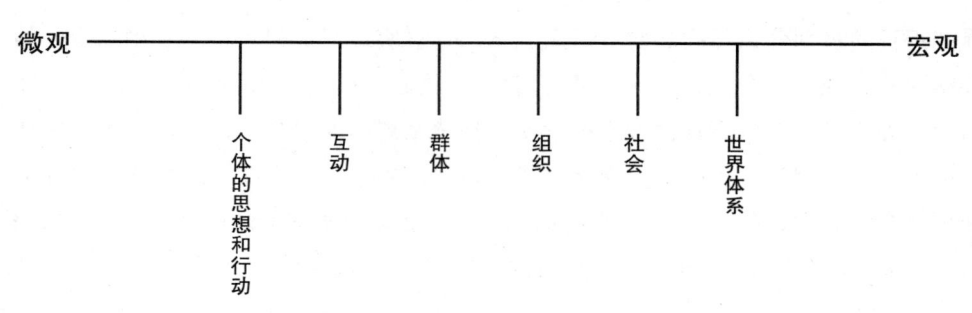

微观 —— 个体的思想和行动 —— 互动 —— 群体 —— 组织 —— 社会 —— 世界体系 —— 宏观

图A.1 微观—宏观连续统及居间的关键点

客观—主观连续统呈现出更大的问题，然而它的重要性并不亚于微观—宏观连续统。一般来说，客观社会现象具有真实的、物质性的存在。我们认为客观现象包括以下各项：行动者、行动、互动、官僚化的结构、法律和国家机器。这些客观现象都是可以看见、触摸和追踪的。可是，有些社会现象却**只存在**于观念的王国，没有物质性的存在。这些社会学现象包括思维过程、现实的社会建构（Berger and Luckmann，1967）、规范、价值观以及许多其他文化要素。客观—主观连续统的问题在于两端之间有许多既包含客观要素又包含主观要素的现象。例如，家庭是真实的物质性存在，但又包含一系列主观上的理解、规范和价值观。同理，政体也是由客观的法律、官僚机构和主观的政治规范、价值观构成。事实上，大多数的社会现象都是由主观要素和客观要素组合而成的复合形态。所以，我们最好将客观—主观连续统理解为两种极端类型以及处于其间的一系列形形色色的复合形态。

客观 —— 行动者、行动、互动、官僚化的结构、法律等 —— 复合类型，结合了各个程度的客观与主观因素；例如国家、宗教等 —— 家庭、工作 —— 现实、规范、价值观等社会建构 —— 主观

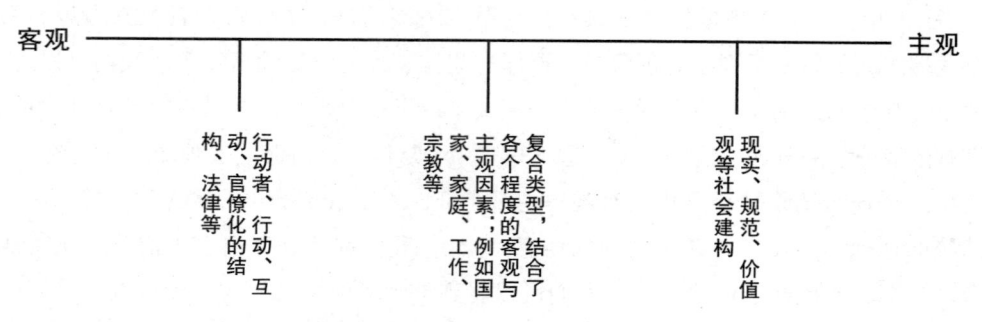

图A.2 客观—主观连续统及居间的复合类型

这两个连续统本身是很有意思的，但是我们这里要关注的是两个连续统的关系。

图10.1（参见第十章）清晰地表现出两个连续统的交叉以及由此产生的社会分析四大层级。

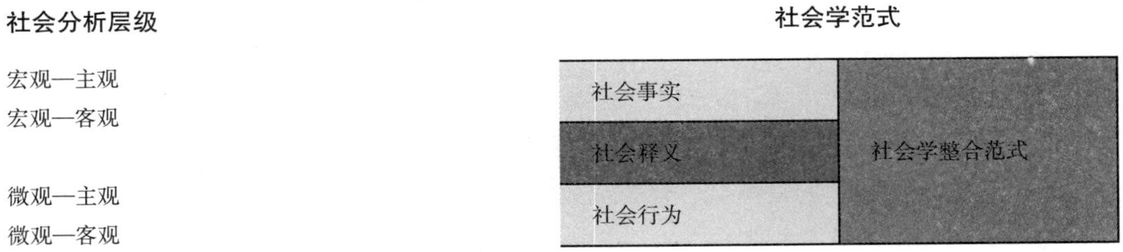

社会分析层级

宏观—主观
宏观—客观

微观—主观
微观—客观

社会学范式

社会事实	
社会释义	社会学整合范式
社会行为	

图A.3　社会分析层级和主要的社会学范式

我们的观点是社会学整合范式必须能够兼顾图A.3所示的社会分析四大基本层级及其相互关系（如欲了解类似的模型，参见Alexander，1985a；Wiley，1988）。它必须解释官僚机构之类的宏观—客观实体、价值观等宏观—主观现实、互动模式等微观—客观现象，以及社会现实建构过程等微观—主观事实。我们必须牢记，在真实世界里，上述一切都将逐渐地与其他实体融合，成为更大的社会连续统的一部分，我们只是人为地且相当武断地"制造"了一些区分，以便能够借此处理社会事实。社会分析四大层级的提出意在提供一种启发，而并非要精确地描绘社会世界。

尽管发展社会学整合范式将使我们获益匪浅，但是我们可以想见其他范式对它必有抵触。瑞巴·刘易斯强调说对整合范式的抵制来自那些被称为"范式武士"（Aldrich，1988）的理论家，这些人试图尽一切力量保卫自己的理论领地：

> 大多数针对整合范式的抵制都不是理论性的，而是政治性的。整合范式威胁到许多靠反对既有理论而获得动力的理论取向的纯净性和独立性——甚至有可能威胁到它们的存在……正如瑞泽尔所主张的，整合范式提倡甚至鼓励一种有可能令人们不再感到舒适的、更为辽阔的视野。接受整合范式意味着不再把自己偏好的理论中的终极真理视为信仰……要接受一种整合范式需要对涉猎广泛的多种理论视角有一定的理解及至欣赏——这是一项挑战学识的任务……瑞泽尔没有讨论这个问题，却主张克服广泛存在的新知恐惧症是整合范式在被接受的道路上将遭遇的最大挑战。
>
> （R. R. Lewis，1991：228—229）

显而易见，我们要弄清整合范式的四个层级与稍早讨论的三种范式以及整合范式有怎样的联系。图A.3展示了四个层级与三种范式的对应关系。

社会—事实范式主要关注宏观—客观和宏观—主观层级。社会—释义范式主要关注微观—主观世界以及基于思维过程（行动）的微观—客观世界的一部分。社会—行为范式处理的是不涉及思维过程（行为）的微观—客观世界。如果说这三种范式横跨了社会事实的四个层级，那么整合范式则是纵向贯穿了它们。这一描述可以使我们明确为什么整合范式不能替代其他范式。三种范式中的每一种以极为细致的方式研究某个既定的层级或多个层级，而整合范式研究所有层级，却不会像另外三种范式那样去密集地审视任何一个既定的层级。所以说，范式的选择取决于我们提出的是哪一类问题。并非所有的社会学问题都需要整合范式，但至少有一些问题需要它来解答。

至此，我们所描述的是社会学整合范式的主题想象的模型。这个大纲还需要更多精细的细节，但那将是另一本书的任务了（参见Ritzer，1981a）。我们这里的讨论不是为了建立一种新的社会学范式，而是为了准确描述一个帮助我们以协调有序的方式分析社会学理论的主领元理论图示（M_O）。图10.1中的模型奠定了本书的基础。

用来分析社会学理论的正是图10.1所呈现的社会分析四大层级。该图为我们提供了一个可以用于社会学理论之比较分析的元理论工具。它使得我们能够分析理论关心的命题，以及它们如何与其他社会学理论的关注相联系。

我们应该竭尽全力避免用社会分析的某些特定层级对理论或理论家进行简化。尽管根据之前对当代社会学中范式现状的描述来看，追随某种特定范式的社会学理论家总是倾向于关注社会分析的某个或某些层级，但是如果将他们的研究范围局限于一两个层级，对这些理论家似乎也确实有失公平。例如，人们通常认为马克思的理论关注宏观—客观结构——尤其关注资本主义的经济结构。然而，当我们用图10.1中的具有多个社会分析层级的范式来作一番观察时，我们就会发现马克思对于社会现实的所有层级及其相互关系都提出了相当丰富的洞见。同理，符号互动论通常被认为是一种阐释微观—主观和微观—客观现象的理论视角，但是当它被用于宏观层面时的分析时，它也并非全无启示（Maines，1977）。

我们还应当牢记的是，在借助社会分析层级来分析理论时，这往往意味着打破该理论的完整性、统一性和内部一致。层级在帮助我们理解一种理论并将它与其他理论进行比较时是很有用的，但是我们必须要煞费苦心地处理层级间的相互关系和理论的整体性。

总之，图10.1所呈现的元理论图式（附录介绍了其发展过程），为我们提供了分析本书所讨论的各个社会学理论的基础。

参考书目

Aboulafia, Mitchell
1986 *The Mediating Self: Mead, Sartre, and Self-Determination.* New Haven: Yale University Press.

Abrahamsen, Rita
1997 "The Victory of Popular Forces or Passive Revolution? A Neo-Gramscian Perspective on Democratisation. " *Journal of Modern African Studies* 35:129–152.

Abrahamson, Mark
1978 *Functionalism.* Englewood Cliffs, N. J. : Prentice-Hall.
2001 "Functional, Conflict and Neofunctional Theories. " In George Ritzer and Barry Smart (eds.), *Handbook of Social Theory.* London: Sage: 141–151.

Abrahamsson, Bengt
1970 "Homans on Exchange. " *American Journal of Sociology* 76:273–285.

Abrams, Philip
1968 *The Origins of British Sociology: 1834–1914.* Chicago: University of Chicago Press.
1982 *Historical Sociology.* Ithaca, N. Y. : Cornell University Press.

Abrams, Philip, Deem, Rosemary, Finch, Janet, and Rock, Paul
1981 *Practice and Progress: British Sociology 1950–1980.* London: Allen and Unwin.

Acker, Joan
1989 *Doing Comparable Worth.* Philadelphia: Temple University Press.

Adams, Bert N.
2005 "Pareto. Vilfredo. " In George Ritzer (ed.), *Encyclopedia of Social Theory.* Thousand Oaks, Calif. : Sage: 544–547.

Adkins, Lisa
1995 *Gendered Work: Sexuality, Family, and the Labour Market.* Bristol, Pa. : Open University Press.
2004a "Introduction: Feminism, Bourdieu and After. " In Lisa Adkins and Beverley Skeggs (ed.), *Feminism after Bourdieu.* Oxford: Blackwell: 3–18.
2004b "Reflexivity: Freedom or Habit of Gender. " In Lisa Adkins and Beverley Skeggs (eds.), *Feminism after Bourdieu.* Oxford: Blackwell: 191–210.

Adler, Freda, and Laufer, William S. (eds.)
1995 *The Legacy of Anomie Theory.* New Brunswick, N. J. : Transaction Publishers.

Agger, Ben
1998 *Critical Social Theories: An Introduction.* Boulder, Colo. : Westview.

Agger, Ben (ed.)
1978 *Western Marxism: An Introduction.* Santa Monica, Calif. : Goodyear.

Albrow, Martin
1996 *The Global Age.* Cambridge: Polity.

Albrow, Martin, and King, Elizabeth
1990   *Globalization, Knowledge and Society.* London: Sage.

Alcala-Campos, Raul
1997   "Thomas S. Kuhn: Between Modernity and Postmodernity. " *Acta Sociologica* 19:59–77.

Alcoff, Linda Martin
1998   "What Should White People Do?" *Hypatia* 13:6–26.

Aldrich, Howard
1988   "Paradigm Warriors: Donaldson versus the Critics of Organization Theory. " *Organization Studies* 9:19–25.

Aldridge, Alan
1998   "Habitus and Cultural Capital in the Field of Personal Finance. " *Sociological Review* 46:1–23.

Alexander, Jeffrey C.
1981   "Revolution, Reaction, and Reform: The Change Theory of Parsons's Middle Period. " *Sociological Inquiry* 51:267–280.
1982   *Theoretical Logic in Sociology.* Vol. 1, *Positivism, Presuppositions, and Current Controversies.* Berkeley: University of California Press.
1982–1983   *Theoretical Logic in Sociology.* 4 vols. Berkeley: University of California Press.
1983   *Theoretical Logic in Sociology.* Vol. 4, *The Modern Reconstruction of Classical Thought: Talcott Parsons.* Berkeley: University of California Press.
1985a   "The 'Individualist Dilemma' in Phenomenology and Interactionism. " In S. N. Eisenstadt and H. J. Helle (eds.), *Macro-Sociological Theory*, Vol. 1. London: Sage: 25–51.
1987a   "Action and Its Environments. " In J. C. Alexander et al. (eds.), *The Micro- Macro Link.* Berkeley: University of California Press: 289–318.
1987b   *Twenty Lectures: Sociological Theory since World War II.* New York: Columbia University Press.
1988a   "Introduction: Durkheimian Sociology and Cultural Studies Today. " In J. C. Alexander (ed.), *Durkheimian Sociology: Cultural Studies.* Cambridge, Eng. : Cambridge University Press: 1–21.
1992   "Shaky Foundations: The Presuppositions and Internal Contradictions of James Coleman's Foundations of Social Theory. " *Theory and Society* 21:203–217.
1995   *Fin de Siecle Social Theory: Relativism, Reduction, and the Problem of Reason.* London: Verso.
1998   *Neofunctionalism and After.* London: Blackwell.

Alexander, Jeffrey C. (ed.)
1985b   *Neofunctionalism.* Beverly Hills, Calif. : Sage.

Alexander, Jeffrey C. , and Colomy, Paul
1985   "Toward Neo-Functionalism. " *Sociological Theory* 3:11–23.
1990a   "Neofunctionalism: Reconstructing a Theoretical Tradition. " In G. Ritzer (ed.), *Frontiers of Social Theory: The New Syntheses.* New York: Columbia University Press: 33–67.

Alexander, Jeffrey C. , and Colomy, Paul (eds.)
1990b   *Differentiation Theory and Social Change: Comparative and Historical Perspectives.* New York: New York University Press.

Alexander, Jeffrey, Giesen, Bernhard, Münch, Richard, and Smelser, Neil J. (eds.)
1987   *The Micro-Macro Link.* Berkeley: University of California Press.

Alexander, Jeffrey C. , and Smith, Philip
2001   "The Strong Program in Cultural Theory: Elements of a Structural Hermeneutics. " In Jonathan Turner (ed.), *Handbook of Sociological Theory.* New York: Kluwer Academic/Plenum Publishers: 135–150.

Alford, C. Fred
2000 "What Would It Matter If Everything Foucault Said about Prison Were Wrong? *Discipline and Punishment* after Twenty Years." *Theory and Society* 29:125–137.

Alford, Robert R., and Friedland, Roger
1985 *Powers of Theory: Capitalism, the State, and Democracy.* Cambridge, Eng.: Cambridge University Press.

Alger, Janet M., and Alger, Steven F.
1997 "Beyond Mead: Symbolic Interaction between Humans and Felines." *Society and Animals* 5:65–81.

Allan, Stuart
2007 "Network Society." In George Ritzer (ed.), *The Blackwell Encyclopedia of Sociology.* Oxford: Blackwell: 3180–3182.

Alt, John
1985–1986 "Reclaiming C. Wright Mills." *Telos* 66:6–43.

Alway, Joan
1995 "The Trouble with Gender: Tales of the Still Missing Feminist Revolution in Sociological Theory." *Sociological Theory* 13:209–226.

Amin, Ash (ed.)
1994 *Post-Fordism: A Reader.* Oxford: Blackwell.

Amin, Samir
1977 *Unequal Development: An Essay on the Social Formations of Peripheral Capitalism.* New York: Monthly Review Press.

Andersen, Margaret, and Collins, Patricia Hill
1992 *Race, Class and Gender.* Belmont, Calif.: Wadsworth.

Anderson, Leon, Snow, David A., and Cress, Daniel
1994 "Negotiating the Public Realm: Stigma Management and Collective Action among the Homeless." *Research in Community Sociology* 4, supplement: 121–143.

Anderson, Perry
1984 *In the Tracks of Historical Materialism.* Chicago: University of Chicago Press.
1990a "A Culture in Contraflow—I." *New Left Review* 180:41–78.
1990b "A Culture in Contraflow—II." *New Left Review* 182:85–137.

Anderson, R. J., Hughes, J. A., and Sharrock, W. W.
1987 "Executive Problem Finding: Some Material and Initial Observations." *Social Psychology Quarterly* 50:143–159.

Anheier, Helmut K., Gerhards, Jurgen, and Romo, Frank P.
1995 "Forms of Capital and Social Structure in Cultural Fields: Examining Bourdieu's Social Topography." *American Journal of Sociology* 100:859–903.

Antonio, Robert J.
1981 "Immanent Critique as the Core of Critical Theory: Its Origins and Development in Hegel, Marx and Contemporary Thought." *British Journal of Sociology* 32:330–345.
1985 "Values, History and Science: The Metatheoretic Foundations of the Weber-Marx Dialogues." In R. J. Antonio and R. M. Glassman (eds.), *A Weber-Marx Dialogue.* Lawrence: University Press of Kansas: 20–43.
1991 "Postmodern Storytelling versus Pragmatic Truth-Seeking: The Discursive Bases of Social Theory." *Sociological Theory* 9:154–163.

1998	"Mapping Postmodern Social Theory." In Alan Sica (ed.), *What Is Social Theory? The Philosophical Debates*. Oxford: Blackwell: 22–75.
2001	"Nietzsche: Social Theory in the Twilight of the Millennium." In George Ritzer and Barry Smart (eds.), *Handbook of Social Theory*. London: Sage: 163–178.
2007a	"The Cultural Construction of Neoliberal Globalization: 'Honey... I Think I Shrunk the Kids.'" In George Ritzer (ed.), *The Blackwell Companion to Globalization*. Oxford: Blackwell: 67–83.

Antonio, Robert J., and Glassman, Ronald M. (eds.)
1985	*A Weber-Marx Dialogue*. Lawrence: University Press of Kansas.

Antonio, Robert J., and Kellner, Douglas
1994	"The Future of Social Theory and the Limits of Postmodern Critique." In D. R. Dickens and A. Fontana (eds.), *Postmodernism and Social Inquiry*. New York: Guilford Press: 127–152.

Anzaldúa, Gloria (ed.)
1990	*Making Face, Making Soul/Hacienda Caras: Creative and Critical Perspectives by Women of Color*. San Francisco: Aunt Lute Foundation Books.

Anzaldúa, Gloria, and Keating, Analouise
2002	*This Bridge We Call Home: Radical Visions for Transformation*. London: Routledge.

Appadurai, Arjun
1996	*Modernity at Large: Cultural Dimensions of Globalization*. Minneapolis: University of Minnesota Press.

Aptheker, Bettina
1989	*Tapestries of Life: Women's Work, Women's Consciousness and the Meaning of Daily Experience*. Amherst: University of Massachusetts Press.

Archer, Margaret S.
1982	"Morphogenesis versus Structuration: On Combining Structure and Action." *British Journal of Sociology* 33:455–483.
1988	*Culture and Agency: The Place of Culture in Social Theory*. Cambridge, Eng.: Cambridge University Press.
1995	*Realist Social Theory: The Morphogenetic Approach*. Cambridge, Eng.: Cambridge University Press.

Arguelles, Lourdes
1993	Plenary Address: "Intellectual Foundations of Women's Studies: Beyond Political Correctness." National Women's Studies Association, Washington, D.C., June.

Armitage, John
2005	"Deleuze, Gilles." In George Ritzer (ed.), *Encyclopedia of Social Theory*. Thousand Oaks, Calif.: Sage: 190–191.

Aron, Raymond
1965	*Main Currents in Sociological Thought,* Vol. 1. New York: Basic Books.

Aronowitz, Stanley
2007	"Lukács, Georg." In George Ritzer (ed.), *The Blackwell Encyclopedia of Sociology*. Oxford: Blackwell: 2678–2681.

Aronson, Ronald
1995	*After Marxism*. New York: Guilford Press.

Arthur, C. J.
1970	"Editor's Introduction." In K. Marx and F. Engels, *The German Ideology,* Part 1. New York:

International Publishers: 4–34.

Asante, Molefi Kete
1996 "The Afrocentric Metatheory and Disciplinary Implications. " In Mary F. Rogers (ed.), *Multicultural Experiences, Multicultural Theories*. New York: McGraw-Hill: 61–73.

Athens, Lonnie
1995 "Mead's Vision of the Self: A Pair of 'Flawed Diamonds. '" *Studies in Symbolic Interaction* 18:245–261.
2002 " 'Domination': The Blind Spot in Mead's Analysis of the Social Act. " *Journal of Classical Sociology* 2:25–42.

Atkinson, J. Maxwell
1984a *Our Masters' Voices: The Language and Body Language of Politics*. New York: Methuen.
1984b "Public Speaking and Audience Responses: Some Techniques for Inviting Applause. " In J. M. Atkinson and J. Heritage (eds.), *Structures of Social Action*. Cambridge, Eng. : Cambridge University Press: 370–409.

Atkinson, Paul
1988 "Ethnomethodology: A Critical Review. " *Annual Review of Sociology* 14:441–465.

Baber, Zaheer
1991 "Beyond the Structure/Agency Dualism: An Evaluation of Giddens' Theory of Structuration. " *Sociological Inquiry* 61:219–230.

Baecker, Patrick
2001 "Why Systems?" *Theory, Culture and Society* 18:59–74.

Bailey, Cathryn
1997 "Making Waves and Drawing Lines: The Politics of Defining the Vicissitudes of Feminism. " *Hypatia* 12:16–28.

Bailey, Kenneth D.
1990 *Social Entropy Theory*. Albany: State University of New York Press.
1994 *Sociology and the New Systems Theory: Toward a Theoretical Synthesis*. Albany: State University of New York Press.
1997 "System and Conflict: Toward a Symbiotic Reconciliation. " *Quality and Quantity* 31:425–442.
1998 "Structure, Structuration, and Autopoesis: The Emerging Significance of Recursive Theory. " In Jennifer M. Lehmann (ed.), *Current Perspectives in Social Theory,* Vol. 18. Greenwich, Conn. : JAI Press: 131–154.
2001 "Systems Theory. " In Jonathan H. Turner (ed.), *Handbook of Sociological Theory*. New York: Kluwer Academic/Plenum Publishers: 379–401.
2005 "General Systems Theory. " In George Ritzer (ed.), *Encyclopedia of Social Theory*. Thousand Oaks, Calif. : Sage: 309–315.

Baker, Patrick L.
1993 "Chaos, Order, and Sociological Theory. " *Sociological Inquiry* 63:123–149.

Baker, Wayne E.
1990 "Market Networks and Corporate Behavior. " *American Journal of Sociology* 96:589–625.

Bakker, Hans
2007a "Economic Determinism. " In George Ritzer (ed.), *The Blackwell Encyclopedia of Sociology*. Oxford: Blackwell: 1293–1294.
2007b "Langue and Parole. " In George Ritzer (ed.), *The Blackwell Encyclopedia of Sociology*. Oxford: Blackwell: 2538–2539.
2007c "Meta-analysis. " In George Ritzer (ed.), *The Blackwell Encyclopedia of Sociology*. Oxford:

Blackwell: 2963–2964.

Baldwin, Alfred
1961 "The Parsonian Theory of Personality." In M. Black (ed.), *The Social Theories of Talcott Parsons*. Englewood Cliffs, N. J.: Prentice-Hall: 153–190.

Baldwin, John C.
1986 *George Herbert Mead: A Unifying Theory for Sociology.* Newbury Park, Calif.: Sage.
1988a "Mead and Skinner: Agency and Determinism." *Behaviorism* 16:109–127.
1988b "Mead's Solution to the Problem of Agency." *Sociological Inquiry* 58:139–162.

Baldwin, John D., and Baldwin, Janice I.
1986 *Behavior Principles in Everyday Life.* 2nd ed. Englewood Cliffs, N. J.: Prentice-Hall.

Ball, Richard A.
1978 "Sociology and General Systems Theory." *American Sociologist* 13:65–72.

Ball, Terence
1991 "History: Critique and Irony." In T. Carver (ed.), *The Cambridge Companion to Marx*. Cambridge, Eng.: Cambridge University Press: 124–142.

Banks, Alan, Billings, Dwight, and Tice, Karen
1996 "Appalachian Studies and Postmodernism." In Mary F. Rogers (ed.), *Multicultural Experiences, Multicultural Theories*. New York: McGraw-Hill: 81–90.

Baran, Paul, and Sweezy, Paul M.
1966 *Monopoly Capital: An Essay on the American Economic and Social Order.* New York: Monthly Review Press.

Barber, Benjamin
1995 *Jihad vs. McWorld.* New York: Times Books.

Barber, Bernard
1993 *Constructing the Social System.* New Brunswick, N. J.: Transaction.
1994 "Talcott Parsons on the Social System: An Essay in Clarification and Elaboration." *Sociological Theory* 12:101–105.

Barker, Chris
2007 "Birmingham School." In George Ritzer (ed.), *The Blackwell Encyclopedia of Sociology*. Oxford: Blackwell: 297–301.

Barnes, Barry
2001 "The Macro/Micro Problem and the Problem of Structure and Agency." In George Ritzer and Barry Smart (eds.), *Handbook of Social Theory.* London: Sage: 339–352.

Barnett, Ola W., and LaViolette, Alyce D.
1993 *It Could Happen to Anyone: Why Battered Women Stay.* Newbury Park, Calif.: Sage.

Barry, Kathleen
1979 *Female Sexual Slavery.* Englewood Cliffs, N. J.: Prentice-Hall.

Bart, Pauline, and Moran, Eileen Geil (eds.)
1993 *Violence against Women: The Bloody Footprints.* Newbury Park, Calif.: Sage.

Bartos, Ottomar J.
1996 "Postmodernism, Postindustrialism, and the Future." *Sociological Quarterly* 37:307–325.

Bartsky, Sandra Lee

1992 *Feminism and Domination: Studies in the Phenomenology of Oppression.* New York: Routledge.

Bate, Barbara, and Taylor, Anita (eds.)
1988 *Women Communicating: Studies of Women's Talk.* Norwood, N. J. : Ablex.

Baudrillard, Jean
1970/1998 *The Consumer Society.* London: Sage.
1972/1981 *For a Critique of the Political Economy of the Sign.* St. Louis: Telos Press.
1973/1975 *The Mirror of Production.* St. Louis: Telos Press.
1976/1993 *Symbolic Exchange and Death.* London: Sage.
1979/1990 *Seduction.* New York: St. Martin's.
1983 *Simulations.* New York: Semiotext(e).
1986/1989 *America.* London: Verso.

Baum, Rainer C., and Lechner, Frank J.
1981 "National Socialism: Toward an Action-Theoretical Perspective." *Sociological Inquiry* 51:281–308.

Bauman, Zygmunt
1976 *Towards a Critical Sociology: An Essay on Commonsense and Emancipation.* London: Routledge and Kegan Paul.
1989 *Modernity and the Holocaust.* Ithaca, N. Y. : Cornell University Press.
1990 "From Pillars to Post." *Marxism Today.* February:20–25.
1991 *Modernity and Ambivalence.* Ithaca, N. Y. : Cornell University Press.
1998 *Globalization: The Human Consequences.* New York: Columbia University Press.
2000 *Liquid Modernity.* Cambridge: Polity Press.
2003 *Liquid Love: On the Frailty of Human Bonds.* Cambridge: Polity Press.
2005 *Liquid Life.* Cambridge: Polity Press
2006 *Liquid Fear.* Cambridge: Polity Press.
2007 *Liquid Times: Living in an Age of Uncertainty.* Cambridge: Polity Press.

Beamish, Rob
2007a "Dialectical Materialism." In George Ritzer (ed.), *The Blackwell Encyclopedia of Sociology.* Oxford: Blackwell: 1150–1151.
2007e "Base and Superstructure." In George Ritzer (ed.), *The Blackwell Encyclopedia of Sociology.* Oxford: Blackwell: 244–246.

Beck, Ulrich
1992 *Risk Society: Towards a New Modernity.* London: Sage.
1996 "World Risk Society as Cosmopolitan Society?" *Theory, Culture and Society* 13:1–32.
2000 *What Is Globalization?* Cambridge, Eng. : Polity Press.
2005a "Risk Society." In George Ritzer (ed.), *Encyclopedia of Sociology Theory.* Thousand Oaks, Calif. : Sage: 648–650.
2005b *Power in the Global Age: A New Global Political Economy.* Cambridge, Eng. : Polity Press.

Beck, Ulrich, and Sznaider, Natan
2005 "Cosmopolitan Sociology." In George Ritzer (ed.), *Encyclopedia of Social Theory.* Thousand Oaks, Calif. : Sage: 157–161.

Beilharz, Peter
1996 "Negation and Ambivalence: Marx, Simmel and Bolshevism on Money." *Thesis Eleven* 47:21–32.
2005b "Gramsci, Antonio." In George Ritzer (ed.), *Encyclopedia of Social Theory.* Thousand Oaks, Calif. : Sage: 343–344.
2005c "Zygmunt Bauman." In George Ritzer (ed.), *Encyclopedia of Social Theory.* Thousand Oaks, CA: Sage: 35–40.
2005d "Post-Marxism." In George Ritzer (ed.), *Encyclopedia of Social Theory.* Thousand Oaks, CA:

	Sage: 578–581.
2005e	"Marx, Karl." In George Ritzer (ed.), *Encyclopedia of Social Theory.* Thousand Oaks, Calif.: Sage: 475–478.
2005f	"Marxism." In George Ritzer (ed.), *Encyclopedia of Social Theory.* Thousand Oaks, Calif.: Sage: 479–483.
2005g	"Socialism." In George Ritzer (ed.), *Encyclopedia of Social Theory.* Thousand Oaks, Calif.: Sage: 769–772.

Bell, Daniel
1992   "George C. Homans (11 August 1910–29 May 1989)." *Proceedings of the American Philosophical Society* 136:587–593.

Bellah, Robert N., et al.
1985   *Habits of the Heart: Individualism and Commitment in American Life.* New York: Harper and Row.

Bem, Sandra Lipsitz
1993   *The Lenses of Gender: Transforming Debates on Sexual Inequality.* New Haven: Yale University Press.

Benhabib, Seyla
1995   "The Debate over Women and Moral Authority Revisited." In Johanna Meehan (ed.), *Feminists Read Habermas.* New York: Routledge: 181–204.
1998   "Feminism and Postmodernism: An Uneasy Alliance." *Filosoficky Casopis* 46:803–181.

Benjamin, Jessica
1985   "The Bonds of Love: Rational Violence and Erotic Domination." In H. Eisenstein and A. Jardine (eds.), *The Future of Difference.* New Brunswick, N.J.: Rutgers University Press: 41–70.
1988   *The Bonds of Love: Psychoanalysis, Feminism, and the Problem of Domination.* New York: Pantheon.
1996   "In Defense of Gender Ambiguity." *Gender & Psychoanalysis.* 1:27–43.

Benokraitis, Nijole
1997   *Subtle Sexism: Current Practice and Prospects for Change.* Thousand Oaks, Calif.: Sage.

Bergen, Raquel Kennedy
1996   *Wife Rape: Understanding the Response of Survivors and Service Providers.* Thousand Oaks, Calif.: Sage.

Berger, Brigette, and Berger, Peter
1983   *The War over the Family: Capturing the Middle Ground.* Garden City, N.Y.: Anchor.

Berger, Peter
1963   *Invitation to Sociology.* New York: Doubleday.

Berger, Peter, and Luckmann, Thomas
1967   *The Social Construction of Reality.* Garden City, N.Y.: Anchor.

Bergeson, Albert
1984   "The Critique of World-System Theory: Class Relations or Division of Labor?" In R. Collins (ed.), *Sociological Theory—1984.* San Francisco: Jossey-Bass: 365–372.

Berk, Bernard
2006   "Macro-Micro Relationships in Durkheim's Analysis of Egoistic Suicide." *Sociological Theory* 24(1): 58–80.

Bernard, Jessie
1981   *The Female World.* New York: Free Press.
1972/1982   *The Future of Marriage.* 2nd ed. New Haven: Yale University Press.

Bernard, Thomas
1983   *The Consensus-Conflict Debate: Form and Content in Sociological Theories.* New York: Columbia University Press.

Bernstein, J. M.
1995   *Recovering Ethical Life: Jurgen Habermas and the Future of Critical Theory.* London: Routledge.

Bernstein, Richard J.
1989   "Social Theory as Critique. " In D. Held and J. B. Thompson (eds.), *Social Theory of Modern Societies: Anthony Giddens and His Critics.* Cambridge, Eng. : Cambridge University Press: 19–33.

Besnard, Philippe
1983   "The 'Année Sociologique' Team. " In P. Besnard (ed.), *The Sociological Domain.* Cambridge, Eng. : Cambridge University Press: 11–39.

Best, Steven, and Kellner, Douglas
1991   *Postmodern Theory: Critical Interrogations.* New York: Guilford Press.

Beutel, Ann M. , and Marini, Margaret Mooney
1995   "Gender and Values. " *American Sociological Review* 60:436–448.

Bian, Yanjie
1997   "Bringing Strong Ties Back In: Indirect Ties, Network Bridges, and Job Searches in China. " *American Sociological Review* 62:366–385.

Bienenstock, Elisa Jayne
2005   "Blau, Peter. " In George Ritzer (ed.), *Encyclopedia of Social Theory.* Thousand Oaks, Calif. : Sage: 54–57.

Biernacki, Richard
2007   "Practice. " In George Ritzer (ed.), *Encyclopedia of Sociology.* Oxford: Blackwell: 3607–3609.

Binkley, Sam
2007c   "Deleuze, Gilles. " In George Ritzer (ed.), *The Blackwell Encyclopedia of Sociology.* Oxford: Blackwell: 999–1000.

Birnbaum, Pierre, and Todd, Jane Marie
1995   "French Jewish Sociologists between Reason and Faith: The Impact of the Dreyfus Affair. " *Jewish Social Studies* 2:1–35.

Bittner, Egon
1973   "Objectivity and Realism in Sociology. " In G. Psathas (ed.), *Phenomenological Sociology: Issues and Applications.* New York: Wiley: 109–125.

Blau, Peter
1964   *Exchange and Power in Social Life.* New York: Wiley.
1977   *Inequality and Heterogeneity: A Primitive Theory of Social Structure.* New York: Free Press.
1987   "Microprocess and Macrostructure. " In K. Cook (ed.), *Social Exchange Theory.* Beverly Hills, Calif. : Sage: 83–100.
1994   *Structural Contexts of Opportunities.* Chicago: University of Chicago Press.

1997 "On Limitations of Rational Choice Theory for Sociology. " *American Sociologist* 28:16–21.

Blau, Peter, and Duncan, Otis Dudley
1967 *The American Occupational Structure*. New York: John Wiley and Sons.

Blau, Peter, and Schwartz, Joseph E.
1997 *Crosscutting Social Circles: Testing a Macrostructural Theory of Intergroup Relations*. New Brunswick, N. J. : Transaction Publishers.

Bleich, Harold
1977 *The Philosophy of Herbert Marcuse*. Washington, D. C. : University Press of America.

Blühdorn, Ingelfur
2000 "An Offer One Might Prefer to Refuse: The Systems Theoretical Legacy of Niklas Luhmann. " *European Journal of Social Theory* 3:339–354.

Blumberg, Rae Lesser
1978 *Stratification: Socio-Economic and Sexual Inequality*. Dubuque, Iowa: William C. Brown.
1979 "A Paradigm for Predicting the Position of Women: Policy Implications and Problems. " In J. Lipman-Blumen and J. Bernard (eds.), *Sex Roles and Social Policy*. Beverly Hills, Calif. : Sage: 113–142.
1984 "A General Theory of Gender Stratification. " In R. Collins (ed.), *Sociological Theory*. San Francisco: Jossey-Bass.

Blumer, Herbert
1955/1969 "Attitudes and the Social Act. " In H. Blumer, *Symbolic Interaction*. Englewood Cliffs, N. J. : Prentice-Hall: 90–100.
1962/1969 "Society as Symbolic Interaction. " In H. Blumer, *Symbolic Interaction*. Englewood Cliffs, N. J. : Prentice-Hall: 78–89.
1969a *Symbolic Interaction: Perspective and Method*. Englewood Cliffs, N. J. : Prentice-Hall.
1969b "The Methodological Position of Symbolic Interactionism. " In H. Blumer, *Symbolic Interaction*. Englewood Cliffs, N. J. : Prentice-Hall: 1–60.
1990 *Industrialization as an Agent of Social Change: A Critical Analysis*. New York: Aldine de Gruyter.

Boden, Deirdre
1990 "The World as It Happens: Ethnomethodology and Conversation Analysis. " In George Ritzer (ed.), *Frontiers of Social Theory: The New Syntheses*. New York: Columbia University Press: 185–213.

Bogard, William
1990 "Closing Down the Social: Baudrillard's Challenge to Contemporary Sociology. " *Sociological Theory* 8:1–15.
1998 "Sense and Segmentarity: Some Markers of a Deleuzian-Guattarian Sociology. " *Sociological Theory* 16:52–74.

Bogner, Arthur, Baker, Adelheid, and Kilminster, Richard
1992 "The Theory of the Civilizing Process—An Idiographic Theory of Modernization. " *Theory, Culture, and Society* 9:23–52.

Boli, John, and Lechner, Frank
2005 *World Culture: Origins and Consequences*. Oxford: Blackwell.

Bonilla-Silva, Eduardo
2003 *Racism without Racists: Color-Blind Racism and the Persistence of Racial Inequality in the United States*. Lanham, Md. : Rowman & Littlefield.

Bookman, Ann, and Morgen, Sandra (eds.)

1988 *Women and the Politics of Empowerment.* Philadelphia: Temple University Press.

Bora, Alfons
2007 "Risk, Risk Society, Risk Behavior, and Social Problems. " In George Ritzer (ed.), *The Blackwell Encyclopedia of Sociology.* Oxford: Blackwell: 3926–3932.

Bordo, Susan
1990 "Feminism, Postmodernism, and Gender-Scepticism. " In L. Nicholson (ed.), *Feminism/Postmodernism.* New York: Routledge: 133–156.
1993 *Unbearable Weight: Feminism, Western Culture and the Body.* Berkeley: University of California Press.

Borges, Jorge
1964 *Labyrinths.* New York: Modern Library.

Bosserman, Phillip
1968 *Dialectical Sociology: An Analysis of the Sociology of Georges Gurvitch.* Boston: Porter Sargent.

Bottero, Wendy
2007 "Class Consciousness. " In George Ritzer (ed.), *The Blackwell Encyclopedia of Sociology.* Oxford: Blackwell: 539–542.

Bottomore, Tom
1984 *The Frankfurt School.* Chichester, Eng. : Ellis Horwood.

Bourdieu, Pierre
1977 *Outline of a Theory of Practice.* London: Cambridge University Press.
1980/1990 *The Logic of Practice.* Stanford, Calif. : Stanford University Press.
1984a *Distinction: A Social Critique of the Judgment of Taste.* Cambridge, Mass. : Harvard University Press.
1984b *Homo Academicus.* Stanford, Calif. : Stanford University Press.
1989 "Social Space and Symbolic Power. " *Sociological Theory* 7:14–25.
1990 *In Other Words: Essays Toward a Reflexive Sociology.* Cambridge, Eng. : Polity Press.
1993 *The Field of Cultural Production: Essays on Art and Leisure.* New York: Columbia University Press.
1994 "Rethinking the State: Genesis and Structure of the Bureaucratic Field. " *Sociological Theory* 12:1–18.
1996 *The State Nobility.* Stanford, Calif. : Stanford University Press.
1998 *Practical Reason.* Stanford, Calif. : Stanford University Press.

Bourdieu, Pierre, and Darbel, Alain
1969/1990 *The Love of Art: European Art Museums and Their Public.* Stanford, Calif. : Stanford University Press.

Bourdieu, Pierre, and Passeron, Jean-Claude
1970/1990 *Reproduction in Education, Society and Culture.* London: Sage.

Bourdieu, Pierre, and Wacquant, Loïc J. D.
1992 "The Purpose of Reflexive Sociology (The Chicago Workshop). " In P. Bourdieu and L. J. D. Wacquant (eds.), *An Invitation to Reflexive Sociology.* Chicago: University of Chicago Press: 61–215.

Bourricaud, François
1981 *The Sociology of Talcott Parsons.* Chicago: University of Chicago Press.

Bowring, Finn
1996 "A Lifeworld without a Subject: Habermas and Pathologies of Modernity. " *Telos* 106:77–104.

Bradley, Owen
2005a "Bonald, Louis de. " In George Ritzer (ed.), *Encyclopedia of Social Theory*. Thousand Oaks, Calif. : Sage: 65–66.
2005b "Maistre, Joseph de. " In George Ritzer (ed.), *Encyclopedia of Social Theory*. Thousand Oaks, Calif. : Sage: 454–466.

Bramson, Leon
1961 *The Political Context of Sociology*. Princeton, N. J. : Princeton University Press.

Braverman, Harry
1974 *Labor and Monopoly Capital: The Degradation of Work in the Twentieth Century*. New York: Monthly Review Press.

Breen, Margaret Sönser, and Blumenfeld, Warren J.
2005 *Butler Matters: Judith Butler's Impact on Feminist and Queer Studies*. Burlington, VT. : Ashgate.

Brennan, Teresa
1994 *History after Lacan*. New York: Routledge.

Brenner, Neil
1994 "Foucault's New Functionalism. " *Theory and Society* 23:679–709.

Brewer, John, and Hunter, Albert
1989 *Multimethod Research: A Synthesis of Styles*. Newbury Park, Calif. : Sage.

Bronner, Stephen Eric
1995 "Ecology, Politics, and Risk: The Social Theory of Ulrich Beck. " *Capital, Nature and Socialism* 6:67–86.

Brown, Michael, et al.
2003 *Whitewashing Race: The Myth of the Color-Blind Society*. Berkeley: University of California Press.

Brown, Richard
1987 *Society as Text: Essays on Rhetoric, Reason and Reality*. Chicago: University of Chicago Press.
1990 "Social Science and the Poetics of Public Truth. " *Sociological Forum* 5:55–74.

Brown, Richard Harvey, and Goodman, Douglas
2001 "Jurgen Habermas' Theory of Communicative Action: An Incomplete Project. " In George Ritzer and Barry Smart (eds.), *Handbook of Social Theory*. London: Sage: 201–216.

Brown, Stephen, and Capdevila, Rose
1999 "*Perpetuum Mobile*: Substance, Force and the Sociology of Translation. " In John Law and John Hassard (eds.), *Actor Network Theory and After*. Oxford: Blackwell: 26–50.

Brubaker, Rogers
1984 *The Limits of Rationality: An Essay on the Social and Moral Thought of Max Weber*. London: Allen and Unwin.

Bruder, Kurt A.
1998 "Monastic Blessings: Deconstructing and Reconstructing the Self. " *Symbolic Interaction* 21:87–116.

Brugger, Bill
1995 "Marxism, Asia, and the 1990s. " *Positions* 3:630–641.

Bryant, Christopher G. A.
1985　　　　　*Positivism in Social Theory and Research.* New York: St. Martin's.

Bryant, Christopher G. A. , and Jary, David
2000　　　　　"Anthony Giddens. " In George Ritzer (ed.), *The Blackwell Companion to Major Social Theorists.* Malden, Mass. : Blackwell: 670–695.
2001a　　　　"The Uses of Structuration Theory: A Typology. " In Christopher G. A. Bryant and David Jary (eds.), *The Contemporary Giddens: Social Theory in a Globalizing Age.* New York: Palgrave: 43–62.
2001b　　　　"Anthony Giddens: A Global Social Theorist. " In Christopher G. A. Bryant and David Jary (eds.), *The Contemporary Giddens: Social Theory in a Globalizing Age.* New York: Palgrave: 1–26.

Buchwald, Emilie, Fletcher, Pamela R. , and Roth, Martha (eds.)
1993　　　　　*Transforming a Rape Culture.* Minneapolis: Milkweed.

Buckley, Kerry W.
1989　　　　　*Mechanical Man: John Broadus Watson and the Beginnings of Behaviorism.* New York: Guilford Press.

Buckley, Walter
1967　　　　　*Sociology and Modern Systems Theory.* Englewood Cliffs, N. J. : Prentice-Hall.

Buffalohead, W. Roger
1996　　　　　"Reflections on Native American Cultural Rights and Resources. " In Mary F. Rogers (ed.), *Multicultural Experiences, Multicultural Theories.* New York: McGraw-Hill: 154–156.

Bulmer, Martin
1984　　　　　*The Chicago School of Sociology: Institutionalization, Diversity, and the Rise of Sociological Research.* Chicago: University of Chicago Press.
1985　　　　　"The Chicago School of Sociology: What Made It a 'School'?" *History of Sociology: An International Review* 5:62–77.
1996　　　　　"The Sociological Contributions to Social Policy Research. " In Jon Clark (ed.), *James Coleman.* London: Falmer Press: 103–118.

Bunch, Charlotte
1987　　　　　*Passionate Politics: Feminist Theory in Action.* New York: St. Martin's.

Bunzel, Dirk
2007　　　　　"Rational Legal Authority. " In George Ritzer (ed.), *The Blackwell Encyclopedia of Sociology.* Oxford: Blackwell: 3805–3808.

Burawoy, Michael
1979　　　　　*Manufacturing Consent: Changes in the Labor Process under Monopoly Capitalism.* Chicago: University of Chicago Press.
1990　　　　　"Marxism as Science: Historical Challenges and Theoretical Growth. " *American Sociological Review* 55:775–793.

Burawoy, Michael, and Wright, Erik Olin
2001　　　　　"Sociological Marxism. " In Jonathan H. Turner (ed.), *Handbook of Sociological Theory.* New York: Kluwer Academic/Plenum Publishers: 459–486.

Burger, Thomas
1976　　　　　*Max Weber's Theory of Concept Formation: History, Laws and Ideal Types.* Durham, N. C. : Duke University Press.

Burns, Tom R.
1986　　　　　"Actors, Transactions, and Social Structure: An Introduction to Social Rule System Theory. " In U. Himmelstrand (ed.), *Sociology: The Aftermath of Crisis.* London: Sage: 8–37.

Burt, Ronald
1982   *Toward a Structural Theory of Action: Network Models of Social Structure, Perception, and Action.* New York: Academic Press.
1992   *Structural Holes: The Social Structure of Competition.* Cambridge, Mass. : Harvard University Press.

Bushell, Don, and Burgess, Robert
1969   "Some Basic Principles of Behavior. " In R. Burgess and D. Bushell (eds.), *Behavioral Sociology.* New York: Columbia University Press: 27–48.

Butler, Judith
1990   *Gender Trouble: Feminism and the Subversion of Identity.* New York: Routledge.
1997   "Imitation and Gender Insubordination. " In Linda Nicholson (ed.), *The Second Wave: A Reader in Feminist Theory.* New York: Routledge: 300–315.
2004   *Undoing Gender.* London: Routledge.

Buttel, Frederick H. (ed.)
1990   "Symposium: Evolution and Social Change. " *Sociological Forum* 5:153–212.

Button, Graham
1987   "Answers as Interactional Products: Two Sequential Practices Used in Interviews. " *Social Psychology Quarterly* 50:160–171.

Buxton, William
1985   *Talcott Parsons and the Capitalist Nation-State: Political Sociology as a Strategic Vocation.* Toronto: University of Toronto Press.

Cadieux, R. D.
1995   "Dialectics and the Economy of Difference. " *Dialectical Anthropology* 20:319–340.

Cahill, Spencer
1980   "Directions for an Interactionist Study of Gender Development. " *Symbolic Interaction* 3:123–138.

Caldwell, Paulette
1991   "A Hair Piece: Perspectives on the Intersection of Race and Gender. " *Duke Law Journal* 36:365–396.

Calhoun, Craig
1993   "Habitus, Field, and Capital: The Question of Historical Specificity. " In C. Calhoun, E. LiPuma, and M. Postone (eds.), *Bourdieu: Critical Perspectives.* Chicago: University of Chicago Press: 61–88.
2000   "Pierre Bourdieu. " In George Ritzer (ed.), *The Blackwell Companion to Major Social Theorists.* Malden, Mass. : Blackwell: 696–730.

Calhoun, Craig, and Karaganis, Joseph
2001   "Critical Theory. " In George Ritzer and Barry Smart (eds.), *Handbook of Social Theory.* London: Sage: 179–200.

Callinicos, Alex
1989   "Introduction: Analytical Marxism. " In Alex Callinicos (ed.), *Marxist Theory.* Oxford: Oxford University Press, 1989: 1–16.

Callon, Michel
1999   "Actor-Network Theory. " In John Law and John Hassard (eds.), *Actor Network Theory and After.* Oxford: Blackwell: 181–195.

Camic, Charles

1990 "An Historical Prologue." *American Sociological Review* 55:313–319.
1992 "Reputation and Predecessor Selection: Parsons and the Institutionalists." *American Sociological Review* 57:421–445.

Camic, Charles (ed.)
1997 *Reclaiming the Sociological Classics: The State of Scholarship.* Oxford: Blackwell.

Campbell, Anne
1993 *Men, Women and Aggression.* New York: Basic Books.

Campbell, Colin
1982 "A Dubious Distinction? An Inquiry into the Value and Use of Merton's Concepts of Manifest and Latent Function." *American Sociological Review* 47:29–44.

Campbell, J., and Pederson, O. K. (eds.)
2001 *The Rise of Neoliberalism and Institutional Analysis.* Princeton, N. J.: Princeton University Press.

Campbell, Marie, and Manicom, Ann
1995 *Knowledge, Experience, and Ruling Relations: Studies in the Social Organization of Knowledge.* Toronto: University of Toronto Press.

Canclini, Nestor Garcia
1995 *Hybrid Cultures: Strategies for Entering and Leaving Modernity.* Minneapolis: University of Minnesota Press.

Caputi, Jane
1989 "The Sexual Politics of Murder." *Gender & Society* 3:437–456.

Carver, Terrell
1983 *Marx and Engels: The Intellectual Relationship.* Bloomington: Indiana University Press.

Castells, Manuel
1996 *The Rise of the Network Society.* Malden, Mass.: Blackwell.
1997 *The Power of Identity.* Malden, Mass.: Blackwell.
1998 *End of Millennium.* Malden, Mass.: Blackwell.

Cerullo, John J.
1994 "The Epistemic Turn: Critical Sociology and the 'Generation of 68.'" *International Journal of Politics, Culture and Society.* 8:169–181.

Chafetz, Janet Saltzman
1984 *Sex and Advantage.* Totowa, N. J.: Rowman and Allanhold.
1988 *Feminist Sociology: An Overview of Contemporary Theories.* Itasca, Ill.: Peacock.
1990 *Gender Equity: An Integrated Theory of Stability and Change.* Newbury Park, Calif.: Sage.
1999 "Structure, Consciousness, Agency and Social Change in Feminist Sociological Theories: A Conundrum." *Current Perspectives in Social Theory* 19:145–164.

Chambliss, Daniel F.
2005 "Frame Analysis." In George Ritzer (ed.), *Encyclopedia of Social Theory.* Thousand Oaks, Calif.: Sage: 289–290.

Chancer, Lynn S.
1992 *Sadomasochism in Everyday Life: The Dynamics of Power and Powerlessness.* New Brunswick, N. J.: Rutgers University Press.

Chancer, Lynn, and Palmer, Craig T.
2001 "A Debate on Sociobiology and Rape." *New Politics (New Series),* 2000: 8:1 (29) Summer:

96–102.

Chapin, Mark
1994 "Functional Conflict Theory: The Alcohol Beverage Industry, and the Alcoholism Treatment Industry." *Journal of Applied Social Sciences* 18:169–182.

Chapoulie, Jean-Michel
1996 "Everett Hughes and the Chicago Tradition." *Sociological Theory* 14:3–29.

Charon, Joel M.
1998 *Symbolic Interactionism: An Introduction, an Interpretation, an Integration.* 6th ed. Englewood Cliffs, N. J. : Prentice-Hall.
2000 *Symbolic Interactionism: An Introduction, an Interpretation, an Integration.* 7th ed. Englewood Cliffs, N. J. : Prentice-Hall.

Chase-Dunn, Christopher
2001 "World-Systems Theory." In Jonathan H. Turner (ed.), *Handbook of Sociological Theory.* New York: Kluwer Academic/Plenum Publishers: 589–612.
2005a "Wallerstein, Immanuel." In George Ritzer (ed.), *Encyclopedia of Social Theory.* Thousand Oaks, Calif. : Sage: 875–876.
2005b "World-Systems Theory." In George Ritzer (ed.), *Encyclopedia of Social Theory.* Thousand Oaks, Calif. : Sage: 887–891.

Chase-Dunn, Christopher, and Hall, Thomas D.
1994 "The Historical Evolution of World-Systems." *Sociological Inquiry* 64:257–280.

Chasteen, Amy L.
2001 "Constructing Rape: Feminism, Change, and Women's Everyday Understandings of Sexual Assault." *Sociological Spectrum* 21:101–139.

Chesler, Phyllis
1994 *Patriarchy: Notes of an Expert Witness.* Boston: Common Courage Press.

Chitnis, Anand C.
1976 *The Scottish Enlightenment: A Social History.* Totowa, N. J. : Rowman and Littlefield.

Chodorow, Nancy
1978 *The Reproduction of Mothering: Psychoanalysis and the Sociology of Gender.* Berkeley: University of California Press.
1990 *Feminism and Psychoanalytic Theory.* New Haven: Yale University Press.
1994 *Femininities, Masculinity, Sexualities: Freud and Beyond.* Lexington: University of Kentucky Press.
1999 *The Power of Feelings: Personal Meaning in Psychoanalysis, Gender and Culture.* London: Yale University Press.

Chopra, Sherry
2004 "In Spite of Challenges by "Black" and "Third World" Women, Do Mainstream Feminist Theories Still Reflect the Concerns of White Women?" *Journal of International Women's Studies,* 5(2):21–28.

Chriss, James J.
1995 "Testing Gouldner's Coming Crisis Thesis: On the Waxing and Waning of Intellectual Influence." *Current Perspectives in Social Theory* 15:33–61.
1996 "Toward an Interparadigmatic Dialogue on Goffman." *Sociological Perspectives* 39:333–339.
2005a "Gouldner, Alvin." In George Ritzer (ed.), *Encyclopedia of Social Theory.* Thousand Oaks, Calif. : Sage: 340–342.
2005b "Mead, George Herbert." In George Ritzer (ed.), *Encyclopedia of Social Theory.* Thousand Oaks, Calif. : Sage: 486–491.

Christopher, F. S.
2001　　　*To Dance the Dance: A Symbolic Interactional Exploration of Premarital Sexuality.* Mahwah, N. J. : Lawrence Erlbaum.

Cicourel, Aaron
1981　　　"Notes on the Integration of Micro- and Macro-Levels of Analysis. " In K. Knorr-Cetina and A. Cicourel (eds.), *Advances in Social Theory and Methodology.* New York: Methuen: 51–79.

Cixous, Hélène
1976　　　"The Laugh of the Medusa. " Trans. Keith Cohen and Paula Cohen. *Signs* 1:875–893.
1994　　　*The Hélène Cixous Reader,* Ed. Susan Sellers. New York: Routledge.

Cladis, Mark Sydney
1992　　　*A Communitarian Defense of Liberalism: Emile Durkheim and Contemporary Social Theory.* Stanford, Calif. : Stanford University Press.

Clark, Jon (ed.)
1996　　　*James S. Coleman.* London: Falmer Press.

Clark, Jon, Modgil, Celia, and Modgil, Sohan (eds.)
1990　　　*Anthony Giddens: Consensus and Controversy.* London: Falmer Press.

Clark, Nigel
1997　　　"Panic Ecology: Nature in the Age of Superconductivity. " *Theory, Culture and Society* 14:77–96.

Clarke, Simon
1990　　　"The Crisis of Fordism or the Crisis of Social Democracy?" *Telos* 83:71–98.

Clark-Lewis, Elizabeth
1994　　　*Living In, Living Out: African American Domestics in Washington, D. C. 1910– 1940.* Washington, D. C. : Smithsonian Institution Press.

Clawson, Dan, Neustadtl, Alan, and Bearden, James
1986　　　"The Logic of Business Unity: Corporate Contributions to the 1980 Congressional Elections. " *American Sociological Review* 51:797–811.

Clayman, Steven E.
1993　　　"Booing: The Anatomy of a Disaffiliative Response. " *American Sociological Review* 58:110–130.

Clough, Patricia Ticineto
1994　　　*Feminist Thought: Desire, Power and Academic Discourse.* Cambridge, Mass. : Blackwell.

Cohen, G. A.
1978　　　*Karl Marx's Theory of History: A Defence.* Princeton, N. J. : Princeton University Press.
1978/1986　"Marxism and Functional Explanation. " In J. Roemer (ed.), *Analytical Marxism.* Cambridge, Eng. : Cambridge University Press: 221–234.

Cohen, Ira J.
1989　　　*Structuration Theory: Anthony Giddens and the Constitution of Social Life.* London: Macmillan.
2005　　　"Structuration. " In George Ritzer (ed.), *Encyclopedia of Social Theory.* Thousand Oaks, Calif. : Sage: 811–814.

Cohen, Jean
1995　　　"Critical Social Theory and Feminist Critiques: The Debate with Jurgen Habermas. " In Johanna Meehan (ed.), *Feminists Read Habermas.* New York: Routledge: 57–90.

Cohen, Percy
1968 *Modern Social Theory.* New York: Basic Books.

Cohen, Philip N.
1998 "Replacing Housework in the Service Economy: Gender, Class, and Race- Ethnicity in Service Spending." *Gender & Society* 12:219–231.

Coleman, James S.
1986 "Social Theory, Social Research, and a Theory of Action." *American Journal of Sociology* 91:1309–1335.
1987 "Microfoundations and Macrosocial Behavior." In J. C. Alexander et al. (eds.), *The Micro-Macro Link.* Berkeley: University of California Press: 153–173.
1989 "Rationality and Society." *Rationality and Society* 1:5–9.
1990 *Foundations of Social Theory.* Cambridge, Mass.: Belknap Press of Harvard University Press.
1993a "The Design of Organizations and the Right to Act." *Sociological Forum* 8:527–546.
1993b "The Rational Reconstruction of Society." *American Sociological Review* 58:1–15.
1994 "A Vision for Sociology." *Society* 32:29–34.

Collins, J. L.
2002 "Mapping a Global Labor Market—Gender and Skill in the Globalizing Garment Industry." *Gender & Society* 16:921–940.

Collins, Patricia Hill
1990 *Black Feminist Thought: Knowledge, Consciousness and Empowerment.* Boston: Unwin Hyman.
1998 *Fighting Words: Black Women and the Search for Justice.* Minneapolis: University of Minnesota Press.
1999 "Moving beyond Gender." In Myra Marx Feree, Judith Lorber, and Beth Hess (eds), *Revisioning Gender.* Thousand Oaks, Calif.: Sage: 261–284.
2000 "Gender, Black Feminism and Black Political Economy." *Annals of the American Academy of Political and Social Science* 568:41–53.
2001 "Like One of the Family: Race, Ethnicity, and the Paradox of US National Identity." *Ethnic & Racial Studies* 24:3–28.

Collins, Randall
1975 *Conflict Sociology: Toward an Explanatory Science.* New York: Academic Press.
1979 *The Credential Society.* New York: Academic Press.
1981a "On the Microfoundations of Macrosociology." *American Journal of Sociology* 86:984–1014.
1981b "Micro-Translation as Theory-Building Strategy." In K. Knorr-Cetina and A. Cicourel (eds.), *Advances in Social Theory and Methodology.* New York: Methuen: 81–108.
1986a "Is 1980s Sociology in the Doldrums?" *American Journal of Sociology* 91:1336–1355.
1986b "The Passing of Intellectual Generations: Reflections on the Death of Erving Goffman." *Sociological Theory* 4:106–113.
1987 "A Micro-Macro Theory of Intellectual Creativity: The Case of German Idealistic Philosophy." *Sociological Theory* 5:47–69.
1988 "The Micro Contribution to Macro Sociology." *Sociological Theory* 6:242–253.
1990 "Conflict Theory and the Advance of Macro-Historical Sociology." In George Ritzer (ed.), *Frontiers of Social Theory: The New Syntheses.* New York: Columbia University Press: 68–87.
1997 "A Sociological Guilt Trip: Comment on Connell." *American Journal of Sociology* 102:1558–1564.

Collins, Randall, Chafetz, Janet Saltzman, Blumberg, Rae Leser, Coltrane, Scott, and Turner, Jonathan H.
1993 "Toward an Integrated Theory of Gender Stratification." *Sociological Perspectives* 36:185–216.

Colomy, Paul
1986 "Recent Developments in the Functionalist Approach to Change." *Sociological Focus* 19:139–158.
1990a "Introduction: The Functionalist Tradition." In P. Colomy (ed.), *Functionalist Sociology.*

	Brookfield, Vt. : Elgar Publishing: xiii–lxii.
1990b	"Introduction: The Neofunctionalist Movement. " In P. Colomy (ed.), *Neofunctionalist Sociology*. Brookfield, Vt. : Elgar Publishing: xi–xii.
2005	"Jeffrey Alexander. " In George Ritzer (ed.), *Encyclopedia of Social Theory*. Thousand Oaks, Calif. : Sage: 8–9.

Colomy, Paul, and Rhoades, Gary
1994   "Toward a Micro Corrective of Structural Differentiation Theory. " *Sociological Perspectives* 37:547–583.

Connell, R. W.
1996   "Men and the Women's Movement. " In Mary F. Rogers (ed.), *Multicultural Experiences, Multicultural Theories*. New York: McGraw-Hill: 409–415.
1997   "How Is Classical Theory Classical?" *American Journal of Sociology* 102:1511–1557.

Connerton, Paul (ed.)
1976   *Critical Sociology*. Harmondsworth, Eng. : Penguin.

Connolly, William E.
1973   "Theoretical Self-Consciousness. " *Polity* 6:5–35.

Connor, Walker
2007   "Ethnonationalism. " In George Ritzer (ed.) *The Blackwell Encyclopedia of Sociology*. Oxford: Blackwell: 1486–1488.

Cook, Deborah
1994   "Symbolic Exchange in Hyperreality. " In D. Kellner (ed.), *Baudrillard: A Critical Reader*. Oxford: Blackwell: 150–167.
1996   *The Culture Industry Revisited: Theodor W. Adorno on Mass Culture*. Lanham, Md. : Rowman and Littlefield.

Cook, Gary
1993   *George Herbert Mead: The Making of a Social Pragmatist*. Urbana: University of Illinois Press.

Cook, Karen S.
1987   "Emerson's Contributions to Social Exchange Theory. " In K. S. Cook (ed.), *Social Exchange Theory*. Beverly Hills, Calif. : Sage: 209–222.
2005   "Emerson, Richard. " In George Ritzer (ed.), *Encyclopedia of Social Theory*. Thousand Oaks, Calif. : Sage: 246–248.

Cook, Karen S. , Emerson, Richard M. , Gillmore, Mary B. , and Yamagishi, Toshio
1983   "The Distribution of Power in Exchange Networks: Theory and Experimental Results. " *American Journal of Sociology* 89:275–305.

Cook, Karen S. , O'Brien, Jodi, and Kollock, Peter
1990   "Exchange Theory: A Blueprint for Structure and Process. " In George Ritzer (ed.), *Frontiers of Social Theory: The New Syntheses*. New York: Columbia University Press: 158–181.

Cook, Karen S. , and Rice, Eric
2005   "Social Exchange Theory. " In George Ritzer (ed.), *Encyclopedia of Social Theory*. Thousand Oaks, Calif. : Sage: 735–740.

Cook, Karen S. , and Whitmeyer, J. M.
1992   "Two Approaches to Social Structure: Exchange Theory and Network Analysis. " *Annual Review of Sociology* 18:109–127.
2000   "Richard M. Emerson. " In George Ritzer (ed.), *The Blackwell Companion to Major Social Theorists*. Malden, Mass. : Blackwell: 486–512.

Cooke, Maeve
1994   *Language and Reason: A Study of Habermas's Pragmatics.* Cambridge, Mass: MIT Press.

Cooley, Charles H.
1902/1964   *Human Nature and the Social Order.* New York: Scribner.

Cordova, Teresa, Cantu, Norma, Cardena, Gilbert, Garcia, Juan, and Sierra, Christine M. (eds.)
1990   *Chicana Voices: Intersections of Class, Race, and Gender.* Austin, Tex. : National Association for Chicano Studies.

Cortese, Anthony
1995   "The Rise, Hegemony, and Decline of the Chicago School of Sociology, 1892–1945. " *Social Science Journal* 32:235–254.

Coser, Lewis
1956   *The Functions of Social Conflict.* New York: Free Press.

Cottrell, Leonard S. , Jr.
1980   "George Herbert Mead: The Legacy of Social Behaviorism. " In R. K. Merton and M. W. Riley (eds.), *Sociological Traditions from Generation to Generation: Glimpses of the American Experience.* Norwood, N. J. : Ablex.

Craib, Ian
1976   *Existentialism and Sociology: A Study of Jean-Paul Sartre.* Cambridge, Eng. : Cambridge University Press.
1992   *Anthony Giddens.* London: Routledge.

Craib, Ian, and Wernick, Andrew
2005   "Sartre, Jean-Paul. " In George Ritzer (ed.), *Encyclopedia of Social Theory.* Thousand Oaks, Calif. : Sage: 663–665.

Crawford, Cassandra
2005   "Actor Network Theory. " In George Ritzer (ed.), *Encyclopedia of Social Theory.* Thousand Oaks, Calif. : Sage: 1–3.

Crawford, Mary
1995   *Talking Difference: On Gender and Language.* Newbury Park, Calif. : Sage.

Crenshawe, Kimberle
1989   "Demarginalizing the Intersection of Race and Sex: A Black Feminist Critique of Antidiscrimination Doctrine, Feminist Theory, and Antiracist Politics. " *University of Chicago Legal Forum:* 139–167.
1991   "Mapping the Margins: Intersectionality, Identity Politics, and Violence against Women of Color. " *Stanford Law Review* 43:6.
1997   "Intersectionality and Identity Politics: Learning from Violence against Women of Color. " In M. Shanley and U. Narayan (eds.), *Reconstructing Political Theory: Feminist Perspectives.* University Park: Pennsylvania State University Press.

Crippen, Timothy
1994   "Toward a Neo-Darwinian Sociology: Its Nomological Principles and Some Illustrative Applications. " *Sociological Perspectives* 37:309–335.

Crook, Stephen
1995   *Adorno: The Stars Down to Earth and Other Essays on the Irrational in Culture.* London: Routledge.
2001   "Social Theory and the Postmodern. " In George Ritzer and Barry Smart (eds.), *Handbook of Social Theory.* London: Sage: 308–338.

Crozier, Michel, and Friedberg, Erhard
1980 *Actors and Systems: The Politics of Collective Action.* Chicago: University of Chicago Press.

Culler, Jonathan
1976 *Ferdinand de Saussure.* Harmondsworth, Eng. : Penguin.

Currie, Dawn H.
1997 "Decoding Femininity: Advertisements and Their Teenage Readers. " *Gender & Society* 11:453–477.
1999 "Gender Analysis from the Standpoint of Women: The Radical Potential of Women's Studies in Development. " *Asian Journal of Women's Studies* 5:9–44.

Curtis, Bruce
1981 *William Graham Sumner.* Boston: Twayne.

Dahms, Harry
1997 "Theory in Weberian Marxism: Patterns of Critical Social Theory in Lukács and Habermas. " *Sociological Theory* 15:181–214.
1998 "Beyond the Carousel of Reification: Critical Social Theory after Lukács, Adorno, and Habermas. " *Current Perspectives in Social Theory* 18:3–62.

Dahrendorf, Ralf
1958 "Out of Utopia: Toward a Reorientation of Sociological Analysis. " *American Journal of Sociology* 64:115–127.
1959 *Class and Class Conflict in Industrial Society.* Stanford, Calif. : Stanford University Press.
1968 *Essays in the Theory of Society.* Stanford, Calif. : Stanford University Press.

Daly, Mary
1993 *Outercourse: The Be-dazzling Voyage.* San Francisco: Harper.

Dandaneau, Steven P.
1992 "Immanent Critique of Post-Marxism. " *Current Perspectives in Social Theory* 12:155–177.
2001 *Taking It Big: Developing Sociological Consciousness in Postmodern Times.* Thousand Oaks, Calif. : Pine Forge Press.
2007a "Marcuse, Herbert. " In George Ritzer (ed.), *The Blackwell Encyclopedia of Sociology.* Oxford: Blackwell: 2559–2761.
2007b "Mills, C. Wright. " In George Ritzer (ed.), *The Blackwell Encyclopedia of Sociology.* Oxford: Blackwell: 3050–3055.

Darder, Antonia, and Torres, Rodolfo D.
2004 *After Race: Racism after Multiculturalism.* NY: New York University Press.

Davidson, Alastair
2007 "Gramsci, Antonio. " In George Ritzer (ed.), *The Blackwell Encyclopedia of Sociology.* Oxford: Blackwell: 2014–2016.

Davis, Kingsley
1959 "The Myth of Functional Analysis as a Special Method in Sociology and Anthropology. " *American Sociological Review* 24:757–772.

Davis, Kingsley, and Moore, Wilbert
1945 "Some Principles of Stratification. " *American Sociological Review* 10:242–249.

Davis, Laurel R.
1997 *The Swimsuit Issue and Sport: Hegemonic Masculinity in "Sports Illustrated. "* Albany: State University of New York Press.

Dawe, Alan
1978 "Theories of Social Action." In T. Bottomore and R. Nisbet (eds.), *A History of Sociological Analysis*. New York: Basic Books: 362–417.

Day, K.
2000 "The Ethic of Care and Women's Experiences of Public Space." *Journal of Environmental Psychology* 20:103–124.

Dean, Mitchell
1994 *Critical and Effective Histories: Foucault's Methods and Historical Sociology*. London: Routledge.
2001 "Michel Foucault: 'A Man in Danger.'" In George Ritzer and Barry Smart (eds.), *Handbook of Social Theory*. London: Sage: 324–338.

de Beauvoir, Simone
1949/1957 *The Second Sex*. New York: Vintage.

Deegan, Mary Jo
1988 *Jane Addams and the Men of the Chicago School, 1892–1918*. New Brunswick, N. J. : Transaction Books.

Deegan, Mary Jo, and Hill, Michael R. (eds.)
1987 *Women and Symbolic Interaction*. Boston: Allen and Unwin.
1998 *With Her in Ourland: Sequel to Herland*. By Charlotte Perkins Gilman. Westport, Conn. : Praeger.

de Grazia, Victoria
2005 *Irresistible Empire: America's Advance through 20th-Century Europe*. Cambridge, Mass. : The Belknap Press of Harvard University Press.

Delaney, Tim
2005a "Coser, Lewis." In George Ritzer (ed.), *Encyclopedia of Social Theory*. Thousand Oaks, Calif. : Sage: 155–157.
2005b "Sumner, William Graham." In George Ritzer (ed.), *Encyclopedia of Social Theory*. Thousand Oaks, Calif. : Sage: 814–815.

Delanty, Gerard
1997 "Habermas and Occidental Rationalism: The Politics of Identity, Social Learning, and the Cultural Limits of Moral Universalism." *Sociological Theory* 15:30–59.

de Lauretis, Teresa
1991 "Queer Theory: Lesbian and Gay Sexualities: An Introduction." *Differences: A Journal of Feminist Cultural Studies* 3(2):296–313.

Delgado, Richard and Jean Stefancic
2001 *Critical Race Theory: An Introduction*. New York: New York University Press.

Demerath, Nicholas, and Peterson, Richard (eds.)
1967 *System, Change and Conflict*. New York: Free Press.

Demetriou, Demetris
2002 "Action, Structure and Structuration in Social Theories of Gender." International Sociological Association, Brisbane, Australia.

Dempsey, Ken
2002 "Who Gets the Best Deal from Marriage: Women or Men?" *Journal of Sociology* 38:91–110

Densimore, Dana
1973 "Independence from the Sexual Revolution." In A. Koedt et al. (eds.), *Radical Feminism*. New York: Quadrangle: 107–118.

Denzin, Norman
1990a "Harold and Agnes: A Feminist Narrative Undoing." *Sociological Theory* 9:198–216.
1990b "Reading Rational Choice Theory." *Rationality and Society* 2:172–189.
1991 "Back to Harold and Agnes." *Sociological Theory* 9:280–285.
1993 "Sexuality and Gender: An Interactionist/Poststructuralist Reading." In P. England (ed.), *Theory on Gender/Feminism on Theory*. New York: Aldine de Gruyter: 199–223.

Der Derian, James
1994 "Simulation: The Highest Stage of Capitalism?" In D. Kellner (ed.), *Baudrillard: A Critical Reader*. Oxford: Blackwell: 189–208.

Derrida, Jacques
1978 *Writing and Difference*. Chicago: University of Chicago Press.

DeVille, Phillippe
1989 "Human Agency and Social Structure in Economic Theory: The General Equilibrium Theory and Beyond." Paper presented at the conference on "Social Theory and Human Agency," Swedish Collegium for Advanced Study in the Social Sciences, Uppsala, Sweden, Sept. 29–Oct. 1.

Dickerson, Bette J. (ed.)
1995 *African American Single Mothers: Understanding Their Lives and Families*. Newbury Park, Calif.: Sage.

Dietz, Thomas, and Burns, Tom R.
1992 "Human Agency and the Evolutionary Dynamics of Culture." *Acta Sociologica* 35:187–200.

Dill, Bonnie Thornton
1994 *Across the Boundaries of Race and Class: An Exploration of Work and Family among Black Female Domestic Servants*. New York: Garland.

DiMaggio, Paul
2005 "Cultural Capital." In George Ritzer (ed.), *Encyclopedia of Social Theory*. Thousand Oaks, Calif.: Sage: 167–170.

DiMaggio, Paul J., and Powell, Walter W.
1983 "The Iron Cage Revisited: Institutional Isomorphism and Collective Rationality in Organizational Fields." *American Sociological Review* 48:147–160.

Doane, Janice, and Hodges, Devon
1992 *From Klein to Kristeva: Psychoanalytic Feminism and the Search for the "Good Enough" Mother*. Ann Arbor: University of Michigan Press.

Dobb, Maurice
1964 *Studies in the Development of Capitalism*. Rev. ed. New York: International Publishers.

Domhoff, G. William
2005 "Mills, C. Wright." In George Ritzer (ed.), *Encyclopedia of Social Theory*. Thousand Oaks, Calif.: Sage: 503–505.

Donougho, Martin
1989 "Postmodern Jameson." In D. Kellner (ed.), *Postmodernism, Jameson, Critique*. Washington, D. C.: Maisonneuve Press: 75–95.

Donovan, Josephine
1985 *Feminist Theory: The Intellectual Traditions of American Feminism*. New York: Ungar.

Dordoy, Alan, and Mellor, Mary
2000 "Ecosocialism and Feminism: Deep Materialism and the Contradictions of Capitalism." *Capitalism, Nature, Socialism* 11:41–61.

Dorfman, Joseph
1966 *Thorstein Veblen and His America: With New Appendices.* New York: Augustus M. Kelley.

Dosse, Francois
1998 *The History of Structuralism: The Rising Sign, 1945–1966,* Vol. 1. Minneapolis: University of Minnesota Press.

Douglas, Jack
1980 "Introduction to the Sociologies of Everyday Life." In J. Douglas et al. (eds.), *Introduction to the Sociologies of Everyday Life.* Boston: Allyn and Bacon: 1–19.

Dowd, James J.
1996 "An Act Made Perfect in Habit: The Self in the Postmodern Age." *Current Perspectives in Social Theory* 16:237–263.

Dowson, Thomas A.
2000 "Why Queer Archaeology? An Introduction." *World Archaeology* 12(2):161–165.

Dozier, Raine, and Schwartz, Pepper
2001 "Intimate Relationships." In Judith Blau (ed.), *The Blackwell Companion to Sociology.* Malden, Mass.: Blackwell: 114–127.

Drysdale, John
2007 "Weber, Max." In George Ritzer (ed.), *The Blackwell Encyclopedia of Sociology.* Oxford: Blackwell: 5226–5235.

DuBois, Ellen Carol
1973/1995 "The Radicalism of the Women's Suffrage Movement." In Claire Goldberg Moses and Heidi Hartmann (eds.), *U. S. Women in Struggle.* Chicago: University of Illinois Press: 42–51.

Du Bois, W. E. B.
1897/1995 "The Conservation of Races." In David Lewis Levering (ed.), *W. E. B. Du Bois: A Reader.* New York: Henry Holt: 20–27.
1899/1996 *The Philadelphia Negro: A Social Study.* Philadelphia: University of Pennsylvania Press.
1903/1996 *The Souls of Black Folk.* New York: Modern Library.
1920/1999 *Darkwater: Voices from within the Veil.* Mineola, N. Y.: Dover.
1935/1998 *Black Reconstruction in America: 1860–1880.* New York: Free Press.
1940/1968 *Dusk of Dawn: An Essay toward an Autobiography of a Race Concept.* New York: Schocken Books.
1968 *The Autobiography of W. E. B. Du Bois: A Soliloquy on Viewing My Life from the Last Decade of Its First Century.* New York: International Publishers.

Dugdale, Anni
1999 "Materiality: Juggling Sameness and Difference." In John Law and John Hassard (eds.), *Actor Network Theory and After.* Oxford: Blackwell: 113–135.

Duncan, O. D., and Schnore, L. F.
1959 "Cultural, Behavioral and Ecological Perspectives in the Study of Social Organization." *American Journal of Sociology* 65:132–146.

Dunn, Dana, Almquist, Elizabeth, and Chafetz, Janet Saltzman
1993 "Macrostructural Perspectives on Gender Inequality." In P. England (ed.), *Theory on Gender/Feminism on Theory.* New York: Aldine de Gruyter: 69–90.

Dunn, Robert G.
1997 "Self, Identity, and Difference: Mead and the Poststructuralists." *Sociological Quarterly* 38:687–705.

Dunning, Eric
1986 "Preface." In N. Elias and E. Dunning, *Quest for Excitement: Sport and Leisure in the Civilizing Process*. Oxford: Blackwell: 1–18.

Durkheim, Emile
1887/1993 *Ethics and the Sociology of Morals*. Buffalo: Prometheus Books.
1892/1997 *Montesquieu: Quid Secundatus Politicae Scientiae Instituendae Contulerit*. Oxford: Durkheim Press.
1893/1964 *The Division of Labor in Society*. New York: Free Press.
1895/1982 *The Rules of Sociological Method*. New York: Free Press.
1897/1951 *Suicide*. New York: Free Press.
1912/1965 *The Elementary Forms of Religious Life*. New York: Free Press.
1928/1962 *Socialism*. New York: Collier Books.

Dworkin, Andrea
1989 *Letters from the War Zone: Writings 1976–1987*. New York: Dutton.

Echols, Alice
1989 *Daring to Be Bad: Radical Feminism in America, 1967–1975*. Minneapolis: University of Minnesota Press.

Eckberg, Douglas Lee, and Hill, Lester
1979 "The Paradigm Concept and Sociology: A Critical Review." *American Sociological Review* 44:925–937.

Edel, Abraham
1959 "The Concept of Levels in Social Theory." In L. Gross (ed.), *Symposium on Sociological Theory*. Evanston, Ill.: Row Peterson: 167–195.

Eder, Klaus
1990 "The Rise of Counter-Culture Movements against Modernity: Nature as a New Field of Class Struggle." *Theory, Culture and Society* 7:21–47.

Edin, Kathryn, and Kefalas, Maria
2005 *Promises I Can Keep: Why Poor Women Put Motherhood Before Marriage*. Berkeley, Calif.: University of California Press.

Edin, Kathryn, and Lein, Laura
1997 *Making Ends Meet: How Single Mothers Survive Welfare and Low-Wage Work*. New York: Russell Sage Foundation.

Edwards, Richard
1979 *Contested Terrain: The Transformation of the Workplace in the Twentieth Century*. New York: Basic Books.

Edwards, Tim
1998 "Queer Fears: Against the Cultural Turn." *Sexualities* 1(4):471–484.

Effrat, Andrew
1972 "Power to the Paradigms: An Editional Introduction." *Sociological Inquiry* 42:3–33.

Eisenberg, Anne F.
2007 "Habitus/Field." In George Ritzer (ed.), *The Blackwell Encyclopedia of Sociology*. Oxford:

Blackwell: 2045–2046.

Eisenstadt, S. N. , with Curelaru, M.
1976 *The Form of Sociology: Paradigms and Crises.* New York: Wiley.

Eisenstadt, S. N. , and Helle, H. J. (eds.)
1985a *Macro-Sociological Theory: Perspectives on Sociological Theory,* Vol. 1. London: Sage.
1985b "General Introduction to Perspectives on Sociological Theory. " In S. N. Eisenstadt and H. J. Helle (eds.), *Macro-Sociological Theory.* London: Sage: 1–3.

Eisenstein, Zillah
1979 *Capitalist Patriarchy and the Case for Socialist Feminism.* New York: Monthly Review Press.
1994 *The Color of Gender: Reimaging Democracy.* Berkeley: University of California Press.

Ekeh, Peter P.
1974 *Social Exchange Theory: The Two Traditions.* Cambridge, Mass. : Harvard University Press.

Elias, Norbert
1939/1978 *The Civilizing Process.* Part 1, *The History of Manners.* New York: Pantheon.
1939/1982 *The Civilizing Process.* Part 2, *Power and Civility.* New York: Pantheon.
1939/1994 *The Civilizing Process.* Oxford: Blackwell.
1968/1994 "Introduction to the 1968 Edition. " In N. Elias, *The Civilizing Process.* Oxford: Blackwell: 181–215.
1969/1983 *The Court Society.* New York: Pantheon.
1978 *What Is Sociology?* New York: Columbia University Press.
1986 "Introduction. " In N. Elias and E. Dunning, *Quest for Excitement: Sport and Leisure in the Civilizing Process.* Oxford: Blackwell: 19–62.
1993 *Mozart: Portrait of a Genius.* Berkeley: University of California Press.
1994 *Reflections on a Life.* Cambridge, Eng. : Polity Press.
1995 "Technicization and Civilization. " *Theory, Culture and Society* 12:7–42.
1997 "Towards a Theory of Social Processes. " *British Journal of Sociology* 48:355–383.

Elliott, Anthony
1992 *Social Theory and Psychoanalysis in Transition: Self and Society from Freud to Kristeva.* Oxford: Blackwell.

Elliott, David L.
2007 "Pragmatism. " In George Ritzer (ed.), *The Blackwell Encyclopedia of Sociology.* Oxford: Blackwell: 3609–3612.

Elster, Jon
1982 "Marxism, Functionalism and Game Theory: The Case for Methodological Individualism. " *Theory and Society* 11:453–482.
1985 *Making Sense of Marx.* Cambridge, Eng. : Cambridge University Press.
1986 "Further Thoughts on Marxism, Functionalism, and Game Theory. " In J. Roemer (ed.), *Analytical Marxism.* Cambridge, Eng. : Cambridge University Press: 202–220.

Emerson, Richard M.
1962 "Power-Dependence Relations. " *American Sociological Review* 27:31–40.
1972a "Exchange Theory, Part I: A Psychological Basis for Social Exchange. " In J. Berger, M. Zelditch Jr. , and B. Anderson (eds.), *Sociological Theories in Progress,* Vol. 2. Boston: Houghton-Mifflin: 38–57.
1972b "Exchange Theory, Part II: Exchange Relations and Networks. " In J. Berger, M. Zelditch Jr. , and B. Anderson (eds.), *Sociological Theories in Progress,* Vol. 2. Boston: Houghton-Mifflin: 58–87.
1981 "Social Exchange Theory. " In M. Rosenberg and R. H. Turner (eds.), *Social Psychology: Sociological Perspectives.* New York: Basic Books: 30–65.

Emirbayer, Mustafa
1997 "Manifesto for a Relational Sociology." *American Journal of Sociology* 103:281–317.

Engels, Friedrich
1884/1970 *The Origins of the Family, Private Property and the State*. New York: International Publishers.

England, Paula
1992 *Comparable Worth: Theories and Evidence*. New York: Aldine de Gruyter.

England, Paula, and Kilbourne, Barbara Stanek
1990 "Feminist Critiques of the Separative Model of the Self." *Rationality and Society* 2:156–171.

Erickson, Bonnie H.
1996 "Culture, Class, and Connections." *American Journal of Sociology* 102:217–251.

Eriksson, Bjorn
1993 "The First Formulation of Sociology: A Discursive Innovation of the 18th Century." *Archives of European Sociology* 34:251–276.

Esposito, Elena
1996 "From Self-Reference to Autology: How to Operationalize a Circular Approach." *Social Science Information* 35:269–281.

Evans, Sara
1980 *Personal Politics: The Roots of the Women's Liberation Movement in the Civil Rights Movement and the New Left*. New York: Vintage.

Faghirzadeh, Saleh
1982 *Sociology of Sociology: In Search of . . . Ibn-Khaldun's Sociology Then and Now*. Teheran: Soroush Press.

Faia, Michael A.
1986 *Dynamic Functionalism: Strategy and Tactics*. Cambridge, Eng.: Cambridge University Press.

Faist, Thomas
2005 "Social Space." In George Ritzer (ed.), *Encyclopedia of Social Theory*. Thousand Oaks, Calif.: Sage: 760–763.

Falk, William, and Zhao, Shanyang
1990a "Paradigms, Theories and Methods in Contemporary Rural Sociology: A Partial Replication." *Rural Sociology* 54:587–600.
1990b "Paradigms, Theories and Methods Revisited: We Respond to Our Critics." *Rural Sociology* 55:112–122.

Faludi, Susan
1991 *Backlash: The Undeclared War against American Women*. New York: Crown.

Fararo, Thomas J.
1996 "Foundational Problems in Theoretical Sociology." In Jon Clark (ed.), *James S. Coleman*. London: Falmer Press: 263–284.
2007 "Homans, George." In George Ritzer (ed.), *The Blackwell Encyclopedia of Sociology*. Oxford: Blackwell: 2144–2146.

Farganis, James
1975 "A Preface to Critical Theory." *Theory and Society* 2:483–508.

Faris, R. E. L.

1970   *Chicago Sociology: 1920–1932.* Chicago: University of Chicago Press.

Farrell, Chad R.
1997   "Durkheim, Moral Individualism and the Dreyfus Affair." *Current Perspectives in Social Theory* 17:313–330.

Feather, Howard
2000   *Intersubjectivity and Contemporary Social Theory: The Everyday as Critique.* Aldershot: Ashgate.

Featherstone, Mike
1989   "Postmodernism, Cultural Change, and Social Practice." In D. Kellner (ed.), *Postmodernism, Jameson, Critique.* Washington, D. C.: Maisonneuve Press: 117–138.

Featherstone, Mike (ed.)
1990   *Global Culture: Nationalism, Globalization and Modernity.* London: Sage.

Feenberg, Andrew
1996   "Marcuse or Habermas: Two Critiques of Technology." *Inquiry* 39:45–70.

Feldman, Shelley
2001   "Intersecting and Contesting Positions: Postcolonialism, Feminism, and World-Systems Theory." *Review (Washington)* 24:343–371.

Femia, Joseph
1995   "Pareto's Concept of Demagogic Plutocracy." *Government and Opposition* 30:370–392.

Fendrich, Michael
1984   "Wives' Employment and Husbands' Distress: A Meta-Analysis and a Replication." *Journal of Marriage and the Family* 46:871–879.

Fenstermaker, Sarah, West, Candace, and Zimmerman, Don
1991   "Gender Inequality: New Conceptual Terrain." In R. L. Blumberg (ed.), *Gender, Family and Economy: The Triple Overlap.* Newbury Park, Calif.: Sage: 293–307.

Ferguson, Harvie
2001   "Phenomenology and Social Theory." In George Ritzer and Barry Smart (eds.), *Handbook of Social Theory.* London: Sage: 232–248.

Ferree, Myra Marx, Lorber, Judith, and Hess, Beth (eds.)
1999   *Revisioning Gender.* Thousand Oaks, Calif.: Sage.

Ferry, Luc, and Renaut, Alain
1985/1990   *French Philosophy of the Sixties: An Essay on Antihumanism.* Amherst: University of Massachusetts Press.

Fine, Gary Alan
1990   "Symbolic Interactionism in the Post-Blumerian Age." In George Ritzer (ed.), *Frontiers of Social Theory: The New Syntheses.* New York: Columbia University Press: 117–157.
1992   "Agency, Structure, and Comparative Contexts: Toward a Synthetic Interactionism." *Symbolic Interaction* 15:87–107.
1993   "The Sad Demise, Mysterious Disappearance, and Glorious Triumph of Symbolic Interactionism." *Annual Review of Sociology* 19:61–87.

Fine, Gary Alan, and Kleinman, Sherryl
1983   "Network and Meaning: An Interactionist Approach to Social Structure." *Symbolic Interaction* 6:97–110.

Fine, Gary Alan, and Manning, Philip

2000 "Erving Goffman." In George Ritzer (ed.), *The Blackwell Companion to Major Social Theorists.* Malden, Mass.: Blackwell.

Fine, William F.
1979 *Progressive Evolutionism and American Sociology, 1890–1920.* Ann Arbor, Mich.: UMI Research Press.

Fischer, Norman
1984 "Hegelian Marxism and Ethics." *Canadian Journal of Political and Social Theory* 8:112–138.

Fisher, Sue
1995 *Nursing Wounds: Nurse Practitioners, Doctors, Women Patients and the Negotiation of Meaning.* New Brunswick, N.J.: Rutgers University Press.

Fiske, Donald W., and Shweder, Richard A. (eds.)
1986 *Metatheory in Social Science: Pluralisms and Subjectivities.* Chicago: University of Chicago Press.

Fitzpatrick, Ellen
1990 *Endless Crusade: Women Social Scientists and Progressive Reform.* New York: Oxford University Press.

Fleming, Marie
1997 *Emancipation and Illusion: Reality and Gender in Habermas's Theory of Modernity.* University Park: Pennsylvania State University Press.

Foner, Nancy
1994 *The Caregiving Dilemma: Work in an American Nursing Home.* Berkeley: University of California Press.

Fontana, Andrea
2005 "Sociologies of Everyday Life." In George Ritzer (ed.), *Encyclopedia of Social Theory.* Thousand Oaks, Calif.: Sage: 773–775.

Forcey, Linda Rennie
2001 "Feminist Perspectives on Mothering and Peace." *Journal of the Association for Research on Mothering* 3:2:155–174.

Foster, John Bellamy
1994 "Labor and Monopoly Capital Twenty Years After: An Introduction." *Monthly Review* 46:1–13.

Foucault, Michel
1965 *Madness and Civilization: A History of Insanity in the Age of Reason.* New York: Vintage.
1966 *The Order of Things: An Archaeology of the Human Sciences.* New York: Vintage.
1969 *The Archaeology of Knowledge and the Discourse on Language.* New York: Harper Colophon.
1975 *The Birth of the Clinic: An Archaeology of Medical Perception.* New York: Vintage.
1978 *The History of Sexuality,* Vol. 1, *An Introduction.* New York: Pantheon.
1979 *Discipline and Punish: The Birth of the Prison.* New York: Vintage.
1980a *The History of Sexuality.* Vol. 1, *An Introduction.* New York: Vintage.
1980b "Questions on Geography." In C. Gordon, ed. *Power/Knowledge: Selected Interviews and Other Writings, 1972–1977.* New York: Pantheon: 63–77.
1984 *The Care of the Self: The History of Sexuality,* Vol. 3. New York: Pantheon.
1985 *The Use of Pleasure. The History of Sexuality,* Vol. 2. New York: Pantheon.
1986 "Of Other Spaces." *Diacritics* 16:22–27.
1995 "Madness, the Absence of Work." *Critical Inquiry* 21:290–298.

Fowler, Bridget

1997   *Pierre Bourdieu and Cultural Theory: Critical Investigations.* London: Sage.

Fox, Renee C.
1997   "Talcott Parsons, My Teacher." *American Scholar* 66:395–410.

Frank, André Gunder
1966/1974 "Functionalism and Dialectics." In R. S. Denisoff, O. Callahan, and M. H. Levine (eds.), *Theories and Paradigms in Contemporary Sociology.* Itasca, Ill.: Peacock: 342–352.

Frankenberg, Ruth
1993   *White Women, Race Matters: The Social Construction of Whiteness.* Minneapolis: University of Minnesota Press.

Frankfurt Institute for Social Research
1973   *Aspects of Sociology.* London: Heinemann.

Franklin, Adrian
2007   "Posthumanism." In George Ritzer (ed.), *The Blackwell Encyclopedia of Sociology.* Oxford: Blackwell: 3548–3550.

Franks, David D.
2007   "Mind." In George Ritzer (ed.), *The Blackwell Encyclopedia of Sociology.* Oxford: Blackwell: 3055–3057.

Franks, David D., and Gecas, Viktor
1992   "Autonomy and Conformity in Cooley's Self-Theory: The Looking-Glass Self and Beyond." *Symbolic Interaction* 15:49–68.

Fraser, Nancy
1989   *Unruly Practices: Power, Discourse and Gender in Contemporary Social Theory.* Minneapolis: University of Minnesota Press.
1992   "Rethinking the Public Sphere: A Contribution to the Critique of Actually Existing Democracy." In Craig Calhoun (ed.), *Habermas and the Public Sphere.* Cambridge, Mass.: MIT Press: 109–142.
1995   "What's Critical about Critical Theory?" In Johanna Meehan (ed.), *Feminists Read Habermas.* New York: Routledge: 21–56.
1997   *Justice Interruptus: Critical Reflections on the "Postsocialist" Condition.* New York: Routledge.

Fraser, Nancy, and Nicholson, Linda
1988   "Social Criticism without Philosophy: An Encounter between Feminism and Postmodernism." In A. Ross (ed.), *Universal Abandon: The Politics of Postmodernism.* Minneapolis: University of Minnesota Press: 83–104.

French, Marilyn
1992   *The War against Women.* New York: Summit.

Friedan, Betty
1963   *The Feminine Mystique.* New York: Dell.

Friedheim, Elizabeth
1979   "An Empirical Comparison of Ritzer's Paradigms and Similar Metatheories: A Research Note." *Social Forces* 58:59–66.

Friedkin, Noah F.
2005   "Exchange Networks." In George Ritzer (ed.), *Encyclopedia of Social Theory.* Thousand Oaks, Calif.: Sage: 264–265.

Friedman, Debra, and Hechter, Michael
1988   "The Contribution of Rational Choice Theory to Macrosociological Research." *Sociological Theory* 6:201–218.

Friedman, George
1981   *The Political Philosophy of the Frankfurt School.* Ithaca, N. Y. : Cornell University Press.

Friedman, Marilyn
1993   *What Are Friends For? Feminist Perspectives on Personal Relationships and Moral Theory.* Ithaca, N. Y. : Cornell University Press.

Friedman, Thomas
2000   *The Lexus and the Olive Tree: Understanding Globalization.* New York: Anchor Books.
2005   *The World Is Flat: A Brief History of the Twenty-First Century.* New York: Farrar, Straus, Reese, and Giroux.

Friedrichs, Robert
1970   *A Sociology of Sociology.* New York: Free Press.
1972   "Dialectical Sociology: Toward a Resolution of Current 'Crises' in Western Sociology." *British Journal of Sociology* 13:263–274.

Frisby, David
1981   *Sociological Impressionism: A Reassessment of Georg Simmel's Social Theory.* London: Heinemann.
1984   *Georg Simmel.* Chichester, Eng. : Ellis Horwood.
1992   *Simmel and Since: Essays on Georg Simmel's Social Theory.* London: Routledge.

Frost, Liz
2005   "Theorizing the Young Woman in the Body." *Body and Society* 11:63–85.

Frow, John
1991   *What Was Postmodernism?* Sydney: Local Consumption Publications.

Frye, Marilyn
1983   *The Politics of Reality: Essays in Feminist Theory.* Trumansburg, N. Y. : Crossings Press.

Fuery, Patrick, and Mansfield, Nick
2000   *Cultural Studies and Critical Theory.* New York: Oxford University Press.

Fuhrman, Ellsworth R.
1980   *The Sociology of Knowledge in America: 1883–1915.* Charlottesville: University of Virginia Press.

Fuller, Steve
1998   "From Content to Context: A Social Epistemology of the Structure-Agency Craze." In Alan Sica (ed.), *What Is Social Theory? The Philosophical Debates.* Oxford: Blackwell: 92–117.
2007a   "Positivism." In George Ritzer (ed.), *The Blackwell Encyclopedia of Sociology.* Oxford: Blackwell: 3544–3547.
2007b   "Nietzsche." In George Ritzer (ed.), *The Blackwell Encyclopedia of Sociology.* Oxford: Blackwell: 3213–3217.
2007c   "Actor-Network Theory, Actants." In George Ritzer (ed.), *The Blackwell Encyclopedia of Sociology.* Oxford: Blackwell: 21–23.

Furfey, Paul
1953/1965   *The Scope and Method of Sociology: A Metasociological Treatise.* New York: Cooper Square Publishers.

Gamson, Joshua
1995. "Must Identity Movements Self-Destruct? A Queer Dilemma." *Social Problems* 42(3):390–407.

Gane, Mike
2003 *French Social Theory.* London: Sage.

Gane, Nicholas
2002 *Max Weber and Postmodern Theory: Rationalization versus Re-Enchantment.* New York: Palgrave.

Gans, Herbert J.
1972 "The Positive Functions of Poverty." *American Journal of Sociology* 78:275–289.

Garcia, Alma M.
1989 "The Development of Chicana Feminist Discourse, 1970–1980." *Gender & Society* 3:217–238.

Garcia, Angela
1991 "Dispute Resolution without Disputing: How the Interactional Organization of Mediation Hearings Minimizes Argument." *American Sociological Review* 56:818–835.

Garcia Canclini, Nestor
1995 *Hybrid Cultures: Strategies for Entering and Leaving Modernity.* Minneapolis: University of Minneapolis Press.

Gardner, Carol Brooks
1995 *Passing By: Gender and Public Harassment.* Los Angeles: University of California Press.

Garfinkel, Harold
1963 "A Conception of, and Experiments with, 'Trust' as a Condition of Stable and Concerted Actions." In O. J. Harvey (ed.), *Motivation in Social Interaction.* New York: Ronald: 187–238.
1967 *Studies in Ethnomethodology.* Englewood Cliffs, N. J.: Prentice-Hall.
1988 "Evidence for Locally Produced, Naturally Accountable Phenomena of Order, Logic, Reason, Meaning, Method, etc., in and as of the Essential Quiddity of Immortal Ordinary Society (I of IV): An Announcement of Studies." *Sociological Theory* 6:103–109.
1991 "Respecification: Evidence for Locally Produced, Naturally Accountable Phenomena of Order, Logic, Reason, Meaning, Method, etc., in and as of the Essential Haecceity of Immortal Ordinary Society (I): An Announcement of Studies." In G. Button (ed.), *Ethnomethodology and the Human Sciences.* Cambridge, Eng.: Cambridge University Press: 10–19.

Garland, Anne Witte
1988 *Women Activists: Challenging the Abuse of Power.* New York: Feminist Press.

Garnham, Nicholas
2007 "Culture Industries." In George Ritzer (ed.), *The Blackwell Encyclopedia of Sociology.* Oxford: Blackwell: 942–945.

Gartman, David
1998 "Postmodernism; or, the Cultural Logic of Post-Fordism?" *Sociological Quarterly* 39:119–137.

Gaziano, Emanuel
1996 "Ecological Metaphors as Scientific Boundary Work: Innovation and Authority in Interwar Sociology and Biology." *American Journal of Sociology* 101:874–907.

Genosko, Gary
2007 "Guattari, Felix." In George Ritzer (ed.), *The Blackwell Encyclopedia of Sociology.* Oxford: Blackwell: 2037–2038.

Geras, Norman
1987 "Post-Marxism?" *New Left Review* 163:40–82.

Gergen, Kenneth J.
1973 "Social Psychology as History." *Journal of Personality and Social Psychology* 26:309–320.
1986 "Correspondence versus Autonomy in the Language of Understanding Human Action." In D. W. Fiske and R. A. Shweder (eds.), *Metatheory in Social Science: Pluralisms and Subjectivities*. Chicago: University of Chicago Press: 136–162.

Gerhard, Uta
2004 "Welfare Policy and Care: A Critical Approach to Theories of Individualization from a Gender Perspective." *Polish Sociological Review* 2:125–140.

Gerth, Hans, and Mills, C. Wright (eds.)
1953 *Character and Social Structure*. New York: Harcourt, Brace and World.

Gerth, Nobuko
1993 "Hans H. Gerth and C. Wright Mills: Partnership and Partisanship." *International Journal of Politics, Culture and Society* 7:133–154.

Gibson, David
2000 "Seizing the Moment: The Problem of Conversational Agency." *Sociological Theory* 18:368–382.

Gibson, Diane
1996 "Broken Down by Age and Gender: 'The Problem of Old Women' Redefined." *Gender & Society* 10:433–448.

Giddens, Anthony
1975 *The Class Structure of Advanced Societies*. New York: Harper & Row.
1979 *Central Problems in Social Theory: Action, Structure and Contradiction in Social Analysis*. Berkeley: University of California Press.
1984 *The Constitution of Society: Outline of the Theory of Structuration*. Berkeley: University of California Press.
1989 "A Reply to My Critics." In D. Held and J. B. Thompson (eds.), *Social Theory of Modern Societies: Anthony Giddens and His Critics*. Cambridge, Eng.: Cambridge University Press: 249–301.
1990 *The Consequences of Modernity*. Stanford, Calif.: Stanford University Press.
1991 *Modernity and Self-Identity: Self and Society in the Late Modern Age*. Stanford, Calif.: Stanford University Press.
1992 *The Transformation of Intimacy: Sexuality, Love and Eroticism in Modern Societies*. Stanford, Calif.: Stanford University Press.
1994 *Beyond Left and Right: The Future of Radical Politics*. Stanford, Calif.: Stanford University Press.
1995 *Politics, Sociology and Social Theory: Encounters with Classical and Contemporary Social Thought*. Stanford, Calif.: Stanford University Press.
2000 *Runaway World: How Globalization Is Reshaping Our Lives*. New York: Routledge.

Giele, Janet Zollinger, and Holst, Elke
2004 "New Life Patterns and Changing Gender Roles." *Advances in Life Course Research* 8:3–22.

Gieryn, Thomas F.
2000 "A Space for Place in Sociology." *Annual Review of Sociology* 26:463–496.

Giffney, Noreen
2004 "Denormatizing Queer Theory: More Than (Simply) Gay and Lesbian Studies." *Feminist Theory* 5(1):73–78.

Gilligan, Carol
1982   *In a Different Voice: Psychological Theory and Women's Development.* Cambridge, Mass. : Harvard University Press.

Gilligan, Carol, and Attanuci, Jane
1988   "Two Moral Orientations: Gender Differences and Similarities. " *Merrill Palmer Quarterly* 34:223–237.

Glatzer, Wolfgang
1998   "The German Sociological Association: Origins and Developments. " Paper presented at the meetings of the International Sociological Association, Montreal, Canada.

Glenn, Evelyn Nakano
1999   "The Social Construction and Institutionalization of Gender and Race: An Integrative Framework. " In Myra Marx Feree, Judith Lorber, and Beth Hess (eds.) *Revisioning Gender*. Thousand Oaks, Calif: Sage: 3–43.

Glenn, Evelyn Nakano, Chang, Grace, and Forcey, Linda Rennie (eds.)
1993   *Mothering*. New York: Routledge.

Glenn, Phillip J.
1989   "Initiating Shared Laughter in Multi-Party Conversations. " *Western Journal of Speech Communications* 53:127–149.

Glennon, Lynda M.
1979   *Women and Dualism*. New York: Longman.

Go, Julian
2007a   "Colonialism (Neocolonialism). " In George Ritzer (ed.) *The Blackwell Encyclopedia of Sociology*. Oxford: Blackwell: 602–604.
2007b   "Decolonization. " In George Ritzer (ed.) *The Blackwell Encyclopedia of Sociology*. Oxford: Blackwell: 984–986.

Godelier, Maurice
1972a   *Rationality and Irrationality in Economics*. London: NLB.
1972b   "Structure and Contradiction in Capital. " In R. Blackburn (ed.), *Readings in Critical Social Theory*. London: Fontana: 334–368.

Goffman, Erving
1959   *Presentation of Self in Everyday Life*. Garden City, N. Y. : Anchor.
1961   *Encounters: Two Studies in the Sociology of Interaction*. Indianapolis: Bobbs-Merrill.
1963   *Stigma: Notes on the Management of Spoiled Identity*. Englewood Cliffs, N. J. : Prentice-Hall.
1974   *Frame Analysis: An Essay on the Organization of Experience*. New York: Harper Colophon.
1979   *Gender Advertisements*. New York: Harper and Row.

Goldberg, David Theo, and Essed, Philomena
2002   "Introduction: From Racial Demarcations to Multiple Identifications. " In Philomena Essed and David Theo Goldberg (eds.) *Race Critical Theories*. Malden, Mass. : Blackwell: 1–11.

Goldfield, Michael, and Gilbert, Alan
1997   "The Limits of Rational Choice Theory. " *National Political Science Review* 6:205–228.

Goldman, Michael, and Schurman, Rachel A.
2000   "Closing the 'Great Divide': New Social Theory on Society and Nature. " *Annual Review of Sociology* 26:563–584.

Gomart, Emilie, and Hennion, Antoine

1999 "The Sociology of Attachment: Music Amateurs, Drug Users." In John Law and John Hassard (eds.), *Actor Network Theory and After.* Oxford: Blackwell: 220–247.

Gonos, George
1977 "'Situation' versus 'Frame': The 'Interactionist' and the 'Structuralist' Analyses of Everyday Life." *American Sociological Review* 42:854–867.
1980 "The Class Position of Goffman's Sociology: Social Origins of an American Structuralism." In J. Ditton (ed.), *The View from Goffman.* New York: St. Martin's: 134–169.

Goode, William J.
1960 "A Theory of Role Strain." *American Sociological Review* 25:483–496.

Goodman, Douglas J.
2005 "Ritzer, George." In George Ritzer (ed.), *Encyclopedia of Social Theory.* Thousand Oaks, Calif.: Sage: 650–651.

Goodwin, Charles
1979 "The Interactive Construction of a Sentence in Natural Conversation." In G. Psathas (ed.), *Everyday Language: Studies in Ethnomethodology.* New York: Irvington: 97–121.
1984 "Notes on Story Structure and the Organization of Participation." In J. M. Atkinson and J. Heritage (eds.), *Structures of Social Action.* Cambridge, Eng.: Cambridge University Press: 225–246.

Goodwin, Jan
1994 *Price of Honor: Muslim Women Lift the Veil of Silence on the Islamic World.* New York: Little, Brown.

Gordon, Linda
1994 *Pitied but Not Entitled: Single Mothers and the History of Welfare.* New York: Free Press.

Gottdiener, Mark
1994 "Semiotics and Postmodernism." In D. R. Dickens and A. Fontana (eds.), *Postmodernism and Social Inquiry.* New York: Guilford Press: 155–181.

Gouldner, Alvin
1959/1967 "Reciprocity and Autonomy in Functional Theory." In N. Demerath and R. Peterson (eds.), *System, Change and Conflict.* New York: Free Press: 141–169.
1970 *The Coming Crisis of Western Sociology.* New York: Basic Books.

Gramsci, Antonio
1917/1977 "The Revolution against '*Capital.*'" In Q. Hoare (ed.), *Antonio Gramsci: Selections from Political Writings (1910–1920).* New York: International Publishers: 34–37.
1932/1975 *Letters from Prison: Antonio Gramsci.* Ed. Lynne Lawner. New York: Harper Colophon.
1971 *Selections from the Prison Notebooks.* New York: International Publishers.

Granovetter, Mark
1973 "The Strength of Weak Ties." *American Journal of Sociology* 78:1360–1380.
1983 "The Strength of Weak Ties: A Network Theory Revisited." In R. Collins (ed.), *Sociological Theory—1983.* San Francisco: Jossey-Bass: 201–233.
1985 "Economic Action and Social Structure: The Problem of Embeddedness." *American Journal of Sociology* 91:481–510.
2005 "Strength of Weak Ties." In George Ritzer (ed.), *Encyclopedia of Social Theory.* Thousand Oaks, Calif.: Sage: 801–802.

Greatbatch, David, and Dingwall, Robert
1997 "Argumentative Talk in Divorce Mediation Sessions." *American Sociological Review* 62:151–170.

Green, Adam Isaiah
2002 "Gay but Not Queer: Toward a Post-Queer Study of Sexuality. " *Theory and Society* 31(4):521–545.

Green, Donald, and Shapiro, Ian
1994 *Pathologies of Rational Choice Theory: A Critique of Applications in Political Science.* New Haven: Yale University Press.

Green, Karen
1995 *The Woman of Reason: Feminism, Humanism, and Political Thought.* New York: Continuum.

Gregory, Derek
1989 "Presences and Absences: Time-Space Relations and Structuration Theory. " In D. Held and J. B. Thompson (eds.), *Social Theory of Modern Societies: Anthony Giddens and His Critics.* Cambridge, Eng. : Cambridge University Press: 185–214.

Gregson, Nicki, and Lowe, Michelle
1994 *Servicing the Middle Class: Class, Gender and Waged Domestic Labor.* New York: Routledge.

Greisman, Harvey C.
1986 "The Paradigm That Failed. " In R. C. Monk (ed.), *Structures of Knowing.* Lanham, Md. : University Press of America: 273–291.

Gross, Llewellyn
1961 "Preface to a Metatheoretical Framework for Sociology. " *American Journal of Sociology* 67:125–136.

Grossberg, Lawrence, and Nelson, Cary
1988 "Introduction: The Territory of Marxism. " In C. Nelson and L. Grossberg (eds.), *Marxism and the Interpretation of Culture.* Urbana: University of Illinois Press: 1–13.

Guba, Egon G. , and Lincoln, Yvonna S.
1994 "Competing Paradigms in Qualitative Research. " In Norman K. Denzin and Yvonna S. Lincoln (eds.), *Handbook of Qualitative Research.* Thousand Oaks, Calif. : Sage: 105–117.

Gubbay, Jon
1997 "A Marxist Critique of Weberian Class Analyses. " *Sociology* 31:73–89.

Guilhot, Nicolas
2002 "'The Transition to the Human World of Democracy': Notes for a History of the Concept of Transition, from Early Marxism to 1989. " *European Journal of Social Theory* 5:219–243.

Guillory, John
2000 "Bourdieu's Refusal. " In Nicholas Brown and Imre Szeman, *Pierre Bourdieu: Fieldwork in Culture.* Lanham, Md. : Rowman & Littlefield: 87–99.

Guinier, Lani, and Torres, Gerald
2002 *The Miner's Canary: Enlisting Race, Resisting Power, Transforming Democracy.* Cambridge, Mass. : Harvard University Press.

Gurney, Patrick J.
1981 "Historical Origins of Ideological Denial: The Case of Marx in American Sociology. " *American Sociologist* 16:196–201.

Gurvitch, Georges
1964 *The Spectrum of Social Time.* Dordrecht, Netherlands: D. Reidel.

Habermas, Jurgen

1970	*Toward a Rational Society.* Boston: Beacon Press.
1971	*Knowledge and Human Interests.* Boston: Beacon Press.
1973	*Theory and Practice.* Boston: Beacon Press.
1975	*Legitimation Crisis.* Boston: Beacon Press.
1979	*Communication and the Evolution of Society.* Boston: Beacon Press.
1981	"Modernity versus Postmodernity." *New German Critique* 22:3–14.
1984	*The Theory of Communicative Action.* Vol. 1, *Reason and the Rationalization of Society.* Boston: Beacon Press.
1986	*Autonomy and Solidarity: Interviews.* Ed. Peter Dews. London: Verso.
1987a	*The Theory of Communicative Action.* Vol. 2, *Lifeworld and System: A Critique of Functionalist Reason.* Boston: Beacon Press.
1987b	*The Philosophical Discourse of Modernity: Twelve Lectures.* Cambridge, Mass.: MIT Press.
1991	"A Reply." In A. Honneth and H. Joas (eds.), *Communicative Action: Essays on Jurgen Habermas's "The Theory of Communicative Action."* Cambridge, Eng.: Cambridge University Press: 215–264.
1994	*The Past as Future.* Interviewed by Michael Haller. Lincoln: University of Nebraska Press.

Hagan, John, and Kay, Fiona
1995   *Gender in Practice: A Study of Lawyers' Lives.* New York: Oxford University Press.

Hage, Jerald
1994   "Constructing Bridges between Sociological Paradigms and Levels: Trying to Make Sociological Theory More Complex, Less Fragmented, and Politicized." In J. Hage (ed.), *Formal Theory in Sociology: Opportunity or Pitfall?* Albany: State University Press of New York: 152–168.

Haines, Valerie
1988	"Is Spencer's Theory an Evolutionary Theory?" *American Journal of Sociology* 93:1200–1223.
1992	"Spencer's Philosophy of Science." *British Journal of Sociology* 43:155–172.
2005	"Spencer, Herbert." In George Ritzer (ed.), *Encyclopedia of Social Theory.* Thousand Oaks, Calif.: Sage: 781–787.

Halas, Elzbieta
2005   "Znaniecki, Florian Witold." In George Ritzer (ed.), *Encyclopedia of Social Theory.* Thousand Oaks, Calif.: Sage: 896–898.

Halfpenny, Peter
1982	*Positivism and Sociology: Explaining Social Life.* London: Allen and Unwin.
2001	"Positivism in the Twentieth Century." In George Ritzer and Barry Smart (eds.), *Handbook of Social Theory.* London: Sage: 371–385.
2005	"Positivism." In George Ritzer (ed.), *Encyclopedia of Social Theory.* Thousand Oaks, Calif.: Sage: 571–575.

Hall, John R.
2007   "Annales School." In George Ritzer (ed.), *The Blackwell Encyclopedia of Sociology.* Oxford: Blackwell: 142–144.

Hall, Richard
1983   "Theoretical Trends in the Sociology of Occupations." *Sociological Quarterly* 24:5–23.

Hall, Stuart
1988   "Brave New World." *Marxism Today* October:24–29.

Halliday, Fred
1990   "The Ends of the Cold War." *New Left Review* 180:5–23.

Halls, W. D.
1996   "The Cultural and Educational Influences of Durkheim, 1900–1945." *Durkheimian Studies*

2:122–132.

Halperin, David
1995 *Saint Foucault: Towards a Gay Hagiography.* New York: Oxford University Press.

Hamlin, Cynthia Lins, and Brym, Robert J.
2006 "The Return of the Native: A Cultural and Social-Psychological Critique of Durkheim's *Suicide* Based on the Guarani-Kaiowa of Southwestern Brazil." *Sociological Theory* 24(1): 42–57.

Hammer, Rhonda
2002 *Antifeminism and Family Terrorism: A Critical Feminist Perspective.* Lanham, Md.: Rowman & Littlefield.

Handel, Warren
1982 *Ethnomethodology: How People Make Sense.* Englewood Cliffs, N. J.: Prentice-Hall.

Haney, Lynne
1996 "Homeboys, Babies, Men in Suits: The State and the Reproduction of Male Dominance." *American Sociological Review* 61:759–778.

Hankin, Thomas L.
1979 "In Defense of Biography: The Use of Biography in the History of Science." *History of Science* 17:1–16.

Hannerz, Ulf
1987 "The World in Creolisation." *Africa* 57: 546–559.

Hansen, Karen V., and Philipson, Ilene (eds.)
1990 *Women, Class and the Feminist Imagination: A Socialist-Feminist Reader.* Philadelphia: Temple University Press.

Haraway, Donna
1988 "Situated Knowledge: The Science Question in Feminism and the Privilege of Partial Perspective." *Feminist Studies* 14:575–600.
1990 "A Manifesto for Cyborgs: Science, Technology, and Socialist Feminism in the 1980s." In L. Nicholson (ed.), *Feminism/Postmodernism.* New York: Routledge: 190–233.

Harding, Sandra
1986 *The Science Question in Sociology.* Ithaca, N. Y.: Cornell University Press.

Hardt, Michael, and Negri, Antonio
2000 *Empire.* Cambridge, Mass.: Harvard University Press.
2004 *Multitude: War and Democracy in the Age of Empire.* New York: Penguin.

Harper, Diane Blake, Sylvester, Joan, and Walczak, David
1980 "An Empirical Comparison of Ritzer's Paradigms and Similar Metatheories: Comment on Friedheim." *Social Forces* 59:513–517.

Harre, Rom
2002 "Social Reality and the Myth of Social Structure." *European Journal of Social Theory* 5:111–123.

Harris, David
1996 *A Society of Signs?* London: Routledge.

Harris, Kathleen Mullan
1996 "Life after Welfare: Women, Work, and Repeat Dependency." *American Sociological Review* 61:407–426.

Harris, Scott
2001 "What Can Interactionism Contribute to the Study of Inequality? The Case of Marriage and Beyond." *Symbolic Interaction* 25:455–480.

Hartmann, Heidi
1979 "Capitalism, Patriarchy and Job Segregation by Sex." In Z. Eisenstein (ed.), *Capitalist Patriarchy and the Case for Socialist Feminism.* New York: Monthly Review Press: 206–247.
1981 "The Unhappy Marriage of Marxism and Feminism: Towards a More Progressive Union." In Lydia Sargent (ed.), *Women and Revolution.* Boston: South End Press.

Hartsock, Nancy
1983 *Money, Sex and Power: Towards a Feminist Historical Materialism.* New York: Longman.
1990 "Foucault on Power: A Theory for Women?" In L. Nicholson (ed.), *Feminism/Postmodernism.* New York: Routledge: 157–175.

Harvey, David
1969 *Explanation in Human Geography.* New York: St. Martin's Press.
1973 *Social Justice and the City.* Baltimore: Johns Hopkins University Press.
1989 *The Condition of Postmodernity: An Enquiry into the Origins of Cultural Change.* Oxford: Blackwell.
2000 *Spaces of Hope.* Berkeley: University of California Press.
2005 *A Brief History of NeoLiberalism.* Oxford: Oxford University Press.

Harvey, Lee
1982 "The Use and Abuse of Kuhnian Paradigms in the Sociology of Knowledge." *British Journal of Sociology* 16:85–101.
1987 "The Nature of 'Schools' in the Sociology of Knowledge: The Case of the 'Chicago School.'" *Sociological Review* 35:245–278.

Hawkes, Terence
1977 *Structuralism and Semiotics.* London: Methuen.

Hawthorn, Geoffrey
1976 *Enlightenment and Despair.* Cambridge, Eng.: Cambridge University Press.

Hayim, Gila
1980 *The Existential Sociology of Jean-Paul Sartre.* Amherst: University of Massachusetts Press.

Hazelrigg, Lawrence
1972 "Class, Property and Authority: Dahrendorf's Critique of Marx's Theory of Class." *Social Forces* 50:473–487.

Hechter, Michael, and Kanazawa, Satoshi
1997 "Sociological Rational Choice Theory." In John Hagan and Karen S. Cook (eds.), *Annual Review of Sociology,* Vol. 23. Palo Alto, Calif.: Annual Reviews: 191–214.

Heckathorn, Douglas D.
1997 "Overview: The Paradoxical Relationship between Sociology and Rational Choice." *The American Sociologist* 28:6–15.
2005 "Rational Choice." In George Ritzer (ed.), *Encyclopedia of Social Theory.* Thousand Oaks, Calif.: Sage: 620–624.

Heckathorn, Douglas D., and Broadhead, Robert S.
1996 "Rational Choice, Public Policy and AIDS." *Rationality and Society* 8:235–260.

Hedstrom, Peter, and Swedberg, Richard
1996 "Rational Choice, Empirical Research, and the Sociological Tradition." *European Sociological Review* 12:127–146.

Hegel, G. W. F.
1807/1967 *The Phenomenology of Mind.* New York: Harper Colophon.
1821/1967 *The Philosophy of Right.* Oxford: Clarendon Press.

Hegtvedt, Karen A., Thompson, Elaine A., and Cook, Karen S.
1993 "Power and Equity: What Counts in Attributions for Exchange Outcomes?" *Social Psychology Quarterly* 56:100–119.

Heilbron, Johan
1995 *The Rise of Social Theory.* London: Polity Press.

Heilbrun, Carolyn
1988 *Writing a Woman's Life.* New York: Norton.

Heins, Volker
1993 "Weber's Ethic and the Spirit of Anti-Capitalism." *Political Studies* 41:269–283.

Held, David, and Thompson, John B.
1989 "Editors' Introduction." In D. Held and J. B. Thompson (eds.), *Social Theory of Modern Societies: Anthony Giddens and His Critics.* Cambridge, Eng.: Cambridge University Press: 1–18.

Held, Virginia
1993 *Feminist Morality: Transforming Culture, Society and Politics.* Chicago: University of Chicago Press.

Helle, H. J., and Eisenstadt, S. N. (eds.)
1985 *Micro-Sociological Theory: Perspectives on Sociological Theory,* Vol. 2. London: Sage.

Hennessey, Rosemary, and Ingraham, Chrys
1997 "Introduction: Reclaiming Anticapitalist Feminism." In R. Hennessey and C. Ingraham (eds.), *Materialist Feminism.* New York: Routledge: 1–14.

Heritage, John
1984 *Garfinkel and Ethnomethodology.* Cambridge: Polity Press.

Heritage, John, and Atkinson, J. Maxwell
1984 "Introduction." In J. M. Atkinson and J. Heritage (eds.), *Structures of Social Action.* Cambridge, Eng.: Cambridge University Press: 1–15.

Heritage, John, and Greatbatch, David
1986 "Generating Applause: A Study of Rhetoric and Response in Party Political Conferences." *American Journal of Sociology* 92:110–157.

Hesse, Mary
1995 "Habermas and the Force of Dialectical Argument." *History of European Ideas* 21:367–378.

Hewitt, John P.
1984 *Self and Society: A Symbolic Interactionist Social Psychology.* 3rd ed. Boston: Allyn and Bacon.

Heyl, John D., and Heyl, Barbara S.
1976 "The Sumner-Porter Controversy at Yale: Pre-Paradigmatic Sociology and Institutional Crisis." *Sociological Inquiry* 46:41–49.

Hilbert, Richard A.
1990 "Ethnomethodology and the Micro-Macro Order." *American Sociological Review* 55:794–808.

1991 "Norman and Sigmund: Comment on Denzin's 'Harold and Agnes.'" *Sociological Theory* 9:264–268.
1992 *The Classical Roots of Ethnomethodology: Durkheim, Weber and Garfinkel.* Chapel Hill: University of North Carolina Press.
2005 "Ethnomethodology." In George Ritzer (ed.), *Encyclopedia of Social Theory.* Thousand Oaks, Calif.: Sage: 252–257.

Hill, Greg
1997 "History, Necessity, and Rational Choice Theory." *Rationality and Society* 9:189–213.

Hill, Lisa
1996 "Anticipations of Nineteenth and Twentieth Century Social Thought in the Work of Adam Ferguson." *Archives Européenes de Sociologie* 37:203–228.

Hill, Michael R.
2007 "Ward, Lester Frank." In George Ritzer (ed.), *The Blackwell Encyclopedia of Sociology.* Oxford: Blackwell: 5216.

Hill, Shirley A., and Sprague, Joey
1999 "Parenting in Black and White Families: The Interaction of Gender with Race and Class." *Gender & Society* 13:480–502.

Himes, Joseph
1966 "The Functions of Racial Conflict." *Social Forces* 45:1–10.

Hinkle, Roscoe
1980 *Founding Theory of American Sociology: 1881–1915.* London: Routledge and Kegan Paul.
1994 *Developments in American Sociological Theory: 1915–1950.* Albany: State University of New York Press.

Hinkle, Roscoe, and Hinkle, Gisela
1954 *The Development of American Sociology.* New York: Random House.

Hirschmann, Nancy J., and Di Stefano, Christine (eds.)
1996 *Revisioning the Political: Feminist Reconstructions of Traditional Concepts in Western Political Theory:* Boulder, Colo.: Westview.

Hobsbawm, Eric J.
1965 *Primitive Rebels.* New York: Norton.

Hochschild, Arlie
1997 *The Time Bind: When Work Becomes Home and Home Becomes Work.* New York: Metropolitan Books.

Hochschild, Arlie, with Machung, Anne
1989 *The Second Shift.* New York: Avon Books.

Hoecker-Drysdale, Susan
2000 "Harriet Martineau." In George Ritzer (ed.), *The Blackwell Companion to Major Social Theorists.* Malden, Mass.: Blackwell: 53–80.

Hofstadter, Richard
1959 *Social Darwinism in American Thought.* New York: Braziller.

Hollander, Jocelyn, and Howard, Judith
1997 *Gendered Situations, Gendered Selves.* Thousand Oaks, Calif.: Sage.

Hollinger, David
1980 "T. S. Kuhn's Theory of Science and Its Implications for History." In G. Gutting (ed.), *Paradigms and Revolutions.* Notre Dame, Ind.: Notre Dame University Press: 195–222.

Holmwood, John
1996 *Founding Sociology: Talcott Parsons and the Idea of General Theory.* Essex: Longman.

Holmwood, John, and Stewart, Alexander
1994 "Synthesis and Fragmentation in Social Theory: A Progressive Solution." *Sociological Theory* 12:83–100.

Holton, Robert J.
2000 "Bourdieu and Common Sense." In Nicholas Brown and Imre Szeman (eds.), *Pierre Bourdieu: Fieldwork in Culture.* Lanham, Md.: Rowman & Littlefield: 87–99.
2001 "Talcott Parsons: Conservative Apologist or Irreplaceable Icon?" In George Ritzer and Barry Smart (eds.), *Handbook of Social Theory.* London: Sage: 152–162.

Holton, Robert J., and Turner, Bryan S.
1986 *Talcott Parsons on Economy and Society.* London: Routledge and Kegan Paul.

Holub, Robert C.
1991 *Jurgen Habermas: Critic in the Public Sphere.* London: Routledge.

Homans, George C.
1950 *The Human Group.* New York: Harcourt Brace.
1961 *Social Behavior: Its Elementary Forms.* New York: Harcourt, Brace and World.
1962 *Sentiments and Activities.* New York: Free Press.
1967 *The Nature of Social Science.* New York: Harcourt, Brace and World.
1974 *Social Behavior: Its Elementary Forms.* Rev. ed. New York: Harcourt Brace Jovanovich.
1984 *Coming to My Senses: The Autobiography of a Sociologist.* New Brunswick, N. J.: Transaction Books.

Homans, George C., and Curtis, Charles
1934 *An Introduction to Pareto, His Sociology.* New York: Knopf.

Hook, Sidney
1965 "Pareto's Sociological System." In J. H. Meisel (ed.), *Pareto and Mosca.* Englewood Cliffs, N. J.: Prentice-Hall: 57–61.

hooks, bell
1984 *Feminist Theory: From Margin to Center.* Boston: South End Press.
1990 *Yearning: Race, Gender, and Cultural Politics.* Boston: South End Press.

Horowitz, Irving L.
1962/1967 "Consensus, Conflict, and Cooperation." In N. Demerath and R. Peterson (eds.), *System, Change and Conflict.* New York: Free Press: 265–279.
1983 *C. Wright Mills: An American Utopian.* New York: Free Press.

Howard, Michael, and King, John E.
2005 "Political Economy." In George Ritzer (ed.), *Encyclopedia of Social Theory.* Thousand Oak, Calif.: Sage: 563–568.

Hoyningen-Huene, Paul
1993 *Reconstructing Scientific Revolutions: Thomas S. Kuhn's Philosophy of Science.* Chicago: University of Chicago Press.

Huaco, George
1966 "The Functionalist Theory of Stratification: Two Decades of Controversy." *Inquiry* 9:215–240.
1986 "Ideology and General Theory: The Case of Sociological Functionalism." *Comparative Stud-*

ies in Society and History 28:34–54.

Huber, Joan
2004 "Lenski Effects on Sex Stratification Theory." *Sociological Theory* 22:258–268.

Hughes, John A., Martin, Peter J., and Sharrock, W. W.
1995 *Understanding Classical Sociology: Marx, Weber and Durkheim*. London: Sage.

Humphery, Kim
1998 *Shelf Life: Supermarkets and the Changing Cultures of Consumption*. Cambridge, Eng.: Cambridge University Press.

Hunter, Allen
1988 "Post-Marxism and the New Social Movements." *Theory and Society* 17:885–900.

Hunter, J. E., Schmidt, F. L., and Jackson, G. B.
1982 *Meta-Analysis: Cumulating Research Findings across Studies*. Beverly Hills, Calif.: Sage.

Huntington, Samuel P.
1996 *The Clash of Civilizations and the Remaking of World Order*. New York: Simon and Schuster.
2004 "The Hispanic Challenge." *Foreign Policy*. March/April: 30–45.

Imber, Jonathan B. (ed.)
1997 "The Place of Rational Choice in Sociology." *American Sociologist* 28:3–87.

Inbar, Michael
1996 "The Violation of Normative Rules and the Issue of Rationality in Individual Judgments." In Jon Clark (ed.), *James S. Coleman*. London: Falmer Press: 227–262.

Irigaray, Luce
1985a *Speculum of the Other Woman*. Trans. Gillian Gill. Ithaca, N.Y.: Cornell University Press.
1985b *This Sex Which Is Not Our Own*. Trans. Catherine Porter. Ithaca, N.Y.: Cornell University Press.

Jackman, Mary R.
1994 *The Velvet Glove: Paternalism and Conflict in Gender, Class, and Race Relations*. Berkeley: University of California Press.

Jackson, S.
2001 "Why a Materialist Feminism Is (Still) Possible—and Necessary." *Women's Studies International Forum* 24:283–293.

Jacobs, Mark D.
2007b "Dewey, John." In George Ritzer (ed.), *The Blackwell Encyclopedia of Sociology*. Oxford: Blackwell: 1145–1146.

Jacobsen, Martin M.
2007 "Sacks, Harvey." In George Ritzer (ed.), *The Blackwell Encyclopedia of Sociology*. Oxford: Blackwell: 3971.

Jaffee, David
1996 *Levels of Socio-Economic Development Theory*. Westport, Conn.: Praeger.

Jaggar, Alison M.
1983 *Feminist Politics and Human Nature*. Totowa, N.J.: Rowman and Allanheld.

Jaggar, Alison M., and Bordo, Susan (eds.)

1989   *Gender/Body/Knowledge: Feminist Reconstructions of Being and Knowing.* New Brunswick, N. J. : Rutgers University Press.

Jaggar, Alison M. , and Rothenberg, Paula (eds.)
1984   *Feminist Frameworks.* 2nd ed. New York: McGraw-Hill.

Jagtenberg, Tom, and McKie, David
1997   *Eco-Impacts and the Greening of Postmodernity: New Maps for Communication Studies, Cultural Studies and Sociology.* Thousand Oaks, Calif. : Sage.

James, Stanlie M. , and Busia, Abema P. A. (eds.)
1993   *Theorizing Black Feminisms.* New York: Routledge.

Jameson, Fredric
1984   "Postmodernism, or the Cultural Logic of Late Capitalism. " *New Left Review* 146:53–92.
1989   "Afterword—Marxism and Postmodernism. " In D. Kellner (ed.), *Postmodernism, Jameson, Critique.* Washington, D. C. : Maisonneuve Press: 369–387.
1991   *Postmodernism, or, The Cultural Logic of Late Capitalism.* Durham, N. C. : Duke University Press.

Jasso, Guillermina
2000   "Some of Robert K. Merton's Contributions to Justice Theory. " *Sociological Theory* 18:331–339.
2001   "Formal Theory. " In Jonathan H. Turner (ed.), *Handbook of Sociological Theory.* New York: Kluwer Academic/Plenum Publishers: 37–68.

Jaworski, Gary Dean
1991   "The Historical and Contemporary Importance of Coser's *Functions.* " *Sociological Theory* 9:116–123.
1995   "Simmel in Early American Sociology: Translation as Social Action. " *International Journal of Politics, Culture and Society* 8:389–417.
1997   *Georg Simmel and the American Prospect.* Albany: State University of New York Press.

Jay, Martin
1973   *The Dialectical Imagination.* Boston: Little, Brown.
1984   *Marxism and Totality: The Adventures of a Concept from Lukács to Habermas.* Berkeley: University of California Press.
1988   *Fin-de-Siècle Socialism and Other Essays.* New York: Routledge.

Jefferson, Gail
1979   "A Technique for Inviting Laughter and Its Subsequent Acceptance Declination. " In G. Psathas (ed.), *Everyday Language: Studies in Ethnomethodology.* New York: Irvington: 79–96.
1984   "On the Organization of Laughter in Talk about Troubles. " In J. M. Atkinson and J. Heritage (eds.), *Structures of Social Action.* Cambridge, Eng. : Cambridge University Press: 346–369.

Jeffreys, Sheila
1991   *Anticlimax: A Feminist Perspective on the Sexual Revolution.* New York: New York University Press.

Jeffries, Vincent
2005   "Sorokin, Pitirim. " In George Ritzer (ed.), *Encyclopedia of Social Theory.* Thousand Oaks, Calif. : Sage: 777–781.

Jencks, Charles
1977   *The Language of Post-Modern Architecture.* New York: Rizzoli.

Jenkins, Richard

1992   *Pierre Bourdieu.* London: Routledge.
2005a   "Bourdieu, Pierre. " In George Ritzer (ed.), *Encyclopedia of Social Theory.* Thousand Oaks, Calif. : Sage: 66–71.
2005b   "Habitus. " In George Ritzer (ed.), *Encyclopedia of Social Theory.* Thousand Oaks, Calif. : Sage: 352–353.

Joas, Hans
1981   "George Herbert Mead and the 'Division of Labor': Macrosociological Implications of Mead's Social Psychology. " *Symbolic Interaction* 4:177–190.
1985   *G. H. Mead: A Contemporary Re-examination of His Thought.* Cambridge, Mass. : MIT Press.
1993   *Pragmatism and Social Theory.* Chicago: University of Chicago Press.
1996   *The Creativity of Action.* Chicago: University of Chicago Press.
1998   "Bauman in Germany: Modern Violence and the Problems of German Self- Understanding. " *Theory, Culture and Society* 15:47–55.
2001   "The Emergence of the New: Mead's Theory and Its Contemporary Potential. " In George Ritzer and Barry Smart (eds.), *Handbook of Social Theory.* London: Sage: 89–99.

Johnson, Chalmers
1966   *Revolutionary Change.* Boston: Little, Brown.

Johnson, Miriam
1988   *Strong Women, Weak Wives: The Search for Gender Equality.* Berkeley: University of California Press.
1989   "Feminism and the Theories of Talcott Parsons. " In R. A. Wallace (ed.), *Feminism and Sociological Theory.* Newbury Park, Calif. : Sage: 101–118.
1993   "Functionalism and Feminism: Is Estrangement Necessary?" In P. England (ed.), *Theory on Gender/Feminism on Theory.* New York: Aldine de Gruyter: 115–130.

Johnston, Barry V.
1995   *Pitirim Sorokin: An Intellectual Biography.* Lawrence: University of Kansas Press.
2007   "Merton, Robert K. " In George Ritzer (ed.), *The Blackwell Encyclopedia of Sociology.* Oxford: Blackwell: 2958–2961.

Jones, Greta
1980   *Social Darwinism and English Thought: The Interaction between Biological and Social Theory.* Atlantic Highlands, N. J. : Humanities Press.

Jones, Robert Alun
1994   "The Positive Science of Ethics in France: German Influences in *De la Division du Travail Social.* " *Sociological Forum* 9:37–57.
2000   "Emile Durkheim. " In George Ritzer (ed.), *The Blackwell Companion to Major Social Theorists.* Malden, Mass. : Blackwell: 205–250.

Jordan, June
1992   *Technical Difficulties: African-American Notes on the State of the Union.* New York: Pantheon.

Kalberg, Stephen
1980   "Max Weber's Types of Rationality: Cornerstones for the Analysis of Rationalization Processes in History. " *American Journal of Sociology* 85:1145–1179.
1990   "The Rationalization of Action in Max Weber's Sociology of Religion. " *Sociological Theory* 8:58–84.
1994   *Max Weber's Comparative-Historical Sociology.* Chicago: University of Chicago Press.

Kaldor, Mary
1990   "After the Cold War. " *New Left Review* 180:25–40.

Kaminsky, Amy

1994 "Gender, Race, Raza." *Feminist Studies* 20:7–31.

Kanigel, Robert
1997 *The One Best Way: Frederick Winslow Taylor and the Enigma of Efficiency.*
New York: Viking.

Karady, Victor
1983 "The Durkheimians in Academe: A Reconsideration." P. Besnard (ed.), *The Sociological Domain*. Cambridge, Eng.: Cambridge University Press.

Kasler, Dirk
1985 "Jewishness as a Central Formation-Milieu of Early German Sociology." *History of Sociology: An International Review* 6:69–86.

Kaye, Howard L.
1991 "A False Convergence: Freud and the Hobbesian Problem of Order." *Sociological Theory* 9:87–105.
2003 "Was Freud a Medical Scientist or a Social Theorist? The Mysterious 'Development of the Hero.'" *Sociological Theory* 21: 375–397.

Keller, Evelyn Fox
1985 *Reflections on Gender and Science.* New Haven: Yale University Press.

Kellner, Douglas
1989b "Introduction: Jameson, Marxism, and Postmodernism." In D. Kellner (ed.), *Postmodernism, Jameson, Critique.* Washington, D. C.: Maisonneuve Press: 1–42.
1989c *Critical Theory, Marxism, and Modernity.* Baltimore: Johns Hopkins University Press.
1990 *Television and the Crisis of Democracy.* Boulder, Colo.: Westview Press.
1993 "Critical Theory Today: Revisiting the Classics." *Theory, Culture and Society* 10:43–60.
1995 "Marxism, the Information Superhighway, and the Struggle for the Future." *Humanity and Society* 19:41–56.
2000 "Jean Baudrillard." In George Ritzer (ed.), *The Blackwell Companion to Major Social Theorists*. Malden, Mass.: Blackwell: 731–753.
2005a "Cultural Marxism and British Cultural Studies." In George Ritzer (ed.), *Encyclopedia of Social Theory.* Thousand Oaks, Calif.: Sage: 171–177.
2005b "Jameson, Frederic." In George Ritzer (ed.), *Encyclopedia of Social Theory.* Thousand Oaks, Calif.: Sage: 421–422.
2005c "Frankfurt School." In George Ritzer (ed.), *Encyclopedia of Social Theory.* Thousand Oaks, Calif.: Sage: 290–293.

Kellner, Douglas (ed.)
1989a *Postmodernism, Jameson, Critique.* Washington, D. C.: Maisonneuve Press.
1989d *Jean Baudrillard: From Marxism to Postmodernism and Beyond.* Cambridge, Eng.: Polity Press.

Kellner, Douglas, and Lewis, Tyson
2007 "Cultural Critique." In George Ritzer (ed.), *The Blackwell Encyclopedia of Sociology.* Oxford: Blackwell: 896–898.

Kemeny, Jim
1976 "Perspectives on the Micro-Macro Distinction." *Sociological Review* 24:731–752.

Kempadoo, Kamala
2001 "Women of Color and the Global Sex Trade: Transnational Feminist Perspectives." *Meridians: Feminism, Race, Transnationalism* 1(2):28–51.

Kennedy, Randall

2002 *Nigger: The Strange Career of a Troublesome Word.* NY: Vintage.

Kessler, Suzanne J., and McKenna, Wendy
2000 "Gender Construction in Everyday Life: Transsexualism." *Feminism & Psychology* 10:11–29.

Kettler, David, and Meja, Volker
1995 *Karl Mannheim and the Crisis of Liberalism.* New Brunswick, N. J. : Transaction Publishers.

Kilminster, Richard
1993 "Norbert Elias and Karl Mannheim: Closeness and Distance." *Theory, Culture and Society* 10:81–114.

Kilminster, Richard, and Mennell, Stephen
2000 "Norbert Elias." In George Ritzer (ed.), *The Blackwell Companion to Major Social Theorists.* Malden, Mass. : Blackwell: 601–629.

Kimmel, Michael
1996 *Manhood in America: A Cultural History.* New York: Free Press.

King, Katie
1994 *Theory in Its Feminist Travels: Conversation in U. S. Women's Movements.* Bloomington: Indiana University Press.

Kirk, Gwyn
1997 "Standing on Solid Ground: A Materialist Ecological Feminism." In Rosemary Hennessy and Chrys Ingraham (eds.), *Materialist Feminism.* London: Routledge: 345–363.

Kirk, Gwyn, and Okazawa-Rey, Margo (eds.)
1998 *Women's Lives: Multicultural Perspectives.* Mountain View, Calif. : Mayfield.

Kirkpatrick, Graeme
1994 "Philosophical Foundations of Analytical Marxism." *Science and Society* 58:34–52.

Kirsch, Max H.
2000 *Queer Theory and Social Change.* London: Routledge.

Knorr-Cetina, Karin D.
1981 "Introduction: The Micro-Sociological Challenge of Macro-Sociology: Towards a Reconstruction of Social Theory and Methodology." In K. Knorr-Cetina and A. Cicourel (eds.), *Advances in Social Theory and Methodology.* New York: Methuen: 1–47.
2001 "Postsocial Relations: Theorizing Sociality in a Postsocial Environment." In George Ritzer and Barry Smart (eds.), *Handbook of Social Theory.* London: Sage: 520–537.
2005 "Postsocial." In George Ritzer (ed.), *Encyclopedia of Sociology.* Oxford: Blackwell: 3578–3580.
2007 "Postsocial" in George Ritzer (ed.) *The Blackwell Encyclopedia of Sociology.* Oxford: Blackwell: 3578–3580.

Kohn, Melvin L.
1976 "Occupational Structure and Alienation." *American Journal of Sociology* 82:111–127.

Kolb, William L.
1944 "A Critical Evaluation of Mead's 'I' and 'Me' Concepts." *Social Forces* 22:291–296.

Kollock, Peter
1994 "The Emergence of Exchange Structures: An Experimental Study of Uncertainty, Commitment, and Trust." *American Journal of Sociology* 100:313–345.

Kosciw, Joseph G.
2004 *The 2003 National School Climate Survey: The School-Related Experiences of Our Nation's Lesbian, Gay, Bisexual, and Transgender Youth.* New York: GLSEN.

Krais, Beate
1993 "Gender and Symbolic Violence: Female Oppression in the Light of Pierre Bourdieu's Theory of Social Practice. " In C. Calhoun, E. LiPuma, and M. Postone (eds.), *Bourdieu: Critical Perspectives.* Chicago: University of Chicago Press: 156–177.

Kuhn, Annette, and Wolpe, Ann Marie (eds.)
1978 *Feminism and Materialism: Women and Modes of Production.* London: Routledge.

Kuhn, Manford
1964 "Major Trends in Symbolic Interaction Theory in the Past Twenty-Five Years. " *Sociological Quarterly* 5:61–84. Kuhn, Thomas
1962 *The Structure of Scientific Revolutions.* Chicago: University of Chicago Press.

Kumar, Krishan
1995 *From Post-Industrial to Post-Modern Society: New Theories of the Contemporary World.* Oxford, Eng. : Blackwell.

Kurasawa, Fuyuki
2005 "Lefebvre, Henri. " In George Ritzer (ed.), *Encyclopedia of Social Theory.* Thousand Oaks, Calif. : Sage: 438–440.

Kurzweil, Edith
1980 *The Age of Structuralism: Lévi-Strauss to Foucault.* New York: Columbia University Press.

Laclau, Ernesto
1990 "Coming Up for Air. " *Marxism Today,* March:25, 27.

Laclau, Ernesto, and Mouffe, Chantal
1985 *Hegemony and Socialist Strategy: Towards a Radical Democratic Politics.* London: Verso.
1987 "Post-Marxism without Apologies. " *New Left Review* 166:79–106.

Landry, Lorraine Y.
2000 *Marx and the Postmodernism Debates: An Agenda for Critical Theory.* Westport, Conn. : Praeger.

Langford, Wendy
1999 *Revolutions of the Heart: Gender, Power, and the Delusions of Love.* London: Routledge.

Langman, Lauren
2007 "Critical Theory/Frankfurt School. " In George Ritzer (ed.), *The Blackwell Encyclopedia of Sociology.* Oxford: Blackwell: 873–877.

Langsdorf, Lenore
1995 "Treating Method and Form as Phenomena: An Appreciation of Garfinkel's Phenomenology of Social Action. " *Human Studies* 18:177–188.

Lash, Scott
1991 "Introduction. " In *Post-Structuralist and Post-Modernist Sociology.* Andershot, Eng. : Edward Elgar: ix–xv.
1988 "Discourse or Figure? Postmodernism as a 'Regime of Signification. '" *Theory, Culture and Society* 5:311–336.

Lash, Scott, and Urry, John

1987　　　　　　　*The End of Organized Capitalism.* Cambridge, Eng. : Polity Press.

Latour, Bruno
1999　　　　　　　"On Recalling ANT. " In John Law and John Hassard (eds.), *Actor Network Theory and After.* Oxford: Blackwell: 15–25.

Law, Ian
2007　　　　　　　"Discrimination. " In George Ritzer (ed.), *The Blackwell Encyclopedia of Sociology.* Oxford: Blackwell: 1182–1184.

Law, John
1999　　　　　　　"After ANT: Complexity, Naming and Topology. " In John Law and John Hassard (eds.), *Actor Network Theory and After.* Oxford: Blackwell: 1–14.

Law, John, and Hetherington, Kevin
2002　　　　　　　"Materialities, Spatialities, Globalities. " In Michael J. Dear and Steven Flusty (eds.), *The Spaces of Postmodernity*: *Readings in Human Geography.* Oxford: Blackwell: 390–401.

Layder, Derek
1985　　　　　　　"Power, Structure and Agency. " *Journal for the Theory of Social Behaviour* 15:131–149.

Layder, Derek, Ashton, David, and Sung, Johnny
1991　　　　　　　"The Empirical Correlates of Action and Structure: The Transition from School to Work. " *Sociology* 25:447–464.

Layte, Richard
1998　　　　　　　"Gendered Equity? Comparing Explanations of Women's Satisfaction with the Domestic Division of Labour. " *Work, Employment and Society* 10:293–316.

Lechner, Frank
2005　　　　　　　"Globalization. " In George Ritzer (ed.), *Encyclopedia of Social Theory.* Thousand Oaks, Calif. : Sage: 330–333.

Lechte, John
2005　　　　　　　"Structuralist Marxism. " In George Ritzer (ed.), *Encyclopedia of Social Theory.* Thousand Oaks, Calif. : Sage: 805–811.

Lefebvre, Henri
1962/1995　　　　*Introduction to Modernity.* London: Verso.
1974/1991　　　　*The Production of Space.* Oxford: Blackwell.

Leik, Robert K.
1992　　　　　　　"New Directions for Network Exchange Theory: Strategic Manipulation of Network Linkages. " *Social Networks* 14:309–323.

Leledakis, Kanakis
2005　　　　　　　"Freud, Sigmund. " In George Ritzer (ed.), *Encyclopedia of Social Theory.* Thousand Oaks, Calif. : Sage: 293–295.

Lemert, Charles
1990　　　　　　　"The Uses of French Structuralisms in Sociology. " In George Ritzer (ed.), *Frontiers of Social Theory: The New Syntheses.* New York: Columbia University Press: 230–254.
1994　　　　　　　"Social Theory at the Early End of a Short Century. " *Sociological Theory* 12:140–152.
2005a　　　　　　"Foucault, Michel. " In George Ritzer (ed.), *Encyclopedia of Social Theory.* Thousand Oaks, Calif. : Sage: 284–289.
2005b　　　　　　"Discourse. " In George Ritzer (ed.), *Encyclopedia of Social Theory.* Thousand Oaks, Calif. : Sage: 203–205.

2005d   "Governmentality." In George Ritzer (ed.), *Encyclopedia of Social Theory*. Thousand Oaks, Calif.: Sage: 342–343.

Lemert, Charles (ed.)
2000   "W. E. B. Du Bois." In George Ritzer (ed.) *The Blackwell Companion to Major Social Theorists*. Malden, Mass.: 345–366.
2001   "Multiculturalism." In George Ritzer and Barry Smart (eds.), *Handbook of Social Theory*. London: Sage: 297–307.

Lengermann, Patricia Madoo
1979   "The Founding of the American Sociological Review." *American Sociological Review* 44:185–198.

Lengermann, Patricia Madoo, and Niebrugge-Brantley, Jill
1995   "Intersubjectivity and Domination: A Feminist Analysis of the Sociology of Alfred Schutz." *Sociological Theory* 13:25–36.
1998   *The Women Founders: Sociology and Social Theory, 1830–1930*. New York: McGraw-Hill.

Lengermann, Patricia Madoo, and Wallace, Ruth A.
1985   *Gender in America: Social Control and Social Change*. Englewood Cliffs, N. J.: Prentice-Hall.

Lenzer, Gertrud (ed.)
1975   *Auguste Comte and Positivism: The Essential Writings*. Magnolia, Mass.: Peter Smith.

Lepenies, Wolf
1988   *Between Literature and Science: The Rise of Sociology*. Cambridge, Eng.: Cambridge University Press.

Lerner, Gerda
1986   *The Creation of Patriarchy*. New York: Oxford University Press.
1993   *The Creation of Feminist Consciousness*. New York: Oxford University Press.

Levi, Margaret, Cook, Karen S., O'Brien, Jodi A., and Faye, Howard
1990   "The Limits of Rationality." In K. S. Cook and M. Levi (eds.), *The Limits of Rationality*. Chicago: University of Chicago Press.

Levidow, Les
1990   "Foreclosing the Future." *Science as Culture* 8:59–90.

Levine, Andrew, Sober, Elliot, and Wright, Erik Olin
1987   "Marxism and Methodological Individualism." *New Left Review* 162:67–84.

Levine, Donald
1981a   "Rationality and Freedom: Weber and Beyond." *Sociological Inquiry* 51:5–25.
1991a   "Simmel and Parsons Reconsidered." *American Journal of Sociology* 96:1097–1116.
1995   *Visions of the Sociological Tradition*. Chicago: University of Chicago Press.

Levine, Donald, Carter, Ellwood B., and Gorman, Eleanor Miller
1976a   "Simmel's Influence on American Sociology—I." *American Journal of Sociology* 81:813–845.
1976b   "Simmel's Influence on American Sociology—II." *American Journal of Sociology* 81:1112–1132.

Lévi-Strauss, Claude
1967   *Structural Anthropology*. Garden City, N. Y.: Anchor.

Lewis, David Levering

1993	*W. E. B. Du Bois: Biography of a Race, 1869–1919.* New York: Holt.
2000	*W. E. B. Du Bois: The Fight for Equality and the American Century, 1919–1963.* New York: Holt.

Lewis, J. David, and Smith, Richard L.
1980	*American Sociology and Pragmatism: Mead, Chicago Sociology, and Symbolic Interaction.* Chicago: University of Chicago Press.

Lewis, Reba Rowe
1991	"Forging New Syntheses: Theories and Theorists." *American Sociologist* Fall/Winter: 221–230.

Li, Rebecca S. K.
2005	"Collins, Randall." In George Ritzer (ed.), *Encyclopedia of Social Theory.* Thousand Oaks, Calif.: Sage: 123–123.

Lidz, Victor
2000	"Talcott Parsons." In George Ritzer (ed.), *The Blackwell Companion to Major Social Theorists.* Malden, Mass.: Blackwell: 388–431.
2007	"Parsons, Talcott." In George Ritzer (ed.), *The Blackwell Encyclopedia of Sociology.* Oxford: Blackwell: 3365–3368.

Lilla, Mark
1994	"The Legitimacy of the Liberal Age." In M. Lilla (ed.), *New French Thought: Political Philosophy.* Princeton, N. J.: Princeton University Press: 3–34.

Lindemann, Marilee
2000	"Who's Afraid of the Big Bad Witch? Queer Studies in American Literature." *American Literary History* 12(4):757–770.

Lindenberg, Siegwart
2000	"James Coleman." In George Ritzer (ed.), *The Blackwell Companion to Major Social Theorists.* Malden, Mass.: Blackwell: 513–544.
2001	"Social Rationality versus Rational Egoism." In Jonathan H. Turner (ed.), *Handbook of Sociological Theory.* New York: Kluwer Academic/Plenum Publishers: 635–668.
2005	"Coleman, James." In George Ritzer (ed.), *Encyclopedia of Social Theory.* Thousand Oaks, Calif.: Sage:111–115.

Lindner, Rolf
1996	*The Reportage of Urban Culture: Robert Park and the Chicago School.* Cambridge, Eng.: Cambridge University Press.

Lipovetsky, Gilles
1987/1994	*The Empire of Fashion: Dressing Modern Democracy.* Princeton, N. J.: Princeton University Press.

Lipscomb, Michael
2007	"Derrida, Jacques." In George Ritzer (ed.), *The Blackwell Encyclopedia of Sociology.* Oxford: Blackwell: 1062–1064.

Lipset, Seymour Martin, Trow, Martin, and Coleman, James S.
1956	*Union Democracy: The Internal Politics of the International Typographic Union.* New York: Free Press.

Liska, Allen E.
1990	"The Significance of Aggregate Dependent Variables and Contextual Independent Variables for Linking Macro and Micro Theories." *Social Psychology Quarterly* 53:292–301.

Lockwood, David
1956 "Some Remarks on The Social System. " *British Journal of Sociology* 7:134–146.

Lodahl, Janice B. , and Gordon, Gerald
1972 "The Structure of Scientific Fields and the Functioning of University Graduate Departments. " *American Sociological Review* 37:57–72.

Lodge, Peter
1986 "Connections: W. I. Thomas, European Social Thought and American Sociology. " In R. C. Monk (ed.), *Structures of Knowing*. Lanham, Md. : University Press of America: 135–160.

Lopata, Helena Znaniecka
1996 *Current Widowhood: Myths and Realities*. Thousand Oaks, Calif. : Sage.

Lorber, Judith
1994 *Paradoxes of Gender*. New Haven: Yale University Press.
2000 "Using Gender to Undo Gender: A Feminist Degendering Movement. " *Feminist Theory* 1:79–95.
2001 "It's the 21st Century—Do You Know What Gender You Are?" *Advances in Gender Research* 5:119–137.

Lorde, Audre
1984 *Sister Outsider: Essays and Speeches*. Trumansburg, N. Y. : Crossings Press.

Lovaglia, Michael J.
2007 "Social Exchange Theory. " In George Ritzer (ed.), *The Blackwell Encyclopedia of Sociology*. Oxford: Blackwell: 4408–4410.

Lovell, David W.
1992 "Socialism, Utopianism and the 'Utopian Socialists. '" *History of European Ideas* 14:185–201.

Lovell, Terri
2004 "Bourdieu, Class and Gender: 'The Return of the Living Dead'?" In Lisa Adkins and Beverley Skeggs (ed.), *Feminism after Bourdieu*. Oxford: Blackwell: 37–56.

Lowy, Michael
1996 "Figures of Weberian Marxism. " *Theory and Society* 25:431–446.

Luhmann, Niklas
1980/1981/ *Gesellschaftsstruktur und Semantik. Studien zur Wissenssoziologie der*
1989/1995 *modernen Gesellschaft*. 4 vols. Frankfurt am Main: Suhrkamp.
1982 *The Differentiation of Society*. New York: Columbia University Press.
1982/1986 *Liebe als Passion/Love as Passion*. Frankfurt am Main: Suhrkamp/Cambridge, Eng. : Polity Press.
1984/1995 *Soziale Systeme. Grundreiner allgemeinen Theorie/Social Systems: Outline of a General Theory*. Frankfurt am Main: Suhrkamp/Stanford, Calif. : Stanford University Press.
1985 "Complexity and Meaning. " In S. Aida et al. (eds.), *The Science and Praxis of Complexity*. Tokyo: United Nations University: 99–104.
1986/1989 *Okologische Kommunikation. Kann die moderne Gesellschaft sich auf ökologische Gefahrdungen einstellen?/Ecological Communication*. Opladen: Westdeutscher Verlag/Cambridge, Eng. : Polity Press.
1987 "Modern Systems Theory and the Theory of Society. " In V. Meja, D. Misgeld, and N. Stehr (eds.), *Modern German Sociology*. New York: Columbia University Press: 173–186.
1988 *Die Wirtschaft der Gesellschaft*. Frankfurt am Main: Suhrkamp.
1990 *Die Wissenschaft der Gesellschaft*. Frankfurt am Main: Suhrkamp.
1991 *Soziologie des Risikos*. Berlin: de Gruyter.
1993 *Das Recht der Gesellschaft*. Frankfurt am Main: Suhrkamp.

1995	*Die Kunst der Gesellschaft.* Frankfurt am Main: Suhrkamp.
1997	*Die Gesellschaft der Gesellschaft.* 2 vols. Frankfurt am Main: Suhrkamp.
2001	"Notes on the Project 'Poetry and Social Theory.'" *Theory, Culture and Society* 18:15–27.
2002	*Theories of Distinction: Redescribing the Descriptions of Modernity.* Ed. William Rasch. Trans. Joseph O'Neil. Stanford, Calif.: Stanford University Press.

Lukács, Georg
1922/1968	*History and Class Consciousness.* Cambridge, Mass.: MIT Press.
1991	"Georg Simmel." *Theory, Culture and Society* 8:145–150.

Lukes, Steven
1972	*Emile Durkheim: His Life and Work.* New York: Harper and Row.
1977	"Power and Structure." In S. Lukes, *Essays in Social Theory.* London: Macmillan: 3–29.

Lynch, Michael
1985	*Art and Artifact in Laboratory Science: A Study of Shop Work and Shop Talk in a Research Laboratory.* London: Routledge and Kegan Paul.
1991	"Pictures of Nothing? Visual Construals in Social Theory." *Sociological Theory* 9:1–21.
1993	*Scientific Practice and Ordinary Action: Ethnomethodology and Social Studies of Science.* Cambridge, Eng.: Cambridge University Press.
1999	"Silence in Context: Ethnomethodology and Social Theory." *Human Studies* 22:211–233.

Lynch, Michael, and Bogen, David
1991	"In Defense of Dada-Driven Analysis." *Sociological Theory* 9:269–276.

Lyon, David
2007	"Surveillance." In George Ritzer (ed.), *The Blackwell Encyclopedia of Sociology.* Oxford: Blackwell: 4895–4898.

Lyotard, Jean-François
1984	*The Postmodern Condition.* Minneapolis: University of Minnesota Press.

Mackay, Robert W.
1974	"Words, Utterances and Activities." In R. Turner (ed.), *Ethnomethodology: Selected Readings.* Harmondsworth, Eng.: Penguin: 197–215.

MacKinnon, Catherine
1979	*Sexual Harassment of Working Women.* New Haven: Yale University Press.
1989	*Towards a Feminist Theory of the State.* Cambridge, Mass.: Harvard University Press.
1993	*Only Words.* Cambridge, Mass.: Harvard University Press.

MacPherson, C. B.
1962	*The Political Theory of Possessive Individualism.* Oxford: Clarendon Press.

Macy, Michael W., and Van de Rijt, Arnout
2007	"Game Theory." In George Ritzer (ed.), *The Blackwell Encyclopedia of Sociology.* Oxford: Blackwell: 1822–1825.

Mahoney, Maureen A., and Yngvesson, Barbara
1992	"The Construction of Subjectivity and the Paradox of Resistance: Reintegrating Feminist Anthropology and Psychology." *Signs* 18:44–73.

Maines, David R.
1977	"Social Organization and Social Structure in Symbolic Interactionist Thought." In A. Inkeles, J. Coleman, and N. Smelser (eds.), *Annual Review of Sociology.* Vol. 3. Palo Alto, Calif.: Annual Reviews: 259–285.
1988	"Myth, Text, and Interactionist Complicity in the Neglect of Blumer's Macrosociology." *Sym-*

	bolic Interaction 11:43–57.
1989a	"Repackaging Blumer: The Myth of Herbert Blumer's Astructural Bias. " *Symbolic Interaction* 10:383–413.
1989b	"Herbert Blumer on the Possibility of Science in the Practice of Sociology: Further Thoughts. " *Journal of Contemporary Ethnography* 18:160–177.
2001	*The Faultline of Consciousness: A View of Interactionism in Sociology.* New York: Aldine de Gruyter.
2005	"Blumer, Herbert. " In George Ritzer (ed.), *Encyclopedia of Social Theory.* Thousand Oaks, Calif. : Sage: 58–62.

Maines, David, Bridger, Jeffrey C. , and Ulmer, Jeffery T.
1996   "Mythic Facts and Park's Pragmatism: On Predecessor-Selection and Theorizing in Human Ecology. " *Sociological Quarterly* 37:521–549.

Maines, David R. , and Morrione, Thomas J.
1990   "On the Breadth and Relevance of Blumer's Perspective: Introduction to His Analysis of Industrialization. " In H. Blumer, *Industrialization as an Agent of Social Change: A Critical Analysis.* New York: Aldine de Gruyter.

Mancini, Matthew
1994   *Alexis de Tocqueville.* New York: Twayne Publishers.

Mandel, Ernest
1975   *Late Capitalism.* London: New Left Books.

Mandelbaum, Jenny
1989   "Interpersonal Activities in Conversational Storytelling. " *Western Journal of Speech Communications* 53:114–126.

Mandes, Evans
2007   "Behaviorism. " In George Ritzer (ed.), *Encyclopedia of Sociology.* Oxford: Blackwell: 256–258.

Manent, Pierre
1994/1998   *The City of Man.* Princeton, N. J. : Princeton University Press.

Manis, Jerome, and Meltzer, Bernard (eds.)
1978   *Symbolic Interaction: A Reader in Social Psychology.* 3rd ed. Boston: Allyn and Bacon.

Mann, Susan A. , Grimes, Michael D. , and Kemp, Alice Abel
1997   "Paradigm Shifts in Family Sociology? Evidence from Three Decades of Family Textbooks. " *Journal of Family Issues* 18:315–349.

Mann, Susan A. , and Kelley, Lori R.
1997   "Standing at the Crossroads of Modernist Thought—Collins, Smith, and the New Feminist Epistemologies. " *Gender & Society* 11:391–408.

Mannheim, Karl
1931/1936   "The Sociology of Knowledge. " In K. Mannheim, *Ideology and Utopia.* New York: Harcourt, Brace and World: 264–311.

Manning, Philip
1991   "Drama as Life: The Significance of Goffman's Changing Use of the Theatrical Metaphor. " *Sociological Theory* 9:70–86.
1992   *Erving Goffman and Modern Sociology.* Stanford, Calif. : Stanford University Press.
2005a   "Dramaturgy. " In George Ritzer (ed.), *Encyclopedia of Social Theory.* Thousand Oaks, Calif. : Sage: 210–213.
2005b   "Goffman, Erving. " In George Ritzer (ed.), *Encyclopedia of Social Theory.* Thousand Oaks,

2005c　　　　　"Impression Management. " In George Ritzer (ed.), *Encyclopedia of Social Theory.* Thousand Oaks, Calif. : Sage: 397–399.
2007　　　　　"Dramaturgy. " In George Ritzer (ed.), *The Blackwell Encyclopedia of Sociology.* Oxford: Blackwell: 1226–1224.

Manning, Philip, and Ray, George
1993　　　　　"Shyness, Self-Confidence, and Social Interaction. " *Social Psychology Quarterly* 56:178–192.

Manning, Robert
2000　　　　　*Credit Card Nation.* New York: Basic Books.

Manuel, Frank
1962　　　　　*The Prophets of Paris.* Cambridge, Mass. : Harvard University Press.

Marcus, Judith (ed.)
1999　　　　　*Surviving the Twentieth Century: Social Philosophy from the Frankfurt School to the Columbia Faculty Seminars.* New Brunswick, N. J. : Transaction Publishers.

Marcuse, Herbert
1958　　　　　*Soviet Marxism: A Critical Analysis.* New York: Columbia University Press.
1964　　　　　*One-Dimensional Man.* Boston: Beacon Press.
1969　　　　　*An Essay on Liberation.* Boston: Beacon Press.

Mardorossian, C. M.
2002　　　　　"Toward a New Feminist Theory of Rape. " *Signs* 273:743–775.

Margolis, Eric
2007　　　　　"Sartre, Jean-Paul. " In George Ritzer (ed.), *The Blackwell Encyclopedia of Sociology.* Oxford: Blackwell: 4009–4010.

Markovsky, Barry
2005　　　　　"Network Exchange Theory. " In George Ritzer (ed.), *Encyclopedia of Social Theory.* Thousand Oaks, Calif. : Sage: 530–534.

Markovsky, Barry, Willer, David, and Patton, Travis
1988　　　　　"Power Relations in Exchange Networks. " *American Sociological Review* 53:220–236.

Markus, Gyorgy
2005　　　　　"Lukacs, Gyorgy. " In George Ritzer (ed.), *Encyclopedia of Social Theory.* Thousand Oaks, Calif. : Sage: 458–460.

Marling, William H.
2006　　　　　*How American is Globalization?* Baltimore: Johns Hopkins University Press.

Marsden, Peter V.
2007　　　　　"Coleman, James. " In George Ritzer (ed.), *Encyclopedia of Sociology.* Oxford: Blackwell: 569–575.

Martin, Donald D. , and Wilson, Janelle L.
2005　　　　　"Role Theory. " In George Ritzer (ed.), *Encyclopedia of Social Theory.* Thousand Oaks, Calif. : Sage: 651–655.

Marx, Gary T.
2005　　　　　"Surveillance and Society. " In George Ritzer (ed.), *Encyclopedia of Social Theory.* Thousand Oaks, Calif. : Sage: 816–821.

Marx, Karl

1842/1977 "Communism and the *Augsburger Allegemeine Zeitung.* " In D. McLellan (ed.), *Karl Marx: Selected Writings.* New York: Oxford University Press: 20.
1857–1858/1964 *Pre-Capitalist Economic Formations.* Ed. Eric J. Hobsbawm. New York: International Publishers.
1857–1858/1974 *The Grundrisse: Foundations of the Critique of Political Economy.* New York: Random House.
1859/1970 *A Contribution to the Critique of Political Economy.* New York: International Publishers.
1862–1863/1963 *Theories of Surplus Value,* Part I. Moscow: Progress Publishers.
1862–1863/1968 *Theories of Surplus Value,* Part II. Moscow: Progress Publishers.
1867/1967 *Capital: A Critique of Political Economy,* Vol. 1. New York: International Publishers.
1869/1963 *The 18th Brumaire of Louis Bonaparte.* New York: International Publishers.
1932/1964 *The Economic and Philosophic Manuscripts of 1844.* Dirk J. Struik (ed.). New York: International Publishers.

Marx, Karl, and Engels, Friedrich
1845/1956 *The Holy Family.* Moscow: Foreign Language Publishing House.
1845–1846/1970 *The German Ideology,* Part 1. C. J. Arthur (ed.). New York: International Publishers.
1848/1948 *Manifesto of the Communist Party.* New York: International Publishers. Maryanski, Alexandra
2005 "Evolutionary Theory. " In George Ritzer (ed.), *Encyclopedia of Social Theory.* Thousand Oaks, Calif. : Sage: 257–263.

Maryanski, Alexandra, and Turner, Jonathan H.
1992 *The Social Cage: Human Nature and the Evolution of Society.* Stanford, Calif. : Stanford University Press.

Masterman, Margaret
1970 "The Nature of a Paradigm. " In I. Lakatos and A. Musgrove (eds.), *Criticism and the Growth of Knowledge.* Cambridge, Eng. : Cambridge University Press: 59–89.

Matsuda, Marie, et al.
2003 *Words that Wound: Critical Race Theory, Assaultive Speech, and the First Amendment.* Boulder, Co. : Westview.

Matthews, Fred H.
1977 *Quest for an American Sociology: Robert E. Park and the Chicago School.* Montreal: McGill University Press.

Mayer, Tom
1994 *Analytical Marxism.* Thousand Oaks, Calif. : Sage.

Mayhew, Bruce
1980 "Structuralism versus Individualism: Part I, Shadowboxing in the Dark. " S*ocial Forces* 59:335–375.

Maynard, Douglas W.
1991 "Goffman, Garfinkel and Games. " *Sociological Theory* 9:277–279.

Maynard, Douglas W. , and Clayman, Steven E.
1991 "The Diversity of Ethnomethodology. " *Annual Review of Sociology* 17:385–418.

Maynard, Douglas W. , and Kardash, Teddy
2007 "Ethnomethodology. " In George Ritzer (ed.), *The Blackwell Encyclopedia of Sociology.* Oxford: Blackwell: 1483–1486.

McBride, William
2000 "Habermas and the Marxian Tradition." In Lewis Hahn (ed.), *Perspectives on Habermas*. Chicago: Open Court.

McCarthy, E. Doyle
1996 *Knowledge as Culture: The New Sociology of Knowledge*. New York: Routledge.
2007 "Knowledge, sociology of." In George Ritzer (ed.), *Encyclopedia of Sociology*. Oxford: Blackwell: 2482–2485.

McCarthy, Thomas
1982 *The Critical Theory of Jurgen Habermas*. Cambridge, Mass.: MIT Press.
2005 "Thomas, William Isaac." In George Ritzer (ed.), *Encyclopedia of Social Theory*. Thousand Oaks, Calif.: Sage: 834–835.

McCaughey, Martha
1997 *Real Knockouts: The Physical Feminism of Women's Self-Defense*. New York: New York University Press.

McCormick, Charles
2007 "Poststructuralism." In George Ritzer (ed.), *The Blackwell Encyclopedia of Sociology*. Oxford: Blackwell: 3580–3584.

McGregor, Gaile
1995 "Gender Advertisements Then and Now: Symbolic Interactionism and the Problem of History." *Studies in Symbolic Interactionism* 27: 17–42.

McGuigan, Jim
2002 *Cultural Populism*. London: Routledge.
2005 "Cultural Studies and the New Populism." In George Ritzer (ed.), *Encyclopedia of Social Theory*. Thousand Oaks, Calif.: Sage: 177–181.

McLaughlin, Lisa
2004 "Feminism and the Political Economy of Transnational Public Space." In Nick Crossley and John Michael Roberts (eds.), *After Habermas: New Perspectives on the Public Sphere*. Oxford: Blackwell: 156–175.

McLaughlin, Neil
2007 "Fromm, Erich." In George Ritzer (ed.), *Encyclopedia of Sociology*. Oxford: Blackwell: 1804–1808.

McLaughlin, Peter
2001 *What Functions Explain: Functional Explanation and Self-Reproducing Systems*. Cambridge, Eng.: Cambridge University Press.

McLean, Paul D.
1998 "A Frame Analysis of Favor Seeking in the Renaissance: Agency, Networks, and Political Culture." *American Journal of Sociology* 104:51–91.

McLellan, David
1973 *Karl Marx: His Life and Thought*. New York: Harper Colophon.

McNay, Lois
1999 "Gender, Habitus and the Field: Pierre Bourdieu and the Limits of Reflexivity." *Theory, Culture and Society* 16:95–117.
2004a "Agency and Experience: Gender as a Lived Relation." In Lisa Adkins and Beverley Skeggs (ed.), *Feminism after Bourdieu*. Oxford: Blackwell:175–190.
2004b "Situated Intersubjectivity." In Barbara L. Marshall and Ann Witz (eds.), *Engendering the*

Social: Feminist Encounters with Sociological Theory. Maidenhead, Eng. : Open University Press: 171–186.

Mead, George Herbert
1934/1962 *Mind, Self and Society: From the Standpoint of a Social Behaviorist.* Chicago: University of Chicago Press.
1936 *Movements of Thought in the Nineteenth Century.* Chicago: University of Chicago Press.
1938/1972 *The Philosophy of the Act.* Chicago: University of Chicago Press.
1959 *The Philosophy of the Present.* LaSalle, Ill. : Open Court.
1982 *The Individual and the Social Self: Unpublished Work of George Herbert Mead.* Chicago: University of Chicago Press.

Meeker, Barbara
1971 "Decisions and Exchange. " *American Sociological Review* 36:485–495.

Mehan, Hugh, and Wood, Houston
1975 *The Reality of Ethnomethodology.* New York: Wiley.

Meiksins, Peter
1994 "Labor and Monopoly Capital for the 1990s: A Review and Critique of the Labor Process Debate. " *Monthly Review* 46:45–59.

Meisenhelder, Tom
1997 "Pierre Bourdieu and the Call for a Reflexive Sociology. " *Current Perspectives in Social Theory* 17:159–183.

Meltzer, Bernard
1964/1978 "Mead's Social Psychology. " In J. Manis and B. Meltzer (eds.), *Symbolic Interaction: A Reader in Social Psychology.* 3rd ed. Boston: Allyn and Bacon: 15–27.

Meltzer, Bernard, Petras, James, and Reynolds, Larry
1975 *Symbolic Interactionism: Genesis, Varieties and Criticisms.* London: Routledge and Kegan Paul.

Menard, Scott
1995 "A Developmental Test of Mertonian Anomie Theory. " *Journal of Research in Crime and Delinquency* 32:136–174.

Mennell, Stephen
1992 *Norbert Elias: An Introduction.* Oxford: Blackwell.
2005a "Figurational Sociology. " In George Ritzer (ed.), *Encyclopedia of Social Theory.* Thousand Oaks, Calif. : Sage: 279–280.
2005b "Civilizing Processes. " In George Ritzer (ed.), *Encyclopedia of Social Theory.* Thousand Oaks, Calif. : Sage: 105–107.

Mennell, Stephen, and Goudsblom, Johan (eds.)
1998 *Norbert Elias: On Civilization, Power, and Knowledge.* Chicago: University of Chicago Press.

Merton, Robert K.
1949/1968 "Manifest and Latent Functions. " In R. K. Merton, *Social Theory and Social Structure.* New York: Free Press: 73–138.
1968 *Social Theory and Social Structure.* New York: Free Press.
1975 "Structural Analysis in Sociology. " In P. Blau (ed.), *Approaches to the Study of Social Structure.* New York: Free Press: 21–52.
1980 "Remembering the Young Talcott Parsons. " *American Sociologist* 15:68–71.
1995 "Opportunity Structure: The Emergence, Diffusion, and Differentiation of a Sociological Concept, 1930s–1950s. " In F. Adler and W. S. Laufer (eds.), *The Legacy of Anomie Theory.* New

Brunswick, N. J. : Transaction Publishers.

Mestrovic, Stjepan G.
1988 *Emile Durkheim and the Reformation of Sociology.* Totowa, N. J. : Rowman and Littlefield.
1998 *Anthony Giddens: The Last Modernist.* London: Routledge.

Mészáros, István
1995 *Beyond Capital.* New York: Monthly Review Press.

Meyer, John, Boli, J. , Thomas, G. , and Ramirez, F.
1997 "World Society and the Nation State. " *American Journal of Sociology* 103:144–181.

Miller, David
1973 *George Herbert Mead: Self, Language and the World.* Austin: University of Texas Press.
1981 "The Meaning of Role-Taking. " *Symbolic Interaction* 4:167–175.
1982a "Introduction. " In G. H. Mead, *The Individual and the Social Self: Unpublished Work of George Herbert Mead.* Chicago: University of Chicago Press: 1–26.
1982b Review of J. David Lewis and Richard L. Smith, *American Sociology and Pragmatism. Journal of the History of Sociology* 4:108–114.
1985 "Concerning J. David Lewis' Response to My Review of American Sociology and Pragmatism. " *Journal of the History of Sociology* 5:131–133.

Miller, James
1993 *The Passion of Michel Foucault.* New York: Anchor Books.

Miller, W. Watts
1993 "Durkheim's Montesquieu. " *British Journal of Sociology* 44:693–712.

Mills, C. Wright
1951 *White Collar.* New York: Oxford University Press.
1956 *The Power Elite.* New York: Oxford University Press.
1959 *The Sociological Imagination.* New York: Oxford University Press.

Milovanovic, Dragan
1995 "Dueling Paradigms: Modernist versus Postmodernist Thought. " *Humanity and Society* 19:19–44.

Mirowsky, John, and Ross, Catherine E.
1995 "Sex Differences in Distress: Real or Artifact?" *American Sociological Review* 60:449–468.

Misztal, B.
2001 "Normality and Trust in Goffman's Theory of Interaction Order. " *Sociological Theory* 19:312–324.

Mitchell, Jack N.
1978 *Social Exchange, Dramaturgy and Ethnomethodology: Toward a Paradigmatic Synthesis.* New York: Elsevier.

Mitroff, Ian, and Kilmann, Ralph
1978 *Methodological Approaches to Social Science.* San Francisco: Jossey-Bass.

Mitzman, Arthur
1969/1971 *The Iron Cage: An Historical Interpretation of Max Weber.* New York: Grosset and Dunlap.

Mizruchi, Mark S.
1990 "Cohesion, Structural Equivalence, and Similarity of Behavior: An Approach to the Study of Corporate Political Power. " *Sociological Theory* 8:16–32.
1994 "Social Network Analysis: Recent Achievements and Current Controversies. " *Acta Sociologi-*

ca 37:329–343.
2005 "Network Exchange Theory." In George Ritzer (ed.), *Encyclopedia of Social Theory*. Thousand Oaks, Calif.: Sage: 530–540.

Mizruchi, Mark S., and Koenig, Thomas
1986 "Economic Sources of Corporate Political Consensus: An Examination of Interindustry Relations." *American Sociological Review* 51:482–491.

Mohanty, Chandra Talpade
1991 "Under Western Eyes: Feminist Scholarship and Colonial Discourses." In C. Mohanty, A. Russo, and L. Torres (eds.), *Third World Women and the Politics of Feminism*. Bloomington: Indiana University Press:
2002 *Feminism without Borders: Decolonizing Theory, Practicing Solidarity*. Durham, N. C.: Duke University Press.

Moi, Toril
1991 "Appropriating Bourdieu: Feminist Theory in Pierre Bordieu's Sociology of Culture." *New Literary History* 22:1017–1049.
1999 *What Is a Woman?* Oxford: Oxford University Press.

Molm, Linda D.
1988 "The Structure and Use of Power: A Comparison of Reward and Punishment Power." *Social Psychology Quarterly* 51:108–122.
1989 "Punishment Power: A Balancing Process in Power-Dependence Relations." *American Journal of Sociology* 94:1392–1418.
1994 "Is Punishment Effective? Coercive Strategies in Social Exchange." *Social Psychology Quarterly* 57:75–94.
1997 *Coercive Power in Exchange*. Cambridge, Eng.: Cambridge University Press.
2001 "Theories of Social Exchange and Exchange Networks." In George Ritzer and Barry Smart (eds.), *Handbook of Social Theory*. London: Sage: 260–272.
2005a "Behaviorism." In George Ritzer (ed.), *Encyclopedia of Social Theory*. Thousand Oaks, Calif.: Sage: 44–47.
2005b "Homans, George." In George Ritzer (ed.), *Encyclopedia of Social Theory*. Thousand Oaks, Calif.: Sage: 381–385.
2007 "Power-Dependence Theory." In George Ritzer (ed.), *The Blackwell Encyclopedia of Sociology*. Oxford: Blackwell: 3598–3602.

Molm, Linda D., and Cook, Karen S.
1995 "Social Exchange and Exchange Networks." In K. S. Cook, G. A. Fine, and J. S. House (eds.), *Sociological Perspectives on Social Psychology*. Boston: Allyn and Bacon: 209–235.

Molm, Linda D., Quist, Theron M., and Wisely, Phillip A.
1994 "Imbalanced Structures, Unfair Strategies: Power and Justice in Social Exchange." *American Sociological Review* 59:98–121.

Monnier, Christine A.
2007 "Bourdieu, Pierre." In George Ritzer (ed.), *The Blackwell Encyclopedia of Sociology*. Oxford: Blackwell: 347–350.

Moore, Wilbert E.
1966 Global Sociology: The World as a Singular System." *American Journal of Sociology* 71:475–482.
1978 "Functionalism." In T. Bottomore and R. Nisbet (eds.), *A History of Sociological Analysis*. New York: Basic Books: 321–361.

Moorti, Sujata
2002 *The Color of Rape: Gender and Race in Television's Public Spheres*. Albany: State University of New York Press.

Morgan, Robin
1970 *Sisterhood Is Powerful: An Anthology of Writings from the Women's Liberation Movement.* New York: Vintage.

Morrione, Thomas J.
1988 "Herbert G. Blumer (1900–1987): A Legacy of Concepts, Criticisms, and Contributions." *Symbolic Interaction* 11:1–12.
2007 "Blumer, Herbert George." In George Ritzer (ed.), *The Blackwell Encyclopedia of Sociology.* Oxford: Blackwell: 318–327.

Morris, Bonnie
2003 "At the Michigan Womyn's Music Festival." *The Gay and Lesbian Review Worldwide* 10(5):16–18.

Morris, Martin
2001 *Rethinking the Communicative Turn: Adorno, Habermas, and the Problem of Communicative Freedom.* Albany, State University of New York Press.

Morrow, Raymond A.
1994 "Critical Theory, Poststructuralism, and Critical Theory." *Current Perspectives in Social Theory* 14:27–51.

Morse, Chandler
1961 "The Functional Imperatives." In M. Black (ed.), *The Social Theories of Talcott Parsons.* Englewood Cliffs, N. J.: Prentice-Hall: 100–152.

Moscovici, Serge
1993 *The Invention of Society.* Cambridge, Eng.: Polity Press.

Mouffe, Chantal
1988 "Radical Democracy: Modern or Postmodern?" In A. Ross (ed.), *Universal Abandon? The Politics of Postmodernism.* Minneapolis: University of Minnesota Press: 31–45.

Mouzelis, Nicos
1997 "In Defence of the Sociological Canon: A Reply to David Parker." *Sociological Review* 97:244–253.

Movahedi, Siamak
2007 "Psychoanalysis." In George Ritzer (ed.), *The Blackwell Encyclopedia of Sociology.* Oxford: Blackwell: 3694–3696.

Mozetic, Gerald, and Weiler, Bernd
2007 "Pareto, Vilfredo." In George Ritzer (ed.), *The Blackwell Encyclopedia of Sociology.* Oxford: Blackwell: 3360–3362.

Mullins, Nicholas
1973 *Theories and Theory Groups in Contemporary American Sociology.* New York: Harper and Row.
1983 "Theories and Theory Groups Revisited." In R. Collins (ed.), *Sociological Theory—1983.* San Francisco: Jossey-Bass: 319–337.

Münch, Richard
1987 "The Interpenetration of Microinteraction and Macrostructures in a Complex and Contingent Institutional Order." In J. C. Alexander, et al. (eds.), *The Micro-Macro Link.* Berkeley: University of California Press: 319–336.
2005 "Parsons, Talcott." In George Ritzer (ed.), *Encyclopedia of Social Theory.* Thousand Oaks, Calif.: Sage: 550–555.

Münch, Richard, and Smelser, Neil J.
1987   "Relating the Micro and Macro." In J. C. Alexander, et al. (eds.), *The Micro-Macro Link.* Berkeley: University of California Press: 356–387.

Musolf, Gil Richard
1994   "William James and Symbolic Interactionism." *Sociological Focus* 27:303–314.

Myles, John
1999   "From Habitus to Mouth: Language and Class in Bourdieu's Sociology of Language." *Theory and Society* 28:879–901.

Nagel, Mechthild
1997   "Critical Theory Meets the Ethic of Care." *Social Theory and Practice* 23:307–326.

Nash, Bradley, Jr., and Wardell, Mark
1993   "The Control of Sociological Theory: In Praise of the Interregnum." *Sociological Inquiry* 63:276–292.

Nedelmann, Birgitta, and Sztompka, Piotr
1993   "Introduction." In B. Nedelmann and P. Sztompka (eds.), *Sociology in Europe: In Search of Identity.* Berlin: Walter de Gruyter: 1–23.

Nettl, J. P., and Robertson, Roland
1968   *International Systems and the Modernization of Societies.* New York: Basic Books

Nicholson, Linda
1994   "Interpreting Gender." *Signs* 20:79–105.

Nicolaus, Martin
1974   "Foreword." In K. Marx, *The Grundrisse.* New York: Random House: 7–63.

Nielsen, Donald A.
2005a   "Social Facts." In George Ritzer (ed.), *Encyclopedia of Social Theory.* Thousand Oaks, Calif.: Sage: 740–744.
2005b   "Annales School." In George Ritzer (ed.), *Encyclopedia of Social Theory.* Thousand Oaks, Calif.: Sage: 12–16.
2007a   "Social Fact." In George Ritzer (ed.), *Encyclopedia of Sociology.* Oxford: Blackwell: 4414–4416.
2007b   "Functionalism/Neo-Functionalism." In George Ritzer (ed.), *The Blackwell Encyclopedia of Sociology.* Oxford: Blackwell: 1810–1813.

Nisbet, Robert
1953   *Community and Power.* New York: Galaxy Books.
1967   *The Sociological Tradition.* New York: Basic Books.

Noblit, George W., and Hare, R. Dwight
1976–1977   "Many Tocquevilles." *The American Scholar* 46:217–234.
1988   *Meta-Ethnography: Synthesizing Qualitative Studies.* Newbury Park, Calif.: Sage.

Nollman, Gerd
2005a   "Luhmann, Niklas." In George Ritzer (ed.), *Encyclopedia of Social Theory.* Thousand Oaks, Calif.: Sage: 454–458.
2005b   "Habermas, Jurgen." In George Ritzer (ed.), *Encyclopedia of Social Theory.* Thousand Oaks, Calif.: Sage: 351–352.

Oberhauser, Ann M., and Pratt, Amy
2004   "Women's Collective Economic Strategies and Political Transformation in Rural South Africa." *Gender, Place and Culture* 11(2):209–228.

Olson, Richard
1993   *The Emergence of the Social Sciences. 1642–1792.* New York: Twayne.

O'Neill, John
1995   *The Poverty of Postmodernism.* London: Routledge.

Orbuch, Terri L.
1997   "People's Accounts Count: The Sociology of Accounts." In John Hagan and Karen S. Cook (eds.), *Annual Review of Sociology,* Vol. 23. Palo Alto, Calif.: Annual Reviews: 455–478.

Orenstein, David Michael
2007   "Comte, Auguste." In George Ritzer (ed.), *The Blackwell Encyclopedia of Sociology.* Oxford: Blackwell: 650–656.

Orme, J.
2002   "Social Work: Gender, Care and Justice." *British Journal of Social Work* 32:799–814.

Orr, Catherine M.
1997   "Charting the Currents of the Third Wave." *Hypatia* 12:29–43.

Ortega, Mariana
2001   " 'New Mestizas,' 'World'—Travelers,' and 'Dasein': Phenomenology and the Multi-Voiced, Multi-Cultural Self." *Hypatia* 16:1–29.

Outhwaite, William
1994   *Habermas: A Critical Introduction.* Stanford, Calif.: Stanford University Press.
2000   "Jurgen Habermas." In George Ritzer (ed.), *The Blackwell Companion to Major Social Theorists.* Malden, Mass.: Blackwell: 651–669.

Owen, Margaret
1996   *A World of Widows.* Atlantic Heights, N.J.: Zed Books.

Pahl, Jan
1999   *Invisible Money: Family Finances in the Electronic Economy.* Bristol, Eng.: Policy Press.

Pajnik, Mojca
2006   "Feminist Reflections on Habermas's Communicative Action." *European Journal of Social Theory* 9:385–404.

Pareto, Vilfredo
1935   *A Treatise on General Sociology.* 4 vols. New York: Dover.

Park, Robert E.
1927/1973   "Life History." *American Journal of Sociology* 79:251–260.

Park, Robert, and Burgess, Ernest
1921   *Introduction to the Science of Sociology.* Chicago: University of Chicago Press.

Parker, David
1997   "Why Bother with Durkheim?" *Sociological Review* 45:122–146.

Parker, Mike, and Slaughter, Jane
1990   "Management-by-Stress: The Team Concept in the US Auto Industry." *Science as Culture* 8:27–58.

Parsons, Talcott
1937 *The Structure of Social Action.* New York: McGraw-Hill.
1942 "Some Sociological Aspects of the Fascist Movements." *Social Forces* 21:138–147.
1947 "Certain Primary Sources and Patterns of Aggression in the Social Structure of the Western World." *Psychiatry* 10:167–181.
1951 *The Social System.* Glencoe, Ill. : Free Press.
1966 *Societies.* Englewood Cliffs, N. J. : Prentice-Hall.
1970 *Social Structure and Personality.* New York: Free Press.
1971 *The System of Modern Societies.* Englewood Cliffs, N. J. : Prentice-Hall.
1975 "Social Structure and the Symbolic Media of Interchange." In P. Blau (ed.), *Approaches to the Study of Social Structure.* New York: Free Press: 94–100.
1977 "On Building Social System Theory: A Personal History." In T. Parsons (ed.), *Social Systems and the Evolution of Action Theory.* New York: Free Press: 22–76.
1990 "Prolegomena to a Theory of Social Institutions." *American Sociological Review* 55:319–333.

Parsons, Talcott, and Platt, Gerald
1973 *The American University.* Cambridge, Mass. : Harvard University Press.

Parsons, Talcott, and Shils, Edward A. (eds.)
1951 *Toward a General Theory of Action.* Cambridge, Mass. : Harvard University Press.

Pateman, Carole
1999 "Beyond the Sexual Contract?" In Geoff Dench (ed.), *Rewriting the Sexual Contract.* New Brunswick, N. J. : Transaction Publishers: 1–9.

Paul, Axel
2001 "Organizing Husserl: On the Phenomenological Foundations of Luhmann's Systems Theory." *Journal of Classical Sociology* 1:371–394.

Paulsen, Michael B. , and Feldman, Kenneth A.
1995 "Toward a Reconceptualization of Scholarship: A Human Action System with Functional Imperatives." *Journal of Higher Education* 66:615–640.

Pavlich, George
2007 "Deconstruction." In George Ritzer (ed.), *The Blackwell Encyclopedia of Sociology.* Oxford: Blackwell: 986–989.

Pearce, Frank
2005 "Durkheim, Emile." In George Ritzer (ed.), *Encyclopedia of Social Theory.* Thousand Oaks, Calif. : Sage: 218–223.

Peel, J. D. Y.
1971 *Herbert Spencer: The Evolution of a Sociologist.* New York: Basic Books.

Pelaez, Eloina, and Holloway, John
1990 "Learning to Bow: Post-Fordism and Technological Determinism." *Science as Culture* 8:15–26.

Perakyla, Anssi
2007 "Conversation Analysis." In George Ritzer (ed.), *The Blackwell Encyclopedia of Sociology.* Oxford: Blackwell: 791–794.

Perinbanayagam, Robert S.
1985 *Signifying Acts: Structure and Meaning in Everyday Life.* Carbondale: Southern Illinois University Press.

Perrin, Robert

1976 "Herbert Spencer's Four Theories of Social Evolution." *American Journal of Sociology* 81:1339–1359.

Perry, Nick
2007 "Barthes, Roland." In George Ritzer (ed.), *The Blackwell Encyclopedia of Sociology*. Oxford: Blackwell: 242–244.

Perry, Wilhelmia E., Abbott, James R., and Hutter, Mark
1997 "The Symbolic Interactionist Paradigm and Urban Sociology." *Research in Urban Sociology* 4:59–92.

Peters, Michael
1994 "Habermas, Post-Structuralism and the Question of Postmodernity: The Defiant Periphery." *Social Analysis* 36:3–20.

Peterson, Gretchen
2005 "Molm, Linda." In George Ritzer (ed.), *Encyclopedia of Social Theory*. Thousand Oaks, Calif.: Sage: 511–512.

Phelan, Shane
1994 *Getting Specific: Postmodern Lesbian Politics*. Minneapolis: University of Minnesota Press.

Phillips, Anne
1993 *Democracy and Difference*. University Park: Pennsylvania State University Press.

Phillips, Derek
1973 "Paradigms, Falsifications and Sociology." *Acta Sociologica* 16:13–31.
1975 "Paradigms and Incommensurability." *Theory and Society* 2:37–62.

Phillips, John William
2005 "Derrida, Jacques." In George Ritzer (ed.), *Encyclopedia of Social Theory*. Thousand Oaks, Calif.: Sage: 196–197.

Piccone, Paul
1990 "Paradoxes of Perestroika." *Telos* 84:3–32.

Pickering, Mary
1993 *Auguste Comte: An Intellectual Biography*. Vol. 1. Cambridge. Eng.: Cambridge University Press.
1997 "A New Look at Auguste Comte." In Charles Camic (ed.), *Reclaiming the Sociological Classics: The State of Scholarship*. Oxford: Blackwell: 11–44.
2000 "Auguste Comte." In George Ritzer (ed.), *The Blackwell Companion to Major Social Theorists*. Malden, Mass.: Blackwell: 25–52.

Pierce, Jennifer
1995 *Gender Trials: Emotional Lives in Contemporary Law Firms*. Berkeley: University of California Press.

Pieterse, Jan N.
2004 *Globalization and Culture: Global Melange*. Lanham, Md.: Rowman and Littlefield.

Piontek, Thomas
2006 *Queering Gay and Lesbian Studies*. Urbana: University of Illinois Press.

Poggi, Gianfranco
1993 *Money and the Modern Mind: Georg Simmel's Philosophy of Money*. Berkeley: University of California Press.

Polit, Denise F., and Falbo, Toni
1987 "Only Children and Personality Development: A Quantitative Review." *Journal of Marriage and the Family* 49:309–325.

Pollner, Melvin
1987 *Mundane Reason: Reality in Everyday and Sociological Discourse.* Cambridge, Eng.: Cambridge University Press.
1991 "Left of Ethnomethodology: The Rise and Decline of Radical Reflexivity." *American Sociological Review* 56:370–380.

Portes, Alejandro, and Landolt, Patricia
1996 "The Downside of Social Capital." *American Prospect* 26:18–21.

Postone, Moishe, LiPuma, Edward, and Calhoun, Craig
1993 "Introduction: Bourdieu and Social Theory." In C. Calhoun, E. LiPuma, and M. Postone (eds.), *Bourdieu: Critical Perspectives.* Chicago: University of Chicago Press: 1–13.

Powell, Jason and Owen, Tim (eds.)
In Press *Reconstructing Postmodernism.* New York: Nova Science.

Powers, Charles H.
1986 *Vilfredo Pareto.* Newbury Park, Calif.: Sage.
2005b "Veblen, Thorstein." In George Ritzer (ed.), *Encyclopedia of Social Theory.* Thousand Oaks, Calif.: Sage: 863–864.

Prager, Jeffrey
2005 "Psychoanalysis and Social Theory." In George Ritzer (ed.), *Encyclopedia of Social Theory.* Thousand Oaks, Calif.: Sage: 607–613.

Prendergast, Christopher
2005a "Schutz, Alfred." In George Ritzer (ed.), *Encyclopedia of Social Theory.* Thousand Oaks, Calif.: Sage: 674–675.
2005c "Levels of Social Structure." In George Ritzer (ed.), *Encyclopedia of Social Theory.* Thousand Oaks, Calif.: Sage: 441–443.

Prus, Robert
1996 *Symbolic Interaction and Ethnographic Research: Intersubjectivity and the Study of Human Lived Experience.* Albany: State University of New York Press.

Przeworski, Adam
1985 *Capitalism and Social Democracy.* Cambridge, Eng.: Cambridge University Press.

Putnam, Robert
2001 *Bowling Alone: The Collapse and Revival of American Community.* New York: Simon and Schuster.

Quadagno, Jill
1979 "Paradigms in Evolutionary Theory: The Sociobiological Model of Natural Selection." *American Sociological Review* 44:100–109.

Rachlin, Allan
1991 "Rehumanizing Dialectic: Toward an Understanding of the Interpenetration of Structure and Subjectivity." *Current Perspectives in Social Theory* 11:255–269.

Radnitzky, Gerard
1973 *Contemporary Schools of Metascience.* Chicago: Regnery.

Radway, Janice
1984   *Reading the Romance: Women, Patriarchy and Popular Literature.* Chapel Hill: University of North Carolina Press.

Rambo, Eric
1995   "Conceiving Best Outcomes within a Theory of Utility Maximization: A Culture-Level Critique. " *Sociological Theory* 13:145–162.

Ramji, Hasmita
2007   "Difference. " In George Ritzer (ed.), *The Blackwell Encyclopedia of Sociology.* Oxford: Blackwell: 1153–1155.

Rammstedt, Otthein
1991   "On Simmel's Aesthetics: Argumentation in the Journal *Jugend,* 1897–1906. " *Theory, Culture and Society* 8:125–144.

Rasch, William
2000   *Niklas Luhmann's Modernity: The Paradoxes of Differentiation.* Stanford, Calif. : Stanford University Press.

Rawls, Anne Warfield
2000   "Harold Garfinkel. " In George Ritzer (ed.), *The Blackwell Companion to Major Social Theorists.* Malden, Mass. : Blackwell: 545–576.
2005a   "Conversation Analysis. " In George Ritzer (ed.), *Encyclopedia of Social Theory.* Thousand Oaks, Calif. : Sage: 145–149.
2005b   "Garfinkel, Harold. " In George Ritzer (ed.), *Encyclopedia of Social Theory.* Thousand Oaks, Calif. : Sage: 301–304.
2007   "Durkheim, Emile. " In George Ritzer (ed.), *The Blackwell Encyclopedia of Sociology.* Oxford: Blackwell: 1250–1261.

Reckwitz, Andreas
2002   "Toward a Theory of Social Practices: A Development in Culturist Theorizing. *European Journal of Social Theory* 5(2): 243–263.

Reagon, Bernice Johnson
1982/1995   "My Black Mothers and Sisters; or, On Beginning a Cultural Autobiography. " In C. Goldberg and H. Hartmann (eds.), *U. S. Women in Struggle.* Chicago: University of Illinois Press: 296–310.

Reddock, Rhoda
2000   "Feminist Theory and Critical Reconceptualization in Sociology: The Challenge of the 1990s. " In Stella Quah and Arnaud Sales (eds.), *The International Handbook of Sociology.* London: Sage: 84–100.

Reedy, W. Jay
1994   "The Historical Imaginary of Social Science in Post-Revolutionary France: Bonald, Saint-Simon, Comte. " *History of the Human Sciences* 7:1–26.

Reiger, K.
1999   "'Sort of Part of the Women's Movement. But Different': Mothers' Organisations and Australian Feminism. " *Women's Studies International Forum* 22(6):585–595.

Reitz-Pstejovsky, M.
2002   "Is the Care We Provide Homeless People Just? The Ethic of Justice Informing the Ethic of Care. " *Journal of Social Distress and the Homeless* 11:233–248.

Remennick, Larissa

2007 "Transnationalism." In George Ritzer (ed.), *The Blackwell Encyclopedia of Sociology.* Oxford: Blackwell: 5064–5066.

Reskin, Barbara, and Padavic, Irene
1994 *Women and Men at Work.* Thousand Oaks, Calif.: Pine Forge Press.

Rhoades, Lawrence J.
1981 *A History of the American Sociological Association.* Washington, D.C.: American Sociological Association.

Rhode, Deborah L.
1997 *Speaking of Sex: The Denial of Gender Inequality.* Cambridge, Mass.: Harvard University Press.

Rich, Adrienne
1976 *Of Woman Born: Motherhood as Experience and Institution.* New York: Bantam.
1980 "Compulsory Heterosexual and Lesbian Experience." In C. R. Stimson and E. S. Person (eds.), *Women, Sex, and Sexuality.* Chicago: University of Chicago Press: 62–91.
1993 *What Is Found There: Notebooks on Poetry and Politics.* New York: Norton.

Richardson, Diane (ed.)
1996 *Theorising Heterosexuality.* Buckingham, Eng.: Open University Press.

Ridgeway, Cecelia
1997 "Interaction and the Conservation of Gender Inequality: Considering Employment." *American Sociological Review* 62:218–235.

Riesman, David
1950 *The Lonely Crowd.* New Haven, Conn.: Yale University Press.

Riger, Stephanie, and Krieglstein, Maryann
2000 "The Impact of Welfare Reform on Men's Violence against Women." *American Journal of Community Psychology* 28:631–647.

Risman, Barbara J.
2001 "Calling the Bluff of Value-Free Science." *American Sociological Review* 66:605–611.

Risman, Barbara, and Ferree, Myra Marx
1995 "Making Gender Visible." *American Sociological Review* 60:775–782.

Ritzer, George
1975a *Sociology: A Multiple Paradigm Science.* Boston: Allyn and Bacon.
1975b "Sociology: A Multiple Paradigm Science." *American Sociologist* 10:156–167.
1979 "Toward an Integrated Sociological Paradigm." In W. Snizek et al. (eds.), *Contemporary Issues in Theory and Research.* Westport, Conn.: Greenwood Press: 25–46.
1980 *Sociology: A Multiple Paradigm Science.* Rev. ed. Boston: Allyn and Bacon.
1981a *Toward an Integrated Sociological Paradigm: The Search for an Exemplar and an Image of the Subject Matter.* Boston: Allyn and Bacon.
1981b "Paradigm Analysis in Sociology: Clarifying the Issues." *American Sociological Review* 46:245–248.
1983 "The McDonaldization of Society." *Journal of American Culture* 6:100–107.
1985 "The Rise of Micro-Sociological Theory." *Sociological Theory* 3:88–98.
1988 "Sociological Metatheory: Defending a Subfield by Delineating Its Parameters." *Sociological Theory* 6:187–200.
1989 "Of Levels and 'Intellectual Amnesia.'" *Sociological Theory* 7:226–229.
1990a "Micro-Macro Linkage in Sociological Theory: Applying a Metatheoretical Tool." In George Ritzer (ed.), *Frontiers of Social Theory: The New Syntheses.* New York: Columbia University

	Press: 347–370.
1990b	"The Current Status of Sociological Theory: The New Syntheses." In George Ritzer (ed.), *Frontiers of Social Theory: The New Syntheses*. New York: Columbia University Press: 1–30.
1991a	"Metatheorizing in Sociology." *Sociological Forum* 5:3–15.
1991b	*Metatheorizing in Sociology*. Lexington, Mass.: Lexington Books.
1991d	"The Recent History and the Emerging Reality of American Sociological Theory: A Metatheoretical Interpretation." *Sociological Forum* 6:269–287.
1992b	"Metatheorizing in Sociology: Explaining the Coming of Age." In George Ritzer (ed.), *Metatheorizing*. Newbury Park, Calif.: Sage: 7–26.
1993	*The McDonaldization of Society*. Thousand Oaks, Calif.: Pine Forge Press.
1995	*Expressing America: A Critique of the Global Credit Card Society*. Thousand Oaks, Calif.: Pine Forge Press.
1996	*The McDonaldization of Society*. Rev. ed. Thousand Oaks, Calif.: Pine Forge Press.
1997	*Postmodern Social Theory*. New York: McGraw-Hill.
1998	*The McDonaldization Thesis*. London: Sage.
1999	*Enchanting a Disenchanted World: Revolutionizing the Means of Consumption*. Thousand Oaks, Calif.: Pine Forge Press.
2000a	*The McDonaldization of Society*. New Century Edition. Thousand Oaks, Calif.: Pine Forge Press.
2004a	*The McDonaldization of Society*. Revised New Century Edition. Thousand Oaks, Calif.: Pine Forge Press.
2004b	*The Globalization of Nothing*. Thousand Oaks, Calif.: Pine Forge Press.
2005a	*Enchanting a Disenchanted World: Revolutionizing the Means of Consumption*. 2nd ed. Thousand Oaks, Calif.: Pine Forge Press.
2005b	"Paradigm." In George Ritzer (ed.), *Encyclopedia of Social Theory*. Thousand Oaks, Calif.: Sage: 543–544.
2007b	"Metatheory." In George Ritzer (ed.), *The Blackwell Encyclopedia of Sociology*. Oxford: Blackwell: 2964–2967.
2007c	*The Globalization of Nothing 2*. Thousand Oaks, Calif.: Pine Forge Press.

Ritzer, George (ed.)

1991c	"Recent Explorations in Sociological Metatheorizing." *Sociological Perspectives* 34:237–390.
1992a	*Metatheorizing*. Newbury Park, Calif.: Sage.
2002	*McDonaldization: The Reader*. Thousand Oaks, Calif.: Pine Forge Press.
2006	*The McDonaldization Reader*. 2nd ed. Thousand Oaks, Calif.: Sage. Ritzer, George, and Gindoff, Pamela
1992	"Methodological Relationism: Lessons for and from Social Psychology." *Social Psychology Quarterly* 55:128–140.
1994	"Agency-Structure, Micro-Macro, Individualism-Holism-Relationism: A Metatheoretical Explanation of Theoretical Convergence between the United States and Europe." In P. Sztompka (ed.), *Agency and Structure: Reorienting Social Theory*. Amsterdam: Gordon and Breach: 3–23.

Ritzer, George, and Goodman, Douglas

2001	"Postmodern Social Theory." In Jonathan Turner (ed.), *Handbook of Sociological Theory*. New York: Kluwer Academic/Plenum Publishers: 151–169. Ritzer, George, Goodman, Douglas, and Wiedenhoft, Wendy
2001	"Theories of Consumption." In George Ritzer and Barry Smart (eds.), *Handbook of Social Theory*. London: Sage: 410–427. Ritzer, George, and Ryan, J. Michael
2007a	"Elias, Norbert." In George Ritzer (ed.), *The Blackwell Encyclopedia of Sociology*. Oxford: Blackwell: 1357–59. Ritzer, George, and Walczak, David
1988	"Rationalization and the Deprofessionalization of Physicians." *Social Forces* 67:1–22.

Ritzer, George, Zhao, Shanyang, and Murphy, Jim

2001	"Metatheorizing in Sociology: The Basic Parameters and the Potential Contributions of Postmodernism." In Jonathan H. Turner (ed.), *Handbook of Sociological Theory*. New York: Kluwer Academic/Plenum Publishers: 113–131.

Robbins, Derek
1991 *The Work of Pierre Bourdieu.* Boulder, Colo. : Westview Press. Robertson, Roland
1992 *Globalization: Social Theory and Global Culture.* London: Sage.
2001 "Globalization Theory 2000+: Major Problematics. " In George Ritzer and Barry Smart (Eds.), *Handbook of Social Theory.* London: Sage: 458–471.

Robinson, F.
2001 *Globalizing Care: Ethics, Feminist Theory, and International Relations.* Binghampton, N. Y. : Haworth Press. Robinson, W. I.
2004 *A Theory of Global Capitalism.* Baltimore: Johns Hopkins University Press.
2007 "Theories of Globalization. " In George Ritzer (ed), *The Blackwell Companion to Globalization.* Oxford: Blackwell: 125–143.

Rocher, Guy
1975 *Talcott Parsons and American Sociology.* New York: Barnes and Noble.

Rock, Paul
1979 *The Making of Symbolic Interactionism.* Totowa, N. J. : Rowman and Littlefield.

Roemer, John
1982 *A General Theory of Exploitation and Class.* Cambridge, Mass. : Harvard University Press.
1986a "Introduction. " In J. Roemer (ed.), *Analytical Marxism.* Cambridge, Eng. : Cambridge University Press: 1–7.
1986b " 'Rational Choice' Marxism: Some Issues of Method and Substance. " In J. Roemer (ed.), *Analytical Marxism.* Cambridge, Eng. : Cambridge University Press: 191–201.

Rogers, Mary
1996b "Theory—What? Why? How?" In Mary F. Rogers (ed.), *Multicultural Experiences, Multicultural Theories.* New York: McGraw-Hill: 11–16.
2000 "Alfred Schutz. " In George Ritzer (ed.), *The Blackwell Companion to Major Social Theorists.* Malden, Mass. : Blackwell: 367–387.
2001 "Contemporary Feminist Theory. " In George Ritzer and Barry Smart (eds.), *Handbook of Social Theory.* London: Sage: 285–296.

Rogowski, Ralf
2007 "Luhmann, Niklas. " In George Ritzer (ed.), *The Blackwell Encyclopedia of Sociology.* Oxford: Blackwell: 2675–2678.

Rojek, Chris
2003 *Stuart Hall.* Cambridge, Eng. : Polity Press.
2005 "Hall, Stuart. " In George Ritzer (ed.), *Encyclopedia of Social Theory.* Thousand Oaks, Calif. : Sage: 353–356.

Rose, Arnold
1962 "A Systematic Summary of Symbolic Interaction Theory. " In A. Rose (ed.), *Human Behavior and Social Processes.* Boston: Houghton Mifflin.

Rose, Nancy E.
1995 *Workfare or Fair Work: Women, Welfare, and Government Work Programs.* New Brunswick, N. J. : Rutgers University Press.

Rosenau, James N.
2003 *Distant Proximities: Dynamics beyond Globalization.* Princeton, N. J. : Princeton University Press.

Rosenau, Pauline Marie
1992 *Post-Modernism and the Social Sciences: Insights, Inroads, and Intrusions.* Princeton, N. J. : Princeton University Press.

Rosenberg, Julius
2005 "Globalization Theory: A Post Mortem." *International Politics* 42:2–74.

Rosenberg, Morris
1989 "Self-Concept Research: A Historical Review." *Social Forces* 68:34–44.

Rosenberg, Rosalind
1982 *Beyond Separate Spheres: Intellectual Roots of Modern Feminism.* New Haven: Yale University Press.
1992 *Divided Lives: American Women in the Twentieth Century.* New York: Hill and Wang.

Rosenthal, Naomi, Fingrutd, Meryl, Ethier, Michele, and Karant, Roberta
1985 "Social Movements and Network Analysis: A Case Study of Nineteenth- Century Women's Reform in New York State." *American Journal of Sociology* 90:1022–1054.

Ross, Dorothy
1991 *The Origins of American Social Science.* Cambridge, Eng. : Cambridge University Press.

Rossel, Jorg, and Collins, Randall
2001 "Conflict Theory and Interaction Rituals." In Jonathan H. Turner (ed.), *Handbook of Sociological Theory.* New York: Kluwer Academic/Plenum Publishers: 509–531.

Rossi, Alice
1977 "A Biosocial Perspective on Parenting." *Daedalus* 106:9–31.
1983 "Gender and Parenthood." *American Sociological Review* 49:1–19.

Rossi, Ino
2005 "Lévi-Strauss, Claude." In George Ritzer (ed.), *Encyclopedia of Social Theory.* Thousand Oaks, Calif. : Sage: 443–446.

Roth, Louise Marie
1999 "The Right to Privacy Is Political: Power, the Boundary between Public and Private, and Sexual Harassment." *Law & Social Inquiry* 24(1):45–71.

Rowe, A. M. C.
2000 "Locating Feminism's Subject: The Paradox of White Femininity and the Struggle to Forge Feminist Alliances." *Communication Theory* 10:64–80.

Rubenstein, David
1986 "The Concept of Structure in Sociology." In M. L. Wardell and S. P. Turner (eds.), *Sociological Theory in Transition.* Boston: Allen and Unwin: 80–94.

Ruddick, Sara
1980 "Maternal Thinking." *Feminist Studies* 6:342–367.
1994 "Notes towards a Feminist Maternal Peace Politics." In A. Jaggar (ed.), *Living with Contradictions: Controversies in Feminist Social Ethics.* Boulder, Colo. : Westview Press.

Rudy, Kathy
2001 "Radical Feminism, Lesbian Separatism, and Queer Theory." *Feminist Studies* 27:191–222.

Ruef, Martin
2007 "Mannheim, Karl." In George Ritzer (ed.), *The Blackwell Encyclopedia of Sociology.* Oxford: Blackwell: 2756–2759.

Rundell, John
2001 "Modernity, Enlightenment, Revolution and Romanticism: Creating Social Theory." In George Ritzer and Barry Smart (eds.), *Handbook of Social Theory.* London: Sage: 13–29.
2005 "Elias, Norbert." In George Ritzer (ed.), *Encyclopedia of Social Theory.* Thousand Oaks, Ca-

lif. : Sage: 239–245.

Russell, Diana E.
1998 *Dangerous Relationships: Pornography, Misogyny, and Rape.* Thousand Oaks, Calif. : Sage.

Ryan, J. Michael
2005a "Micro-Macro Integration. " In George Ritzer (ed.), *Encyclopedia of Social Theory.* Thousand Oaks, Calif. : Sage: 501–503.
2005b "Agency-Structure Integration. " In George Ritzer (ed.), *Encyclopedia of Social Theory.* Thousand Oaks, Calif. : Sage: 5–6.
2007 "Grobalization. " In George Ritzer (ed.), *The Blackwell Encyclopedia of Sociology.* Oxford: Blackwell: 2022–2023.

Ryan, William
1971 *Blaming the Victim.* New York: Pantheon.

Said, Edward
1978 *Orientalism.* New York; Pantheon.

Salamini, Leonardo
1981 *The Sociology of Political Praxis: An Introduction to Gramsci's Theory.* London: Routledge and Kegan Paul.

Salomon, A.
1945 "German Sociology. " In G. Gurvitch and W. F. Moore (eds.), *Twentieth Century Sociology.* New York: Philosophical Library: 586–614.
1963/1997 "Georg Simmel Reconsidered. " In Gary D. Jaworski, *Georg Simmel and the American Prospect.* Albany: State University of New York Press: 91–108.

Sanday, Peggy Reeves
1974 "Female Status in the Public Domain. " In M. Rosaldo and L. Lamphere (eds.), *Women, Culture and Society: A Theoretical Overview.* Stanford, Calif. : Stanford University Press: 189–206.
1981 *Female Power and Male Dominance.* Cambridge, Eng. : Cambridge University Press.
1996 *A Woman Scorned: Acquaintance Rape on Trial.* New York: Doubleday.

Sanderson, Stephen K.
2007 "Conflict Theory. " In George Ritzer (ed.), *The Blackwell Encyclopedia of Sociology.* Oxford: Blackwell: 662–665.

Sandstrom, Kent L. , and Kleinman, Sherryl
2005 "Symbolic Interaction. " In George Ritzer (ed.), *Encyclopedia of Social Theory.* Thousand Oaks, Calif. : Sage: 821–826.

Sandstrom, Kent L. , Martin, Daniel D. , and Fine, Gary Alan
2001 "Symbolic Interactionism at the End of the Century. " In George Ritzer and Barry Smart (eds.), *Handbook of Social Theory.* London: Sage: 217–231.

Sassen, Saskia
1998 *Globalization and Its Discontents.* New York: New Press.
2004 "Local Actors in Global Politics. " *Current Sociology* 52:649–670. Satoshi, Kamata
1982 *Japan in the Passing Lane.* New York: Pantheon.

Saunders, Peter
1989 "Space, Urbanism and the Created Environment. " In D. Held and J. B. Thompson (eds.), *Social Theory of Modern Societies: Anthony Giddens and His Critics.* Cambridge, Eng. : Cambridge University Press: 215–234.

Sawicki, Jana
1991 *Disciplining Foucault: Feminism, Power and the Body.* New York: Routledge.

Sawyer, R. Keith
2005 "Emergence." In George Ritzer (ed.), *Encyclopedia of Social Theory.* Thousand Oaks, Calif.: Sage: 245–246.
2007 "Complexity and Emergence." In George Ritzer (ed.), *The Blackwell Encyclopedia of Sociology.* Oxford: Blackwell: 633–636.

Scaff, Lawrence
1989 *Fleeing the Iron Cage: Culture, Politics, and Modernity in the Thought of Max Weber.* Berkeley: University of California Press.

Scambler, Graham
1996 "The 'Project of Modernity' and the Parameters for a Critical Sociology: An Argument with Illustrations from Medical Sociology." *Sociology* 30:567–581.

Schaeffer, D.
2001 "Feminism and Liberalism Reconsidered: The Case of Catharine MacKinnon." *American Political Science Review* 95:699–708.

Schatzki, Theodore R.
1996 *Social Practices: A Wittgensteinian Approach to Human Activity and the Social.* Cambridge, Eng.: Cambridge University Press.

Schatzki, Theodore R., Knorr-Cetina, Karin, and von Savigny, E. (eds.)
2001 *The Practice Turn in Contemporary Theory.* London: Routledge.

Scheff, Thomas
2007 "Microsociology." In George Ritzer (ed.), *The Blackwell Encyclopedia of Sociology.* Oxford: Blackwell: 3005–3008.

Schegloff, Emanuel
1979 "Identification and Recognition in Telephone Conversation Openings." In G. Psathas (ed.), *Everyday Language: Studies in Ethnomethodology.* New York: Irvington: 23–78.
2001 "Accounts of Conduct in Interaction: Interruption, Overlap, and Turn-Taking." In Jonathan H. Turner (ed.), *Handbook of Sociological Theory.* New York: Kluwer Academic/Plenum Publishers: 287–321.

Scheper-Hughes, Nancy
1992 *Death without Weeping: The Violence of Everyday Life in Brazil.* Berkeley: University of California Press.

Scheurich, James Joseph, and McKenzie, Kathryn Bell
2007 "Foucaldian Archeological Analysis." In George Ritzer (ed.), *The Blackwell Encyclopedia of Sociology.* Oxford: Blackwell: 1771–1774.

Schimank, Uwe
1996 *Theorien Gesellschaftlicher Differenzierung.* Opladen: Leske and Budrich.

Schmidt, Neal, Gooding, Richard Z., Noe, Raymond A., and Kirsch, Michael
1984 "Meta-Analyses of Validity Studies Published between 1964 and 1982 and the Investigation of Study Characteristics." *Personnel Psychology* 37:407–422.

Schmitt, Raymond L., and Schmitt, Tiffani Mari
1996 "Community Fear of AIDS as Enacted Emotion: A Comparative Investigation of Mead's Concept of the Social Act." *Studies in Symbolic Interaction* 20:91–119.

Schmutz, Corinne
1996 "The Service Industry and Marx's Fetishism of Commodities." *Humanity and Society* 20:102–105.

Schneider, Louis
1967 *The Scottish Moralists: On Human Nature and Society*. Chicago: University of Chicago Press.
1971 "Dialectic in Sociology." *American Sociological Review* 36:667–678.

Scholte, J. A.
2005 *Globalization: A Critical Introduction*. 2nd ed. Basingstoke, Eng. : Palgrave Macmillan.

Schroeter, Gerd
1985 "Dialogue, Debate, or Dissent? The Difficulties of Assessing Max Weber's Relation to Marx." In R. J. Antonio and R. M. Glassman (eds.), *A Weber-Marx Dialogue*. Lawrence: University of Kansas Press: 2–13.

Schroyer, Trent
1970 "Toward a Critical Theory of Advanced Industrial Society." In H. P. Dreitzel (ed.), *Recent Sociology: No. 2*. New York: Macmillan: 210–234.
1973 *The Critique of Domination*. Boston: Beacon Press.

Schubert, Hans-Joachim
2005 "Cooley, Charles Horton." In George Ritzer (ed.), *Encyclopedia of Social Theory*. Thousand Oaks, Calif. : Sage: 150–155.
2007 "Cooley, Charles Horton." In George Ritzer (ed.), *The Blackwell Encyclopedia of Sociology*. Oxford: Blackwell: 798–801.

Schulz, Markus S.
2007a "Horkheimer, Max." In George Ritzer (ed.), *The Blackwell Encyclopedia of Sociology*. Oxford: Blackwell: 2163–2165.
2007b "Adorno, Theodor W." In George Ritzer (ed.), *The Blackwell Encyclopedia of Sociology*. Oxford: Blackwell: 27–30.

Schutte, Gerhard
2007 "Phenomenology." In George Ritzer (ed.), *The Blackwell Encyclopedia of Sociology.* Oxford: Blackwell: 3401–3404.

Schutz, Alfred
1932/1967 *The Phenomenology of the Social World*. Evanston, Ill. : Northwestern University Press.

Schwalbe, Michael L.
1993 "Goffman against Postmodernism: Emotion and the Reality of the Self." *Symbolic Interaction* 16:333–350.
2005 "Self and Self-Concept." In George Ritzer (ed.), *Encyclopedia of Social Theory*. Thousand Oaks, Calif. : Sage: 684–687.

Schwanenberg, Enno
1971 "The Two Problems of Order in Parsons' Theory: An Analysis from Within." *Social Forces* 49:569–581.

Schwartz, Justin
1995 "In Defence of Exploitation." *Economics and Philosophy* 11:275–307.

Schwartz, Pepper
1994 *Peer Marriage: How Love between Equals Really Works*. New York: Free Press.

Schweber, Silvan S.
1991 "Auguste Comte and the Nebular Hypothesis." In R. T. Bienvenu and M. Feingold (eds.), *In the Presence of the Past: Essays in Honor of Frank Manuel*. Dordrecht, Netherlands: Kluwer:

131–191.

Schwendinger, Julia, and Schwendinger, Herman
1974　　　　*Sociologists of the Chair.* New York: Basic Books.

Schwinn, Thomas
1998　　　　"False Connections: Systems and Action Theories in Neofunctionalism and in Jurgen Habermas." *Sociological Theory* 16:75–95.

Scimecca, Joseph
1977　　　　*The Sociological Theory of C. Wright Mills.* Port Washington, N. Y. : Kennikat Press.

Sciulli, David, and Gerstein, Dean
1985　　　　"Social Theory and Talcott Parsons in the 1980s." *Annual Review of Sociology* 11:369–387.

Scully, Diana
1990　　　　*Understanding Sexual Violence: A Study of Convicted Rapists.* Boston: Unwin Hyman.

Searle, John
1972　　　　"Chomsky's Revolution in Linguistics." *New York Review of Books* 18:16–24.

Sedgwick, Eve Kosofsky
1985　　　　*Between Men: English Literature and Male Homosexual Desire.* New York: Columbia University Press.
1990　　　　*Epistemology of the Closet.* Berkeley: University of California Press.

Segura, Denise A. , and Pierce, Jennifer
1993　　　　"Chicana/o Family Structure and Gender Personality: Chodorow, Familism, and Psychoanalytic Sociology Revisited." *Signs* 19:62–91.

Seidman, Steven
1983　　　　*Liberalism and the Origins of European Social Theory.* Berkeley: University of California Press.
1989　　　　"Introduction." In S. Seidman (ed.), *Jurgen Habermas on Society and Politics: A Reader.* Boston: Beacon Press: 1–25.
1991　　　　"The End of Sociological Theory: The Postmodern Hope." *Sociological Theory* 9:131–146.

Seidman, Steven, and Alexander, Jeffrey (eds.)
2001　　　　*The New Social Theory Reader.* New York: Routledge.

Sewart, John J.
1978　　　　"Critical Theory and the Critique of Conservative Method." *American Sociologist* 13:15–22.

Shalin, Dmitri
1986　　　　"Pragmatism and Social Interactionism." *American Sociological Review* 51:9–29.
2000　　　　"George Herbert Mead." In George Ritzer (ed.), *The Blackwell Companion to Major Social Theorists.* Malden, Mass. : Blackwell: 302–344.

Sharrock, Wes
2001　　　　"Fundamentals of Ethnomethodology." In George Ritzer and Barry Smart (eds.), *Handbook of Social Theory.* London: Sage: 249–259.

Sharrock, Wes, and Anderson, Bob
1986　　　　*The Ethnomethodologists.* Chichester, Eng. : Ellis Horwood.

Shelton, Beth Anne
2000　　　　"Understanding the Distribution of Housework Between Husbands and Wives." In Linda J.

Waite, Christine Bachrach, Michelle Hindin, Elizabeth Thomson, and Arland Thornton (eds.), *The Ties That Bind: Perspectives on Marriage and Cohabitation.* New York: Aldine de Gruyter: 343–355.

Shelton, Beth Anne, and Agger, Ben
1993   "Shotgun Wedding, Unhappy Marriage, No-Fault Divorce? Rethinking the Feminism-Marxism Relationship." In P. England (ed.), *Theory on Gender/ Gender on Theory.* New York: Aldine de Gruyter.

Sheridan, Alan
1980   *Michel Foucault: The Will to Truth.* London: Tavistock.

Shilling, Chris
1997   "The Undersocialised Conception of the Embodied Agent in Modern Sociology." *Sociology* 31:737–754.

Shilling, Chris, and Mellor, Philip A.
1996   "Embodiment, Structuration Theory and Modernity: Mind/Body Dualism and the Repression of Sensuality." *Body and Society* 2:1–15.

Shils, Edward
1996   "The Sociology of Robert E. Park." *American Sociologist* 27:88–106.

Shreve, Anita
1989   *Women Together, Women Alone: The Legacy of the Consciousness Raising Movement.* New York: Viking.

Sica, Alan
2005   "Modernity." In George Ritzer (ed.), *Encyclopedia of Social Theory.* Thousand Oaks, Calif.: Sage: 505–511.

Silva, Elizabeth
2005   "Gender, Home and Family in Cultural Capital Theory." *British Journal of Sociology* 56:83–103.

Simmel, Georg
1903/1971   "The Metropolis and Mental Life." In D. Levine (ed.), *Georg Simmel.* Chicago: University of Chicago Press: 324–339.
1907/1978   *The Philosophy of Money.* Ed. and trans. Tom Bottomore and David Frisby London: Routledge and Kegan Paul.

Simon, Herbert
1957   *Administrative Behavior.* New York: Free Press.

Simpson, Brent
2007   "Rational Choice Theories." In George Ritzer (ed.), *The Blackwell Encyclopedia of Sociology.* Oxford: Blackwell: 3794–3799.

Singer, Brian C. J.
2005a   "Rousseau, Jean-Jacques." In George Ritzer (ed.), *Encyclopedia of Social Theory.* Thousand Oaks, Calif.: Sage: 656–658.
2005b   "Montesquieu, Charles Louis de Secondat." In George Ritzer (ed.), *Encyclopedia of Social Theory.* Thousand Oaks, Calif.: Sage: 512–515. Sitton, John F.
1996   "Disembodied Capitalism: Habermas's Conception of the Economy." *Sociological Forum* 13:61–83.

Sjoberg, Gideon, Gill, Elizabeth, Littrell, Boyd, and Williams, Norma
1997   "The Reemergence of John Dewey and American Pragmatism." In Norman K. Denzin (ed.),

Studies in Symbolic Interaction, Vol. 21. Greenwich, Conn. : JAI Press: 73–92.

Skeggs, Beverley
2004 "Context and Background: Pierre Bourdieu's Analysis of Class, Gender and Sexuality. " In Lisa Adkins and Beverley Skeggs (ed.), *Feminism after Bourdieu.* Oxford: Blackwell: 19–34.

Skelton, Christine
2005 "The 'Individualized' (Woman) in the Academy: Ulrich Beck, Gender and Power. " *Gender and Education* 17:319–332.

Sklair, Leslie
2002 *Globalization: Capitalism and Its Alternatives.* Oxford: Oxford University Press. Skocpol, Theda
1979 *States and Social Revolutions.* Cambridge, Eng. : Cambridge University Press.

Slater, Don
1997 *Consumer Culture and Modernity.* Cambridge, Eng. : Polity Press.
2005 "Consumer Culture. " In George Ritzer (ed.), *Encyclopedia of Social Theory.* Thousand Oaks, Calif. : Sage: 139–145.

Smart, Barry
1983 *Foucault, Marxism and Critique.* London: Routledge and Kegan Paul.
1985 *Michel Foucault.* Chichester, Eng. : Ellis Horwood.
1993 *Postmodernity.* London: Routledge.
2000 "Michel Foucault. " In George Ritzer (ed.), *The Blackwell Companion to Major Social Theorists.* Malden, Mass. : Blackwell: 630–650.

Smelser, Neil
1959 *Social Change in the Industrial Revolution.* Chicago: University of Chicago Press.
1962 *Theory of Collective Behavior.* New York: Free Press.
1992 "The Rational Choice Perspective: A Theoretical Assessment. " *Rationality and Society* 4:381–410.
1997 *Problematics of Sociology: The Georg Simmel Lectures, 1995.* Berkeley: University of California Press.

Smith, Cyril
1997 "Friedrich Engels and Marx's Critique of Political Economy. " *Capital and Class* 62:123–142. Smith, David Norman
1996 "The Social Construction of Enemies: Jews and the Representation of Evil. " *Sociological Theory* 14:203–240.

Smith, Dennis
1999 "The Civilizing Process and the History of Sexuality: Comparing Norbert Elias and Michel Foucault. " *Theory and Society* 28:79–100.
2001 *Norbert Elias and Modern Social Theory.* London, Thousand Oaks, Calif: Sage.

Smith, Dorothy
1979 "A Sociology for Women. " In J. A. Sherman and E. T. Beck (eds.), *The Prism of Sex: Essays in the Sociology of Knowledge.* Madison: University of Wisconsin Press.
1987 *The Everyday World as Problematic: A Feminist Sociology.* Boston: Northeastern University Press.
1989 "Sociological Theory: Methods of Writing Patriarchy. " In R. A. Wallace (ed.), *Feminism and Sociological Theory.* Newbury Park, Calif. : Sage: 34–64.
1990a *The Conceptual Practices of Power: A Feminist Sociology of Knowledge.* Boston: Northeastern University Press.
1990b *Texts, Facts and Femininity: Exploring the Relations of Ruling.* London: Routledge and Kegan Paul.

1999a   "From Women's Standpoint to a Sociology for People. " In Janet L. Abu-Lughod (ed.) *Sociology for the Twenty-First Century*. Chicago: University of Chicago Press: 65–82.
1999b   *Writing the Social: Critique, Theory, and Investigations*. Toronto: University of Toronto Press.
2000a   "Schooling for Inequality. " *Signs* 25:1147–1151.

Smith, Gregory W. H.
2007   "Goffman, Erving. " In George Ritzer (ed.), *The Blackwell Encyclopedia of Sociology*. Oxford: Blackwell: 1995–1999.

Smith, Melanie
2007   "Glocalization. " In George Ritzer (ed.), *The Blackwell Encyclopedia of Sociology*. Oxford: Blackwell: 1994–1995.

Smith, Norman Erik
1979   "William Graham Sumner as an Anti-Social Darwinist. " *Pacific Sociological Review* 22:332–347.

Smith, T. V.
1931   "The Social Philosophy of George Herbert Mead. " *American Journal of Sociology* 37:368–385.

Smouts, Marie-Claude
2001   *The New International Relations: Theory and Practice*. New York: Palgrave Macmillan.

Snitow, Ann Barr, Stansell, Christine, and Thompson, Sharon
1983   *Powers of Desire: The Politics of Sexuality*. New York: Monthly Review Press.

Snizek, William E.
1976   "An Empirical Assessment of 'Sociology: A Multiple Paradigm Science. '" *American Sociologist* 11:217–219.

Snizek, William E. , Fuhrman, Ellsworth, R. , and Miller, Michael K. (eds.)
1979   *Contemporary Issues in Theory and Research*. Westport, Conn. : Greenwood Press.

Snow, David
2001   "Extending and Broadening Blumer's Conceptualization of Symbolic Interactionism. " *Symbolic Interaction* 24:367–377.
2007   "Frame. " In George Ritzer (ed.), *The Blackwell Encyclopedia of Sociology*. Oxford: Blackwell: 1778–1780.

Soja, Edward W.
1989   *Postmodern Geographies: The Reassertion of Space in Critical Theory*. London: Verso.
1996   *Thirdspace: Journeys to Los Angeles and the Real-and-Imagined Places*. Malden, Mass. : Blackwell.
2000   *Postmetropolis: Critical Studies of Cities and Regions*. Malden, Mass. : Blackwell.

Sokoloff, Natalie
1980   *Between Money and Love: The Dialectics of Women's Home and Market Work*. New York: Praeger.

Solinger, Rickie (ed.)
1998   *Abortion Wars: A Half Century of Struggle, 1950–2000*. Berkeley: University of California Press.

Sorokin, Pitirim
1928   *Contemporary Sociological Theories*. New York: Harper.

Spegele, R. D.

1996 *Political Realism in International Theory.* Cambridge, Eng. : Cambridge University Press.

Speier, Matthew
1970 "The Everyday World of the Child. " In J. Douglas (ed.), *Understanding Everyday Life.* Chicago: Aldine: 188–217.

Spelman, Elizabeth
1988 *Inessential Woman: The Problem of Exclusion in Feminist Thought.* Boston: Beacon Press.

Srubar, Ilja
2005 "Phenomenology. " In George Ritzer (ed.), *Encyclopedia of Social Theory.* Thousand Oaks, Calif. : Sage: 557–562.

Staats, Arthur W.
1976 "Skinnerian Behaviorism: Social Behaviorism or Radical Behaviorism?" *American Sociologist* 11:59–60.

Stacey, Judith, and Thorne, Barrie
1996 "Is Sociology Still Missing Its Feminist Revolution?" *Perspectives: The ASA Theory Section Newsletter* 18:1–3.

Stanfield, Ron
1974 "Kuhnian Scientific Revolutions and the Keynesian Revolution. " *Journal of Economic Issues* 8:97–109.

Staples, Clifford
2007a "Feuerbach, Ludwig" In George Ritzer (ed.), *The Blackwell Encyclopedia of Sociology.* Oxford: Blackwell: 1747–1749.

Starks, Brian, and Junisbai, Azamat
2007 "False Consciousness. " In George Ritzer (ed.), *The Blackwell Encyclopedia of Sociology.* Oxford: Blackwell: 1568–1570.

Stauth, Georg
1997 "'Elias in Singapore': Civilizing Processes in a Tropical City. " *Thesis Eleven* 50:51–70.

Stebbins, Robert
2007a "Thomas, W. I. " In George Ritzer (ed.), *The Blackwell Encyclopedia of Sociology.* Oxford: Blackwell: 5000.
2007b "Znaniecki, Florian. " In George Ritzer (ed.), *The Blackwell Encyclopedia of Sociology.* Oxford: Blackwell: 5316–5317.

Stehr, Nico
2001 "Modern Societies as Knowledge Societies. " In George Ritzer and Barry Smart (eds.), *Handbook of Social Theory.* London: Sage: 494–508.

Steil, Janice M.
1997 *Marital Equality: Its Relationship to the Well-Being of Husbands and Wives.* Thousand Oaks, Calif. : Sage.

Stein, Arlene, and Plummer, Ken
1994 "'I Can't Even Think Straight': 'Queer' Theory and the Missing Revolution in Sociology. " *Sociological Theory* 12(2):178–187.

Steinmetz, George
2007 "Marxism and Sociology. " In George Ritzer (ed.), *The Blackwell Encyclopedia of Sociology.* Oxford: Blackwell: 2815–2818.

Stephanson, Anders
1989 "Regarding Postmodernism: A Conversation with Fredric Jameson." In D. Kellner (ed.), *Postmodernism, Jameson, Critique*. Washington, D. C.: Maisonneuve Press: 43–74.

Stiglitz, Joseph E.
2002 *Globalization and Its Discontents*. New York: Norton.

Stiglmayer, Alexandra (ed.)
1994 *Mass Rape: The War against Women in Bosnia-Herzogovina*. Translations by Marion Faber. Lincoln: University of Nebraska Press.

Stones, Rob
2005 "Giddens, Anthony." In George Ritzer (ed.), *Encyclopedia of Social Theory*. Thousand Oaks, Calif.: Sage: 321–327.

Storey, John
2007 "Cultural Studies, British." In George Ritzer (ed.), *The Blackwell Encyclopedia of Sociology*. Oxford: Blackwell: 918–919.

Strasser, Hermann, and Nollman, Gerd
2005 "Dahrendorf, Ralf." In George Ritzer (ed.), *Encyclopedia of Social Theory*. Thousand Oaks, Calif.: Sage: 183–185.

Strauss, Anselm
1996 "Everett Hughes: Sociology's Mission." *Symbolic Interaction* 19:271–283.

Strenski, Ivan
1997 *Durkheim and the Jews of France*. Chicago: University of Chicago Press.

Strydom, Piet
2005 "The Scottish Enlightenment." In George Ritzer (ed.), *Encyclopedia of Social Theory*. Thousand Oaks, Calif.: Sage: 675–680.

Stryker, Robin
2007 "Function." In George Ritzer (ed.), *The Blackwell Encyclopedia of Sociology*. Oxford: Blackwell: 1808–1810.

Stryker, Sean
1998 "Communicative Action in New Social Movements: The Experience of the Students for a Democratic Society." *Current Perspectives in Social Theory* 18:79–98.

Stryker, Sheldon
1980 *Symbolic Interactionism: A Social Structural Version*. Menlo Park, Calif.: Benjamin/Cummings.

Sullivan, Nikki
2003 *A Critical Introduction to Queer Theory*. New York: New York University Press.

Summers-Effler, Erika
2002 "The Micro Potential for Social Change: Emotion, Consciousness, and Social Movement Formation." *Sociological Theory* 20:41–60.

Swartz, David
1997 *Culture and Power: The Sociology of Pierre Bourdieu*. Chicago: University of Chicago Press.

Swatos Jr., William H.
2007 "Constructionism." In George Ritzer (ed.), *The Blackwell Encyclopedia of Sociology*. Oxford: Blackwell: 686–687.

Swedberg, Richard
1996 "Analyzing the Economy: On the Contribution of James S. Coleman." In Jon Clark (ed.), *James S. Coleman*. London: Falmer Press: 313–328.

Szmatka, Jacek, and Mazur, Joanna
1996 "Theoretical Research Programs in Social Exchange Theory." *Polish Sociological Review* 3:265–288.

Sztompka, Piotr
1974 *System and Function: Toward a Theory of Society*. New York: Academic Press.
1991 *Society in Action: The Theory of Social Becoming*. Chicago: University of Chicago Press.
1994 *Agency and Structure: Reorienting Social Theory*. Amsterdam: Gordon and Breach.
2000 "Robert Merton." In George Ritzer (ed.), *The Blackwell Companion to Major Social Theorists*. Malden, Mass.: Blackwell: 435–456.
2005 "Merton, Robert." In George Ritzer (ed.), *Encyclopedia of Social Theory*. Thousand Oaks, Calif.: Sage: 499–500.

Takla, Tendzin, and Pope, Whitney
1985 "The Force Imagery in Durkheim: The Integration of Theory, Metatheory and Method." *Sociological Theory* 3:74–88.

Tannen, Deborah
1990 *You Just Don't Understand: Women and Men in Conversation*. New York: William Morrow.
1994 *Gender and Discourse*. New York: Oxford University Press.

Tannen, Deborah (ed.)
1993 *Gender and Conversational Interaction*. New York: Oxford University Press.

Tar, Zoltan
1977 *The Frankfurt School: The Critical Theories of Max Horkheimer and Theodor W. Adorno*. London: Routledge and Kegan Paul.

Taylor, Verta, and Rupp, Leila
1993 "Women's Culture and Lesbian Feminist Activism: A Reconsideration of Cultural Feminism." *Signs* 19:1–61.

Taylor, Victor E.
2007 "Postmodern Culture." In George Ritzer (ed.), *The Blackwell Encyclopedia of Sociology*. Oxford: Blackwell: 3556–3558.

T*elos*
1989–1990 "Does Critical Theory Have a Future? The Elizabethtown Telos Conference (February 23–25, 1990)." *Telos* 82:111–130.

Ten Have, Paul
1995 "Medical Ethnomethodology: An Overview." *Human Studies* 18:245–261.

T*heory, Culture and Society*
1997 "Gilles Deleuze: A Symposium." 14:1–88.
1999 Special issue on Paul Virilio. October.

Thibault, Paul J.
2005a "Saussure, Ferdinand de." In George Ritzer (ed.), *Encyclopedia of Social Theory*. Thousand Oaks, Calif.: Sage: 665–672.
2005b "Semiology." In George Ritzer (ed.), *Encyclopedia of Social Theory*. Thousand Oaks, Calif.: Sage: 687–693.

Thistle, Susan
2002 "Gender, Class and Welfare State Formation in the 21st Century." *Current Perspectives in Social Theory* 21:115–142.

Thomas, George M.
2007 "Globalization: The Major Players." In George Ritzer (ed.) *The Blackwell Companion to Globalization.* Oxford: Blackwell.

Thomas, William I., and Thomas, Dorothy S.
1928 *The Child in America: Behavior Problems and Programs.* New York: Knopf.

Thomas, William I., and Znaniecki, Florian
1918/1958 *The Polish Peasant in Europe and America.* New York: Dover Publications.

Thompson, Becky W.
1994 *A Hunger So Wide and So Deep: American Women Speak Out on Eating Problems.* Minneapolis: University of Minnesota Press.

Thompson, John B.
1989 "The Theory of Structuration." In D. Held and J. B. Thompson (eds.), *Social Theory of Modern Societies: Anthony Giddens and His Critics.* Cambridge, Eng.: Cambridge University Press: 56–76.

Thompson, Kenneth
1975 *Auguste Comte: The Foundation of Sociology.* New York: Halstead Press.

Thomson, Ernie
1994 "The Sparks That Dazzle Rather Than Illuminate: A New Look at Marx's 'Theses on Feuerbach.'" *Nature, Society and Thought* 7:299–323.

Tilly, Charles
1997 "James S. Coleman as a Guide to Social Research." *American Sociologist* 28:82–87.

Tilman, Rick
1984 *C. Wright Mills: A Native Radical and His American Intellectual Roots.* University Park: Pennsylvania State University Press.
1992 *Thorstein Veblen and His Critics, 1891–1963: Conservative, Liberal, and Radical Perspectives.* Princeton, N. J.: Princeton University Press, 1992.

Tindall, D. B., and Malinick, Todd E.
2007 "Weak Ties (Strength of)." In George Ritzer (ed.), *The Blackwell Encyclopedia of Sociology.* Oxford: Blackwell: 5222–5225.

Tiryakian, Edward A.
1979 "The Significance of Schools in the Development of Sociology." In W. Snizek, E. Fuhrman, and M. Miller (eds.), *Contemporary Issues in Theory and Research.* Westport, Conn.: Greenwood Press: 211–233.
1981 "The Sociological Import of Metaphor." *Sociological Inquiry* 51:27–33.
1986 "Hegemonic Schools and the Development of Sociology: Rethinking the History of the Discipline." In R. C. Monk (ed.), *Structures of Knowing.* Lanham, Md.: University Press of America: 417–441.
2007b "Sorokin, Pitirim A." In George Ritzer (ed.), *The Blackwell Encyclopedia of Sociology.* Oxford: Blackwell: 4619–4624.

Toby, Jackson
1977 "Parsons' Theory of Societal Evolution." In T. Parsons, *The Evolution of Societies.* Englewood Cliffs, N. J.: Prentice-Hall: 1–23.

Tocqueville, Alexis de
1835–1840/ *Democracy in America.* Garden City, N. Y. : Doubleday.
1969
1856/1983 *The Old Regime and the French Revolution.* New York: Doubleday.
1893/1959 *The Recollections of Alexis de Tocqueville.* New York: Meridian Books.

Tomlinson, John
1999 *Globalization and Culture.* Chicago: University of Chicago Press.

Tong, Rosemarie
1998 *Feminist Thought: A More Comprehensive Introduction.* Boulder, Colo. : Westview.

Toscano, Alberto
2007b "Neo-Marxism. " In George Ritzer (ed.), *The Blackwell Encyclopedia of Sociology.* Oxford: Blackwell: 3178–3180.

Touraine, Alain
1977 *The Self-Production of Society.* Chicago: University of Chicago Press.
1995 *Critique of Modernity.* Oxford: Blackwell.

Travers, Andrew
1992 "The Conversion of Self in Everyday Life. " *Human Studies* 15:169–238.

Treviño, A. Javier
2005 "Parsons's Action-System Requisite Model and Weber's Elective Affinity. " *Journal of Classical Sociology* 5:319–348.

Trifonas, Peter
1996 "The Ends of Pedagogy: From the Dialectic of Memory to the Deconstruction of the Institution. " *Educational Theory* 46:303–333.

Troyer, William
1946 "Mead's Social and Functional Theory of Mind. " *American Sociological Review* 11:198–202.

Tseelon, Efrat
1992 "Is the Presented Self Sincere? Goffman, Impression Management and the Postmodern Self. " *Theory, Culture and Society* 9:115–128.

Tucker, Jr. , Kenneth H.
2007 "Althusser, Louis. " In George Ritzer (ed.), *The Blackwell Encyclopedia of Sociology.* Oxford: Blackwell: 125–127.

Tucker, Robert C. (ed.)
1970 *The Marx-Engels Reader.* New York: Norton.

Tumin, Melvin
1953 "Some Principles of Stratification: A Critical Analysis. " *American Sociological Review* 18:387–394.

Turner, Bryan S.
1981 *For Weber: Essays in the Sociology of Fate.* Boston: Routledge and Kegan Paul.
1985 *The Body and Society: Explorations in Social Theory.* Oxford: Blackwell.
1995 "Karl Mannheim's Ideology and Utopia. " *Political Studies* 43:718–727.

Turner, Jonathan H.
1973 "From Utopia to Where? A Strategy for Reformulating the Dahrendorf Conflict Model. " *Social Forces* 52:236–244.

1975	"A Strategy for Reformulating the Dialectical and Functional Theories of Conflict. " *Social Forces* 53:433–444.
1982	*The Structure of Sociological Theory*. 3rd ed. Homewood, Ill. : Dorsey Press.
1995	"Can Symbolic Interactionism Really Contribute to Macro Sociology?" *Current Perspectives in Social Theory* 15:181–197.
2001a	"The Origins of Positivism: The Contributions of Auguste Comte and Herbert Spencer. " In George Ritzer and Barry Smart (eds.), *Handbook of Social Theory*. London: Sage: 30–42.
2005	"Conflict Theory. " In George Ritzer (ed.), *Encyclopedia of Social Theory*. Thousand Oaks, Calif. : Sage: 134–139.
2007a	"Spencer, Herbert. " In George Ritzer (ed.), *The Blackwell Encyclopedia of Sociology*. Oxford: Blackwell: 4638–4641.
2007b	"Micro-Macro Links. " In George Ritzer (ed.), *The Blackwell Encyclopedia of Sociology*. Oxford: Blackwell: 2997–3005.

Turner, Jonathan H. , and Boyns, David E.
2001	"The Return of Grand Theory. " In Jonathan H. Turner (ed.), *Handbook of Sociological Theory*. New York: Kluwer Academic/Plenum Publishers: 353–378.

Turner, Jonathan H. , and Maryanski, A. Z.
1979	*Functionalism*. Menlo Park, Calif. : Benjamin/Cummings.
1988	"Is 'Neofunctionalism' Really Functional?" *Sociological Theory* 6:110–121.

Turner, Roy
1970	"Words, Utterances and Activities. " In J. Douglas (ed.), *Understanding Everyday Life*. Chicago: Aldine: 161–187.

Turner, Stephen P.
1994	*The Social Theory of Practices: Tradition, Tacit Knowledge, and Presuppositions*. Chicago: University of Chicago Press.
1998	"Who's Afraid of the History of Sociology?" *Schwezerische Zeistschrift fur Soziologie* 24:3–10.

Turner, Stephen P. , and Factor, Regis A.
1994	*Max Weber: The Lawyer as Social Thinker*. London: Routledge.

Udehn, Lars
2002	"The Changing Faces of Methodological Individualism. " In John Hagan et al. (eds.), *Annual Review of Sociology*. Palo Alto, Calif. : Annual Reviews.

Uehara, Edwina
1990	"Dual Exchange Theory, Social Networks, and Informal Social Support. " *American Journal of Sociology* 96:521–557.

Ullmann-Margalit, Edna
1997	"The Invisible Hand and the Cunning of Reason. " *Social Research* 64:181–198.

Ulmer, Jeffery T.
2007	"Mesostructure. " In George Ritzer (ed.), *The Blackwell Encyclopedia of Sociology*. Oxford: Blackwell: 2961–2963.

Ungar, Sheldon
1984	"Self-Mockery: An Alternative Form of Self-Presentation. " *Symbolic Interaction* 7:121–133.

Urry, John
1995	*Consuming Places*. London: Routledge.
2003	*Global Complexity*. Cambridge, Eng. : Polity Press.

Vail, D. Angus

2007a   "Preparatory Stage. " In George Ritzer (ed.), *The Blackwell Encyclopedia of Sociology.* Oxford: Blackwell: 3617.
2007b   "Play Stage. " In George Ritzer (ed.), *The Blackwell Encyclopedia of Sociology.* Oxford: Blackwell: 3417–3418.
2007c   "Game Stage. " In George Ritzer (ed.), *The Blackwell Encyclopedia of Sociology.* Oxford: Blackwell: 1821–1822.
2007d   "Generalized Other. " In George Ritzer (ed.), *The Blackwell Encyclopedia of Sociology.* Oxford: Blackwell: 1899–1900.

Valdes, Francisco, Culp, Jerome McCristal, and Harris, Angela P. (eds.)
2002   *Crossroads, Directions and a New Critical Race Theory.* Philadelphia: Temple University Press.

van den Berg, Axel
1980   "Critical Theory: Is There Still Hope?" *American Journal of Sociology* 86:449–478.

Van den Berghe, Pierre
1963   "Dialectic and Functionalism: Toward Reconciliation. " *American Sociological Review* 28:695–705.

Vanderstraeten, Raf
2002   "Parsons, Luhmann and the Theorem of Double Contingency. " *Journal of Classical Sociology* 2:77–92.

Van Krieken, Robert
1998   *Norbert Elias.* London: Routledge.
2001   "Norbert Elias and Process Sociology. " In George Ritzer and Barry Smart (eds.), *Handbook of Social Theory.* London: Sage: 353–367.

Varcoe, Ian
1998   "Identity and the Limits of Comparison: Bauman's Reception in Germany. " *Theory, Culture and Society* 15:57–72.

Varul, Matthias Zick
2007   "Veblen, Thorstein. " In George Ritzer (ed.), *The Blackwell Encyclopedia of Sociology.* Oxford: Blackwell: 5186.

Veblen, Thorstein
1899/1994   *The Theory of the Leisure Class.* New York: Penguin Books.

Venkatesh, Alladi
2007   "Postmodern Consumption. " In George Ritzer (ed.), *The Blackwell Encyclopedia of Sociology.* Oxford: Blackwell: 3552–3556.

Verran, Helen
1999   "Staying True to the Laughter in Nigerian Classrooms. " In John Law and John Hassard (eds.), *Actor Network Theory and After.* Oxford: Blackwell: 136–155.

Vidich, Arthur J. , and Lyman, Stanford M.
1985   *American Sociology: Worldly Rejections of Religion and Their Directions.* New Haven: Yale University Press.

Virilio, Paul
1983   *Pure War.* New York: Semiotext(e).
1986   *Speed and Politics.* New York: Semiotext(e).
1991a   *Lost Dimension.* New York: Semiotext(e).
1991b   *The Aesthetics of Disappearance.* New York: Semiotext(e).
1995   *The Art of the Motor.* Minneapolis: University of Minnesota Press.

Vogel, Lise
1995 *Woman Questions: Essays for a Materialist Feminism.* New York: Routledge.

Vogler, Carolyn
2005 "Cohabiting Couples: Rethinking Money in the Household at the Beginning of the Twenty-First Century. " *Sociological Review* 53:1–29.

Wacquant, Loïc J. D.
1989 "Towards a Reflexive Sociology: A Workshop with Pierre Bourdieu. " *Sociological Theory* 7:26–63.
1992 "Toward a Social Praxeology: The Structure and Logic of Bourdieu's Sociology. " In P. Bourdieu and L. J. D. Wacquant (eds.), *An Invitation to Reflexive Sociology.* Chicago: University of Chicago Press: 2–59.

Wagner, Gerhard
1998 "Differentiation as Absolute Concept? Toward the Revision of a Sociological Category. " *International Journal of Politics, Culture and Society* 11:451–474.

Wagner, Helmut
1964 "Displacement of Scope: A Problem of the Relationship between Small Scale and Large Scale Sociological Theories. " *American Journal of Sociology* 69:571–584.

Wagner, Peter
1994 *A Sociology of Modernity: Liberty and Discipline.* London: Routledge.

Waldfogel, Jane
1997 "The Effect of Children on Women's Wages. " *American Sociological Review* 62:209–217.

Walkerdine, Valerie
1997 *Daddy's Girl: Young Girls and Popular Culture.* Cambridge, Mass. : Harvard University Press.

Wallace, Walter
1969 "Overview of Contemporary Sociological Theory. " In W. Wallace (ed.), *Sociological Theory.* Chicago: University of Chicago Press: 1–59.
1988 "Toward a Disciplinary Matrix in Sociology. " In N. Smelser (ed.), *Handbook of Sociology.* Newbury Park, Calif. : Sage: 23–76.

Wallerstein, Immanuel
1974 *The Modern World-System: Capitalist Agriculture and the Origins of the European World-Economy in the 16th Century.* New York: Academic Press.
1980 *The Modern World-System II: Mercantilism and the Consolidation of the European World-Economy, 1600–1750.* New York: Academic Press.
1986 "Marxisms as Utopias: Evolving Ideologies. " *American Journal of Sociology* 91:1295–1308.
1989 *The Modern World-System III: The Second Era of Great Expansion of the Capitalist World-Economy, 1730–1840.* New York: Academic Press.
1992 "America and the World: Today, Yesterday, and Tomorrow. " *Theory and Society* 21:1–28.
1995 "The End of What Modernity?" *Theory and Society* 24:471–488.
1999 *The End of the World as We Know It: Social Science for the Twenty-First Century.* Minneapolis: University of Minnesota Press.
2000 *The Essential Wallerstein.* New York: New Press.

Walters, Suzanna Danuta
2001 *All the Rage: The Story of Gay Visibility in America.* Chicago: University of Chicago Press.

Ward, Kathryn B.
1984 *Women in the World System: Its Impact on Status and Fertility.* New York: Praeger.
1985a "The Social Consequences of the World-Economic System: The Economic Status of Women and Fertility. " *Review* 8:561–594.

1985b	"Women and Urbanization in the World System." In M. Timberlake (ed.), *Urbanization in the World Economy.* New York: Academic Press: 305–324.
1988	"Women in the Global Economy." In B. Glick et al. (eds.), *Women and Work.* Beverly Hills, Calif.: Sage: 17–48.
1993	"Reconceptualizing World System Theory to Include Women." In P. England (ed.), *Theory on Gender/Feminism on Theory.* New York: Aldine de Gruyter: 43–69.
1994	"Lifting as We Climb: How Scholarship about Women of Color Has Shaped My Life as a White Feminist." In G. Young and B. Dickerson (eds.), *Color, Class, and Country: Experiences of Gender.* Atlantic Highlands, N. J.: Zed Books.

Ward, Kathryn (ed.)
1990   *Women Workers and Global Restructuring.* Ithaca, N. Y.: Cornell University Press.

Ward, Kathryn B., and Pyle, Jean Larson
1995   "Gender, Industrialization, and Development." *Development* 1:67–71.

Warde, Alan
2005   "Consumption and Theories of Practice." *Journal of Consumer Culture* 5 (July):131–153.

Wardell, Mark L., and Turner, Stephen P. (eds.)
1986   *Sociological Theory in Transition.* Boston: Allen and Unwin.

Warriner, Charles
1969   "Social Action, Behavior and *Verstehen.*" *Sociological Quarterly* 10:501–511.

Wartenberg, Thomas E.
1982   "'Species-Being' and 'Human Nature' in Marx." *Human Studies* 5:77–95.

Wasserman, Stanley, and Faust, Katherine
1994   *Social Network Analysis: Methods and Application.* Cambridge, Eng.: Cambridge University Press.

Weakliem, David, and Heath, Anthony
1994   "Rational Choice and Class Voting." *Rationality and Society* 6:243–270.

Weber, Marianne
1975   *Max Weber: A Biography.* Ed. and trans. Harry Zohn. New York: Wiley.

Weber, Max
1904–1905/   *The Protestant Ethic and the Spirit of Capitalism.* New York: Scribner. 1958
1921/1968   *Economy and Society.* 3 vols. Totowa, N. J.: Bedminster Press.

Weigert, Andrew
1981   *Sociology of Everyday Life.* New York: Longman.

Weiler, Bernd
2007a   "Social Darwinism?" In George Ritzer (ed.), *The Blackwell Encyclopedia of Sociology.* Oxford: Blackwell: 4390–4392.

Weingart, Peter
1969   "Beyond Parsons? A Critique of Ralf Dahrendorf's Conflict Theory." *Social Forces* 48:151–165.

Weinstein, Deena, and Weinstein, Michael A.
1993   *Postmodern(ized) Simmel.* London: Routledge.
1998   "Simmel-Eco vs. Simmel-Marx: Ironized Alienation." *Current Perspectives in Social Theory* 18:63–77.

Weinstein, Eugene A., and Tanur, Judith M.
1976 "Meanings, Purposes and Structural Resources in Social Interaction." *Cornell Journal of Social Relations* 11:105–110.

Weldes, Jutta
1989 "Marxism and Methodological Individualism." *Theory and Society* 18:353–386.

Wellman, Barry
1983 "Network Analysis: Some Basic Principles." In R. Collins (ed.), *Sociological Theory—1983*. San Francisco: Jossey-Bass: 155–200.

Wellman, Barry, and Berkowitz, S. D. (eds.)
1988/1997 *Social Structures: A Network Approach*. Greenwich, Conn.: JAI Press.

Wellman, Barry, and Wortley, Scot
1990 "Different Strokes for Different Folks: Community Ties and Social Support." *American Journal of Sociology* 96:558–588.

Wernick, Andrew
2000 "From Comte to Baudrillard: Socio-Theology after the End of the Social." *Theory, Culture and Society* 17:55–75.
2005 "Comte, Auguste." In George Ritzer (ed.), *Encyclopedia of Social Theory*. Thousand Oaks, Calif.: Sage: 128–134.

West, Candace, and Fenstermaker, Sarah
1993 "Power, Inequality and the Accomplishment of Gender: An Ethnomethodological View." In P. England (ed.), *Theory on Gender/Feminism on Theory*. New York: Aldine de Gruyter: 223–254.
1995 "Doing Difference." *Gender & Society* 9:8–20.

West, Candace, and Zimmerman, Don
1987 "Doing Gender." *Gender & Society* 2:125–151.

West, Cornell
1994 *Race Matters*. New York: Vintage.
2004 *Democracy Matters: Winning the Fight against Imperialism*. New York: Penguin.

Wexler, Philip (ed.)
1991 *Critical Theory Now*. London: Falmer Press.

Whalen, Jack, Zimmerman, Don H., and Whalen, Marilyn R.
1988 "When Words Fail: A Single Case Analysis." *Social Problems* 35:335–361.

Whalen, Marilyn R., and Zimmerman, Don H.
1987 "Sequential and Institutional Contexts in Calls for Help." *Social Psychology Quarterly* 50:172–185.

White, Harrison C.
1992 *Identity and Control: A Structural Theory of Social Action*. Princeton, N. J.: Princeton University Press.

White, Harrison C., Boorman, Scott A., and Breiger, Ronald L.
1976 "Social Structure from Multiple Networks: Parts 1 and 2." *American Journal of Sociology* 91:730–780, 1384–1446.

White, Hayden
1973 *The Historical Imagination in Nineteenth-Century Europe*. Baltimore: Johns Hopkins Univer-

sity Press.

Whitmeyer, Joseph M.
1994 "Why Actor Models Are Integral to Structural Analysis." *Sociological Theory* 12:153–165.
2005a "Cook, Karen." In George Ritzer (ed.), *Encyclopedia of Social Theory.* Thousand Oaks, Calif.: Sage: 149–150.
2005b "Power-Dependence Relations." In George Ritzer (ed.), *Encyclopedia of Social Theory.* Thousand Oaks, Calif.: Sage: 594–595.

Wiedenhoft, Wendy
2005 "Fordism and Post-Fordism." In George Ritzer (ed.), *Encyclopedia of Social Theory.* Thousand Oaks, Calif.: Sage: 282–283.

Wiggershaus, Rolf
1994 *The Frankfurt School: Its History, Theories, and Political Significance.* Cambridge, Mass.: MIT Press.

Wiley, Norbert
1979 "The Rise and Fall of Dominating Theories in American Sociology." In W. Snizek, E. Fuhrman, and M. Miller (eds.), *Contemporary Issues in Theory and Research.* Westport, Conn.: Greenwood Press: 47–79.
1985 "The Current Interregnum in American Sociology." *Social Research* 52:179–207.
1986 "Early American Sociology and *The Polish Peasant*." *Sociological Theory* 4:20–40.
1988 "The Micro-Macro Problem in Social Theory." *Sociological Theory* 6:254–261.

Willer, David
1999 "Developing Network Exchange Theory." In David Willer (ed.), *Network Exchange Theory.* Westport, Conn.: Praeger: 285–308.

Willer, David, Markovsky, Barry, and Patton, Travis
1989 "Power Structures: Derivations and Applications of Elementary Theory." In J. Berger, M. Zelditch Jr., and B. Anderson (eds.), *Sociological Theories in Progress: New Formulations.* Newbury Park, Calif.: Sage: 313–353.

Willer, David, and Patton, Travis
1987 "The Development of Network Exchange Theory." In E. J. Lawler and B. Markovsky (eds.), *Advances in Group Processes,* Vol. 4. Greenwich, Conn.: JAI Press: 199–242

Williams, Joyce
2007 "Small, Albion W." In George Ritzer (ed.), *The Blackwell Encyclopedia of Sociology.* Oxford: Blackwell: 4341–4342.

Williams, Patricia
1991 *The Alchemy of Race and Rights: Diary of a Law Professor.* Cambridge, Mass.: Harvard University Press.
1995 *The Rooster's Egg: On the Persistence of Prejudice.* Cambridge, Mass.: Harvard University Press.

Williams, Simon Johnson
1986 "Appraising Goffman." *British Journal of Sociology* 37:348–369.

Williamson, John
1990 "What Washington Means by Policy Reform." In John Williamson (ed.), *Latin American Adjustment: How Much Has Happened?* Washington, D.C.: Institute for International Economics: 7–20.
1997 "The Washington Consensus Reassessed." In Louis Emmerij (ed.), *Economic and Social Development into the XXI Century.* Washington, D.C.: Inter-American Development Bank:

48–61.

Wilson, John, and Musick, Mark
1997 "Who Cares? Toward an Integrated Theory of Volunteer Work." *American Sociological Review* 60:694–713.

Wiltshire, David
1978 *The Social and Political Thought of Herbert Spencer.* London: Oxford University Press.

Winaut, Howard
2001 *The World is a Ghetto: Race and Democracy Since World War II.* New York: Basic Books.

Winterer, Caroline
1994 "A Happy Medium: The Sociology of Charles Horton Cooley." *Journal of the History of the Behavioral Sciences* 30:19–27.

Wolf, Frederick M.
1986 *Meta-Analysis: Quantitative Methods for Research Synthesis.* Beverly Hills, Calif. : Sage.

Wolf, Naomi
1991 *The Beauty Myth: How Images Are Used against Women.* New York: Morrow.

Womack, James P. , Jones, Daniel T. , and Roos, Daniel
1990 *The Machine That Changed the World.* New York: Rawson.

Wood, Ellen Meiksins
1986 *The Retreat from Class: The New "True" Socialism.* London: Verso.
1997 "Modernity, Postmodernity or Capitalism?" *Review of International Political Economy* 4:539–560.

Wood, Ellen Meiksins, and Foster, John Bellamy (eds.)
1997 *In Defense of History: Marxism and the Postmodern Agenda.* New York: Monthly Review Press.

Wood, Michael, and Wardell, Mark L.
1983 "G. H. Mead's Social Behaviorism vs. the Astructural Bias of Symbolic Interactionism." *Symbolic Interaction* 6:85–96.

Wortmann, Susan
2007 "Praxis. " In George Ritzer (ed.), *The Blackwell Encyclopedia of Sociology.* Oxford: Blackwell: 3612–3613.

Wright, Erik Olin
1985 *Classes.* London: Verso.
1987 "Towards a Post-Marxist Radical Social Theory. " *Contemporary Sociology* 16:748–753.

Wrigley, Julia
1995 *Other People's Children: An Intimate Account of the Dilemma Facing Middle- Class Parents and the Women They Hire to Raise Their Children.* New York: Basic Books.

Wrong, Dennis
1994 *The Problem of Order: What Unites and Divides Society.* New York: Free Press.
1997 "Is Rational Choice Humanity's Most Distinctive Trait?" *American Sociologist* 28:73–81.

Yamagishi, Toshio
1995 "Social Dilemmas. " In K. S. Cook, G. A. Fine, and J. S. House (eds.), *Sociological Perspectives on Social Psychology.* Boston: Allyn and Bacon: 311–335.
2005 "Social Dilemma. " In George Ritzer (ed.), *Encyclopedia of Social Theory.* Thousand Oaks,

Calif. : Sage: 731–735.

Yamagishi, Toshio, and Cook, Karen S.
1993 "Generalized Exchange and Social Dilemmas. " *Social Psychology Quarterly* 56:235–248.

Yamagishi, Toshio, Gillmore, Mary R. , and Cook, Karen S.
1988 "Network Connections and the Distribution of Power in Exchange Networks. " *American Journal of Sociology* 93:833–851.

Yancy, George
2000 "Feminism and the Subtext of Whiteness: Black Women's Experiences as a Site of Identity Formation and Contestation of Whiteness. " *Western Journal of Black Studies* 24:156–166.

Young, Robert L.
1997 "Account Sequences. " *Symbolic Interaction* 20:291–305.

Zablocki, Benjamin
1996 "Methodological Individualism and Collective Behavior. " In Jon Clark (ed.), *James S. Coleman*. London: Falmer Press: 147–160.

Zafirovski, Milan
2001 "Parsons and Sorokin: A Comparison of the Founding of American Sociological Theory Schools. " *Journal of Classical Sociology* 1:227–256.

Zaslavsky, Victor
1988 "Three Years of Perestroika. " *Telos* 74:31–41.

Zeitlin, Irving M.
1996 *Ideology and the Development of Sociological Theory*. 6th ed. Englewood Cliffs, N. J. : Prentice-Hall.

Zerai, Assata
2000 "Agents of Knowledge and Action: Selected Africana Scholars and Their Contributions to the Understanding of Race, Class and Gender Intersectionality. " *Cultural Dynamics* 12:182–222.

Zhang, Xianghuan
1993 "A Cross-Cultural Study of Gender Personality and Socialization: Voices from the People's Republic of China. " Ph. D. dissertation, Washington, D. C. : George Washington University.

Zhao, Shanyang
1991 "Metatheory, Metamethod, Meta-Data-Analysis. " *Sociological Perspectives* 34:377–390.
2001 "Metatheorizing in Sociology. " In George Ritzer and Barry Smart (eds.), *Handbook of Social Theory*. London: Sage: 386–394.
2005 "Metatheory. " In George Ritzer (ed.), *Encyclopedia of Social Theory*. Thousand Oaks, Calif.: Sage: 500–501.

Zimmerman, Don
1978 "Ethnomethodology. " *American Sociologist* 13:5–15.
1988 "The Conversation: The Conversation Analytic Perspective. " *Communication Yearbook* 11:406–432.

Zimmerman, Don, and Pollner, Melvin
1970 "The Everyday World as a Phenomenon. " In J. Douglas (ed.), *Understanding Everyday Life*. Chicago: Aldine: 80–103.

Zimmerman, Don, and Wieder, D. Lawrence
1970 "Ethnomethodology and the Problem of Order: Comment on Denzin. " In J. Douglas (ed.),

Understanding Everyday Life. Chicago: Aldine: 285–298.

Zinn, Jens
2007a   "Reflexive Modernization." In George Ritzer (ed.), *The Blackwell Encyclopedia of Sociology.* Oxford: Blackwell: 3829–3830.
2007b   "Autopoesis." In George Ritzer (ed.), *The Blackwell Encyclopedia of Sociology.* Oxford: Blackwell: 232–233.

Zipes, Jack
1994   "Adorno May Still Be Right." *Telos* 101:157–167.

Zosky, D. L.
1999   "The Application of Object Relations Theory to Domestic Violence." *Clinical Social Work Journal* 27:55–69.

Zuboff, Shoshana
1988   *In the Age of the Smart Machine.* New York: Basic Books.

Zunz, Olivier, and Kahan, Alan S. (eds.)
2002   *The Tocqueville Reader: A Life in Letters and Politics.* Oxford: Blackwell.

译后记

这本《现代社会学理论》的译后记似乎没有什么可言说空间，因为一切都在译本本身，以及原书的内容、体量，其风靡程度，及其持续推陈出新的若干版本——本译本是其第七版，而在此版本的翻译末期，英文原著的第八版已经出版了。

从社会学的视角观之，或许略可分享的是此书出版过程生动地体现了**社会**因素是如何干预一本学术书的翻译和出版这一**技术**性工作的。此书从出版方起意翻译到找作者到最后出版，历经十二年，自然不是没有故事的，在此分享一个片面。在翻译工作中，高校成果制度变迁导致翻译工作的曲折。首先，出版方希望委托"较好高校"的"优秀青年教师"翻译，但从2009年始，一些"较好高校"逐渐地不再将翻译优秀作品算作成果，所以《现代社会学理论》虽可称经典专业书，但是也难以受到"优秀青年教师"青睐，可能是这个原因导致该书的翻译工作几经转介，最后到我这里才终止了该旅程。其次，该书翻译量较大，全书译后Word版近60万字，承接这份翻译工作对青年教师来说无疑意味着巨大的机会成本。综合考量这两条，我不是没有犹豫过，但最终因自己"对社会学的感情"，而"感情又具有一定盲目性"这一逻辑的作用，承接下来本书的翻译及组织工作。在这一过程中，可能是机会成本问题导致了翻译小组在翻译分工上经历了二次分工，所以在此要特别感谢邓锁老师始终与我共担，无怨尤地承担比初次分工更多的工作。

本书分工情况如下：任敏翻译一、二、四、十、十一、十二、十三、十四章，以及前言、附录等，并承担出版流程中的多方协调工作，以及全书校对工作；邓锁翻译五、六、七、八、九章；张茂元翻译第三章。

感谢历任编辑，特别是最后的两位吴琼和汪萍，本书能出版与你们对工作的承担和坚持不无关系！

任敏

2022年6月

图书在版编目（CIP）数据

现代社会学理论 /（美）乔治·瑞泽尔著；任敏，
邓锁，张茂元译. -- 上海：上海文化出版社，2022.10
ISBN 978-7-5535-2380-4

Ⅰ.①现… Ⅱ.①乔… ②任… ③邓… ④张… Ⅲ.
①社会学—西方国家 Ⅳ.①C91

中国版本图书馆CIP数据核字(2021)第194990号

George Ritzer
Modern Sociological Theory, 7e
ISBN: 0073404101

Copyright © 2008 by the McGraw-Hill Education

All Rights reserved. No part of this publication may be reproduced or transmitted in any
form or by any means, electronic or mechanical, including without limitation photocopying,
recording, taping, or any database, information or retrieval system, without the prior written
permission of the publisher.

This authorized Chinese translation edition is published by Shanghai Culture Publishing House
in arrangement with McGraw-Hill Education. This edition is authorized for sale in the People's
Republic of China only, excluding Hong Kong, Macao SAR and Taiwan.

Copyright © 2022 by McGraw-Hill Education and Shanghai Culture Publishing House.

图字：09-2020-1110号

出版 人	姜逸青	出版统筹	吴兴元
责任编辑	任 战　葛秋菊	编辑统筹	张 鹏
特约编辑	吴 琼　汪 萍	装帧制造	墨白空间·Yichen
版面设计	孟小雨		

书　　名	现代社会学理论
著　　者	［美］乔治·瑞泽尔
译　　者	任　敏　邓　锁　张茂元
出　　版	上海世纪出版集团　上海文化出版社
地　　址	上海市闵行区号景路159弄A座3楼 201101
发　　行	后浪出版公司
印　　刷	北京天宇万达印刷有限公司
开　　本	787×1092　　　　　1/16
印　　张	39.5　　　　　　　　字　数　　817千字
版　　次	2022年10月第一版　2022年10月第一次印刷
书　　号	ISBN 978-7-5535-2380-4/C.005
定　　价	118.00元

后浪出版咨询（北京）有限责任公司　版权所有，侵权必究
投诉信箱：copyright@hinabook.com　fawu@hinabook.com
未经许可，不得以任何方式复制或者抄袭本书部分或全部内容
本书若有印、装质量问题，请与本公司联系调换，电话010-64072833